国家出版基金项目
"十二五"国家重点图书出版规划项目

孙中山全集

第一卷
专论

尚明轩 主编

人民出版社

策划编辑:王德树　李　斌
责任编辑:张　芬　王　欣　杜丽星　孙立英
装帧设计:肖　辉　周涛勇
责任校对:任校科

图书在版编目(CIP)数据

孙中山全集/孙中山 著;尚明轩 主编.－北京:人民出版社,2015.6
ISBN 978－7－01－014747－5

Ⅰ.①孙…　Ⅱ.①孙…②尚…　Ⅲ.①孙中山(1866~1925)-全集
　Ⅳ.①D693.0－52

中国版本图书馆 CIP 数据核字(2015)第 075451 号

孙中山全集
SUNZHONGSHAN QUANJI

尚明轩　主编

人民出版社 出版发行
(100706　北京市东城区隆福寺街99号)

北京新华印刷有限公司印刷　新华书店经销

2015年6月第1版　2015年6月北京第1次印刷
开本:710毫米×1000毫米 1/16　印张:637.75
字数:10106千字　印数:0,001-3,000册

ISBN 978－7－01－014747－5　总定价:2600.00元(全16卷)

邮购地址 100706　北京市东城区隆福寺街99号
人民东方图书销售中心　电话 (010)65250042　65289539

版权所有·侵权必究
凡购买本社图书,如有印制质量问题,我社负责调换。
服务电话:(010)65250042

前　　言

中国民主革命伟大先驱孙中山先生的著述，是中华民族的珍贵文化遗产。出版一部完备的孙中山全集，是了解和研究孙中山思想与生平事业的文献基础，无疑有助于国人更好地继承和发扬这一笔弥足珍贵的政治思想文化遗产。尤其是它对于研究中国人民近现代英勇奋斗的光辉历史具有重要价值，对于实现中华民族伟大复兴的中国梦具有重要意义。

自20世纪20年代以来，孙中山的文集或全集已有数十种不同的版本问世。1925年4月，甘乃光辑，广州孙文主义研究社出版的《孙中山先生文集》，是试图反映孙中山重要著述的第一部文集。此后90年来，以《中山全书》《中山丛书》《总理全集》《孙中山全集》或《国父全集》等不同书名，陆续出版发行了众多篇幅不一、指导思想也不一的版本。其中，以中国社会科学院近代史研究所中华民国史研究室、广东省社会科学院历史研究室(所)、中山大学历史系孙中山研究室合编，中华书局1981—1986年出版的《孙中山全集》11卷，和秦孝仪主编，台北近代中国出版社1989年出版的《国父全集》12册，编纂为好，也较为完备。但是，上述两部全集已出版近三十年，其间不曾作过增补和修订。这些年来，国内外各界人士挖掘披露的新资料和辑佚考辨之成果，频频涌现，出版一部更为完备的孙中山著述既有必要，也有了可能。

早在1956年,为了纪念孙中山诞辰90周年,人民出版社出版了新中国成立后的第一部《孙中山选集》。2015年,为了纪念孙中山逝世90周年,我们编纂出版这部《孙中山全集》,是人民出版社长期出版孙中山著作的又一里程碑。本全集被列为"十二五"国家重点图书出版规划项目,并获得2012年度国家出版基金资助。

我们的编纂工作,是在继承前人成果的基础上完成的。部分内容,径直选用已有成果,用百衲本方式,比较参证,择优取用,如遇其中不当、不妥、不足之处,则略加修订。力求能汇集梳理各种孙中山文集之成果,挖掘整理国内外的新资料与新成果,并进行认真的考校和增补,给予缜密整理与科学编排,以期能完整地反映孙中山一生政治主张与奋斗业绩的方方面面,努力为读者提供一部全面反映孙中山政治思想文化的全集。

本全集将外文著述和题词遗墨单独列卷,其缘由是:外文著述卷主要收录孙中山以英文写作的著作、信函、电文等,以及新发现的俄文文献。这些著述均已译为中文,相应篇目依文体性质分类列入其他卷中。考虑到译文并不一定能完全保持孙中山思想原貌,特汇集现有外文原文,加以校勘,编为一卷,供读者查证参考。题词遗墨卷为以往各种版本的孙中山文集所无,考虑到其反映着孙中山当时的活动和社会交往的轨迹,具有重要历史、文物和书法艺术价值,我们在吸收国内外学术界、文物收藏界等相关研究考订成果和新发现的文物资料基础上,加以考辨,编排整理成卷。

自2009年开始这项工作起,我们就高度重视底本的选择,曾分赴中国第二历史档案馆及北京、南京、上海等地有关研究机构、高等院校、图书馆、档案馆、博物馆,对底本信息进行了仔细比对和勘误;并专程赴台北"国史馆"、中国国民党中央文化传播委员会党史馆等处,查阅核对相关档案信息以及搜集新资料,力争使本全集的资料来源更为可靠。

本全集的编排结构及凡例,由主编尚明轩提出初稿,经学术编辑委员会讨论通过。共分为16卷,各卷编委分别为:第一卷,刘桂生;第二卷,王宪明;第三卷,王宪明;第四卷,王继平;第五卷,王继平、杨琥、贺渊;第六卷,王继平、杨琥、贺渊;第七卷,左玉河;第八卷,左玉河;第九卷,杨琥;第十卷,杨琥、贺渊;第十一卷,贺渊;第十二卷,郭世佑;第十三卷,郭世佑;第十四卷,王克非;第十五卷,王宪明;第十六卷,尚明轩。全集由主编定稿。

如前所述,本全集的编纂出版,没有前人成果是不可能完成的。借此,我们谨向长期致力于孙中山研究和出版事业的前辈、同仁和人士致以诚挚的敬意!向给予本全集编纂出版工作大力支持的各界人士表示衷心感谢!

《孙中山全集》学术编辑委员会
《孙中山全集》出版委员会
2015年3月

《孙中山全集》学术编辑委员会

主　　编：尚明轩

编委会成员（按姓氏笔画为序）：

　　　　　王克非　王宪明　王继平　左玉河

　　　　　刘桂生　杨　琥　贺　渊　郭世佑

《孙中山全集》出版委员会

主　任：黄书元
副主任：任　超　乔还田
成　员：潘少平　王德树　彭明哲　李　斌
　　　　李春林　王一禾　张　芬　孙立英
　　　　王　欣　杜丽星　刘　畅

前　言

中国民主革命伟大先驱孙中山先生的著述，是中华民族的珍贵文化遗产。出版一部完备的孙中山全集，是了解和研究孙中山思想与生平事业的文献基础，无疑有助于国人更好地继承和发扬这一笔弥足珍贵的政治思想文化遗产。尤其是它对于研究中国人民近现代英勇奋斗的光辉历史具有重要价值，对于实现中华民族伟大复兴的中国梦具有重要意义。

自20世纪20年代以来，孙中山的文集或全集已有数十种不同的版本问世。1925年4月，甘乃光辑，广州孙文主义研究社出版的《孙中山先生文集》，是试图反映孙中山重要著述的第一部文集。此后90年来，以《中山全书》《中山丛书》《总理全集》《孙中山全集》或《国父全集》等不同书名，陆续出版发行了众多篇幅不一、指导思想也不一的版本。其中，以中国社会科学院近代史研究所中华民国史研究室、广东省社会科学院历史研究室（所）、中山大学历史系孙中山研究室合编，中华书局1981—1986年出版的《孙中山全集》11卷，和秦孝仪主编，台北近代中国出版社1989年出版的《国父全集》12册，编纂为好，也较为完备。但是，上述两部全集已出版近三十年，其间不曾作过增补和修订。这些年来，国内外各界人士挖掘披露的新资料和辑佚考辨之成果，频频涌现，出版一部更为完备的孙中山著述既有必要，也有了可能。

早在1956年,为了纪念孙中山诞辰90周年,人民出版社出版了新中国成立后的第一部《孙中山选集》。2015年,为了纪念孙中山逝世90周年,我们编纂出版这部《孙中山全集》,是人民出版社长期出版孙中山著作的又一里程碑。本全集被列为"十二五"国家重点图书出版规划项目,并获得2012年度国家出版基金资助。

我们的编纂工作,是在继承前人成果的基础上完成的。部分内容,径直选用已有成果,用百衲本方式,比较参证,择优取用,如遇其中不当、不妥、不足之处,则略加修订。力求能汇集梳理各种孙中山文集之成果,挖掘整理国内外的新资料与新成果,并进行认真的考校和增补,给予缜密整理与科学编排,以期能完整地反映孙中山一生政治主张与奋斗业绩的方方面面,努力为读者提供一部全面反映孙中山政治思想文化的全集。

本全集将外文著述和题词遗墨单独列卷,其缘由是:外文著述卷主要收录孙中山以英文写作的著作、信函、电文等,以及新发现的俄文文献。这些著述均已译为中文,相应篇目依文体性质分类列入其他卷中。考虑到译文并不一定能完全保持孙中山思想原貌,特汇集现有外文原文,加以校勘,编为一卷,供读者查证参考。题词遗墨卷为以往各种版本的孙中山文集所无,考虑到其反映着孙中山当时的活动和社会交往的轨迹,具有重要历史、文物和书法艺术价值,我们在吸收国内外学术界、文物收藏界等相关研究考订成果和新发现的文物资料基础上,加以考辨,编排整理成卷。

自2009年开始这项工作起,我们就高度重视底本的选择,曾分赴中国第二历史档案馆及北京、南京、上海等地有关研究机构、高等院校、图书馆、档案馆、博物馆,对底本信息进行了仔细比对和勘误;并专程赴台北"国史馆"、中国国民党中央文化传播委员会党史馆等处,查阅核对相关档案信息以及搜集新资料,力争使本全集的资料来源更为可靠。

本全集的编排结构及凡例,由主编尚明轩提出初稿,经学术编辑委员会讨论通过。共分为16卷,各卷编委分别为:第一卷,刘桂生;第二卷,王宪明;第三卷,王宪明;第四卷,王继平;第五卷,王继平、杨琥、贺渊;第六卷,王继平、杨琥、贺渊;第七卷,左玉河;第八卷,左玉河;第九卷,杨琥;第十卷,杨琥、贺渊;第十一卷,贺渊;第十二卷,郭世佑;第十三卷,郭世佑;第十四卷,王克非;第十五卷,王宪明;第十六卷,尚明轩。全集由主编定稿。

如前所述,本全集的编纂出版,没有前人成果是不可能完成的。借此,我们谨向长期致力于孙中山研究和出版事业的前辈、同仁和人士致以诚挚的敬意!向给予本全集编纂出版工作大力支持的各界人士表示衷心感谢!

《孙中山全集》学术编辑委员会
《孙中山全集》出版委员会
2015年3月

总 目 录

第一卷　专论
　　前言
　　凡例
　　目录
　　正文

第二卷　文集
　　凡例
　　目录
　　　论著
　　　传记与回忆
　　　序跋
　　　祭悼
　　　祝词
　　　其他
　　　译著
　　　遗嘱
　　正文

第三卷　文告　规章
　　凡例
　　目录
　　　　文告
　　　　通电
　　　　启事(含声明、讣告等)
　　　　其他
　　　　规章
　　正文

第四卷　函札(上)
　　凡例
　　目录
　　正文

第五卷　函札(下)
　　凡例
　　目录
　　正文

第六卷　文电
　　凡例
　　目录
　　正文

第七卷　演说

　　　　　　凡例
　　　　　　目录
　　　　　　正文

第八卷　谈话
　　　　　　凡例
　　　　　　目录
　　　　　　正文

第九卷　公牍(上)
　　　　　　凡例
　　　　　　目录
　　　　　　正文

第十卷　公牍(中)
　　　　　　凡例
　　　　　　目录
　　　　　　正文

第十一卷　公牍(下)
　　　　　　凡例
　　　　　　目录
　　　　　　正文

第十二卷　人事任免(上)
　　　　　　凡例

　　　　　目录
　　　　　正文

第十三卷　人事任免（下）
　　　　　凡例
　　　　　目录
　　　　　正文

第十四卷　外文著述
　　　　　凡例
　　　　　目录
　　　　　正文

第十五卷　题词遗墨
　　　　　凡例
　　　　　目录
　　　　　正文

第十六卷　索引　传略
　　　　　凡例
　　　　　目录
　　　　　　索引
　　　　　　传略
　　　　　后记

凡 例

一、本全集共收录孙中山现有著述11500余篇,按文体性质分类(含有多种性质的,据其主要倾向归类),依时间顺序编次,据类别和篇幅列卷。

二、日期与编次。底本有写作日期的,按原日期。无写作日期的,按最后发表日期,或通过考证予以判明;写作日期无从考证的,列于该类之末。著述日期统一采用公历,标于标题下方圆括号内。各卷原则上按时间顺序编次;卷内存在分类的,按各类时间顺序编次。

三、分类与列卷。根据类别和篇幅,分22类,列15卷:第一卷,专论(收录集中反映孙中山政治思想的5种著述);第二卷,文集(含论著、传记与回忆、序跋、祭悼、祝词、译著、遗嘱等);第三卷,文告规章(含文告、通电、启事、规章等);第四、五卷,函札;第六卷,文电;第七卷,演说;第八卷,谈话;第九、十、十一卷,公牍;第十二、十三卷,人事任免;第十四卷,外文著述;第十五卷,题词遗墨。索引和传略单独列卷,为第十六卷。

四、底本的选择。优先采用原始文件、影印件和初刊本;充分吸收现有各种图书报刊的文献成果,如中国社会科学院近代史研究所中华民国史研究室、广东省社会科学院历史研究室(所)、中山大学历史系孙中山研究室合编《孙中山全集》(中华书局1981—1986年出版),秦孝仪主编《国父全集》(台北近代中国出版社1989年版)。发表在不同图书报刊的同内容文献,有歧义之处的,经考证后取其一说,其余在注释中简要介绍;诸说并存的,选择最佳版本;文字内容虽有出入但各具特色的,原则上选择底本来源较权威者为主文,其余作为"同题异文"附录于后。

五、标题。原有标题的,一般保留,个别编者酌改;原无标题的,编者酌拟。标题文字以国家现行文字规范为准。标题中的人名一律统一为现行惯称,文中不另做说明。

六、注释。每篇著述,文末均注明所据底本。文内酌加的注释,均为页下注。人物有多个字、号、别名的,地名有多种译法的,原则上在该卷首次出现时加注,其后不注。【 】内的文字,系编者为避免上下文表意脱节或缺省所加的说明。

七、校勘与标点。文内明显的错漏,编者均予以校勘:订正讹字,置于〔 〕内;增补脱字,置于〈 〉内;衍文加[ ];有疑误、难以确定的,用〔?〕表示;字句残缺或难以辨认的,用□表示。校勘、考释和外文翻译等,部分吸收前人成果,本全集一般不做具体说明。标点符号原则上执行国家现行规范。底本无标点或有标点但与国家现行规范不符的,均重新标点。

八、本全集中文为简体字横排,底本的繁体、古体和异体字,原则上统一为简体字,特殊含义者例外。第十四卷"外文著述",参考秦孝仪主编《国父全集》(台北近代中国出版社1989年版)编排。全集中插图及题词遗墨,一般据底本影印;质量较差的,适当修版或据原图重新绘制。

九、受时代局限,有的著述中使用的词语及字词用法和个别观点在今天看来欠妥,但因是原文固有,均不做改动。

目　录

五权宪法讲演录(一九二一年三月二十日) ·················· 1

建国方略(一九二二年六月前) ······························· 13
　建国方略之一　孙文学说——行易知难(心理建设) ······· 13
　　自序 ··· 13
　　第一章　以饮食为证 ·· 16
　　第二章　以用钱为证 ·· 24
　　第三章　以作文为证 ·· 32
　　第四章　以七事为证 ·· 38
　　第五章　知行总论 ··· 48
　　第六章　能知必能行 ·· 54
　　　附录　陈英士致黄克强书 ···································· 64
　　第七章　不知亦能行 ·· 69
　　第八章　有志竟成 ··· 74
　建国方略之二　实业计划(物质建设)(译文) ··············· 91
　　上海英文版自序(一九二〇年七月二十日) ················ 91
　　纽约英文版自序(一九二一年四月二十五日) ············ 92
　　中文版序(一九二一年十月十日) ····························· 93
　　篇首 ·· 94
　　第一计划 ·· 97
　　　第一部　北方大港 ·· 98

第二部　西北铁路系统 …………………………………………… 100
　　第三部　蒙古、新疆之殖民 ……………………………………… 107
　　第四部　开浚运河以联络中国北部、中部通渠及北方大港 …… 108
　　第五部　开发直隶、山西煤铁矿源,设立制铁炼钢工厂 ………… 109
第二计划 ……………………………………………………………… 109
　　第一部　东方大港 ………………………………………………… 110
　　第二部　整治扬子江 ……………………………………………… 116
　　第三部　建设内河商埠 …………………………………………… 130
　　第四部　改良现存水路及运河 …………………………………… 135
　　第五部　创建大士敏土厂 ………………………………………… 139
第三计划 ……………………………………………………………… 140
　　第一部　改良广州为一世界港 …………………………………… 140
　　第二部　改良广州水路系统 ……………………………………… 148
　　第三部　建设中国西南铁路系统 ………………………………… 156
　　第四部　建设沿海商埠及渔业港 ………………………………… 161
　　第五部　创立造船厂 ……………………………………………… 170
第四计划 ……………………………………………………………… 172
　　第一部　中央铁路系统 …………………………………………… 172
　　第二部　东南铁路系统 …………………………………………… 181
　　第三部　东北铁路系统 …………………………………………… 185
　　第四部　扩张西北铁路系统 ……………………………………… 193
　　第五部　高原铁路系统 …………………………………………… 201
　　第六部　设机关车、客货车制造厂 ……………………………… 207
第五计划 ……………………………………………………………… 207
　　第一部　粮食工业 ………………………………………………… 208
　　第二部　衣服工业 ………………………………………………… 211
　　第三部　居室工业 ………………………………………………… 213
　　第四部　行动工业 ………………………………………………… 216

第五部　印刷工业 …… 217
第六计划 …… 218
　　第一部　铁矿 …… 218
　　第二部　煤矿 …… 219
　　第三部　油矿 …… 220
　　第四部　铜矿 …… 220
　　第五部　特种矿之采取 …… 221
　　第六部　矿业机械之制造 …… 221
　　第七部　冶矿〈机〉厂之设立 …… 222
结论 …… 222
附录一　关于广州至重庆与兰州支线之借款与建筑契约草案 …… 226
附录二　驻京美国公使芮恩施复函 …… 231
附录三　美国商务总长刘飞尔复函一通 …… 233
附录四　意大利陆军大臣嘉域利亚将军复函 …… 234
附录五　北京交通部顾问之铁路专门家碧格君投函 …… 234
附录六　美国名士寓居罗马以世界中都计划著名之
　　　　安得生君复函 …… 235

建国方略之三　民权初步(社会建设) …… 237
　序 …… 237
　卷一　结会 …… 239
　　第一章　临时集会之组织法 …… 239
　　第二章　永久社会之成立法 …… 243
　　第三章　议事之秩序并额数 …… 247
　　第四章　会员之权利义务 …… 250
　卷二　动议 …… 253
　　第五章　动议 …… 253
　　第六章　离奇之动议并地位之释义 …… 256
　　第七章　讨论 …… 258

- 第八章 停止讨论之动议 …… 264
- 第九章 表决 …… 267
- 第十章 表决之复议 …… 271
- 卷三 修正案 …… 275
  - 第十一章 修正之性质与效力 …… 275
  - 第十二章 修正案之方法 …… 279
  - 第十三章 修正案之例外事件 …… 284
- 卷四 动议之顺序 …… 286
  - 第十四章 附属动议之顺序 …… 286
  - 第十五章 散会与搁置动议 …… 290
  - 第十六章 延期动议 …… 293
  - 第十七章 付委动议 …… 295
  - 第十八章 委员及其报告 …… 298
- 卷五 权宜及秩序问题 …… 301
  - 第十九章 权宜问题 …… 301
  - 第二十章 秩序问题 …… 303
- 结论 …… 310
- 附录 章程并规则之模范 …… 311
  - 章程 …… 311
  - 规则 …… 312
  - 议事表 …… 313

中国国民党第一次全国代表大会宣言

（一九二四年一月三十日）…… **316**
- 一 中国之现状 …… 316
- 二 国民党之主义 …… 319
- 三 国民党之政纲 …… 323

国民政府建国大纲（一九二四年四月十二日） …… **326**

三民主义（一九二四年一月至八月间讲演） …… **329**

民族主义 …… **329**

  自序 …… **329**

  第一讲（一月二十七日） …… **330**

  第二讲（二月三日） …… **341**

  第三讲（二月十日） …… **352**

  第四讲（二月十七日） …… **361**

  第五讲（二月二十四日） …… **370**

  第六讲（三月二日） …… **378**

民权主义 …… **389**

  第一讲（三月九日） …… **389**

  第二讲（三月十六日） …… **403**

  第三讲（三月二十二日） …… **414**

  第四讲（四月十三日） …… **426**

  第五讲（四月二十日） …… **439**

  第六讲（四月二十八日） …… **455**

民生主义 …… **474**

  第一讲（八月三日） …… **474**

  第二讲（八月十日） …… **492**

  第三讲（八月十七日） …… **506**

  第四讲（八月二十四日） …… **521**

五权宪法讲演录①

（一九二一年三月二十日）

今天讲题为"五权宪法"。五权宪法是兄弟所创造,古今中外各国从来没有的。诸君皆知近世一二百年来,世界政治潮流趋于立宪。"立宪"二字,在我国近一二十年内亦闻之熟矣。到底什么叫做宪法？所谓宪法者,就是将政权分几部分,各司其事而独立。各国宪法只分三权,没有五权。五权宪法是兄弟所创。自兄弟创出这个五权宪法,大家对之都狠〔很〕不明白。到底五权宪法有什么来历呢？讲到他底来历,兄弟可以讲一句实在话,就是从我研究所得思想中来的。至讲到五权宪法底演讲一层,十数年前在东京同盟会庆祝《民报》周年纪念底时候,兄弟曾将五权宪法演讲一过。但是兄弟虽然演讲,在那个时候,大家对于这个事情都没有十分留心。此事说来已十余年了。在当时大家底意思,以为世界各国只有三权宪法,没有听见讲什么五权宪法的,大家觉得这个事情狠〔很〕奇怪,以为兄弟伪造的。但兄弟倡此五权宪法,实有来历的。兄弟倡革命已三十余年,自在广东举事失败后,兄弟出亡海外；但革命虽遭一次失败未成,而革命底事情仍是要向前做去。奔走余暇,兄弟便从事研究各国政治得失源流,为日后革命成功建设张本。故兄弟亡命各国底时候,尤注意研究各国底宪法,研究所得,创出这个五权宪法。所以五权宪法可谓是我兄弟独创的。

当美国革命脱离英国之后,创立一种三权宪法。他那条文非常严密,即世人所称之"成文宪法"。其后各国亦狠〔很〕效法他订定一种成文宪法,以

---

① 底本注明：此为"民国十年三月二十日午后一时在广东省教育会讲演"。由冯子恭笔记。冯称孙中山前此还曾向国会非常会议作同题演讲,但未有记录。

作立国底根本法。兄弟亦尝研究美国宪法。而在美国底人民自从宪法颁行之后,几众口一辞,说美国宪法是世界最好的宪法。即英国政治家,也说自有世界以来,只有美国底三权宪法是一种好宪法。兄弟曾将美国宪法仔细研究,又从宪法史乘及政治各方面比较观察,美国底三权宪法到底如何呢?研究底结果,觉得他那不完备底地方狠〔很〕多,而且流弊亦不少。自后欧美底学者研究美国宪法,所得底感想,亦与我相同。兄弟以最高尚的眼光、最崇拜的心理研究美国宪法,毕竟美国宪法实有不充分之处。近来世人亦渐渐觉察美国底宪法是不完全的,法律上运用是不满足的。由此可知,凡是一个东西,在当时一二百年之前以为是好的,过了多少时候,或是现在亦觉得不好的。兄弟比较研究之后,有见于此,想来补救他底缺点;即美国学者也有此思想。然而讲到补救的事,谈何容易。到底用什么法子去补救呢?既没有这样底书可以补救,又没有什么先例可供参考。

说到这里,兄弟想到从前美国哥伦比亚大学有一位教授喜斯罗①,他著了一本书名叫《自由》。他说三权是不够的,他主张四权。他那四权底意思,就是将国会底弹劾权取出来,作个独立底权。他底用意,以为国会有了弹劾权,那些狡猾底议员往往行使弹劾权来压制政府,弄到政府动辄得咎。他这个用意亦未尽完善,但是兄弟觉得他这本书在美国固可说已有人觉悟了,他们底宪法不完全,想法子去补救。但是这种补救方法仍是不完备。何以言之?在美国各州,有许多官吏是由民选而来。但是民选是狠〔很〕繁难底一件事,民选底流弊亦狠〔很〕多。于是想出限制人民选举底法子:要有

---

① 喜斯罗(James Harvey Hyslop,1854—1920),又译希斯洛,美国哲学家、逻辑学家、伦理学家、心理学家。著有《民主:一项有关政府的研究》(1899)、《逻辑基础》(1892)、《伦理学基础》(1895)、《自由、责任与惩罚》(1894)等著作 27 种。孙中山所提到的《自由》一书,当即指《民主:一项有关政府的研究》(*Democracy*:*A Study of Government*)。该书封面题名下署"By James H. Hyslop, Ph. D, Professor of Logic and Ethics in Columbia University",出版者及出版时间分别标为"New York:Charles Scribner's Sons"和"1899"。全书共由三章构成:《导论》、《问题的性质》及《实际的救济办法》,其中第三章中详细论述了其在美国原有的行政、司法、立法之外,另设一个"弹劾与罢免部门"("Court of Impeachment and Removal")的建议,主张该部门与其他"三权"平行,不起任何积极主动作用,专门从消极方面对其他三权进行限制和惩罚。

资格才有选举权;以职产为资格者,必有若干财产才有选举权,没有财产的就没有选举权。但这种限制选举与现代底潮流平等自由主旨不合,且选举亦狠〔很〕可作弊,而对于被选底人民,亦没有方法可以知道谁是适当。想补救他呢,单单限制选举人,亦不是一种好底方法。最好底方法就是限制被选举人。人民个个都有选举权,这个就是"普通选举",是即近日各国人民所力争的。但是普通选举固好,究竟选什么人好呢? 若没有一个标准,单行普通选举,毛病亦多。而且那被选底人不是仅仅拥有若干财产,我们就可以选他。

兄弟想:当议员或作官吏底人,必定要有才有德或有什么能干;若是没有才没有德,又没有什么能干,单靠有钱是不行的。譬如有这种才德能干资格底人只有五十人,即对于这种资格底人来选举。然则取得这种资格底人如何来定呢? 我们中国有个古法,那个古法就是考试。在中国,从前凡经过考试出身底人算是正途,不是考试出身的不算正途。讲到这个古法,在中国从前专制底时代,用的时候尚少。因为那君主即在吃饭睡觉底时候亦心心念念,留心全国的人材,谁是人材,好叫谁去做官。君主以用人为专责,他就狠〔很〕可以搜罗天下底人材。在今日的时代,人民实没有功夫可以办这件事,故在君主时代可以不用考试,在共和时代考试则不可少。于是兄弟想加一个考试权。考试本是一个狠〔很〕好底制度,是兄弟亡命海外底时候,考察各国底政治宪法研究出来的,算是兄弟个人所独创,并没有在那一国学者所钞袭的。兄弟想这个制度一定可以通行有利。

从前在东京同盟会时,本以三民主义、五权宪法为党纲,预计革命成功就要实行五权宪法。不想光复之后,大家并不留意及此,多数心理以为推翻满洲就算了事。所以民国虽成立了十年,亦没有看见什么精神,比前清更觉得腐败。这个缘故,我们就可以知道,不用兄弟细说。必以五权宪法为建设国家底基础,我们有了良好底宪法,才能建立一个真正底共和国家。

但①自兄弟发明五权宪法之后,一班人对于这个五权宪法都不很清楚。

---

① 此处据冯子恭笔记、孙中山亲笔修改的《孙先生五权宪法讲演录》付排稿增一"但"字;此字原被涂去,又用标号予以恢复(付排稿有关情况详见篇末脚注)。

即专门学者亦多不以为然。记得二十年前有个中国学生①,他本是大学法科毕业,在美国大学亦得了法学士底学位,他后来还想深造,又到美国东方底一个大学读书。此人兄弟在美国纽约城遇见,兄弟问他:"此回你又入美国东方底大学,预备研究什么学问?"他说他想专门学宪法。兄弟听他说是要学宪法,就将我底五权宪法说与他听,足足与他讨论了两个星期。他说这个五权宪法比什么都好。兄弟心喜他既赞成这个五权宪法,就请他到了学校里后,将这五权宪法详细底研究研究。其后他就在美国东方耶路大学②三年毕业,又得了法律博士底学位。这耶路大学是美国东方狠〔很〕有名誉底大学,他得了这个大学底博士学位,他底学问自然是很好的。他自耶路大学毕了业,后来他又到英国、法国、德国考察各国底政治宪法。辛亥革命成功,他亦回到中国,兄弟又遇见了他,我就问他:"当日你因赞成我底宪法,现在你研究之后,可有什么心得?"他说:"五权宪法,各国都没有这个东西,这个恐怕是不能行的。"当时兄弟听了这话,就狠〔很〕不以为然。谁知我们那班同志听了他这话,以为这位法律博士说各国都没有这个东西,想来总是不大妥当,也就忽视这五权宪法了。还有一个日本底法律博士③,兄弟在南京底时候请他做法律顾问,有许多法律上底事情与他商量。后来讨袁之役,兄弟亡命在东京,遇到了这位博士。他问兄弟什么叫五权宪法,兄弟就与他详细讲解,相处两三个月底功夫,合计总是二三十小时,后来他也就明白了。此时,兄弟觉得这位法律博士还要讲了许多底时候才能明白,若遇着一班普通人民又将如何?难怪他们不懂了。适才所说底这两个博士,一个是中国底博士,一个是东洋底博士。那中国底博士,在纽约遇着他底时候,讨论了两个星期,他狠〔很〕赞成这个五权宪法。在这个时候,他不过是个学士底学位,只算是半通底时候。待他得了博士底学位,可算已到大通底时候了,

---

① 此指王宠惠。
② 今译耶鲁大学。
③ 此指寺尾亨(1858—1925),明治、大政时代的国际法学者。曾留学法国,1894年任东京帝国大学法科大学教授。1899年任外务省参事官。1912年1月被孙中山聘为南京临时政府法律顾问,1914年2月担任孙中山等在东京创办的政法学校校长。

他说各国没有这个东西。又那个日本底博士，兄弟与他研究了好几个月底功夫，他才明白。兄弟想这个东西实在狠〔很〕难，现在虽没有人懂得，年深月久，数百年或数千年以后，将来总有实行的日子。

我们要想把中国弄成一个庄严华丽底国家，我们有什么法子可以使他实现呢？我想亦有法子，而且并不为难，只要实行五权宪法就是了。兄弟在东京庆祝《民报》周年底时候讲演五权宪法之后，到现在差不多二十年了，而赞成五权宪法的人仍是寥寥，可见他们心中都不以为然。今天我们想要讲五权宪法，本是狠〔很〕好底事情，但是要将五权宪法详细的说明，虽费几天底功夫亦说不了，而且恐怕越说越不明白。兄弟想了一个法子，要想就五权宪法之外来讲，侧面底讲比正面底讲容易懂得。中国不尝有句成语吗？就是"不识庐山真面目，只缘身在此山中"，这个意思，就是必离开庐山一二百里，才可看到庐山底真面目，若在庐山里头，反看不出庐山的真面目。兄弟今天讲五权宪法，亦是用这个法子。

诸君想想，我们为什么要这个宪法呢？要知道我们要宪法底用意，应先把几千年以来底政治取来看看。政治里面有两个潮流，一个是自由底潮流，一个是秩序底潮流。政治中有这两个力量，正如物理之有离心力与归心力。离心力之趋势，则专务开放向外；归心力之趋势，则专务收合向内。如离心力大，则物质必飞散无归；如归心力大，则物质必愈缩愈小。两力平均方能适当。此犹自由太过，则成为无政府；秩序太过，则成为专制。数千年底政治变更，不外夫这两个力量的冲动。中国历史，是从自由而入于专制；西国历史，是从专制而入于自由。孔子删书，断自唐虞。唐虞之世，尧天舜日，号为黄金世界，极平等自由之乐。而降及后世，政治弄到如此不好，这又是什么缘故呢？其故就是人民享得自由太多，因此而生厌，遂至放去其自由，而野心之君主承之，以致积而成秦汉以后之专制。外国底政治，乃从专制而渐趋自由，其始人民有不堪专制之苦，故外国有句话叫做"不自由毋宁死"。他底意思是，人民不能自由宁可死去。此可见当时外国政治专制之烈也。中国底政治，是由自由而进于专制。中国古代人民"耕田而食，凿井而饮"，原是很自由的。而老子所说底"无为而治"，亦是表示人民极自由底意思。当时底人民有了充分底自由，不知自由之可贵，至今此习仍存，故外人初不知其理，甚异中国人民之不尚自由也。若在欧洲底历史，则与此不同。欧洲自罗马亡后，其地为各国割据，以人民为奴隶，在近世纪底时候，有许多战争发生，都是为争自由而战。

兄弟从前倡革命，于自由一层，没有什么讲到，因为中国人只晓得讲改革政治，不懂得什么叫自由。中国历代底皇帝，他只晓得要人民替他完粮纳税，只要不妨碍他祖传帝统就好，故外国人批评中国人不晓自由。近来有几个少年学者，得了点新思想，才晓得"自由"两个字。本来中国人民是不须争自由的。如诸君在此，晓得空气是什么东西。空气要他作什么？我们在这房子里空气是很够的，人之在空气中生活，如鱼之在水中生活，鱼离水就要死，人没有空气，亦是要死的。但人不晓得空气之可贵，到底是个什么呢？因为空气不竭也。试将人闭之于不通空气底屋子里，他知空气可贵矣。欧俗人不自由，故争自由。中国人尚不竭自由，故不知自由。这个两种潮流，一专制，一自由，就是中国与欧洲不同底地方。

政治里面又有两种人物，一是治人者，一是治于人者。孟子所谓："有劳心者，有劳力者；劳心者治人，劳力者治于人。"治人者必有知识的，治于人者必无知识的。从前底人可说是同小孩子一样，只晓得受治于人，现在已渐长成，大家都明白了，已将治人与治于人底阶级打破。欧洲近世纪已将皇帝治人底阶级打破，人民才得今日比较底自由。兄弟这个五权宪法，亦是打破治者与被治者底阶级，实行民治底根本方法。

现在再讲宪法底出产地，宪法创始于英国。英国自大革命后，将皇帝底权渐渐分开而成为一种政治底习惯，好像三权分立一样。其实英人亦不自知其为三权分立也，不过以其好自由之天性行其所适耳。乃二百年前有法国学者孟德斯鸠，他著了一部书叫做《法意》，有人亦叫做《万法精义》，发明了三权独立底学说，主张立法、司法、行政三权分立。但英国后来因政党发达，已渐渐变化。现在英国并不是行三权政治，实在是一权政治。英国现在底政治制度是国会独裁，行议会政治，就是政党政治，以党治国。孟氏发明三权分立学说未久，就有美国底革命，订定一种宪法。美国即根据孟氏底三权分立学说，用很严密底文字订立成文宪法。孟氏乃根据英国底政治习惯,草成此种三权分立主张。后来日本底维新及欧洲各国底革命,差不多皆以美国为法订立宪法。英国底宪法并没有什么条文,美国则有极严密底条文,故英国底宪法又称活动底宪法,美国底宪法是呆板底宪法。英国以人为治,美国以法为治。英国虽是立宪底鼻祖,然没有成文底宪法。以英国底不成文宪法,拿来比较我们中国底宪法,我们中国亦有三权宪法,如:

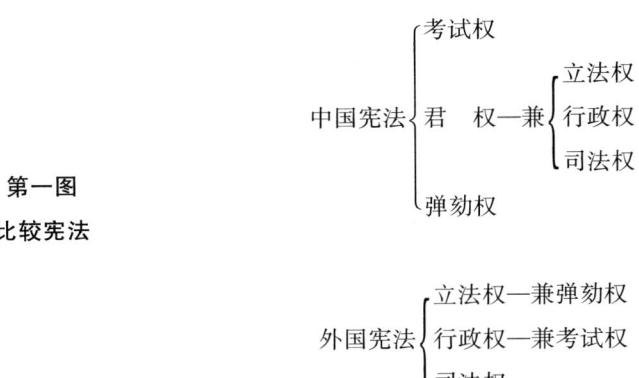

第一图
比较宪法

就这个图看来,中国何尝没有宪法:一是君权,一是考试权,一是弹劾权。而君权则兼有立法、行政、司法之权。考试本是中国一个很好底制度,亦是很严重底一件事。从前各省举行考试底时候,将门都关上,认真得很,关节通不来,人情讲不来,看看何等郑重。但是到后来,也就有些不好起来了。说到弹劾,有专管弹劾底官,如台谏、御史之类,虽君主有过,亦可冒死直谏,风骨凛然。好像记得广雅书局内有十先生祠,系祀谏臣者,张之洞题有一额曰"抗风轩",言其有风骨能抗君王底意思。可知当日设御史、台谏等官原是一种很可取底事情。美国有个学者巴直①氏是很有名的,他著了

---

① 巴直(John William Burgess, 1844—1931),今译伯吉斯,英国政治学家、法学家。先后获得哥伦比亚大学、普林斯顿大学和德国柏林大学法学博士学位,又在莱比锡大学获哲学博士学位。1876 年在哥伦比亚大学任政治学和法学教授,并担任该校政治学、哲学和纯科学学院院长。他的代表作有:Political Science and Comparative Constitutional Law(《政治学和比较宪法》),1890 年出版,另著有《南北战争与宪法》(1901)、《复兴与宪法》(1902)等书。

一本书叫《自由与政府》,谓中国底弹劾权是自由与政府间底一种最良善之调和法。

刚才兄弟讲底这两个潮流,自由这个东西,从前底人民都不大讲究。极端底自由,就是无政府主义。欧洲讲无政府主义,亦是认为一种很新底东西,最初有法人布鲁东①、俄人巴枯宁及现已逝世之俄人克鲁泡特金。在他们讲这种主义,不过看了这种东西很新,研究研究罢了。近来中国底学生们,他无论懂不懂,也要讲无政府,以为趋时,真是好笑。讲到无政府主义,我们中国三代以上已有人讲过。黄老之道,不是无政府主义吗?《列子》内篇所说底"华胥氏之国,其人民无君长,无法律,自然而已",这不是无政府主义吗?我们中国讲无政府主义,已讲了几千年了,不过现在底青年不懂罢了。像他们现在所讲底无政府主义,就是我们已不要的。兄弟讲自由与专制两个潮流,要调和他们,使不各趋极端。如离心力与归心力一样,单讲离心或是单讲归心,都是不对。有离心力,还要有归心力,片面底主张,总是不成的。两力相等,两势调和,乃能极宇宙之大观。

宪法的作用犹如一部机器,兄弟说政府就是一个机器。有人说尔这个譬喻真比方得奇。不知物质有机器,人事亦有机器,法律是一种人事底机器。就物理言,支配物质易,支配人事难。因科学发明,支配物质很易,而人事复杂,故支配人事繁难。宪法就是一个大机器,就是调和自由与统治底机器。我们革命之始,主张三民主义,三民主义就是民族、民权、民生。美国总统林肯他说的"The government of the people, by the people, for the people",兄弟将他这主张译作"民有、民治、民享"。他这民有、民治、民享主义,就是兄弟的民族、民权、民生主义。要必民能治才能享,不能治焉能享,所谓民有总是假的。"劳心者治人,劳力者治于人",今欲破除之,亦未尝无方法。人力非不可以胜天,要在能善用不能善用耳。世界有千里马日能行千里,有鸟能飞天、鱼能潜海,人则不能。假如我们人要日行千里,要飞天,要潜海,我们能不能呢?兄弟可以说能,我们只要用机器就能。我们用一辆自动车,何止

---

① 今译蒲鲁东。

日行千里；我们用飞行机，就可以上天；我们用潜航艇，就可以下海。这个就是人事可以补天功。从前希腊有一人日能行千里，但这种人是贤者，是天赋的特能，不可多得的。今日人类有了这种机器，不必贤者，不必要天赋的特能，亦可以日行千里，飞天潜海，随意所欲。我们现在讲民治，就是要将人民置于机器之上，使他驰骋〔骋〕翱翔，随心所欲。机器是什么？宪法就是机器。如：

第二图　五权宪法 ｛ 立法权 / 司法权 / 行政权 / 弹劾权 / 考试权

　　这个五权宪法，就是我们底自动车、飞机、潜艇。五权宪法分立法、司法、行政、弹劾、考试五权，各个独立。从前君主底时代有句俗话叫"造反"，造反就是将上头的反到下头，或是将下头的反到上头。在从前底时候，造反是一件很了不得的事情。这五权宪法就是上下反一反，将君权去了，并将君权中的行政、立法、司法三权提出，作三个独立底权。行政设一执行政务底大总统，立法就是国会，司法就是裁判官，与弹劾、考试同是一样独立的。

　　以后国家用人行政，凡是我们的公仆都要经过考试，不能随便乱用的。记得兄弟刚到广州的时候，求差事的人很多，兄弟亦不知那个有才干、那个没有才干，其时政府正要用人，又苦没有人用，这个缘因，就是没有考试的弊病。没有考试，虽有奇才之士，具飞天的本领，我们亦无法可以晓得，正不知天下埋没了多少的人材呢！因为没有考试的缘故，一班并不懂得政治的人，他也想去做官，弄得乌烟瘴气，人民怨恨。前几天兄弟家里想找个厨子，我一时想不到去什么地方去找，就到菜馆里托他们与我代找一个。诸君想想，我为什么不到木匠店托他们代找，要跑到菜馆里去呢？因为菜馆是厨子专门的学堂，他那里必定有好厨子。诸君试想，找一个厨子是很小的事情，尚且要跑到那专门的地方去找,何况国家的大事呢?可知考试真是一件最要紧的事情。没有考试,我们差不多就无所适从。譬喻省议会到期要选八十个议员,其时有三百个人有这候补的资格,我们要选八十个议员,就在这三百人中选举。

美国选举的时候,常常要闹笑话。曾记有两个人争选举,一个是大学毕业的博士,一个是拉车子的苦力。到将要选举的时候,两人去演说。那个博士学问高深,讲的无非是些天文地理,但他所讲的话语,人家听了都不大懂他。这个车夫随后亦上去演说道:"你们不要以为他是博士,他是个书呆子。他靠父兄的力能进学校里读书,我没有父兄的帮助,不能进学校读书。他靠父兄,我是靠自己的,你们看那一个有本领呢?"这一番话说得那班选举人个个拍掌,说那个博士演说的不好,一点不懂;这个车夫的演说很好,入情入理。后来果然车夫当选。诸君想想,这两个人,一个是博士,一个是车夫,说到学问当然是那个博士比车夫好,然而博士不能当选,这个就是只有选举而没有考试的缘故。所以美国的选举常常就闹出笑话。有了考试,那末必要有才、有德的人,才能当我们的公仆。英国行考试制度最早,美国行考试才不过二三十年,英国的考试制度就是学我们中国的。中国的考试制度是世界最好的制度。现在各国的考试制度亦都是学英国的。

刚才讲过立法是国会,行政是大总统,司法是裁判官,其余弹劾有监察的官,考试有考试的官。兄弟在南京的时候,想要参议院立一个五权宪法,谁知他们各位议员,都不晓得什么叫五权宪法。后来立了一个约法,兄弟也不理他,我以为这个只有一年的事情,也不要紧,且待随后再鼓吹我的五权宪法罢。后来看他们那个《天坛宪法草案》,不想他们果然又把自己的好东西丢去了。

五权宪法是兄弟创造的,五权宪法如一部大的机器。譬如你想日走千里路,就要坐自动车;你想飞天,就要驾飞机;你想潜海,就要乘潜艇;你想治国,就要用这个治国机关的机器。如:(第三图)

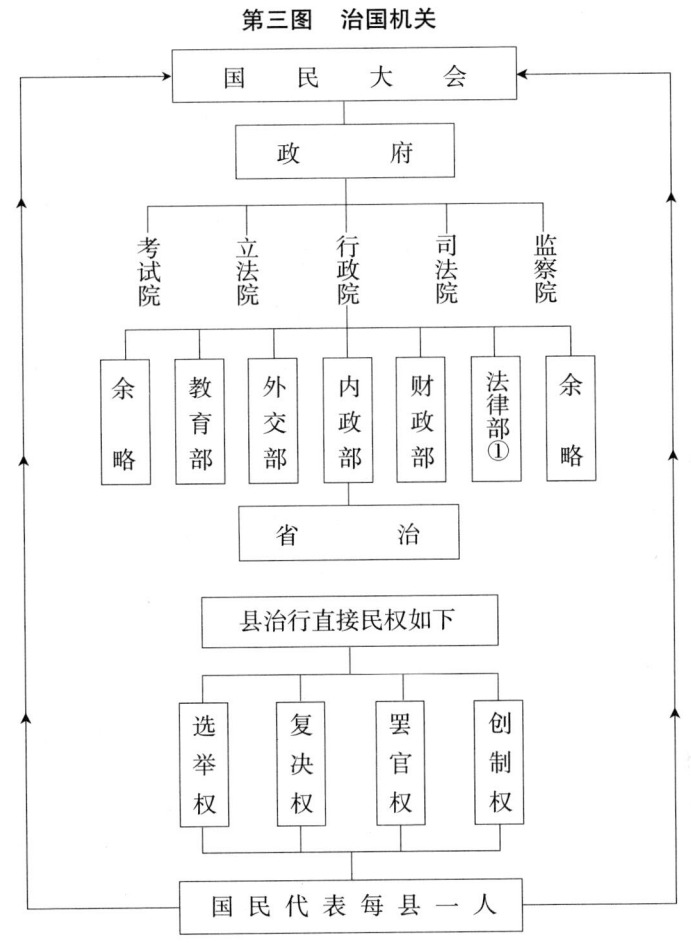

第三图 治国机关

这个就是治国机关。除宪法上规定五权分立外,最要的就是县治,行使直接民权。直接民权才是真正的民权。直接民权凡四种:一选举权,一罢官权,一创制权,一复决权。五权宪法如一部大机器,直接民权又是机器的制扣。人民有了直接民权的选举权,尤必有罢官权,选之在民,罢之亦在民。什么叫创制权?假如人民要行一种事业,可以公意创制一种法律。又如立

---

① 此部,据黄昌谷编《孙中山先生演说集》(上海民智书局,一九二六年二月初版),作"军政部"。

法院任立一法，人民觉得不便，可以公意起而废之，这个废法权叫做复决权。又立法院如有好法律通不过的，人民也可以公意赞成通过之，这个通过不叫创制权，仍是复决权。因为这个法律仍是立法院所立的，不过人民加以复决，使他得以通过。就是民国的约法，也没有规定具体的民权。在南京所订民国约法，内中只有"中华民国主权属于国民全体"一条，是兄弟所主张的，其余都不是兄弟的意思，兄弟不负这个责任。

前天当在省议会将五权宪法大旨讲过，甚望省议会诸君议决通过，要求在广州的国会制定五权宪法，作个治国的根本法。今天兄弟是就侧面底观察来讲五权宪法，因时间短促，意尚未尽，希望诸君共同研究，并望诸君大家都来赞成五权宪法。

据《孙大总统五权宪法讲演录》(又名《孙先生五权宪法讲演录》)，广东官印刷局承印(非卖品)①

---

① 此为广州印行的初刊本，未标出版时间。又：笔记者冯子恭于1929年3月将其所藏、经孙中山亲笔详细修改的《孙先生五权宪法讲演录》(民国十年三月二十日午后一时在广东省教育会讲演)原稿摹印公之于世(摹印本照片藏于南京、中国第二历史档案馆)。从稿中所加标记可知，此乃送交印刷机关的付排稿，其与底本仅有数字不同(如"的"与"底")。再：《孙中山先生三民主义五权宪法演讲录》铅印本(非卖品)，其中《五权宪法》(中华民国十年三月二十日午后一时在广东省教育会讲演)的内容文字与底本完全相同，似亦为当年官方刊行。

本讲与6月在中国国民党特设办事处演讲之《五权宪法》，内容大致相同，惟文句稍有出入。

建国方略①

(一九二二年六月前)

建国方略之一
孙文学说——行易知难(心理建设)

自 序

文奔走国事三十余年,毕生学力尽萃于斯,精诚无间,百折不回,满清之威力所不能屈,穷途之困苦所不能挠。吾志所向,一往无前,愈挫愈奋,再接再励〔厉〕,用能鼓动风潮,造成时势。卒赖全国人心之倾向,仁人志士之赞襄,乃得推覆专制,创建共和。本可从此继进,实行革命党所抱持之三民主

---

① 《建国方略》由《孙文学说——行易知难(心理建设)》、《实业计划(物质建设)》和《民权初步(社会建设)》三种著作汇编而成,是孙中山关于政治、经济、哲学思想方面的代表作。《民权初步》,原名《会议通则》,由上海中华书局于1917年4月初版发行,后编为《建国方略之三:社会建设》。《实业计划》用英文写成,原名 The International Development of China。1919年初,孙中山将《实业计划》开篇总论分寄一些西方国家政府及有关人士,随后在中外报纸上发表。中译文最早发表在1919年3月7日上海《民国日报》,6月将《实业计划》第一计划发表于上海英文杂志《远东时报》(The Far Eastern Review)第十五卷第六期,8月又将全书内容译成中文,以《建国方略之一——发展实业计划》为题,在上海《建设》杂志创刊号开始连载(至第四计划第四部停载)。1920年夏由上海商务印书馆初版发行全书英文本。1921年10月上海民智书局出版中文全译本。《实业计划》后被孙中山编为《建国方略之二:物质建设》。《孙文学说——行易知难》出版于1919年春夏间。《孙文学说》原拟包括卷二《三民主义》、卷三《五权宪法》,后未续出。《孙文学说——行易知难》于1919年5月发行初刊本,今见最早版本为上海华强印书局1919年6月所出版本。孙中山后以《孙文学说——行易知难》为题,将该书编为《建国方略之一:心理建设》。

义、五权宪法,与夫《革命方略》①所规定之种种建设宏模,则必能乘时一跃而登中国于富强之域,跻斯民于安乐之天也。不图革命初成,党人即起异议,谓予所主张者理想太高,不适中国之用;众口铄金,一时风靡,同志之士亦悉惑焉。是以予为民国总统时之主张,反不若为革命领袖时之有效而见之施行矣。此革命之建设所以无成,而破坏之后国事更因之以日非也。夫去一满洲之专制,转生出无数强盗之专制,其为毒之烈较前尤甚,于是而民愈不聊生矣!溯夫吾党革命之初心,本以救国救种为志,欲出斯民于水火之中,而登之衽席之上也。今乃反令之陷水益深,蹈火益热,与革命初衷大相违背者,此固予之德薄无以化格同侪,予之能鲜不足驾驭群众,有以致之也。然而吾党之士,于革命宗旨、革命方略亦难免有信仰不笃、奉行不力之咎也。而其所以然者,非尽关乎功成利达而移心,实多以思想错误而懈志也。

此思想之错误为何?即"知之非艰,行之惟艰"之说也。此说始于傅说对武丁之言,由是数千年来深中于中国之人心,已成牢不可破矣。故予之建设计划,一一皆为此说所打消也。呜呼!此说者予生平之最大敌也,其威力当万倍于满清。夫满清之威力,不过只能杀吾人之身耳,而不能夺吾人之志也。乃此敌之威力则不惟能夺吾人之志,且足以迷亿兆人之心也。是故当满清之世,予之主张革命也,犹能日起有功,进行不已;惟自民国成立之日,则予之主张建设,反致半筹莫展,一败涂地矣。吾三十年来精诚无间之心,

---

1922年春,孙中山对前述三种著作进行文字订正和部分内容调整,编汇成《建国方略》一书,交付上海民智书局出版。民智书局发行《建国方略》再版本后,孙中山在校订时于全书总目录亲笔增添"(四)《国家建设》(续出)"一项。据其著作计划,原拟包括《民族主义》、《民权主义》、《民生主义》、《五权宪法》、《地方政府》、《中央政府》、《外交政策》、《国防计划》八册,后来仅完成前三册,但未再以《建国方略》名义发行。

本次所出版的《建国方略》,以中华书局出版的《孙中山全集》(中华书局,2006年第二版)第六卷《建国方略》为底本,参照上海孙中山故居所藏改正本《建国方略》(上海民智书局一九二二年六月再版)、台湾《国父全集》(台北一九七三年六月版),以及黄彦、萧润君主编《孙中山著作丛书·建国方略》(广东人民出版社2007年11月版)等,予以校勘,更正一些异体字,改正个别错字,重新划定个别段落,一些标点符号略有改动。

① 指1906年秋孙中山在日本东京主持制订的中国同盟会《革命方略》。

几为之冰消瓦解,百折不回之志,几为之槁木死灰者,此也。可畏哉此敌!可恨哉此敌!兵法有云:"攻心为上"。是吾党之建国计划,即受此心中之打击者也。

夫国者人之积也,人者心之器也,而国事者,一人群心理之现象也。是故政治之隆污,系乎人心之振靡。吾心信其可行,则移山填海之难,终有成功之日;吾心信其不可行,则反掌折枝之易,亦无收效之期也。心之为用大矣哉!夫心也者,万事之本源也。满清之颠覆者,此心成之也;民国之建设者,此心败之也。夫革命党之心理,于成功之始则被"知之非艰,行之惟艰"之说所奴,而视吾策为空言,遂放弃建设之责任。如是则以后之建设责任,非革命党所得而专也。迨夫民国成立之后,则建设之责任当为国民所共负矣。然七年以来,犹未睹建设事业之进行,而国事则日形纠纷,人民则日增痛苦。午夜思维,不胜痛心疾首!夫民国之建设事业,实不容一刻视为缓图者也。

国民!国民!究成何心?不能乎?不行乎?不知乎?吾知其非不能也,不行也;亦非不行也,不知也。倘能知之,则建设事业亦不过如反掌折枝耳。回顾当年,予所耳提面命而传授于革命党员,而被河汉①为理想空言者,至今观之,适为世界潮流之需要,而亦当为民国建设之资材也。乃拟笔之于书,名曰《建国方略》,以为国民所取法焉。然尚有踌躇审顾者,则恐今日国人社会心理,犹是七年前之党人社会心理也,依然有此"知之非艰,行之惟艰"之大敌横梗于其中,则其以吾之计划为理想空言而见拒也,亦若是而已矣。故先作学说以破此心理之大敌,而出国人之思想于迷津,庶几吾之建国方略或不致再被国人视为理想空谈也。夫如是,乃能万众一心,急起直追,以我五千年文明优秀之民族,应世界之潮流,而建设一政治最修明、人民最安乐之国家,为民所有、为民所治、为民所享者也。则其成功,必较革命之破坏事业为尤速、尤易也。

时民国七年十二月三十日
孙文自序于上海

---

① 河汉,即天河,亦称银河。河汉比喻大而无当的空话。

第一章　以饮食为证

当革命破坏告成之际，建设发端之始，予乃不禁兴高采烈，欲以予生平之抱负与积年研究之所得，定为建国计划，举而行之，以冀一跃而登中国于富强隆盛之地焉。乃有难予者曰："先生之志高矣、远矣，先生之策闳矣、深矣，其奈'知之非艰，行之惟艰'何？"予初闻是言也，为之惶然若失。盖"行之惟艰"一说，吾心亦信而无疑，以为古人不我欺也。继思有以打破此难关，以达吾建设之目的，于是以阳明"知行合一"之说，以励同人。惟久而久之，终觉奋勉之气不胜畏难之心，举国趋势皆如是也。予乃废然而返，专从事于"知易行难"一问题，以研求其究竟。几费年月，始恍然悟于古人之所传、今人之所信者，实似是而非也。乃为之豁然有得，欣然而喜，知中国事向来之不振者，非坐于不能行也，实坐于不能知也；及其既知之而又不行者，则误于以知为易、以行为难也。倘能证明知非易而行非难也，使中国人无所畏而乐于行，则中国之事大有可为矣。于是以予构思所得之十事，以证明行之非艰而知之惟艰，以供学者之研究，而破世人之迷惑焉。

夫"知之非艰，行之惟艰"一语，传之数千年，习之遍全国，四万万人心理中，久已认为天经地义而不可移易者矣。今一旦对之曰"此为似是而非之说，实与真理相背驰"，则人必难遽信。无已，请以一至寻常、至易行之事以证明之。

夫饮食者，至寻常、至易行之事也，亦人生至重要之事而不可一日或缺者也。凡一切人类、物类皆能行之，婴孩一出母胎则能之，雏鸡一脱蛋壳则能之，无待于教者也。然吾人试以饮食一事反躬自问，究能知其底蕴者乎？不独普通一般人不能知之，即近代之科学已大有发明，而专门之生理学家、医药学家、卫生学家、物理家、化学家，有专心致志以研究于饮食一道者，至今已数百年来，亦尚未能穷其究竟者也。

我中国近代文明进化，事事皆落人之后，惟饮食一道之进步，至今尚为文明各国所不及。中国所发明之食物，固大盛于欧美；而中国烹调法之精良,又非欧美所可并驾。至于中国人饮食之习尚,则比之今日欧美最高明之医学卫生家所发明最新之学理,亦不过如是而已。何以言之?夫中国食品之发明,如古所称之"八珍"①,非日用寻常所需,固无论矣。即如日用寻常之品,如金针、木耳、豆腐、豆芽等品,实素食之良者,而欧美各国并不知其为食品者也。至于肉食,六畜之脏腑,中国人以为美味,而英美人往时不之食也,而近年亦以美味视之矣。吾往在粤垣,曾见有西人鄙中国人食猪血,以为粗恶野蛮者,而今经医学卫生家所研究而得者,则猪血涵铁质独多,为补身之无上品。凡病后、产后及一切血薄症之人,往时多以化炼之铁剂治之者,今皆用猪血以治之矣。盖猪血所涵之铁,为有机体之铁,较之无机体之炼化铁剂,尤为适宜于人之身体。故猪血之为食品,有病之人食之固可以补身,而无病之人食之亦可以益体。而中国人食之,不特不为粗恶野蛮,且极合于科学卫生也。此不过食品之一耳,其余种种食物,中国自古有之,而西人所未知者不可胜数也。如鱼翅、燕窝,中国人以为上品,而西人见华人食之,则以为奇怪之事也。

夫悦目之画,悦耳之音,皆为美术;而悦口之味何独不然?是烹调者,亦美术之一道也。西国烹调之术莫善于法国,而西国文明亦莫高于法国。是烹调之术本于文明而生,非深孕乎文明之种族,则辨味不精;辨味不精,则烹调之术不妙。中国烹调之妙,亦足表文明进化之深也。昔者中西未通市以前,西人只知烹调一道,法国为世界之冠;及一尝中国之味,莫不以中国为冠矣。近代西人之游中国内地者以赫氏以〔为〕最先,当清季道光年间,彼曾潜行各省而达西藏,彼所著之游记,称道中国之文明者不一端,而尤以中国调味为世界之冠。近年华侨所到之地,则中国饮食之风盛传。在美国纽约一城,中国菜馆多至数百家。凡美国城市,几无一无中国菜馆者。美人之嗜中国味者,举国若狂。遂至令土人之操同业者,大生妒忌,于是造出谣言,谓中国人所用之酱油涵有毒质,伤害卫生,致的他睬②市政厅有议禁止华人用

---

① 八珍,古籍记载不同,通常是指龙肝、凤髓、豹胎、鲤尾、鸮炙、猩唇、熊掌、酥酪蝉。
② 的他睬(Detroit),今译底特律,属美国密歇根(密执安)州。

酱油之事。后经医学卫生家严为考验，所得结果，即酱油不独不涵毒物，且多涵肉精，其质与牛肉汁无异，不独无碍乎卫生，且大有益于身体，于是禁令乃止。中国烹调之术不独遍传于美洲，而欧洲各国之大都会亦渐有中国菜馆矣。日本自维新以后，习尚多采西风，而独于烹调一道犹嗜中国之味，故东京中国菜馆亦林立焉。是知口之于味，人所同也。

中国不独食品发明之多，烹调方法之美，为各国所不及；而中国人之饮食习尚暗合于科学卫生，尤为各国一般人所望尘不及也。中国常人所饮者为清茶，所食者为淡饭，而加以菜蔬豆腐，此等之食料为今日卫生家所考得为最有益于养生者也。故中国穷乡僻壤之人，饮食不及酒肉者，常多上寿。又中国人口之繁昌，与乎〔夫〕中国人拒疾疫之力常大者，亦未尝非饮食之暗合卫生有以致之也。倘能再从科学卫生上再做工夫，以求其知而改良进步，则中国人种之强必更驾乎今日也。西人之倡素食者，本于科学卫生之知识，以求延年益寿之功夫。然其素食之品无中国之美备，其调味之方无中国之精巧，故其热心素食家多有太过于菜蔬之食，而致滋养料之不足，反致伤生者。如此，则素食之风断难普遍全国也。中国素食者必食豆腐。夫豆腐者，实植物中之肉料也，此物有肉料之功，而无肉料之毒。故中国全国皆素食，已习惯为常，而不待学者之提倡矣。欧美之人所饮者浊酒，所食者腥膻，亦相习成风。故虽在前有科学之提倡，在后有重法之厉禁，如近时俄、美等国之厉行酒禁，而一时亦不能转移之也。单就饮食一道论之，中国之习尚当超乎各国之上。此人生最重之事，而中国人已无待于利诱势迫，而能习之成自然，实为一大幸事。吾人当保守之而勿失，以为世界人类之师导也可。

古人有言，"人为一小天地"，良有以也。然而以之为一小天地，无宁谓之为一小国家也。盖体内各脏腑分司全体之功用，无异于国家各职司分理全国之政事。惟人身之各机关，其组织之完备，运用之灵巧，迥非今世国家之组织所能及。而人身之奥妙，尚非人类今日知识所能穷也。据最近科学家所考得者，则造成人类及动植物者，乃生物之元子为之也。生物之元子，学者多译之为"细胞"，而作者今特创名之曰"生元"，盖取生物元始之意也。生元者何物也？曰：其为物也，精矣、微矣、神矣、妙矣，不可思议者矣！按今日科学所能窥者,则生元之为物也,乃有知觉灵明者也,乃有动作思为者也,乃有主意计划者也。人身结构之精妙神奇者,生元为之也;人性之聪明知觉者,生元发之也;动植物状态之奇奇怪怪不可思议者,生元之构造物也。生元之构造人类及万物也,亦犹乎人类之构造屋宇、舟车、城市、桥梁等物也。空中之飞鸟,即生元所造之飞行机也;水中之鳞介,即生元所造之潜航艇也。孟子所谓"良知良能"者非他,即生元之知、生元之能而已。自圭哇里①氏发明"生元有知"之理而后,则前时之哲学家所不能明者,科学家所不能解者,进化论所不能通者,心理学所不能道者,今皆可由此而豁然贯通,另辟一新天地为学问之试验场矣。人身既为生元所构造之国家,则身内之饮食机关,直为生元之粮食制造厂耳;人所饮食之物品,即生元之供养料及需用料也。生元之依人身为生活,犹人类之依地球为生活;生元之结聚于人身各部,犹人之居住于各城市也。

　　人之生活以温饱为先,而生元亦然。故其需要以燃料为最急,而材料次之。吾人所食之物,八九成为用之于燃料,一二成乃用之于材料。燃料之用有二:其一为煖体,是犹人之升火以御寒;二为工作,是犹工厂之烧煤以发力也。是以作工之人,需燃料多而食量大;不作工之人,需燃料少,食量亦少。倘食物足以供身内之燃料而有余,而其所余者乃化成脂肪而蓄之体内,以备不时之需。倘不足以供身内之燃料,则生元必取身内所蓄之脂肪以供燃料,脂肪既尽,则取及肌肉。故饮食不充之人;立形消瘦者此也。材料乃生元之供养料及身体之建筑料,材料若有多余,则悉化为燃料,而不蓄留于体内。此犹之城市之内,建筑之材木过多,反成无用,而以之代薪也。故材料不可过多,过多则费体内机关之力以化之为燃料。而其质若不适为燃料,则燃后所遗渣滓于体中,又须费肾脏多少工夫,将渣滓清除,则司其事之脏腑有过劳之患,而损害随之,非所宜也。食物之用,分为两种:一为燃料,素食为多;一为材料,肉食为多。材料过多,可变为燃料之用,而燃料过多,材料欠缺,则燃料不能变为材料之用。是故材料不能欠缺,倘有欠缺,必立损元气;材

---

① 圭哇里(Nels Quevli),今译奎弗利,美国人。

料又不可过多,倘过多则有伤脏腑。世之人倘能知此理,则养生益寿之道,思过半矣。

近年生理学家之言食物分量者,不言其物质之多少,而言其所生热力之多少以为准。其法用器测量,以物质燃化后,能令一格廉①(中国二分六厘)水热至百度表一度为一热率,故称"食物有多少热率",或谓"人当食多少热率"等语,此已成为生理学之一通用术语矣,以后当用此以言食量也。食物之重要种类有三,即淡气②类、炭轻③类、脂肪类,此外更有水、盐、铁、磷、铱、锰各质并生机质(此质化学家尚未考确为何元素),皆为人生所不可少也。淡气类一格廉有四零一热率,炭轻类一格廉有四零一热率,脂肪类一格廉有九零三热率。淡气质以蛋白为最纯,而各种畜肉及鱼类皆涵大部分淡气,植物中亦涵有淡气质,而以黄豆、青豆为最多。每人每日养身材料之多少,生理学家之主张各有不同,有以需蛋白质一百格廉为度者,有主张五十格廉便足者。至于所用热率多少,奥国那典氏所考得凡人身之重,每一基罗④(中国二十四两),轻工作时当需三十四至四十热率,重工作时当需四十至六十热率。如是其人为七十基罗重者,于轻工作时当需食料二千八百热率,于重工作时当需食料三千五百至四千热率。但佛列查氏〔有奥国学者佛列查氏〕曾亲自试验,彼身重八十六基罗,而每日所食蛋白质四十五格廉(中国一两一钱七分),燃料一千六百热率,其后体质虽减少十三基罗有奇,然其康健较前尤胜。后再减少食料至三十八格廉蛋白,一千五百八十热率,而其身体康健继续如常。各生理学家为饮食度量之试验者多矣,而其为身体材料所需之淡气质,总不外由五十格廉至一百格廉,即中国衡一两三钱至二两六钱之蛋白质也;其为身体之燃料所需者,不外三四千热率之间耳。其间有极重之工作,有需热率至五六千者,此则不常见也。

人间之疾病,多半从饮食不节而来。所有动物皆顺其自然之性,即纯听

---

① 格廉(gram),今译克,下同。
② 淡气(nitrogen),今译氮气。
③ 炭轻(carbohydrate),今译碳氢化合物。
④ 基罗(kilogram),即公斤。

生元之节制,故于饮食之量一足其度,则断不多食。而上古之人与今之野蛮人种,文化未开,天性未漓,饮食亦多顺其自然,故少受饮食过量之病。今日进化之人,文明程度愈高,则去自然亦愈远,而自作之孽亦多。如酒也、烟也、鸦片也、鹄肩也,种种戕生之物,日出日繁,而人之嗜好邪僻亦以文明进化而加增,则近代文明人类受饮食之患者,实不可胜量也。

作者曾得饮食之病,即胃不消化之症。原起甚微,尝以事忙忽略,渐成重症,于是自行医治,稍愈,仍复从事奔走而忽略之,如是者数次。其后则药石无灵,只得慎讲卫生,凡坚硬难化之物,皆不入口,所食不出牛奶、粥糜、肉汁等物。初颇觉效,继而食之至半年以后,则此等食物亦归无效,而病则日甚,胃痛频来,几无法可治。乃变方法施以外治,用按摩手术以助胃之消化。此法初施,亦生奇效,而数月后旧病仍发,每发一次,比前更重。于是更觅按摩手术而兼明医学者,乃得东京高野太吉先生。先生之手术固超越寻常,而又著有《抵抗养生论》一书,其饮食之法,与寻常迥异。寻常西医饮食之方,皆令病者食易消化之物,而戒坚硬之质。而高野先生之方,则令病者戒除一切肉类及溶化流动之物,如粥糜、牛奶、鸡蛋、肉汁等,而食坚硬之蔬菜、鲜果,务取筋多难化者,以抵抗肠胃,使自发力,以复其自然之本能。吾初不之信,乃继思吾之服粥糜、牛奶等物已一连半年,而病终不愈,乃有一试其法之意。又见高野先生之手术已能愈我顽病,意更决焉。而先生则曰:"手术者乃一时之治法,若欲病根断绝,长享康健,非遵我抵抗养生之法不可。"遂从之而行,果得奇效。惟愈我〔后〕数月,偶一食肉或牛奶、鸡蛋、汤水、茶、酒等物,病又复发。始以为或有他因,不独关于所食也。其后三四次皆如此,于是不得不如高野先生之法,戒除一切肉类、牛奶、鸡蛋、汤水、茶、酒,与夫一切辛辣之品;而每日所食,则硬饭与蔬菜及少许鱼类,而以鲜果代茶水。从此旧病若失,至今两年,食量有加,身体康健胜常,食后不觉积滞而觉畅快。此则十年以来所未有,而近两年始复见之者。余曩时曾肄业医科,于生理卫生之学自谓颇有心得,乃反于一己之饮食养生,则忽于微渐,遂生胃病,几于不治。幸得高野先生之抵抗养生术,而积年旧症一旦消除,是实医道中之一大革命也。于此可见饮食一事之难知有如此。且人之禀赋各有不同,故饮食之物宜于此者不尽宜于彼,治饮食之病亦各异其术,不能一概论也。

惟通常饮食养生之大要,则不外乎有节而已,不为过量之食,即为养生第一要诀也。又肉食本为构成身体之材料及补充身体之材料,元气所赖以存,为物至要,而不可稍为亏缺者也;然其所需之量,与身体之大小有一定之比例。如上所述者,所食不可过多,多则损多益少。故食肉过量而伤生者,独多于他病也。夫肉食之度,老少当有不同,青年待长之人肉食可以稍多,壮年生长已定之人肉食宜减,老年之人则更宜大减。夫素食为延年益寿之妙术,已为今日科学家、卫生家、生理学家、医学家所共认矣。而中国人之素食,尤为适宜。惟豆腐一物当与肉食同视,不宜过于身体所需材料之量,则于卫生之道其庶几矣。

虽然,饮食之物审择精矣,而其分量亦适合乎身体之需要矣,而于饮食之奥义,犹未能谓为知也。饮食入口之后,作如何变化?及既消化之,而由肠胃收吸入血之后,又如何变化?其奥妙,比之未入口之物品更为难知也。食物入口之后,首经舌官试验之,若其不适于胃肠之物,即立吐而出之;若其适合于胃肠之消化也,舌官则滋其味而欢纳之。由是牙齿咀嚼之,口津调和溶化之,粉质之物则化之为糖,其他之物则牙齿磨碎之,舌尖卷而送之以入食管,食管申舒而送之下胃脏。食物入胃之后,则胃之下口立即紧闭,而收蓄食物于胃中,至足度之时,则胃之生元报告于脑,而脑则发令止食,而吾人觉之,名之曰饱。此胃脏作用之一,所以定全体每度所应需物料之多寡也。食饱之后,当立停止,如再多食则伤生矣。食物蓄满于胃之后,胃津则和化肉质,如口津之化粉质焉。而胃肌则伸缩摇磨,将食物化为细糜,始开下口而送之入于小肠。到小肠上部时,则细糜与甜肉汁和合,凡口津、胃津所不能化之物,而甜肉汁可以补而化之,令之悉成为糜浆。而经过二十余尺之小肠,辗转回旋,而为小肠之机关收吸之,由回管而入于肝。其适于养生之料,则由肝管而导入心脏,由心脏鼓之而出脉管,以分配于百体,为生元之养料及燃料也。其不适于身体之物,则由肝脏淘汰之,不使入血,而导之入胆囊,再由胆管导之出小肠,而为利大便之津液。其小肠所吸余之物,则为渣滓而入于大肠。在大肠时,仍有收吸机关补吸小肠所遗余之养料,遂由大肠而推入直肠,则纯为渣滓不适于身体之用矣。直肠积满渣滓之后,则送之出肛门,而为大便。此饮食之终始也。

惟食物既入血之后,尚多种种之变化,此非专从事于生理学者则不能知之,而虽从事于生理学者亦不能尽知之也。此饮食之事之关于体内之组织者,为天然之性,吾人本属难知;则就饮食之未入人身之前之各种问题,如粮食之生产、粮食之运输、粮食之分配及饥馑之防备等问题,纯属人为者,亦正不易知之也。

近代国家之行民生政策者,以德国之组织为最进步。而此次欧战①一开,则德国海面被英封禁,粮食时虞竭乏,社会忽起恐慌,人民备受种种之痛苦。至两年以后,乃始任巴特基氏为全国粮食总监。巴氏乃用科学之法以经理粮食,而竭乏之事始得无虞,恐慌之事渐息,而人民之痛苦亦渐减。由是德国乃能再支持二年之久,否则早已绝粮而降服矣。按巴氏未经理粮食之前,民间之买食物者常千百候于店门之外,须费多少警察之约束,始能维持秩序。店伙按序分配,先到者先得,及至卖尽,则后至者常至空手而回矣。故欲得食物者,多有通宵不睡,先一夕而至,候于粮食店之门外,以待黎明买物者。当时德国有医学博士讽之云:"使买油之妇在家多睡六小时,则身体中所涵蓄之油,较之彼从油店所买得者多矣。"此可想见其当时困苦情形也。而巴氏之法,亦不外乎平均节用而已。考德国未战以前,其自产之粮食可足全国八成以上之用,其输入之粮食不过二成左右耳。然而民家厨中及饭店厨中,每日所虚耗者已不止二成;而个人所食不需要于养生之品及过食需要之品,亦不止二成。故巴氏于厨中则止绝虚耗,于个人则限口给粮,而每人以若干热率为准。如是一出入之间,粮不加多,而食则绰有余矣。其后更从事于推广生产,凡园庭、花圃、游场与及一切余地荒土,悉垦为农田,并多制各种之化学田料,从此粮食无竭矣。前此两年之久,人民备受多少之痛苦,视为无可挽救者,而巴氏之法一行,则能使家给人足,贫而能均,各取所需,无人向隅者,非行之艰,实知之艰也。

---

① 欧战,指1914年至1918年之第一次世界大战。

括而言之，食物入口之后，其消化工夫、收吸工夫、淘汰工夫、建筑工夫、燃烧工夫，种种作为，谁实为之？譬有人见原料之入工厂，经机器之动作，而变成精美之货物以供世用者，谓为机器为之，可乎？不可也。盖必有人工以司理机器，而精美之货物乃可成也。身内饮食机关有如此之妙用者，亦非机关自为之也，乃身内之生元为之司理者也。由此观之，身内饮食之事，人人行之，而终身不知其道者，既如此；而身外食货问题，人人习之，而全国不明其理者，又如彼。此足以证明行之非艰，知之实惟艰也。

或曰："饮食之事，乃天性使然，故有终身行之而不知其道者。至于其他人为之事，则非可与此同日而语也。"今作者更请以人为之事于下章证之。

第二章　以用钱为证

今再以用钱一事，为"行易知难"之证。

夫人生用钱一事，非先天之良能，乃后天之习尚，凡文明之人自少行之以至终身，而无日或间者也。饮食也，非用钱不可；衣服也，非用钱不可；居家也，非用钱不可；行路也，非用钱不可。吾人日日行之，视为自然，惟知有钱用，则事事如意，左右逢源，无钱用则万般棘手，进退维谷，故莫不孜孜然惟钱是求，惟钱是赖矣。社会愈文明，工商愈发达，则用钱之事愈多，用钱之途愈广，人之生死、祸福、悲喜、忧乐，几悉为钱所裁制，于是"金钱万能"之观念，深中乎人心矣。人之于钱也，既如此其切要，人之用钱也，又如此其惯熟，然则钱究为何物？究属何用？世能知之者有几人乎？吾今欲与读者先从金钱之为物而研究之。

古人有言："钱币者，所以易货物、通有无者也。"泰西之经济学家亦曰："钱币者，亦货物之属，而具有二种重要功用，一能为百货交易之中介，二能为百货价格之标准者也。"作者统此两用，而名之曰"中准"，故为一简明之定义曰："钱币者，百货之中准也。"中国上古之钱币，初以龟贝、布帛、珠玉为之；继以金、银、铜、锡为之。今日文化未开之种族，其钱币多有与我上古初期相同者。而游牧之国,有以牛羊为钱币者;渔猎之乡,有以皮、贝为钱币者;耕种之民,有以果、粟为钱币者;今之蒙古、西藏,亦尚有以盐、茶为钱币者。要之,能为钱币者固不止一物,而各种族则就其利便之物,而采之为钱币而已。专门之钱币学者论之曰:"凡物能为百货之'中准'者,尤贵有七种重要之性质,方适为钱币之上选:其一、适用而值价者;其二、便于携带者;其三、不能毁灭者;其四、体质纯净者;其五、价值有定者;其六、容易分开者;其七、容易识别者。凡物具此七种之性质者,乃为优良之钱币也。"周制以黄金为上币,白金为中币,赤金为下币。秦并天下,统一币制,以金镒铜钱为币,而废珠玉、龟贝、布帛、银锡之属,不以为币。周秦而后虽屡有变更,然总不外乎金、银、铜三种之物以为币。而今文明各国亦采用此三金为钱币:有以黄金为正币而银、铜为辅币者,有以银为正币而铜为辅币者。古今中外,皆采用金银铜为钱币者,以其物适于为百货之"中准"也。

然则凡物适合于为百货"中准"者,皆可为钱币,而金钱亦不过货物中之一耳,何以今日独具此万能之作用也?曰:金钱本无能力,金钱之能力乃由货物之买卖而生也。倘无货物,则金钱等于泥沙矣;倘有货物而无买卖之事,则金钱亦无力量矣。今举两事以明之。数十年前,山、陕两省大饥,人相食,死者千余万。夫此两省,古称"沃野千里,天府之国"也,物产丰富,金钱至多。各省为钱业票号者,皆山、陕人也,无不获厚利;年年运各省之金钱归家而藏之者,不可胜数也。乃连年大旱,五谷不登,物产日竭,百货耗尽,惟其金钱仍无减也。而饥死者之中,家资千百万者比比皆是,乃以万金易斗粟而不可得,卒至同归于尽也。盖无货物,则金钱之能力全失矣。又读者有曾读《罗滨逊克鲁梭漂流记》①者乎?试拟设身其地,而携有多金,漂流至无人之岛。挟金登陆,寻见岛中风光明媚,花鸟可人,林中果实,石上清泉,皆可餐可掬。此时岛中之百物惟彼所有,岛中之货财惟彼所需,可以取之无禁,用之不竭矣。然而其饥也,必须自行摘果以充饥,其渴也,必须自行汲泉以

---

① 《罗滨逊克鲁梭漂流记》(The Life and Adventures of Robinson Crusoe),今译《鲁滨逊飘流记》。作者笛福(Daniel Defoe),英国商人、小说家、记者。

止渴,事事无不自食其力,乃能生活。在此孤岛,货物繁殖矣,而无买卖之事,则金钱亦等于无用耳。而其人之依以生活者,非彼金钱也,乃一己之劳力耳。此时此境,金钱万能乎? 劳力万能乎? 然则金钱在文明社会中,能生如此万能之效力者,其源委可得而穷求矣。吾今欲与读者再从金钱之为用而研究之。

夫金钱之力虽赖买卖而宏,而买卖之事原由金钱而起,故金钱未出之前,则世固无买卖之事也。然当此之时,何物为金钱之先河,何事为买卖之导线,不可不详求确凿,方能得金钱为用之奥蕴也。欲知金钱之先河、买卖之导线者,必当从人文进化之起源着眼观察,乃有所得也。按今日未开化之种族,大都各成小部落,居于深山穷谷之中,自耕而食,自织而衣,鸡犬相闻,老死不相往来,其风气与吾古籍所记载世质民淳者相若。其稍开化者,则居于河流、原野之间,土地肥沃,物产丰富,交通利便,于是部落与部落始有交易之事矣。由今以证古,可知古代未开化之时,其人无不各成部落,自耕而食,自织而衣,足以自给,无待外求者也。及其稍开化也,则无不从事于交易,虽守古如许行者,亦不能不以粟易冠,以粟易器矣。是交易者,实为买卖之导线也。或曰:"交易与买卖有何分别?" 曰:"交易者,以货易货也;买卖者,以钱易货也。"钱币未发生以前,世间只有交易之事耳。盖自耕而食,自织而衣,以一人或一部落而兼数业者,其必有害于耕,有害于织,断不若通工分劳之为利大也。即耕者专耕,而织者专织,既无费时失事之虞,又有事半功倍之效,由是则生产增加,而各以有余而交易也。此交易之所以较自耕自织为进化也。

惟自交易既兴之后,人渐可免为兼工,而仍不免于兼商也。何以言之?即耕者有余粟,不得不携其粟出而求交易也;织者有余布,亦不得不携其布出而求交易也。由此类推,则为渔、为猎、为牧、为樵、为工、为冶者,皆不得不各自携其有余,出而求交易也。否则,其有余者必有货弃于地之虞,而不足者必无由取得也。以一人而兼农、工两业,其妨碍固大,然而农工仍各不免于兼商,其缺憾亦非少也。且交易之事,困难殊多。近年倭理思氏之《南洋游记》有云:彼到未开化之乡,常有终日不得一食者。盖土番既无买卖,不识用钱,而彼所备之交易品,间有不适其地之需者,则不能易食物矣。古人与野番所受之困难,常有如下所述之事者。即耕者有余粟而欲得布,携之以就有余布者以求交易,无如有余布者不欲得粟而欲得羊,则有余粟者困矣。有余布者携其布以向牧者易羊,而有余羊者不欲得布而欲得器,则有余布者又困矣。有余羊者牵其羊以向工者求易器,而工者不欲得羊而欲得粟,则有余羊者又困矣。有余器者携其器以向耕者求易粟,乃耕者不欲得器而欲得布,则有余器者亦困矣。此四人者,各有所余,皆为其余三人中一人所需者,而以所需所有不相当,则四者皆受其困矣。此皆由古人、野番无交易之机关,所以劳多而获少,而文化不能进步者也。

神农氏有见于此,所以有教民"日中为市",致天下之民,聚天下之货,交易而退,各得其所也。有此日中为市之制,则交易之困难可以悉免矣。如上所述之四人者,可以同时赴市,集合一地,各出所余,以求所需,彼此转接,错综交易,而各得其所矣。此利用时间、空间为交易之机关者也。自有日中为市为交易之机关,于是易货物,通有无,乃能畅行无阻矣。其为物虽异乎钱币,而功效则同也。故作者于此创言曰:"日中为市之制者,实今日金钱之先河也。"乃世之经济学家,多以为金钱之先天〔河〕即交易也,不知交易时代之有中介机关,亦犹乎买卖时代之有中介机关也。买卖时代以金钱为百货之中介,而交易时代则以日中为市,为百货之中介也。人类用之者,则能受交易而退、各得其所之利、不用之者,则必受种种之困难也。未有金钱之前,则其便利于人类之交易者,无过于日中为市矣。故曰:"日中为市者,金钱之先河也。"

自日中为市之制兴,则交易通而百货出,人类之劳力渐省,故其欲望亦渐开。于是前之只交易需要之物者,今渐进而交易非需要之文饰玩好等物矣。渐而好之者愈多,成为普通之风尚,则凡有货物以交易者,必先易之,而后以之易他货物。如是则此等文饰完好之物,如龟贝、珠玉者,转成为百货之"中准"矣。此钱币之起源也。是故钱币者,初本不急之物也,惟渐变交易而为买卖之后,则钱币之为用大矣。自有钱币以易货物,通有无,则凡以有余而求不足者,只就专业之商贾以买卖而已,不必人人为商矣。是钱币之出世,更减少人之劳力,而增益人之生产,较之日中为市之利更大百十倍矣。人类自得钱币之利用,则进步加速,文明发达,物质繁昌,骎骎乎有一日千里之势矣。

考中国钱币之兴,当在神农日中为市之后,而至于成周,则文物之盛已称大备矣。前后不过二千年耳,而文化不特超越前古,且为我国后代所不及,此实为钱币发生后之一大进步也。由此观之,钱币者,文明之一重要利器也。世界人类自有钱币之后,乃能由野蛮一跃而进文明也。

钱币发生数千年而后,乃始有近代机器之发明。自机器发明后,人文之进步更高更速,而物质之发达更超越于前矣。盖机器者,羁勒天地自然之力以代人工,前时人力所不能为之事,机器皆能优为之。任重也,一指可当万人之负;致远也,一日可达数千里之程。以之耕,则一人可获数百人之食;以之织,则一人可成千人之衣。经此一进步也,工业为之革命,天地为之更新,而金钱之力至此已失其效矣。何以言之?夫机器未出以前,世界之生产,全赖人工为之,则买卖之量,亦无出乎金钱范围以外者。今日世界之生产,则合人工与自然力为之,其出量加至万千倍,而买卖之量亦加至万千倍,则今日之商业已出乎金钱范围之外矣。所以大宗买卖多不用金钱,而用契券矣。譬如有川商运货百万元至沪,分十起而售之,每起获其十一之利,而得十一万元,皆收现钱。以银元计之,每起已四千九百五十斤,一一收之藏之,而后往市以求他货而买之,又分十起两买入,则运货往来之外,又须运钱往来。若一人分十起售其货,又当分十起而收其钱,继又买入他货十宗,又分十起以付钱,其费时费力,已不胜其烦矣。倘同时所到之商不止一路,则合数十百人而各有货百数十万以买卖,每人皆需数日之时间以执行其事,则每人所过手之金钱,一人百数十万元,十人千数百万元,百人万数千万元,则一市中之金钱断无此数,故大宗买卖早非金钱之力所能为矣。金钱之力有所穷,则不期然而然渐流入于用契券以代金钱,而人类且不之觉也。

契券之用为何?此非商贾中人,自不能一闻则了解也。如上述之川客,贩货百万元至沪,分十起售之,获其十一之利,每起所收十一万元,惟此十一万元非四千九百五十斤之银元,乃一张之字纸,列有此数目耳。此等字纸,或为银行之支票,或为钱庄之庄票,或为货客本店之期单,或为约束之欠据者是也。售十起之货,则彼此授受十张之字纸而已,交收货物之外,再不用交收银元矣。川客在沪所采买之货,亦以此等字纸兑换之。如是一买一卖,其百余万元之货物,已省却主客彼此交收四万九千五百斤银元四次运送之劳矣,且免却运送时之种种盗窃、遗失、意外等危险矣。其节时省事,并得安全无虞,为利之大,以一人计已如此矣,若以社会而言,则其为利实有不可思议者矣。

是以在今日之文明社会中,实非用契券为买卖不可矣。"金钱万能"云乎哉?而世人犹迷信之者,是无异周末之时,犹有许行之徒守自耕而食、自织而衣之旧习者也。不知自日中为市之制兴,则自耕而食、自织而衣之兼业可以废;至金钱出,则日中为市之制可以废;至契券出,而金钱之用亦可以废矣。乃民国元年时,作者曾提议废金银,行钞券,以纾国困而振工商,而闻者哗然,以为必不可能之事。乃今次大战,世界各国多废金钱而行纸币,悉如作者七年前所主张之法。盖行之得其法,则纸币与金钱等耳。或曰:"元、明两朝皆发行钞票,乃渐致民穷国困,而卒至于亡者,美国南北战争之时亦发行纸币,而亦受纸币之害者,何也?"曰:"以其发之无度,遂至钱币多而货物少故也。"又曰:"北京去年发不兑现之令,岂非废金钱行纸票乎?何以不见其效,而反生出市面恐慌、人民困苦也?"曰:"北京政府之效人颦而发不兑现之令也,只学人一半而违其半。夫人之不兑现,同时亦不收现也。而北京政府之不兑现,同时又收现,此非废金钱而行纸币,乃直以空头票而骗金钱耳。此北京政府之所以失败也。"英国之不兑现也,同时亦不收现,凡政府之赋税、借债种种收入,皆非纸币不收。是以其战费之支出,每日六七千万元,皆给发纸票,而市面流通无滞,人人之乐为用者,何也?以政府每数月必发行一次公债,每次所募之额在数十万万元者,亦皆悉收纸币,不收现金。有现金之人,或买货、或纳税者,必须将其金钱向银行换成纸票乃能通用,否则其金钱等于废物耳。此英国不兑现之法也。而北京则政府自发之纸票亦不收,是何异自行宣告其破产乎?天下岂有不自信用之券,而能令他人信用之者乎?奸商市侩尚且不为此,而堂堂政府为之,其愚孰甚!此皆不知钱之为用之过也。

世之能用钱而不知钱之为用者,古今中外,比比皆是。昔汉兴,承秦之敝,丈夫从军旅,老弱转粮饷,作业剧而财匮。初以为钱少而困也,乃令民铸钱。后钱多而又困也,乃禁民铸钱。皆不得其当也。夫国之贫富,不在钱之多少,而在货之多少,并货之流通耳。汉初则以货少而困,其后则以货不能流通而又困。于是桑弘羊起而行均输平准之法,尽笼天下之货,卖贵买贱,以均民用而利国家,卒收国饶民足之效。若弘羊者,可谓知钱之为用者也。惜弘羊而后,其法不行,遂至中国今日受金钱之困较昔尤甚也。方当欧战大作,举国从军,生产停滞,金钱低落,而交战各国之政府乃悉收全国工商事业而经营之,以益军资而均民用,德、奥行之于先,各国效之于后。此亦弘羊之遗意也。

欧美学者有言:"人类之生活程度分为三级。其一曰需要程度,在此级所用之货物若有欠缺,则不能生活也。其二曰安适程度,在此级所用之货物若有欠缺,则不得安适也。其三曰繁华程度,在此级所用之货物乃可有可无者,有之则加其快乐,无之亦不碍于安适也。"然以同时之人类而论,则此等程度实属极无界限者也。有此一人以为需要者,彼一人或以为安适,而他一人或以为快乐者也。惟以时代论之,则其界限颇属分明矣。作者故曰:钱币未发生之前,可称为需要时代,盖当时之人最大之欲望,无过饱暖而已,此外无所求,亦不能求也。钱币既发生之后,可称为安适时代,盖此时人类之欲望始生,亦此时而人类始得有致安适之具也。自机器发明之后,可称为繁华时代,盖此时始有生产过盛〔剩〕,不患贫而患不均者,工业发达之国有汲汲推广市场输货于外之政策,而文明社会亦有以奢侈为利世之谬见矣。由此三时期之进化,可以知货物"中准"之变迁也。故曰:需要时代,以日中为市为金钱也;安适时代,以金钱为金钱也;繁华时代,以契券为金钱也。此三时代之交易"中准",各于其时皆能为人类造最大之幸福,非用之不可也。然同时又非绝不可用其他之制度也。如日中为市既行之后,自耕而食、自织而衣亦有行之者。而金钱出世之后,日中为市亦有相并而行者,我国城厢之外,今之三日一趁墟者是也。且未至繁华之时代,世界人类已有先之而用契券者矣,如唐之飞券、钞引,宋之交子、会子是也。但在今日,则非用契券,工商事业必不能活动也;而同时兼用金钱亦无不可也,不过不如用契券之便而利大耳。此又用钱者所当知也。

我中国今日之生活程度尚在第二级,盖我农工事业,犹赖人力以生产,而尚未普用机器以羁勒自然力,如蒸汽、电汽〔气〕、煤汽〔气〕、水力等以助人工也。故开港通商之后,我商业即〔则〕立见失败者,非洋商之金钱胜于我也,实外洋入口之货物,多于我出口者每年在二万万元以上也。即中国金钱出口,亦当在二万万以上。一年二万万,十年则二十万万矣。若长此终古,则虽有铜山金穴,亦难抵此漏卮,而必有民穷财尽之日也。必也我亦用机器以生产,方能有济也。按工业发达之国,其年中出息,以全国人口通计,每年每人可得七八百元。而吾国纯用人工以生产,按全国人口男女老少通计,每年每人出息当不过七八元耳。倘我国能知用机器以助生产,当亦能收同等之效,则今日每人出息七八元者,可加至七八百元,即富力加于今日百倍矣。如是则我亦可立进于繁华之程度矣。

近世欧美各国之工业革命,物质发达突如其来,生活程度遂忽由安适地位而骤进至繁华地位。社会之受其影响者,诚有如佐治亨利氏之《进步与贫乏》①一书所云:"现代之文明进步,仿如以一尖锥从社会上下阶级之间突然插进。其在尖锥之上者,即资本家极少数人,则由尖锥推之上升。其在尖锥之下者,即劳动者大多数人,则由尖锥推之下降。此所以有富者愈富,贫者愈贫也。"是工业革命之结果,其施福惠于人群者为极少之数,而加痛苦于人群者为极大多数也。所以一经工业革命之后,则社会革命之风潮因之大作矣。盖不平则鸣,大多数人不能长为极少数人之牺牲者,公理之自然也。人群所以受此极大之痛苦者,即不知变计以应时势之故也。因在人工生产之时代,所以制豪强之垄断者,莫善于放任商人,使之自由竞争,而人民因以受其利也。此事已行之于世数千年矣。乃自斯密亚当始发明其理,遂

---

① 佐治亨利(Henry George,1839—1897),后亦译作亨利佐治,今译亨利·乔治,美国人,新闻记者、经济学家、改革家、社会学家。著有《进步与贫乏》(*Progress and Poverty*,1879),今译《进步与贫困》。此书被译成多国文字,影响极大。

从而鼓吹之。当十八世纪之季,其《富国》①一书出世,举世惊倒,奉之为圣经明训。盖其事既为世所通行,又为人所习而不察者,乃忽由斯密氏所道破,是直言人之所欲言,而言人之所不能言者,宜其为世所欢迎,至今犹有奉为神圣者也。不料斯密氏之书出世不满百年,而工业革命作矣。经此革命之后,世界已用机器以生产,而有机器者,其财力足以鞭笞天下,宰制四海矣。是时而犹守自由竞争之训者,是无异以跛足而与自动车竞走也,容有幸乎?此丕士麦克②之所以行国家社会主义于德意志,而各国先后效法者也。如丕士麦克者,可谓知金钱之为用矣,其殆近代之桑弘羊乎?

由此观之,非综览人文之进化,详考财货之源流,不能知金钱之为用也。又非研究经济之学,详考工商历史、银行制度、币制沿革,不能知金钱之现状也。要之,今日欧美普通之人,其所知于金钱者,亦不过如中国人士只识金钱万能而已,他无所知也。其经济学者仅知金钱本于货物,而社会主义家(作者名之曰民生学者)乃始知金钱实本于人工也(此统指劳心劳力者言也)。是以万能者人工也,非金钱也。故曰:世人只能用钱,而不能知钱者也。此足为"行之非艰,知之惟艰"之一证也。

第三章　以作文为证

今更以中国人之作文为"行易知难"之证。

中国数千年来以文为尚,上自帝王,下逮黎庶,乃至山贼海盗,无不羡仰文艺。其弊也,乃至以能文为万能,多数才俊之士废弃百艺,惟文是务,此国势所以弱,而民事所以不进也。然以其文论,终不能不谓为富丽殊绝。夫自庖羲画卦以迄于今,文字递进,逾五千年。今日中国人口四万万众,其间虽不尽能读能书,而率受中国文字直接间接之陶冶;外至日本、高丽、安南交趾

---

① 《富国》(*An Inquiry into the Nature and Causes of the Wealth of Nations*),严复中译本名为《原富》,今译《国富论》或《国民财富的性质和原因的研究》。
② 丕士麦克(Otto von Bismarck, 1815—1898),今译俾斯麦,普鲁士王国首相(1862—1871)、德意志帝国宰相(1871—1890)。

之族,亦皆号曰"同文"。以文字实用久远言,则远胜于巴比伦、埃及、希腊、罗马之死语。以文字传布流用言,则虽以今日之英语号称流布最广,而用之者不过二万万人,曾未及中国文字者之半也。盖一民族之进化,至能有文字,良非易事;而其文字之势力能旁及邻圉,吸收而同化之。所以五千年前,不过黄河流域之小区,今乃进展成兹世界无两之巨国。虽以积弱屡遭异族吞灭,而侵入之族不特不能同化中华民族,反为中国所同化,则文字之功为伟矣。虽今日新学之士,间有倡废中国文字之议,而以作者观之,则中国文字决不当废也。

夫前章所述机器与钱币之用,在物质文明方面所以使人类安适繁华,而文字之用,则以助人类心性文明之发达。实际则物质文明与心性文明,亦相待而后能进步。中国近代物质文明不进步,因之心性文明之进步亦为之稽迟。顾古来之研究,非可埋没。持中国近代之文明以比欧美,在物质方面不逮固甚远,其在心性方面,虽不如彼者亦多,而能与彼颉颃者正不少,即胜彼者亦间有之。彼于中国文明一概抹杀者,殆未之思耳。且中国人之心性理想无非古人所模铸,欲图进步改良,亦须从远祖之心性理想,究其源流,考其利病,始知补偏救弊之方。夫文字为思想传授之中介,与钱币为货物交换之中介,其用正相类。必废去中国文字,又何由得古代思想而研究之?抑自人类有史以来,能纪四五千年之事翔实无间断者,亦惟中国文字所独有,则在学者正当宝贵此资料,思所以利用之。如能用古人而不为古人所惑,能役古人而不为古人所奴,则载籍皆似为我调查,而使古人为我书记,多多益善矣。彼欧美学者于埃及、巴比伦之文字,国亡种灭,久不适于用者,犹不惮搜求破碎,复其旧观,亦以古人之思想足资今人学问故耳。而我中国文字,讵反可废去乎?

但中国文、言殊非一致。文字之源本出于言语,而言语每随时代以变迁。至于为文,虽体制亦有古今之殊,要不能随言语而俱化。故在三代以前,文字初成,文化限于黄河流域一区,其时言语与文字当然一致,可无疑也。至于周代,文化四播,则黄河流域以外之民,巴、庸、荆、楚、吴、越、江、淮之族,受中国之文字所感化,而各习之以方言,于是言、文始分。及乎周衰,戎狄四侵,外来言语羼入中原;降及五胡,乃至五代、辽、夏、金、元,各以其力蚕食中国,其言语亦不无遗留于朔北,而文字、语言益以殊矣。汉后文字踵事增华,而言语则各随所便,于是始所歧者甚仅,而分道各驰,久且相距愈远。顾言语有变迁而无进化,而文字则虽仍古昔,其使用之技术实日见精研。所以中国言语为世界中之粗劣者,往往文字可达之意,言语不得而传。是则中国人非不善为文,而拙于用语者也。亦惟文字可传久远,故古人所作,模仿匪难。至于言语,非无杰出之士妙于修辞,而流风余韵无所寄托,随时代而俱湮,故学者无所继承。然则文字有进化,而言语转见退步者,非无故矣。抑欧洲文字基于音韵,音韵即表言语,言语有变,文字即可随之。中华制字以象形、会意为主,所以言语虽殊,而文字不能与之俱变。要之,此不过为言语之不进步,而中国人民非有所阙于文字。历代能文之士,其所创作突过外人,则公论所归也。盖中国文字成为一种美术,能文者直美术专门名家,既有天才,复以其终身之精力赴之,其造诣自不易及。惟举全国人士而范以一种美术,变本加厉,废绝他途,如上所述,斯其弊为世诟病耳。

然虽以中国文字势力之大,与历代能文之士之多,试一问此超越欧美之中国文学家中,果有能心知作文之法则而后含毫命简者乎?则将应之曰:否。中国自古以来,无文法、文理之学。为文者穷年揣摩,久而忽通,暗合于文法则有之;能自解析文章,穷其字句之所当然,与用此字句之所以然者,未之见也。至其穷无所遁,乃以"神而明之,存乎其人"自解,谓非无学而何?夫学者贵知其当然与所以然,若但〔偶〕能然,不得谓为学也。欲知文章之所当然,则必自文法之学始;欲知其所以然,则必自文理之学始。文法之学为何?即西人之"葛郎玛"①也,教人分字类词,联词造句,以成言文而达意志者也。泰西各国皆有文法之学,各以本国言语文字而成书,为初学必由之径。故西国学童至十岁左右者,多已通晓文法,而能运用其所识之字以为浅显之文矣。故学童之造就无论深浅,而执笔为文,则深者能深,浅者能浅,无不达意,鲜有不通之弊也。中国向无文法之学,故学作文者非多用功于咿唔

---

① "葛郎玛",即英文 grammar 译音。

咕哗,熟读前人之文章,而尽得其格调,不能下笔为文也。故通者则全通,而不通者虽十年窗下,仍有不能联词造句以成文,殆无造就深浅之别也。若只教学童日识十字,而悉解其训诂,年识三千余字,而欲其能运用之,而作成浅显之文章者,盖无有也。以无文法之学,故不能率由捷径以达速成,此犹渡水之无津梁舟楫,必当绕百十倍之道路也。中国之文人亦良苦矣!

自《马氏文通》出后,中国学者乃始知有是学。马氏①自称积十余年勤求探讨之功,而后成此书。然审其为用,不过证明中国古人之文章无不暗合于文法,而文法之学为中国学者求速成、图进步不可少者而已,虽足为通文者之参考印证,而不能为初学者之津梁也。继马氏之后所出之文法书,虽为初学而作,惜作者于此多犹未窥三昧,讹误不免,且全引古人文章为证,而不及今时通用语言,仍非通晓作文者不能领略也。然既通晓作文,又何所用乎文法?是犹已绕道而渡水矣,更何事乎津梁?所贵乎津梁者,亦〔在〕未渡之前也。故所需乎文法者,多在十龄以下之幼童及不能执笔为文之人耳。所望吾国好学深思之士,广搜各国最近文法之书,择取精义,为一中国文法,以演明今日通用之言语,而改良之也。夫有文法以规正言语,使全国习为普通知识,则由言语以知文法,由文法而进窥古人之文章,则升堂入室有如反掌,而言、文一致亦可由此而恢复也。

文理为何?即西人之逻辑也。作者于此姑偶用"文理"二字以翻逻辑者,非以此为适当也,乃以逻辑之施用于文章者,即为文理而已。近人有以此学用于推论特多,故有翻为"论理学"者,有翻为"辨学"者,有翻为"名学"者,皆未得其至当也。夫推论者乃逻辑之一部,而辨者,又不过推论之一端,而其范围尤小,更不足以括逻辑矣。至于严又陵②氏所翻之《名学》,则更为辽东白豕也。夫名学者,乃"那曼尼利森"③也,而非"逻辑"④也。此

---

① 马氏,即马建忠(1844—1900),字眉叔。语言学家,通希腊文、拉丁文。所著《马氏文通》一书,为中国第一部较全面系统的语法著作。

② 严复(1854—1921),字又陵,近代启蒙思想家、翻译家。

③ 那曼尼利森,即英文 nominalism 译音,今译唯名论。下面提到的"实学",今译唯实论。

④ 逻辑,英文 logic 译音。

学为欧洲中世纪时理学二大思潮之一,其他之一名曰"实学"。此两大思潮,当十一世纪时大起争论,至十二世纪之中叶乃止,从此名学之传习亦因之而息。近代间有复倡斯学者,穆勒①氏即其健将也。然穆勒氏亦不过以名理而演逻辑耳,而未尝名其书为"名学"也。其书之原名为《逻辑之统系》②,严又陵氏翻之为《名学》者,无乃以穆氏之书言名理之事独多,遂以名学而统逻辑乎?夫名学者,亦为逻辑之一端耳。凡以"论理学"、"辨学"、"名学"而译逻辑者,皆如华侨之称西斑雅③为吕宋也。夫吕宋者,南洋群岛之一也,与中国最接近,千数百年以来中国航海之客常有至其地者,故华人习知其名。而近代吕宋为西斑雅所占领,其后华侨至其地者,则称西斑雅人为吕宋人。后至墨西哥、比鲁④、芝利⑤等国,所见多西斑雅人为政,亦呼之为吕宋人。寻而知所谓吕宋者,尚有其所来之祖国,于是呼西斑雅为大吕宋,而南洋群岛之本吕宋为小吕宋,至今因之。夫以学者之眼光观之,则言西斑雅以括吕宋可也,而言吕宋以括西斑雅不可也。乃华侨初不知有西斑雅,而只知有吕宋,故以称之。今之译逻辑以一偏之名者,无乃类是乎?

然则逻辑究为何物?当译以何名而后妥?作者于此,盖欲有所商榷也。凡稍涉猎乎逻辑者,莫不知此为诸学诸事之规则,为思想云〔行〕为之门径也。人类由之而不知其道者众矣,而中国则至今尚未有其名。吾以为当译之为"理则"者也。夫斯学至今尚未大为发明,故专治此学者,所持之说亦莫衷一是。而此外学者之对于理则之学,则大都如陶渊明之读书,不求甚解而已。惟人类之禀赋,其方寸自具有理则之感觉,故能文之士,研精构思,而作成不朽之文章,则无不暗合于理则者;而叩其造诣之道,则彼亦不自知其何由也。

---

① 穆勒(John Stuart Mill,1806—1873),亦译弥勒,今译密尔,英国人。经济学家、哲学家、急进改革者,以逻辑、功利主义、政治哲学论著著称,学术声望甚高。
② 《逻辑之统系》,即 *System of Logics*,今译《逻辑学体系》。
③ 西斑雅,今译西班牙,下同。
④ 比鲁,今译秘鲁,下同。
⑤ 芝利,今译智利。

是故不知文法之学者，不能知文章之所当然也。如曾国藩者，晚清之宿学文豪也，彼之与人论文，有"春风风人，夏雨雨人，解衣衣我，推食食我"，"入其门而无人门焉者，入其闺而无人闺焉者"。其于风风、雨雨、衣衣、食食、门门、闺闺等叠用之字，而解之以上一字为实字实用，下一字为实字虚用，则以为发前人所未发，而探得千古文章之秘奥矣。然以文法解之，则上一字为名词，下一字为动词也，此文义当然之事，而宿学文豪有所不知，故强而解之为实字虚用也。

又不知理则之学者，不能知文章之所以然也，如近人所著《文法要略》①，其第三章第二节曰：

"本名字者，人物独有之名称，而非其他所公有。如侯方域《王猛论》曰：'亮始终心乎汉者也，猛始终心乎晋者也。'孔稚圭《北山移文》曰：'蕙帐空兮夜鹄怨，山人去兮晓猨惊。'亮与猛虽同为人类，鹄虽同为鸟类，猨虽同为兽类，曰亮、曰猛、曰鹄、曰猨，即为本名；不能人人皆谓之亮、猛，亦不能见鸟即谓之鹄，见兽即谓之猨也，故曰本名字。"

此以亮、猛、鹄、猨视同一律，不待曾涉猎理则学之书者，一见而知其谬。即稍留意于理则之感觉者，亦能知其不当也。世界古今人类，只有一亮一猛其人者耳，而世界古今之鸟兽，岂独一鹄一猨耶？此不待辨而明也。然著书者何以有此大错？则以中国向来未有理则学之书，而人未惯用其理则之感觉故也。

夫中国之文章富矣丽矣，中国之文人多矣能矣，其所为文，诚有如扬雄所云"深者入黄泉，高者出苍天，大者含元气，细者入无间"者矣。然而数千年以来，中国文人只能作文章，而不能知文章，所以无人发明文法之学与理则之学，必待外人输来，而乃始知吾文学向来之缺憾。此足证明行之非艰，而知之惟艰也。

---

① 此书为庄庆祥编著，上海商务印书馆1915年出版。

第四章 以七事为证

　　前三章所引以为"知难行易"之证者,其一为饮食,则人类全部行之者;其二为用钱,则人类之文明部分行之者;其三为作文,则文明部分中之士人行之者。此三事也,人类之行之不为不久矣,不为不习矣,然考其实,则只能行之,而不能知之。而间有好学深思之士,专从事于研求其理者,每毕生穷年累月,亦有所不能知。是则行之非艰而知之实艰,以此三事证之,已成为铁案不移矣。或曰:"此三事则然矣,而其他之事未必皆然也。"今更举建屋、造船、筑城、开河、电学、化学、进化等事为证,以观其然否。

　　夫人类能造屋宇以安居,不知几何年代,而后始有建筑之学。中国则至今犹未有其学。故中国之屋宇多不本于建筑学以造成,是行而不知者也。而外国今日之屋宇,则无不本于建筑学,先绘图设计,而后从事于建筑,是知而后行者也。上海租界之洋房,其绘图设计者为外国之工师,而结垣架栋者为中国之苦力。是知之者为外国工师,而行之者为中国苦力,此知行分任而造成一屋者也。至表面观之,设计者指摇笔画,而施工者胼手胝足,似乎工师易而苦力难矣,然而细考其详,则大有天壤之别。设有人欲以万金而建一家宅,以其所好及其所需种种内容,就工师以请设计。而工师从而进行,则必先以万金为范围,算其能购置何种与若干之材料,此实践之经济学所必需知也。次则计其面积之广狭,立体之高低,地基之压力如何,梁架之支持几重,务要求得精确,此实验之物理学所必需知也。再而家宅之形式如何结构,使之勾心斗角,以适观瞻,此应用之美术学所必需知也。又再而宅内之光线如何引接,空气如何流通,寒暑如何防御,秽浊如何去除,此居住之卫生学所必需知也。终而客厅如何陈设,饭堂如何布置,书房如何间格,寝室如何安排,方适时流之好尚,此社会心理学所必需知也。工师者,必根据于以上各科学而设计,方得称为建筑学之名家也。今上海新建之崇楼高阁,与及洋房家宅,其设计多出于有此种知识之工师也,而实行建筑者皆华工也。由此观之,知之易乎?行之易乎?此建筑事业可为"知难行易"之铁证者四也。

民国七年十月,上海有华厂造成一艘三千吨大之汽船下水,西报大为之称扬,谓从来华人所造之船,其大以此为首屈一指。然华厂之造此船也,乃效法泰西,借近代科学知识,用外国机器而成之也。按近日在上海、香港及南洋各地之外人船厂,其工匠几尽数华人,只一二工师及督理为西人耳。所造之船,其大至万数千吨者,不可胜数也。要之,在东方西人各船厂所造之船,皆谓之华人所造者,亦无不可,盖其施工建造悉属华人也。作者往尝游观数厂,每向华匠叩以造船之道。皆答以施工建造并不为难,所难者绘图设计耳,倘计划既定,按图施工,则成效可指日而待矣。

去年美国与德宣战,其第一之需要者为船只之补充,于是不得不为破天荒之计划以扩张造船厂,期一年造成四百万吨之船。此说一出,举世为之惊倒。若在平时有为此说者,莫不目之为狂妄。乃自计划既定之后,则美厂有数十日而造成一艘一万吨以上之船者。全国船厂百数十,其大者同时落造数十船,小者同时落造十余船。如是各厂一致施工,万弩齐发,及时所成,则结果已过于期望之上。近日日本川崎船厂,竟有以二十三日造成一艘九千吨之船者,其迅速为世界第一也。此皆为科学大明之后,本所知以定进行,其成效既如此矣。

今就科学未发达以前,举一同等之事业与之比较,一观知行之难易也。当明初之世,成祖以搜索建文,命太监郑和七下西洋。其第一次自永乐三年六月始受命巡洋,至永乐五年九月而返中国,此二十八个月之间,已航巡南洋各地,至三佛齐①而止。计其往返水程以及沿途留驻之时日,当非十余个月不办;今姑为之折半,则郑和自奉命以至启程之日,不过十四个月耳。在此十四个月中,为彼等备二万八千余人之粮食、武器及各种需要,而又同时造成六十四艘之大海舶。据《明史》所载,其长四十四丈,宽十八丈。吃水深浅未明,然以意推之,当在一丈以上,如是则其积量总在四五千吨,其长度

---

① 三佛齐(Samboja),南海古国名,都城原在马来半岛南端,后迁至苏门答腊(Pulau Sumatera)东南岸,名为浡淋邦(Palembang)。三佛齐亡国后改称旧港,闽南语以其谐音又讹成巨港,沿用至今。明代郑和到此时,三佛齐不存在,所到之地即旧港。

则等于今日外国头等之邮船矣。当时无科学知识以助计划也,无外国机器以代人工也,而郑和又非专门之造船学家也,当时世界亦无如此巨大之海舶也。乃郑和竟能于十四个月之中,而造成六十四艘之大舶,载运二万八千人巡游南洋,示威海外,为中国超前轶后之奇举。至今南洋土人犹有怀想当年三保之雄风遗烈者,可谓壮矣。然今之中国人借科学之知识、外国之机器,而造成一艘三千吨之船,则以为难能,其视郑和之成绩为何如?此"行之非艰,知之惟艰",造船事业可为铁证者五也。

中国最有名之陆地工程者,万里长城也。秦始皇令蒙恬北筑长城,以御匈奴。东起辽沈,西迄临洮①,陵山越谷五千余里,工程之大,古无其匹,为世界独一之奇观。当秦之时代,科学未发明也,机器未创造也,人工无今日之多也,物力无今日之宏也,工程之学不及今日之深造也,然竟能成此伟大之建筑者,其道安在?曰:为需要所迫不得不行而已。西谚有云:"需要者,创造之母也。"秦始皇虽以一世之雄,并吞六国,统一中原;然彼自度扫大漠而灭匈奴,有所未能也,而设边戍以防飘忽无定之游骑,又有不胜其烦也,为一劳永逸之计,莫善于设长城以御之。始皇虽无道,而长城之有功于后世,实与大禹之治水等。由今观之,倘无长城之捍卫,则中国之亡于北狄,不待宋明而在楚汉之时代矣。如是则中国民族必无汉唐之发展昌大,而同化南方之种族也。及我民族同化力强固之后,虽一亡于蒙古,而蒙古为我所同化;再亡于满洲,而满洲亦为我所同化。其初能保存孳大此同化之力,不为北狄之侵凌夭折者,长城之功为不少也。而当时之筑长城者,只为保其一姓之私、子孙帝皇万世之业耳,而未尝知其收效之广且远也。彼迫于需要,只有毅然力行以成之耳,初固不计其工程之大、费力之多也,殆亦行之而不知其道也。而今日科学虽明,机器虽备,人工物力亦超越往昔,工程之学皆远驾当时矣,然试就一积学经验之工师,叩以万里长城之计划:材料几何?人工几何?所需经费若干?时间若干可以造成?吾思彼之所答,必曰:"此非易知之事也。"即使有不惮烦之工师费数年之力,为一详细测量而定有精确

---

① 辽沈,疑为"辽东"之误;临洮,今甘肃岷县。

计划，而呈之今之人，今之人必曰："知之非艰，行之惟艰。"今欲效秦始皇而再筑一万里长城，为必不可能之事也。

吾今欲请学者一观近日欧洲之战场。当德军第一次攻巴黎之失败也，立即反攻为守，为需要所迫，数月之间，筑就长濠，由北海之滨至于瑞士山麓，长一千五百余里。有第一、第二、第三线各重之防御，每重之工程，有阴沟，有地窖，有甬道，有栈房。工程之巩固繁复，每线每里比较，当过于万里长城之工程也。三线合计，长约不下五千余里。而英法联军方面所筑长濠亦如之。二者合计，长约万余里，比之中国之长城其长倍之。此万余里之工程，其初并未预定计划，皆要临时随地施工，而其工程之大，成立之速，真所谓鬼斧神工、不可思议者也。而欧洲东方之战线，由波罗的海横亘欧洲大陆而至于黑海，长约三倍于西方战场，彼此各筑长濠以抵御亦若西方，其工程时间皆相等。此等浩大迅速之工程，倘无事实当前，则言之殊难见信。然欧洲东西两战场合计约有四万里之战濠，今已成为历史之陈迹矣。而专门之工程家，恐亦尚难测其涯略也。由此观之，"行之非艰，知之惟艰"，始皇之长城、欧洲之战濠可为铁证者六也。

中国更有一浩大工程，可与长城相伯仲者，运河是也。运河南起杭州，贯江苏、山东、直隶三省，经长江、大河、白河而至通州，长三千余里，为世界第一长之运河，成南北交通之要道，其利于国计民生，有不可胜量也。自中西通市之后，汽船出现，海运大通，则漕河日就淤塞，渐成水患。近有议修浚江淮一节以兴水利者，聘请洋匠测量计划，已觉工程之大，为我财力所不能办，而必谋借洋债方敢从事。夫修浚必较创凿为易也，一节必较全河为易也，而今人于筹谋设计之始已觉不胜其难，多有闻而生畏，乃古人则竟有举三千里之长河疏凿而贯通之，若行所无事者，何也？曰：其难不在进行之后，而在筹划之初也。古人无今人之学问知识，凡兴大工，举大事，多不事筹划，只图进行。为需要所迫，莫之为而为，莫之致而致，其成功多出于不觉。是中国运河开凿之初，原无预定之计划也。

近代世界新成之运河，不一而足，其最著而为吾国人耳熟能详者，为苏伊士与巴拿马是也。苏伊士地颈处于红海、地中海之间，隔绝东西洋海道之交通,自古以来,已尝有人议开运河于此矣。当一千七百九十八年,拿破伦①占领埃及,已立意开苏伊士运河,命工师实行测量其地,而结果之报告,为地中海与红海高低之差约二十九英尺,因而停止。至五十余年再有法人从事测量,知前所谓高低差异为不确,其后地拉涉②氏乃提倡创立公司以开之。当时世人多以为难,而英人则举国非之,以为万不可能之事。而地拉涉氏苦心孤诣,费多年之唇舌,乃得法国资本家及埃及总督之赞助,遂于一千八百五十八年成立公司,翌年开凿,至一千八百六十九年告厥成功。英人乃大为震惊。于是英相地士剌厘③用千方百计,而收买埃及总督之股票归于英政府,后且将埃及并为英国领土,盖所以保运河以握东西洋之咽喉,而连络印度之交通也。地拉涉开凿苏伊士既告成功之后,声名大著,为世所重,乃更进而提倡开凿巴拿马运河,以联络大西洋与太平洋之交通,而招股集资,咄嗟立办。遂于一千八百八十二年动工,至八十九年则一败涂地,而地拉涉氏竟至破产被刑,末路穷途,情殊可悯。其所以致此之原因,半由预算过差,半由疾疫流行,死亡过众,难以施工。夫预算过差尚可挽也,疾疫流行不可救也。盖当时科学无今日之进步,多以为地气恶厉,非人事所能为力,而不留意卫生。乃近年科学进步,始知一切疾疫皆由微生物所致,而巴拿马之黄热疫则由蚊子所传染。其后美国政府决议继续开凿巴拿马运河也,由千九百零四年起,先从事于除灭蚊子,改良卫生。此事既竣,由千九百零七年起始行施工,至千九百十五年则完全告成,而大西洋、太平洋之联络通矣。由此观之,地拉涉氏失败之大原因者,在不知蚊子之为害而忽略之也;美国政府之成功者,在知蚊子之为害而先除灭之也。此"行之非艰,知之惟艰",中外运河之工程可为铁证者七也。

  自古制器尚象,开物成务,中国实在各国之先。而创作之物大有助于世

---

 ① 拿破伦,今译作拿破仑。下同。
 ② 地拉涉(Ferdinand Lesseps,1805—1894),今译莱塞普、雷塞布。法国外交官,苏伊士运河之创建者。
 ③ 地士剌厘(Benjamin Disraeli,1804—1881),今译迪斯雷利,英国政治家、作家、英国首相(1868年和1874—1880年),今保守党之创始人。

界文明之进步者,不一而足。如印版也,火药也,瓷器也,丝茶也,皆为人类所需要者也。更有一物,实开今日世界交通之盛运,成今日环球一家之局者,厥为罗经。古籍所载指南车,有谓创于黄帝者,有谓创于周公者,莫衷一是。然中国发明磁石性质而制为指南针,由来甚古,可无疑义。后西人仿而用之,航海事业于以发达。倘无罗经以定方向,则汪洋巨浸,水天一色,四顾无涯,谁敢冒险远离海岸,深蹈迷途,而赴不可知之地哉?若无罗经为航海之指导,则航业无由发达,而世界文明必不能臻于今日之地位。罗经之为用,诚大矣哉!然则罗经者何物也?曰:是一简单之电机也。人类之用电气者,以指南针为始也。

自指南针用后,人类乃从而注意于研究磁针之指南、磁石之引铁,经千百年之时间,竭无穷之心思学力,而后发明电气之理。乃知电者,无质之物也,其性与光热通,可互相变易者也。其为物弥漫六合,无所不入,无所不包;而其运行于地面也,有一定之方向,自南而北,磁铁受电之感,遂成为南北向之性。如定风针之为风所感,而从风向之所之者,同一理也。往昔电学不明之时,人类视雷电为神明而敬拜之者,今则视之若牛马而役使之矣。今日人类之文明已进于电气时代矣,从此人之于电,将有不可须臾离者矣。观于通都大邑之地,其用电之事以日加增,点灯也用电。行路也用电,讲话也用电,传信也用电,作工也用电,治病也用电,炊爨也用电,御寒也用电,以后电学更明,则用电之事更多矣。

以今日而论,世界用电之人已不为少,然能知电者有几人乎?每遇新创制一电机,则举世从而用之,如最近之大发明为无线电报,不数年则已风行全世。然当研究之时代,费百十年之工夫,竭无数学者之才智,各贡一知,而后得成全此无线电之知识。及其知识真确,学理充满,而乃本之以制器,则无所难矣。器成而以之施用,则更无难矣。是今日用无线电以通信者,人人能之也。而司无线电之机生,以应人之通信者,亦不费苦学而能也。至于制无线电机之工匠,亦不过按图配置,无所难也。其最难能可贵者,则为研求无线电知识之人。学识之难关一过,则其他之进行,有如反掌矣。以用电一事观之,人类毫无电学知识之时,已能用磁针而制罗经,为航海指南之用;而及其电学知识一发达,则本此知识而制出奇奇怪怪层出不穷之电机,以为世界百业之用。此"行之非艰,知之惟艰",电学可为铁证者八也。

近世科学之发达,非一学之造诣,必同时众学皆有进步,互相资助,彼此乃得以发明。与电学最有密切之关系者为化学,倘化学不进步,则电学必难以发达,亦惟有电学之发明而化学乃能进步也。然为化学之元祖者,即道家之烧炼术也。古人欲得不死之药,于是方士创烧炼之术以求之。虽不死之药不能骤得,而种种之化学工业则由之以兴,如制造硃砂、火药、瓷器、豆腐等事业其最著者。其他之工业,与化学有关系,由烧炼之术而致者,不可胜数也。中国之有化学制造事业已数千年于兹,然行之而不知其道,并不知其名,比比皆是也。

吾国学者今多震惊于泰西之科学矣。而科学之最神奇奥妙者,莫化学若;而化学之最难研究者,又莫有机体之物质若;有机体之物质之最重要者,莫粮食若。近日泰西生理学家,考出六畜之肉中涵有伤生之物甚多,故食肉之人,多有因之而伤生促寿者。然人身所需之滋养料以肉食为最多,若舍肉食而他求滋养之料,则苦无其道。此食料之卫生问题,为泰西学士所欲解决者非一日矣。近年生物科学进步甚速,法国化学家多伟大之发明,如裴在辂①氏创有机化学,以化合之法制有机之质,且有以化学制养料之理想;巴斯德氏发明微生物学,以成生物化学;高第业②氏以生物化学研究食品,明肉食之毒质,定素食之优长。吾友李石曾留学法国,并游于巴氏、高氏之门,以研究农学而注意大豆,以与开"万国乳会"而主张豆乳,由豆乳代牛乳之推广而主张以豆食代肉食,远引化学诸家之理,近应素食卫生之需,此巴黎豆腐公司之所由起也。夫中国人之食豆腐尚矣,中国人之造豆腐多矣,甚至穷乡僻壤三家村中亦必有一豆腐店,吾人无不以末技微业视之,岂知此即为最奇妙之有机体化学制造耶?岂知此即为最合卫生、最适经济之食料耶?又岂知此等末技微业,即为泰西今日最著名科学家之所苦心孤诣研求而不可得者耶?

---

① 裴在辂(Pierre Eugène Marcellin Berthelot, 1827—1907),今译贝特洛,法国化学家、热化学奠基人、有机化学之先驱。

② 高第业(Armand Coutier),今译库捷。

又夫陶器之制造，由来甚古。巴比伦、埃及则有以瓦为书，以瓦为郭；而墨西哥、比鲁等地，于西人未发明〔见〕美洲以前，亦已有陶器。而近代文明之国，其先祖皆各能自造陶器。是知烧土成器，凡人类文明一进至火食时代则能为之。惟瓷器一物，则独为中国之创制，而至今亦犹以中国为最精。当一千五百四十年之时，有法人白里思①者，见法贵族中有中国瓷器，视为异宝，而决志仿制之，务使民间家家皆能享此异宝。于是苦心孤诣，从事于研究，费十六年之心思，始制出一种似瓷之陶器。此为欧洲仿制中国瓷器之始。至近代泰西化学大明，各种工业从而发达，而其制瓷事业亦本化学之知识而施工，始能与中国之瓷质相伯仲。惟如明朝之景泰、永乐，清朝之康熙、乾隆等时代所制之各种美术瓷器，其彩色、质地则至今仍不能仿效也。夫近时化学之进步，可谓登峰造极矣，其神妙固非吾古代烧炼之术可比，则二十年前之化学家亦梦想所不到也。前者之化学，有有机体与无机体之分，今则已无界限之可别，因化学之技术已能使无机体变为有机体矣。又前之所谓元素、所谓元子者，今亦推翻矣。因至镭质发明之后，则知前之所谓元素者，更有元素以成之；元子者，更有元子以成之。从此化学界当另辟一新天地也。西人之仿造中国瓷器，专赖化学以分析，而瓷之体质、瓷之色料一以化学验之，无微不释。然其烧炼之技术则属夫人工与物理之关系，此等技术今已失传，遂成为绝艺，故仿效无由。此欧美各国所以贵中国明清两代之瓷，有出数十万金而求一器者。今藏于法、英、美等国之博物院中者，则直视为希世之异宝也。然当时吾国工匠之制是物者，并不知物理、化学为何物者也。此"行之非艰，知之惟艰"，化学可为铁证者九也。

进化论乃十九世纪后半期、达文②氏之《物种来由》③出现而后始大发明者也，由是乃知世界万物皆由进化而成。然而古今来聪明睿知之士，欲穷天地万物何由而成者众矣，而卒莫能知其道也。二千年前，希腊之哲奄比多

---

① 白里思（Bernard Palissy，1510—1590），今译帕利西。法国胡格诺派陶工及自然主义者，以制造富于乡村风味的陶器著称，其作品后称著名的帕利西陶器。
② 达文（Charles Robert Darwin，1809—1882），今译达尔文，英国博物学家，进化论学说创始人。
③ 《物种来由》，今译《物种起源》。

加利氏及地摩忌里特①氏,已有见及天地万物当由进化而成者。无如继述无人,至梳格底、巴列多②二氏之学兴后,则进化之说反因之而晦。至欧洲维新以后,思想渐复自由,而德之哲学家史宾那沙氏及礼尼诗③氏二人,穷理格物,再开进化论之阶梯;达文之祖则宗述礼尼诗者也。嗣后科学日昌,学者多有发明,其最著者,于天文学则有拉巴剌氏,于地质学则有利里氏,于动物学则有拉麦氏,此皆各从其学而推得进化之理者,洵可称为进化论之先河也。至达文氏则从事于动物之实察,费二十年勤求探讨之功,而始成其《物种来由》一书,以发明物竞天择之理。自达文之书出后,则进化之学,一旦豁然开朗,大放光明,而世界思想为之一变,从此各种学术皆依归于进化矣。

夫进化者,自然之道也。而物竞天择,适者生存,不适者淘汰,此物种进化之原则也。此种原则,人类自石器时代以来,已能用之以改良物种,如化野草为五谷,化野兽为家畜,以利用厚生者是也。然用之万千年,而莫由知其道,必待至科学昌明之世,达文氏二十年苦心孤诣之功而始知之。其难也如此。夫进化者,时间之作用也,故自达文氏发明物种进化之理,而学者多称之为时间之大发明,与奈端④氏之摄力为空间之大发明相比〔媲〕美。

而作者则以为进化之时期有三:其一为物质进化之时期,其二为物种进化之时期,其三则为人类进化之时期。元始之时,太极(此用以译西名"伊太"⑤也)动而生电子,电子凝而成元素,元素合而成物质,物质聚而成地球,此世界进化之第一时期也。今太空诸天体多尚在此期进化之中。而物质之进化,以成地球为目的。吾人之地球,其进化几何年代而始成,不可得而知

---

① 奄比多加利(Empedocles,约前490—约前430)及地摩忌里特(Democritus,约前460—约前370),今译恩培多克勒、德谟克利特。
② 梳格底(Socrates,前469—前399)、巴列多(Plato,前427—前347),今译苏格拉底、柏拉图。
③ 史宾那沙(Benedict de Spinoza,1637—1677)(应为荷兰人)及礼尼诗(Gottfried Wilhelm von Leibnitz,1646—1716),今译斯宾诺莎、莱布尼茨,下同。
④ 奈端(Lsaac Newton,1642—1727),今译牛顿。
⑤ 伊太(ether),今译以太。

也。地球成后以至于今,按科学家据地层之变动而推算,已有二千万年矣。由生元之始生而至于成人,则为第二期之进化。物种由微而显,由简而繁,本物竞天择之原则,经几许优胜劣败,生存淘汰,新陈代谢,千百万年,而人类乃成。而人类初出之时亦与禽兽无异,再经几许万年之进化,而始长成人性,而人类之进化,于是乎起源。此期之进化原则,则与物种之进化原则不同:物种以竞争为原则,人类则以互助为原则。社会国家者,互助之体也;道德仁义者,互助之用也。人类顺此原则则昌,不顺此原则则亡。此原则行之于人类当已数十万年矣。然而人类今日犹未能尽守此原则者,则以人类本从物种而来,其入于第三期之进化为时尚浅,而一切物种遗传之性尚未能悉行化除也。然而人类自入文明之后,则天性所趋,已莫之为而为,莫之致而致,尚〔向〕于互助之原则,以求达人类进化之目的矣。人类进化之目的为何?即孔子所谓"大道之行也,天下为公",耶稣所谓"尔旨得成,在地若天",此人类所希望,化现在之痛苦世界而为极乐之天堂者是也。近代文明进步以日加速,最后之百年已胜于以前之千年,而最后之十年又胜已往之百年,如此递推,太平之世当在不远。乃至达文氏发明物种进化之物竞天择原则后,而学者多以为仁义道德皆属虚无,而争竞生存乃为实际,几欲以物种之原则而施之于人类之进化,而不知此为人类已过之阶级,而人类今日之进化已超出物种原则之上矣。此"行之非艰,而知之惟艰",进化论可为铁证者十也。

倘仍有不信吾"行易知难"之说者,请细味孔子"民可使由之,不可使知之",此"可"字当作"能"解。可知古之圣人亦尝见及,惜其语焉不详。故后人忽之,遂致渐入迷途,一往不返,深信"知之非艰,行之惟艰"之说,其流毒之烈有致亡国灭种者,可不惧哉!中国、印度、安南、高丽等国之人,即信此说最笃者也。日本人亦信之,惟尚未深,故犹能维新改制而致富强也。欧美之人,则吾向未闻有信此说者。当此书第一版付梓之夕,适杜威博士至沪,予特以此质证之。博士曰:"吾欧美之人,只知'知之为难'耳,未闻'行之为难'也。"又有某工学博士为予言曰,彼初进工学校,有教师引一事实以教"知难行易",谓有某家水管偶生窒碍,家主即雇工匠为之修理,工匠一至,不过举手之劳,而水管即复回原状。而家主叩以工值几何?工匠曰:"五十元零四角。"家主曰:"此举手之劳,我亦能为之,何索值之奢而零星也?何以不五十元,不五十一元,而独五十元零四角,何为者?"工匠曰:"五十元者,我知识之值也;四角者,我劳力之值也。如君今欲自为之,我可取消我劳力之值,而只索知识之值耳。"家主哑然失笑,而照索给之。此足见"行易知难",欧美已成为常识矣。

第五章 知行总论

总而论之,有此十证以为"行易知难"之铁案,则"知之非艰,行之惟艰"之古说,与阳明"知行合一"之格言,皆可从根本上而推翻之矣。

或曰:"行易知难之十证,于事功上诚无间言,而于心性上之知行,恐非尽然也。"吾于此请以孟子之说证之。《孟子》"尽心"章曰:"行之而不著焉,习矣而不察焉,终身由之而不知其道者,众也。"此正指心性而言也。由是而知"行易知难"实为宇宙间之真理,施之于事功,施之于心性,莫不皆然也,若夫阳明"知行合一"之说,即所以勉人为善者也。推其意,彼亦以为"知之非艰,而行之惟艰"也。惟以人之上进,必当努力实行,虽难有所不畏,既知之则当行之,故勉人以为其难。遂倡为"知行合一"之说曰:"即知即行,知而不行,是为不知。"其勉人为善之心,诚为良苦。无如其说与真理背驰,以难为易,以易为难,勉人以难实与人性相反。是前之能"行之而不著焉,习矣而不察焉,终身由之而不知其道者",今反为此说所误,而顿生畏难之心,而不敢行矣。此阳明之说虽为学者传诵一时,而究无补于世道人心也。

或曰:"日本维新之业,全得阳明学说之功,而东邦人士咸信为然,故推尊阳明极为隆重。"不知日本维新之前,犹是封建时代,其俗去古未远,朝气尚存;忽遇外患凭凌,幕府无措,有志之士激于义愤,于是倡尊王攘夷之说以鼓动国人。是犹义和团之倡扶清灭洋,同一步调也。所异者,则时势有幸有不幸耳。及其攘夷不就,则转而师夷,而维新之业乃全得师夷之功。是日本之维新,皆成于行之而不知其道者,与阳明"知行合一"之说实风马牛之不相及也。倘"知行合一"之说果有功于日本之维新,则亦必能救中国之积弱,何以中国学者同是尊重阳明,而效果异趣也。此由于中国习俗去古已远,暮气太深,顾虑之念、畏难之心,较新进文明之人为尤甚。故日本之维新,不求知而便行。中国之变法,则非先知而不肯行,及其既知也,而犹畏难而不敢行,盖误于以行之较知之为尤难故也。夫维新变法,国之大事也,多有不能前知者,必待行之成之而后乃能知之也。是故日本之维新,多赖冒险精神,不先求知而行之,及其成功也,乃名之曰维新而已。中国之变法,必先求知而后行,而知永不能得,则行永无其期也。由是观之,阳明"知行合一"之说,不过不能阻朝气方新之日本耳,未尝有以助之也;而施之暮气既深之中国,则适足以害之矣。夫"知行合一"之说,若于科学既发明之世,指一时代一事业而言,则甚为适当;然阳明乃合知行于一人之身,则殊不通于今日矣。以科学愈明,则一人之知行相去愈远,不独知者不必自行,行者不必自知,即同为一知一行,而以经济学分工专职之理施之,亦有分知分行者也。然则阳明"知行合一"之说,不合于实践之科学也。

予之所以不惮其烦,连篇累牍以求发明"行易知难"之理者,盖以此为救中国必由之道也。夫中国近代之积弱不振、奄奄待毙者,实为"知之非艰,行之惟艰"一说误之也。此说深中于学者之心理,由学者而传于群众,则以难为易,以易为难,遂使暮气畏难之中国,畏其所不当畏,而不畏其所当畏。由是易者则避而远之,而难者又趋而近之。始则欲求知而后行,及其知之不可得也,则惟有望洋兴叹,而放去一切而已。间有不屈不挠之士,费尽生平之力以求得一知者,而又以行之尤为难,则虽知之而仍不敢行之。如是不知固不欲行,而知之又不敢行,则天下事无可为者矣。此中国积弱衰败之原因也。夫畏难本无害也,正以有畏难之心,乃适足导人于节劳省事,以取效呈功。此为经济之原理,亦人生之利便也。惟有难易倒置,使欲趋避者无所适从,斯为害矣。

旷观中国有史以来,文明发达之迹,其事昭然若揭也。唐虞三代,甫由草昧而入文明,乃至成周,则文物已臻盛轨,其时之政治制度、道德文章、学术工艺几与近代之欧美并驾齐驱,其进步之速大非秦汉以后所能望尘追迹也。中国由草昧初开之世以至于今,可分为两时期:周以前为一进步时期,周以后为一退步时期。夫人类之进化,当然踵事增华,变本加厉,而后来居上也。乃中国之历史适与此例相反者,其故何也?此实"知之非艰,行之惟艰"一说有以致之也。三代以前,人类混混噩噩,不识不知,行之而不知其道,是以日起有功,而卒底于成周之治化,此所谓"不知而行"之时期也。由周而后,人类之觉悟渐生,知识日长,于是渐进而入于"欲知而后行"之时期矣。适于此时也,"知之非艰,行之惟艰"之说渐中于人心,而中国人几尽忘其远祖所得之知识皆从冒险猛进而来,其始则不知而行之,其继则行之而知之,其终则因已知而更进于行。古人之得其知也,初或费千百年之时间以行之,而后乃能知之;或费千万人之苦心孤诣,经历试验而后知之。而后人之受之前人也,似于无意中得之。故有以知为易,而以行为难,此直不思而已矣。当此"欲知而后行"之时代,适中于"知易行难"之说,遂不复以行而求知,因知以进行。此三代而后,中国文化之所以有退无进也。

夫以今人之眼光,以考世界人类之进化,当分为三时期:第一由草昧进文明,为"不知而行"之时期;第二由文明再进文明,为"行而后知"之时期;第三自科学发明而后,为"知而后行"之时期。欧美幸而无"知易行难"之说为其文明之障碍,故能由草昧而进文明,由文明而进于科学。其近代之进化也,不知固行之,而知之更乐行之,此其进行不息,所以得有今日突飞之进步也。当元代时有意大利人马可波罗者,曾游仕中国,致仕后回国著书,述中国当时社会之文明,工商之发达,艺术之进步,欧人见之尚惊为奇绝,以为世界未必有如此文明进化之国也。是犹中国人士于三十年前见张德彝之《四述奇》①一书,所志欧洲文明景象,而以为荒唐无稽者同一例也。是知欧洲六百年前之文物,尚不及中国当时远甚。而彼近一二百年来之进步,其突飞速率,有非我梦想所能及也。日本自维新以后五十年来,其社会之文明,学术之发达,工商之进步,不独超过于彼数千年前之进化,且较之欧洲为尤速,

---

① 《四述奇》,为清末外交官张德彝所著,1883年由北京高师同文馆出版,今人重印时改书名为《随使英俄记》。

此皆科学为之也。自科学发明之后,人类乃始能有具以求其知,故始能进于"知而后行"之第三时期之进化也。

夫科学者,统系之学也,条理之学也。凡真知特识,必从科学而来也。舍科学而外之所谓知识者,多非真知识也。如中国之习闻,有谓天圆而地方、天动而地静者,此数千年来之思想见识,习为自然,无复有知其非者,然若以科学按之以考其实,则有大谬不然者矣。又吾俗呼养子为螟蛉,盖有取于蜾蠃变螟蛉之义。古籍所传,螟蛉桑虫也,蜾蠃蜂虫也,蜂虫无子,取桑虫蔽而殪之,幽而养之,祝曰"类我,类我",久则化而成蜂虫云。吾人以肉眼骤察之,亦必得同等之判决也。惟以科学之统系考之,物类之变化未有若是其突然者也。若加以理则之视察,将蜾蠃之取螟蛉,蔽而殪之,幽而养之之事,集其数起,别其日数,而同时考验之。又以其一起分日考验之,以观其变态。则知蜾蠃之取螟蛉,蔽而殪之是也,幽而养之非也。蔽而殪之之后,蜾蠃则生卵于螟蛉之体中,及蜾蠃之子长,则以螟蛉之体为粮。所谓幽而养之者,即幽螟蛉以养蜾蠃之子也。是蜾蠃并未变螟蛉为己子也,不过以螟蛉之肉为己子之粮耳。由此事之发明,令吾人证明一医学之妙术,为蜾蠃行之在人类之先,即用蒙药是也。夫蜾蠃之蔽螟蛉于泥窝之中,即用其蜂螫以灌其毒于螟蛉之脑髓而蒙之,使之醉而不死,活而不动也。若螟蛉立死,则其体即成腐败,不适于为粮矣。若尚生而能动,则必破泥窝而出,而蜾蠃之卵亦必因而破坏,难以保存以待长矣。是故为蜾蠃者,为需要所迫,而创蒙药之术以施之于螟蛉。夫蒙药之术,西医用之以治病者尚不满百年,而不期蜾蠃之用之,已不知几何年代矣。由此观之,凡为需要所迫,不独人类能应运而出,创造发明,即物类亦有此良能也。是行之易,知之难,人类有之,物类亦然。惟人类则终有觉悟之希望,而物类则永无能知之期也。吾国人所谓"知之非艰",其所知者大都类于天圆地方、天动地静、螟蛉为子之事耳。

夫人群之进化,以时考之,则分为三时期,如上所述曰"不知而行"之时期,曰"行而后知"之时期,曰"知而后行"之时期。而以人言之,则有三系焉:其一先知先觉者,为创造发明;其二后知后觉者,为仿效推行;其三不知不觉者,为竭力乐成。有此三系人相需为用,则大禹之九河可疏,秦皇之长城能筑也。乃后世之人误于"知之非艰"之说，虽有先知先觉者之发明，而后知后觉者每以为知之易而忽略之，不独不为之仿效推行，且目之为理想难行，于是不知不觉者则无由为之竭力乐成矣。所以秦汉以后之事功，无一能比于大禹之九河与始皇之长城者，此也。岂不可慨哉！

方今革命造端之始，开吾国数千年来未有之局，又适为科学昌明之时，知之则必能行之，知之则更易行之。以我四万万优秀文明之民族，据有四百二十七万方咪①之土地（较之日本前有土地不过十四万余方咪，今有土地亦不过二十六万方咪耳），为世界独一广大之富源，正所谓以有为之人，据有为之地，而遇有为之时者也。倘使我国之后知后觉者，能毅然打破"知之非艰，行之惟艰"之迷信，而奋起以仿效，推行革命之三民主义、五权宪法，而建设一世界最文明进步之中华民国，诚有如反掌之易也。如有河汉予言者，即请以美国之革命与日本之维新以证之。

夫美国之革命，以三百万人据大西洋沿岸十三州之地，与英国苦战八年，乃得脱英之羁厄而独立。其地为蛮荒大陆，内有红番②之抵拒，外有强敌之侵凌，荜路蓝缕，开始经营，其时科学尚未大明。其地位，其时机，则万不如我今日之优美也。其建国之资，可为之具，又万不如我今日之丰富也。其人数，则不及我今日百分之一也。然其三百万之众，皆具冒险之精神、远大之壮志，奋发有为，积极猛进。故自一千七百七十六年七月四日宣布独立，至今民国八年，为时不过一百四十三年耳，而美国已成为世界第一富强之国矣。日本维新之初，人口不及我十分之一，其土地则不及我四川一省之大，其当时之知识学问尚远不如我之今日也。然能翻然觉悟，知锁国之非计，立变攘夷为师夷，聘用各国人才，采取欧美良法，力图改革。美国需百余年而达于强盛之地位者，日本不过五十年，直三分之一时间耳。准此以推，中国欲达于富强之地位，不过十年已足矣。

或犹不信者，请观于暹罗③之维新。暹罗向本中国藩属之一，土地约等

---

① 咪（mile），今译英里；方咪，后文亦作"英方里"，即平方英里。
② 红番，英文作 Red Indian，即美洲印第安人。
③ 暹罗（Siam），亦作暹逻，1939 年改名泰国（Thailand）。

于四川一省,人口不过八百万,其中为华侨子孙者约二三百万,余皆半开化之蛮族耳。论其人民之知识,则万不及中国,其全国之工商事业悉操于华侨之手。论其国势,则界于英、法两强领土之间,疆土日削,二十年前几岌岌可危,朝不保夕。其王室亲近乃骤然发奋为雄,仿日本之维新,聘用外才,采行西法,至今不过十余年,则全国景象为之一新,文化蒸蒸日上。今则居然亚东一完全独立国,而国际之地位竟驾乎中国之上矣。今日亚东之独立国只有日本与暹罗耳,中国尚未得称为完全之独立国也,只得谓之为半独立国而已。盖吾国之境内尚有他国之租界,有他国之治权,吾之海关犹握于外人之手,日本、暹罗则完全脱离此羁厄也。是知暹罗之维新比之日本更速;暹罗能之,则中国更无不能矣,道在行之而已。

学者至此,想当了然于行之易而知之难矣。故天下事惟患于不能知耳,倘能由科学之理则以求得其真知,则行之决无所难,此已十数回翻覆证明,无可疑义矣。然则行之之道为何?即全在后知后觉者之不自惑以惑人而已。上所谓文明之进化,成于三系之人:其一、先知先觉者即发明家也,其二、后知后觉者即鼓吹家也,其三、不知不觉者即实行家也。由此观之,中国不患无实行家,盖林林总总者皆是也。乃吾党之士有言曰:某也理想家也,某也实行家也。其以二三人可为改革国事之实行家,真谬误之甚也。不观今之外人在上海所建设之宏大工厂、繁盛市街、崇伟楼阁,其实行家皆中国之工人也,而外人不过为理想家、计划家而已,并未有躬亲实行其建设之事也。故为一国之经营建设所难得者,非实行家也,乃理想家、计划家也。而中国之后知后觉者,皆重实行而轻理想矣。是犹治化学而崇拜三家村之豆腐公,而忽于裴在辂、巴斯德等宿学也。是犹治医学而崇拜蜂虫之蜾蠃,而忽于发明蒙药之名医也。盖豆腐公为生物化学之实行家,而蜾蠃为蒙药之实行家也,有是理乎?乃今之后知后觉者,悉中此病,所以不能鼓吹舆论、倡导文明,而反足混乱是非、阻碍进化也。是故革命以来而建设事业不能进行者,此也。予于是乎不得不彻底详辟,欲使后知后觉者了然于向来之迷误,而翻然改图,不再为似是而非之说以惑世,而阻挠吾林林总总之实行家,则建设前途大有希望矣。

第六章　能知必能行

当今科学昌明之世,凡造作事物者,必先求知而后乃敢从事于行。所以然者,盖欲免错误而防费时失事,以冀收事半功倍之效也。是故凡能从知识而构成意像,从意像而生出条理,本条理而筹备计划,按计划而用工夫,则无论其事物如何精妙,工程如何浩大,无不指日可以乐成者也。近日之无线电、飞行机,事物之至精妙者也,美国之一百二十余万里铁路(当一千九百十六年十二月三十一日美国收其全国铁路归政府管理时,其路线共长三十九万七千零十四英里,成本一百九十六万万余元美金,合中国洋银三百九十二万万元)与夫苏伊士、巴拿马两运河,工程之至浩大者也,然于科学之原理既知,四周之情势皆悉,由工师筹定计划,则按计划而实行之,已为无难之事矣。此事实俱在,彰彰可考,吾国人当可一按而知也。

予之于革命建设也,本世界进化之潮流,循各国已行之先例,鉴其利弊得失,思之稔熟,筹之有素,而后订为《革命方略》①,规定革命进行之时期为三:第一、军政时期,第二、训政时期,第三、宪政时期。第一为破坏时期,拟在此时期内施行军法,以革命军担任打破满清之专制、扫除官僚之腐败、改革风俗之恶习、解脱奴婢之不平、洗净鸦片之流毒、破灭风水之迷信、废去厘卡之阻碍等事。第二为过渡时期,拟在此时期内施行约法(非现行者),建设地方自治,促进民权发达。以一县为自治单位,县之下再分为乡村区域,而统于县。每县于敌兵驱除、战事停止之日,立颁布约法,以之规定人民之权利义务与革命政府之统治权。以三年为限,三年期满,则由人民选举其县官。或于三年之内,该县自治局已能将其县之积弊扫除如上所述者,及能得过半数人民能了解三民主义而归顺民国者,能将人口清查、户籍厘定、警察、卫生、教育、道路各事照约法所定之低限程度而充分办就者,亦可立行自选

---

① 此指1906年秋冬间,革命党人在日本所制订,1908年河口起义后孙中山与胡汉民、汪精卫在新加坡增订的《中国同盟会革命方略》。

其县官,而成完全之自治团体。革命政府之对于此自治团体,只能照约法所规定而行其训政之权。俟全国平定之后六年,各县之已达完全自治者,皆得选举代表一人,组织国民大会,以制定五权宪法。以五院制为中央政府:一曰行政院,二曰立法院,三曰司法院,四曰考试院,五曰监察院。宪行制定之后,由各县人民投票选举总统以组织行政院,选举代议士以组织立法院,其余三院之院长由总统得立法院之同意而委任之,但不对总统、〈立〉法院负责,而五院皆对于国民大会负责。各院人员失职,由监察院向国民大会弹劾之;而监察院人员失职,则国民大会自行弹劾而罢黜之。国民大会职权,专司宪法之修改及制裁公仆之失职。国民大会及五院职员与夫全国大小官吏,其资格皆由考试院定之。此五权宪法也。宪法制定,总统、议员举出后,革命政府当归政于民选之总统,而训政时期于以告终。第三为建设完成时期,拟在此时期始施行宪政,此时一县之自治团体,当实行直接民权。人民对于本县之政治,当有普通选举之权、创制之权、复决之权、罢官之权,而对于一国政治除选举权之外,其余之同等权则付托于国民大会之代表以行之。此宪政时期,即建设告竣之时,而革命收功之日。此革命方略之大要也。

乃于民国建元之初,予则极力主张施行《革命方略》,以达革命建设之目的,实行三民主义,而吾党之士多期期以为不可。经予晓喻〔谕〕再三,辩论再四,卒无成效,莫不以为予之理想太高,"知之非艰,行之惟艰"也。呜呼!是岂予之理想太高哉?毋乃当时党人之知识太低耶?予于是乎不禁为之心灰意冷矣!夫革命之有破坏,与革命之有建设,固相因而至、相辅而行者也。今于革命破坏之后,而不开革命建设之始,是无革命之建设矣;既无革命之建设,又安用革命之总统为?此予之所以萌退志,而于南京政府成立之后,仍继续停战、重开和议也。至今事过情迁,则多有怪予于民国建元之后,不当再允和议、甘让总统者。然假使予仍为总统,而党员于破坏成功之后,已多不守革命之信誓,不从领袖之主张,纵能以革命党而统一中国,亦不能行革命之建设,其效果不过以新官僚而代旧官僚而已。其于国家治化之源、生民根本之计毫无所补,是亦以暴易暴而已。夫如是,则予无为总统之必要也。

或者不察,有以为予当是〔时〕之势力不及袁世凯,故不得不与之议和,苟且了事者;甚有诬为受袁世凯百万之贿,遂以总统让之者。事至今日,已可不待辩而明矣。苟予果贪也,则必不以百万而去办〔总〕统之位矣。不观今日一督军一年之聚敛几何,一师长一年之侵吞几何,诬者果视予贪而且愚一至此耶!至谓于民国建元之后,予之势力不及袁世凯,则更拟于不伦也。夫当时民国已有十五省,而山东、河南民党亦蜂起,直隶则军队且内应,稍迟数月,当可全国一律光复,断无疑义也。且舍当时情势不计,而以前后之事较之,当明予非畏袁世凯之势力而议和者。夫革命成功以前,予曾经十次之失败,而奋斗之气犹不少衰。民国二年,袁世凯已统一全国,而予已不问政治而从事实业矣,乃以暗杀宋教仁故,予时虽手无寸兵而犹不畏之,而倡议讨袁。惜南方同志持重,不敢先发制人,致遭失败。讨袁军败后,同人皆颓丧不振,无敢主张再行革命者,予知袁氏必将帝制自为,乃组织中华革命党以为之备,散布党员于各省,提倡反对帝制。是故袁氏之帝制未成,而反对之人心已备,帝制一发,全国即起而扑灭之也。由此观之,则予非由畏势力而去总统,乃以不能行革命之建设而去总统,当可以了然于国人之心目中矣。夫如是,然后能明予之志,而领会于予革命建设之微意也。

何谓革命之建设?革命之建设者,非常之建设也,亦速成之建设也。夫建设固有寻常者,即随社会趋势之自然,因势利导而为之,此异乎革命之建设者也。革命有非常之破坏,如帝统为之斩绝,专制为之推翻;有此非常之破坏,则不可无非常之建设。是革命之破坏与革命之建设必相辅而行,犹人之两足,鸟之双翼也。惟民国开创以来,既经非常之破坏,而无非常之建设以继之。此所以祸乱相寻,江流日下,武人专横,政客捣乱,而无法收拾也。盖际此非常之时,必须非常之建设,乃足以使人民之耳目一新,与国更始也。此革命方略之所以为必要也。

试观民国以前之大革命,其最轰轰烈烈者为美与法。美国一经革命而后,所定之国体至今百余年而不变。其国除黑奴问题生出国内南北战争一次而外,余无大变乱,诚可谓一经革命而后,其国体则一成不变,长治久安,文明进步,经济发达,为世界之冠。而法国一经革命之后,则大乱相寻,国体五更,两帝制而三共和;至八十年后,穷兵黩武之帝为外敌所败,身为降虏,而共和之局乃定。较之美国,其治乱得失,差若天壤者,其故何也?说者多称华盛顿有仁让之风,所以开国之初,有黄袍之拒;而拿破伦野心勃勃,有鲸吞天下之志,所以起共和而终帝制。而不知一国之趋势,为万众之心理所造成,若其势已成,则断非一二因利乘便之人之智力所可转移也。夫华、拿二人之于美、法之革命,皆非原动者。美之十三州既发难抗英而后,乃延华盛顿出为之指挥,法则革命起后,乃拔拿破伦于偏裨之间,苟使二人易地而处,想亦皆然。是故华、拿之异趣,不关乎个人之贤否,而在其全国之习尚也。

美国土地向为蛮荒大陆,英人移居于其地者不过二百余年。英人素富于冒险精神、自治能力,至美而后即建设自治团体,随成为十三州。虽归英王统治之下,然鞭长莫及,无异海外扶余,英国对之不过羁縻而已。及一旦征税稍苛,十三州则联合以抵抗。此革命之所由起也。血战八年而得独立,遂策〔创〕立亚美利加之联邦为共和国。其未独立以前,十三州已各自为政,而地方自治已极发达,故其立国之后政治蒸蒸日上,以其政治之基础全恃地方自治之发达也。其余中美、南美之各拉丁人种之殖民地,百十年来亦先后仿美国,而脱离其母国以改建共和。然其政治进步之不如美国而变乱常见者,则全系乎其地方自治之基础不巩固也。然其一脱母国统治而建共和之后,大小十九国,除墨西哥为外兵侵入、强改帝制外,无一推翻共和者。此皆得立国于新天地之赐,故能洗除旧染之污,而永远脱离君政之治也。法国则不然。法虽为欧洲先进文化之邦,人民聪明奋厉,且于革命之前曾受百十年哲理民权之鼓吹,又模范美国之先例,犹不能由革命一跃而几于共和宪政之治者,其故何也?以彼之国体向为君主专制,而其政治向为中央集权,无新天地为之地盘,无自治为之基础也。

我中国缺憾之点悉与法同,而吾人民之知识、政治之能力更远不如法国,而予犹欲由革命一跃而几于共和宪政之治者,其道何由?此予所以创一过渡时期为之补救也。在此时期,行约法之治,以训导人民,实行地方自治。惜当时同志不明其故,不行予所主张,而只采予约法之名以定临时宪法①，以为共和之治可不由其道而一跃可几。当时众人之所期者实为妄想，顾反以予之方略计划为难行，抑何不思之甚也？

当予鼓吹革命之时，拟创建共和于中国，欧美学者亦多以为不可，彼等盖有鉴于百年来之历史，而重乎其言之也。民国建元前一年，予过伦敦。有英国名士加尔根②者，曾遍游中土，深悉吾国风土人情，著书言中国事甚多，其《中国变化》一书尤为中肯。彼闻予提倡改中国为共和，怀疑满腹，以为万不可能之事，特来旅馆与予辩论者，数日不能释焉。迨予示以《革命方略》之三时期，彼乃涣然冰释，欣然折服，喟然而叹曰："有如此计划，当然可免武人专制、政客捣乱于民权青黄不接之际也。而今而后，吾当助予鼓吹。"故于武昌起义之后，东方之各西文报，皆盛传吾于民国建设之计划，满盘筹备，成竹在胸，不日当可见之施行，凡同情于中国之良友当拭目以观其成也云云。此皆加尔根氏在伦敦各报为吾游扬之言论也。惜予就总统职后，此种计划为同志所格而不行，遂致欧美同情之士亦大失所望。而此后欧美学界之知吾计划者，亦不敢再为游扬吾说；而不知者，则多以中国人民知识程度不足，断不能行共和之治矣。此所以美国著名之宪法学者古德诺③氏，有劝袁世凯帝制之举也。

中国人对于古德诺氏劝袁帝制一事，颇为诧异，以为彼乃共和国之一学者，何以不右共和而扬帝制，多有不明其故者。予廉得其情，惟彼为共和国人，斯有共和国之经验，而美国人尤饱尝知识程度不足之人民之害也。美国之外来人民一入美境数年即享民权，美国之黑奴一释放后立享民权，而美国政客利用此两种人之民权而捣出滔天之乱，为正人佳士所恼煞者。不知若干年，始定有不识字之人不得享国民权利之禁例，以防止此等捣乱。是以

---

① 此指1912年《中华民国临时约法》。
② 加尔根（Archibald Ross Colquhoun），曾用汉名柯乐洪、葛洪、高奋云。其著作《中国变化》（*China in Transformation*），1898年在伦敦和纽约出版，今译《转变中的中国》。
③ 古德诺（Frank Johnson Goodnow，1859—1939），原是哥伦比亚大学教授，美国人。毕业于德国柏林大学，1891年任哥伦比亚大学美国行政法教授。1906年任美国政治学院代理院长。1913年被袁世凯聘为总统府顾问。1915年8月3日，他在《亚细亚日报》发表《共和与君主论》一文，鼓吹在中国复辟帝制。

彼中学者,一闻知识程度不足之人民欲建设共和,则几有痛心疾首、期期以为不可者,此亦古德诺氏之心理也。

夫中国人民知识程度之不足,固无可隐讳者也。且加以数千年专制之毒,深中乎人心,诚有比于美国之黑奴及外来人民知识尤为低下也。然则何为而可?袁世凯之流必以为中国人民知识程度如此,必不能共和,曲学之士亦曰非专制不可也。呜呼!牛也尚能教之耕,马也尚能教之乘,而况于人乎?今使有见幼童将欲入塾读书者,而语其父兄曰:"此童子不识字,不可使之入塾读书也。"于理通乎?惟其不识字,故须急于读书也。况今世界人类已达于进化童年之运,所以自由平等之思想日渐发达,所谓世界潮流不可复压者也。故中国今日之当共和,犹幼童之当入塾读书也。然入塾必要有良师益友以教之,而中国人民今日初进共和之治,亦当有先知先觉之革命政府以教之。此训政之时期,所以为专制入共和之过渡所必要也,非此则必流于乱也。

然当同盟会成立之初,则有会员疑革命方略之难行者,谓"清朝伪立宪许人民以预备九年,今吾党之方略定以军政三年、训政六年,岂不与清朝九年相等耶?吾等望治甚急,故投身革命,若于革命成功之后犹须九年始得宪政之治,未免太久也"云云。予答以"非此则无望造成完全之民国"。今民国改元已八年于兹矣,不独宪政之治不能期,而欲求如清朝苟且偷生犹不可得,尚何望九年之有完全民国出现耶?或又疑训政六年,得毋同于曲学者所倡之开明专制耶?曰:开明专制者,即以专制为目的,而训政者,乃以共和为目的,此所以有天壤之别也。譬如今次之世界大战争,凡参加此战争之国,无论共和、君主皆一律停止宪政,行军政;向来人民之行动自由、言论自由、集会自由皆削夺之,甚且饮食营业皆归政府支配,而举国无有异议,且献其身命为国家作牺牲,以其目的在战胜而图存也。人之已行宪政犹且停之,况我宪政尚未发生,方欲由革命之战争以求之,岂可于开战之初即施行宪政耶?此诚幼稚无伦之思想也。今民国成立已八年矣,吾党之士于此八年间应得无量之经验、多少之知识,若能回忆予十数年前之训诲主张,当能恍然大悟,而不再河汉予言,以为理想难行矣。

夫以中国数千年专制、退化而被征服亡国之民族,一旦革命光复,而欲成立一共和宪治之国家,舍训政一道,断无由速达也。美国之欲扶助菲岛①人民以独立也,乃先从训政着手,以造就其地方自治为基础。至今不过二十年,而已丕变一半开化之蛮种,以成为文明进化之民族。今菲岛之地方自治已极发达,全岛官吏,除总督尚为美人,余多为土人所充任,不日必能完全独立。将来其政治之进步,民智之发达,当不亚于世界文明之国。此即训政之效果也。美国对于菲岛何以不即许其独立,而必经一度训政之时期?此殆有鉴于当年黑奴释放后之纷扰,故行此策也。我中国人民久处于专制之下,奴性已深,牢不可破,不有一度之训政时期以洗除其旧染之污,奚能享民国主人之权利?此袁氏帝制之时而劝进者之所以多也。夫中华民国者,人民之国也。君政时代则大权独揽于一人,今则主权属于国民之全体,是四万万人民即今之皇帝也。国中之百官,上而总统,下而巡差,皆人民之公仆也。而中国四万万之人民,由远祖初生以来,素为专制君主之奴隶,向来多有不识为主人、不敢为主人、不能为主人者,而今皆当为主人矣。其忽而跻于此地位者,谁为为之?孰令致之?是革命成功而破坏专制之结果也。此为我国有史以来所未有之变局,吾民破天荒之创举也。是故民国之主人者,实等于初生之婴儿耳,革命党者即产此婴儿之母也。既产之矣,则当保养之、教育之,方尽革命之责也。此《革命方略》之所以有训政时期者,为保养、教育此主人成年而后还之政也。在昔专制之世,犹有伊尹、周公者,于其国主太甲、成王不能为政之时,已有训政之事。专制时代之臣仆尚且如此,况为开中国未有之基之革命党,不尤当负伊尹、周公之责,使民国之主人长成,国基巩固耶?惜乎当时之革命党多不知此为必要之事,遂放弃责任,失却天职,致使革命事业只能收破坏之功,而不能成建设之业,故其结果不过仅得一"中华民国"之名也。悲乎!

夫破坏之革命成功,而建设之革命失败,其故何也?是知与不知之故也。予之于破坏革命也,曾十起而十败者,以当时大多数之中国人,犹不知彼为满洲之所征服,故醉生梦死,而视革命为大逆不道。其后革命风潮渐

---

① 菲岛,即菲律宾。下同。

盛，人多觉悟，知满清之当革，汉族之当复，遂能一举而覆满清，易如反掌。惟对于建设之革命，一般人民固未知之，而革命党亦莫明其妙也。夫革命事业莫难于破坏，而莫易于建设，今难者既成功，而易者反失败，其故又何也？惟其容易也，故人多不知其必要而忽略之，此其所以败也。何以谓之容易？因破坏已成而阻力悉灭，阻力一灭，则吾人无所不可，来往自由，较之谋破坏时，稍一不慎则不测随之之际，何啻天渊。然吾人知革命排满为救国之必要，则犯难冒险而为之，及夫破坏既成，则以容易安全之建设可以多途出之，而不必由革命之手续矣，此建设事业之所以坠也。

今以一浅显易行之事证之。吾人之立同盟会以担任革命也，先从事于鼓吹，而后集其有志于天下国家之任者，共立信誓，以实行三民主义为精神，以创立中华民国为目的。其不信仰此信条当众正式宣誓者，吾不承认其为革命党也。其初，一般之志士莫不视吾党宣誓仪文为形式上之事，以为无补于进行。乃数年之间，革命党之势力膨胀，团体固结，卒能推倒满清者，则全赖有此宣誓之仪文，以成一党心理之结合也。一党尚如此，其况一国乎？

常人有言，中国四万万人实等于一片散沙，今欲聚此四万万散沙而成为一机体结合之法治国家，其道为何？则必从宣誓以发其正心诚意之端，而后修、齐、治、平之望可几也。今世文明法治之国，莫不以宣誓为法治之根本手续也。故其对于入籍归化之民，则必要其宣誓表示诚心，尊崇其国体，恪守其宪章，竭力于义务，而后乃得认为国民；否则终身居其国，仍以外人相视，而不得同享国民之权利也。其对于本国之官吏、议员，亦必先行宣誓，乃得受职。若遇有国体之改革，则新国家之政府必要全国之人民一一宣誓，以表赞同，否则且以敌人相待，而立逐出境也。此近世文明法治之通例也。请观今回战后，欧洲之新成国家、革命国家，其有能早行其国民之宣誓者，则其国必治；如有不能行此、不知行此者，则其国必大乱不止也。中国之有今日者，此也。

夫吾人之组织革命党也，乃以之为先天之国家者也，后果由革命党而造成民国。当建元之始，予首为宣誓而就总统之职，乃令从此凡文武官吏、军士、人民当一律宣誓，表示归顺民国，而尽其忠勤。而吾党同志悉以此为不急之务，期期不可，极端反对，予亦莫可如何，姑作罢论。后袁世凯继予总统任，予于此点特为注重，而同人则多漠视。予以有我之先例在，决不能稍事迁就，而袁氏亦以此为不关紧要之事也，故姑惟予命是听，于是乃有宣誓服膺共和、永绝帝制之表示也。其后不幸袁氏果有背盟称帝之举，而以有此一宣誓之故，俾吾人有极大之理由以讨罚〔伐〕之；而各友邦亦直我而曲彼，于是乃有劝告取消之举。袁氏帝制之所以失败者，取消帝制为其极大之原因也。盖以帝制之取消，则凡为袁氏爪牙各具王侯之望者，亦悉成为空想，而斗志全消矣。此陈宦〔宧〕所以独立〔于四川〕，而袁氏即以此气绝也。帝制之所以不得不取消者，以列强之劝告也。列强之所以劝告者，以民党之抵抗袁氏有极充分之理由也。而理由之具体，而可执以为凭，表示于中外者，即袁氏之背誓也。倘当时袁氏无此信誓，则其称帝之日，民党虽有抵抗，而列强视之必以民党愚而多事，而必无劝告之事；而帝制必不取消，袁氏或不致失败。何也？盖袁氏向为君主之臣仆而不主张共和者也，而民党昧然让总统于袁，已自甘于牺牲共和矣，既甘放弃于前而反争之于后，非愚而多事乎？惟有此信誓也则不然矣，故得列强之主张公道，而维持中国之共和也。由是观之，信誓岂不重哉！

乃吾党之士于民国建设之始，则以信誓为不急之务而请罢之，且以予主张为理想者，则多属乎此等浅近易行之事也。夫吾人于结党之时已遵行宣誓之仪矣，乃于开国之初与民更始之日，则罢此法治根本之宣誓典礼，此建设失败之一大原因也。倘革命党当时不河汉予言，则后天民国之进行，亦如先天组党之手续，凡归顺之官吏、新进之国民必当对于民国为正心诚意之宣誓，以表示其拥护民国，扶植民权，励进民生；必照行其宣誓之典礼者，乃得享民国国民之权利，否则仍视为清朝之臣民。其既宣誓而后，有违背民国之行为者，乃得科以叛逆之罪，于法律上始有根据也。如今之中华民国者，若以法律按之，则只有少数之革命党及袁世凯一人曾立有拥护民国之誓，于良心上、法律上皆不得背叛民国，而其余之四万万人原不负何等良心、法律之责任也。而昔日捕戮革命党之清吏，焚杀革命党之武人，与夫反对革命党之虎伥，今则靦然为民国政府之总长、总理、总统，而毫无良心之自责、法律之制裁，此何怪于八年之间而数易国体也！

夫国者，人之积也，人者，心之器也，国家政治者，一人群心理之现象也。是以建国之基，当发端于心理。故由清朝臣民而归顺民国者，当先表示正心诚意，此宣誓之大典所以为必要也。乃革命党于结党时行之，于建国时则不行之，是以为党人时有奋厉无前之宏愿魄力，卒能成破坏之功，而建国后则失此能力，遂致建设无成，此行与不行之效果也。所以不行者，非不能也，坐于不知其为必要也。故曰能知必能行也，理想云乎哉？革命党既以予所主张建设民国之计划为理想太高，而不知按照施行，所以由革命而造成此有破坏、无建设之局，致使中国人民受此八年之痛苦矣。然而民国之建设一日不完全，则人民之痛苦一日不息，而国治民福永无可达之期也。故今后建设之责，不得独委之于革命党，而先知先觉之国民，当当仁不让而自负之也。夫革命先烈既舍身流血，而为其极艰极险之破坏事业于前矣，我国民宜奋勇继进，以完成此容易安全之建设事业于后也。国民！国民！当急起直追，万众一心，先奠国基于方寸之地为去旧更新之始，以成良心上之建设也。予请率先行之。誓曰：

> 孙文正心诚意，当众宣誓：从此去旧更新，自立为国民；尽忠竭力，拥护中华民国，实行三民主义，采用五权宪法；务使政治修明，人民安乐，措国基于永固，维世界之和平。此誓！
>
> 中华民国八年正月十二日　孙文立誓

此宣誓典礼，本由政府执行之，然今日民国政府之自身尚未有此元素〔资格〕，则不得执行此典礼也。望有志之士，各于其本县组织一地方自治会，发起者互相照式宣誓。会成而后，由会中各员向全县人民执行之，必亲笔签名于誓章，举右手向众宣读之。其誓章藏之自治会，而发给凭照，必使普及于全县之成年男女。一县告竣，当助他县成立自治会以推行之。凡行此宣誓之典礼者，问良心，按法律，始得无憾而称为中华民国之国民，否则仍为清朝之遗民而已。民国之能成立与否，则全视吾国人之乐否行此归顺民国之典礼也。爱国之士，其率先行之。

附录 陈英士致黄克强书

克强我兄足下：

美猥以菲材，从诸公后，奔走国事，于兹有年。每怀德音，谊逾骨肉。去夏征驷东发，美正欹痾在院，满拟力疾走别，握手倾愫，乃莫获我心。足下行期定矣，复以事先日就道，卒无从一面商榷区区之意于足下，缘何悭也！日者晤日友宫崎①君，述及近状，益眷眷国事，弥令美动"蓁苓彼美"、"风雨君子"之思矣。

溯自辛亥以前，二三同志如谭、宋②辈过沪上时，谈及吾党健者，必交推足下，以为"孙氏理想，黄氏实行"。夫谓足下为革命实行家，则海内无贤无愚莫不异口同声，于足下无所增损。惟谓中山先生倾于理想，此语一入吾人脑际，遂使中山先生一切政见不易见诸施行，迫至今日犹有持此言以反对中山先生者也。然而征诸过去之事实，则吾党重大之失败，果由中山先生之理想误之耶？抑认中山先生之理想为误而反对之致于失败耶？惟其前日认中山先生之理想为误，皆致失败；则于今日中山先生之所主张，不宜轻以为理想而不从，再贻他日之悔。此美所以追怀往事而欲痛涤吾非者也。爰胪昔日反对中山先生其历致失败之点之有负中山先生者数事以告，足下其亦乐闻之否耶？

当中山先生之就职总统也，海内风云，扰攘未已，中山先生政见一未实行，而经济支绌更足以掣其肘。俄国借款，经临时参议院之极端反对，海内士夫更借口丧失利权，引为诟病。究其实，实交九七，年息五厘，即有担保，利权不碍。视后日袁氏五国财团借款之实交八二，盐税作抵，不足复益以四省地丁，且予以监督财政全权者，孰利孰害，孰得孰失，岂可同年语耶！乃群焉不察，终受经济影响，致妨政府行动。中山先生既束手无策，国家更濒于贻危。固执偏见，贻误大局，有负于中山先生者此其一。

---

① 宫崎，宫崎寅藏(1871—1922)，即宫崎滔天，别号白浪庵滔天，亚洲主义者。
② 谭、宋，即谭人凤、宋教仁。

及南北议和以后，袁氏当选临时总统。中山先生当时最要之主张，约有三事：一则袁氏须就职南京也。中山先生意谓南北声气未见调和，双方举动，时生误会，于共和民国统一前途深恐多生障故，除此障故，非袁氏就职南京不为功。盖所以联络南北感情，以坚袁氏对于民党之信用，而祛民党对于袁氏之嫌疑也。二则民国须迁都南京也。北京为两代所都，帝王痴梦，自由之钟所不能醒；官僚遗毒，江河之水所不能湔。必使失所凭借，方足铲锄专制遗孽；迁地为良，庶可荡涤一般瑕秽耳。三则不能以清帝退位之诏全权授袁氏组织共和政府也。夫中华民国乃根据《临时约法》、取决人民代表之公意而后构成，非清帝、袁氏所得私相授受也。袁氏之临时总统乃得国民所公选之参议院议员推举之，非清帝所得任意取以予之也。故中山先生于此尤再三加之意焉。此三事者，皆中山先生当日最为适法之主张，而不惜以死力争之者也。乃竟听袁氏食其就职南京取决人民公意之前言，以演成弃毁约法、推翻共和之后患者，则非中山先生当日主张政见格而不行有以致之耶？试问中山先生主张政见之所以格而不行，情形虽复杂，而其重要原因，非由党人当日识未及此，不表同意有以致之耶？有负于中山先生者此其二。

其后中山先生退职矣，欲率同志为纯粹在野党，专从事扩张教育，振兴实业，以立民国国家百年根本之大计，而尽让政权于袁氏。吾人又以为空涉理想而反对之，且时有干涉政府用人行政之态度。卒至朝野冰炭，政党水火，既惹袁氏之忌，更起天下之疑。而中山先生谋国之苦衷，经世之硕划，转不能表白于天下而一收其效。有负于中山先生者此其三。

然以上之事，犹可曰一般党人之无识，非美与足下之过也。独在宋案发生，中山先生其时适归沪上，知袁氏将拨专制之死灰，而负民国之付托也，于是誓必去之。所定计划，厥有两端：一曰联日。联日之举，盖所以孤袁氏之援，而厚吾党之势也。"日国亚东，于我为邻，亲与善邻，乃我之福。日助我则我胜，日助袁则袁胜。"此中山先生之言也。在中山先生认联日为重要问题，决意亲往接洽，而我等竟漠然视之，力尼其行，若深怪其轻身者。卒使袁氏伸其腕臂，孙宝琦、李盛铎东使，胥不出中山先生所料，我则失所与矣。(文按:民党向主联日者,以彼能发奋为雄,变弱小而为强大,我当亲之师之,以图中国之富强也。不图彼国政府目光如豆,深忌中国之强,尤畏民党得志,而碍其蚕食之谋。故屡助官僚以抑民党,必期中国永久愚弱,以遂彼野心。彼武人政策,其横暴可恨,其愚昧亦可悯也。倘长此不改,则亚东永无宁日,而日本亦终无以幸免矣。东邻志士其有感于世运起而正之者乎?)二曰速战。中山先生以为袁氏手握大权,发号施令,遣兵调将,行动极称自由。在我惟有出其不意,攻其无备,迅雷不及掩耳,先发始足制人。且谓:"宋案证据既已确凿,人心激昂,民气愤张,正可及时利用,否则时机一纵即逝,后悔终嗟无及。"此亦中山先生之言也。乃吾人迟钝,又不之信,必欲静待法律之解决,不为宣战之预备。岂知当断不断,反受其乱,法律以迁延而失效,人心以积久而灰冷。时机坐失,计划不成,事欲求全,适得其反。设吾人初料及此,何致自贻伊戚耶?有负于中山先生者此其四。

无何,刺宋之案率于袁、赵①之蔑视国法,迟迟未结;五国借款又不经国会承认,违法成立。斯时反对之声,举国若狂。乃吾人又以为有国会在,有法律在,有各省都督之力争在,袁氏终当屈服于此数者而取消之。在中山先生则以为国会乃口舌之争,法律无抵抗之力,各省都督又多仰袁鼻息,莫敢坚持,均不足以戢予智自雄、拥兵自卫之野心家;欲求解决之方,惟有诉诸武力而已矣。其主张办法,一方面速兴问罪之师,一方面表示全国人民不承认借款之公意于五国财团。五国财团经中山先生之忠告,已允于二星期内停止付款矣。中山先生乃电令广东独立,而广东不听;欲躬亲赴粤主持其事,吾人又力尼之,亦不之听;不得已令美先以上海独立,吾人又以上海弹丸地,难与之抗,更不听之。当此之时,海军尚来接洽,自愿宣告独立,中山先生力赞其成,吾人以坚持海陆军同时并起之说,不欲为海军先发之计。寻而北军来沪,美拟邀击海上,不使登陆,中山先生以为然矣,足下又以为非计。其后海军奉袁之命开赴烟台,中山先生闻而欲止之,曰:"海军助我则我胜,海军

---

① 赵,即赵秉钧(1864—1914),当时任国务总理。

助袁则袁胜。欲为我助,则宜留之。开赴烟台,恐将生变。"美与足下则以海军既表同意于先,断不中变于后,均不听之。海军北上,入袁氏牢笼矣。嗣又有吴淞炮台炮击兵舰之举,以生其疑而激之变,于是海军全部遂不为我用矣。且中山先生当时屡促南京独立,某等犹以下级军官未能一致诿。及运动成熟,中山先生决拟亲赴南京宣告独立,二三同志咸以军旅之事乃足下所长,于是足下遂有南京之役。夫中山先生此次主张政见,皆为破坏借款、推倒袁氏计也,乃迁延时日,逡巡不进,坐误时机,卒鲜寸效。公理见屈于武力,胜算卒败于金钱,信用不孚于外人,国法不加于袁氏。袁氏乃借欺人之语,举二千五百万镑之外债,不用之为善后政费,而用之为购军械、充兵饷、买议员、赏奸细,以蹂躏南方、屠戮民党、攫取总统之资矣。设当日能信中山先生之言,即时独立,胜负之数尚未可知也。盖其时联军十万,拥地数省,李纯未至江西,芝贵①不闻南下,率我锐师,鼓其朝气以之声讨国贼,争衡天下无难矣。惜乎粤、湘诸省不独立于借款成立之初,李、柏②诸公不发难于都督取消之际,逮借款成立,外人助袁,都督变更,北兵四布,始起而讨之,盖亦晚矣!有负于中山先生者此其五。

夫以中山先生之知识,遇事烛照无遗,先几洞若观火,而美于其时贸贸然反对之,而于足下主张政见则赞成之惟恐不及。非美之感情故分厚薄于其间,亦以识不过人,智暗虑物,泥于"孙氏理想"一语之成见而已。盖以中山先生所提议者,胥不免远于事实,故怀挟成见,自与足下为近。岂知拘守尺寸,动失寻丈,贻误国事,罔不由此乎!虽然,"前事不忘,后事之师";"前车已覆,来轸方遒";"亡羊补牢,时犹未晚";"见兔顾犬,机尚不失"。美之所见如此,未悉足下以为何如? 自今而后,窃愿与足下共勉之耳。夫人之才识,与时并进,知昨非而今未必是,能取善斯不厌从人。鄙见以为理想者,事实之母也。中山先生之提倡革命播因于二十年前,当时反对之者,举国士夫殆将一致,乃经二十年后卒能见诸实行者,理想之结果也。使吾人于二十年

---

① 芝贵,即段芝贵(1869—1925),时任察哈尔都统。1913年7月调任第一军军长,会同李纯率兵攻江西。

② 李、柏,即江西都督李烈钧(1882—1946)、安徽都督柏文蔚(1876—1947)。

前即赞成其说,安见所悬理想,必迟至二十年之久始得收效?抑使吾人于二十年后犹反对之,则中山先生之理想,不知何时始克形诸事实,或且终不成效果,至于靡有穷期者,亦难逆料也。故中山先生之理想能否证实,全在吾人之视察能否了解、能否赞同,以奉行不悖是已。夫"观于既往,可验将来",此就中山先生言之也;"东隅之失,桑榆之收",此就美等言之也。足下明敏,胜美万万,当鉴及此,何待美之喋喋?

然美更有不容已于言者:中山先生之意,谓革命事业旦暮可期,必不远待五年以后者。诚以民困之不苏,匪乱之不靖,军队之骄横,执政之荒淫,有一于此足以乱国,兼而有之,其何能淑?剥极必复,否极必泰,循环之理,不间毫发。乘机而起,积极进行,拨乱反正,殆如运掌。美虽愚暗,愿竭棉〔绵〕薄,庶乎中山先生之理想即见实行,不至如推倒满清之必待二十年以后。故中华革命党之组织,亦时势有以迫之也。

顾自斯党成立以来,旧日同志颇滋訾议,以为多事变更,予人瑕隙,计之左者。不知同盟结会于秘密时代,辛亥以后一变而为国民党,自形式上言之,范围日见扩张,势力固征膨胀。而自精神上言之,面目全非,分子复杂,薰莸同器,良莠不齐。腐败官僚,既朝秦而暮楚;龌龊败类,更覆雨而翻云。发言盈庭,谁执其咎;操戈同室,人则何尤?是故欲免败群,须去害马;欲事更张,必贵改弦。二三同志,亦有以谅中山先生惨憺〔澹〕经营、机关改组之苦衷否耶?

至于所定誓约有"附从先生,服从命令"等语,此中山先生深有鉴于前此致败之故,多由于少数无识党人误会平等自由之真意。盖自辛亥光复以后,国民未享受平等自由之幸福。临于其上者,个人先有缅规越矩之行为。权利则狺狺以争,义务则望望以去。彼此不相统摄,何能收臂指相使之功;上下自为从违,更难达精神一贯之旨。所谓"既不能令,又不受命"者,是耶非耶?故中山先生于此,欲相率同志纳于轨物,庶以统一事权;非强制同志尸厥官肢,尽失自由行动。美以为此后欲达革命目的,当重视中山先生主张,必如众星之拱北辰,而后星躔不乱其度数;必如江汉之宗东海,而后流派不至于纷歧。悬目的以为之赴,而视力乃不分;有指车以示之方，而航程得其向。不然，苟有党员如吾人昔日之反对中山先生者，以反对于将来，则中山先生之政见，又将误于毫厘千里之差、一国三公之手。故遵守誓约，服从命令，美认为当然天职而绝无疑义者。足下其许为同志而降心相从否邪？

窃维美与足下，共负大局安危之责，实为多年患难之交，意见稍或差池，宗旨务求一贯。惟以情睽地隔，传闻不无异词；缓进急行，举动辄多误会。相析疑义，道故班荆，望足下之重来，有如望岁。迢迢水阔，怀人思长；嘤嘤鸟鸣，求友声切。务祈足下克日命驾言旋，共肩艰巨。岁寒松柏，至老弥坚；天半云霞，萦情独苦。阴霾四塞，相期携手同仇；沧海横流，端赖和衷共济。呜呼！长蛇封豕，列强方逞荐食之谋；社鼠城狐，内贼愈肆穿墉之技。飘摇予室，绸缪不忘未雨之思；邪许同舟，慷慨应击中流之楫。望风怀想，不尽依依。敬搁微忱，尚求指示。寒气尚重，诸维为国珍摄。言不罄意。

陈其美顿首

（按，此民国四年春之书也）

第七章　不知亦能行

或曰："诚如先生所言，今日文明已进于科学时代，凡有兴作，必先求知而后从事于行，则中国富强事业非先从事于普通教育，使全国人民皆有科学知识不可。按以先生之新发明'行之非艰，知之惟艰'，又按之古人之言'十年树木，百年树人'，则教育之普及，非百十年不为功。乃先生之论，有一跃而能致中国于富强隆盛之地者，其道何由？"曰：子徒知知之而后能行，而不知不知亦能行也。当科学未发明之前，固全属不知而行，及行之而犹有不知者，故凡事无不委之于天数气运，而不敢以人力为之转移也。迨人类渐起觉悟，始有由行而后知者，乃甫有欲尽人事者矣，然亦不能不听之于天也。至今科学昌明，始知人事可以胜天，凡所谓天数气运者，皆心理之作用也。然而科学虽明，惟人类之事仍不能悉先知之而后行之也，其不知而行之事，仍较于知而后行者为尤多也。且人类之进步，皆发轫于不知而行者也，此自然之理则,而不以科学之发明为之变易者也。故人类之进化,以不知而行者为必要之门径也。夫习练也,试验也,探索也,冒险也,之四事者乃文明之动机也。生徒之习练也,即行其所不知以达其欲能也。科学家之试验也,即行其所不知以致其所知也。探索家之探索也,即行其所不知以求其发见也。伟人杰士之冒险也,即行其所不知以建其功业也。由是观之,行其所不知者,于人类则促进文明,于国家则图致富强也。是故不知而行者,不独为人类所皆能,亦为人类所当行,而尤为人类之欲生存发达者之所必要也。有志国家富强者,宜黾勉力行也。

夫古今来一跃而致隆盛者,不可胜数,即近代之列强,亦多有跻于强盛而后乃从事于教育者。夫以中国现在之地位,现有之知识,已良足一跃而致隆盛,比肩于今世之列强矣。所以不能者,究非在于不知不行也。而向来之积弱退化有如江流日下者,其原因实在政府官吏之腐败,倒行逆施,积极作恶也。其大者,则有欲图一己之私,而至于牺牲国家而不恤;其次者,则以一督军一师长而年中聚敛,动至数百万数十万;又其次者,则种种之作弊,无一不为斵丧国家之元气,伤残人民之命脉。比之他国之政策务在保民而治,奖士、劝农、励工、惠商以图富强者,则我无一不与之相反也。由此观之,若政府官吏能无为而治,不倒行逆施,不积极作恶以害国害民,则中国之强盛已自然可致,而不待于发奋思为。是今日图治之道,兴利尚可缓,而除害尤宜急;倘能除害,则自然之进化,已足登中国于强盛之地矣。何以言之?夫国之贫弱,必有一定之由也,有以地小而贫者,有以地瘠而贫者,有以民少而弱者,有以民愚而弱者,此贫弱之四大原因也。乃中国之土地则四百余万方咪之广,居世界之第四,尚在美国之上。而物产之丰、宝藏之富,实居世界之第一。至于人民之数则有四万万,亦为世界之第一。而人民之聪明才智自古无匹,承五千年之文化,为世界所未有,千百年前已尝为世界之雄矣。四大贫弱之原因,我曾无一焉。然则何为而贫弱至是也?曰:官吏贪污、政治腐败之为害也。倘此害一除,则致中国之富强,实头头是道也。在昔异族专制之时,官吏为君主之鹰犬,高居民上,可任意为恶,民无可如何也。今经革命之后,专制已覆,人民为一国之主,官吏不过为人民之仆,当受人民之监督制裁也。其循良者吾民当任用之，其酷劣者当淘汰之而已。为人民者，只知除害足矣，为此需要，不必待于普通教育科学知识，而凡人有切身利害，皆能知能行也。国害一除，则国利自兴，而富强之基于是乎立。是中国今日欲富强则富强矣，几有不待一跃之功也。

中国为世界最古之国，承数千年文化，为东方首出之邦。未与欧美通市以前，中国在亚洲之地位，向无有与之匹敌者。即间被外旅〔族〕入寇，如元清两代之僭主中国，然亦不能不奉中国之礼法。而其他四邻之国，或入贡称藩，或来朝亲善，莫不羡慕中国之文化，而以中国为上邦也。中国亦素自尊大，目无他国，习惯自然，遂成为孤立之性。故从来若欲有所改革，其采法惟有本国，其取资亦尽于本国而已，其外则无可取材借助之处也。是犹孤人之处于荒岛，其所需要皆一人为之，不独自耕而食，自织而衣，亦必自爨而后得食，自缝而后得衣，其劳苦繁难不可思议，然其人亦习惯自然，而不知有社会互助之便利，人类交通之广益也。倘时移势变，此荒岛一旦成为世界航路之中枢，海客接踵而至，有悯此孤人之劳苦者，劝之曰："君不必事事躬亲，只从所长专于一业足矣，其他当有人为君效劳也。"其人必不之信。盖以为一己之才力所不能致者，则为必不可能之事也。此犹今日中国之人，不信中国之富强可坐而致者，同一例也。盖中国之孤立自大由来已久，而向未知国际互助之益，故不能取人之长，以补己之短。中国所不知所不能者，则以为必无由以致之也。虽闭关自守之局为外力所打破者已六七十年，而思想则犹是闭关时代荒岛孤人之思想，故尚不能利用外资、利用外才以图中国之富强也。夫今日立国于世界之上，犹乎人处于社会之中，相资为用、互助以成者也。中国之为国，拥有广大之土地、无量之富源、众多之人力，是无异一富家翁享有广大之田园、盈仓之财宝、众多之子孙，而乃不善治家，田园则任其荒芜，财宝则封锁不用，子孙则日事游荡，而举家则饥寒交迫，朝不保夕，此实中国今日之景象也。呜呼！谁为为之？孰令致之？吾国人果知天下兴亡，匹夫有责，则人人当自奋矣！

夫以中国之人处中国之地，际当今之时，而欲致中国于富强之境，其道固多矣。今试陈其一，即利用今回世界大战争各国新设之制造厂，为开发我富源之利器是也。夫此等工厂专为供给战品而设,今大战已息,此等工厂将成为废物矣。其佣于此等工厂之千百万工人,亦将失业矣。其投于此等工厂之数十万万资本,将无从取偿矣。此为欧美战后问题之一大烦〔繁〕难,而彼中政治家尚无解决之方也。倘我中国人能利用此机会,借彼将废之工厂以开发我无穷之富源,则必为各国所乐许也。此所谓天与之机。语曰:"天与不取,必受其祸。"倘我失此不图,则三五年后,欧美工业悉复原状,则其发达必十倍于前,而商战起矣。吾中国之手工之工业,必不能与彼之新机械大规模之工业竞争,如此则我工商之失败必将见于十年之内矣。及今图之,则数年之间,我之机器工业亦可发达,则此祸可免。此以实业救国之道也,国人其注意之。

今之美国,吾人知其为世界最富最强之国也,然其所以致富强者,实业发达也。当其发展实业之初也,资本则悉借之欧洲,人才亦多聘之欧洲,而工人且有招之中国。其进行则多由冒险试验,而少出于计划统筹,且向未遇各国有投闲置散之全备工厂,为彼取材之机会如我之今日也。而其富源尚不及我之丰盛。然其实业之发达,今已为世界冠矣。试以其钢、铁、炭、油之出产而观其成绩。美国一千九百十六年所产铁四千万吨,钢四千三百四十八万吨,而我国每年所产之钢铁不过二十余万吨,较之美国不过四百分之一耳。美国同年所产煤炭五万八千七百四十七万吨,等于九千八百万匹马力;所产燃油二万九千二百三十万桶,等于一千九百七十五万匹马力;所产自然汽约三百万匹马力;所发展水力电约六百万匹马力。夫钢铁者,实业之体也;炭、油、汽、电者,实业之用也。统计美国所发展之自然力;约一万六千六百七十五万匹马力,以一马力等八人力计之,则美国约有一十三万万有奇之人力以助之生产。其人口一万万,除人力作工之外,每人尚有十三人之机器力为之助,而此十三人之机力乃夜以继日,连作二十四时之工而不歇者,而人之作工每日八时耳,机力则每日多作三倍之工,是一机力无异三人也,而十三人之机力则等于三十九人矣。《大学》曰:"生之者众,食之者寡,为之者疾,用之者舒,则财恒足矣。"此美国之所以富也。我中国人口四万万,除老少而外,能作工者不过二万万人。然因工业不发达,虽能作工者亦恒无工可作,流为游手好闲而寄食于人者或亦半之。如是有工可作者不过一万万人耳。且此一万万人之中,又不尽作生利之工,而半为消耗之业,其为生产之事业者实不过五千万人而已。由此观之,中国八人中不过一人生产耳。此国之所以贫,尚过于韩愈所云:"农之家一而食粟之家六,工之家一而用器家六,贾之家一而资焉之家六,奈之何民不穷且盗也!"较之美国人口一万万而当有五千万人有工可作,而每人更有三十九人之机器力以助之,即三十九人有半作工以给一人,此其所以不患贫反忧生产之过盛〔剩〕,供过于求,而岌岌向外以觅市场为尾闾之疏泄也。此贫弱富强之所由分,亦商战胜败之所由决也。

然则今日欲求迅速之法,以发展中国之财源,而立救贫弱者,其道为何?倘以中国而言,则本无其法,更无迅速之法也。若欲中国之实业于十年之间而发达至美国现在之程度,则中国人不独不能知,不能行,且为梦想所不能及也。是犹望荒岛之孤人以一人之力而发展其荒岛,使之田园尽辟,道路悉修,港湾深浚,市场繁盛,楼宇林立,公园宏伟,居宅丽都,生活优逸,如此,虽延长其寿命至万年,彼必无由以成此等之事业也。然若荒岛之孤人肯出其岩穴所埋藏累累之金块明珠,以与海客谋,将其荒岛发展成为繁盛华丽之海市,而许酬以相当之金块明珠,则必有人焉,为之经营,为之筹划,为之招集人才,为之搜罗资料,不期年而诸事可以毕集矣。荒岛孤人直可从心所欲,坐享其成耳。中国之欲发展其工商事业,其道亦犹是也。故其问题已不在能知不能知、能行不能行也,而直在欲不欲耳。

夫以中国之地位,中国之富源,处今日之时会,倘吾国人民能举国一致,欢迎外资,欢迎外才,以发展我之生产事业,则十年之内吾实业之发达必能并驾美欧矣。如其不信,请观美国工业发达之速率,可以知矣。当十余年前,美国之议继凿巴拿玛①运河也,初拟以二十年为期,以达成功,及后实行施工,不过八年而毕厥事。是比其数年前所知之工程,已加速二倍半矣。及美国对德宣战而后,其战时之工业进步更令人不可思议。往时非数十年所不能成者,而今则一年可成之矣。如造船也,昔需一两年而造成一艘者,今

---

① 即巴拿马。下同。

则二十余日可成矣。倘以战时大规模、大组织之工程,施之于建筑巴拿玛运河,则一个月间便可成一运河矣。有此非常速率之工程,若吾国人能晓然于互助之利,交换之益,用人所长,补我所短,则数年之间即可将中国之实业造成如美国今日矣。

中国实业之发达,固不仅中国一国之益也,而世界亦必同沾其利。故世界之专门名家,无不乐为中国效力,如海客之欲为荒岛孤人效力者一也。予近日致各国政府《国际共同发展中国实业计划》一书①,已得美国大表赞同,想其他之国当必惟美国之马首是瞻也。果尔,则此后只须中国人民之欲之而已。倘知此为兴国之要图,为救亡之急务,而能万众一心,举国一致,而欢迎列国之雄厚资本,博大规模,宿学人才,精练技术,为我筹划,为我组织,为我经营,为我训练,则十年之内,我国之大事业必能林立于国中,我实业之人才亦同时并起。十年之后,则外资可以陆续偿还,人才可以陆续成就,则我可以独立经营矣。若必俟我教育之普及、知识之完备而后始行,则河清无日,坐失良机,殊可惜也。必也治本为先,救穷宜急,"衣食足而知礼节,仓廪实而知荣辱",实业发达,民生畅遂,此时普及教育乃可实行矣。今者宜乘欧战告终之机,利用其战时工业之大规模,以发展我中国之实业,诚有如反掌之易也。故曰"不知亦能行"者,此也。

第八章　有志竟成②

夫事有顺乎天理,应乎人情,适乎世界之潮流,合乎人群之需要,而为先知先觉者所决志行之,则断无不成者也。此古今之革命维新、兴邦建国等事业是也。予之提倡共和革命于中国也,幸已达破坏之成功,而建设事业虽未就绪,然希望日佳,予敢信终必能达完全之目的也。故追述革命原起,以励来者,且以自勉焉。

---

① 此书原附录于本章末后,副题为《补助世界战后整顿实业之方法》,因与《建国方略之二实业计划》篇首所载重复,故著者在勘误中注明删去。

② 本章初名《革命缘起》,后改为《有志竟成》。

夫自民国建元以来,各国文人学士之对于中国革命之著作,不下千数百种,类多道听途说之辞,鲜能知革命之事实。而于革命之原起,更无从追述,故多有本于予之《伦敦被难记》第一章之革命事由。该章所述本甚简略,且于二十余年之前,革命之成否尚为问题,而当时虽在英京,然亦事多忌讳,故尚未敢自承兴中会为予所创设者,又未敢表示兴中会之本旨为倾覆满清者。今于此特修正之,以辅事实也。

兹篇所述,皆就予三十年来所记忆之事实而追述之。由立志之日起至同盟〈会〉成立之时,几为予一人之革命也,故事甚简单,而于赞襄之要人,皆能一一录之无遗。自同盟会成立以后,则事体日繁,附和日众,而海外热心华侨、内地忠烈志士、各重要人物不能一一毕录于兹篇,当俟之修革命党史时,乃能全为补录也。

予自乙酉中法战败之年,始决倾覆清廷、创建民国之志。由是以学堂为鼓吹之地,借医术为入世之媒,十年如一日。当予肄业于广州博济医学校也,于同学中物识有郑士良号弼臣者,其为人豪侠尚义,广交游,所结纳皆江湖之士,同学中无有类之者。予一见则奇之,稍与相习,则与之谈革命。士良一闻而悦服,并告以彼曾投入会党,如他日有事,彼可为我罗致会党以听指挥云。予在广州学医甫一年,闻香港有英文医校①开设,予以其学课较优,而地较自由,可以鼓吹革命,故投香港学校肄业。数年之间,每于学课余暇,皆致力于革命之鼓吹,常往来于香港、澳门之间,大放厥辞,无所忌讳。时闻而附和者,在香港只陈少白、尤少纨②、杨鹤龄三人,而上海归客则陆皓东而已。若其他之交游,闻吾言者,不以为大逆不道而避之,则以为中风病狂相视也。予与陈、尤、杨三人常住香港,昕夕往还,所谈者莫不为革命之言论,所怀者莫不为革命之思想,所研究者莫不为革命之问题。四人相依甚密,非谈革命则无以为欢,数年如一日。故港澳间之戚友交游,皆呼予等为"四大寇"。此为予革命言论之时代也。

---

① 香港西医书院,1887年成立,原名 College of Medicine for Chinese, Hongkong;1907年改称 College of Medicine, Hongkong;1913年并入香港大学。

② 尤少纨,即尤列(1865—1936)。

及予卒业之后,悬壶于澳门、羊城两地以问世,而实则为革命运动之开始也。时郑士良则结纳会党、联络防营,门径既通,端倪略备。予乃与陆皓东北游京津,以窥清廷之虚实;深入武汉,以观长江之形势。至甲午中东战起,以为时机可乘,乃赴檀岛、美洲,创立兴中会,欲纠合海外华侨以收臂助。不图风气未开,人心锢塞,在檀鼓吹数月,应者寥寥,仅得邓荫南与胞兄德彰①二人愿倾家相助,及其他亲友数十人之赞同而已。时适清兵屡败,高丽既失,旅、威②继陷,京津亦岌岌可危,清廷之腐败尽露,人心愤激。上海同志宋跃如③乃函促归国,美洲之行因而中止,遂与邓荫南及三五同志返国以策进行。欲袭取广州以为根据,遂开乾亨行于香港为干部,设农学会于羊城为机关。当时赞襄干部事务者,有邓荫南、杨衢云、黄咏商、陈少白等;而助运筹于羊城机关者,则陆皓东、郑士良并欧美技师及将校数人也。予则常往来广州、香港之间。惨淡经营,已过半载,筹备甚周,声势颇众,本可一击而生绝大之影响。乃以运械不慎,致海关搜获手枪六百余杆,事机乃泄,而吾党健将陆皓东殉焉。此为中国有史以来,为共和革命而牺牲者之第一人也。同时被株连而死者,则有丘四、朱贵全二人。被捕者七十余人,而广东水师统带程奎光与焉,后竟病死狱中。其余之人,或囚或释。此乙未九月九日,为予第一次革命之失败也。

败后三日,予尚在广州城内,十余日后,乃得由间道脱险出至香港。随与郑士良、陈少白同渡日本,略住横滨。时予以返国无期,乃断发改装,重游檀岛。而士良则归国收拾余众,布置一切,以谋卷土重来。少白则独留日本,以考察东邦国情。予乃介绍之于日友菅原传,此友为往日在檀所识者。后少白由彼介绍于曾根俊虎,由俊虎而识宫崎弥藏,即宫崎寅藏之兄也。此为革命党与日本人士相交之始也。

予到檀岛后,复集合同志以推广兴中会,然已有旧同志以失败而灰心者,亦有新闻道而赴义者,惟卒以风气未开,进行迟滞。以久留檀岛无大可

---

① 德彰,即孙眉(1854—1915)。
② 旅、威,即旅顺、威海卫。
③ 宋跃如,今通称为宋耀如(1864—1918)。

为,遂决计赴美,以联络彼地华侨,盖其众比檀岛多数倍也。行有日矣,一日散步市外,忽遇有驰车迎面而来者,乃吾师康德黎①与其夫人也。吾遂一跃登车,彼夫妇不胜诧异,几疑为暴客,盖吾已改装易服,彼不认识也。予乃曰:"我孙逸仙也。"遂相笑握手。问以何为而至此,曰:"回国道经此地,舟停而登岸流览风光也。"予乃趁〔乘〕车同游,为之指导。游毕登舟,予乃告以予将作环绕地球之游,不日将由此赴美,随将到英,相见不远也。遂欢握而别。

美洲华侨之风气蔽塞,较檀岛尤甚。故予由太平洋东岸之三藩市登陆,横过美洲大陆,至大西洋西岸之纽约市,沿途所过多处,或留数日,或十数日。所至皆说以祖国危亡,清政腐败,非从民族根本改革无以救亡,而改革之任人人有责。然而劝者谆谆,听者终归藐藐,其欢迎革命主义者,每埠不过数人或十余人而已。

然美洲各地华侨多立有洪门会馆。洪门者,创设于明朝遗老,起于康熙时代。盖康熙以前,明朝之忠臣烈士多欲力图恢复,誓不臣清,舍生赴义,屡起屡蹶,与虏拼命,然卒不救明朝之亡。迨至康熙之世,清势已盛,而明朝之忠烈亦死亡殆尽。二三遗老见大势已去,无可挽回,乃欲以民族主义之根苗流传后代,故以"反清复明"之宗旨结为团体,以待后有起者,可借为资助也。此殆洪门创设之本意也。然其事必当极为秘密,乃可防政府之察觉也。夫政府之爪牙为官吏,而官吏之耳目为士绅,故凡所谓士大夫之类,皆所当忌而须严为杜绝者,然后其根株乃能保存,而潜滋暗长于异族专制政府之下。以此条件而立会,将以何道而后可?必也以最合群众心理之事迹,而传民族国家之思想。故洪门之拜会,则以演戏为之,盖此最易动群众之视听也。其传布思想,则以不平之心、复仇之事导之,此最易发常人之感情也。其口号暗语,则以鄙俚粗俗之言以表之,此最易使士大夫闻而生厌、远而避之者也。其固结团体,则以博爱施之,使彼此手足相顾,患难相扶,此最合夫江湖旅客、无家游子之需要也。而最终乃传以民族主义,以期达其"反清复

---

① 康德黎(James Cantlie,1851—1926),英国外科医学家,毕业于阿伯丁大学。孙中山就读于香港西医书院时,任该校教务长。

明"之目的焉。国内之会党常有与官吏冲突,故犹不忘其与清政府居于反对之地位,而"反清复明"之口头语尚多了解其义者;而海外之会党多处于他国自由政府之下,其结会之需要,不过为手足患难之联络而已,政治之意味殆全失矣,故"反清复明"之口语亦多有不知其义者。当予之在美洲鼓吹革命也,洪门之人初亦不明吾旨,予乃反而叩之"反清复明"何为者,彼众多不能答也。后由在美之革命同志鼓吹数年,而洪门之众乃始知彼等原为民族老革命党也。然当时予之游美洲也,不过为初期之播种,实无大影响于革命前途也,然已大触清廷之忌矣。故于甫抵伦敦之时,即遭使馆之陷,几致不测。幸得吾师康德黎竭力营救,始能脱险。此则檀岛之邂逅,真有天幸存焉。否则吾尚无由知彼之归国,彼亦无由知吾之来伦敦也。

伦敦脱险后则暂留欧洲,以实行考察其政治风俗,并结交其朝野贤豪。两年之中所见所闻,殊多心得,始知徒致国家富强、民权发达如欧洲列强者,犹未能登斯民于极乐之乡也。是以欧洲志士,犹有社会革命之运动也。予欲为一劳永逸之计,乃采取民生主义,以与民族、民权问题同时解决。此三民主义之主张所由完成也。时欧洲尚无留学生,又鲜华桥〔侨〕,虽欲为革命之鼓吹,其道无由。然吾生平所志,以革命为唯一之天职,故不欲久处欧洲,旷废革命之时日,遂往日本。以其地与中国相近,消息易通,便于筹划也。

抵日本后,其民党领袖犬养毅遣宫崎寅藏、平山周二人来横滨欢迎,乃引至东京相会,一见如旧识,抵掌谈天下事,甚痛快也。时日本民党初握政权,大隈①为外相,犬养为之运筹,能左右之。后由犬养介绍,曾一见大隈、大石、尾崎②等,此为予与日本政界人物交际之始也。随而识副岛种臣及其在野之志士如头山、平冈、秋山、中野、铃木③等,后又识安川、犬塚、

---

① 大隈,即大隈重信(1838—1922),明治维新核心人物之一。曾两度任内阁总理大臣(1898年6—9月、1914—1916年)。
② 大石、尾崎,即大石正巳(1855—1935),政治家;尾崎行雄(1858—1954),政党政治家。
③ 头山、平冈、秋山、中野、铃木,即头山满(1855—1914),在野右翼巨头;平冈浩太郎;秋山定辅(1868—1950),政治家、新闻工作者;中野德次郎(1859—1918),实业家、亚洲主义者;铃木五郎(1877—1943),股票行情家、亚洲主义者。

久原①等。各志士之对于中国革命事业,先后多有资助,尤以久原、犬塚为最。其为革命奔走始终不懈者,则有山田兄弟、宫崎兄弟、菊池、萱野②等。其为革命尽力者,则有副岛、寺尾③两博士。此就其直接于予者而略记之,以志不忘耳。其他间接为中国革命党奔走尽力者尚多,不能于此一一悉记,当俟之革命党史也。

日本有华侨万余人,然其风气之锢塞、闻革命而生畏者,则与他处华侨无异也。吾党同人有往返于横滨、神户之间鼓吹革命主义者,数年之中而慕义来归者,不过百数十人而已。以日本华侨之数较之,不及百分之一也。向海外华侨之传播革命主义也,其难固已如此,而欲向内地以传布,其难更可知矣。内地之人,其闻革命排满之言而不以为怪者,只有会党中人耳。然彼众皆知识薄弱,团体散漫,凭借全无,只能望之为响应,而不能用为原动力也。由乙未初败以至于庚子,此五年之间,实为革命进行最艰难困苦之时代也。盖予既遭失败,则国内之根据、个人之事业、活动之地位,与夫十余年来所建立之革命基础,皆全完消灭,而海外之鼓吹又毫无效果。适于其时有保皇党发生,为虎作伥,其反对革命、反对共和比之清廷为尤甚。当此之时,革命前途,黑暗无似,希望几绝,而同志尚不尽灰心者,盖正朝气初发时代也。

时予乃命陈少白回香港创办《中国报》④,以鼓吹革命;命史坚如入长江,以联络会党;命郑士良在香港设立机关,招待会党。于是乃有长江会党及两广、福建会党并合于兴中会之事也。旋遇清廷有排外之举,假拳党以自卫,有杀洋人、围使馆之事发生,因而八国联军之祸起矣。予以为时机不可失,乃命郑士良入惠州,招集同志以谋发动;而命史坚如入羊城,招集同志以谋响应。筹备将竣,予乃与外国军官数人绕道至香港,希图从此潜入内地,

---

① 安川、犬塚、久原,即安川敬一郎(1849—1934),煤矿实业家、众议院议员;犬塚信太郎(1874—1919),实业家、满铁理事兼实业部长、政治家;久原房之助(1869—1965),实业家、政治家。
② 山田兄弟、宫崎兄弟、菊池、萱野,即山田良政(1868—1900),孙中山的支持者,参加惠州起义被清军俘获赴刑;山田纯三郎(1867—1960),参加辛亥革命的革命活动家、山田良政的胞弟;宫崎弥藏;宫崎寅藏;菊池良一;萱野长知。
③ 副岛、寺尾,即副岛义一、寺尾亨。
④ 原名《中国日报》,创刊后曾同时发行《中国旬报》,当时亦将此两者合称为《中国报》。

亲率健儿,组织一有秩序之革命军以救危亡也。不期中途为奸人告密,船一抵港即被香港政府监视,不得登岸,遂致原定计划不得施行。乃将惠州发动之责委之郑士良,而命杨衢云、李纪堂、陈少白等在香港为之接济。予则折回日本,转渡台湾,拟由台湾设法潜渡内地。时台湾总督儿玉①颇赞中国之革命,以北方已陷于无政府之状态也,乃饬民政长官后藤②与予接洽,许以起事之后,可以相助。予于是一面扩充原有计划,就地加聘军官,盖当时民党尚无新知识之军人也。而一面令士良即日发动,并改原定计划,不直逼省城,而先占领沿海一带地点,多集党众,以候予来乃进行攻取。士良得令,即日入内地,亲率已集合于三洲田之众,出而攻扑新安、深圳之清兵,尽夺其械。随而转战于龙冈、淡水、永湖、梁化、白芒花、三多祝等处,所向皆捷,清兵无敢当其锋者。遂占领新安、大鹏至惠州、平海一带沿海之地,以待予与干部人员之入及武器之接济。不图惠州义师发动旬日,而日本政府忽而更换,新内阁总理伊藤③氏对中国方针,与前内阁大异,乃禁制台湾总督不许与中国革命党接洽,又禁武器出口及禁日本军官投效革命军者。而予潜渡之计划乃为破坏。遂遣山田良政与同志数人往郑营报告一切情形,并令之相机便宜行事。山田等到郑士良军中时,已在起事之后三十余日矣。士良连战月余,弹药已尽,而合集之众足有万余人,渴望干部、军官及武器之至甚切,而忽得山田所报消息,遂立令解散,而率其原有之数百人间道出香港。山田后以失路为清兵所擒被害。惜哉! 此为外国义士为中国共和牺牲者之第一人也。当郑士良之在惠州苦战也,史坚如在广州屡谋响应,皆不得当,遂决意自行用炸药攻毁两广总督德寿之署而歼之。炸发不中,而史坚如被擒遇害,是为共和殉难之第二健将也。坚如聪明好学、真挚恳诚与陆皓东相若,其才貌英姿亦与皓东相若,而二人皆能诗能画亦相若。皓东沉勇,坚如果毅,皆命世之英才,惜皆以事败而牺牲。元良沮丧,国士沦亡,诚革命前途之大不幸也! 而二人死节之烈,浩气英风,实足为后死者之模范。每一念

---

① 儿玉,即儿玉源太郎(1852—1906),陆军军人,曾任陆军大学校长等职。
② 后藤,即后藤新平(1857—1929),官吏、政治家。
③ 伊藤,即伊藤博文。

及，仰止无穷。二公虽死，其精灵之萦绕吾怀者，无日或间也。庚子之役，为予第二次革命之失败也。

经此失败而后，回顾中国之人心，已觉与前有别矣。当初次之失败也，举国舆论莫不目予辈为乱臣贼子、大逆不道，咒诅谩骂之声不绝于耳；吾人足迹所到，凡认识者几视为毒蛇猛兽，而莫敢与吾人交游也。惟庚子失败之后，则鲜闻一般人之恶声相加，而有识之士且多为吾人扼腕叹惜，恨其事之不成矣。前后相较，差若天渊。吾人睹此情形，中心快慰不可言状，知国人之迷梦已有渐醒之兆。加以八国联军之破北京，清后、帝之出走，议和之赔款九万万两而后，则清廷之威信已扫地无余，而人民之生计从此日蹙。国势危急，有岌岌不可终日。有志之士，多起救国之思，而革命风潮自此萌芽矣。

时适各省派留学生至日本之初，而赴东求学之士，类多头脑新洁，志气不凡，对于革命理想感受极速，转瞬成为风气。故其时东京留学界之思想言论，皆集中于革命问题。刘成禺在学生新年会大演说革命排满，被清公使逐出学校。而戢元成〔丞〕、沈虬斋、张溥泉①等则发起《国民报》，以鼓吹革命。留东学生提倡于先，内地学生附和于后，各省风潮从此渐作。在上海则有章太炎、吴稚晖、邹容等借《苏报》以鼓吹革命，为清廷所控，太炎、邹容被拘囚租界监狱，吴亡命欧洲。此案涉及清帝个人，为朝廷与人民聚讼之始，清朝以来所未有也。清廷虽讼胜，而章、邹不过仅得囚禁两年而已，于是民气为之大壮。邹容著有《革命军》一书，为排满最激烈之言论，华侨极为欢迎，其开导华侨风气为力甚大。此则革命风潮初盛时代也。

壬寅、癸卯之交，安南总督韬美氏托东京法公使屡次招予往见，以事未能成行。后以河内开博览会，因往一行。到安南时，适韬美已离任回国，嘱其秘书长哈德安招待甚殷。在河内时，识有华商黄龙〔隆〕生、甄吉亭、甄璧、杨寿彭、曾齐等，后结为同志，于钦廉、河口等役尽力甚多。河内博览会告终之后，予再作环球漫游，取道日本、檀岛而赴美欧。过日本时，有廖仲恺

---

① 戢元丞、沈虬斋、张溥泉，即戢翼翚（1885—1976）、沈翔云（1888—1913）、张继（1882—1947）。

夫妇、马君武、胡毅生、黎仲实等多人来会，表示赞成革命。予乃托以在东物识有志学生，结为团体，以任国事，后同盟会之成立多有力焉。自惠州失败以至同盟成立之间，其受革命风潮所感，兴起而图举义者，在粤则有李纪堂、洪全福之事，在湘则有黄克强、马福益之事，其事虽不成，人多壮之。海外华侨亦渐受东京留学界及内地革命风潮之影响，故予此次漫游所到，凡有华侨之处莫不表示欢迎，较之往昔大不同矣。

乙巳春间，予重至欧洲，则其地之留学生已多数赞成革命。盖彼辈皆新从内地或日本来欧，近一二年已深受革命思潮之陶冶，已渐由言论而达至实行矣。予于是乃揭橥吾生平所怀抱之三民主义、五权宪法以号召之，而组织革命团体焉。于是开第一会于比京，加盟者三十余人；开第二会于柏林，加盟者二十余人；开第三会于巴黎，加盟者亦十余人。开第四会于东京，加盟者数百人，中国十七省之人皆与焉，惟甘肃尚无留学生到日本，故阙之也。此为革命同盟会成立之始。因当时尚多讳言"革命"二字，故只以同盟会见称，后亦以此名著焉。自革命同盟会成立之后，予之希望则为之开一新纪元。盖前此虽身当百难之冲，为举世所非笑唾骂，一败再败，而犹冒险猛进者，仍未敢望革命排满事业能及吾身而成者也；其所以百折不回者，不过欲有以振起既死之人心，昭苏将尽之国魂，期有继我而起者成之耳。及乙巳之秋，集合全国之英俊而成立革命同盟会于东京之日，吾始信革命大业可及身而成矣。于是乃敢定立"中华民国"之名称而公布于党员，使之各回本省，鼓吹革命主义，而传布中华民国之思想焉。不期年而加盟者已逾万人，支部则亦先后成立于各省。从此革命风潮一日千丈，其进步之速，有出人意表者矣！

当时外国政府之对于中国革命党，亦多刮目相看。一日予从南洋往日本，船泊吴淞，有法国武官布加卑①者，奉其陆军大臣之命来见，传达彼政府有赞助中国革命事业之好意，叩予革命之势力如何。予略告以实情。又叩以："各省军队之联络如何？若已成熟，则吾国政府立可相助。"予答以未有

---

① 布加卑（Bocabeille），法国陆军上尉，于1905年夏奉派来华主持"中国情报处"工作。

把握，遂请彼派员相助，以办调查联络之事。彼乃于驻扎天津之参谋部派定武官七人，归予调遣。予命廖仲恺往天津设立机关，命黎仲实与某武官调查两广，命胡毅生与某武官调查川、滇，命乔宜斋①与某武官往南京、武汉。时南京、武昌两处新军皆大欢迎。在南京有赵伯先②接洽，约同营长以上各官相见，秘密会议，策划进行。而武昌则有刘家运③接洽，约同同志之军人在教会之日知会开会，到会者甚众，闻新军镇统张彪亦改装潜入。开会时各人演说，大倡革命，而法国武官亦演说赞成，事遂不能秘密。而湖广总督张之洞乃派洋关员某国人尾法武官之行踪，途上与之订交，亦伪为表同情于中国革命者也。法武官以彼亦西人，不之疑也，故内容多为彼探悉。张之洞遂奏报其事于清廷，其中所言革命党之计划，或确或否。清廷得报，乃大与法使交涉。法使本不知情也，乃请命于政府何以处分布加卑等，政府饬彼勿问，清廷亦无如之何。未几法国政府变更，而新内阁不赞成是举，遂将布加卑等撤退回国。后刘家运等则以关于此事被逮而牺牲也。此革命运动之起国际交涉者也。

同盟会成立未久，发刊《民报》鼓吹三民主义，遂使革命思潮弥漫全国，自有杂志以来可谓成功最著者。其时慕义之士闻风兴起，当仁不让，独树一帜以建义者踵相接也。其最著者，如徐锡麟、熊成基、秋瑾等是也。丙午萍醴之役，则同盟会会员自动之义师也。当萍醴革命军与清兵苦战之时，东京之会员莫不激昂慷慨，怒发冲冠，亟思飞渡内地，身临前敌，与虏拼命，每日到机关部请命投军者甚众，稍有缓却，则多痛哭流泪，以为求死所而不可得，苦莫甚焉。其雄心义愤，良足嘉尚。独惜萍乡一举为会员之自动，本部于事前一无所知，故临时无所备。然而会员之纷纷回国从军者，已相望于道矣。寻而萍醴之师败，而〈禹之谟〉、刘道一、宁调元、胡英〔瑛〕等竟被清吏拿获，

---

① 乔宜斋，即乔义生（1883—1956）。
② 赵伯先，即赵声（1881—1911）。
③ 此人实为刘静庵（1875—1911），而非刘家运。刘静庵为中华圣公会（The Anglican Church in China）在武昌所设日知会阅报室司理，以日知会名义创建革命团体，后被诬指为通缉在案的哥老会首领刘家运而被捕，死于狱中。（据《孙文选集》注文）

或囚或杀者多人。此为革命同盟会会员第一次之流血也。

由此而后,则革命风潮之鼓荡全国者,更为从前所未有,而同盟会本部之在东亦不能久为沉默矣。清廷亦大起恐慌,屡向日本政府交涉,将予逐出日本境外。予乃离日本,而与汉民、精卫二人同行而之安南,设机关部于河内,以筹划进行。旋发动潮州黄冈之师,不得利,此为予第三次之失败也。继又命邓子瑜发难于惠州,亦不利,此为予第四次之失败也。

时适钦、廉两府有抗捐之事发生,清吏派郭人漳、赵伯先二人各带新军三四千人往平之。予乃命黄克强随郭人漳营,命胡毅生随赵伯先营,而游说之以赞成革命。二人皆首肯,许以若有堂堂正正之革命军起,彼等必反戈相应。于是一面派人往约钦、廉各属绅士乡团为一致行动,一面派萱野长知带款回日本购械,并在安南招集同志,并聘就法国退伍军官多人,拟器械一到,则占据防城至东兴一带沿海之地,为组织军队之用。东兴与法属之芒街仅隔一河,有桥可达,交通甚为利便也。满拟武器一到,则吾党可成正式军队二千余人,然后集合钦州各乡团勇六七千人,而后要约郭人漳、赵伯先二人所带之新军约六千余人,便可成一声势甚大之军队。再加以训练,当成精锐,则两广可收入掌握之中。而后出长江以合南京、武昌之新军,则破竹之势可成,而革命可收完全之效果矣。乃不期东京本部之党员忽起风潮,而武器购买运输之计划为之破坏。至时防城已破,武器不来,予不特失信于接收军火之同志,并失信于团绅矣。而攻防城之同志至时不见武器之来,乃转而逼钦州,冀郭军之响应。郭见我军之薄弱,加以他军为之制,故不敢来。我军遂进围灵山,冀赵军之响应。赵见郭尚未来,彼亦不敢来。我军以力薄难进,遂退入十万大山。此为予第五次之失败也。

钦、廉计划不成之后,予乃亲率黄克强、胡汉民并法国军官与安南同志百数十人,袭取镇南关,占领三要塞,收其降卒。拟由此集合十万大山之众,而会攻龙州。不图十万大山之众以道远不能至,遂以百余众握据三炮台,而与龙济光、陆荣廷等数千之众连战七昼夜,乃退入安南。予过谅山时为清侦探所察悉,报告清吏。后清廷与法国政府交涉,将予放逐出安南。此为予第六次之失败也。

予于离河内之际，一面令黄克强筹备再入钦、廉，以图集合该地同志；一面令黄明堂窥取河口，以图进取云南，以为吾党根据之地。后克强乃以二百余人出安南，横行于钦、廉、上思一带。转战数月，所向无前，敌人闻而生畏，克强之威名因以大著。后以弹尽援绝而退出。此为予第七次之失败也。

予抵星洲①数月之后，黄明堂乃以百数十人袭得河口，诛边防督办②，收其降众千有余人，守之以待干部人员前往指挥。时予远在南洋，又不能再过法境，故难以亲临前敌以指挥之，乃电令黄克强前往指挥。不期克强行至半途，被法官疑为日本人，遂截留之而送之回河内；为清吏所悉，与法政府交涉，乃解之出境。而河口之众，以指挥无人，失机进取，否则蒙自必为我有，而云南府③亦必无抵抗之力。观当时云贵总督锡良求救之电，其仓皇失措可知也。黄明堂守候月余，人自为战，散漫无纪，而虏四集，其数约十倍于我新集之众，河口遂不守。而明堂率众六百余人退入安南。此为予第八次之失败也。

后党人由法政府遣送出境，而往英属星加坡。到埠之日，为英官阻难，不准登岸。驻星法领事乃与星督交涉，称"此六百余众乃在河口战败而退入法境之革命军，法属政府以彼等自愿来星，故送之至此"云云。星督答以"中国人民而与其本国政府作战，而未得他国承认为交战团体者，本政府不能视为国事犯，而只视为乱民，乱民入境有违本政府之禁例，故不准登岸"。而法国邮船停泊岸边两日。后由法属政府表白"当河口革命战争之际，法政府对于两方曾取中立态度，在事实上直等于承认革命党之交战团体也，故送来星加坡之党人，不能作乱民看待"等语，星政府乃准登岸。此革命失败之后所发生之国际问题也。

由黄冈至河口等役，乃同盟会干部由予直接发动，先后六次失败。经此六次之失败，汪精卫颇为失望，遂约合同志数人入北京与虏酋④拼命，一击

---

① 星洲，今译作新加坡。后文中的星、星加坡等均为新加坡的多种译法。
② 指王玉藩。
③ 此处及后文称"云南府"者，指昆明。
④ 虏酋，指清摄政王载沣，宣统帝溥仪之父。

不中,与黄复生同时被执系狱,至武昌起义后乃释之。

同盟会成立之前,其出资以助义军者,不过予之亲友中少数人耳,此外则无人敢助,亦无人肯助也。自同盟会成立后,始有向外筹资之举矣。当时出资最勇而多者,张静江也,倾其巴黎之店所得六七万元尽以助饷。其出资勇而挚者,安南堤岸之黄景南也,倾其一生之蓄积数千元,尽献之军用,诚难能可贵也。其他则有安南西贡之巨商李卓峰、曾锡周、马培生等三人,曾各出资数万,亦当时之未易多见者。

予自连遭失败之后,安南、日本、香港等地与中国密迩者,皆不能自由居处,则予对于中国之活动地盘已完全失却矣。于是将国内一切计划委托于黄克强、胡汉民二人,而予乃再作漫游,专任筹款,以接济革命之进行。后克强、汉民回香港设南方统筹机关,与赵伯先、倪映典、朱执信、陈炯明、姚雨平等谋,以广州新军举事,运动既熟,拟于庚戌年正月某日发难。乃新军中有热度过甚之士,先一日因小事生起风潮,于是倪映典仓卒入营,亲率一部分从沙河进攻省城,至横枝冈,为敌截击。映典中弹被擒死,军中无主,遂以溃散。此吾党第九次之失败也。

时予适从美东行至三藩市,闻败而后,则取道檀岛、日本而回东方。过日本时,曾潜行登陆,随为警察探悉,不准留居。遂由横滨渡槟榔屿,约伯先、克强、汉民等来会,以商卷土重来之计划。时各同志以新败之余,破坏最精锐之机关,失却最利便之地盘,加之新军同志亡命南来者实繁有徒,招待安插为力已穷,而吾人住食行动之资将虞不继,举目前途,众有忧色。询及将来计划,莫不唏嘘太息,相视无言。予乃慰以:"一败何足馁?吾曩之失败,几为举世所弃,比之今日其困难实百倍。今日吾辈虽穷,而革命之风潮已盛,华侨之思想已开,从今而后,只虑吾人之无计划、无勇气耳!如果众志不衰,则财用一层,予当力任设法。"时各人亲见槟城同志之穷,吾等亡命境地之困,日常之费每有不给,顾安得余资以为活动。予再三言必可设法。伯先乃言:"如果欲再举,必当立速遣人携资数千金回国,以接济某处之同志,免彼散去,然后图集合而再设机关以谋进行。吾等亦当继续回香港与各方接洽。如是日内即需川资五千元,如事有可为,则又非数十万大款不可。"

予乃招集当地华侨同志会议,晓以大义,一夕之间则醵资八千有奇。再令各同志担任到各埠分头劝募,数日之内已达五六万元,而远地更所不计。既有头批的款,已可分头进行。计划既定,予本拟遍游南洋英、荷各属,乃荷属则拒绝不许予往,而英属及暹罗亦先后逐予出境。如是则东亚大陆之广,南洋岛屿之多,竟无一寸为予立足之地,予遂不得不远赴欧美矣。到美之日,遍游各地,劝华侨捐资以助革命,则多有乐从者矣。于是乃有辛亥三月二十九广州之举。是役也,集各省革命党之精英,与彼虏为最后之一博〔搏〕。事虽不成,而黄花岗七十二烈士轰轰烈烈之概已震动全球,而国内革命之时势实以之造成矣。此为吾党第十次之失败也。

先是陈英士、宋钝初、谭石屏、居觉生等既受香港军事机关之约束,谋为广州应援,广州既一败再败,乃转谋武汉。武汉新军自予派法国武官联络之后,革命思想日日进步,早已成熟。无如清吏防范亦日以加严。而端方调兵入川,湖广总督瑞澂则以最富于革命思想之一部分交端方调遣。所以然者,盖欲弭患于未然也。然自广州一役之后,各省已风声鹤唳,草木皆兵,而清吏皆尽入恐慌之地,而尤以武昌为甚。故瑞澂先与某国领事①相约,请彼调兵船入武汉,倘有革命党起事,则开炮轰击。时已一日数惊,而孙武、刘公等积极进行,而军中亦跃跃欲动。忽而机关破坏,拿获三十余人。时胡英〔瑛〕尚在武昌狱中,闻耗,即设法止陈英士等勿来。而炮兵与工程等营兵士已多投入革命党者,闻彼等名册已被搜获,明日则必拿人等语。于是迫不及待,为自存计,熊秉坤首先开枪发难,而蔡济民等率众进攻,开炮轰击督署。瑞澂闻炮,立逃汉口,请某领事如约开炮攻击。以庚子条约,一国不能自由行动,乃开领事团会议。初意欲得多数表决,即行开炮攻击以平之。各国领事对于此事皆无成见,惟法国领事罗氏②乃予旧交,深悉革命内容;时武昌之起事第一日则揭橥吾名,称予命令而发难者。法领事于会议席上乃力言孙逸仙派之革命党,乃以改良政治为目的,决非无意识之暴举,不能以

---

① 指英国驻汉口代理总领事葛福。
② 罗氏(Ulysse-Raphaël Réau),今译雷奥,时任法国驻汉口总领事。

义和拳一例看待而加干涉也。时领袖领事为俄国,俄领事与法领事同取一致之态度,于是各国多赞成之。乃决定不加干涉,而并出宣布中立之布告。瑞澂见某领事失约,无所倚恃,乃逃上海。总督一逃,而张彪亦走,清朝方面已失其统驭之权,秩序大乱矣。然革命党方面,孙武以造炸药误伤未愈,刘公谦让未遑,上海人员又不能到,于是同盟会会员蔡济民、张振武等,乃迫黎元洪出而担任湖北都督,然后秩序渐复。厥后黄克强等乃到。此时湘、鄂之见已萌,而号令已不能统一矣。按武昌之成功,乃成于意外,其主因则在瑞澂一逃;倘瑞澂不逃,则张彪断不走,而彼之统驭必不失,秩序必不乱也。以当时武昌之新军,其赞成革命者之大部分已由端方调往四川,其尚留武昌者只炮兵及工程营之小部分耳,其他留武昌之新军尚属毫无成见者也。乃此小部分以机关破坏而自危,决冒险以图功,成败在所不计,初不意一击而中也。此殆天心助汉而亡胡者欤!

　　武昌既稍能久支,则所欲救武汉而促革命之成功者,不在武汉之一着,而在各省之响应也。吾党之士皆能见及此,故不约而同,各自为战,不数月而十五省皆光复矣。时响应之最有力而影响于全国最大者,厥为上海。陈英士在此积极进行,故汉口一失,英士则能取上海以抵之,由上海乃能窥取南京。后汉阳一失,吾党又得南京以抵之,革命之大局因以益振。则上海英士一木之支者,较他着〔者〕尤多也。

　　武昌起义之次夕,予适行抵美国哥罗拉多省之典华城①。十余日前,在途中已接到黄克强在香港发来一电,因行李先运送至此地而密电码则置于其中,故途上无由译之。是夕抵埠,乃由行李检出密码,而译克强之电。其文曰"居正从武昌到港②,报告新军必动,请速汇款应急"等语。时予在典华,思无法可得款,随欲拟电复之,令勿动。惟时已入夜,予终日在车中体倦神疲,思虑纷乱,乃止。欲于明朝睡醒精神清爽时,再详思审度而后复之。乃一睡至翌日午前十一时,起后觉饥,先至饭堂用膳,道经回廊报铺,便购一

---

① 哥罗拉多(Colorado)省之典华(Denver)城,今译科罗拉多州丹佛市。
② 《孙文选集》按,电文误,到港者为吕志伊,而非居正。

报携入饭堂阅看。坐下一展报纸,则见电报一段,曰:"武昌为革命党占领"。如是我心中踌躇未决之复电,已为之冰释矣。乃拟电致克强,申说复电延迟之由,及予以后之行踪。遂起程赴美东。

时予本可由太平洋潜回,则二十余日可到上海,亲与革命之战,以快生平。乃以此时吾当尽力于革命事业者,不在疆场〔场〕之上,而在樽俎之间,所得效力为更大也。故决意先从外交方面致力,俟此问题解决而后回国。按当时各国情形,美国政府对于中国则取门户开放、机会均等、领土保全,而对于革命则尚无成见,而美国舆论则大表同情于我。法国则政府、民间之对于革命皆有好意。英国则民间多表同情,而政府之对中国政策,则惟日本之马首是瞻。德、俄两国当时之趋势,则多倾向于清政府,而吾党之与彼政府民间皆向少交际,故其政策无法转移。惟日本则与中国最密切,而其民间志士不独表同情于我,且尚有舍身出力以助革命者。惟其政府之方针实在不可测,按之往事,彼曾一次逐予出境,一次拒我之登陆,则其对于中国之革命事业可知;但以庚子条约之后,彼一国不能在中国单独自由行动。要而言之,列强之与中国最有关系者有六焉:美、法二国,则当表同情革命者也;德、俄二国,则当反对革命者也;日本则民间表同情,而其政府反对者也;英国则民间同情,而其政府未定者也。是故吾之外交关键,可以举足轻重为我成败存亡所系者,厥为英国;倘英国右我,则日本不能为患矣。

予于是乃起程赴纽约,觅船渡英。道过圣路易城时,购报读之,则有"武昌革命军为奉孙逸仙命令而起者,拟建共和国体,其首任总统当属之孙逸仙"云云。予得此报,于途中格外慎密,避却一切报馆访员,盖恶虚声而图实际也。过芝加古①时,则带同志朱卓文一同赴英。抵纽约时,闻粤中同志图粤急,城将下。予以欲免流血计,乃致电两广总督张鸣岐,劝之献城归降,而命同志全其性命。后此目的果达。到英国时,由美人同志咸马里代约四国银行团主任会谈,磋商停止清廷借款之事。先清廷与四国银行团结约,订有川汉铁路借款一万万元,又币制借款一万万元。此两宗借款,一则已发

---

① 芝加古(Chicago),今译芝加哥。

行债票,收款存备待付者;一则已签约而未发行债票者。予之意则欲银行团于已备之款停止交付,于未备之款停止发行债票。乃银行主干答以"对于中国借款之进止,悉由外务大臣主持,此事本主干当惟外务大臣之命是听,不能自由作主也"云云。予于是乃委托维加炮厂总理为予代表,往与外务大臣磋商,向英政府要求三事:一、止绝清廷一切借款;二、制止日本援助清廷;三、取消各处英属政府之放逐令,以便予取道回国。三事皆得英政府允许。予乃再与银行团主任开商革命政府借款之事。该主干曰:"我政府既允君之请而停止吾人借款清廷,则此后银行团借款与中国,只有与新政府交涉耳。然必君回中国成立正式政府之后乃能开议也。本团今拟派某行长与君同行归国,如正式政府成立之日,就近与之磋商可也。"时以予在英国个人所能尽之义务已尽于此矣,乃取道法国而东归。过巴黎,曾往见其朝野之士,皆极表同情于我,而尤以现任首相格利门梳①为最恳挚。

予离法国三十余日,始达上海。时南北和议已开,国体犹尚未定也。当予未到上海之前,中外各报皆多传布谓予带有巨款回国,以助革命军。予甫抵上海之日,同志之所望我者以此,中外各报馆访员之所问者亦以此。予答之曰:"予不名一钱也,所带回者,革命之精神耳!革命之目的不达,无和议之可言也。"于是各省代表乃开选举会于南京,选举予为临时总统。予于基督降生一千九百十二年正月一日就职,乃申令颁布定国号为中华民国,改元为中华民国元年,采用阳历。于是予三十年如一日之恢复中华、创立民国之志,于斯竟成。

---

① 格利门梳(Georges Clemenceau,1841—1929),今译克里孟梭。与孙中山晤面时为法国参议院议员,曾分别于1906年至1909年、1917年至1920年担任法国总理。

建国方略之二
实业计划(物质建设)(译文)

上海英文版自序[①]
(一九二〇年七月二十日)

欧战甫毕,吾即从事于研究中国实业之国际开发,而成此六种计划。吾之所以如是亟亟者,盖欲尽绵薄之力,以谋世界和平之实现也。夫以中国幅员之广,达四百二十八万九千平方英里,人口之众今有四万万,益以埋藏地下之富饶矿产及资源雄厚之农产,遭受军事资本之列强觊觎,已成俎上肥肉,其争夺之激烈,远甚于彼端之巴尔干。中国问题苟一日不加和平解决,则另一世界战争不名免除,且其战区之广袤与战斗之惨烈,实非甫寝之前役所可比拟。故欲解决此问题,窃以为当拟定方案,实行国际共同开发中国之丰富资源,发展中国之实业,方为上上策也。若此策果能实现,则大而世界,小而中国,莫不受其利。吾理想中之结果,可以打破列强分割之势力范围,消灭现今之国际商战及资本竞争之内讧,最后消除劳资之阶级斗争,如此则关乎中国问题之战端得以永久根除矣。

吾之计划种种,材料单薄,仅就鄙见所及,乃作粗疏之大略而已。故必待专门家加以科学之调查,巨细糜遗之实测,变更之改良之,始可遽臻实用也。譬如吾所计划之北方大港拟设于青河、滦河两河口之间,鄙见以为其港口当位于东边,然经工程师实测之后,则其港口应处西边。是所冀望于众专门家也。

吾之计划著成后,蒙蒋梦麟博士、余日章先生、朱友渔博士、顾子仁先生及李耀邦博士鼎力相助,校阅稿本,例应于此致谢。尤蒙顾子仁先生之厚谊,成书付印时为余奔波照料,殊为感激。

一九二〇年七月二十日　孙逸仙序于上海

据孙逸仙《中国的国际开发》(上海商务印书馆一九二〇年版)(Sun Yat-sen, *The International Development of China*, Shang-hai:Commercial Press, Ltd. ,1920)(区铁译)

[①] 本篇为《实业计划》中文本及《建国方略》中所未收。

纽约英文版自序

（一九二一年四月二十五日）

　　世界大战宣告停止之日，余即从事于研究国际共同发展中国实业，而次第成此六种计划。余之所以如是其亟亟者，盖欲倾竭绵薄，利用此绝无仅有之机会，以谋世界永久和平之实现也。

　　夫以中国幅员之广，达四百二十八万九千〈平〉方英里；人口之众，号四万万；益以埋藏地下之无量数矿产与夫广大雄厚之各种农产，乃不能雄飞独立，与世界各国互相提携，共同开发；而反以谩藏海盗，致成列强政治、经济侵略之俎上肉，斯诚不独中国之耻，抑亦世界各国之忧也。

　　不观夫巴尔干之往事乎？暴徒之弹朝发，世界之战夕起。今后中国问题，其严重殆十倍于巴尔干，此问题一日不解决，则世界第二次大战之危机一日不能消除；且其战区之扩大及战斗之猛烈，尤非第一次所可比拟。吾人试闭目一思，当有不寒而栗者矣。顾欲解决此问题，其道果安在乎？余以为舍国际共同发展中国实业外，殆无他策。此政策果能实现，则大而世界，小而中国，无不受其利益。余理想中之结果，至少可以打破现在之所谓列强势力范围，可以消灭现在之国际商业战争与资本竞争，最后且可以消除今后最大问题之劳资阶级斗争。如是则关于中国问题之世界祸根可以永远消灭，而世界人类生活之需要，亦可得一绝大之供给源流，销兵气为日月之光，化凶厉于祯祥之域，顾不懿欤！

　　余之所为计划，材料单薄，不足为具体之根据，不过就鄙见所及，贡其粗疏之大略而已；增损而变更之，非待专门家加以科学之考查与实测，不可遽臻实用也。比如余所计划之北方大港，将出现于青河、滦河之间者，在余之意见，以为港口必须设于东面，乃一经工程师实行测量之后，则港口应在西方。举此一例，可以证明余之粗疏。弥缝补苴，使成尽美尽善之伟大计划，是所望于未来之专门家矣。

　　余书著成后，助予校阅稿本者为蒋梦麟博士、余日章先生、朱友渔博士、顾子仁先生、李耀邦博士,例应于此致谢。

中华民国十年四月二十五日　孙文序于广州

据于去疾译《英文本实业计划自序》,载《中央党务月刊》第二十三期(一九三〇年六月)

中文版序

(一九二一年十月十日)

　　欧战甫完之夕,作者始从事于研究国际共同发展中国实业,而成此六种计划。盖欲利用战时宏大规模之机器及完全组织之人工,以助长中国实业之发达,而成我国民一突飞之进步,且以助各国战后工人问题之解决。无如各国人民久苦战争,朝闻和议,夕则懈志,立欲复战前原状,不独战地兵员陆续解散,而后路工厂亦同时休息。大势所趋,无可如何。故虽有三数之明达政治家欲赞成吾之计划,亦无从保留其战时之工业,以为中国效劳也。我固失一速进之良机,而彼则竟陷于经济之恐慌,至今未已,其所受痛苦较之战时尤甚。将来各国欲恢复其战前经济之原状,尤非发展中国之富源,以补救各国之穷困不可也。然则中国富源之发展,已成为今日世界人类之至大问题,不独为中国之利害而已也。惟发展之权,操之在我则存,操之在人则亡,此后中国存亡之关键,则在此实业发展之一事也。吾欲操此发展之权,则非有此智识不可。吾国人欲有此智识,则当读此书,尤当熟读此书。从此触类旁通,举一反三,以推求众理。庶几操纵在我,不致因噎废食,方能泛应曲当,驰骤于今日世界经济之场,以化彼族竞争之性,而达我大同之治也。

　　此书为实业计划之大方针,为国家经济之大政策而已。至其实施之细密计划,必当再经一度专门名家之调查,科学实验之审定,乃可从事。故所举之计划,当有种种之变更改良,读者幸毋以此书为一成不易之论,庶乎可。

　　此书原稿为英文,其篇首及第二、第三计划及第四之大部分为朱执信所译,其第一计划为廖仲恺所译,其第四之一部分及第六计划及结论为林云陔所译,其第五计划为马君武所译。特此志之。

民国十年十月十日　孙文序于粤京

据孙文著《建国方略》(上海民智书局一九二二年六月再版本)

篇　　首①

世界大战最后之一年中,各国战费每日须美金二万四千万元。此中以极俭计,必有一半费于药弹及其他直接供给战争之品,此已当美金一万二千万元矣。如以商业眼光观察此种战争用品,则此新工业乃以战场为其销场,以兵士为其消费者,改变种种现存之他种实业,以为此供给,而又新建以益之。各交战国民,乃至各中立国民,日夕缩减其生活所需至于极度,而储其向日所费诸繁华及安适者,以增加生产此种战争货品之力。今者战事告终,诚可为人道庆。顾此战争用品之销场同时闭锁,吾人当图善后之策。故首当谋各交战国之再造,次则恢复其繁华与安适。此两项事业,若以日费六千万元计之,只占此战争市场所生余剩之半额,而所余者每日仍有六千万元,尚无所用之地。且此千数百万军人,向从事于消费者,今又一转而事生产,则其结果必致生产过多。不特此也,各国自推行工业统一与国有后,其生产力大增,与前此易手工用机器之工业革命相较,其影响更深。吾人欲命以"第二工业革命"之名,似甚正确。若以其增加生产力而言,此次革命之结果实较前增加数倍。然则以世界战争而成此工业统一与国有之现象者,于战后之整理必多纠纷。今夫一日六千万,则一年二百一十九万万也,贸易如是其巨也,以战争而起者,乃忽以和平而止。试问欧美于此世界中,将向何处觅销场,以销纳战争时储节所赢之如许物产乎?

如当整理战后工业之际,无处可容此一年二百一十九万万之贸易,则其工业必停,而投于是之资本乃等于虚掷,其结果不惟有损此诸生产国之经济状况,即于世界所失亦已多矣。凡商业国,无不觅中国市场,以为消纳各国余货之地。然战前贸易状态,太不利于中国,输入超过输出年逾美金一万

---

① 此篇曾于1918年单独发表,原为英文,《孙文学记》附载时译名为《国际共同发展中国实业计划书——补助世界战后整顿实业之方法》。1919年3月7日上海《民国日报》发表时,标题为《中山先生国际共同发展中国实业计划书》。同年8月上海《建设》创刊号转载,称之为《实业计划》的"开篇总论"、"总论"。《建国方略》对本篇未加标题。此处"篇首"二字为编者所加。

万。循此以往，中国市场不久将不复能销容大宗外货，以其金钱、货物俱已枯竭，无复可持与外国市易也。所幸中国天然财源极富，如能有相当开发，则可成为世界中无尽藏之市场；即使不能全消费此一年二百十九万万之战争生产剩余，亦必能消费其大半无疑。

中国今尚用手工为生产，未入工业革命之第一步，比之欧美已临其第二革命者有殊。故于中国两种革命必须同时并举，既废手工采机器，又统一而国有之。于斯际中国正需机器，以营其巨大之农业，以出其丰富之矿产，以建其无数之工厂，以扩张其运输，以发展其公用事业。然而消纳机器之市场，又正战后贸易之要者也。造巨炮之机器厂，可以改制蒸汽辗压，以治中国之道路；制装甲自动车之厂，可制货车以输送中国各地之生货。凡诸战争机器，一一可变成平和器具，以开发中国潜在地中之富。此种开辟利源之办法，如不令官吏从中舞弊，则中外利益均沾，中国人民必欢迎之。

欧美人或有未之深思者，恐以战争时之机器、战争时之组织、与熟练之技工开辟中国利源，将更引起外国工业之竞争。故余今陈一策，可使中国开一新市场，既以销其自产之货，又能销外国所产，两不相妨。其策如下①：

（甲）交通之开发：

  子 铁道一十万英里。

  丑 碎石路一百万英里。

  寅 修浚现有运河：

    （一）杭州、天津间运河。

    （二）西江、扬子江间运河。

  卯 新开运河：

    （一）辽河、松花江间运河。

    （二）其他运河。

  辰 治河：

    （一）扬子江筑堤、浚水路，起汉口迄于海，以便航洋船直达该

---

① 原文为"如左"，今依排版方式酌改为"如下"。下同。

港,无间冬、夏。
　　（二）黄河筑堤、浚水路,以免洪水。
　　（三）导西江。
　　（四）导淮。
　　（五）导其他河流。
　　巳　增设电报线路、电话及无线电等,使遍布于全国。
（乙）商港之开辟:
　　　子　于中国中部、北部、南部各建一大洋港口,如纽约港者。
　　　丑　沿海岸建种种之商业港及渔业港。
　　　寅　于通航河流沿岸建商场、船埠。
（丙）铁路中心及终点并商港地设新式市街,各具公用设备。
（丁）水力之发展。
（戊）设冶铁、制钢并造士敏土①之大工厂,以供上列各项之需。
（己）矿业之发展。
（庚）农业之发展。
（辛）蒙古、新疆之灌溉。
（壬）于中国北部及中部建造森林。
（癸）移民于东三省、蒙古、新疆、青海、西藏。

如使上述规划果能逐渐举行,则中国不特可为各国余货消纳之地,实可为吸收经济之大洋海,凡诸工业国其资本有余者,中国能尽数吸收之。不论在中国抑在全世界,所谓竞争、所谓商战者,可永不复见矣。

近时世界战争,已证明人类之于战争不论或胜或负,均受其殃,而始祸者受害弥重。此理于以武力战者固真,于以贸易争者尤确也。威尔逊总统今既以国际同盟防止将来之武力战争,吾更欲以国际共助中国之发展以免将来之贸易战争。则将来战争之最大原因庶可从根本绝去矣。

自美国工商发达以来,世界已大受其益。此四万万人之中国一旦发达

---

① 士敏土(cement),即水泥,又译"塞门土"。

工商,以经济的眼光视之,何啻新辟一世界! 而参与此开发之役者,亦必获超越寻常之利益,可无疑也。且此种国际协助,可使人类博爱之情益加巩固,而国际同盟亦得借此以巩固其基础,此又予所确信者也。

欲使此计划举行顺利,余以为必分三步以进:第一,投资之各政府务须共同行动,统一政策,组成一国际团,用其战争时任组织、管理等人材及种种熟练之技师,令其设计有统系,用物有准度,以免浪费,以便作工。第二,必须设法得中国人民之信仰,使其热心匡助此举。如使上述两层已经办到,则第三步即为与中国政府开正式会议,以议此计划之最后契约。而此种契约,吾以为应取法于曩者吾与伦敦波令公司所立建筑广州—重庆铁路合同,以其为于两方最得宜,而于向来中国与外国所结契约中为人民所最欢迎者也。吾人更有不能不预为戒告者,即往日盛宣怀铁路国有之覆辙,不可复蹈也。当时外国银行家不顾中国之民意,以为但与中国政府商妥,即无事不可为;及后乃始悔其以贿成之契约,终受阻于人民也。假使外国银行先遵正当之途,得中国人民之信仰,然后与政府订契约,则事易行,岂复有留滞之忧? 然则于此国际计划,吾人不可不重视民意也。

如资本团以吾说为然,吾更当继此有所详说。

第 一 计 划

中国实业之开发应分两路进行,(一)个人企业、(二)国家经营是也。凡夫事物之可以委诸个人,或其较国家经营为适宜者,应任个人为之,由国家奖励而以法律保护之。今欲利便个人企业之发达于中国,则从来所行之自杀的税制应即废止,紊乱之货币立需改良,而各种官吏的障碍必当排去,尤须辅之以利便交通。至其不能委诸个人及有独占性质者,应由国家经营之。今兹所论,后者之事属焉。

此类国家经营之事业,必待外资之吸集、外人之熟练而有组织才具者之雇佣,宏大计划之建设,然后能举。以其财产属之国有,而为全国人民利益计以经理之。关于事业之建设运用,其在母财、子利尚未完付期前,应由中华民国国家所雇专门练达之外人任经营监督之责;而其条件,必以教授训练中国之佐役,俾能将来继承其乏,为受雇于中国之外人必尽义务之一。及乎本利清偿而后,中华民国政府对于所雇外人当可随意用舍矣。

于详议国家经营事业开发计划之先,有四原则必当存〔留〕据〔意〕:

(一)必选最有利之途以吸外资。

(二)必应国民之所最需要。

(三)必期抵抗之至少。

(四)必择地位之适宜。

今据上列之原则,举其计划如下:

(一)北方大港于直隶湾①。

(二)建铁路统系,起北方大港,迄中国西北极端。

(三)殖民蒙古、新疆。

(四)开浚运河,以联络中国北部、中部通渠及北方大港。

(五)开发山西煤铁矿源,设立制铁、炼钢工厂。

上列五部为一计划,盖彼此互相关联,举其一有以利其余也。北方大港之筑,用为国际发展实业计划之策源地,中国与世界交通运输之关键亦系夫此。此为中枢,其余四事傍属焉。

第一部 北方大港

兹拟建筑不封冻之深水大港于直隶湾中。中国该部必需此港,国人宿昔感之,无时或忘。向者屡经设计浚渫大沽口沙,又议筑港于岐河口②。秦皇岛港已见小规模的实行,而葫芦岛港亦经筹商兴筑。今余所策,皆在上举诸地以外。盖前两者距深水线过远而淡水过近,隆冬即行结冰,不堪作深水不冻商港用;后两者与户口集中地辽隔,用为商港不能见利。兹所计划之港,为大沽口、秦皇岛两地之中途,青河、滦河两口之间,沿大沽口、秦皇岛间

---

① 直隶湾,今名渤海湾。
② 岐河口,后文亦作岐口,地濒渤海湾。

海岸岬角上。该地为直隶湾中最近深水之一点，若将青河、滦河两淡水远引他去，免就近结冰，使为深水不冻大港，绝非至难之事。此处与天津相去，方诸天津、秦皇岛间少差七八十咪。且此港能借运河以与北部、中部内地水路相连，而秦皇、葫芦两岛则否。以商港论，现时直隶湾中唯一不冻之港，惟有秦皇岛耳。而此港则远胜秦皇、葫芦两岛矣。

由营业上观察，此港筑成，立可获利，以地居中国最大产盐区域之中央故也。在此地所产至廉价之盐，只以日曝法产出；倘能加以近代制盐新法，且可利用附近廉价之煤，则其产额必将大增，而产费必将大减，如此中华全国所用之盐价可更廉。今以本计划遂行之始，仅能成中等商港计之，只此一项实业已足支持此港而有余。此外直接附近地域，尚有中国现时已开最大之煤矿（开滦矿务公司），计其产额年约四百万吨。该公司现用自有之港（秦皇岛），借为输出之路。顾吾人所计划之港，距其矿场较近，倘能以运河与矿区相联，则其运费方诸陆运至秦皇岛者廉省多矣。不特此也，兹港将来必畅销开滦产煤，则该公司势必仰资此港为其运输出口之所。今天津一处在北方为最大商业之中枢，既无深水海港可言，每岁冬期，封冻数月，必须全赖此港以为世界贸易之通路。此虽局部需要，然仅以此计，已足为此港之利矣。

顾吾人之理想，将欲于有限时期中发达此港，使与纽约等大。试观此港所襟带控负之地，即足证明吾人之理想能否实现矣。此地西南为直隶、山西两省与夫黄河流域，人口之众约一万万。西北为热河特别区域及蒙古游牧之原，土旷人稀，急待开发。夫以直隶生齿之繁，山西矿源之富，必赖此港为其唯一输出之途。倘将来多伦诺尔、库伦间铁路完成，以与西伯利亚铁路联络，则中央西伯利亚一带皆视此为最近之海港。由是言之，其供给分配区域，当较纽约为大。穷其究竟，必成将来欧亚路线之确实终点，而两大陆于以连〔联〕为一气。今余所计划之地，现时毫无价值可言。假令于此选地二三百方咪置诸国有，以为建筑将来都市之用，而四十年后发达程度即令不如纽约，仅等于美国费府，吾敢信地值所涨，已足偿所投建筑资金矣。

中国该部地方，必需如是海港，自不待论。盖直隶、山西、山东西部、河南北部,奉天之一半,陕甘两省之泰半,约一万万之人口,皆未尝有此种海港。蒙古、新疆与夫煤铁至富之山西,亦将全恃直隶海岸为其出海通衢。若乎沿海、沿江各地稠聚人民,必需移实蒙古、天山一带从事垦殖者,此港实为最近门户,且以由此行旅为最廉矣。

兹港所在,距深水至近,去大河至远,而无河流滞淤填积港口,有如黄河口、扬子江口时需浚渫之患,自然之障碍于焉可免。又为干燥平原,民居极鲜,人为障碍,丝毫不存,建筑工事尽堪如我所欲。至于海港、都市两者之工程预算,当有待于专门技士之测勘,而后详细计划可定。(参观第一图,并观详图一、二)

(详图之说明:自第一计划寄到北京公使馆之后,美使芮恩诗①博士即派专门技师②,往作者所指定之北方大港地点实行测量,果发见此地确为直隶沿海最适宜于建筑一世界港之地,唯其不同之点只有港口当位于西边耳。因作者当时无精确之图也。读者一观此两详细图,便可一目了然矣。)

第二部　西北铁路系统

吾人所计划之铁路,由北方大港起,经滦河谷地以达多伦诺尔,凡三百咪。经始之初即筑双轨,以海港为出发点,以多伦诺尔为门户,以吸收广漠平原之物产,而由多伦诺尔进展于西北。第一线,向北偏东北走,与兴安岭山脉平行,经海拉尔,以赴漠河。漠河者,产金区域而黑龙江右岸地也。计其延长,约八百咪。第二线,向北偏西北走,经克鲁伦,以达中俄边境,以与赤塔城附近之西伯利亚铁路相接,长约六百咪。第三〈线〉,以一干线向西北,转正西又转西南,沿沙漠北境以至国境西端之迪化城,长约一千六百咪。地皆平坦,无崇山峻岭。第四线,由迪化迤西以达伊犁,约四百咪。第五线,由迪化东南超出天山山峡,以入戈壁边境,转而西南走,经天山以南沼地与戈壁沙漠北偏之间一带腴沃之地,以至喀什噶尔;由是更转而东南走,经

---

① 芮恩诗(Paul Samuel Reinsch,1869—1923),1913—1919年任美国驻华公使,此后任北洋政府顾问。死于上海。
② 专门技师指美国商务部特派员惠瑟姆(Paul P. Whitham)。

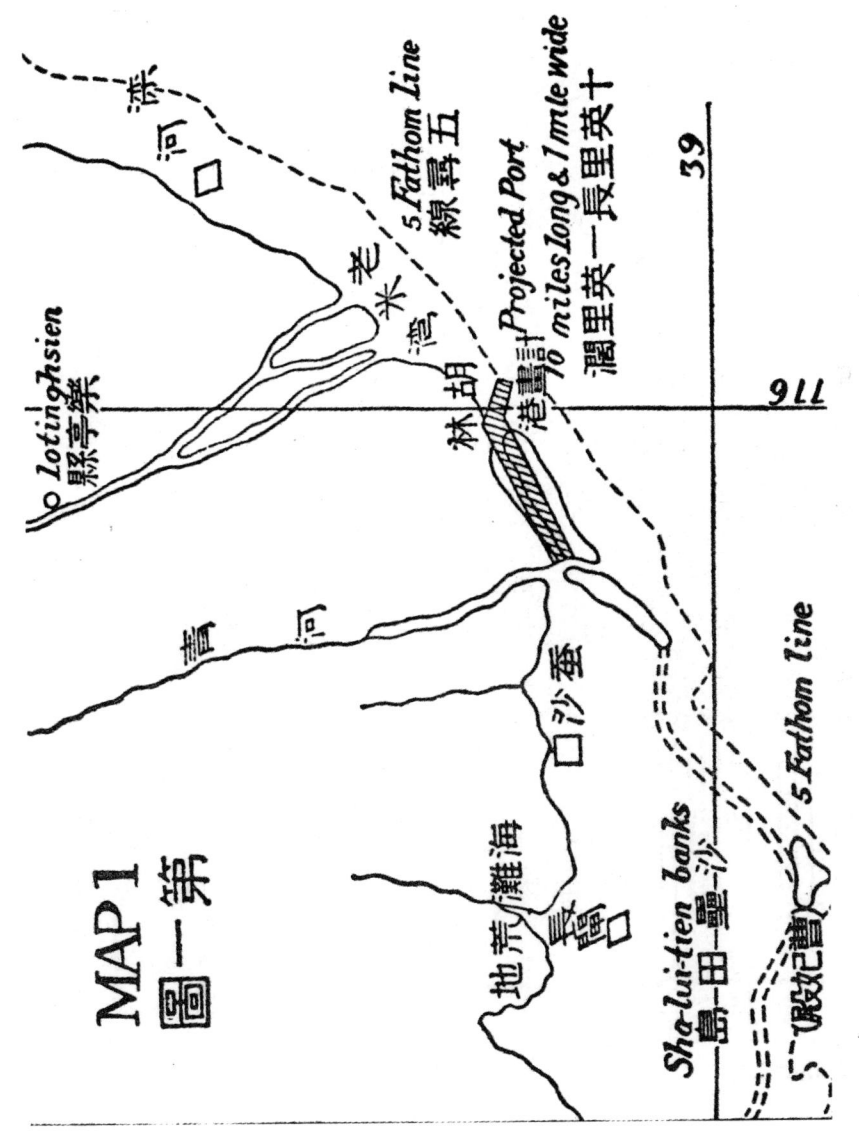

所标经线应为 119° E。——编者

北方大港全景一

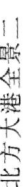

北方大港全景二

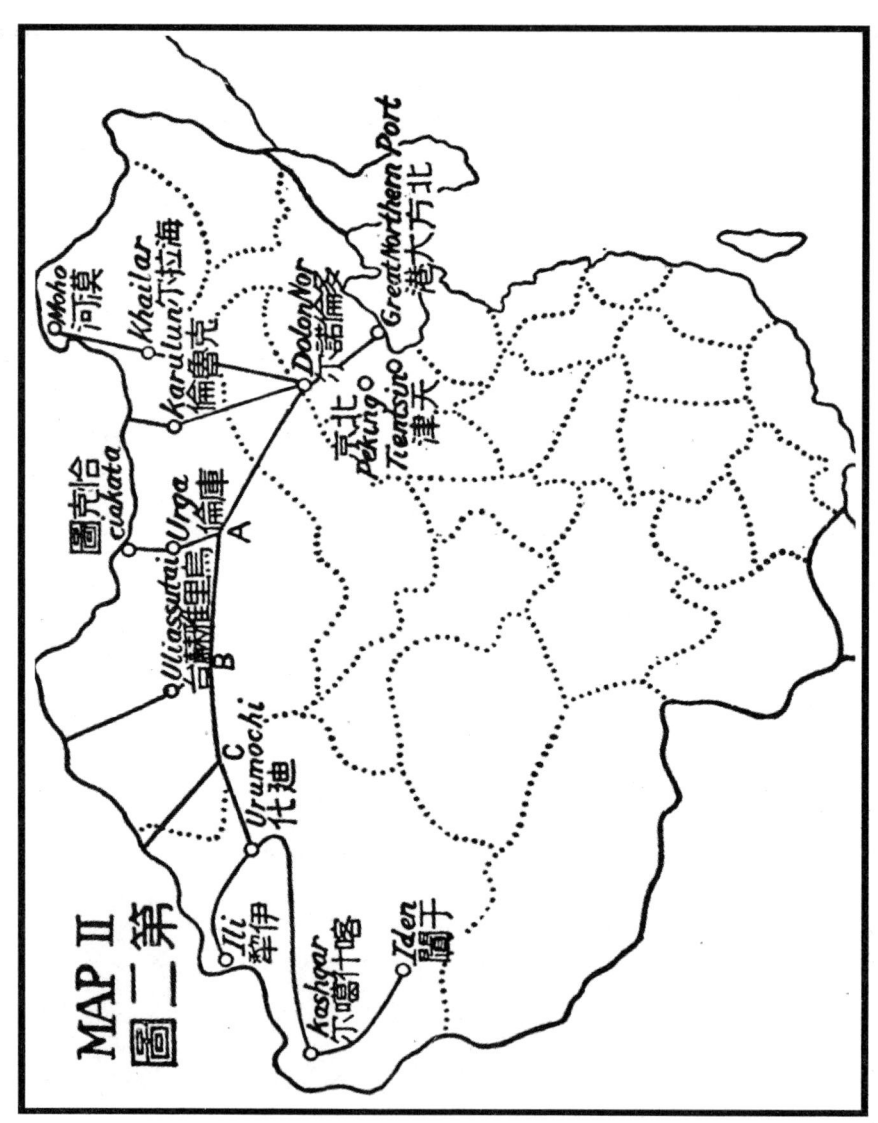

帕米尔高原以东、昆仑以北与沙漠南边之间一带沃土,以至于阗,即克里雅河岸。延长约一千二百咪,地亦平坦。第六线,于多伦诺尔、迪化间干线开一支线,由甲接合点出发,经库伦以至恰克图,约长三百五十咪。第七线,由干线乙接合点出发,经乌里雅苏台,倾北偏西北走以至边境,约六百咪。第八线,由干线丙接合点出发,西北走达边境,约四百咪。(参观第二图)

兹所计划之铁路,证以"抵抗至少"之原则,实为最与理想相符合者。盖以七千余咪之路线为吾人计划所定者,皆在坦途。例如多伦诺尔至喀什噶尔之间,且由斯更进之路线,延袤三千余咪,所经均肥沃之平野,并无高山大河自然之梗阻横贯其中也。

以"地位适宜"之原则言之,则此种铁路,实居支配世界的重要位置。盖将为欧亚铁路系统之主干,而中、欧两陆人口之中心因以联结。由太平洋岸前往欧洲者,以经此路线为最近。而由伊犁发出之支线,将与未来之印度、欧洲线路(即行经伯达,以通达马斯加斯及海楼府①者)联络,成一连锁。将来由吾人所计划之港,可以直达好望角城。综观现在铁路,于世界位置上无较此重要者矣。

以"国民需要"之原则言之,此为第一需要之铁路。盖所经地方,较诸本部十八行省尤为广阔。现以交通运输机关缺乏之故,丰富地域委为荒壤,而沿海沿江烟户稠密省分,麇聚之贫民无所操作,其弃自然之惠泽而耗人力于无为者,果何如乎?倘有铁路与此等地方相通,则稠密省区无业之游民,可资以开发此等富足之地。此不仅有利于中国,且有以利世界商业于无穷也。故中国西北部之铁路系统,由政治上、经济上言之,皆于中国今日为必要而刻不容缓者也。

吾人所以置"必选有利之途"之第一原则而未涉及者,非遗弃之也,盖将详为论列,使读者三致意焉耳。今夫铁路之设,间于人口繁盛之区者其利大,间于民居疏散之地者其利微,此为普通资本家、铁路家所恒信;今以线路横亘于荒僻无人之境,如吾人所计划者,必将久延岁月,而后有利可图。北

---

① 伯达、达马斯加斯、海楼府,今译为巴格达、大马士革、开罗。

美合众国政府于五十年前，所以给与无垠之土地于铁路公司，诱其建筑横跨大陆干路以达太平洋岸者，职是之故。余每与外国铁路家、资本家言兴筑蒙古、新疆铁路，彼辈恒有不愿。彼将以为兹路之设，所过皆人迹稀罕，只基于政治上、军事上理由，有如西伯利亚铁路之例，而不知铁路之所布置，由人口至多以达人口至少之地者，其利较两端皆人口至多之地为大。兹之事实，盖为彼辈所未曾闻。请详言其理。夫铁路两端人口至多之所，彼此经济情况大相仿佛，不如一方人口至多、他方人口至少者彼此相差之远。在两端皆人口至多者，舍特种物产此方仰赖彼方之供给而外，两处居民大都生活于自足经济情况之中，而彼此之需要供给不大，贸迁交易不能得巨利。至于一方人口多而他方人口少者，彼此经济情况大相径庭。新开土地从事劳动之人民，除富有粮食及原料品以待人口多处之所需求而外，一切货物皆赖他方之繁盛区域供给，以故两方贸易必臻鼎盛。不特此也，筑于两端皆人口至多之铁路，对于人民之多数无大影响，所受益者惟少数富户及商人而已；其在一方人口多而他方人口少者，每筑铁路一咪开始输运，人口多处之众必随之而合群移住于新地，是则此路建筑之始，将充其量以载行客。京奉、京汉两路比较，其明证也。

京汉路线之延长八百有余咪，由北京直达中国商业聚中之腹地，铁路两端之所包括，皆户集人稠之所；京奉路线长仅六百咪耳，然由人口多处之京、津，开赴人口少处之满洲。前者虽有收益，则不若后者所得之大。以较短之京奉线，方诸较长之京汉线，每年纯利所赢，其超过之数有至三四百万者矣。

故自理则上言之，从利益之点观察，人口众多之处之铁路，远胜于人口稀少者之铁路。然由人口众多之处筑至人口稀少之处之铁路，其利尤大。此为铁路经济上之原则，而铁路家、资本家所未尝发明〔见〕者也。

据此铁路经济上之新原则，而断吾人所计划之铁路，斯为有利中之最有利者。盖一方联接吾人所计划之港，以通吾国沿海沿江户口至多省分，又以现存之京汉、津浦两路为此港暨多伦诺尔路线之给养，他方联接大逾中国本部之饶富未开之地；世界地处欲求似此广漠腴沃之地，而邻近于四万万人口之中心者，真不可得矣。

第三部　蒙古、新疆之殖民

殖民蒙古、新疆,实为铁路计划之补助,盖彼此互相依倚,以为发达者也。顾殖民政策除有益于铁路以外,其本身又为最有利之事业。例如北美合众国、加拿大、澳洲及阿尔然丁①等国所行之结果,其成绩至为昭彰。至若吾人之所计划,不过取中国废弃之人力,与夫外国之机械,施对沃壤,以图利益昭著之生产。即以满州〔洲〕现时殖民言之,虽于杂乱无章之中,虚耗人工地力不知凡几,然且奇盛;假能以科学上方法行吾人之殖民政策,则其收效,将无伦比。以此之故,予议于国家机关之下,佐以外国练达之士及有军事上组织才者,用系统的方法指导其事,以特惠移民,而普利全国。

土地应由国家买收,以防专占投机之家置土地于无用,而遗毒害于社会。国家所得土地,应均为农庄,长期贷诸移民。而经始之资本、种子、器具、屋宇应由国家供给,依实在所费本钱,现款取偿,或分年摊还。而兴办此事,必当组织数大机关,行战时工场制度,以为移民运输居处衣食之备。第一年中不取现值,以信用贷借法行之。

一区之移民为数已足时,应授以自治特权。每一移民,应施以训练,俾能以民主政治的精神,经营其个人局部之事业。

假定十年之内,移民之数为一千万,由人满之省徙于西北,垦发自然之富源,其普遍于商业世界之利当极浩大。靡论所投资本庞大若何,计必能于短时期中子偿其母。故以"有利"之原则论,别无疑问也。

以"国民需要"之原则衡之,则移民实为今日急需中之至大者。夫中国现时应裁之兵数过百万,生齿之众需地以养,殖民政策于斯两者,固最善之解决方法也。兵之裁也,必需给以数月恩饷,综计解散经费必达一万万元之巨。此等散兵无以安之,非流为饿莩,则化为盗贼,穷其结果,宁可忍言。此弊不可不防,尤不可使防之无效。移民实荒,此其至善者矣。予深望友好之外国资本家,以中国福利为怀者,对于将来中国政府请求贷款以资建设,必

---

① 阿尔然丁,今译阿根廷。

将坚持此诣〔旨〕,使所借款项第一先用于裁兵之途;其不然者,则所供金钱,反以致祸于中国矣。对于被裁百余万之兵,只以北方大港与多伦诺尔间辽阔之地区,已足以安置之。此地矿源富而户口少,倘有铁路由该港出发,以达多伦诺尔,则此等散兵可供利用,以为筑港、建路及开发长城以外沿线地方之先驱者,而多伦诺尔将为发展极北殖民政策之基矣。

第四部　开浚运河以联络中国北部、中部通渠及北方大港

此计划包含整理黄河及其支流、陕西之渭河、山西之汾河暨相连诸运河。黄河出口应事浚渫,以畅其流,俾能驱淤积以出洋海。以此目的故,当筑长堤,远出深海,如美国密西悉比河口然。堤之两岸须成平行线,以保河辐之划一,而均河流之速度,且防积淤于河底。加以堰闸之功用,此河可供航运,以达甘肃之兰州。同时,水力工业亦可发展。渭河、汾河亦可以同一方法处理之,使于山、陕两省中为可航之河道。诚能如是,则甘肃与山、陕两省当能循水道与所计划直隶湾中之商港联络,而前此偏僻三省之矿材物产,均得廉价之运输矣。

修理黄河费用或极浩大,以获利计,亦难动人。顾防止水灾,斯为全国至重大之一事。黄河之水,实中国数千年愁苦之所寄。水决堤溃,数百万生灵、数十万万财货为之破弃净尽。旷古以来,中国政治家靡不引为深患者。以故一劳永逸之策不可不立,用费虽巨,亦何所惜,此全国人民应有之担负也。浚渫河口,整理堤防,建筑石坝,仅防灾工事之半而已;他半工事,则植林于全河流域倾斜之地,以防河流之漂卸土壤是也。

千百年来,为中国南北交通枢纽之古大运河,其一部分现在改筑中者,应由首至尾全体整理,使北方、长江间之内地航运得以复通。此河之改筑整理,实为大利所在。盖由天津至杭州,运河所经皆富庶之区也。

另应筑一新运河,由吾人所计划之港直达天津,以为内地诸河及新港之连锁。此河必深而且广,约与白河相类,俾供内国沿岸及浅水航船之用,如今日冬期以外之所利赖于白河者也。河之两岸应备地以建工厂,则生利者

不止运输一事,而土地价格之所得,亦其一端也。

至于建筑之计划预算,斯则专门家之责,兹付阙如。

第五部 开发直隶、山西煤铁矿源,设立制铁炼钢工厂

本计划所举诸业,如筑北方大港,建铁路统系由北方大港以达中国西北极端,殖民蒙古、新疆,与夫开浚运河、改良水道以联络北方大港,之四者所需物料当极浩大。夫煤铁矿源,在各实业国中累岁锐减,而各国亟思所以保存天惠,以遗子孙。如使为开发中国故,凡夫物料所需取给各国,则将竭彼自然之富源,贻彼后代患。且以欧洲战后,各国再造所费,于实业界能供给之煤铁,行将吸收以尽。故开发新富源以应中国之特别需求者,势则然也。

直隶、山西无尽藏之煤铁,应以大规模采取之。今假以五万万或十万万元资本,投诸此事业。当中国一般的开发计划进行之始,钢铁销场立即扩大,殊非现时实业界所能供给。试思铁路、都市、商港等之建筑,与夫各种机械器具之应用,所需果当何若?质而言之,则中国开发,即所以起〔启〕各种物品之新需要,而同时不得不就附近原料,谋相当之供给。故制铁、炼钢工厂者实国家之急需,亦厚利之实业也。

此第一计划,皆依据前此所述之四原则而成。果如世论所云,"一需要即以发生更新之需要,一利益即以增进较多之利益",则此第一计划可视为其他更大发展中国计划之先导,后当继续论之。

第 二 计 划

东方大港之为第二计划中心,犹之北方大港之为第一计划中心也。故第二计划亦定为五部,即:

(一)东方大港。

(二)整治扬子江水路及河岸。

（三）建设内河商埠。

（四）改良扬子江之现存水路及运河。

（五）创建大土敏土厂。

第一部　东方大港

上海现在虽已成为全中国最大之商港，而苟长此不变，则无以适合于将来为世界商港之需用与要求。故今日在华外国商人有一运动，欲于上海建一世界商港。现经有种种计划提出，即如将现在之布置更加改良，堵塞黄浦江口及上游以建一泊船坞，于黄浦口外、扬子江右岸建一锁口商港，于上海东方凿一船池，并浚一运河到杭州湾；而预算欲使上海成为一头等商港，必须费去洋银一万万元以上然后可。据第一计划中吾所举之四原则，则上海之为中国东方世界商港也，实不可谓居于理想的位置。在此种商港最良之位置，当在杭州湾中乍浦正南之地。依上述四原则以为观察，论其为东方商港，则此地位远胜上海。是以吾等于下文将呼之为计划港，以别于现在中国东方已成之商港即上海也。

甲　计划港

计划港当位于乍浦岬与澉浦岬之间，此两点相距约十五英里。应自此岬至彼岬建一海堤，而于乍浦一端离山数百尺之处开一缺口，以为港之正门。此种海堤可分为五段，每段各长三英里。因现在先筑一段，长三英里，阔一英里半，已得三四方英里之港面，足供用矣。至于商务长进，则可以逐段加筑，以应其需用。前面海堤，应以石块或土敏土坚结筑之。其横于海堤与陆地间之堤，则可用砂及柴席垒成，作为暂时建造，以备扩张港面时之移动。此港一经作成，永无须为将来浚渫之计。盖此港近旁，并无挟泥之水日后能填满此港面及其通路者也。在杭州湾中，此港正门为最深之部分，由此正门出至公海，平均低潮水深三十六尺至四十二尺，故最大之航洋船可以随时进出口，故以此计划港作为中国中部一等海港，远胜上海也。（参观第三图）

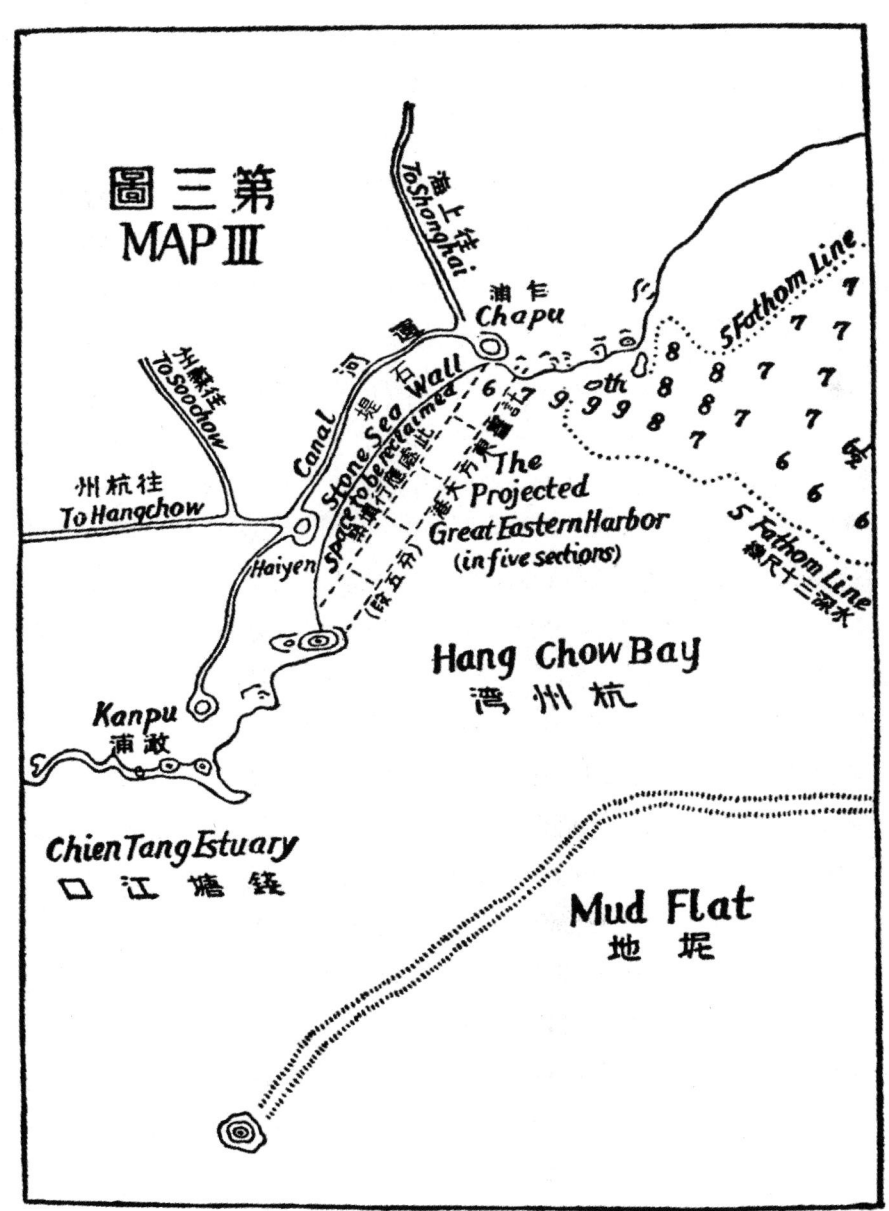

以"抵抗最少"之原则言,吾之计划乃在未开辟地规划城市、发展实业皆有绝对自由,一切公共营造及交通计划均可以最新利之方法建设之。即此一层,已为我等之商港将来必须发展至大如纽约者之最重要之要素矣。如使人之远见,在百年前能预察纽约今日人口之多与其周围之广,则此空费之无数金钱劳力与无远见之失误皆可避去,而恰就此市不绝长进之人口及商务,求其适合矣。吾人既知其如此,则中国东方大港务须经始于未开辟之地,以保其每有需用,随时可以推广也。

且上海所有天然利益,如其为中国东部长江商港,为其中央市场,我之计划港亦复有之。更加以由铁路以与大江以南各大都市相交通,此港较之上海为近。抑且如将该地近旁与芜湖之间水路加以改良,则此港与长江上游水上交通亦比上海为近。而上海所有一切人为的繁荣,所以成为一大商埠,为中国此方面商务之中心者,不待多年,此港已能追及之矣。

由吾发展计划之观察点以比较上海与此计划港,则上海较此港遥劣。因其须购高价之土地,须毁除费用甚多之基址与现存之布置,即此一层所费,已足作成一良好港面,于我所计划之地矣。是以照我所提,别建一头等港供中国东部之用,而留上海作为内地市场与制造中心,如英国孟遮斯打①之于利物浦,日本大阪之于神户、东京之于横滨,最为得策也。

以其建造将较上海廉数倍,工作亦简单数倍,故此计划港将为可获厚利之规划。乍浦、澉浦间及其附近土地之价每亩当不过五十元至一百元,国家当划取数百英方里之地于其邻近,以供吾等将来市街发展之计划所用。假如划定为二百英方里,每亩价值百元,每六亩当一英亩,而六百四十英亩当一英方里,故二百英方里地价当费七千六百万元。以一计划论,此诚为巨额。但政府可以先将地价照现时之额限定,而仅买取所须用之地其余之地,则作为国有地未给价者留于原主手中,任其使用,但不许转卖耳。如此,国家但于发展计划中需用若干地,即随时取若干地,而其取之则有永远不变之定价,而其支付地价可以徐徐,国家将来即能以其所增之利益还付地价。如

---

① 孟遮斯打(Manchester),今译曼彻斯特。

此，惟第一次所用地区之价须以资本金支付之，其余则可以其本身将来价值付之而已足。至港面第一段完成以后，此港发达，斯时地价急速腾贵，十年之内，在其市街界内地价将起自千元一亩至十万元一亩之高价，故土地自体已发生利益矣，而又益之以计划本来之港面及市街之利益。因其所挟卓越之地位，此港实有种种与纽约媲美之可能。而在扬子江流域，控有倍于美国之二万万人口之一地区，想当以此为唯一之深水海港也。此种都市长进之率将与实行此发展计划全部之率，为正比例。如使用战时工作之伟大规模、完密组织之方法，以助长此港面与市街之建造，则此时将有东方纽约崛起于极短时间之中。于是无须更虑其过度扩展与资本之误投，因有无限之富源与至大之人口，正待此港而用之也。

乙　以上海为东方大港

如使我之计划，惟欲以一深水港面供中国此部分将来商务之用，则必取前之计划港而舍上海无疑。任从何点观察，上海皆为僵死之港。然而在我之中国发展计划，上海有特殊地位，由此审度之，于上海仍可求得一种救济法也。

扬子江之砂泥，每年填塞上海通路，迅速异常，此实阻上海为将来商务之世界港之噩〔恶〕神也。据黄浦江浚渫局技师长方希典斯担〔坦〕①君所推算，此种砂泥每年计有一万万吨，此数足以铺积满四十英方里之地面，至十英尺之厚。必首先解决此砂泥问题，然后可视上海为能永成为一世界商港者也。幸而在吾计划中，本有整治扬子江水道及河岸一部，将有助于上海通路之解决。故常以此计划置诸心中，即可将砂泥问题作为已解决者，而将整治长江入海口一事让之次部。现在先商上海港面改良一事。

现有诸专门家提出种种计划以图上海港面改良，如前所述，其中有欲将十二年来黄浦江浚渫局用一千一百万两所作之工程，尽行毁弃者。是以吾欲献一常人之规划，以供专门家及一般公众之研讨。我之设世界港于上海

---

①　方希典斯坦（Von Heidenstam），今译冯·海顿斯坦。

之计划,即仍留存现在自黄浦江口起至江心沙上游高桥河合流点止已成之布置,如此,则浚渫局十二年来所作之工程均不虚耗。于是依我计划,当更延长浚渫局所已开成之水道,又扩张黄浦江右岸之湾〔弯〕曲部,由高桥河合流点开一新河直贯浦东,在龙华铁路接轨处上流第二转湾〔弯〕复与黄浦江正流会。如此则由此点直到斜对杨树浦之一点,江流直几如绳,由此更以缓曲线达于吴淞。此新河将约三十英方里之地圈入,作为市宅中心,且作成一新黄浦滩;而现在上海前面缭绕潆洄之黄浦江,则填塞之以作广马路及商店地也。此所填塞之地,当然为国家所有,固不待言;且由此线以迄新开河中间之地暨其附近,亦均当由国家收用,而授诸国际开发之机关所支配。如此,然后上海可以追及前述之计划港,其建造能为经济的,可以引致外国资本也。

关于改良上海以为将来世界商港(参观第四图),在杨树浦下游,吾主张建一泊船坞。此坞应就现在黄浦江左岸自杨树浦角起,至江心沙上流转湾处止,跨旧黄浦江面及新开地,而邻于新开河之左岸以建之。坞之面积应有约六英方里,并应于江心沙上游之处建一水闸以通船坞,而坞当凿至四十尺深。新开河之深,亦当以河流之冲刷,而使之至四十尺。惟此冲刷之水,非如专门家所提议于江阴设一长江、太湖间之闭锁运河而引致之,乃由我计划所定之改良此部分地方与芜湖间之水道而引致之,如此乃能得较猛之水力也。

我辈既已见及现在之黄浦江,须由龙华接轨处上面第二转湾〔弯〕起填至杨树浦角,以供市街规划,则如何处分苏州河之问题又须解决。吾意当导此小河,沿黄浦江故道右岸直注泊船坞之上端,然后合于新开之河,于此小河与泊船坞之间,当设一水闸,所以便于由苏州及内地之水运系统直接与船坞联络也。

在我计划,以获利为第一原则,故凡所规划皆当严守之。故创造市宅中心于浦东,又沿新开河左岸建一新黄浦滩,以增加其由此计划圈入上海之新地之价值,皆须特为注意者也。盖惟如此办去,而后上海始值得建为深水海港。亦惟为此垂死之港,新造出有价值之土地,然后上海可以与计划港争胜也。

究竟救济上海之最重要要素,为解决扬子江口砂泥问题,故整治扬子江水道及河岸一事于此砂泥问题有何影响、有何意义,吾人将于次部论之。

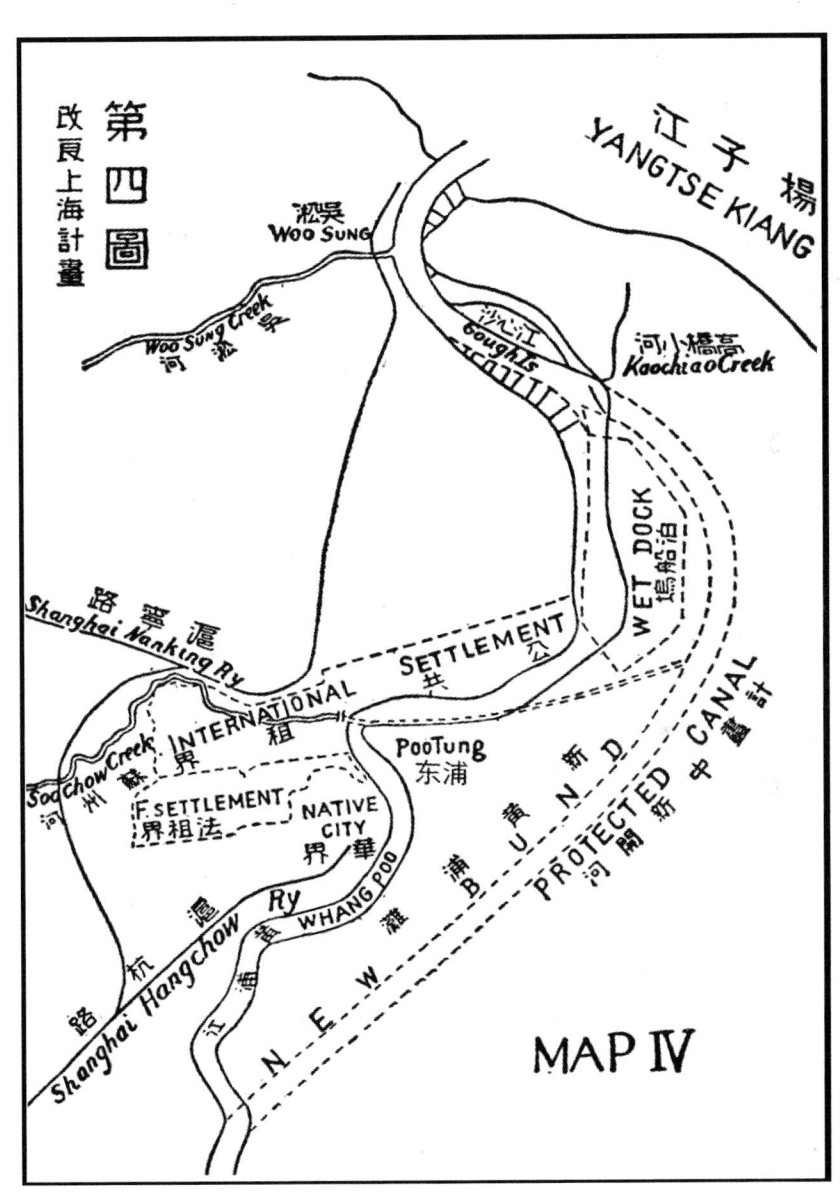

图中的"计画中新开河"英文 PROTECTED CANAL 应为 PROJECTED CANAL。——编者

第二部 整治扬子江

整治扬子江一部,当分六节:
甲　由海上深水线起至黄浦江合流点。
乙　由黄浦江合流点起至江阴。
丙　由江阴至芜湖。
丁　由芜湖至东流。
戊　由东流至武穴。
己　由武穴至汉口。

甲　整治扬子江口自海上深水线至黄浦江合流点

凡河流航行之阻塞,必自河口始,此自然法则也。故凡改良河道以利航行,必由其河口发端,扬子江亦不能居于例外也。故吾人欲治扬子江,当先察扬子江口。扬子江入海有三口:最北为北枝〔支〕流,在左岸与崇明岛间;中间为中水道,在崇明岛与铜沙坦之间;最南为南水道,在铜沙坦与右岸之间。故为便利计,以后当分别称之为北水道、中水道、南水道。

凡河口所以被砂泥填塞者,以河水将入海汇流,河口宽阔,湍流减其速力,而砂泥因之沉淀也。救之者,收窄其河口,令与上流无异,以保其湍流之速力;由此道,则砂泥被水裹挟,直抵深海。收窄之工程,当筑海堤以成之,或用一连之石坝。如是,其砂泥为水所混,直到深海广阔之处,未及沉淀,复遇回潮冲击,还填入河口两旁附近浅水之洼地,以潮长〔涨〕、潮退之动力与反动力,遂使河口常无淤积。凡疏浚一河之河口,皆以利用此天然力助成之。

欲治扬子江口,吾辈须将构成其口之三水道一一研究,又择出其一道以为入海之口。在方希典斯担〔坦〕君所提议改良上海港面通路策,列有二案:其一,闭塞北、中两水道,独留南水道,以为扬子江口;其二,独修浚南水道,而置余两水道不理。现在彼意以为用第二案已足,此或因经济上目的而然。顾惟修浚南水道,则上海通路将常见不绝提心吊胆之情形,仍如方希典斯担〔坦〕君暨其他专门家现所忧虑者;因扬子江水流之大部,随时可以改灌入他两水道,而令南水道淤塞也。故为使上海通路永久安全、一劳永逸计,必须于三水道之中闭塞其二,独留一股以为上海通路,此又整治扬子江口惟一可得实行之路也。

在我整治扬子江口之计划,本应选用北水道,而闭塞中、南二水道。因北水道为入深海最短之线,又用之以为惟一之扬子江口,则其两旁有更多之沙坦洼地,正待砂泥填堵也。故其费用为较少,而收效为较多,但此本不为上海作计故然耳。如其统筹全局,必须以一箭双雕之法行之,而采中水道以为河口,则于治河与筑港两得其便。盖专谋治扬子江口与单谋上海之通路者,各有所志,其考察自有不同也。在我治扬子江口之计划,所取者有两端:其一,则求深水道以达海洋。其二,则多收其砂泥,以填海为田。惟力所及,中水道具有三堆积场,以受砂泥而成新陆地,即海门坦、崇明坦、铜沙坦是也。此外尚有滹水洼地千数百英方里,循现在之势以往,不过十年至二十年便成陆地。以我之第一原则为获利故,每一举足,不可忘之。即令二十年不能成地,姑倍之为四十年,而所填筑者有约一千英方里之多,其于利益已不菲矣。以至贱计之,填积之地值二十元一亩,如使十年之后,五百英方里之地可备耕作之用,其所得之利已为三千八百四十万元。如使由南水道以通上海,则接受砂泥之地面只在一偏,即惟有铜沙坦在其左方,而右方则为深水之杭州湾,非数百年不能填满,在此数百年间砂泥之半数归于无用矣。夫以上海为海港,故砂泥为之噩〔恶〕神;至于低地,正欢迎砂泥,而以福星视之也。

此种企业,既有填筑上述海坦洼地为田之利,我等自可建一双石堤,自长江入海之处起,直达深海,至离岸四十英里之沙尾山为止。以舟山列岛附近有花岗石岛,廉价之石不难运致。故筑一石堤,高六英尺至三十英尺,使刚与低潮面平,其平均所需当不过每一英里费二十万元;石堤每边长四十英里,统共八十英里,其所费约在一千六百万元左右。而在海门坦、崇明坦暨铜沙坦有二三百英方里地,转瞬之间可变为农田计之,则建地〔此〕石堤已非不值矣。况其建此石堤,实足以为上海世界港得一永久通路,又为扬子江得一深水出路也耶!(参观第五图)

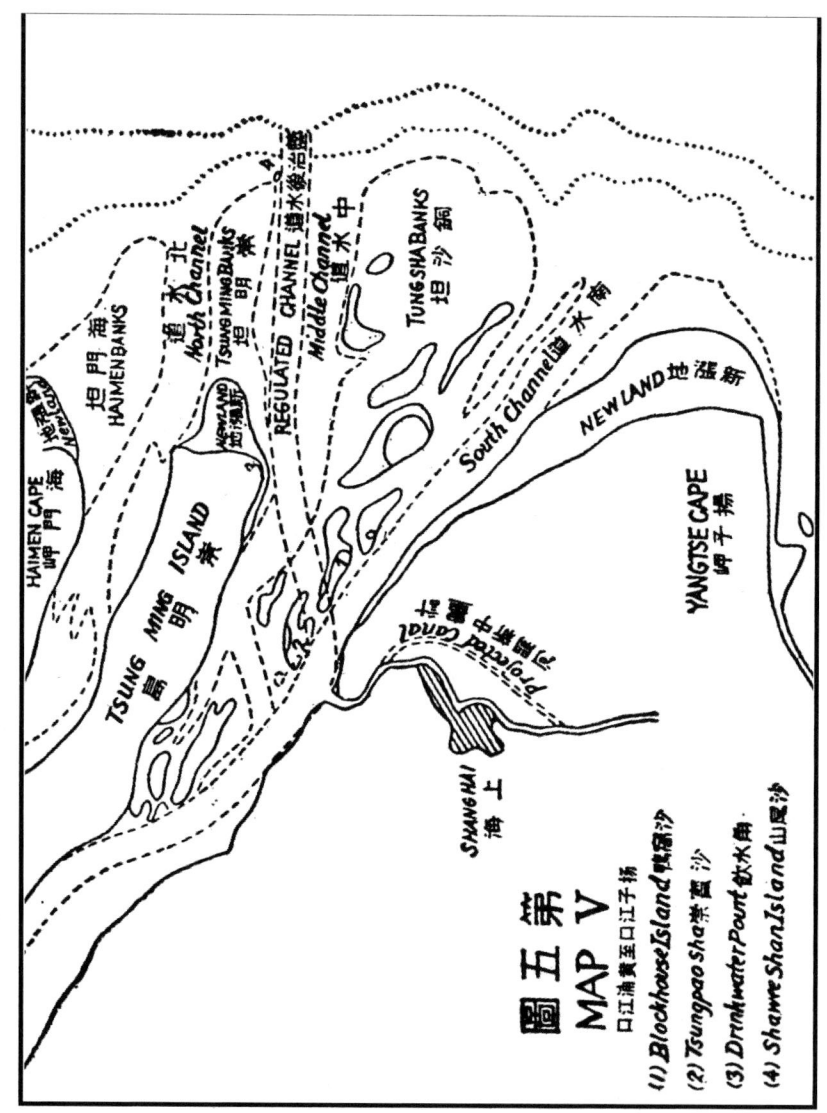

"饮水角"英文应为 Drinkwater Point；"山尾沙"应为"沙尾山"。——编者

— 118 —

右边之石堤,应从黄浦江合流点起延长其右边石坝,画一缓曲线到南水道深处,然后转向对岸,横截鸭窝沙以至中水道,又折向东方直筑至沙尾山东南水深三十尺处。左边之堤,由崇宝沙起直至崇明角,与右堤平行,两堤中间相距约两英里。此堤当在崇明之饮水角附近,稍作曲线,然后直达深海三十尺深之线,恰在沙尾山南端经过。试一览附图,当知将来上海通路当何如,扬子江出路当何如矣。此一双水底石堤,断不容高过低潮面,以使潮涨时水流自由通过堤面,如此则潮涨时可将砂泥夹带回两堤之旁,于是填塞两堤旁所括之低地更迅速矣。现在南水道在黄浦江外面已有四五十英尺之深,而新水道以两平行石堤夹成,料必比南水道更深,因其聚三水道入于一流,其水流速力必较现在者为多也,而河身之深亦将较现在为确定且一律。在石堤,虽止于水深三十英尺处,而水流不于是遽停,必过此一点更突入较深之外海而后止。则上海通路常开与扬子江口无阻之两目的,可得同时俱达矣。

乙　由黄浦江合流点起至江阴

扬子江水道中,此一部分为最不规则,又最转变无常者。其江流广处在十英里以上,至其狭处才得四分英里之三,即江阴窄路是也。在此广阔之处,河深不过三十英尺至六十英尺;至于江阴窄路,实有一百二十尺之深。由江阴窄路之水深以判断之,必须有一英里半阔之河身,以缓和此地方湍流之速力,令全河流速始终如一。于是在黄浦口之二英里阔河身,在江阴应阔一英里半。(参观第六图)

此段左岸即北岸筑河堤,起自崇宝沙,与海堤相连,作一凸曲线,以至崇明岛,在崇明城西北约六英里处,接于滩边。然后沿崇明滩边直至马孙角(译音),然后转而横过北水道,离北岸约三四英里,作一平行线,直抵金山角(译音)。在此处截断近年新成之深水道,向西南以与靖江县城东北河岸相接。沿此岸再筑七八英里,又挖开陆地以增河身之阔。令其自江阴炮台脚下起算至对岸,常有一英里半之距离。此自崇宝沙至江阴对面之靖江,河堤共长约一百英里。

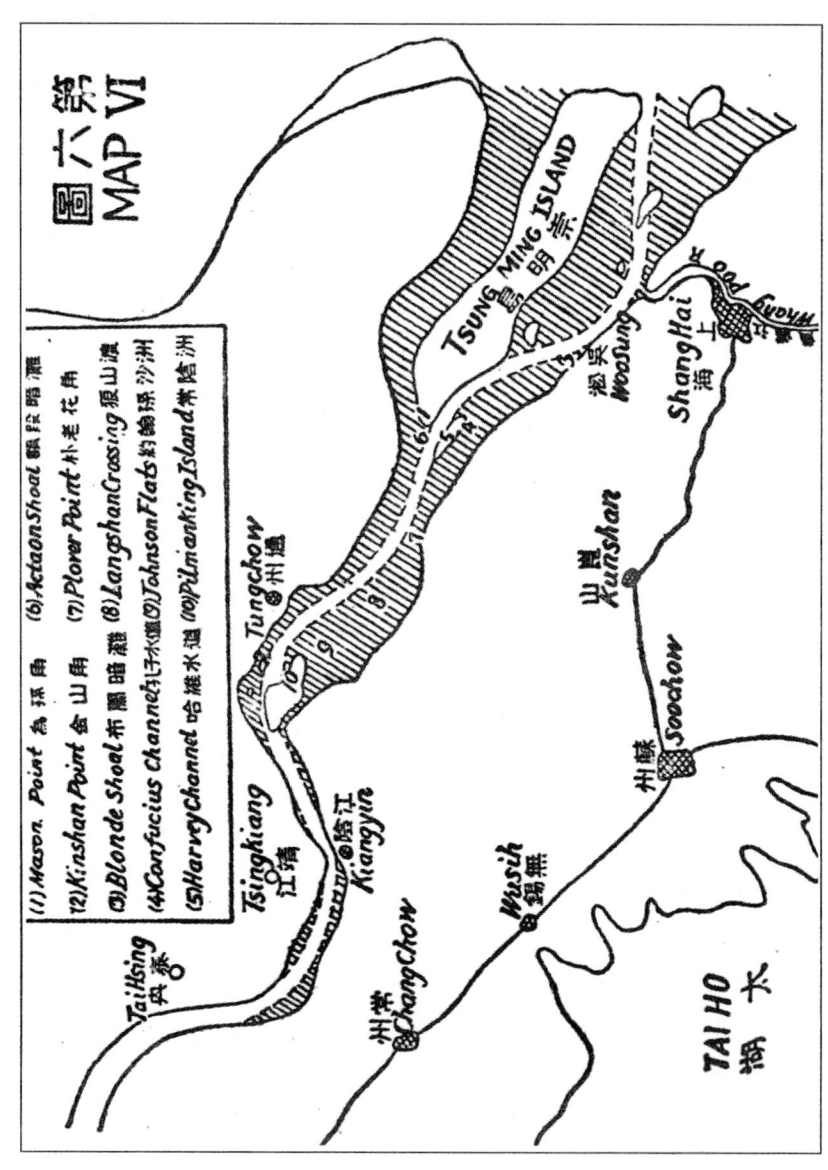

"太湖"拼写 TAI HO 应为 TAI HU。——编者

在崇明岛迤南,此河堤之一部及海堤共围有浅滩约一百六十英方里,可以填为实地。其河堤之他一部,自崇明岛上头马孙角起至靖江河岸止,另围有浅滩一百三十英方里。

　　右边河堤,自黄浦江口石坝尽处起,循宝山岸边过布兰暗滩直至深处,横过"孔夫子水道",穿入额段暗滩(译音),随哈维水道(译音)右边沂〔泝〕流筑至朴老花角(译音)。再在狼山渡横截深水道,穿过约翰孙沙洲(译音)与常阴洲相接续,再循此岸直筑至江阴炮台山脚下。此段河堤围有浅滩两处,一在朴老花角上游,他一则在其下游,共约有一百六十英方里。此两边河堤之所围浅滩,共约四百五十英方里,其中大部分已成陆地,亦有一部已于低潮时露出。此等地方若令不与湍流相遇,则其填塞之进行更速。所以谓二十年之内,此四百五十英方里之地当完全填成实地,可供耕作,亦非奢望也。如使此种新地每亩仅值二十元,则此新填地所生利益已约有二千九百七十六万元矣,而此近三千万之利益固从新地而生。此新地之利益,自起工以后则每年增长,直至其填塞完成而后已者也。

　　以后此二十年间可得三千万元利益而论,此种提案自可采供讨议。今先计须投资本若干,然后我填筑之全计划可以完成。将欲填此四百五十英方里之地,须筑二百英里之河堤。此所计划之河堤,有一部分为沿河岸线者,而大部分须在中流,更有一小部分须筑在深水道之中。沿河岸线者,惟有在凹曲线面之一部须以石建,或用士敏土坚结以保护堤面,此外无须费力。在中流者须用石叠起,至离低潮水面下不及十尺为止,适足以抵抗下层水流,令不轶出正路之外。如此则大股流水,将循此抵抗最少之线,以其自力,从其初级河堤所诱导,开一水道。此种初级河堤所费比之海堤较廉,而海堤所费,依吾前计算为二十万元一英里而已。惟有在马孙角、北水道分流点一处,须将该水道完全闭塞,其费已经专门家估算,当在百万元以外,方能填筑此二三英里之堤。是故由新填地所生利益,必足以回复其所筑河堤所费。可知即此填新地一节,已足令自海口到江阴两段导江工程不致亏本,而又有改良扬子江航路之益也。

丙　自江阴至芜湖

此段河流,性质与江阴以下全异。其水道较为巩固,惟有三数处现出急曲线,河流蚀入凹曲线方面之陆地,因此时时于两岸另开新水道而已。此段长约一百八十英里。(参观第七图)

此处整治之工,比之江阴以下更为困难。盖其泛滥之地,应填筑者仍与长江下游景况正同。其急曲线须修之使直,旁支水道应行闭塞,中流小岛应行削去,窄隘水路应行浚广,令全河上下游一律。然而此部分原有河堤,大抵可以听其自然,惟其河岸凹曲线面,有数处应用石或士敏土坚结以保护之耳。以力求省费之故,此段水道及河堤整治工程,可以一面用人为之工作,一面助以自然之力。此一段河流工程全部所费,不能于测量未竣以前精密计出,但粗为计算,则四十万一英里之数总相去不远。故全段一百八十英里,应费七千二百万元。此外尚有开阔南京、浦口中间河面之费未计在内,此处有多数高价之产业须全毁去,其费颇多也。

瓜洲开凿一事,所以令镇江前面及上下游三处急曲线改为一处,使河流较直也。此处沿江北岸约二英里半陆地正对镇江,必须凿开令成新水道,阔一英里有余。其旧道在镇江前面及上下游者,则须填塞之。所填之地,即成为镇江城外沿江市街,估其价值,优足以偿购取瓜洲陆地及开凿工程之费。故此一部分,至少总可认为不亏本之提案。

浦口、下关间窄处,自此码头至彼码头仅得五分英里之三,即一千二百码而已。而此处水深最浅处为三十六英尺,最深处为一百三十二英尺。下关一边陆地,时时以水流过急、河底过深之故而崩陷,斯即显然为此部分河道太窄,不足以容长江洪流通过也。然则非易以广路不可矣。为此之故,必以下关全市为牺牲,而容河流直洗狮子山脚,然后此处河流有一英里之阔。以赔还下关之高价财产而论,须费几何,必须提交专门家详细调查,乃能决定。要之,此为整治扬子江全计划中最耗费之部分。但亦有附近下关沿岸之地,可以成为高价财产无疑,故此工程或可望得自相弥补也。

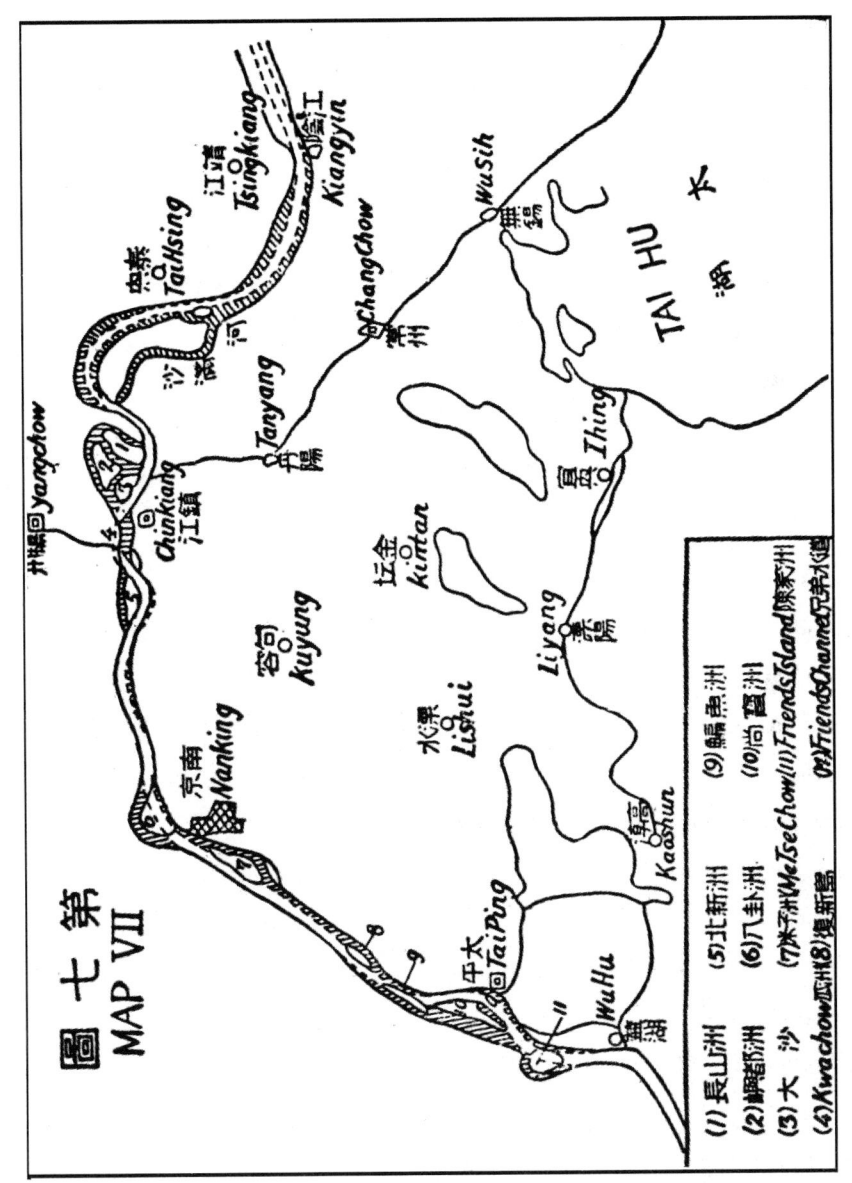

南京、浦口间窄路下游之水道,应循其最短线路,沿幕府山脚以至乌龙山脚。其绕过八卦洲后面之干流应行填塞,俾水流直下无滞。

由南京至芜湖一段河流,殆成一直线,其中有泛滥三处,一处刚在南京上游,余二则在东、西梁山之上下游。其第一泛滥之米子洲上游枝〔支〕流应行闭塞,另割该洲外面一幅,使本流河幅足用。至欲整治余二泛滥,则应循其右岸深水道作曲线向大〔太〕平府城,而将左边水道锁闭,此曲线所经各沙洲有须全行削去者,亦有须削其一部者。而在东、西梁山上游之泛滥,须将兄弟水道完全闭塞,并将陈家洲削去一部。而芜湖下游左岸亦须稍加割削,令河流广狭上下一律。

丁　自芜湖至东流

此段大江约长一百三十英里,沿流有泛滥六处。其中最显著者,即在铜陵下之泛滥也。此泛滥两岸相距在十英里以上,每一泛滥常分为两三股水道,其间夹有新涨之沙洲。其深水道时时变迁,忽在此股,忽在彼股,有时竟至数股同时淤塞,逼令航行暂时停止,亦非希靓之事也。(参观第八图)

为整治此自芜湖上游十英里至大通下游十英里一段河流,吾拟凿此三泛滥中流之沙洲及岸边之突角,为一新水道直贯其中,使成一较短较直之河身,即附图中点线所示之路是也。此项费用,亦须详细测量之后始能算定。但若两边河堤筑定之后,则浚渫工程之大部分将以河流之自然势力行之,故开凿新河之费必较寻常大为减少。大通以上,左岸有急度弯曲两处,须行凿开。第一处即大通上游十二英里,现设塔灯水标处之左岸,此处左岸陆地有二三英里须略加刊削。次一处则应在安庆下游,凿至江龙塔灯水标,计长六英里左右。既凿此河,则免去全江口急度之转湾〔弯〕矣。此次开凿工程比之下游叠石为堤之费更多,其旁支水路,虽能填为耕地,究不能补其开凿所费。是以此一部分整治之工程不免为亏本,但以其通长江航道与保护两岸陆地,又防止将来洪水为患,则此种工程必为有益明也。

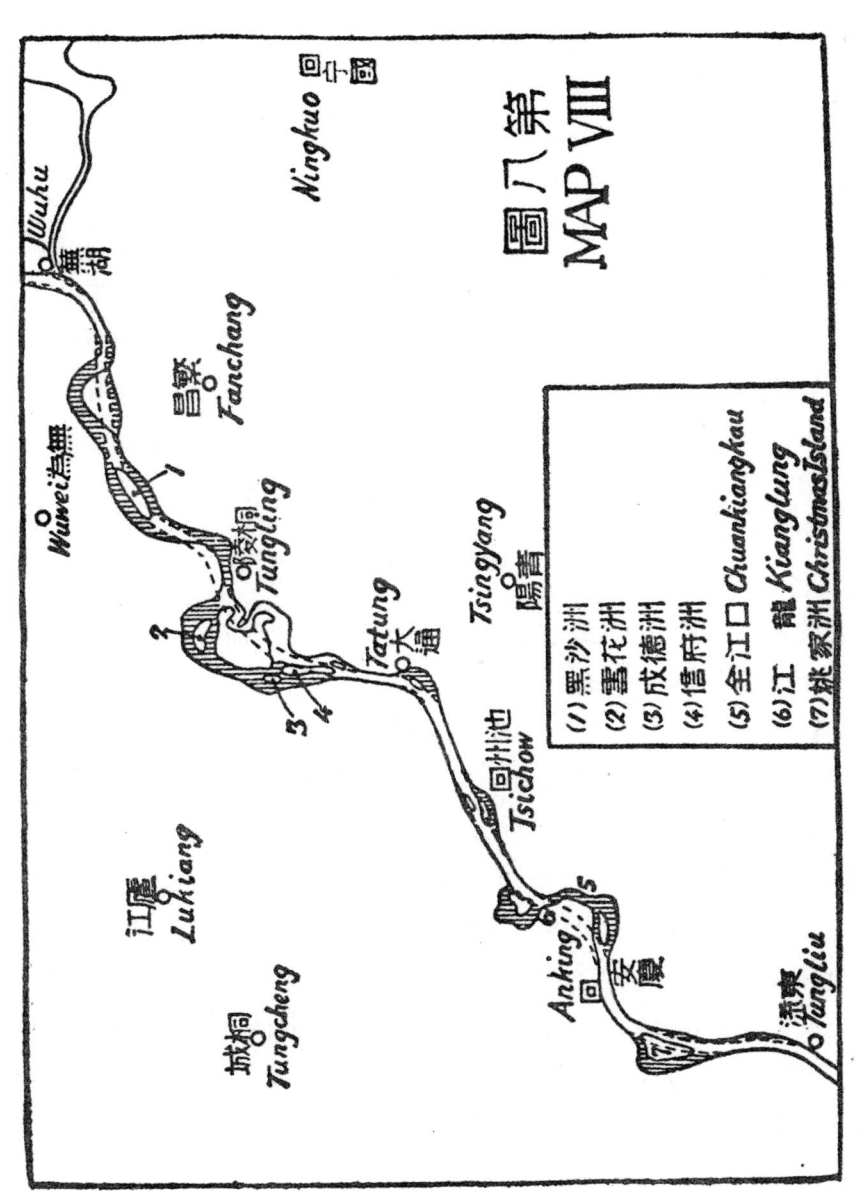

"桐陵"应为"铜陵"。——编者

戊　自东流至武穴

此段长约八十英里,沿右岸皆山地,左岸则大抵低地也。沿流有泛滥四处,此中有三处以水流之蚀及左岸,成一支流,复至下游与正流相会,其会合处殆成直角。在此等地方,河岸殊不巩固,而此泛滥各股水道之间正在堆积,将成沙洲矣。(参观第九图)

此段整治工程,比之下游各段施工较易。此三处成半圆形时时转变之支流,应从其分枝〔支〕口施以闭塞,仍留其下游会流之口,任令洪水季节之砂泥随水泛入,自然填塞之。其他一处泛滥则须于两边筑坝,束而窄之。更有数处须行削截,而小孤山上游及粮洲两处尤为重要。江心沙洲有一部分须削去,而河幅阔处亦有须填窄者。总令水道始终一律,期于全航道常有三十六英尺以上之水深也。

己　自武穴至汉口

此段约长一百英里,自武穴而上,夹岸皆山地,河幅常为半英里内外。水深自三十尺至七十二尺,有数处尚在七十二尺以上。(参观第十图)

整理此段,须填塞其宽广之河面三数处。令水道整齐,有三四处支流须行闭塞。如此,然后冬季节俱有三十六尺至四十八尺水深之水道可得而成也。在戴家洲一段河流,应将埃梨水道(译音)闭塞,独留冬季水道,则此岛上游下游曲线均较缓徐。在鸭蛋洲及罗霍洲之处,其大弯曲水道及两岛间水道均应闭塞,而另开一新水道穿过罗霍洲以成为较短之曲线。在水母洲,其南水道务须闭塞,而此洲之上万八挡口曲处亦须挖成较缓徐之曲线。由此处以至汉口,则须先填右岸,收窄河身,至与右岸向西南曲处相接而止;再从对面左岸填起,直过汉口租界面前,以至汉水口。则汉口堤岸面前,可以常得三十六英尺至四十八英尺深之水道矣。

总计自海中至汉口,治河长约六百三十英里,河堤之长当得其二倍,即一千二百六十英里也。在江口之堤,吾尝约计每英里费二十万元,两堤四十万。此项数目,自深海以迄江阴一百四十英里均可适用,充足有余。因此部

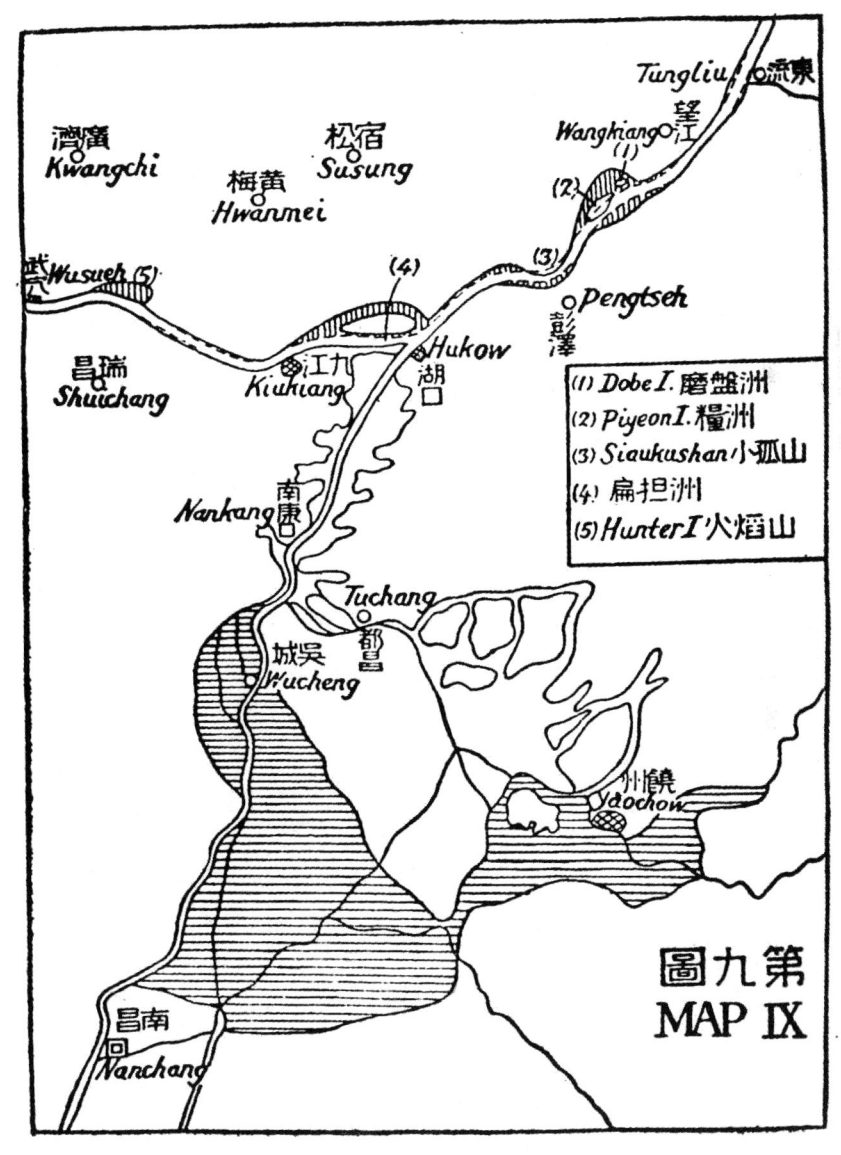

"黄梅"拼写 Hwanmei 应为 Hwangmei。——编者

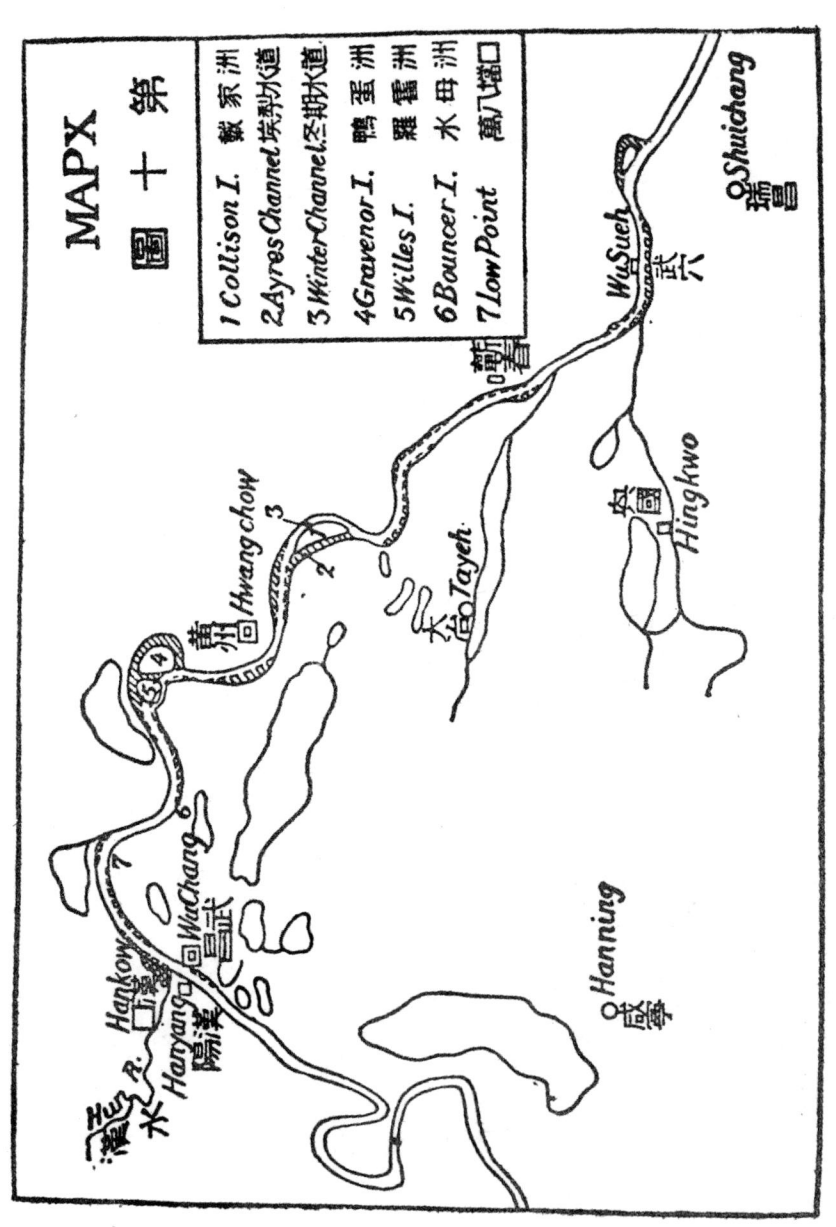

"汉水"拼写 Hun R. 应为 Han R。——编者

分惟须建两堤,此堤亦惟须于水中堆石,令其坚足以约束河流,使从其所导而行,斯已足矣。此两岸列石既成之后,水道可因于自然之力以成,所以此部工程尚为单简。

然而在上游有数处较为困难,其中有五六十英里之实地,水面上有一二十英尺之高,水面下尚有三四十英尺之深,须行削去,以使河身改直。此凿开及削去之工程,有若干须用人功,有若干可借天然之力,仍须待专门家预算。除此不计外,工程全部每一英里所费不过四十万元,故自海面至汉口相距六百三十英里,所费当不过二万五千二百万元。今姑假定整治扬子江全盘计划并未知之部分算在其内,须费三万万元。由此计划,吾人开一通路深入内地六百英里,容航洋巨船驶至住居二万万人口之大陆中心,而此中有一万万人住居于此最大水路通衢之两旁。以工程之利益而论,此计划比之苏彝士、巴拿马两河更可获利。

虽在江阴以上各段,吾人不能发见不亏本之方法,不如江阴下游各段可以新填之地补其所费,但在竣功之后,仍可在沿江建立商埠,由之以得利益也。此建设商埠之计划,将于次部论之。

结　　论

当结论此二部,吾更须申言关于筑港及整治扬子江之工程数目,仅为粗略之预算,盖事势上自然如此也。

关于在长江出海口及诸泛滥地建筑初步河堤之预算,或者有太低之迹,但吾所据之资料以为计算根源者,在下列各层:第一、为吾所亲见,在广东河汊环吾本村筑堤填地之私人企业;第二、为廉价之石,可求之于舟山列岛者;第三、为海关沿岸视察员泰罗①君之计算,在崇明岛上端闭塞北水道所费。该水道以此处为最狭,约计有三英里,而泰罗君谓所费约须一百万两有余,然则约五十万元一英里也。比之吾所计算已为两倍有半,此其差异可得比

---

① 泰罗(William Ferdinand Tyler,1865—1928),英国人,通常译为戴理尔,原供职中国海关巡工司,一度任民国政府交通部顾问。

较而知。盖此崇明岛上端三英里之水道,平均水深二十英尺,而我所计划之海堤江堤建于水中者,平均比此段少三分之二。且闭塞北水道之工程完全与河流成为直角,则其所费较之建此初步河堤与水流成平行线者,纵使长短相同,所差亦应数倍。而五十万元可以建横截深二十尺之河,而闭塞之之一英里工程,则其五分之二之经费,亦必足以供吾所规划之工程之用矣。

当吾草此文之际,《芝加高①铁路批评》五月十七日所出之报,适有一论文道及此事。彼谓用钢铁骨架以筑河堤及坝于浊泥河流,如吾辈今所欲治者,比之用石及用其他材料较佳,而又较廉。然则若采此新法,吾等可以用吾前此未知之更廉材料,以建河堤矣。所以吾前所计算或者不免稍低,而仍离正确之数目不远,决不如骤见所觉之过低也。

第三部　建设内河商埠

在扬子江此一部建设内河商埠,将为此发展计划中最有利之部分,因此部分在中国为农矿产最富之区,而居民又极稠密也。以整治长江工程完成之后,水路运送所费极廉,则此水路通衢两旁定成为实业荟萃之点,而又有此两岸之廉价劳工附翼之,则即谓将来沿江两岸转瞬之间变为两行相连之市镇,东起海边、西达汉口者,非甚奇异之事也。此际应先选最适宜者数点,以为获利的都市发展。依此目的,吾人将从下游起,沂江②逐港论之如下:

甲　镇江及其北岸。

乙　南京及浦口。

丙　芜湖。

丁　安庆及其南岸。

戊　鄱阳港。

己　武汉。

---

① 芝加高,今译芝加哥。
② 沂江,即溯江。

甲　镇江及其北岸①

镇江位于运河与江会之点,在汽机未用以前,为南北内地河运中心重要之地。而若将旧日内地运河浚复,且增浚新运河,则此地必能恢复其昔日之伟观,且更加重要。因镇江为挈合黄河流域与长江流域中间之联锁,而又以运河之南端直通中国最富饶之钱唐〔塘〕江流域。所以此镇江一市,将来欲不成为商业中心亦不可得也。

依吾整治长江计划,则在镇江前面,吾人既以大幅余地在六英方里以上者加入镇江。此项大江南面新填之余地,当利用以为吾人新镇江之都市计划。而江北沿岸之地,亦当由国家收用,以再建一都市。盖以黄河流域全部,欲以水路与江通,惟恃此一口,故江北此一市当然超越江南之市也。镇江、扬州之间须建船坞,以便内地船舶;又当加最新设备,以便内地船只与航洋船之间盘运货物之用。此港既用以为东海岸食盐收集之中心,同时又为其分销之中心,如此则可用新式方法,以省运输之费。江之两岸须以石或士敏土坚结筑成堤岸,而更筑应潮高下之火车渡头,以便联络南北两岸铁路客车、货车之往来。至于商业发达之后,又需建桥梁于江上,且凿地道于江下,以便两岸货物来往。街道须令宽阔,以适合现代之要求。其临江街道,及其附近应预定为工商业所用。此区之后面即为住宅,各种新式公共营造均应具备。至于此市镇计划详细之点,吾则让之专门家。

乙　南京、浦口

南京为中国古都,在北京之前,而其位置乃在一美善之地区。其地有高山,有深水,有平原,此三种天工钟毓一处,在世界中之大都市诚难觅如此佳境也。而又恰居长江下游两岸最丰富区域之中心,虽现在已残破荒凉,人口仍有一百万之四分一以上。且曾为多种工业之原产地,其中丝绸特著,即在今日,最上等之绫及天鹅绒尚在此制出。当夫长江流域东区富源得有正当

---

① 原文无"及其北岸"四字,今据英文本(原文为 Chinkiang and Northside)及以上目录增。

开发之时,南京将来之发达未可限量也。

在整治扬子江计划内,吾尝提议削去下关全市,如是则南京码头当移至米子洲与南京外郭之间,而米子洲后面水道自应闭塞,如是则可以作成一泊船坞,以容航洋巨舶。此处比之下关,离南京市宅区域更近;而在此计划之泊船坞与南京城间旷地,又可以新设一工商业总汇之区,大于下关数倍。即在米子洲,当商业兴隆之后,亦能成为城市用地,且为商业总汇之区。此城市界内界外之土地,当照吾前在乍浦计划港所述方法,以现在价格收为国有,以备南京将来之发展。

南京对岸之浦口,将来为大计划中长江以北一切铁路之大终点。在山西、河南煤铁最富之地,以此地为与长江下游地区交通之最近商埠,即其与海交通亦然。故浦口不能不为长江与北省间铁路载货之大中心,犹之镇江不能不为一内地河运中心也。且彼横贯大陆直达海滨之干线,不论其以上海为终点,抑以我计划港为终点,总须经过浦口。所以当建市之时,同时在长江下面穿一隧道以铁路联结此双联之市,决非燥〔躁〕急之计。如此,则上海、北京间直通之车立可见矣。

现在浦口上下游之河岸,应以石建或用士敏土坚结,成为河堤,每边各数英里。河堤之内,应划分为新式街道,以备种种目的建筑所需。江之此一岸陆地,应由国家收用,一如前法,以为此国际发展计划中公共之用。

丙　芜湖

芜湖为有居民十二万之市镇,且为长江下游米粮市易之中心,故吾择取此点为引水冲刷上海黄浦江底之接水口,而此口亦为通上海或乍浦之运河之上口。

在整治长江工程之内,青弋河合流点上面之凹曲部分应行填塞,而对岸突出之点则应削去。此所计划之运河,起于鲁港合流点下游约一英里之处。此运河应向北东走,至芜湖城东南角与山脚中间一点,与青弋河相合。更于濮家店,循此河之支流以行。如此,则芜湖东南循此运河左岸,得一临水之地。运河两旁应建新堤,一如长江两岸。且建船坞于运河通大江之处,以容内地来往船只,加以近代之机械,供盘运货物过船之用。自江岸起向内地,循运河之方向规划广阔之街道,其近江者留以供商业之需,其沿运河者则留为制造厂用地。芜湖居丰富铁矿区之中心,此铁矿既得相当开发之时,芜湖必能成为工业中心也。芜湖有廉价材料、廉价人工、廉价食物,且极丰裕,专待现世之学术与机器,变之以为更有价值之财物,以益人类耳。

丁　安庆及南岸

安庆者,安徽之省城,自从经太平天国战争破坏之后,昔日之盛不可复睹矣。现在人口仅有四万。其直接邻近之处,农产、矿产均富。若铁路既成,则六安大产茶区与河南省之东南角矿区,均当以安庆为其货物出入之港。在治江工程中,安庆城前面及西边之江流曲处应行填筑,此填筑之地即为推扩安庆城建新市街之用。所有现代运输机械,均应于此处建之。

在安庆城对面上游江岸最突出之地角应行削去,使江流曲度更为和缓,而全河之广亦得一律。新市街即当在此处建造,因皖南、浙西之大产茶区将于此处指挥掌握之也。如以徽州之内地富饶市镇,又有产出极盛之乡土环绕之,则必求此地以为其载货出入之中站明矣。以芜湖为米市中心言,则此安庆之双联市将为茶市中心,而此双联市之介在丰富煤铁矿区中心,又恰与芜湖相等,此又所以助兹港使于短期之间成为重要工业中心者也。故在长江此部建此双联市,必为大有利益之企业。

戊　鄱阳港

吾欲于长江与鄱阳湖之间建设一鄱阳港,此港将成为江西富省之惟一商埠矣。江西省每县均有自然水路联络之,若更加以改良,则必成宏伟之水路运输系统。江西有人民三千万,矿源最富,如有一新式商埠以为之工商业中心,以发展此富源饶裕之省分,则必为吾计划中最获利之一部分矣。

此港位置应在鄱阳湖入口西端,长江右岸之处。此港应为新地之上所建之新市,其中一部之地须由填筑湖边低地成之。在鄱阳湖水道整治工程之中,应建一范堤,起自大姑塘山脚,迄于湖口石钟山对面之低沙角。此范堤之内应建造一有闸船坞,以便内河船舶寄泊。而此港市街则应设在长江右岸、鄱阳湖左侧、庐山山麓合成之三角地。此三角地每边约有十英里以供市街发展,优良已极。景德镇磁器工业应移建之于此地。盖以运输便利缺乏之故,景德之磁常因之大受损坏,而出口换船之际尤常使制成之磁器碰损也。此地应采用最新大规模之设备,以便一面制造最精良之磁器,一面复制廉价之用具。盖此地收集材料,比之在景德镇更为便宜也。以各种制造业集中于一便利之中心,其结果不特使我计划之港,长成迅速,且于所以奉给人者亦可更佳良。但以江西一省观之,鄱阳湖已必为世界商业制造之大中心;鄱阳湖非特长江中一泊船港,又为中国南北铁路之一中心。所以从经济上观之,以大规模发展此港者,全然非不合宜者也。

己　武汉

武汉者,指武昌、汉阳、汉口三市而言。此点实吾人沟通大洋计划之顶水点,中国本部铁路系统之中心,而中国最重要之商业中心也。三市居民数过百万,如其稍有改进,则二三倍之决非难事。现在汉阳已有中国最大之铁厂,而汉口亦有多数新式工业,武昌则有大纱厂;而此外汉口更为中国中部、西部之贸易中心,又为中国茶之大市场。湖北、湖南、四川、贵州四省,及河南、陕西、甘肃三省之各一部,均恃汉口以为与世界交通唯一之港。至于中国铁路既经开发之日,则武汉将更形重要,确为世界最大都市中之一矣。所以为武汉将来立计划,必须定一规模,略如纽约、伦敦之大。

在整治长江堤岸,吾人须填筑汉口前面,由汉水合流点龙王庙渡头起,迄于长江向东屈〔曲〕折之左岸一点。此所填之地,平均约阔五百码至六百码。如是,所以收窄此部分之河,全河身一律有五六链(每链为一海里十分之一)之阔,又令汉口租界得一长条之高价土地于其临江之处也。此部之价,可以偿还建市所费之一部分。汉水将入江处之急激曲折应行改直,于是以缓徐曲线绕龙王庙角,且使江汉流水于其会合处向同一方面流下。汉阳河岸应密接现在之河边,沿岸建筑毋突过于铁厂渡头之外。武昌上游广阔之空处,当圈为有闸船坞,以供内河外洋船舶之用。武昌下游应建一大堤,与左岸平行,则将来此市可远扩至于现在市之下面。在京汉铁路线于长江边第一转弯处,应穿一隧道,过江底,以联络两岸。更于汉水口以桥或隧道联络武昌、汉口、汉阳三城为一市。至将来此市扩大,则更有数点可以建桥,或穿隧道。凡此三联市外围之地,均当依上述大海港之办法收归国有,然后私人独占土地与土地之投机赌博可以预防。如是则不劳而获之利,即自然之土地增价利可尽归之公家,而以之偿还此国际发展计划所求之外债本息也。

第四部　改良现存水路及运河

兹将现存水路运河、扬子江相联络者,列举如下:

甲　北运河。

乙　淮河。

丙　江南水路系统。

丁　鄱阳〈水路〉系统①。

戊　汉水。

己　洞庭系统。

庚　扬子江上游。

甲　北运河

北运河在镇江对岸一点与扬子江联络,北走直至天津,其长逾六百英里。在江北之一部运河,现已著〔着〕手为详细之测量,改良工事不久可以起工,此吾人所共知者也。在吾计划,吾将以淮水注江之一段,代江北一段运河之用。

乙　淮河

淮河出河南省西北隅,东南流,又折而东流,至安徽、江苏两省之北部。

---

① 原文作"鄱阳系统",今据英文本及下文标题增"水路"二字。

其通海之口近年已经淤塞,故其水郁积于洪泽湖,全恃蒸发以为消水之路,于是一入大雨期,洪水泛滥于沿湖广大区域,人民受其荼毒者以百万计。所以修浚淮河为中国今日刻不容缓之问题。近年迭经调查,屡有改良之提案。美国红十字会技师长詹美生①君,曾献议为淮河开两出口,其一循黄河旧槽以达海,其一经宝应、高邮两湖以达扬子江。在此计划,吾赞成詹君通海、通江之方法,但于用黄河旧槽及其经过扬州西面一节有所商榷。在其出海之口,即淮河北枝已达黄河旧槽之后,吾将导以横行入于盐河,循盐河而下,至其北折一处,复离盐河过河边狭地直入灌河,以取入深海最近之路,此可以大省开凿黄河旧路之烦也。其在南支在扬州入江之处,吾意当使运河经过扬州城东,以代詹君经城西入江之计划。盖如此则淮河流水,刚在镇江下面新曲线,以同一方向与大江会流矣。

淮河此两支,至少均须得二十英尺深之水流,则沿岸商船自北方赴长江各地,可免绕道经由江口以入,所省航程近三百英里。而两支既各有二十英尺之深,则洪泽与淮河之水流宣畅,而今日高于海面十六英尺之湖底,即时可以变作农田。则以洪泽合之其旁诸湖,依詹美生君之计算,六百万亩之地咄嗟可致也。如此以二十元为其一亩之价,则此纯粹地价已足一万二千万元,此政府之直接收入也。而又有一万七千英方里地向苦水潦之灾者,今既无忧,所以昔日五年而仅两获者,今一年而可再获,是一万七千英里者得一千零八十八万英亩(七千余万中亩),各得五倍奇收获也。假如总生产额一英亩所值为五十元,则此地所产总额原得五万四千四百万元者,今为二十七万二千万元也。其在国家,岂非超越寻常之利益乎!

丙 江南水路系统

此项系统包含南运河与黄浦江、与太湖及其与为联络之水路而言。此中吾所欲为最重要之改良,乃在浚广浚深芜湖、宜兴间之水路,以联长江与

---

① 詹美生(Jameson),今译詹姆森。

太湖，而又贯通太湖浚一深水道，以达南运河苏州、嘉兴间之一点。其在嘉兴歧为两支，一支循嘉兴、松江之运河以达黄浦江，他一支则至乍浦之计划港。

此项长江、黄浦间水路，当其未达上海之前，应先行浚令广深至其极限，使能载足流水。一面以洗涤上海港面，不容淤积；一面亦使内河船舶来往于江海之间者经此，大减其路程也。而此水路又可为挟土壤俱来之用，太湖暨旁诸湖沿水路之各区，将来均可因其填塞，成为耕地。故于建此水路之大目的以外，又有此种填筑计划及本地载货之利益可收，于是其获利之性质可以加倍确实。现在太湖暨其他诸湖沼地之精确测量尚无可征，则能填筑为田者当有几亩，今亦未可遽言。但以粗略算之，则填筑江南诸湖所得之地，吾意其亩数必不在江北之田以下。

丁　鄱阳水路系统

此一系统为江西全省排水之用，每县、每城乃至每一重要市镇，均可由水路达到。全省交通惟恃水路，此乃未有铁路前，中国东南各省所同者也。

江西下游水路系统受不规则之害与长江同，皆以其为低地之故，然则其整治之工亦应与长江相同。鄱阳湖应按各水入湖之路，分为多数水道，然后逐渐汇流，卒至渚溪附近乃合而为一，度此湖狭隘之部而与长江合于湖口。此深水道两旁应各叠水底石堤为一线，使刚与湖中浅处同高，以是其水道可以于排水之外并作航行之用也。水道以外之浅处，将来于相当时间可填为耕地。于是整治鄱阳湖各水道之计划，可以其填筑而得充足之报酬矣。

戊　汉水

此水以小舟泝其正流，可达陕西东〔西〕南隅之汉中，又循其旁流可达河南西南隅之南阳及赊旗店。此可航之水流，支配甚大之分水区域：自襄阳以上，皆为山国；其下以至沙洋，则为广大开豁之谷地；由沙洋以降，则流注湖北沼地之间，以达于江。

改良此水,应在襄阳上游设水闸。此一面可以利用水力,一面又使巨船可以通航于现在惟通小舟之处也。襄阳以下河身广而浅,须用木桩或叠石作为初级河堤,以约束其水道,又以自然水力填筑两岸洼地也。及至沼地一节,须将河身改直浚深。其在沙市,须新开一运河沟通江汉,使由汉口赴沙市以上各地得一捷径。此运河经过沼地之际,对于沿岸各湖均任其通流,所以使洪水季节挟泥之水溢入渚湖,益速其填塞也。

己　洞庭系统

此项水路系统,为湖南全省及其上游排水之用。此中最重要之两支流,为湘江与沅江。湘江纵贯湖南全省,其源远在广西之东北隅,有一运河在桂林附近与西江系统相联络。沅江通布湖南西部,而上流则跨在贵州省之东。两江均可改良,以供大河〔船〕舶航行。其湘江、西江分水界上之运河更须改造,于此运河及湘江、西江各节均须设新式水闸,如是则吃水十尺之巨舶,可以自由来往于长江、西江之间。洞庭湖则须照鄱阳湖例,疏为深水道,而依自然之力以填筑其浅地为田。

庚　长江上游

自汉口至宜昌一段,吾亦括之入于"长江上游"一语之中。因在汉口为航洋船之终点,而内河航运则自兹始,故说长江上游之改良,吾将发轫于汉口。现在以浅水船航行长江上游,可抵嘉定,此地离汉口约一千一百英里。如使改良更进,则浅水船可以直抵四川首府之成都。斯乃中华西部最富之平原之中心,在岷江之上游,离嘉定仅约六十英里耳。

改良自汉口至岳州一段,其工程大类下游各部。当筑初步河堤,以整齐其水道。而急弯曲之凹岸,当护以石堤,或用士敏土坚结。中流洲屿均应削去。金口上游大湾,所谓簰州〔洲〕曲者,应于簰州〔洲〕地颈开一新河以通航。至后金关之突出地角则应削除,使河形之曲折较为缓徐。

洞庭之北、长江屈曲之部,自荆河口起以至石首一节,吾意当加闭塞。由石首开新道通洞庭湖,再由岳州水道归入本流。此所以使河身径直,抑亦缩短航程不少。自石首以至宜昌中间有泛滥处,当以木石为堤约束之,其河岸有突出点数处须行削去,而后河形之曲折可更缓也。

自宜昌而上,入峡行,约一百英里而达四川之低地,即地学家所谓"细〔红〕盆地"也。此宜昌以上迄于江源一部分河流,两岸岩石束江,使窄且深,平均深有六寻①(三十六英尺),最深有至三十寻者。急流与滩石,沿流皆是。

改良此上游一段,当以水闸堰其水,使舟得沂流以行,而又可资其水力。其滩石应行爆开除去。于是水深十尺之航路,下起汉口,上达重庆,可得而致。而内地直通水路运输,可自重庆北走直达北京,南走直至广东,乃至全国通航之港无不可达。由此之道,则在中华西部商业中心,运输之费当可减至百分之十也。其所以益人民者何等巨大,而其鼓舞商业,何等有力耶!

第五部　创建大士敏土厂

钢铁与士敏土为现代建筑之基,且为今兹物质文明之最重要分子。在吾发展计划之种种设计,所需钢铁与士敏土不可胜计,即合世界以制造著名之各国所产,犹恐不足供此所求。所以在吾第一计划,吾提议建一大炼钢厂于煤铁最富之山西、直隶。则在此第二计划,吾拟欲沿扬子江岸建无数士敏土厂。长江谷地特富于士敏土原料,自镇江而上可航之水道,夹岸皆有灰石及煤,是以即为其本地所需要,还于其地得有供给也。今日已有制士敏土之厂在黄石港上游不远之石灰窑,其位置刚在深水码头与灰石山之间。其山既若是近,故直可由山上以锹锄起石,直移之窑中,无须转运。而在汉口、九江之间,与此相类之便利尚复多有。九江以下,马当、黄石矶以及九江、安庆间诸地,又有极多之便利相同之灰石山。其安庆以下至南京之间,多为极有利于制士敏土之地区。即如大通、荻港、采石矶均有丰裕之灰石及煤铁矿,夹江相望也。

---

① 寻(fathom),今译英寻。

筑港、建市街、起江河堤岸诸大工程同时并举,士敏土市场既如斯巨大,则应投一二万万之资本以供给此士敏土厂矣。而此业之进行,即与全盘其他计划相为关连,徐徐俱进,则以一规划奖进其他规划,各无忧于生产过剩与资本误投,而各计划俱能自致其为一有利事业矣。

第 三 计 划

第三计划主要之点为建设一南方大港,以完成国际发展计划篇首所称中国之三头等海港。吾人之南方大港,当然为广州。广州不仅中国南部之商业中心,亦为通中国最大之都市。迄于近世,广州实太平洋岸最大都市也,亚洲之商业中心也。中国而得开发者,广州将必恢复其昔时之重要矣。吾以此都会为中心,制定第三计划如下:

(一)改良广州为一世界港。
(二)改良广州水路系统。
(三)建设中国西南铁路系统。
(四)建设沿海商埠及渔业港。
(五)创立造船厂。

第一部　改良广州为一世界港

广州之海港地位,自鸦片战争结果,香港归英领后已为所夺。然香港虽有深水港面之利益,有技术之改良,又加以英国政治的优势,而广州尚自不失为中国南方商业中心也。其所以失海港之位置也,全由中国人民之无识,未尝合力以改善一地之公共利益,而又益之以满洲朝代之腐败政府及官僚耳。自民国建立以来,人民忽然觉醒,于是提议使广州成为海港之计划甚多。以此亿兆中国人民之觉醒,使香港政府大为警戒。该地当局用其全力以阻止一切使广州成为海港之运动,凡诸计划稍有萌芽,即摧折之。夫广州诚成为一世界港,则香港之为泊船、载货、站头之一切用处,自然均将归于无有矣。但以此既开发之广州与既繁荣之中国论,必有他途为香港之利,而比之现在仅为一退化贫穷之中国之独占海港,利必百倍可知。试征之英领哥伦比亚域多利港①之例,彼固尝为西坎拿大②与美国西北区之惟一海港矣。然而即使有独占之性质,而当时腹地贫穷,未经开发,其为利益实乃甚小。及至一方有温哥华起于同国方面,他方美国又有些路与打金麻③并起为其竞争港,此诸港之距域多利远近恰与香港之距广州相似,而以其腹地开发之故,即使其俱为海港竞争之切有如是,仍各繁荣非常。所以吾人知竞争海港,有如温哥华、些路、打金麻者,不惟不如短见者所尝推测,以域多利埠置之死地,且又使之繁荣有加于昔。然则何疑于既开发之广东、既繁荣之中国,不能以与此相同之结果与香港耶! 实则此本自然之结果而已,不必有虑于广东之开发、中国之繁荣,伤及香港之为自由港矣。如是,香港当局正当以其全力,鼓励此改良广州以为海港一事,不应复如向日以其全力阻止之矣。抑且广州与中国南方之发展,在于商业上所以益英国全体者,不止百倍于香港今日所以益之者。即使此直辖殖民地之地方当局,无此远见以实行之,吾信今日寰球最强之帝国之各大政治家、各实业首领必能见及于此。吾既怀此信念,故吾以为以我国际共同发展广州以为中国南方世界大港之计划布之公众,绝无碍也。

广州位于广州河汊之顶,此河汊由西江、北江、东江三河流会合而成,全面积有三千英方里,而为在中国最肥饶之冲积土壤。此地每年有三次收获,二次为米作,一次为杂粮,如马铃薯或甜菜之类。其在蚕丝,每年有八次之收成。此河汊又产最美味之果实多种。在中国,此为住民最密之区域,广东全省人口过半住于此河汊及其附近。此所以纵有河汊沃壤所产出巨额产物,犹须求多数之食料于邻近之地与外国也。在机器时代以前,广州以东亚实业中心著名者几百年矣。其人民之工作手艺,至今在世界中仍有多处不能与匹。若在吾国际共同发展实业计划之下,使用机器,助其工业,则广州不久必复其昔日为大制造中心之繁盛都会矣。

---

① 域多利港(Victoria Punta),今又译维多利亚港。
② 坎拿大(Canada),今译加拿大。
③ 些路(Seattle)、打金麻(Tacoma),今译西雅图、塔科马。

以世界海港论,广州实居于最利便之地位。既已位于此可容航行之三江会流一点,又在海洋航运之起点,所以既为中国南方内河水运之中轴,又为海洋交通之枢纽也。如使西南铁路系统完成,则以其运输便利论,广州之重要将与中国北方、东方两大港相侔矣。

广州通大洋之水路大概甚深,惟有二处较浅,而此二处又甚易范之以堤,且浚渫之,使现代航海最大之船可以随时出入无碍也。海洋深水线直到零丁岛边,该处水深自八寻至十寻。自零丁以上水道稍浅(其深约三四寻),以达于虎门,凡十五英里。自虎门起,水乃复深,自六寻至十寻。直至莲花山脚之第二冂洲,其长二十英里;在第二冂洲处,仅有数百码水深自十八英尺至二十英尺而已。过第二冂洲后其水又深,平均得三十英尺者约十英里,以至于第一冂洲,此即吾人所欲定为将来广州港面水界之处也。

将改良此通广州之通海路,吾意须在广东河口零丁岛上游左边建两水底范堤,其一,由海岸筑至东新坦头,他一则由该坦尾起筑至零丁坦顶上。此第一范堤之顶,应在水面下三四英尺,约与该坦同高。第二范堤一端低于水面四英尺,一端低十六英尺,各按所联之坦之高低(参照第十一图之1及3),此堤须横断两坦间深二十四英尺之水道。合此两堤与此四英尺高之东新坦,将成为一连续海堤之功用,可以导引现在冲过左边海岸与零丁岛之间之下层水流,入于河口当中一部。于是可以在零丁横沙与同名之坦中间开一新水道,而与零丁岛右边深水相接。在广东河口右边须建一范堤,自万顷沙外面沙坦下面起向东南行,横断二十四英尺深之水道,直穿过零丁横沙至其东头尽处为止(参照第十一图之2)。如是,以此河口两边各水底堤限制下层水流,使趋中央一路,则可得一甚深之水道,自虎门起直通零丁口,约五十英尺深。于是可得创造一自深海直达珠江之第二冂洲之通路矣。

合此各水底堤计之,其长约八英里,而其高只须离海底六英尺至十二英尺而已。其所费者应不甚多,而其使自然填筑进行加速之力则甚大,故因此诸堤两岸新成之地,必能偿还筑此诸堤之工程所费,且大有余裕也。

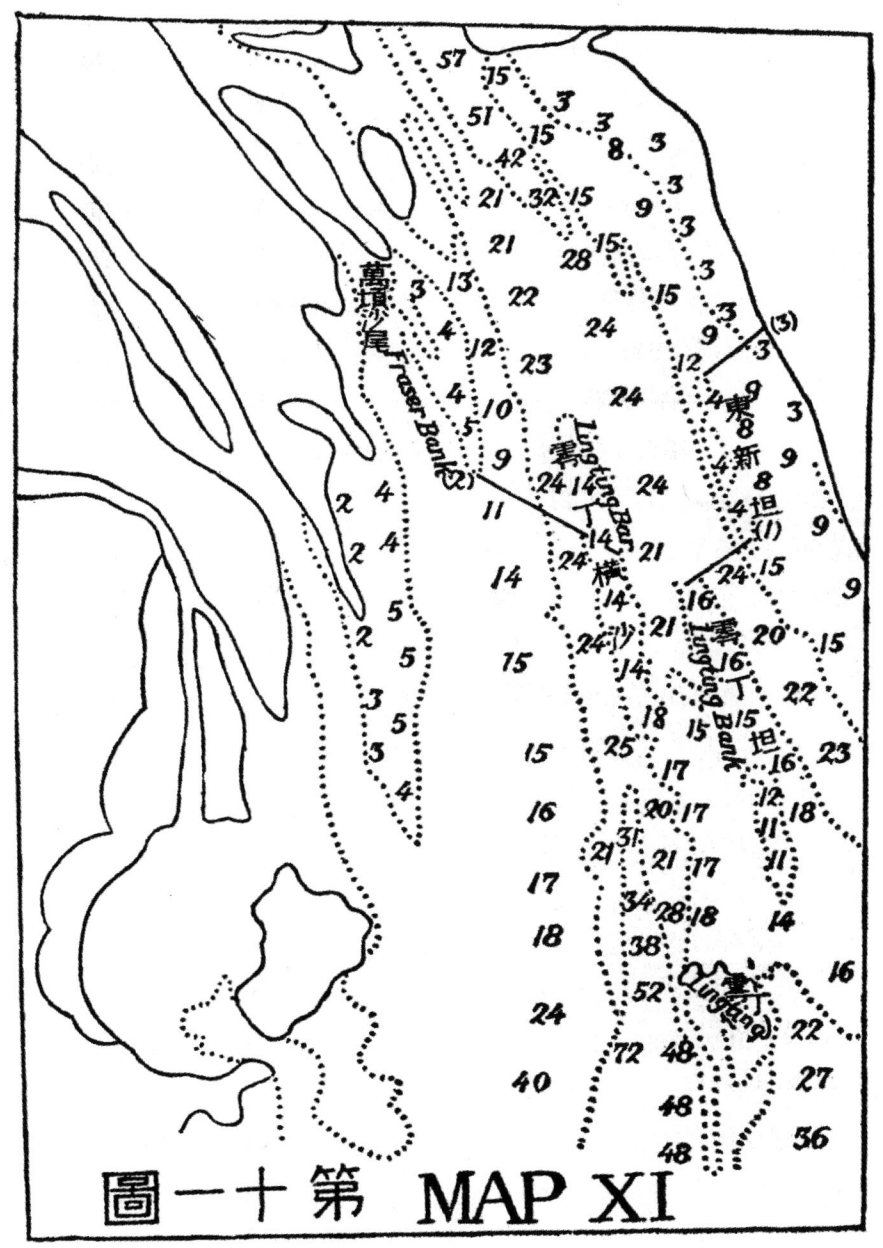

整治此广州通海之路,自虎门至黄浦〔埔〕一段珠江,吾意须使东江出口集中于一支,即用其最上之水道,于鹿步墟岛下游一点与珠江合流者。其他在第二氹洲以下与珠江会流各支,概须筑与寻常水面同高之堰,以截塞之,至入雨期则仍以供宣泄洪水之水道之用。此集会东江全流于第二氹洲上面,可以得更强之水,以冲洗珠江上部也。

此一段范水工程,吾意须筑多数之坝如下:第一,自江鸥沙之 A 点筑一坝,至攞沙岛低端对面加里吉打滩边。此坝所以堵截江鸥沙与加里吉打滩中间之水流,而转之入于现在三十六英尺深之水道,以其自然之力浚使更深。第二,于此河右岸由海心沙之 B 点起另筑一坝,至中流第二氹洲下端为终点。第三,于此河左岸自漳澎尾沙下头 C 点筑一坝至中流,亦以第二氹洲下端为终点。以是借此两坝所束集中水流之力,可以刷去第二氹洲,其两坝上面浅处,则可浚之至得所求之深为止。若发现河底有岩石,则应炸而去之,然后全部通路可得一律之水深也。第四,在此河右岸与海心沙中间之水道,须堵塞之于 D 点(即瑞成围头)。第五,在漳澎常安围上游之 E 点起筑一坝,至第二氹洲坦之上端中流。如是,则此河左边水流截断,而中央水道之流速可以增加也。第六,在右岸长洲岛与第二氹洲之间适中之处 F 点起筑一坝,至中流滩之顶上,以截断此河右边之水流。第七,于鹿步墟岛下端 G 点起筑一坝,至中流,与前述之 F 坝相对,此 E〔F〕G 两坝所以集中珠江上段水流,而 G 坝同时又导引东江,使其流向与珠江同一也。(参照第十二图)

以此七坝,自黄埔以迄虎门之水流可得有条理,而冲刷河底可致四十英尺以上之深,如是则为航洋巨舶开一通路,自公海直通至广州城矣。合此诸坝,其长当不过五英里,而又大半建于浅水处。自建坝以后,水道两旁各坝之间,以其自然之力,新填地出现必极速。单以所填之地而论,必足以偿还筑坝所费。况又有整治珠江与为海洋运输开一深水道之两大目的,可由此而实现乎!

吾人既为广州通海水路作计,则可次及改良广州城以为世界商港一事矣。广州港面水界应至第一氹洲为止,由此处起,港面应循甘布列治水道

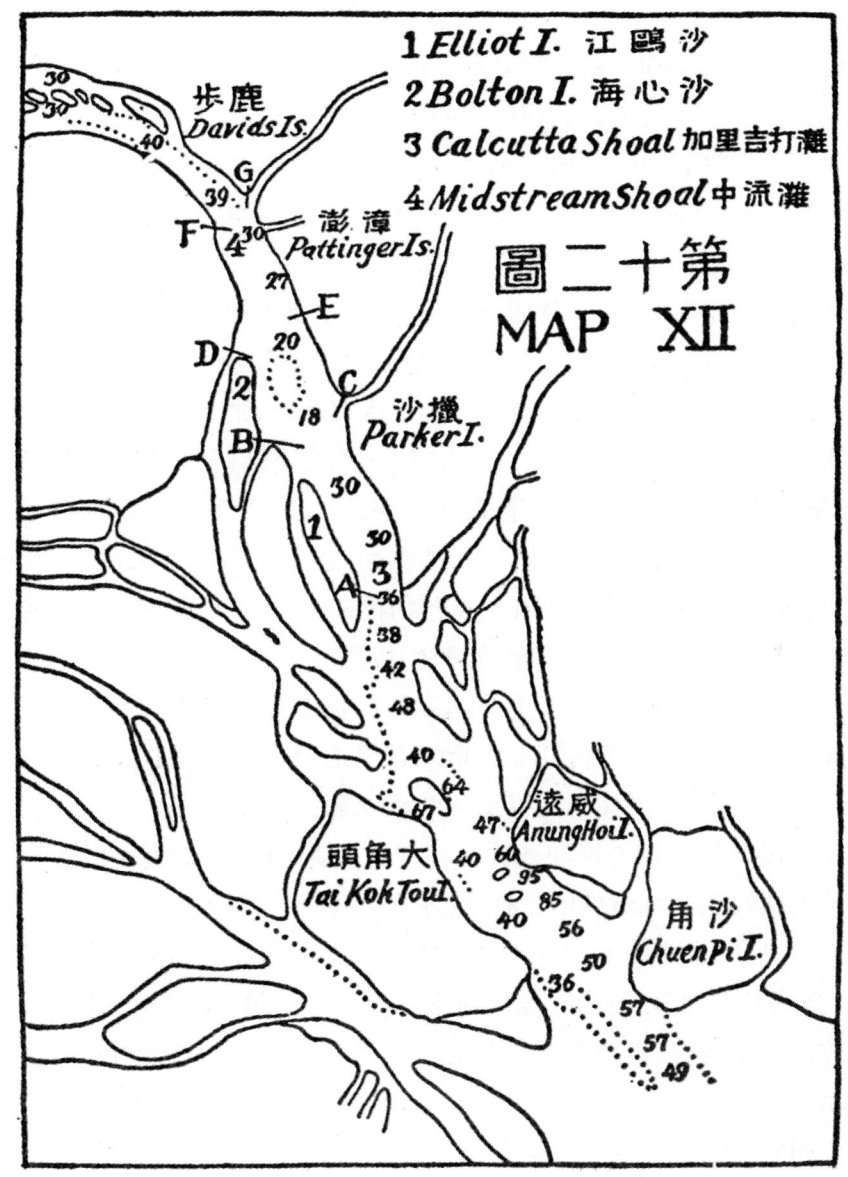

（乌涌与大吉沙之间），经长洲、黄浦〔埔〕两岛之间，以入亚美利根水道（深井与仑头之间）。于是凿土华、小洲之间，开一新路，以达于河南岛之南端，复循依里阿水道（沥滘、下滘之间），以至大尾岛（三山对面）。于是循佛山旧水道，更凿一新水道，直向西南方，与潭洲水道会流。如是，由第一闩洲起以达潭洲水道成一新水路矣，其长当有二十五英里。此水路将为北江之主要出口，又以与西江相通连；一面又作为广州港面，以北江水量全部及西江水量一部，经此水路以注于海。故其水流之强，将必足以刷洗此港面，令有四十英尺以上之深也。（参观第十三图）

新建之广州市，应跨有黄埔与佛山，而界之以车卖炮台及沙面水路。此水以东一段地方，应发展之以为商业地段；其西一段，则以为工厂地段。此工厂一区，又应开小运河以与花地及佛山水道通连，则每一工厂均可得有廉价运送之便利也。在商业地段，应副之以应潮高下之码头，与现代设备及仓库，而筑一堤岸。自第一闩洲起，沿新水路北边及河南岛西边，与沙面堤岸联为一起。又另自花地上游起筑一堤岸，沿花地岛东边至大尾，乃转向西南，沿新水路左岸筑之。其现在省城与河南岛中间之水道，所谓"省河"者，应行填塞。自河南头填起，直至黄埔岛，以供市街之用。从利益问题论之，开发广州以为一世界商港，实为此国际共同发展计划内三大港中最有利润之企业。所以然者，广州占商业中枢之首要地位，又握有利之条件，恰称为中国南方制造中心，更加以此部地方之要求新式住宅地甚大也。此河汊内之殷富商民与华人在外国经商致富暮年退隐者，无不切盼归乡，度其余年；但坐缺乏新式之便宜与享乐之故，彼等不免踌躇，仍留外国。然则建一新市街于广州，加以新式设备，专供住居之用，必能获非常之利矣。广州城附近之地，今日每亩约值二百元，如使划定以为将来广州市用之地，即应用前此所述方法收用之，则划定街道加以改良之后，地价立可升高至原价之十倍至五十倍矣。

广州附近景物特为美丽动人，若以建一花园都市，加以悦目之林囿，真可谓理想之位置也。广州城之地势恰似南京，而其伟观与美景抑又过之。夫自然之原素有三：深水、高山与广大之平地也。此所以利便其为工商业中

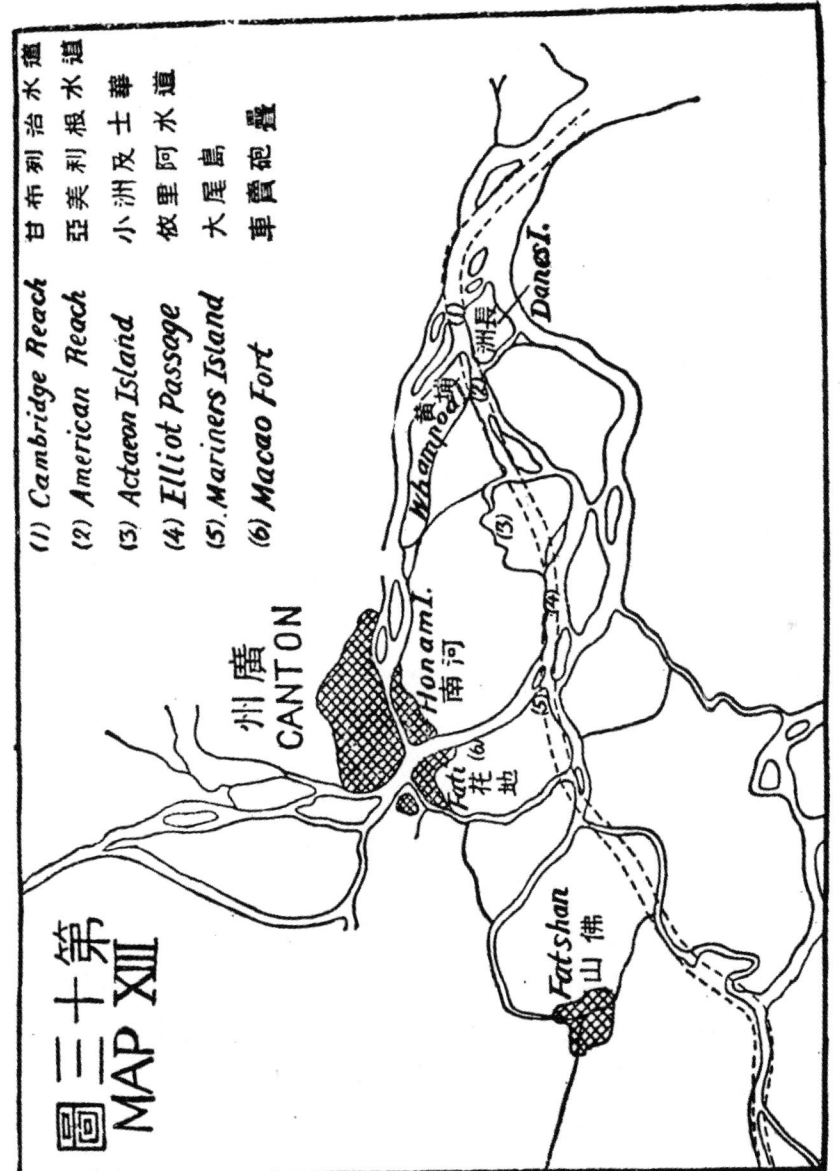

"小洲反土华"应为"小洲及土华"。——编者

心,又以供给美景以娱居人也。珠江北岸美丽之陵谷,可以经营之以为理想的避寒地,而高岭之巅又可利用之以为避暑地也。

在西北隅市街界内,已经发现一丰富之煤矿。若开采之,而加以新式设计,以产出电力及煤气供给市中,则可资其廉价之电力、煤气以为制造、为运输,又使居民得光、得热、得以炊爨也。如是则今日耗费至多之运输,与烦费之用薪炊爨制造,行于此人烟稠密之市中者,可以悉免矣。是此种改良,可得经济上之奇效也。现在广州居民过一百万,若行吾计划,则于极短时期之中将见有飞跃之进步,其人口将进至超过一切都市,而吾人企业之利益亦比例而与之俱增矣。

第二部　改良广州水路系统

中国南部最重要之水路系统,为广州系统。除此以外皆不甚重要,将于论各商埠时附述之。论广州水路系统,吾将分之为下四项:

甲　广州河汊。
乙　西江。
丙　北江。
丁　东江。

甲　广州河汊

吾人论广州河汊之改良,须从三观察点以立议:第一,防止水灾问题;第二,航行问题;第三,填筑新地问题。每一问题皆能加影响于他二者,故解决其一,即亦有裨于其他也。

第一　防止水灾问题。

近年水灾频频发生,于广州附近人民实为巨害,其丧失生命以千计,财产以百万计。受害最甚者,为广州与芦包〔苞〕间,其地恰在广州河汊之直北。吾以为此不幸之点,实因西南下游北江正流之淤塞而成。以此之故,北江须经由三水之短河道以入西江,藉为出路。同时又经由两小溪流,一自西南,一自芦包〔苞〕,以得出路。此二溪者,一向东南行,一向东北行,而再合流于官窑。自官窑起复东北流,至于金利,又折而东南流,经过广州之西关。自北江在西南下游淤塞之后,其淤塞点之上游一段亦逐年变浅,现在三水县城上游之处亦仅深四五英尺。当北江水涨之时,常借冈根河(即思贤滘)以泄其水于西江。但若西江同时水涨,则北江之水无从得其出路,惟有停积,至高过芦包上下游之基围而后已。如是,自然基围有数处被水冲决,水即横流,而基围所护之地域全区均受水灾矣。欲治北江,须重开西南下面之北江正流,而将自清远至海一段一律浚深。幸而吾人改良广州河汊之航行时,亦正有事于此项浚深,故一举而可两得也。

救治西江,须于其入海处横琴与三灶两岛之间两岸各筑一堤,左长右短以范之。如是,则将水流集中,以割此河床,使成深二十英尺以上之水道;如是,则水深之齐一可得而致。盖自磨刀门以上通沿广州河汊之一段,西江平均有二十英尺至三十英尺之深也。如有全段一律之水深,以达于海,则下层水流将愈速,而洪水时泄去其水更速矣。除此浚深之工程以外,两岸务须改归齐整,令全河得一律之河阔,中流之暗礁及沙洲,均应除去。

东江流域之受水灾不如西、北二江之深重,则整治此河以供航行,即可得其救治,留俟该项论之。

第二 航行问题。

广州河汊之航行问题与三江相连,论此问题须自西江始。往日西江流域与广州间往来载货,常经由三水与佛山,此路全长三十五英里。但自佛山水道由西南下游起淤塞之后,载货船只须为大迂回:沿珠江而下以至虎门,转向西北以入沙湾水道,又转向东南入于潭洲水道,西入于大良水路,又南入于黄色水道(自合成围至莺哥嘴)及马宁水路,于此始入西江。西北沂江以至三水西、北江合流之处,此路全长九十五英里,比之旧路多六十英里。而广州与西江流域之来往船只其数甚多,现在广州与近县来往之小火轮有数千艘,其中有大半为载货往来西江者。夫使广州、三水间水道得其改良,则今之每船一往复须行九十五英里者,忽减而为三十五英里也,其所益之大,为何如哉!

在吾改良广州通海路及港面之计划,吾曾提议浚一深水道,自海至于黄埔,又由黄埔以至潭洲水道。今吾人更须将此水道延长,自潭州水道合流点起,以至三水与西江合流之处。此水道至少须有二十英尺水深,以与西江在三水上游深水处相接。而北江自身亦须保有与此同一之水深,至于三水上游若干里之处,所以便于该河上流既经改良之后大舶之航行也。为广州河汊之航行以改良东江,吾人应将其出口之水流,集中于鹿步墟岛上面之处与珠江合流之最右之一水道。此所以使水道加深,又使异日上流既经改良之日,广州与东江地区路程更短也。

为航行计,广州河汊更须有一改良,即开一直运河于广州与江门之间,此所以使省城与四邑间之运输得一捷径也。此运河应先将陈村小河改直,达于紫泥,于是横过潭州水道,以入于顺德小河。循此小河,以直角入于顺德支流。由此处须凿新运河一段,直至大良水道近容奇曲处(竹林)。又循此水道,通过黄水道,至汇流路(南沙、小榄之间起莺哥嘴至冈美之福〔对〕岸)为止。于此处须更凿一段新运河,以通海洲小河,循古镇水道以达西江正流,横过之以入于江门支流。此即为广州、江门间直达之运河矣。欲更清晰了解广州河汊之改良,可观附图第十四、第十五。

第三 填筑新地问题。

在广州河汊,最有利之企业为填筑新地。此项进行已兆始于数百年前,于是其所增新地供农作之用者,岁逾百十顷。但前此所有填筑,仅由私人尽力经营,非有矩矱。于是有时私人经营有阻塞航路、诱致洪水等等事情,危及公安,如在磨刀岛上游之填筑工事,闭塞西江正流水路过半,其最著者也。论整治西江,吾意须将此新坦削去。为保护公安计,此河汊之填筑工作必须归之国家。而其利益,则须以偿因航行及防水灾而改良此水路系统之所费。

现在可徐徐填筑之地区,面积极广。在广州河口左岸可用之地有四十英方里,其右岸有一百四十英方里;在西江河口,东起澳门,西至铜鼓洲,可用之地约二百英方里。此三百八十英方里之中,四分一可于十年之内填筑

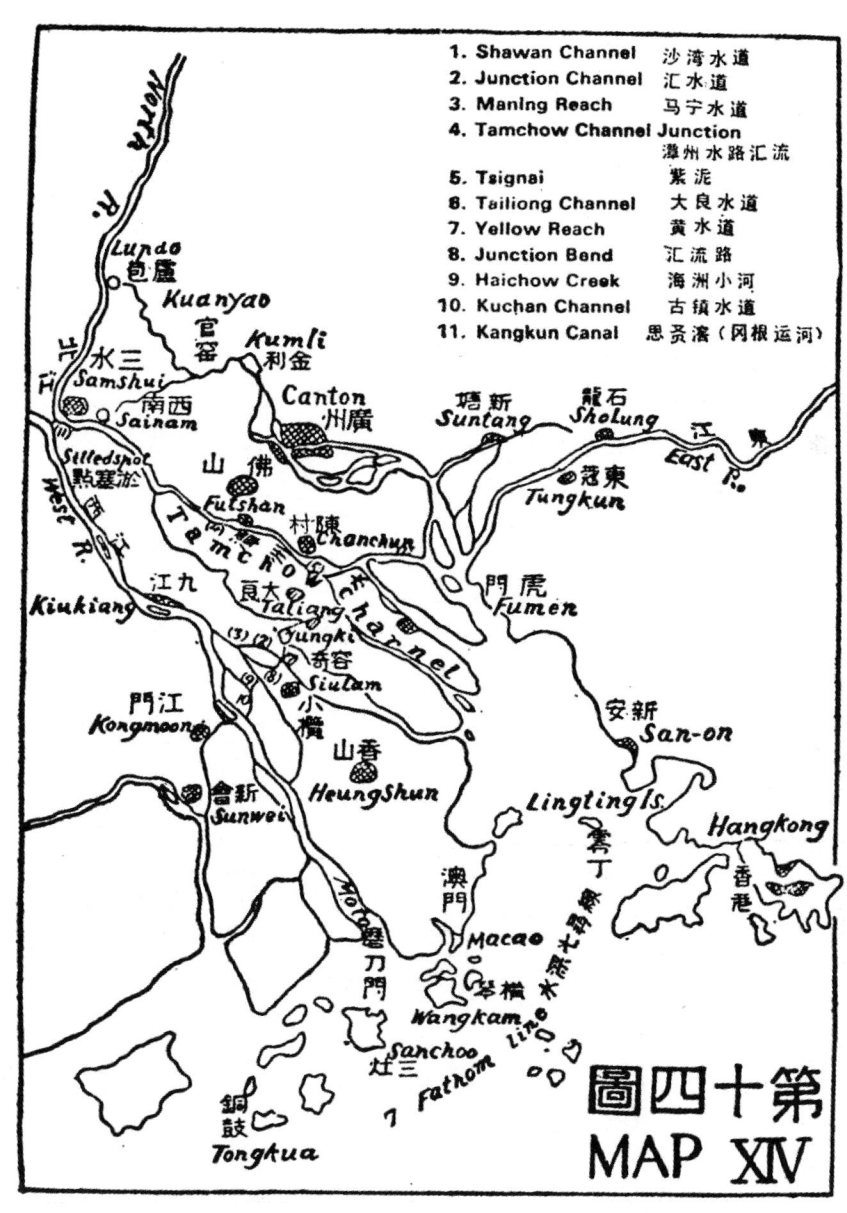

"佛山"拼写 Futshan 疑为 Fatshan 之误;"香山"拼写 Heungshun 疑为 Heungshan 之误;"香港"拼写 Hangkong 应为 Hongkong;"潭州水路"应为"潭洲水路"。——编者

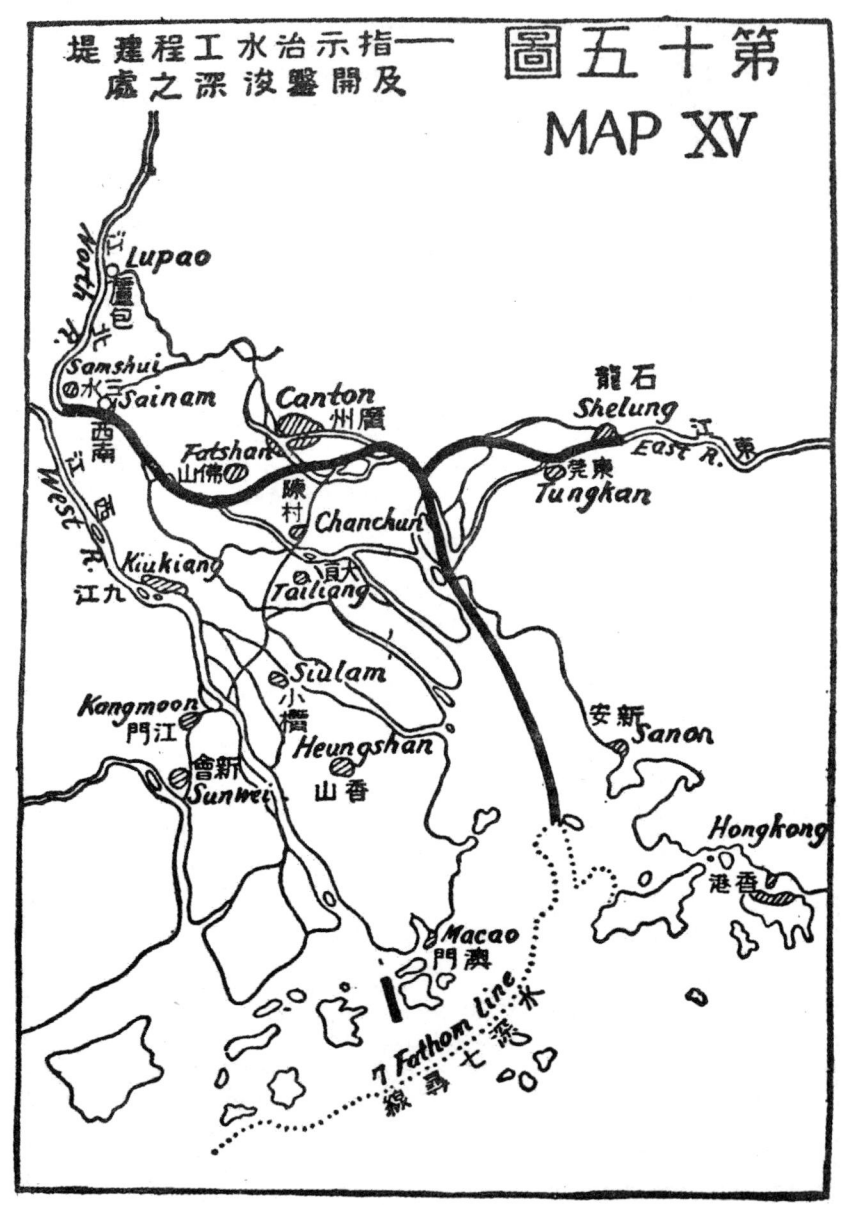

"东莞"拼写 Tungkan 疑为 Tungkun 之误;"江门"拼写 Kangmoon 疑为 Kongmoon 之误;"新安"拼写 Sanon 应为 San-on。——编者

成为新坦,即十年之内有九十五英方里之地可以填筑,变为耕地也。以一英方里当六百四十英亩、而一英亩当六亩计,九十五英方里将等于三十六万四千八百亩。而中国此方可耕之地,通常不止值五十元一亩,假以平均五十元一亩算,则此三十六万四千八百亩已值一千八百二十四万元矣。此大有助于偿还此河汊为航行及防水灾所为改良水路之费也。

乙　西江

现在西江之航行,较大之航河汽船可至距广州二百二十英里之梧州,而较小之汽船则可达距广州五百里之南宁,无间冬夏。至于小船,则可通航于各枝流,西至云南边界,北至贵州边界,东北则以兴安运河通于湖南以及长江流域。

为航行计,改良西江,吾将以其工程细分为四:

一、自三水至梧州。

二、自梧州至柳江口。

三、桂江(即西江之北枝)由梧州起,沂流至桂林以上。

四、南支自浔州至南宁。

一、自三水至梧州。

西江此段水道常深,除三数处外,为吃水十英尺以下之船航行计,不须多加改良。其中流岩石须行爆去,其沙质之岸及泛滥之部分应以水底堤范之,使水深一律,而流速亦随之。于是有一确实航路,终年保持不替矣。西江所运货载之多,固尽足以偿还吾今所提议改良之一切费用也。

二、自梧州至柳江口。

在柳江口应建一商埠,以联红水江及柳江之浅水航运与通海之航运。此两江实渗入广西之西北部与贵州之东南部丰富之矿产地区者也。此商埠应设于离浔州五十英里之处,浔州即此江与南宁一枝合流处也。是故,在此项改良所须着力之处只有五十英里,因梧州至浔州一段为南宁商埠计划所包括也。为使吃水十英尺以上之船可以航行,必须筑堰,且设水闸于此一部分。而此所设之堰，又同时可借以发生水电也。

三、桂江（即西江之北支）由梧州起，泝流至桂林以上。

桂江较小较浅，而沿江水流又较速，故其改良比之其他水路更觉困难。然而，此实南方水路规划中极有利益之案。因此江不特足供此富饶地区运输之目的而已也，又以供扬子江流域与西江流域载货来往孔道之用。此项改良应自梧州分歧点起，以迄桂林，由此再泝流至兴安运河，顺流至湘江，因之以达长江。于此当建多数之堰及水闸，使船得升至分水界之运河，他方又须建多数之堰闸，以便其降下。此建堰闸所须之费，非经详细调查不能为预算也。然而吾有所确信者，则此计划为不亏本之计划也。

四、由浔州至南宁。

此右江一部分，上至南宁，可通小轮船。南宁者，广西南部之商业中心也。自南宁起，由右江用小船可通至云南东界，由左江可通至越南东京之北界。如使改良水道以迄南宁，则南宁将为中国西南隅——云南全省、贵州大半省、广西半省矿产丰富之全地区之最近深水商埠矣。南宁之直接附近又多产锑、锡、煤、铁等矿物，而同时亦富于农产，则经营南宁以为深水交通系统之顶点，必不失为有利之计划也。改良迄南宁之水道，沿河稍须设堰及水闸，使吃水十英尺之船可以通航，并资之以生电力。此项工程所费，亦非经详细测量不能预算，但比之改良自梧州至兴安运河一节桂江所费，当必大减矣。

丙　北江

北江自三水至韶州，约长一百四十英里，全河中有大部分为山地所夹。但自出清远峡以后，河流入于广豁之区，其地与广州平原相联，此处危险之水灾常见。自西南下游水道淤塞之后，自峡至西南一段河身逐年变浅，左岸靠平原之基围时时崩决，致广州以上之平原大受水灾。所以整治一部分河流，有二事须加考察：第一，防止洪水；第二，航运改良。

关于第一事，无有逾于浚深河身一法者。在改良广州通海路及港面并广州河汊时，吾人应开一深水水路，从深海起，直达西南。在改良北江下时〔段〕段〔时〕，吾人只须将此工程加长，泝流直至清远峡，拟使有水深自十五尺至二十尺之深水道。其浚此水道,或用人工,或兼用自然之力。既已浚深此河底矣,则即以今日基围之高言,亦足以防卫此平原不使其遭水患矣。

论及此第二事,则既为防止水灾,将西南至清远峡一节之北江浚深,即航行问题同时解决矣。然则今所须商及者只此上段一部而已,吾欲提议将此北江韶州以下一段改良,令可航行。韶州者,广东省北部之商业中心也,又其煤铁矿之中心也。欲改良此峡上一部令可航行,则须先建堰与水闸于一二处,然后十英尺吃水之船可以航行无碍,直至韶州。虽此江与粤汉铁路平行,然而若此地矿山得有相当开发之后,此等煤铁重货仍须有廉值之运输以达之于海,即此水路为不可缺矣。然则于此河中设堰以生水电,设水闸以利航行,固不失为一有利之企业也,况又为发展此一部分地方之必要条件也。

丁　东江

东江以浅水船航行可达于老龙市,此地离黄埔附近鹿步墟岛东江总出口处约一百七十英里。沿此江上段,所在皆有煤铁矿田。铁矿之开采于此地也,实在于久远之往昔,记忆所不及之年代。在今日全省所用各种铁器之中,实有一大部分为用此地所出之铁制造之者。是故浚一可航行之深水道,直上至于煤铁矿区中心者,必非无利之业也。

改良此东江,一面以防止其水害,一面又便利其航行。吾意欲从鹿步墟岛下游之处着手,于前论广州通海路已述之矣。由此点起,须浚一深水道上至新塘。自新塘上游约一英里之处,应凿一新水道直达东莞城,而以此悉联东江左边在东莞与新塘间之各支流为一。以此新水道为界,所有自此新水道左岸以迄珠江,中间上述各支流之旧路悉行闭塞。其闭塞处之高,约与通常水平相同,而以此已涸之河身,供异日雨期洪水宣流之用。如是,东江之他出口已被一律封闭,则所有之水将汇成强力之水流,此水流即能浚河身使加深,又使全河水深,能保其恒久不变也。河身须沿流加以改削,令有一律之河幅,上至潮水能达之处;自此处起,则应按河流之量多寡,以定河身之广狭。如是,则东江将以其自力浚深惠州城以下一段矣。石龙镇南边之铁路桥,应改建为开合铁桥,使大轮船可以往来于其间。东江有急激转弯数处,应改以为缓徐曲线,并将中流沙洲除去。惠州以上一部江流,应加堰与水闸,令吃水十尺之船,可以上泝至极近于此东江流域煤铁矿田而后已。

第三部 建设中国西南铁路系统

中国西南一部所包含者:四川,中国本部最大且最富之省分也;云南,次大之省也;广西、贵州,皆矿产最丰之地也;而又有广东、湖南两省之一部。此区面积有六十万英方里,人口过一万万。除由老街至云南府约二百九十英里法国所经营之窄轨铁路外,中国广地众民之此一部,殆全不与铁路相接触也。

于此一地区,大有开发铁路之机会。应由广州起向各重要城市、矿产地引铁路线,成为扇形之铁路网,使各与南方大港相联结。在中国此部建设铁路者,非特为发展广州所必要,抑亦于西南各省全部之繁荣为最有用者也。以建设此项铁路之故,种种丰富之矿产可以开发,而城镇亦可于沿途建之。其既开之地价尚甚廉,至于未开地及含有矿产之区,虽非现归国有,其价之贱,去不费一钱可得者亦仅一间耳。所以若将来市街用地及矿产地预由政府收用,然后开始建筑铁路,则其获利必极丰厚。然则不论建筑铁路投资多至若干,可保其偿还本息,必充足有余矣。又况开发广州以为世界大港,亦全赖此铁路系统,如使缺此纵横联属西南广袤之一部之铁路网,则广州亦不能有如吾人所预期之发达矣。

西南地方,除广州及成都两平原地各有三四千英方里之面积外,地皆险峻。此诸地者,非山即谷,其间处处留有多少之隙地。在此区东部,山岳之高鲜逾三千英尺;至其西部与西藏交界之处,平均高至一万英尺以上。故建此诸铁路之工程上困难,比之西北平原铁路系统乃至数倍,多数之隧道与凿山路须行开凿。故建筑之费,此诸路当为中国各路之冠。

吾提议以广州为此铁路系统终点,以建下列之七路:

甲 广州—重庆线,经由湖南。

乙 广州—重庆线,经由湖南、贵州。

丙　广州—成都线,经由桂林、沪〔泸〕州。
丁　广州—成都线,经由梧州、叙府。
戊　广州—云南大理—腾越线,至缅甸边界为止。
己　广州—思茅线。
庚　广州—钦州线,至安南界东兴为止。

甲　广州—重庆线,经由湖南

此线应由广州出发,与粤汉线同方向,直至连江与北江会流之处。自此点起,本路折向连江流域,循连江岸上至连州以上,于此横过连江与道江之分水界,进至湖南之道州。于是随道江以至永州、宝庆、新化、辰州,泝酉水过川、湘之界入于酉阳,由酉阳横过山脉而至南川,从南川渡扬子江而至重庆①。此路全长有九百英里,经过富饶之矿区与农区。在广东之北,连州之地,已发见丰富之煤矿、铁矿、锑矿、钨矿;于湖南之西南隅,则有锡、锑、煤、铁、铜、银;于四川之酉阳,则有锑与水银。其在沿线之农产物,则吾可举砂糖、花生、大麻、桐油、茶叶、棉花、烟叶、生丝、谷物等等,又复多有竹材、木材及其他一切森林产物。

乙　广州—重庆线,经由湖南、贵州

此线约长八百英里。但自广州至道州一段即走于甲线之上,凡二百五十英里,故只有五百五十英里计入此线。所以实际从湖南道州起筑,横过广西省东北突出一段,于全州再入湖南西南境,过城步及靖州。于是入贵州界,经三江及清江两地,横过山脉,以至镇远。此线由镇远须横过沅江、乌江之分水界,以至遵义。由遵义则循商人通路直至綦江,以达重庆。此铁路所经,皆为产出木材、矿物极富之区域。

---

① "入于酉阳"之后,原作"又循乌江流域至扬子江边之涪州,循扬子江右岸上至重庆",孙中山亲笔将其涂去,另改成以上这段文字。但在第十六图中并未作相应修改。

丙　广州—成都线,经由桂林、泸州

此线长约一千英里,由广东〔州〕西行,直至三水在此处之绥江口地点,渡过北江。循绥江流域经过四会、广宁,次于怀集入广西。经过贺县及平乐,由此处循桂江水流上达桂林。于是广东、广西两省省城之间,各煤铁矿田可得而开凿矣。自桂林起,路转而西至于永宁,又循柳江流域上至贵州边界。越界至古州,由古州过都江及八寨,仍循此河谷而上,逾一段连山至平越。由平越横渡沅江分水界,于瓮安及岳四城入乌江流域。自岳四城循商人通路逾雷边山至仁怀、赤水、纳溪,于是渡扬子江,以至泸州。自泸州起,经过隆昌、内江、资州、资阳、简州,以达成都。此路最后之一段,横过所谓"四川省之红盆地",有名富庶之区也。其在桂林、泸州之间,此路中段则富于矿产,为将来开发希望最大者。此路将为其两端人口最密之区,开一土旷人稀之域,以收容之者也。

丁　广州—成都线,经由梧州与叙府

此线长约一千二百英里。自丙线渡北江之三水铁路桥之西端起,循西江之左岸以入于肇庆峡,至肇庆城。即循此岸,上至德庆、梧州、大湟。在大湟,河身转而走西南,路转而走西北至象州,渡柳江至柳州及庆远。于是进至思恩,过桂、黔边界入贵州,至独山及都匀。自都匀起,此路再折偏西走,至贵州省城之贵阳,次进至黔西及大定。离贵州界于毕节,于镇雄入云南界。北转而至乐新渡,过四川界,入叙府。自叙府起,循岷江而上至嘉定,渡江入于成都平原,以至成都。此路起自富庶之区域,迄于富庶之区域,中间经过宽幅之旷土未经开发、人口极稀之地,沿线富有煤、铁矿田,又有银、锡、锑等等贵金属矿。

戊　广州—云南大理—腾越线

此线长约一千三百英里。起自广州,迄于云南、缅甸边界之腾越。其首段三百英里,自广州至大湟,与丁线相同。自大湟江口分支至武宣,循红水

江常道,经迁江及东兰。于是经兴义县,横过贵州省之西南隅,入云南省至罗平,从陆凉一路以至云南省城。自省城经过楚雄,以至大理。于是折而西南至永昌,遂至腾越,终于缅甸边界。

在广西之东兰近贵州边界处,此路应引一支线,约长四百英里。此线应循北盘江流域,上至可渡河与威宁,于昭通入云南。在河口过扬子江,即于此处入四川,横截大凉山至于宁远。此路所以开昭通、宁远间有名铜矿地之障碍,此项铜矿为中国全国最丰富之矿区也。

此路本线自东至西,贯通桂、滇两省,将来在国际上必见重要。因在此线缅甸界上,当与缅甸铁路系统之仰光—八莫一线相接,将来此即自印度至中国最捷之路也。以此路故,此两人口稠密之大邦,必比现在更为接近。今日由海路,此两地交通须数礼拜者,异时由此新路,则数日而足矣。

己　广州—思茅线

此线至缅甸界止,约长一千一百英里。起自广州市西南隅,经佛山、官山,由太平墟渡过西江,至对岸之三洲墟,于是进入高明、新兴、罗定。既过罗定,入广西界至平河,进至容县。于是西向,渡左江至于贵县,即循左江之北岸以达南宁。在南宁应设一支线,约长一百二十英里,循上左江水路以至龙州,折而南至镇南关、安南东京界上止,与法国铁路相接。其本线由南宁循上右江而上,至于百色。于是过省界入云南至剥隘,经巴门、高甘、东都、普子塘一路至阿迷州,截老街、云南铁路而过。自阿迷州进至临安府、石屏、元江。于是渡过元江,通过他郎、普洱及思茅,至缅甸边界近澜沧江处为止。此线穿入云南、广西之南部锡、银、锑三种矿产最富之地,同时沿线又有煤、铁矿田至多,复有多地产出金、铜、水银、铅;论其农产,则米与花生均极丰饶,加以樟脑、桂油、蔗糖、烟叶、各种果类。

庚　广州—钦州线

此线从西江铁路桥西首起算,约长四百英里。自广州起,西行至于太平墟之西江铁路,与己线同轨,过江始分支,向开平、恩平,经阳春,至高州及化州。于化州须引一支线,至遂溪、雷州,达于琼州海峡之海安,约长一百英里,于海安再以渡船与琼州岛联络。其本线仍自化州西行,过石城①、廉州、钦州,达于与安南交界之东兴为止。东兴对面芒街至海防之间,将来有法国铁路可与相接。此线全在广东省范围之内,经过人口多、物产富之区域,线路两旁皆有煤铁矿,有数处产金及锑,农产则有蔗糖、生丝、樟脑、苎麻、靛青、花生及种种果类。

此系统内各线,如上所述,约六千七百英里。此外须加以联络成都、重庆之两线。又须另设一线,起自乙线遵义之东,向南行至瓮安与丙线接;又一线自丙线之平越起,至丁线之都匀;又一线由丁线贵州界上一点,经南丹、那地以至戊线之东兰,再经泗城以至己线之百色。此联络各线全长约六百英里,故总计应有七千三百英里。

此系统将于下文所举三线经济上大有关系:

(一)法国经营之老街—云南府已成线,及云南府—重庆计划线。此线与己线交于阿迷州,与戊线交于威宁,与丁线交于叙府,与丙线交于泸州,而与甲、乙两线会于重庆。

(二)英国经营之沙市—兴义计划线。此线与甲线交于辰州,与乙线交于镇远,与丙线交于平越,与丁线交于贵阳,而与戊线之枝〔支〕线交于永定西方之一点。

(三)美国经营之株州〔洲〕—钦州计划线。此线与甲线交于永州,乙线交于全州,丙线交于桂林,丁线交于柳州,戊线交于迁江,己线交于南宁,而与庚线会于钦州。

所以此法、英、美三线与本系统各线一律完成之后,中国西南各省之铁道交通可无缺乏矣。

此诸线皆经过广大且长之矿产地,其地有世界上有用且高价之多种金属。世界中无有如此地含有丰富之稀有金属者,如钨、如锡、如锑、如银、如金、如白金等等;同时又有虽甚普通而尤有用之金属,如铜、如铁、如铅。抑

---

① 广东省石城县,当时已改名廉江县,今为廉江市。

且每一区之中,均有丰裕之煤。南方俗语有云:"无煤不立城。"盖谓预计城被围时能于地中取炭,不事薪采,此可见其随在有煤产出也。四川省又有石油矿及自然煤气(火井),极为丰裕。

是故吾人得知,以西南铁路系统开发西南山地之矿产利源,正与以西北铁路系统开发蒙古、新疆大平原之农产利源,同其重要。此两铁路系统于中国人民为最必要,而于外国投资者又为最有利之事业也。论两系统之长短,大略相同,约七千英里。此西南系统,每英里所费平均须在彼系统两倍以上,但以其开发矿产利源之利益言,又视开发农产利源之利益更多数倍也。(参照第十六图)

第四部　建设沿海商埠及渔业港

既于中国海岸为此三世界大港之计划,今则已至进而说及发展二三等海港及渔业港于沿中国全海岸,以完成中国之海港系统之机会矣。近日以吾北方大港计划为直隶省人民所热心容纳,于是省议会赞同此计划,而决定作为省营事业立即举办,以此目的,经已票决募债四千万元。此为一种猛进之征兆。而其他规划亦必或早或晚,或由省营,或由国营,随于民心感其必要次第采用。吾意则须建四个二等海港、九个三等海港及十五个渔业港。

此四个二等海港,应以下列之情形配置之,即一在北极端,一在南极端,其他之港则间在此三世界大港之间。

此项港口,案其将来重要之程度,排列之如下:

甲　营口。

乙　海州。

丙　福州。

丁　钦州。

甲　营口

营口位于辽东湾之顶上,昔者尝为东三省之惟一海港矣。自改建大连为一海港以后,营口商业大减,昔日之事业殆失其半。以海港论,营口之不

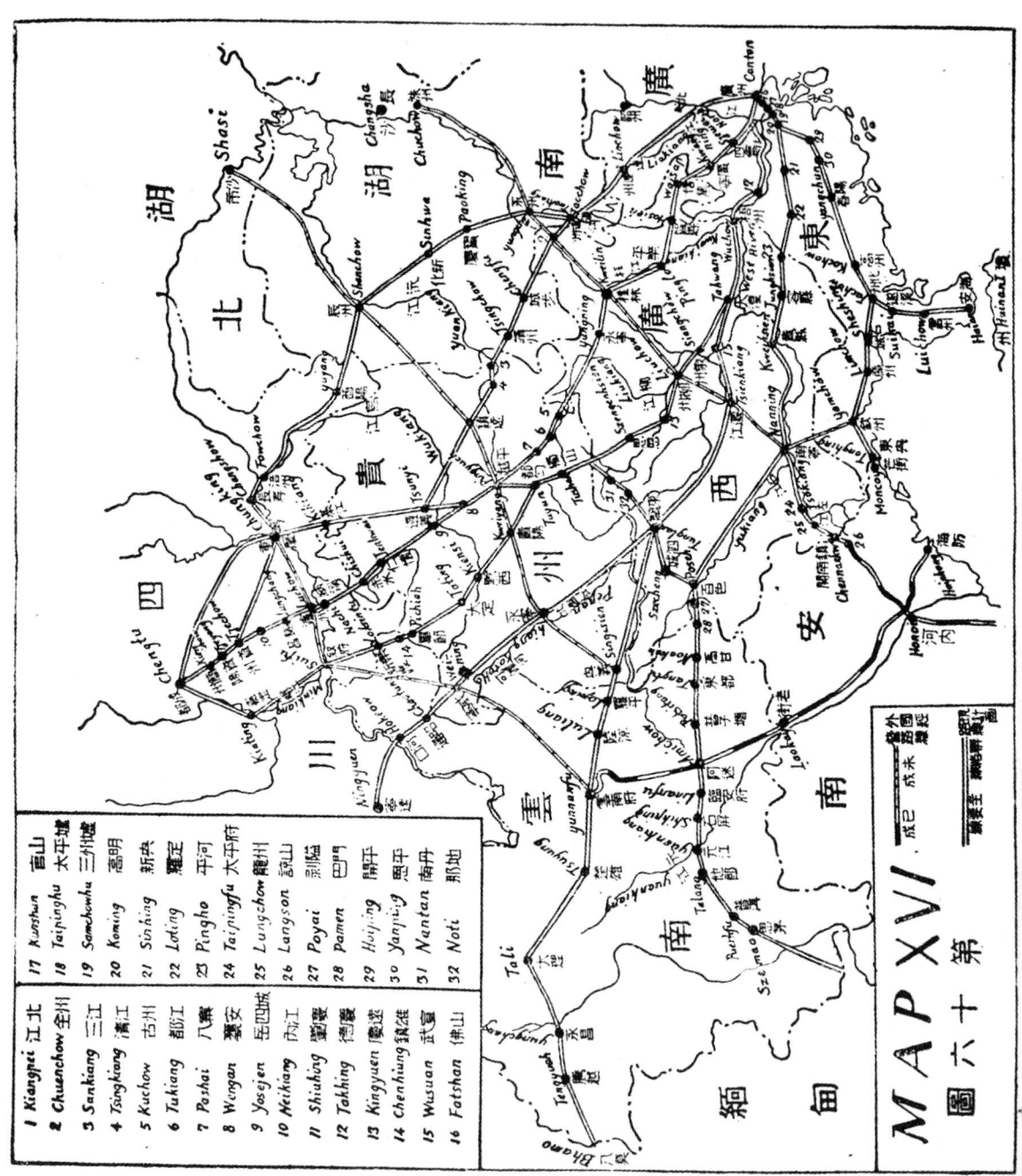

利有二：一为其由海入口之通路较浅，二为冬期冰锢至数月之久。而其胜于大连惟一之点，则为位置在辽河之口，拥有内地交通遍及于南满辽河流域之内。其所以仍保有昔时贸易之半与大连抗者，全以其内地水路之便也。欲使营口将来再能凌驾大连而肩随于前言三世界大港之后，吾人必须一面改良内地水路交通，一面浚深其达海之通路。关于通路改良之工程，当取与改良广州通海路相同之法，既设一水深约二十英尺之深水道，而又同时行填筑之工程。盖以辽东湾头广而浅之沼地，可以转为种稻之田，借之可得甚丰之利润也。至于内地水路交通，则不独辽河一系，即松花江、黑龙江两系统亦应一并改良。其最重要之工程，则为凿一运河联此各系统，此则吾当继此有所讨论。

辽河与松花江间之运河，于将来营口之繁荣实为最要分子。惟有由此运河，此港始能成为中国二等海港中最重要者。而在将来此北满之伟大森林地及处女壤土丰富矿源，可以以水路交通与营口相衔接也。所以为营口计，此运河为最重要；使其缺此，则营口之为一海港也，最多不过保其现在之位置，人口六七万，全年贸易三四千万元极矣，无由再占中国二等海港首位之位置矣。

此运河可凿之于怀德以南，范家屯与四童山之间，与南满铁路平行，其长不及十英里；亦可凿之于怀德以北，青山堡与靠山屯之间，其长约十五英里。在前一线，所凿者短，而以全水路计则长；在后一线，运河之长几倍前者，而计此两江系统间之全水路则较短。两线均无不可逾越之物质的障碍，二者俱在平原，但其中一线高出海面上之度或较他一线为多，则将来择用于二者间惟一之取决点也。若此运河既经开竣〔浚〕，则吉林、黑龙江两富省及外蒙古之一部，皆将因此与中国本部可以水路交通相接，然则此运河不特营口之为海港大有需要焉也，又与中国全国国民政治上经济上亦大有关系。辽河、松花江运河完成以后，营口将为全满洲与东北、蒙古、内地水路系统之大终点。而通海之路既经浚深以后，彼又将为重要仅亚于三大港之海港矣。

乙 海州

海州位于中国中部平原东陲,此平原者,世界中最广大肥沃之地区之一也。海州以为海港,则刚在北方大港与东方大港二大世界港之间,今已定为东西横贯中国中部大干线海兰铁路之终点。海州又有内地水运交通之利便,如使改良大运河其他水路系统已毕,则将北通黄河流域,南通西江流域,中通扬子江流域。海州之通海深水路,可称较善。在沿江北境二百五十英里海岸之中,只此一点,可以容航洋巨舶逼近岸边数英里内而已。欲使海州成为吃水二十英尺之船之海港,须先浚深其通路至离河口数英里外,然后可得四寻深之水。海州之比营口,少去结冰,大为优越;然仍不能不甘居营口之下者,以其所控腹地不如营口宏之〔之宏〕大,亦不如彼在内地水运上有独占之位置也。

丙 福州

福建省城在吾二等海港中居第三位。福州今日已为一大城市,其人口近一百万,位于闽江之下游,离海约三十英里。此港之腹地以闽江流域为范围,面积约三万方英里。至于此流域以外之地区,将归他内河商埠或他海港所管,故此港所管地区又狭于海州。所以以顺位言,二等海港之中,此港应居第三位。福州通海之路,自外闬洲以至金牌口,水甚浅;自金牌口而上,两岸高山夹之,既窄且深,直至于罗星塔下。

吾拟建此新港于南台岛之下游一部,以此地地价较贱,而施最新改良之余地甚多也。容船舶之锁口水塘,应建设于南台岛下端,近罗星塔处。闽江左边一支,在福州城上游处应行闭塞,以集中水流,为冲刷南台岛南边港面之用。其所闭故道,绕南台岛北边者,应留待自然填塞,或遇有必要改作蓄潮水塘(收容潮涨时之水,俟潮退时放出,以助冲洗港内浮沙),以冲洗罗星塔以下一节水道。闽江上段应加改良,人力所能至之处为止,以供内地水运之用。其下一段自罗星塔以至于海,必须范围整治之,以求一深三十英尺以上之水道达于公海。于是福州可为两世界大港间航洋汽船之一寄港地矣。

丁　钦州

钦州位于东京湾之顶,中国海岸之最南端。此城在广州即南方大港之西四百英里。凡在钦州以西之地,将择此港以出于海,则比经广州可减四百英里。通常皆知海运比之铁路运价廉二十倍,然则节省四百英里者,在四川、贵州、云南及广西之一部言之,其经济上受益为不小矣。虽其北亦有南宁以为内河商埠,比之钦州更近腹地,然不能有海港之用。所以直接输出入贸易,仍以钦州为最省俭之积载〔集散〕地也。

改良钦州以为海港,须先整治龙门江,以得一深水道直达钦州城。其河口当浚深之,且范之以堤,令此港得一良好通路。此港已选定为通过湘、桂入粤之株钦铁路之终点。虽其腹地较之福州为大,而吾尚置之次位者,以其所管地区,同时又为广州世界港、南宁内河港所管,所以一切国内贸易及间接输出入贸易皆将为他二港所占,惟有直接贸易始利用钦州耳。是以腹地虽广,于将来二等港中欲凌福州而上,恐或不可能也。

此三个世界大港、四个二等港之外,吾拟于中国沿海,建九个三等港,自北至南如下:

甲　葫芦岛。

乙　黄河埠〔港〕。

丙　芝罘。

丁　宁波。

戊　温州。

己　厦门。

庚　汕头。

辛　电白。

壬　海口。

甲　葫芦岛

此岛为不冻深水港,位于辽东湾顶西侧,离营口约六十英里。论东三省之冬期港,此港位置远胜大连,以其到海所经铁路较彼短二百英里,又在丰富煤田之边沿也。当此煤田及其附近矿产既开发之际,葫芦岛将为三等港中之首出者,为热河及东蒙古之良好出路。此港又可计划之以为东蒙古及满洲全部之商港,以代营口,但须建一运河以与辽河相连耳。将来之营口①惟有由内地水路交通可以成一满洲②重要商港,而葫芦岛恰亦与之相同,所以葫芦岛若得内地水路交通,自然可代营口而兴。如使确知于此凿长距离运河以通葫芦岛于辽河,比之建一深水港面于营口经济上更为廉价,则葫芦岛港面应置之于此半岛之西北边,不如今之计划置之半岛之西南。盖今日之位置,不足以多容船舶碇泊,除非建一广大之防波堤直入深海中,此工程所费又甚多也。且此狭隘之半岛又不足以容都市规划,若其在他一边,则市街可建于本陆,有无限之空隙容其发展也。

　　吾意须自连山湾之北角起,筑一海堤至于葫芦岛之北端,以闭塞连山湾,使成为锁口港面。在葫芦岛之颈部开一口,向南方深水处。此闭塞港口〔面〕,应有十英方里之广,但此中现在只有一部分须浚至所求之深。在此港面北方须另留一出口,介于海堤、海岸之间,以通其邻近海湾。并须另建一防波堤,横过第二海湾。由该处起应建一运河,或凿之于海岸线内,或建一海堤与海岸线平行,至与易凿之低地连接为止,再由该地开凿运河与辽河相连。如能为葫芦岛凿此运河,则此岛立能取营口而代之,居二等港首位矣。

乙　黄河港

　　此港将位于黄河河口北直隶湾之南边,离吾人之北方大港约八十英里。当整治黄河工程已完成之日,此河口将得为航洋汽船所经由,自然有一海港萌芽于是。以是所管北方平原在直隶、山东、河南各省有相当之部分,而益以内地水运交通,所以此港欲不成为重要三等海港,亦不可得矣。

---

① 此处英文本有 YinKow,故此处增"之营口"三字。
② 此处英文本有 Manchuria,故此处增"满洲"二字。

丙　芝罘

芝罘为老条约港,位于山东半岛之北侧,尝为全中国北部之惟一不冻港矣。自其北方有大连开发,南方又有青岛兴起,其贸易遂与之俱减。以海港论,如使山东半岛之铁路得其开发,而筑港之工程又已完毕,则此港自有其所长。

丁　宁波

宁波亦一老条约港也,位于浙江省之东方,甬江一小河之口。此地有极良通海路,深水直达此河之口。此港极易改良,只须范之以堤,改直其沿流两曲处,直抵城边。宁波所管腹地极小,然而极富;其人善企业,并以工作手工知名,肩随于广州。中国之于实业上得发展者,宁波固当为一制造之城市也。但以东方大港过近之故,宁波与外国直接之出入口贸易未必能多,此种贸易多数归东方大港。故以宁波计,有一相当港面以为本地及沿岸载货之用,亦已足矣。

戊　温州

温州在浙江省之南,瓯江之口。此港比之宁波,其腹地较广,其周围之地区皆为生产甚富者,如使铁路发展,必管有相当之地方贸易无疑。现在港面极浅,中等沿岸商船已不能进出。吾意须于盘石卫即温州岛之北(温州岛者,瓯江口之小岛,非温州城)建筑新港。由此目的,须建一堰于北岸与温州岛北端之间,使此岛北之河流完全闭塞,单留一闭锁之入口。至于瓯江,应引之循南水道经温州岛,使其填塞附近浅地之大区,而又以范上段水流也。其自虎头岛南边以至此港之通路,应行浚深。在此通路右,应于温州岛与尾妖岛之间浅处,及尾妖岛与三盘岛各浅处之间建堤。于是成一连堤,可以防瓯江沙泥不令侵入此通路。如此,然后温州新港可以得一恒常深水道也。

己　厦门

此亦一老条约港也，在于思明岛。厦门有深广且良好之港面，管有相当之腹地，跨福建、江西两省之南部，富于煤铁矿产。此港经营对马来群岛及南亚细亚半岛之频繁贸易，所有南洋诸岛、安南、缅甸、暹罗、马来各邦之华侨大抵来自厦门附近，故厦门与南洋之间载客之业极盛。如使铁路已经发展，穿入腹地煤铁矿区，则厦门必开发而为比现在更大之海港。吾意须于此港面之西方建新式商埠，以为江西、福建南部丰富矿区之一出口。此港应施以新式设备，使能联陆海两面之运输以为一气。

庚　汕头

汕头在韩江口，广东省极东之处。以移民海外之关系，汕头与厦门极相类似，以其亦供大量之移民于东南亚细亚及马来群岛也。故其与南洋来往船客之频繁，亦不亚厦门。以海港论，汕头大不如厦门，以其入口通路之浅也。然以内地水运论，则汕头为较胜，以用浅水船则韩江可航行者数百英里也。围汕头之地，农产极盛，在南方海岸能追随广州河汊者，独此地耳。韩江上一段，煤铁矿极富。汕头通海之路，只须少加范围浚渫之功，易成为一地方良港也。

辛　电白

此港在广东省海岸、西江河口与海南岛间当中之点。其周围地区富于农产、矿田，则此地必须有一商港，以供船运之用矣。如使以堤全围绕电白湾之西边，另于湾之东南半岛颈地开一新出入口以达深海，则电白可成一佳港面，而良好通路亦可获得矣。港面本甚宽阔，但有一部须加浚渫，以容巨船，其余空隙则留供渔船及其他浅水船之用。

壬　海口

此港位于海南岛之北端，琼州海峡之边，与雷州半岛之海安相对。海口与厦门、汕头俱为条约港,巨额之移民赴南洋者,皆由此出。而海南固又甚富而未开发之地也,已耕作者仅有沿海一带地方,其中央犹为茂密之森林,黎人所居其藏矿最富。如使全岛悉已开发,则海口一港将为出入口货辐辏之区。海口港面极浅,即作〔行〕小船,犹须下锚于数英里外之泊船地,此于载客、载货均大不便。所以海口港面必须改良。况此港面,又以供异日本陆及此岛铁路完成之后,两地往来接驳货俫之联络船码头之用也。

于渔业港一层,吾前所述之头二三等海港均须兼为便利适合渔业之设备,即三个头等港、四个二等港、九个三等港皆同时为渔业港也。然除此十六港以外,中国沿岸仍有多建渔业港之余地,抑且有其必要。故吾意在北方奉天、直隶、山东三省海岸,应设五渔业港如下:

(1)安东:在高丽交界之鸭绿江。

(2)海洋岛:在鸭绿湾辽东半岛之南。

(3)秦皇岛:在直隶海岸辽东湾与直隶湾之间,现在直隶省之独一不冻港也。

(4)龙口:在山东半岛之西北方。

(5)石岛湾:在山东半岛之东南角。

东部江苏、浙江、福建三省之海岸,应建六渔业港如下:

(6)新洋港:在江苏省东陲,旧黄河口南方。

(7)吕四港:在扬子江口北边一点。

(8)长涂港:在舟山列岛之中央。

(9)石浦:浙江之东,三门湾之北。

(10)福宁:在福建之东,介于福州与温州之间。

(11)湄州港:福州与厦门之间,湄州岛之北方。

南部广东省及海南岛海岸,应建四渔业港如下:

(12)汕尾:在广东之东海岸,香港、汕头之间。

(13)西江口:此港应建于横琴岛之北侧。西江口既经整治以后,横琴岛将藉海堤以与本陆相连,而有一良好港面地区出现矣。

(14)海安:此港位于雷州半岛之末端,隔琼州海峡与海南岛之海口相对。

(15)榆林港:海南岛南端之一良好天然港面也。

以此十五渔业港,合之前述各较大之港,总三十有一。可以连合中国全海岸线,起于高丽界之安东,止于近越南界之钦州,平均每海岸线百英里而得一港。吾之中国海港及渔业港计划于是始完。

瞥见之下,当有致疑于一国而须如是之多海港与渔业港者。然读者须记此中国一国之大与欧洲等,其人则较欧洲为多。如使吾人取西欧海岸线与中国等长之一节计之,则知欧洲海港之多远过中国。欧洲海岸线之长过中国数倍,而以每百英里计,尚不止有一与此相当型式之港。例如荷兰,其全地域不较大于吾人三等港中汕头一港之腹地,而尚有安斯得坦与洛得坦①两头等海港,又有多数之小渔业港附随之。又使与北美合众国较其海港,美国人口仅得中国四分之一,而单就其大西洋沿岸海港而论,已数倍于吾计划中所举之数。所以此项海港之数,不过仅敷中国将来必要之用而已。且吾亦仅择其自始有利可图者言之,以坚守第一计划中所标定之"必选有利之途"一原理〔则〕也。(参照第十七图)

第五部　创立造船厂

当中国既经按吾计划发展无缺之际,其急要者,当有一航行海外之商船队,亦要多数沿岸及内地之浅水运船,并须有无数之渔船。当此次世界大战未开之际,全世界海船吨数为四千五百万吨;使中国在实业上,按其人口比例,有相等之发达,则至少须有航行海外及沿岸商船一千万吨,然后可敷运输之用。建造此项商船,必须在吾发展实业计划中占一位置。以中国有廉价之劳工与材料,固当比外国为吾人所建所费较廉。且除航海船队以外,吾人尚须建造大队内河浅水船及渔船,以船载此等小船远涉重洋,实际不易,故外国船厂不能为吾建造此等船只,则中国于此际必须自设备其船厂,自建其浅水船、渔船船队矣。然则建立造船厂者,必要之企业,又自始为有利之企业也。

---

① 安斯得坦(Amsterdam)、洛得坦(Rotterdam):今译阿姆斯特丹、鹿特丹。

"安东"拼写 Antang 应为 Antung。——编者

此造船厂应建于内河及海岸商埠,便于得材料、人工之处。所有船厂应归一处管理,而投大资本于此计划,至年可造各种船只二百万吨之限为止。一切船舶当以其设计及其设备定有基准,所有旧式内河浅水船及渔船,当以新式效力大之设计代之。内河浅水船当以一定之吃水基准为基础设计之,如二英尺级、五英尺级、十英尺级之类。鱼拖船(船傍拖网者)应以行一日、行五日、行十日分级为基准。沿海船可分为二千吨级、四千吨级、六千吨级。而驶赴海外之船,则当设定一万二千吨级、二万四千吨级、三万六千吨级为基准。于是今日以万计之内河船及渔艇来往中国各江、各湖、各海岸者,将为基准划一,可使费少功多、较新较廉之船只所代矣。

第 四 计 划

在吾第一、第三两计划,吾已详写吾西南铁路系统、西北铁路系统两规划矣。前者以移民于蒙古、新疆之广大无人境地,消纳长江及沿海充盈之人口为目的,而又以开发北方大港;后者则所以开中国西南部之矿产富源,又以开发广州之南方大港也。此外仍须有铁路多条,以使全国得相当之开发。故于此第四计划,吾将于《国际共同发展计划》绪论中所拟十万英里之铁路细加说明,其目如下:

(一)中央铁路系统。
(二)东南铁路系统。
(三)东北铁路系统。
(四)扩张西北铁路系统。
(五)高原铁路系统。
(六)创立机关车、客货车制造厂。

第一部 中央铁路系统

此系统将为中国铁路系统中最重要者,其效能所及之地区,遍包长江以北之中国本部,及蒙古、新疆之一部。论此广大地域之经济的性质,则其东南一部人口甚密,西北则疏;东南大有矿产之富,而西北则有潜在地中之农业富源。所以此系统中每一线,皆能保其能有利如京奉路也。

以此北方、东方两大港为此系统诸路之终点故,吾拟除本区现存〔有〕及已计划各线之外,建筑下列各线,合而成为中央铁路系统:

天　东方大港—塔城线。

地　东方大港—库伦线。

玄　东方大港—乌里雅苏台线。

黄　南京—洛阳线。

宇　南京—汉口线。

宙　西安—大同线。

洪　西安—宁夏线。

荒　西安—汉口线。

日　西安—重庆线。

月　兰州—重庆线。

盈　安西州—于阗线。

昃　婼羌—库尔勒线。

辰　北方大港—哈密线。

宿　北方大港—西安线。

列　北方大港—汉口线。

张　黄河港—汉口线。

寒　芝罘—汉口线。

来　海州—济南线。

暑　海州—汉口线。

往　海州—南京线。

秋　新洋港—南京线。

收　吕四港—南京线。

冬　海岸线。

藏　霍山—嘉兴线。

天　东方大港—塔城线

此线起自东方大港之海边,向西北直走,至俄国交界之塔城为止,全长约三千英里。如使以上海为东方大港,则沪宁铁路即成为此路之首一段。但若择用乍浦,则此线应沿太湖之西南岸,经湖州、长兴、漂〔溧〕阳以至南京。于是在南京之南渡长江,至全椒及定远。此时线转而西,经寿州及颖〔颍〕上,于新蔡入河南界。在确山横截京汉线后,过泌阳、唐县、邓州,转而西北至浙〔淅〕川及荆紫关,入陕西界。溯丹江谷地而上,通过龙驹寨及商州,度蓝关至蓝田及西安。西安者,陕西之省城,中国之古都也。由西安循渭河而西行,过盩厔、郿县、宝鸡,于三岔入甘肃界,进向秦州、巩昌、狄道,及于甘肃省城之兰州。自兰州从昔日通路,以至凉州、甘州、肃州、玉门及安西州。由此西北行,横绝沙漠以至哈密,自哈密转而西,达土鲁番。在土鲁番与西北铁路系统之线会,即用其线路轨,以至迪化及绥来,自绥来与该线分离,直向边界上之塔城,途中切断齐尔山而过。此线自中国之一端至于他一端,全长三千英里,仅经过四山脉,而此四山脉皆非不可逾越者,由其自未有历史以前已成为亚洲贸易通路一事,可以知之矣。

地　东方大港—库伦线

此线自东方大港起,即用天线路轨迄于定远。定远即在南京渡江后第二城也。自定远起始自建其路轨,进向西北,达于淮河上之怀远。于是历蒙城、涡阳及亳州,更转迤北过安徽界,入河南,经归德又出河南界,入山东界。于是经曹县、定陶、曹州,渡黄河入直隶界。通过开州再入河南,至于彰德。自彰德循清漳河谷地西北走,出河南界入山西界。于是本线通过山西省大煤铁矿田之东北隅矣。既入山西,仍遵此谷地至辽州及仪城,越分水界,入洞涡水谷地,至榆次及太原。自太原西北进,入山西省之别一煤铁矿区,至于岢岚。又转而西,至保德,于此渡黄河至府谷,陕西省之东北隅也。此线自府谷北行,截开万里长城,入绥远区,再渡黄河,至萨拉齐。由萨拉齐起西北行,截过此大平原,至西北干路之甲接合点。在此处与多伦诺尔、库伦间之公线合,以暨〔至〕库伦。此线自中国中部人口最密之地,通至中部蒙古土沃人稀之广大地域,其自定远至甲接合点之间约长一千三百英里。

玄 东方大港—乌里雅苏台线

自东方大港,因用大〔天〕线路轨至于定远;再用地线路轨,至于亳州。由亳州起,分支自筑路轨,西向行越安徽省界,至河南之鹿邑。自此处转向西北,逾太康、通许以及中牟,在中牟与海兰线相会,并行至于郑州、荥阳、汜水。在汜水渡过黄河,至温县。又在怀庆出河南界,入山西界。于是乃过阳城、沁水、浮山,以至平阳。在平阳渡汾水,至蒲县、大宁。转而西至省界,再渡黄河,入陕西境。于是进至延长,遵延水流域以至于延安、小关、靖边,然后循长城之南边,以入甘肃,又渡黄河至宁夏。自宁夏而西北,过贺兰山脉至沙漠缘端之定远营。于此取一直线向西北走,直至西北铁路系统之乙接合点,与此系统合一线以至乌里雅苏台。此线所经沙漠及草地之部分,均可以以灌溉工事改善之,其自亳州至乙接合点之距离,为一千八百英里。

黄 南京—洛阳线

此线走于中国两古都之间,通过烟户极稠、地质极肥之乡落,又于洛阳一端触及极丰富之矿田。此线自南京起,走于天、地两线公共路轨之上,自怀远起始分支西行,至太和。既过太和,乃逾安徽界,入河南界,又沿大沙河之左岸至周家口,此一大商业市镇也。自周家口进至于临颖〔颍〕,与京汉线交,更进至襄城、禹州,则河南省大煤矿田所在地也。自禹州而往,过嵩山分水界以逮洛阳,与自东徂西之海兰线相会。此线自怀远至洛阳,凡三百英里。

宇 南京—汉口线

此线应循扬子江岸而行,以一支线与九江联络。自南京对岸起西南行,至和州、无为州及安庆。安庆者,安徽省城也。自安庆起,乃循同一方向至宿松、黄梅。自黄梅别开一支线,至小池口,渡扬子江,以达九江。本线则自黄梅转而西至广济,又转而西北至蕲水,卒西向以至汉口,距离约三百五十英里,而所走之路平坦较多。

宙　西安—大同线

此线自西安起,北行至于三原、耀州、同官、宜君、中部、甘泉,以至延安,与东方大港—乌里雅苏台线相会。自延安起转而东北,至于绥德、米脂及黄河右岸之葭州,即循此岸而行至蔚汾河与黄河汇流处(在对岸)。渡黄河至蔚汾河谷地,循之以至兴县、岢岚,在岢岚与东方大港—库伦线相交。过岢岚,至五寨及羊房。在羊房截长城而过,至朔州,乃至大同与京绥线相会。此线约长六百英里,经过陕西有名之煤油矿,又过山西西北煤田之北境,其在终点大同与京绥线合。借大同至张家口一段之助,可与将来西北系统中联络张家口与多伦诺尔之一线相属。

洪　西安—宁夏线

此线应自西安起,西北向行至泾阳县、淳化、三水(今改称枸邑)。过三水后,出陕西界,入甘肃界,于正宁转而西至宁州。自宁州始入环河谷地,循其左岸上至庆阳府及环县,乃离河岸经清平、平远后与环河相会。仍循该谷地上至分水界,过分水界后至灵州,渡黄河至宁夏。此线长约四百英里,经过矿产及石油最富之地区。

荒　西安—汉口线

此线联络黄河流域最富饶一部与中部长江流域最富饶一部之一重要线路。此线自西安起,用天线路轨过秦岭,进至丹江谷地,直至浙〔淅〕川始分线南行,过省界至湖北,循汉水左岸经老河口,以至襄阳对岸之樊城。由樊城,仍循此岸以至安陆,由此以一直线东南至汉川及汉口。全线约长三百英里。

日　西安—重庆线

此线自西安起,直向南行度秦岭,入汉水谷地。经宁陕、石泉、紫阳,进入任河谷地,逾陕西之南界,于大竹河入四川线。于是逾大巴山之分水界以入太平河谷地,循此谷地而下至绥定及渠县,乃转入此谷地之左边至于邻水,又循商路以至江北及重庆。此线全长约四百五十英里,经由极多产物之地区及富于材木之地。

月　兰州—重庆线

此线从兰州起西南行,用天线之线路,直至狄道为止。由此分枝进入洮河谷地,过岷山分水界,入黑水谷地沿之而下,至于阶州及碧口。自碧口而降,出甘肃界,入四川界,进逮昭化,黑水河即在昭化与嘉陵江合。自昭化起,即顺嘉陵江,降至保宁、顺庆、合州以及重庆。此线约长六百英里,经过物产极多、矿山极富之地区。

盈　安西州—于阗线

此线贯通于戈壁沙漠与阿勒腾塔格岭中间一带肥沃之地。虽此一带地方本为无数山间小河所灌溉,润泽无缺,而人口尚极萧条,则交通方法缺乏之所致也。此线完全〔成〕之后,此一带地方必为中国殖民最有价值之处。此线起自安西州,西行至敦煌,循罗布泊沼地之南缘端以至婼羌。自婼羌仍用同一方向,经车城,以至于阗,与西北系统线之终点相接。借此系统之助,得一东方大港与中国极西端之喀什噶尔直接相通之线。自安西州以至于阗,长约八百英里。

昃　婼羌—库尔勒线

此线沿塔里木河之下游,截过沙漠,其线路两旁之地给水丰足,铁路一旦完成,即为殖民上最有价值之地。本线长约二百五十英里,与走于沙漠北缘端之线相联属。沙漠两边肥饶土地之间,此为捷径。

辰　北方大港—哈密线

此线自北方大港西北行,经宝坻、香河以至北京。由北京起即用京张路轨以至张家口,由此以进入蒙古高原。于是循用商队通路向西北行,以至陈台、布鲁台、哲斯、托里布拉克。自托里布拉克向西取一直线,横度〔渡〕内外蒙古之平原及沙漠以至哈密,以与东方大港—塔城线相联络,而该线则直通于西方新疆首府之迪化。故此线,即为迪化城与北京及北方大港之直通线。此线长约一千五百英里,其中有大部分走于可耕地之上,然则其完成之后,必为殖民上最有价值之铁路矣。

宿　北方大港—西安线

此线自北方大港西行,至于天津。由该处西行,经过静海、大城以至河间。由河间更偏西行,至于深泽、无极,又与京汉线交于正定,即于此处与正太线相接。自正定起,即用正太线路,但该线之窄轨应重新建筑,改为标准轨阔〔阔轨〕,此所以便于太原以往之通车也。自太原起,此线向西南行,经交城、文水、汾州、隰州以至大宁。由大宁转而西行,渡黄河,又西南行至宜川、洛川、中部,在中部与西安—大同线相会,即用其路线以达西安。此线长约七百英里,其所经者则农产物极多之地区,又煤、铁、石油丰富广大之矿田也。

列　北方大港—汉口线

此线自北方大港起,循海岸而行至北塘、大沽、岐口,又至盐山,出直隶界,入山东界于乐陵。自乐陵而往,经德平、临邑至禹城与津浦线相交,进至东昌、范县,于是渡黄河至曹州。既过曹州,出山东界,入河南界与海兰线相交,至睢州。由此进至太康与玄线相交,经陈州及周家口与黄线相交,又至项城、新蔡、光州及光山。既过光山,逾分界岭入湖北境,经黄安至汉口。此线长约七百英里,自北方大港以至中国中部之商业中心。

张　黄河港—汉口线

此线自黄河港起,西南行至于博兴、新城、长山,乃与胶济线相交,至博山。上至分水界,入于汶河谷地,至泰安与津浦线相交,又至宁阳及济宁。自济宁而进,以一直线向西南,至安徽之亳州、河南之新蔡。自新蔡起与北方大港—汉口线合,以至汉口。自黄河港至新蔡,约四百英里。

寒　芝罘—汉口线

此线起于山东半岛北边之芝罘,即横断此半岛,经过莱阳、金家口以至于其南边之即墨。由即墨起,向西南过胶州湾顶之洼泥地,作一直线,至于诸城。既过诸城,越分水界以入沭河谷地,至莒州及沂州,进至徐州与津浦—海兰线相会。自徐州起,即用津浦路轨直至安徽之宿州,乃分路至蒙城、颖〔颍〕州,过省界入河南光州,即于此处与北方大港—汉口线相会,由之以至汉口。此线自芝罘至光州,长约五百五十英里。

来　海州—济南线

此线发海州,循临洪河至欢墩埠,转西向至临沂。由临沂始转北向,次西北向,经蒙阴、新泰至泰安。在泰安与津浦线会合,取同一轨道而至济南。此线自海州至泰安,长约一百一十英里,经过山东南部之煤铁矿场。

暑　海州—汉口线

此线自海州出发,西南行至沭阳与宿迁,或与现在海兰线之预定线路相同。自宿迁而往,经泗州、怀远与东方大港—库伦线及乌里雅苏台线相交,既过怀远,乃向寿州及正阳关,即循同一方向横过河南省之东南角及湖北之分界岭,过麻城,至汉口。长约四百英里。

往　海州—南京线

此线从海州向南至安东,稍南至淮安。既过淮安,渡宝应湖(此湖应按

第二计划第四部整治淮河施以填筑)经天长、六合以至南京。全长一百八十英里。

秋　新洋港—汉口线

此线自新洋港而起,至于盐城,过大纵湖(此亦应填筑)至淮安。自淮安转向西南,渡过洪泽湖之东南角(此湖仍应填筑)至安徽之盱眙。既过盱眙,在明光附近与津浦线相交,又至定远与地、玄两线相会。过定远后,进至六安、霍山,逾湖北之分界岭过罗田,以至汉口。全长约四百二十英里。

收　吕四港—南京线

此线由吕四港而起。吕四港者,将来于扬子江口北端尽处应建之渔业港也。自吕四港起西行至于通州,转西北行至如皋,又西行至泰州、扬州、六合、南京。全长约二百英里。

冬　海岸线

此线自北方大港起,循北方大港—汉口线至于岐口。始自开线路,密接海岸以行,过直隶界至山东之黄河港,进至于莱州。自莱州离海岸,画一直线至招远及芝罘,以避烟潍铁路之计划线。由芝罘转而东南,经过宁海及文登,自文登引一支线至荣城,又一线至石岛。其本线转而西南,至海阳及金家口与芝罘—汉口线合。循之直至于胶州湾之西端,折而南至灵山卫。自灵山卫转而西南,循海岸至日照过山东界,入江苏省,经赣榆至海州。于是向西南进至盐城、东台、通州、海门,以达于崇明岛。此岛以扬子江之治水堤之故,将与大陆联为一气矣。其自崇明赴上海,可用渡船载列车而过。此自岐口迄崇明之线,约长一千英里。

藏　霍山—芜湖—苏州—嘉兴线

此线自霍山起,至舒城及无为,乃过扬子江至芜湖。又过高淳、溧阳、宜兴,过太湖之北端(将来填筑)至苏州,与沪宁线会。过苏州后,转而南至沪杭线上之嘉兴。此线走过皖、苏两省富庶之区,长三百英里,将成为上海、汉口间之直接路线之大部分。

中央铁路系统各线,全长统共约一万六千六百英里。

第二部　东南铁路系统

本系统纵横布列于一不规则三角形之上。此三角形以东方大港与广州间之海岸线为底,以扬子江重庆至上海一段为一边,更以经由湖南之广州—重庆甲线为第二边,而以重庆为之顶点。此三角形全包有浙江、福建、江西三省,并及江苏、安徽、湖北、湖南、广东之各一部。此地富有农矿物产,而煤铁尤多,随在有之,且全区人口甚密,故其建铁路必获大利。

以东方大港、南方大港及其间之二三等港为此铁路之终点,可建筑下列之各线:

天　东方大港—重庆线。

地　东方大港—广州线。

玄　福州—镇江线。

黄　福州—武昌线。

宇　福州—桂林线。

宙　温州—辰州线。

洪　厦门—建昌线。

荒　厦门—广州线。

日　汕头—常德线。

月　南京—韶州线。

盈　南京—嘉应线。

昃　东方、南方两大港间海岸线。

辰　建昌—沅州线。

天　东方大港—重庆线

此线越扬子江以南,殆以一直线联结中国西方商业中心之重庆与东方大港。此线起于东方大港,至杭州,经临安、昌化以至安徽省之徽州(歙县),由徽州进至休宁、祁门。于是越省界入江西境,过湖口,至九江。自九江起,循扬子江右岸越湖北界至兴国州,又进至通山、崇阳,在崇阳逾界至湖南岳州。自岳州起,取一直线,贯洞庭湖(此湖将来进行填塞)至于常德,由常德溯溇水谷地而上,过慈利,再逾省界入湖北之鹤峰,于是及于施南与利川。在施南应开一支线向东北界走至宜昌,在利川应另开一支线,西北行至万县,此宜昌、万县两地均在长江左岸。自利川而后入四川界,过石砫至涪州,〔与广州—重庆甲线会于涪州〕。遂过乌江,循扬子江右岸而上,至与广州—重庆乙线会而后已。此后以同一之桥渡江,至对岸之重庆。连支线长约一千二百英里。

地 东方大港—广州线

此线由一头等海港,以一直线至他头等海港。自东方大港起,至杭州折而西南行,遵钱塘江左岸过富阳、桐庐,至严州及衢州,更进过浙、赣省界至广信(上饶)。由广信起,经上清、金溪,至建昌,然后进至南丰、广昌、宁都。由宁都而往,至零都、信丰、龙南,过赣、粤界岭至长宁(新丰),于是经从化以至广州。长约九百英里。

玄 福州—镇江线

此线起自福州,经罗源、宁德,以至福安。于是进而逾闽、浙边界,以至泰顺、景宁、云和、处州。于是进经武义、义乌、诸暨,以达杭州。杭州以后经德清及湖州,逾浙江省界以入江苏,循宜兴、金坛、丹阳之路而进,以至镇江。此线长五百五十英里。

黄 福州—武昌线

此线自福州起,沿闽江左岸过水口及延平,至于邵武。邵武以后过浙江〔福建〕界,入于江西,经建昌及抚州以至省城南昌。由南昌而入湖北之兴国,过之,以至湖北省城武昌。全长约五百五十英里。

宇　福州—桂林线

此线自福州起,渡过闽江,进而取永福(永泰)、大田、宁洋、连城一路,以至汀州(长汀)。于是过闽、赣省界入于瑞金,由瑞金进至雩都、赣州,又进至上犹及崇义。崇义以后,过赣、湘边界至桂阳〔东〕县(汝城)及彬〔郴〕州,与粤汉线交于郴州,遂至桂阳州。又进至于新田、宁远、道州,与广州—重庆甲、乙两线相遇。道州以后,转而南,循道江谷地而上至广西边界,过界直至桂林。此线长约七百五十英里。

宙　温州—辰州线

此线由温州新港起,循瓯江左岸而上,至于青田。由青田进向处州及宣平,转而西出浙江省界,入江西之玉山。自玉山经过德兴、乐平,乃沿鄱阳湖之南岸,经余干至于南昌。由南昌经过瑞州(高安)、上高、万载,逾江西省界入湖南之浏阳,遂至长沙。由长沙经宁乡、安化以至辰州,与广州重庆甲线及沙市—兴义线会合。长约八百五十英里。

洪　厦门—建昌线

此线自厦门新港起,至长泰,沂九龙江而上,至漳平、宁洋、清流及建宁县。自建宁以后,过省界至江西之建昌,与东方大港—广州线、福州—武昌线、建昌—沅州线相会。此线长约二百五十英里。

荒　厦门—广州线

此线自厦门新港起,进至漳州、南靖、下洋,于此出福建界,至广东之大埔。由大埔过松口、嘉应、兴宁、五华,于五华过韩江及东江之分水界至龙川。乃遵东江而下至河源。又过一分水界至于龙门、增城,以至广州。长约四百英里。

日　汕头—常德线

此线自汕头起,进至潮州、嘉应,出广东界至江西之长宁(寻邬)。自长宁越分水界入贡江谷地,循之以下至于会昌、赣州。由赣州以至龙泉(遂川)、永宁(宁冈)、莲花。在莲花逾江西界入湖南,于是进至洙〔株〕洲及长沙。由长沙经过宁乡、益阳,终于常德,与东方大港—重庆线及沙市—兴义线相会。此线长约六百五十英里。

月　南京—韶州线

此线自南京起,循扬子江右岸而上,至于太平、芜湖、铜陵、池州、东流。东流以后出安徽界,入江西之彭泽,遂至湖口。在湖口与东方大港—重庆线会,即用该线之桥以至鄱阳港。于是沿鄱阳湖之西岸,经过南康(星子)、吴城,以至南昌,与温州—辰州线及福州—武昌线,会于南昌。由南昌泝赣江谷地而上,由临江(江渡)至吉安,与建昌—沅州之计划线交于吉安。由吉安至于赣州,复与福州—桂林线交焉。于是进向南康县及南安。南安以后,过大庾岭分界处,入广东于〔之〕南雄。于是经始兴至韶州,与粤汉线会。此线长约八百英里。

盈　南京—嘉应线

此线自南京起,进至溧水、高淳。于是出江苏界入安徽之宣城,自宣城进至宁国及徽州(歙县)。徽州以后,出安徽界入浙〔浙〕江界,经开化、常山及江山,出浙江界入福建之浦城。自浦城由建宁(建瓯),以至延平,与福州—武昌线交,更过沙县、永安以至宁洋,与福州—桂林线及厦门—建昌线会。自宁洋复进至龙岩、永定,至松口与厦门广州线合,迄嘉应而止。所经之路约七百五十英里。

昃　东方、南方两大港间海岸线

此线自南方大港广州起,与广九铁路采同一方向行至石龙,乃自择路线,取东江沿岸一路以至惠州。由惠州经三多祝、海丰、陆丰,转东北行至揭阳及潮州。潮州以后,经饶平出广东界,入福建之诏安。自诏安经云霄、漳浦、漳州以及厦门,由厦门历泉州、兴化而至福州省城。自福州以后,用与福州—镇江线同一之方向抵福安,乃转而东至福宁,又转而北至福鼎。过福鼎后,出福建界入淅〔浙〕江界,经平阳至温州。于温州渡瓯江进至乐清、黄岩、台州,又进历宁海,至于宁波以为终点,即用杭甬铁路经杭州以与东方大港相接。此线自广州至宁波,长约一千一百英里。

辰　建昌—沅州线

此线自建昌起,行经宜黄、乐安、永丰、吉水以至吉安,即于该地与南京—韶州线相交。由吉安进而及永新、莲花,与汕头—常德线会。于是出江西界,入湖南于〔之〕茶陵,乃经安仁至衡州,遇粤汉线。于是由衡州更进至宝庆,则与广州—重庆甲线交焉。由是西行,至于终点沅州(芷江),与沙市—兴义线相遇。此线长约五百五十英里。

东南铁路系统各线,全长统共约九千英里。

第三部　东北铁路系统

此系统包括满洲之全部与蒙古及直隶省之各一部分,占有面积约五十万英方里,人口约二千五百万。其地域三面为山所围绕,独于南部则开放,直达至辽东海湾。在此三山脉①之中,低落成为一广浩肥美之平原,并为三河流所贯注,嫩江位于北,松花江位于东北,辽河位于南。此之境界,中国前时视之等于荒漠,但自中东铁路成立后,始知其为中国最肥沃之地。此地能以其所产大豆,供给日本全国与中国一部分为食料之用。此种大豆为奇美物品,在植物中含有最富蛋白质之物,早为中国人所发明,经用以代肉品不下数千年。由此种大豆可以提出一种豆浆,其质等于牛奶,复由此种豆奶制成各种食品。此种食品为近代化学家所证明,其涵肉质比肉类尤为丰富;而

---

① 指大兴安岭、小兴安岭、长白山。

中国人与日本人用之以当肉与奶用者,已不知其始自何时矣。近来欧美各国政府之粮食管理官,对于此项用以代肉之物品甚为注意,所以此种大豆之输出于欧美者亦日见增加。由此观之,满洲平原确可称为世界供给大豆之产地。除此大豆以外,此平原并产各种谷类极多,就麦一类言之,已足供西伯利亚东部需用。至于满洲之山岭,森林、矿产素称最富,金矿之发见于各地者亦称最旺。

敷设铁路于此境域,经已证明其为最有利益之事业。现已成立之铁路贯通于此富饶区域者,已有三干线,如京奉线,为在中国之最旺铁路,日本之南满铁路亦为获利最厚路线,中东铁路又为西伯利亚系统之最旺部分。除此以外,尚有数线为日本人所计划经营。如欲依次发展此之富庶区域,即应敷设一网式铁路,乃足敷用也。

在未论及此网式铁路之各支线以前,吾意以为当先设立一铁路中区,犹蜘蛛巢之于蜘蛛网也。吾且名此铁路中区曰"东镇"。此东镇当设立于嫩江与松花江合流处之西南,约距哈尔滨之西南偏一百英里,将来必成为一最有利益之位置。此之新镇,不独可为铁路系统之中心,至当辽河、松花江间之运河成立后,且可成为水陆交通之要地。

既以此计划之新市镇"东镇"为中区,吾拟建筑如下之各线:

天　东镇—葫芦岛线。

地　东镇—北方大港线。

玄　东镇—多伦线。

黄　东镇—克鲁伦线。

宇　东镇—漠河线。

宙　东镇—科尔芬线。

洪　东镇—饶河线。

荒　东镇—延吉线。

日　东镇—长白线。

月　葫芦岛—热河—北京线。

盈　葫芦岛—克鲁伦线。

戾　葫芦岛—呼伦线。

辰　葫芦岛—安东线。

宿　漠河—绥远线。

列　呼玛—室韦线。

张　乌苏里—图们—鸭绿沿海线。

寒　临江—多伦线。

来　节克多博—依兰线。

暑　依兰—吉林线。

往　吉林—多伦线。

天　东镇—葫芦岛线

此是由计划中之满洲铁路中区分出之第一线。比较其他直达辽东半岛之不冰口岸之二线为短,路线与南满铁路平行。在两线之北部末尾,相距约八十英里。依据与俄前政府所订原约,不能在南满铁路百里以内建筑并行路线,但当施行国际发展计划,为共同利益起见,此等约束必须废除。此线起自东镇,向南延进,经过满洲大平原,由长岭、双山、辽源、康平而至新民,成为一直线,约有二百七十英里之长过新民后,即与京奉铁路合轨,约行一百三十英里之长,即至葫芦岛。

地　东镇—北方大港线

此是由铁路中区直达不冰之深水港之第二线。起自东镇,向西南方延进,经过广安于东镇与西辽河间之中道。在未到西辽河以前,先须经过无数小村落。当经过辽河之后,即进入热河区域之多山境界,经过一谷地至阜新县城,再经过分水界进入大凌河谷地。当经过大凌河谷地之后,此线即由此河之支流,再经一分水界而入于滦河谷地。然后通过万里长城,取道永平与乐亭而至北方大港。此线共长约五百五十英里,前半截所经过者是平地,后半截所经过者是山区。

玄　东镇—多伦线

此是由铁路中区分出之第三线。向西方直走,经过平原至洮南,由此横过日本之计划瑷珲—热河线,并与长春—洮南及郑家屯—洮南两计划路线之终点相合。经过洮南后,此线即沿大兴安岭山脉东南方之山脚转向南走,在此一带山脉,发见有最丰盛之森林与富饶之矿产。然后经过上辽河谷地,此谷地即由在北之大兴安岭与在南之热河山所成。再通过林西与经棚等市镇至多伦,于是由此处与西北铁路系统之干线相合。此线长约有四百八十英里,大半皆在平地。

黄　东镇—克鲁伦线

此由东镇铁路中区分出之第四线。向西北方走,几与中东路之哈尔滨—满洲里线平行,两线相隔之距离由一百英里至一百三十英里不等。此线由嫩江与松花江合流处之东镇北部起,复向西渡嫩江至大赉,转西北向横过平原,进入奎勒河之北支流谷地。当进入此谷地后,即沿此河流直上至河源处,然后横过大兴安岭分水界,进入蒙古平原。于是从哈尔哈河之右岸至贝尔池北之末端,由彼处转向西走至克鲁伦河,即循克鲁伦河南岸至克鲁伦。此线约共长六百三十英里。

宇　东镇—漠河线

此是由铁路中区发出之第五线。起自嫩江与松花江合流处之北部,向西北行,横过满洲平原之北端至齐齐哈尔。在齐齐哈尔与计划之锦瑷线相会,同向西北方,沿嫩江左岸走,至嫩江而后彼此分路。于是再向西北走,进入嫩江上流谷地,至发源处再横过大兴安岭山脉之北部末尾处至漠河,在漠河与多伦—漠河线之末站相会。此线约长六百英里。全线首之四分一行经平原,其次之四分一沿嫩江下流走,第三之四分一行经上流谷地,第四之四分一截经山岭,是为金矿产地,但天然险阻亦意中事也。

宙　东镇—科尔芬线

此是由铁路中区分出之第六线。起自嫩江与松花江合流处之北边,向平原前行,经肇东、青冈等城镇。到青冈后,渡通肯河至海伦,然后上通肯河谷地,横过小兴安岭分水界,由此即向下进入科尔芬谷地。经车陆前行至科尔芬,即黑龙江之右岸也。此线共长约三百五十英里,三分二为平地,三分一为山地。此为由东镇至黑龙江之最短线,黑龙江之对岸即俄境也。

洪　东镇—饶河线

此是由铁路中区分出之第七线。起自嫩江、松花江合流处之北边,经肇州,绕松花江左岸行经平原,而后再横过中东铁路,渡呼兰河而至呼兰。过呼兰后,向巴彦、木兰、通河等地方前进,再渡松花江至三姓,即今名依兰地方也。于是向前进入倭肯河谷地,过分水界,经七星碣子与大锅盖等地方,进入饶河谷地。于是沿此河边经过无数村落市镇,始至饶河县,以饶河与乌苏里江合流处为终点。此线之距离约有五百英里,所经之处皆为肥美土地。

荒　东镇—延吉线

此是第八线,由铁路中区分出。起自嫩江、松花江会流处之东边,循松花江右岸向东南方前行,至扶余(又名伯都讷),并经过此江边之镇甚多。至横过哈尔滨—大连铁路后,即转向东行至榆树与五常等地方。到五常后,此线转偏南行,向丰德栈前进,而后依同一方向至额穆。于是由额穆渡牡丹江,然后向凉水泉与石头河前行,至此即与日本会宁—吉林线合轨,直达于延吉。此线约共长三百三十英里,经过各农产与矿产极丰富之地方。

日　东镇—长白线

此是由铁路中区分出之第九线。起自嫩江、松花江相会处之南部,向东南方走,横过平原至农安。渡伊通河,相继向同一方进行,经过此河之各支流至九台站,复由此与长春—吉林线合轨,直行至吉林。迨至吉林后,则由其本路循松花江右岸,向东南行至拉法河合流处。即沿松花江河岸转南行,至桦甸。即再由此溯流而上,至头道沟直达抚松。即转东南行,进入松香河谷地。再溯流前行,经长白山分水界,绕天池湖边南部,然后转南循暖江至长白,即近高丽边界地方也。此线之距离约共三百三十英里。最后之一部分,当经过长白分水界时,须历许多困难崎岖之地。

月　葫芦岛—热河—北京线

由此吾将从而另为计划东北铁路系统之一新组,此组以辽东半岛之不冰口岸葫芦岛为总站。此第一线起自葫芦岛,向西方走进沙河谷地,至新台边门。于是行过海亭、犊牛营子、三十家子之多山境界至平泉,复依同一方向直达热河（又名承德）。到热河后,由旧官路至滦平,然后转西南向至古北口,通过万里长城,由彼处循通路经密云与顺义,至北京。此线之距离约有二百七十英里。

盈　葫芦岛—克鲁伦线

此是由葫芦岛分出之第二线。起自葫芦岛口岸,向北直走,经建平与赤峰行过热河之多山地域后,此线循通道而行,过辽河谷地上部,至间场、西图、大金沟与林西等地方。到林西即进至陆家窝谷地,即由甘珠庙、右府迹,经过大兴安岭极南之分水界。然后再进至巴原布拉克、乌尼克特及欢布库列,由此即与多伦—克鲁伦线合轨,直达克鲁伦。此线以达至欢布库列计之,约长四百五十英里,经过丰富之矿产、木材、农业等地方。

昃　葫芦岛—呼伦线

此是由葫芦岛分出之第三线。取道锦州,循大凌河右边直走至义州,由此渡大凌河至清河边门与阜新。到阜新后,此线即向北直行至绥东,由此渡西辽河至开鲁,再由大鱼湖与小鱼湖之间直达合板与突泉。然后横过大兴安岭进入阿满谷地,沿河流直达呼伦。此线长约六百英里,所经过地方皆富于矿产与农业,并有未开发之森林。

辰　葫芦岛—安东线

此第四线，自葫芦岛起向东北方走，循计划中之辽河、葫芦岛、运河边直上，而后转东南行至牛庄与海城，由此再转东南行至析木城，于是与安东奉天线合轨，直达近高丽境界之安东。此线约长二百二十英里。此线与葫芦岛—热河—北京线连合，则成为一由安东以外之高丽至北京之至直捷之线矣。

宿　漠河—绥远线

此是别一组铁路系统中之第一线，吾且进而论之。此等为环形线，以东镇中区为轴，成二半圆形，一内一外。此之漠河—绥远线，起自漠河，沿黑龙江边前进至乌苏里、额木尔苹果、奎库堪、安罗、倭西门等地。过彼处后，此后转折南流，故此线亦循之至安干、察哈颜、望安达、呼玛等处。于是再由呼玛前行，至锡尔根奇、奇拉、满洲屯、黑河、瑷珲，在瑷珲乃与锦瑷线之终点相会。过瑷珲后，此线即渐转而东向，直达霍尔木勒津、奇克勒与科尔芬等处，在科尔芬与东镇—科尔芬线相会。然后由彼处再进至乌云、佛山与萝北，由萝北直至同江，此即黑龙江与松花江会流之点也。此线即由此处渡松花江抵同江。再由此向街津口、额图前行至绥远，即黑龙江与乌苏里河之合流处也。此线长约有九百英里，至所经之地方，皆系金矿产地。

列　呼玛—室韦线

此本是漠河—绥远线之支线。起自呼玛，循库玛尔河，经过大碇子与瓦巴拉沟等金矿。然后溯库玛尔而上向西行，又西南偏至此河之北源，遂由彼处过分水界进入哈拉尔谷地，于是由此谷地上达室韦。此线约长三百二十英里，经过极丰富之金矿地方。

张　乌苏里—图们—鸭绿沿海线

此是外半圆形之第二线。由绥远起与第一线相续，沿乌苏里江前行，经过高兰、富有、民康等处至饶河,于是此线与东镇饶河线之末站相会。由饶河起南行,则与在乌苏里江东边之俄乌铁路成平行线,直达虎林而止。到虎林后即离俄罗斯线转向西方,循穆陵河至兴凯湖之西北角之密山县。由此再至平安镇,转南向循国界在小绥芬车站横过哈尔滨—海参威〔崴〕线,直至东宁。到东宁后相继南向,循国界而行,至五道沟与四道沟间之交点。然后转而西行至珲春,再西北走至延吉,于是与日本之会宁—吉林线相会。由延吉循日本线至和龙,离日本线由图们江左岸向西南走,经过分水界进入鸭录〔绿〕谷地,即在此处与东镇—长白线相会。过长白后即转西向,又西北偏沿鸭录〔绿〕江右岸至临江。彼时又复西南偏,仍沿鸭绿江右岸前行至辑安县。再相继依同一方向,沿鸭绿江右岸直达安东,由此即与安东—奉天铁路相会。过安东后,向鸭绿江口之大东沟前走,循此海岸线至大孤山与庄河等处,然后转而西向,经平西屯、房店,至吴家屯,与南满铁路相会。此线之距离约有一千一百英里,自头至尾皆依满州〔洲〕东南之国界而行也。

寒　临江—多伦线

此是东镇铁路中区外半圆之第三线,与在中区南部分出之支线相接。此线起自临江,即鸭绿江之西南转弯处也。由此处向多山地域前进,经过通化、兴京与抚顺等地方,至奉天横过南满铁路,于是此线由奉天与京奉线合轨,直达新民。由此横过东镇—葫芦岛线,转向西北走,经过新立屯至阜新。过阜新后,此线进入辽河谷地上部之山地,直向赤峰前行,经过无数小村落与帐幕地,皆大牧场也。此线由赤峰再前行,经三座店、公主陵、大辗〔碾〕子等处,通过银河谷地至发木谷,然后循吐根河至多伦诺尔。此线约长五百英里。

来　节克多博—依兰线

此是内半圆形之第一线,与东镇铁路中区之东北方所分出之各支线相连。起自黑龙江上游之节克多博,向东前行,又东南偏,经过大兴安岭山脉之谷地、山地数处,即至嫩江。过嫩江后,渐转南向至克山,由彼处再至海伦,然后渡松花江至三姓即依兰也。此线长约七百英里,经过农业与金矿地方。

暑　依兰—吉林线

此是内半圆之第二线。起自依兰,向西南方沿牡丹江右岸前行,经过头站、二站、三站、四站至城子,即由此处横过哈尔滨—海参威〔崴〕线。于是由牡丹江右岸渡至左岸,直往宁古塔。过宁古塔后,复向西方前行,经过瓮城、蓝旗站、搭拉站与凤凰店至额穆,于此与日本之会宁—吉林线相合,向西前行至吉林。此线所行之长度约二百英里,经过牡丹江之肥美谷地。

往　吉林—多伦线

此是在东镇铁路系统中内半圆形之第三线。起自吉林,循旧通路西行至长春,于是在此与中东铁路北来之线及日本南满铁路南来之线之两末站相会。过长春后,即横过平原至双山,又在此与东镇—葫芦岛〈线〉及日本之四平街—郑家屯—洮南线相会。再由双山渡辽河至辽源,复由彼处行经一大平原,经过东镇—北方大港线直达绥东,与葫芦岛—呼伦线相会。过绥东后,循辽河谷地上行,先横过葫芦岛、克鲁伦线,然后过分水界至多伦,是为终站。此线所经之远度约有五百英里。

由以上所举,方能完成吾计划中东北铁路之蜘蛛网系统。就全系统路线之长言之,其总数约有九千英里。

第四部　扩张西北铁路系统

西北铁路系统包有蒙古、新疆与甘肃一部分之地域,面积约有一百七十万英方里。此幅土地,大于阿根廷共和国约六十万英方里。阿根廷为供给世界肉类之最大出产地,而蒙古牧场尚未开发,以运输之不便利也。以阿根廷既可代美国而以肉类供给世界,如蒙古地方能得铁路利便,又能以科学之方法改良畜牧,将来必可取阿根廷之地位而代之。此所以在此最大食物之生产地方建筑铁路为最要之图,亦可以救济世界食物之竭乏也。在国际共同发展中国之第一计划中,吾曾提议须敷设七千英里铁路于此境域,以为建筑北方大港之目的,而复可以将中国东南部过密之人民逐渐迁移。但此七千英里之铁路不过为一开拓者,如欲从实际上发展此丰富之境域,铁路必须增筑。故在此扩张西北铁路系统之计划中,吾提议建筑下列之各线:

天　多伦—恰克图线。

地　张家口—库伦—乌梁海线。

玄　绥远—乌里雅苏台—科布多线。

黄　靖边—乌梁海线。

宇　肃州—科布多线。

宙　西北边界线。

洪　迪化—乌兰固穆线。

荒　戛什温—乌梁海线。

日　乌里雅苏台—恰克图线。

月　镇西—库伦线。

盈　肃州—库伦线。

昃　沙漠联站—克鲁伦线。

辰　格合—克鲁伦—节克多博线。

宿　五原—洮南线。

列　五源〔原〕—多伦线。

张　焉耆—伊犁线。

寒　伊犁—和阗线。

来　镇西—喀什噶尔线与其支线①。

天　多伦—恰克图线

此线起自多伦,向西北方前行,循驿路横过大牧场,至喀特尔呼、阔多、苏叠图等处。过苏叠图后,此线即横过界线至外蒙古,依同一路线至霍申

---

① 原文无"与其支线",今据英文本增。

屯、鲁库车鲁、杨图等地方，由彼处渡克鲁伦河，至额都根、霍勒阔进入山地。于是即横过克鲁伦河分水界与赤奎河分水界，克鲁伦分水界之水则流入黑龙江而至太平洋，赤奎河分水界之水则流入贝加尔湖，再由彼处至北冰洋。过克奎河分水界后，此路即循赤奎河之支派，至恰克图。其线长约八百英里。

地　张家口—库伦—乌梁海线

此线起自万里长城之张家口，向西北前进高原，横过山脉，进入蒙古大草场，走向明安、博罗里治、乌得与格合，即横过多伦—迪化干线。过格合后，此线前行经过穆布伦之广大肥沃牧场，然后依直线再前行，经穆克图、那赖哈、库伦。由库伦此线即进入山地，横过色楞格谷地至一地点，在库苏古尔泊南部末端之对面。然后再转北向，横过山脉，从库苏古尔之南岸至哈特呼尔。过哈特呼尔后，此线绕库苏古尔泊边走约一短距离，即再转西北向，又西偏循乌鲁克穆河岸至近国界之出口点，复转西南向直上克穆赤克谷地，至其发源处，通过巴阔洼直达中俄国境交界处而止。此线之距离约有一千七百英里。

玄　绥远—乌里雅苏台—科布多线

此线起自绥远，近于山西省之西北角地方。向西北方前进，经过山地进入蒙古牧场托里布拉克，于是横过北方大港—哈密线与北方大港—库伦线。过托里布拉克后，此线由同一方向依直线前行，通过匝门苏治至土谢图省会。由彼处仍依直线向西北走，至霍勒特，再循商路至郭里得果勒。此线即转西向，再西北向前行，通过河流、谷地数处与小市镇，即至乌里雅苏台，于是在乌里雅苏台横过北方大港与乌鲁木齐线之第二联站边界支线。过乌里雅苏台后，此线即依商路向西方前行，通过呼都克卒尔、巴尔淖尔与匝哈布鲁等处，至科布多。彼时此线转西北向至欢戛喀图与列盖等处，即复西走至别留，以国界为终点。此线约长一千五百英里。

黄　靖边—乌梁海线

此线起自靖边,即在陕西北界与万里长城相接地方也。此线向鄂尔多斯乡落前行,经波罗波勒格孙、鄂托、臣浊等处,然后过黄河至三道河。由三道河再前行,过哈那那林、乌拉岭,即进入在西北方之蒙古大草场直至古尔斑、昔哈特,在此即经过北京—哈密线。然后至乌尼格图、恩京,由恩京即经过北方大港—乌鲁木齐线。过恩京后,此线进入谷地与分水界地,向北前行至西库伦。于是再转西北行,经过色楞格河流域之各枝〔支〕流与谷地,即抵沙布克台与粗里庙等处。至粗里庙后,再向同一方向前行,渡色楞格河,沿其支流帖里吉尔穆连河至发源处,经过流入帖里淖尔湖之分水界。然后沿此湖之出口至乌鲁克穆河,即与张家口—库伦—乌梁海线相合,此即终点也。此线之长约有一千二百英里。

宇　肃州—科布多线

此线起自肃州,向西北方走,在尖牛贯通万里长城向煤矿地方前行,即离肃州二百五十里地方也。由彼处即往哈毕尔罕布鲁克与伊哈托里。离伊哈托里不远,此线即经过北京—哈密线,然后前行至伯勒台。过此处后,经过一小块沙漠,即至底门赤鲁。当进此多山与下隰之乡落,再前行至戛什温,即横过北方大港—乌鲁木齐干线。过戛什温向倭伦呼都克、塔巴腾与塔普图,即由塔普图与古城科布多通道相合。于是循此路经伯多滚台、苏台前行至科布多,即此线之末站。约共长七百英里。

宙　西北边界线

比〔此〕线起自伊犁,循乌鲁木齐—伊黎〔犁〕线至三台,即赛里木湖之东边也。此线由此处向东北自行,沿艾比湖西方至土斯赛。过土斯赛后,向托里前行,横过中央干线,即北方大港—塔城线也。由彼处,此线即往纳木果台与斯托罗盖台,经过最大之森林与最富之煤矿地方。再由斯托罗盖台依通道前行至承化寺,是阿尔泰省之省会。于是由彼处横过山脉,经乌尔霍盖图山口入至科布多谷地,循科布多河河源至别留,由此与绥远—科布多线直达乌列盖。由乌列盖依其本路取道乌松阔勒与乌兰固穆行至塔布图,于是与他线再合,同行至在唐努乌梁海境内之乌鲁克穆河。然后转东向沿河流而上,至别开穆与乌鲁河之合流处即再前行,沿前流依东北方溯源直上至境界,是为终点。此线所经之距离约九百英里。

洪　迪化(又名乌鲁木齐)—乌兰固穆线

此线起自迪化,依多伦—迪化干线至阜康。然后循其本路向北前进,经自辟川至霍尔楚台。由此转东北走,经过山地至开车,然后至土尔扈特,于是横过北大港—乌鲁木齐线之支线第三交点。过土尔扈特后,转北行,经巴戛宁格力谷地至斯和硕特。然后过帖列克特山口,由彼处即转东北向前行,经过一新耕种地方,即至科布多。再前行经过一肥沃草场,渡数河流,沿经数湖,即至乌兰固穆,在此即与西北边界线相会。此线长约五百五十英里。

荒　戛什温—乌梁海线

此线起自戛什温,向东北前行,横过多山与隰地境界,经哈同呼图克与达兰趣津、博尔努鲁。经博尔努鲁后,此线通过匜盆谷地,经呼志尔图与博尔霍至乌里雅苏台,在此与绥远—科布多线及北方大港—乌里雅苏台线相会。于是此线向北方前行于一新境地,先经过色楞格河之正源,然后经过帖斯河之正源,当在帖斯河谷地中,此线经过一极大未辟之森林。过此森林后,即转向西北走,经过分水界进入在唐努乌梁海地方之乌鲁克穆谷地,与西北边界线相会,是为末站。此线共长六百五十英里。

日　乌里雅苏台—恰克图线

此线起自乌里雅苏台,依戛什温—乌梁海线前行,至色楞格河支流之鄂叠尔河止。然后转而东向,由其本线循鄂叠尔河流域前行而下,横过靖边—乌梁海线,至鄂叠尔河与色楞格河合流处而止。于是与张家口—库伦—乌梁海线合轨,向东方前行颇远,待至彼线转东南向而止。当此线转东北向时,即循色楞格河下至恰克图。此线包有之距离约五百五十英里,经过一肥美谷地。

月　镇西—库伦线

此线起自镇西,向东北前行,横过一种植地域,道经图塔古至苓尔格斜特。于是由乌尔格科特行过肃州—科布多线,然后行经戈壁沙漠北边之大草场,至苏治与达阗图鲁。由彼处再向北走,横过北方大港—乌里雅苏台〈线〉与多伦诺尔—乌里雅苏台线,至塔顺呼图克。过此处后,此线即在鄂罗盖地方横过绥远—乌里雅苏台线,前行过分水界进入色楞格河谷地。于是在沙布克台行过靖边—乌梁海线,从此即转东向,经过一多山水之境域至库伦。此线所经之距离约八百英里。

盈　肃州—库伦线

此线起自肃州,前行经金塔至毛目。于是随道河(又名额济纳河)而行,此河可以之灌注沙漠中之沃地。然后乃沿河流域而至一湖,复由彼处行经戈壁沙漠,即与北京—哈密线及北方大港—乌里雅苏台线之相交处相会,成为一共同联站。过此以后,此线向沙漠与草场前行,经过别一铁路交点。此铁路之交点即由绥远—科布多线与靖边—乌梁海线所成,于是此线在此处亦成为共同联站。由彼处前行,进入一大草地,经过哈藤与图里克至三音达赖,于此即横过多伦诺尔—乌鲁木齐线。过三音达赖后,此线前行经乌兰和硕与许多市镇营寨,即至库伦。此线包有之距离约七百英里,三分一路经过沙漠,其余三分之二经过低湿草地。

昃　沙漠联站—克鲁伦线

此线起自沙漠联站,向东方前行至一大草地,于是在鄂兰淖尔湖南方横过靖边—乌梁海线,由彼处前行至土谢图汗都会,于此经过绥远—科布多线。过土谢图汗都会后,行经大草场至第一联站。由第一联站即前行至乌兰呼图克与尖顶车,然后横过张家口—乌梁海线至车臣汗。由车臣汗,此线向东北循河流域而下,直达克鲁伦城,于此即横过多伦—克鲁伦线并与克鲁伦—东镇线相会。此线长约八百英里。

辰　格合—克鲁伦—节克多博线

此线起自格合,此即多伦诺尔—乌鲁木齐与张家口—库伦—乌梁海二线之交点也。由彼处向东北前行,经过大草场至霍申屯,于是横过多伦—恰克图线。过霍申屯后,依同一方向前行,又经过一大草场至克鲁伦,即由此横过呼伦—克鲁伦线。然后依克鲁伦河右岸前行,再渡左岸,经过呼伦池之西北边。过呼伦池后,此线横过中东铁路渡额尔古纳河,然后沿此河右岸直达节克多博,于是与多伦诺尔—漠河与节克多博—依兰二线相会,此即此线之末站也。此线包有之距离约六百英里,上半截经过旱地,下半经过湿地。

宿　五原—洮南线

此线起自黄河西北边之五原地方,向东北前行,横过晒田、乌拉山与大草地即抵托里布拉克,于是与北京—哈密线、绥远—科布多线及北方大港—库伦线之三路交点相会。由托里布拉克,此线再向同一方向前行,经过草地场至格合,在此即与多伦—乌鲁木齐与北京—库伦二线相会,亦即格合—克鲁伦线之首站也。过格合后,此线渐转东向,横过多伦—恰克图〈线〉之中部至欢布库里,于是在此横过多伦—克鲁伦与葫芦岛—克鲁伦之二线。由欢布库里,此线行经界线之南,即循之行至达克木苏马,于是与多伦—漠河线相会。由彼处行向东方,横过兴安岭至突泉,然后转东南向至洮南,此即终站也。此线长约九百英里。

列　五原—多伦线

此线起自五原,向东北前行,横过晒田、乌拉岭至茂名安旗,即在此经过北方大港—库伦线。然后向一大草场前行,经过绥远—科布多线至邦博图,经过北京—哈密线。过邦博图后,此线转而东向前行,经过张家口—库伦—乌梁海线然后至多伦,与多伦—奉天—临江线相合为终站。此线由黄河上流〔游〕谷地,成一直接路线至肥美之辽河谷地,包有距离约五百英里。

张　焉耆—伊犁线

此线起自焉耆(又名喀喇沙),向西北前行,横过山岭进入伊犁谷地。然后循崆吉斯河向西下行,绕极肥美谷地至伊宁与绥定(即伊犁城)等,此皆在伊犁地方、近俄罗斯边境之主要城镇也。于是在伊犁与伊犁—乌鲁木齐线相合。此线长约四百英里。

寒　伊犁—和阗线

此线起自伊犁,向南前行渡伊犁河,然后东向沿此河左岸而行,初向东南,继向南行至博尔台。由此即转西南向,进入帖克斯谷地。然后溯帖克斯河而上,至天桥,再上山道。过此山道后,此线转东南向行,绕过一极大煤矿地方,然后再转西南至札木台,于此即经过吐鲁番—喀什噶尔线。由札木台即转南向,行过塔里木谷地北边之最肥美区域,至巴斯团搭格拉克,再向西南行至和阗。此路经过无数小部落,皆在和阗河之肥沃区域中,此河即流入沙漠。此线在和阗与喀什噶尔—于阗线相会。过和阗后,即向此城南方上行至高原,以国界为终站。此线包有距离约七百英里。

来　镇西—喀什噶尔线与其支线

此线起自镇西,向西南行,循天山草场,经延安堡、薛家陇与陶赖子至七个井。然后循天山森林,经过桐窝西盐池与阿朗至鄯善,由此即经过中央干线。过鄯善后,即循塔里木沙漠北边而行,经鲁克沁与石泉至河拉,于此横过车城—库尔勒线。由河拉前行,循塔里木河流域,经过无数新村落肥美地方与未开发之森林,即至巴斯团塔格拉克,在此横过伊犁—和阗线。行经巴楚至喀什噶尔,在此与乌鲁木齐—于阗线相会。过喀什噶尔后,此线即向西北前行至国界,是为终站。至与此线有连续关系者,约有二支线:第一支线由河拉西南方前行,经沙漠中沃地数处至车城;第二支线,则由巴楚南方循叶尔羌河至莎车,然后西南至蒲犁,即近国界地方也。此线与其各支线合计之,约共长一千六百英里。如就此系统全部言之,约共长一万六千英里。

第五部　高原铁路系统

此是吾铁路计划之最后部分,其工程极为烦〔繁〕难,其费用亦甚巨大,而以之比较其他在中国之一切铁路事业,其报酬亦为至微。故此铁路之工程,当他部分铁路未完全成立后,不能兴筑。但待至他部分铁路完全成立,然后兴筑此高原境域之铁路,即使其工程浩大,亦当有良好报酬也。

此之高原境域包括西藏、青海、新疆之一部,与甘肃、四川、云南等地方,面积约一百万英方里。附近之土地,皆有最富之农产与最美之牧场。但此伟大之境域,外国多有未之知者。而中国人则目西藏为西方宝藏,盖因除金产丰富外,尚有他种金属,黄铜尤其特产,故以宝藏之名加于此世人罕知之境域,洵确当也。当世界贵金属行将用尽时,吾等可于此广大之矿域中求之。故为开矿而建设铁路,为必要之图。吾拟下之各线:

天　拉萨—兰州线。

地　拉萨—成都线。

玄　拉萨—大理—车里线。

黄　拉萨—提郎宗线。

宇　拉萨—亚东线。

宙　拉萨—来吉雅令及其支线。

洪　拉萨—诺和线。

荒　拉萨—于阗线。

日　兰州—婼羌线。

月　成都—宗札萨克线。

盈　宁远—车〈尔〉城线。

昃　成都—门公线。

辰　成都—沅江线。

宿　叙府—大理线。

列　叙府—孟定线。

张　于阗—噶尔渡线。

天　拉萨—兰州线

此线与西藏都会相连,为彼境域之中央干线,足称为此系统中之重要路线。沿此线之起点与终点,现已有少数居民,将来可成为一大殖民地,故即当开办之始,或可成为一有价值之路线也。此线起自拉萨,循旧官路向北前行,经达隆至雅尔,即腾格里池之东南方也。过雅尔后,此线暂转东向,由藏布谷地过分水界,经双竹山口至潞江谷地。然后转而东向渡潞江正源,经过数处谷地、河流及山岭,而至扬子江。于是渡扬子江上流正源之金沙江,过苦苦赛尔桥,过此桥后转东南向,又东向通过扬子江谷地,进入黄河谷地。于是由此经过数小村落与帐幕地,进至札陵湖与鄂陵湖间之星宿海。然后东北向,过柴塔木之东南谷地,再转入黄河谷地,即前进经过喀拉普及数小市镇至丹噶尔(今名湟源,界于甘肃与青海之间)。过丹噶尔后,此线即转东南,循西宁河流之肥美谷地下行,经过西宁、碾伯与数百小市镇、小村落至兰州。此线行经之距离约一千一百英里。

地　拉萨—成都线

此线起自拉萨,东北向依旧官路前行,经德庆、南摩,至墨竹工卡。然后转东南向,又东北向至江达。于是由江达转北向,又转东北向前行,经过托拉山至拉里。过拉里后,此线向东行,经边坝硕督与数小市镇至洛龙宗。然后由嘉裕桥渡潞江,即转东北向至恩达与察木多。过察木多后,此线不循东南之官路至巴塘,乃向东北而循别一商路前行至四川省西北角之巴戎,由此前行桥渡金沙江,即札武三土司附近地方也。于是此线转东南向进入依杵谷地,沿鸦龙江下行至甘孜,再前进经长葛、英沟至大金川之倍田,并至小金川之望安。过望安后,此线即横过斑烂山至灌县,进入成都平原,即由郫县至成都。此线行经之距离约一千英里。

玄 拉萨—大理—车里线

此线起自拉萨,与拉萨—成都线同轨,直行至江达。于是由江达循其本路路轨西南向,沿藏布江支流至油鲁,即其河支流与正流会合之点也。过油鲁后即沿藏布江口左岸,经公布什噶城至底穆昭。由底穆昭离藏布江向东前行,至底穆宗城、遗贡、巴谷、刷宗城。过刷宗城后,此线转东南行至力马,再东行至潞江之门公。于是由门公转南向前行,沿潞江右岸经菖蒲桶至丹邬。然后渡潞江,由崖瓦村谷地过分水界至澜沧江(又名美江),乃渡江至小维西。过小维西后,即沿河边至诚心铜厂。然后离河前行,经河西、洱源、邓州、上关至大理。由大理南行至下关、凤仪、蒙化,再行至保甸与澜沧江再会。于是南行沿江之左岸至车里,为此线之终点。其路线之长约九百英里。

黄 拉萨—提郎宗线

此线起自拉萨,向南行,道经德庆,至藏布江。再由藏布江转东向,沿河之左岸至札噶尔总。渡藏布江至泽当,即南向前行,经吹夹坡郎、满楚纳、塔旺至提郎宗。再接续前行,至印度之亚三①边界。此线长约二百英里。

宇 拉萨—亚东线

此线起自拉萨,西南向,由札什循旧官路经僵里至曲水。由曲水过末力桥,渡藏布江南之查戛木,然后至塔马隆、白地、达布隆与浪噶子等地方。过浪噶子后,此线转西向至翁古、拉萨、沙加等地。于是由沙加离官路再转向西南行,道经孤拉至亚东,是哲孟雄②边界。此线约长二百五十英里。

宙 拉萨—来吉雅令及其支线

此线起自拉萨,向西北行,由札什循旧官路前行至小德庆。再西行至桑

---

① 亚三(Assam),今译阿萨姆。
② 哲孟雄,即今锡金。

驼洛池,转西南行至那马陵与当多汛,即在拉古地方渡藏布江。过拉古后,此线即转西向至日喀则城,是为西藏之第二重要市镇。由此依同一方向,向沿藏布江边右岸前行,经过札什冈、朋错岭与拉子等地方。于是由拉子分一支线向西南行,取道胁噶尔、定日至尼泊尔边界之聂拉木。但其干线则横过藏布江之右边循官路行,取道那布林格喀至大屯。由此再分一支线向西南行,至尼泊尔边界。而其干线仍接续西北行,取道塔木札、卓山至噶尔渡。然后向西前行,至萨特来得河之来吉雅令,以印度边界为终点。此线与其二支线合计之,约共长八百五十英里。

洪　拉萨—诺和线

此线起自拉萨,与宙线同轨,行至桑驼洛池,始循其本线向西北前行,至得贞、桑札宗及塔克东。于是由此处进入西藏之金矿最富地方,再经过翁波、都拉克巴、光贵与于喀尔至诺和,为此线之终点。其距离约长七百英里。

荒　拉萨—于阗线

此线起自拉萨,循宙、洪两线之轨道,至腾格里池之西南角。于是由其本轨向西北前行,经隆马绒、特布直〔克〕托罗海与四五处小地方,至萨里。过萨里后,此线即通过一大幅无人居之地,至巴喀尔与苏格特。横过山岭,遂由高原而下,经索尔克至塔里木河流域之雅苏勒公,在此与西北铁路系统之车尔城—于阗线合轨,前行至于阗。此线共长约七百英里。

日　兰州—婼羌线

此线起自兰州,循拉萨—兰州线轨道同行,至青海之东南角。于是由其本轨绕青海南岸至都兰奇特,即由此转西南走至宗札萨克。由宗札萨克依柴达木低洼地之南边,向西南行,经过屯月、哈罗里与各尔莫至哈自格尔。过哈自格尔后,此线即转西北向,经拜把水泉、那林租哈至阿尔善特水泉。然后暂转北向前行,横过山脉至婼羌,即与安西—于阗线及婼羌—库尔勒线联合,是为终站。此线约长七百英里。

月　成都—宗札萨克线

此线起自成都，循拉萨—成都〈线〉轨道前行至灌县。然后由其本轨向北前行，经汶川至茂州。于是循泯〔岷〕江河流向西北前行，至松潘。过松潘后，即入岷山谷地，经过东丕至上勒凹，即由此处横过扬子江与黄河间之分水界，再接续前行至鄂尔吉库舍里。于是由黄河支源西北转至其正流，沿河右边，取道察汉津至布勒拉察布。渡黄河至旧官路西北转，与拉萨—兰州线合轨前行，直达拉尼巴尔。再转西北向，循其本轨前行至宗〈札〉萨克，与兰州—婼羌线相会，是为终站。此线行经之距离约六百五十英里。

盈　宁远—车尔成〔城〕线

此线起自宁远，向西北行，取道怀远镇至雅江①。横过江之右岸，循旧驿路前行至西俄落，即离江边循驿路至里塘。由里塘仍依同一方向，从别路前行至金沙江左岸之冈沱，再沿此河边前行至札武三土司，横过拉萨—成都线。过札武三土司后，此线仍依同一方向前行，沿金沙江边，取道图登贡巴至苦苦赛尔桥，即在此横过拉萨—兰州线。再循金沙江之北支源至其发源处，过分水界，循骆驼路前行，经沁司坎、阿洛共至车尔成〔城〕，是为终站。其距离约长一千三百五十英里。此线为此系统之最长路线。

昃　成都—门公线

此线起自成都，向西南行，经双流、新津、名山至雅州。转西北向前行至天全，复转西行至打箭炉、东俄落、里塘等地方。过里塘后，此线向西南行，经过巴塘、宴尔喀罗至门公。约共长四百英里，所经过地方皆系山岭。

辰　成都—元江线

此线起自成都，循成都—门公线路轨前行至雅州。然后由其本轨依同

---

① 英文本作 Yalungkiang，故应译为雅砻江（鸦龙江）。

一方向,取道荣〔荥〕经至清溪。过清溪后,此线向南行,经越巂至宁远,即于此与宁远—车城线之首站相会。过宁远后即至会理,然后渡金沙江至云南府,与广州—大理线相会。于是由云南府循昆明池西边至昆阳,经过新兴、嶍峨至沅〔元〕江,与广州—思茅线相会,是为终站。其距离约六百英里。

宿　叙府—大理线

此线起自叙府,沿扬子江左岸前行至屏山、雷波。过雷波后即离此河向西南行,过大梁〔凉〕山至宁远,即于此横过成都—宁远线,并与广州—宁远线及宁远—车城线之首站相会。于是再接续依同一方向前行,横过雅砻江至盐源、永北。过永北后,此线暂转南向,渡金沙江至宾川,然后至大理与广州—大理线及拉萨—大理线相会,是为终站。共长约四百英里。

列　叙府—孟定线

此线起自叙府,循叙府—大理线路轨直行至雷波。即由扬子江上流名曰金沙江横过,沿此江之上流左岸至其湾南处,即横过成都—元江线至元谋。复由元谋前行至楚雄,横过广州—大理线至景东。复向西南前行,横过澜沧江至云州。然后转西南向,循潞江支脉至孟定,以边界为终站。此线共长约五百英里。

张　于阗—噶尔渡线

此线起自于阗,沿克利雅河向南行至波鲁。由波鲁复转西南行,取道阿拉什东郎至诺和,即与拉萨—诺和线之终站相会。过诺和后,即绕诺和湖之东边至罗多克。复向西南行,沿印度河至碟木绰克。复由碟木绰克东南向,沿印度河上行至噶尔渡,即于此与拉萨—来吉雅令线相会,是为终站。此线长约一千一〔五〕百英里。

此高原铁路系统,全部共长一万一千英里。

第六部　设机关车、客货车制造厂

上部第四计划所预定之路线,约共长六万二千英里。至第一、第三计划所预定者,约一万四千英里。除此以外,并有多数干线当设双轨,故合数计划路线计之,至少当有十万英里。若以此十万英里之铁路,在十年内建筑之,机关车与客货车之需要必当大增。现当此战后改造时期,世界之制造厂将难以供应。此所以在中国建设机关车、客货车之制造厂以应建筑铁路之需,为必要之图,且其为有利事业尤不可不注意也。中国有无限之原料与低廉之人工,是为建设此等制造厂之基础,但举办此种事业所必需者为外国资本与专门家耳。至此项之计划应用资本若干,吾当留为对于此种工程有经验者定之。

第 五 计 划

前四种计划既专论关键及根本工业之发达方法,今则讲述工业本部之须外力扶助发达〈者〉。所谓工业本部者,乃以个人及家族生活所必需,且生活安适所由得。当关键及根本工业既发达,其他多种工业皆自然于全国在甚短时期内同时发生,欧美工业革命之后既已如是。关键及根本工业发达,人民有许多工事可为,而工资及生活程度皆增高;工资既增多,生活必要品及安适品之价格亦增加。故发达本部工业之目的,乃当中国国际发展进行之时,使多数人民既得较高工资,又得许多生活必要品、安适品而减少其生活费也。世人尝以中国为生活最廉之国,其错误因为寻常见解以金钱之价值衡量百物;若以工作之价值衡量生活费用,则中国为工人生活最贵之国。中国一寻常劳工,每日须工作十四至十六小时,仅能维持其生活。商店之司书,村乡之学究,每年所得恒在百元以下。农人既以所生产价还地租及交换少数必要品之后,所余已无几何。工力多而廉,惟食物及生活货品,虽在寻常丰年亦仅足敷四万万人之用,若值荒年则多数将陷于穷乏死亡。中国平民所以有此悲惨境遇者,由于国内一切事业皆不发达,生产方法不良,工力失去甚多。凡此一切之根本救治，为用外国资本及专门家发达工业，以图全国民之福利。欧、美二洲之工业发达早于中国百年，今欲于甚短时期内追及之，须用其资本，用其机器。若外国资本不可得，至少亦须用其专门家、发明家，以为吾国制造机器。无论如何，必须用机器以辅助中国巨大之人工，以发达中国无限之富源也。

据近世文明言，生活之物质原件共有五种，即食、衣、住、行及印刷是也。吾故定此种计划如下：

（一）粮食工业。

（二）衣服工业。

（三）居室工业。

（四）行动工业。

（五）印刷工业。

第一部 粮食工业

粮食工业又分类如下：

甲　食物之生产。

乙　食物之贮藏及运输。

丙　食物之制造及保存。

丁　食物之分配及输出。

甲　食物之生产

人类食物得自三种来源，即陆地、海水、空气三者。其中最重要、最多量者为空气食物，譬如养气①为此中有力元素，惟自然界本具此甚多，除飞行家及潜艇乘员闲时须特备外，不须人工以为生产，故此种食物人人可自由得之，于此不须详论。吾前此论捕鱼海港之建设及捕鱼船舶之构造，已涉及海水食物，故于此亦不更述。惟陆地食物生产之事须国际扶助者，此下论之。

---

① 养气（oxygen），今译氧气。

中国为农业国,其人数过半皆为食物生产之工作。中国农人颇长于深耕农业,能使土地生产至最多量。虽然人口甚密之区,依诸种原因,仍有可耕之地流为荒废,或则缺水,或则水多,或则因地主投机求得高租善价,故不肯放出也。

中国十八省之土地,现无乃〔乃无〕以养四万万人。如将废地耕种,且将已耕之地依近世机器及科学方法改良,则此同面积之土地,可使其出产更多,故尽有发达之余地。惟须有自由农业法以保护、奖励农民,使其护〔获〕得己力之结果。

就国际发展食物生产计划言之,须为同时有利益之下列二事:

(一)测量农地;

(二)设立[工场制造]农器〈制造厂〉。

(一)测量农地

中国土地向未经科学测量制图,土地管理,征税皆混乱不清,贫家之乡人及农夫皆受其害。故无论如何,农地测量为政府应尽之第一种义务。然因公款及专门家缺乏之故,此事亦需有外力扶助。故吾以为是当以国际机关行之,由此机关募集公债以供给其费用,雇用专门家及诸种设备以实行其工事。测量费用几何,所需时间几何?机关之大小如何,以飞行机测量亦适用于工事否,是须专门家决定之。

地质探验当与地图测量并行,以省费用。测量工事既毕,各省荒废未耕之地,或宜种植,或宜放牧,或宜造林,或宜开矿,由是可估得其价值,以备使用者租佃,为最合宜之生产。耕地既增加之租税,及荒地新增之租税,将足以偿还外债之本息。除十八省外,满洲、蒙古、新疆有农地牧地极广,西藏、青海有牧地极广,可依移民计划如吾第一计划所述者,以粗略〈广〉耕[作]法开发之。

(二)设立[工场]〈农器〉制造〈厂〉

欲开放废地,改良农地,以闲力归于农事,则农器之需要必甚多。中国工价甚廉,煤铁亦富,故须自制造一切农器,不必由外国输入。此须资本甚多。此工场直设于煤铁矿所在之邻地,即工力及物料易得之所。

乙　食物之贮藏及运输

此所言当贮藏及运输之重要食物,即谷类。现在中国贮藏谷类之方法不良,若所藏之量过多,每不免为虫类所蛀损、气候所伤害;故其量甚少,且须非常注意,乃能于一定时期内保存之。又谷类之运输,大半皆以人力,故费用甚巨。及各类已达水道,则船舶往来,运输漫无定制。若将谷类贮藏及运输方法改良,必省费不少。吾意当由国际开发机关于全国内设谷类运转器,且沿河设特别运船。此事所需资本几何,且谷类运转器当设于何处,应由专门家调查之。

丙　食物之制造及保存

前此中国之食物制造几全赖手工,而以少数简单器具助之。至于食物保存,则以食盐或日光制造之,磨机及铁锡罐〔至机器及罐头〕方法,为前此所不知。吾意扬子江及南部中国诸大城镇以米为主食者,当设许多磨米房;扬子江以北以小麦、燕麦及米以外之他谷类为主食者,其诸大城镇当设许多磨麦机房。此种机房,当由中央一处管理,以得最省费之结果。是所需资本几何,当俟详细调查。

食物果类、肉类、鱼类之保存,或用锡铁罐,或用冰冷法。若锡铁罐工业发达,则锡铁片之需要必大增,故锡铁片工场之建设为必要,且有利益。此种工场当设于铁矿之近处。中国南部有许多地方皆发见有锡、铁、煤三种,如欲建筑工场,材料最为完备。锡铁片工场及罐工场当合同经营,以得最良之节省结果。

丁　食物之分配及输出

在寻常丰年,中国向不缺乏食物,故中国有常言云:"一年耕,则足三年之食。"国内较富部分之人民,大概有三四年食物之积储以对付荒年。若中国既发达,有生计组织,则当预储一年之食物以为地方人民之用,其余运至工业中枢。食物之分配及运出,亦由中央机关管理,与其贮藏及运输无异。每一县余出之谷类,送至近城贮藏;每一城镇须有一年食物之贮积。经理部当按人数依实价售主要食物于其民。更有所余,乃以售之于外国需此宗食物且可得最高价者,以隶中央经理部之输出部司之。于是乃不如前此禁止输出法之下,食物多所废坏。输出所得巨资,以之偿还外债本息,固有余也。

于叙论食物工业之部,不能不特论茶叶及黄豆二种工业,以毕所说。茶为文明国所既知已用之一种饮料,科学家及食物管理部今复初认黄豆为一种重要食料。就茶言之,是为最合卫生、最优美之人类饮料,中国实产出之,其种植及制造为中国最重要工业之一。前此中国曾为以茶叶供给全世界之唯一国家,今则中国茶叶商业已为印度、日本所夺。惟中国茶叶之品质,仍非其他各国所能及。印度茶食〔含〕有丹宁酸太多,日本茶无中国茶所具之香味。最良之茶,惟可自产茶之母国即中国得之。中国之所以失去茶叶商业者,因其生产费过高。生产费过高之故,在厘金及出口税,又在种植及制造方法太旧。若除厘金及出口税,采用新法,则中国之茶叶商业仍易复旧。在国际发展计划中,吾意当于产茶区域,设立制茶新式工场,以机器代手工,而生产费可大减,品质亦可改良。世界对于茶叶之需要日增,美国又方禁酒,倘能以更廉、更良之茶叶供给之,是诚有利益之一种计划也。

以黄豆代肉类,是中国人之所发明。中国人、日本人用为主要食料既历数千年,现今食肉诸国,大患肉类缺乏,是必须有解决方法。故吾意国际发展计划中,当以黄豆所制之肉乳、油酪输入欧美,于诸国大城市设立黄豆制品工场,以较廉之蛋白质食料供给西方人民。又于中国设立新式工场,以代手工生产之古法,而其结果可使价值较廉,出品亦较佳矣。

第二部　衣服工业

衣服之主要原料为丝、麻、棉、羊毛、兽皮五种,今分论如下:

　　甲　丝工业。

　　乙　麻工业。

　　丙　棉工业。

丁　毛工业。

戊　皮工业。

己　制衣机器工业。

甲　[蚕]丝工业

蚕丝为中国所发明,西历纪元前数千年已用为制衣原料,为中国重要工业之一。直至近日,中国为以蚕丝供给全世界之唯一国家。惟现今日本、意大利、法兰西诸国,已起而与中国争此商业。因此诸国已应用科学方法于养蚕制丝之事,而中国固守数千年以来之同样旧法也。世界对于蚕丝之需要既逐日增加,则养蚕制丝之改良,将为甚有利益之事。吾意国际发展计画,应于每一养蚕之县设立科学局所,指导农民,以无病蚕子供给之。此等局所当受中央机关监督,同时司买收蚕茧之事,使农民可得善价。次乃于适宜地方设缫丝所,采用新式机器,以备国内国外之消费。最后乃设制绸工场,以应国内国外之需求。缫丝及制丝工场,皆同受一国家机关之监督,借用外资,受专门家之指挥,而其结果可使该物价廉省,品物亦较良较贱矣。

乙　麻工业

是亦为中国之古工业。惟中国所产苎麻,与欧美所产之亚麻异,若以新法及机器制之,其细滑与蚕丝无异。然中国至今尚无以新法及机器制麻者,有名之中国麻布皆依旧法及手工织造。中国南部麻之原料甚富,人工亦廉,故于此区域宜设立许多新式工场也。

丙　棉工业

棉花本外国产物,其输入中国在数百年前,在手工纺织时代,是为中国一种甚重要之工业。然自外国棉货输入中国之后,此种本国手工业殆渐归灭绝,于是以许多棉花输出,以许多棉货输入。试思中国工力既多且廉,乃不能产出棉货,岂非大可怪之事。近今乃有少数纺纱织布厂设于通商诸埠,获利极巨。或谓最近二三年内,上海纺织厂分红百分之百至百分之二百,皆因中国对于棉货之需要,远过于供给,故中国须设纺织厂甚多。吾意国际发展计划,当于产棉区域设诸大纺织厂,而由国立①中央机关监督之,于是最良节省之结果可得,而可以较廉之棉货供给人民也。

丁 [羊]毛工业

中国西北部占全国面积三分之二用为牧地,而羊毛工业则从未见发达,每年由中国输出羊毛甚多,制为毛货又复输入中国。自羊毛商业输出、输入观之,可知发达羊毛工业,为在中国甚有利之事。吾意当以科学方法养羊剪毛,以改良其制品,增加其数量。于中国西北全部设立工场以制造一切羊毛货物,原料及工价甚廉,市场复大至无限。此工业之发达,须有外国资本及专门家,是为国际发展计划中最有报酬者,因是属一种新工业,无其他私人竞争也。

戊 皮工业

通商诸埠虽有多少制皮工场,是实为中国之新工业。生皮之输出,熟皮之输入,每年皆有增加。故设立制皮工场,及设立制造皮货及靴鞋类工场,甚为有利益之事。

己 制衣机器工业

中国需要各种制衣机器甚多。或谓中国在欧美所定购纺织机器,须此后三年内乃能交清。若依予计划发展中国,则所需机器当较多于现在数倍,欧美且不足供给之。故设立制造制衣机器〈厂〉为必要,且有利之事。此种工场,当设于附近钢铁工场之处,以省粗重原料运输之费。此事所需资本几何,当由专门家决定之。

第三部 居室工业

中国四万万人中,贫者仍居茅屋陋室,北方有居土穴者。而中国上等社

---

① 原文为"中国立",今据英文本改。

会之居室,乃有类于庙宇。除通商口岸有少数居室依西式外,中国一切居室皆可谓为庙宇式。中国人建筑居室,所以为死者计过于为生者计,屋主先谋祖先神龛之所,是以安置于屋室中央,其他一切部分皆不及。于是重要居室非以图安适,而以合于所谓红白事者。红事者,即家族中任何人嫁娶及其他喜庆之事;白事者,即丧葬之事。除祖先神龛之外,尚须安设许多家神之龛位。凡此一切神事,皆较人事为更重要,须先谋及之。故旧中国之居室,殆无一为人类之安适及方便计者。

今于国际发展计划中,为居室工业计划,必须谋及全中国之居室。或谓为四万万人建屋,乃不可能。吾亦认此事过巨。但中国若弃其最近三千年愚蒙之古说及无用之习惯,而适用近世文明,如予国际发展计划之所引导,则改建一切居屋以合于近世安适方便之式,乃势所必至。或因社会进化于无意识中达到,或因人工建设于有意识中达到。西方民族达到近世文明,殆全由于无意识的进步,因社会经济科学乃最近发明也。但一切人类进步,皆多少以知识即科学计划为基础,依吾所定国际发展计划,则中国一切居室将于五十年内依近世安适方便新式改造,是予所能预言者。以预定科学计划建筑中国一切居室,必较之毫无计划更佳更廉。若同时建筑居室千间,必较之建筑一间者价廉十倍。建筑愈多,价值愈廉,是为生计学定律。生计学唯一之危险为生产过多,一切大规模之生产皆受此种阻碍。自欧美工业进化以来,世界之大战争前所有财政恐慌,皆生产过多之所致。就中国之居室工业论,雇主乃有四万万人,未来五十年中至少需新居室者有五千万,每年造屋一百万间,乃普通所需要也。

居室为文明一因子,人类由是所得之快乐较之衣食更多,人类之工业过半数,皆以应居室需要者。故居室工业为国际计划中之最大企业,且为其最有利益之一部分。吾所定发展居室计划,乃为群众预备廉价居室。通商诸埠所筑之屋,今需万元者,可以千元以下得之,建屋者且有利益可获。为是之故,当谋建筑材料之生产、运输、分配,建屋既毕,尚须谋屋中之家具装置,是皆包括于居室工业之内。今定其分类如下:

甲　建筑材料之生产及运输。

乙　居室之建筑。

丙　家具之装〔制〕造。

丁　家用物之供给。

甲　建筑材料之生产及运输

建筑材料为砖、瓦、木材、铁架、石、塞门土、三合土等,其每一种皆须制造,或与其他原料分离。如制造砖瓦则须建窑,木材须建锯木工场,铁架须建制铁工场,此外须设石工场、塞门土工场、三合土工场等。须择适宜之地,材料与市场相近者为之。且一切须在中央机关监督之下,使材料之制出与需要成比例。材料既制成,则水路用舟,陆路用车,以运至需要之地,务设法减省一切费用。造船部、造车部于此则造特别之舟、车以应之。

乙　居室之建筑

此项建筑事业,包括一切公私屋宇。公众建筑以公款为之,以应公有,无利可图,由政府设专部以司其事。其私人居室,为国际发展计划所建筑者,乃以低廉居室供给人民,而司建筑者仍须有利可获。此类居室之建筑,须依一定模范。在城市中所建屋分为二类,一为一家称[之]居室,一为多家同居室。前者分为八房间、十房间、十二房间诸种;后者分为十家、百家、千家同居者诸种,每家有四房间至六房间。村乡中之居室,依人民之营业而异,为农民所居者当附属谷仓、乳房①之类。一切居室设计,皆务使居人得其安适,故须设特别建筑部以考察人民习惯、营业需要,随处加以改良。建造工事务须以节省人力之机器为之,于是工事可加速、费用可节省也。

丙　家具之制造

中国所有居室既须改造,则一切家具亦须改用新式者,以图国人之安适,而应其需要。食堂、书室、客厅、卧室、厨房、〈浴室〉、便所,所用家具,皆

---

① 英文本作 dairies,即榨牛奶棚。

须制造。每种皆以特别工场制造之,立于国际发展机关管理之下。

丁　家用物之供给

家用物为水、光、燃料、电话等。

（一）除通商口岸之外,中国诸城市中无自来水,即通商口岸亦多不具此者。许多大城市所食水为河水,而污水皆流至河中,故中国大城市中所食水皆不合卫生。今须于一切大城市中设供给自来水之工场,以应急需。

（二）于中国一切大城市供给灯光,设立制造机器发光工场。

（三）设立电工场、煤汽〔气〕工场、蒸气〔汽〕工场,以供给暖热。

（四）厨用燃料在中国为日用者。最贫乡村之人,每费年工十分之一以采集柴薪;城市之人,买柴薪之费占其生活费十分之二。故柴薪问题为国民最大耗费。今当使乡村中以煤炭代木草,城市用煤汽〔气〕或电力。然欲用煤炭、煤汽〔气〕、电力等,皆须有特别设备,即由国际发展机关设制造煤汽〔气〕、电力、火炉诸工场。

（五）无论城乡各家,皆宜有电话。故当于中国设立制造电话器具工场,以使其价甚廉。

第四部　行动工业

中国人为凝滞民族,自古以来安居于家,仅烦虑近事者,多为人所赞称。与孔子同时之老子有言曰:"邻国相望,鸡犬之声相闻,民至老死不相往来。"中国人民每述此为黄金时代。惟据近世文明,此种状态已全变。人生时期内行动最多,各人之有行动,故文明得以进步。中国欲得近时文明,必须行动。个人之行动为国民之重要部分,每人必须随时随地行动,甚易甚速。惟中国现在尚无法使个人行动容易,因古时大道既已废毁,内地尚不识自动车即摩托为何物。自动车为近时所发明,乃急速行动所必要。吾侪欲行动敏捷,作工较多,必须以自动车为行具。但欲用自动车,必先建造大路。吾于国际发展计划提前一部〔步〕,已提议造大路一百万英里。是须按每县人口之比率,以定造路之里数。中国本部十八省约有县二千,若中国全国设县制,将共有四千县,每县平均造路二百五十英里。惟县内人民多少不同,若以大路一百万英里除四万万人数,则四百人乃得大路一英里。以四百人造一英里之大路,决非难事。若用予计划,以造路为允许地方自治条件,则一百万英里之大路将于至短时期内造成矣。

中国人民既决定建造大路,国际发展机关即可设立制造自动车之工场。最初用小规模,后乃逐渐扩张,以供给四万万人之需要。所造之车当合于各种用途,为农用车、工用车、商用车、旅行用车、运输用车等。此一切车以大规模制造,实可较今更廉,欲用者皆可得之。

除供给廉价车之外,尚须供给廉价燃料,否则人民不能用之。故于发展自动车工业之后,即须开发中国所有之煤油矿,是当于矿工业中详论之。

第五部　印刷工业

此项工业为以智识供给人民,是为近世社会一种需要,人类非此无由进步。一切人类大事皆以印刷纪述之,一切人类智识以印刷蓄积之,故此为文明一大因子。世界诸民族文明之进步,每以其每年出版物之多少衡量之。中国民族虽为发明印刷术者,而印刷工业之发达反甚迟缓。吾所定国际发展计划,亦须兼及印刷工业。若中国依予实业计划发达,则四万万人所需印刷物必甚多。须于一切大城乡中设立大印刷所,印刷一切自报纸以至百科全书。各国所出新书以中文翻译,廉价售出,以应中国公众之所需。一切书市,由一公设机关管理,结果乃廉。

欲印刷事业低廉,尚须同时设立其他辅助工业,其最重要者为纸工业。现今中国报纸所用纸张,皆自外国输入。中国所有制纸原料不少,如西北部之天然森林,扬子江附近之芦苇,皆可制为最良之纸料。除纸工场之外,如墨胶工场、印模工场、印刷机工场等皆须次第设立,归中央管理,产出印刷工业所需诸物。

第 六 计 划①

矿业与农业,为工业上供给原料之主要源泉也。矿业产原料以供机器,犹农业产食物以供人类。故机器者实为近代工业之树,而矿业者又为工业之根。如无矿业,则机器无从成立;如无机器,则近代工业之足以转移人类经济之状况者,亦无从发达。总而言之,矿业者为物质文明与经济进步之极大主因也。在吾第一计划之第五部中,曾倡议开采直隶、山西两省之煤铁矿田,为发展北方大港之补助计划;但矿业为近代之重要事业,有不可不另设专部以研究之者。中国矿业尚属幼稚,惟经营之权素归国有,几成习惯。此所以发展中国实业,当由政府总其成,庶足称为有生气之经济政策。彼通常人对于矿业多以为危险事业,并谓借用外资以为开采者亦非得计,其所见或未到也。故在此之矿业计划中,择其决为有利者先行举办,兹分别列于下之各种:

(一)铁矿。

(二)煤矿。

(三)油矿。

(四)铜矿。

(五)特种矿之采取。

(六)矿业机器之制造。

(七)冶矿机厂之设立。

第一部　铁矿

在近代工业中,称为最重要之原质者,是为钢铁。钢铁产生于各地者,多见丰富,且易开采。故为国家谋公共利益计,开采铁矿之权,当属之国有。中国除直隶、山西两省经拟开采之铁矿外,其余各地铁矿亦须次第开采。中

---

① 此处原有"矿业"二字,为与前面各计划的标题格式相一致,特删去。

国内地沿扬子江一带与西北各省皆以铁矿丰富见称,新疆、蒙古、青海、西藏各地亦以铁矿著名。所可惜者,中国经营钢铁事业,现只有汉阳铁厂与南满洲之本溪湖铁厂,其资本又多为日本人所占有,虽云近来获利甚厚,亦不免有利权外溢之叹矣。

广州将开为南方大港,应设立一铁厂。其他如四川、云南等地方之铁矿,亦可次第开采。而后多设钢铁工厂于各处内地,使之便利经营钢铁事业者之需要。至增设之铁厂,应用资本若干,可留为有经验者另行察夺。但以吾之见,因发展中国实业之结果,需铁孔亟,即以相等或加倍于直隶、山西铁厂所用之资本经营之,亦不为多也。

第二部　煤矿

中国煤矿素称丰富,而煤田之开掘者,不过仅采及皮毛而已。北美合众国每年所采取之煤约六万万吨,如中国能用同一方法采取之,并依其人口之比例以为衡,则产出之煤应四倍于美国。此当为中国将来煤矿之产额,而国际发展实业机关宜注意经营者也。夫煤矿之产于中国各地既多所发见,而其产额亦可以预定,故开采者不特无失败之虞,而利益之厚可断言者。但煤为文明民族之必需品,为近代工业之主要物,故其采取之目的不徒纯为利益计,而在供给人类之用。由此言之,开采煤矿之办法,除摊派借用外资之利息外,其次当为矿工增加工资,又其次当使煤价低落,便利人民,而后各种工业易于发展也。吾以为当煤矿开采之始,除为钢铁工厂使用外,开始计划当以产出二万万吨备为他项事业之用。沿海岸、河岸各矿,交通既便,宜先开采,内地次之。况欧洲各国现思取煤于中国,故吾所定煤之产额,虽当开采之始,亦无过多之虑。待至数年后,当中国工业愈加发达,需煤之数必渐增多,可无疑者。至开采需用之资本若干,与何处矿田应先开采,须留以待专门家用科学之眼光考察之。除煤矿以外,其他一切因煤而产出之工业,可用同一方法经理之。此之新工业,既无人与之竞争,且在中国又有无限之市场,故资本之投放,其利益之大可断言者。

第三部　油矿

世界中营业公司之最富者,以纽约三达煤油公司①为著,世界中人之最富者,以该公司之创建者乐极非路②为最著,于此可以证明开采煤油矿为最有利益之事业。中国亦以富于煤油出产国见称也,四川、甘肃、新疆、陕西等省已发见有油源,虽其分量之多寡,尚未能确实调查。而中国有此种矿产,不能开采以为自用,以至由外国入口之煤油、汽油等年年增加,未免可惜。如待至中国将来汽车盛行之时,煤汽〔气〕之需用或增至千倍。当此欧美各国煤油正在日渐减缩,由外国输入之煤油、煤气,断不足以供中国之需要,此所以在中国以开采油矿为必要之图也。此种事业,须由国际发展实业机关为政府经营之。但当经营之始,规模亦当远大。如煤油区域、稠密民居、工业中心以及河岸、海港等地方,皆宜用油管办法互相联络,以使其输送与分配于各地者,更为便利。如此之筹划,须用资本若干方能开办,可留为对于此事业有经验者察夺之。

第四部　铜矿

中国铜矿亦如铁矿之丰富,经已发见者已有多处。至其矿产之分量,在未开以前均可预计,故办理可无危险。但开采之权须依中国惯例,属之国有,而后由国际发展实业机关投资代为经营。四川、云南与扬子江一带,皆中国铜产最盛之区。由政府开采之铜矿在于云南北角之昭通者,经已数世纪之久矣。中国向来通用之钱币,几乎全赖云南铜矿以制造之,现今钱币需用之铜仍称大宗。但因云南之铜,输运艰难,价格过高,故多购自外国。非中国缺此种金属,是中国对于此种金属之采取未能发达故也。况铜之为物,除用作钱币外,需用为他种目的者尚多。当中国将来之工业发达,用铜之途必增至百倍。故此种金属,即在中国市场,将必成为需要之大宗。此吾之所

---

① 三达煤油公司(Standard Oil Co.),今译美孚石油公司。
② 乐极非路(John Davison Rockefeller),今译洛克菲勒。

以为开采铜矿不可不适用近代机器,而冀其有大宗之出产也。此之事业,应投资若干以为之经营,可留为专门家察夺之。

第五部　特种矿之采取

国际发展实业机关对于各色特种之矿,有可以经营之者。如云南个旧之锡矿,黑龙江之漠河金矿,新疆之和阗玉矿,皆用人力采取,经已数世纪之久矣。此种之矿产皆以丰厚见称,现已开采者不过是矿中之上层,其余大部分因无法排除泉水,尚多埋藏地中。但向来对于此等特种矿产,有为人民采取者,有为政府采取者。如能行用近代机器,并由政府经营,是为最经济之办法也。其他多有已弃置之矿产,如此类者须通行考察,如以为实有利益,即须依国际发展计划再行开采。至于将来一切矿业,除既为政府经营外,应准租与私人立约办理,当期限既满并知为确有利益者,政府有收回办理之权。如此办法,一切有利益之矿可以从渐收为社会公有,而通国人民亦可以均沾其利益矣。

第六部　矿业机械之制造

各种金属之埋藏于独一地域者不过一小部分,而散产于各地者广狭亦各有不同,故对于各种矿业之经营,有为政府不能自办,当留为私人办之。譬如农业,私人经营者利益常丰,矿业亦如是也。

如欲望矿务之发展,国家必须采用宽大之矿律。政府所雇用之专门技师,应自由予以指导与报告;公司、银行、应予以经济之帮助。此国际发展机关对于普通矿业,只当为之制造各种矿业器具与机械,以供给业矿者之使用。至此器具与机械之出售者,无论其为现金,或为赊借,必须定以最低廉之价,而后能使之遍为分配于中国之多余工人,矿业自日臻发达。矿业既日臻发达,器具与机械之需要必日多。若依此办理,即制造矿业器具机械之利益,已无可限量矣。但此等工厂,在开始时期只宜从小经营,待至矿业日臻发达而后从渐推广。故吾以为此种之第一工厂须设立于广州,盖因广州为西南矿区之口岸,获取原料、延请技师亦较他处为便易也。至其他之工厂,应设立于汉口与北方大港各地。

第七部 冶矿〈机〉厂之设立

各种金属之冶铸机厂,应遍设于各矿区,使之便于各种金属之化炼。此等冶铸机厂,应仿合作制度组织之。当其始也,生矿之收集,价格必廉。迨后金属之出售,无论其在中国或外国市场。而此种冶铸工夫,可以分享其一分之利益,用以抵偿各种费用、利息与冗费。其他之剩余利益,应按各种工人之工资并各资本家所供给于铸炉之生矿之多寡比例分配之。如此办法,对于私人之经营矿业者,既可以资鼓励,而工业之基础亦可因之以成立。但机厂之设立须依各区之需要,由专门家以定其规模之大小,而设中央机关以管理之。

结 论

世界有三大问题,即国际战争、商业战争与阶级战争是也。在此国际发展实业计划中,吾敢为此世界三大问题而贡一实行之解决。即如后达文而起之哲学家所发明人类进化之主动力,在于互助,不在于竞争,如其他之动物者焉。故斗争之性,乃动物性根之遗传于人类者,此种兽性当以早除之为妙也。

国际战争者无他,纯然一简直有组织之大强盗行为耳。故对此种强盗行为,凡有心人莫不深疾痛恨之。当美国之参加欧战也,遂变欧战而为世界之大战争。美国人民举国一致,皆欲以此战而终结将来之战,为一劳永逸之计焉。世界爱和平之民族之希望,莫不为之兴起,而中国人民为尤甚,一时几咸信大同之世至矣。惜乎美国在战场上所获之大胜利,竟被议席间之失败而完全推翻之①。遂至世界再回复欧战以前之状况,为土地而争、为食物

---

① 原文"国际战争者"之后为"无以名之,只可名之曰,一有组织之强盗机关,用以实行其强盗行为耳。此等之强盗行为,有良心人所不肯为者,彼等则行之,当美国加入欧洲战争,遂转欧洲战争为世界战争,在美国人民之意思,非欲以此次之大战争,以免永远之战争乎?中国人民素以爱和平之民族见称,中国思想中之大同世界,又常为世所艳羡,惟最不幸者,因美国在此战争中虽获大胜利,惟对于和平问题,完全失败",此段今据上海孙中山故居藏勘误本改。

而争、为原料而争将再出见。因此之故,前之提倡弭兵者,今则联军列强又增加海军,以预备再次之战争。中国为世界最多人口之国,将来当为战争赔偿之代价也。

十余年前,列强曾倡瓜分中国,俄罗斯帝国且实行殖民满洲,后因激动日本之义愤,与俄战争,得以救中国之亡。今则日本之军国政策,又欲以独力并吞中国。如中国不能脱离列强包围,即不为列国瓜分,亦为一国兼并。今日世界之潮流似有转机矣。中国人经受数世纪之压迫,现已醒觉,将起而随世界之进步,现已在行程中矣。其将为战争而结合乎?抑为和平而结合乎?如前者之说,是吾中国军国主义者与反动者之主张,行将以日本化中国。如其然也,待时之至,拳匪之变或将再见于文明世界。但中华民国之创造者,其目的本为和平,故吾敢证言曰:为和平而利用吾笔作此计划,其效力当比吾利用兵器以推倒满清为更大也。

吾现所著之《实业计划》经已登载各报、各杂志,流传于中国者不止一次,几于无处无人不欢迎之,并未闻有发言不赞成之者。但彼等所虑者,谓吾所提议之计划过于伟大,难得如此一大宗巨款以实行之耳。所幸者,当吾计划弁首之部寄到各国政府与欧洲和会之后,巴黎遂有新银行团之成立,思欲协助中国发展天然物产。闻此举之发起人出自美国政府,故吾等即当开办之始,亦不患资本之无着也。

在列强之行动如系真实协力为共同之利益计,而彼之主张军国主义者,欲为物质向中国而战争者,自无所施其伎俩。此无他,盖为互助而获之利益,当比因竞争而获之利益更为丰厚也。彼日本之武力派,尚以战争为民族进取之利器,彼参谋本部当时计划十年作一战争。一八九四年以一最短期之中日战争,获最丰之报酬,于是因之而长其欲。一九〇四年日俄之役,获大胜利,所得利益亦非轻小。最后以一九一四年之大战争,复加入联军以拒德国,而日本以出力最微,费财至少,竟获一领土大如未战前之罗马尼亚、人口众如法国之山东。由此观之,在近三十年间,日本于每一战争之结局即获最厚之报酬,无怪乎日本之军阀以战争为最有利益之事业也。

试以此次欧战最后之结果证之,适得其反。野心之德国,几尽丧其资本与利益，与其他难于计算之物。法国虽以战胜称，实亦无所得。今中国已醒觉，日本即欲实行其侵略政策，中国人亦必出而拒绝之。即不幸中国为日本所占领，不论何时何处，亦断非日本所能统治有利。故以吾之见，日本之财政家当比日本之军阀派较有先见之明，此可以满洲、蒙古范围地之争持证之。以财政家得最后之胜利，如是日本即舍弃其垄断蒙古之政策，而与列强相合成立新银团。若此新银团能实行其现所提倡之主义，吾中国人素欲以和平改造中国者，必当诚意欢迎之。故为万国互助者当能实现，为个人或一民族之私利者自当消灭于无形矣。

商业战争，亦战争之一种，是资本家与资本家之战争也。此种战争无民族之区分，无国界之限制，常不顾人道，互相战斗。而其战斗之方法即减价倾轧，致弱者倒败，而强者则随而垄断市场，占领销路，直至达其能力所及之期限而止。故商业战争之结果，其损失、其残酷亦不亚于铁血竞争之以强力压迫也。此种之战争，自采用机器生产之后已日见剧烈。彼司密亚丹派之经济学者，谓竞争为最有利益之主因，为有生气之经济组织；而近代之经济学者，则谓其为浪费，为损害之经济组织。然所可确证者，近代经济之趋势，适造成相反之方向，即以经济集中代自由竞争是也。美国自有大公司出现，即有限制大公司法律，而民意亦以设法限制为然。盖大公司能节省浪费，能产出最廉价物品，非私人所能及。不论何时何地，当有大公司成立，即将其他小制造业扫除净尽，而以廉价物品供给社会，此固为社会之便利。但所不幸者，大公司多属私有，其目的在多获利益，待至一切小制造业皆为其所压倒之后，因无竞争，而后将各物之价值增高，社会上实受无形之压迫也。大公司之出现，系经济进化之结果，非人力所能屈服。如欲救其弊，只有将一切大公司组织归诸通国人民公有之一法。故在吾之国际发展实业计划，拟将一概工业组成一极大公司，归诸中国人民公有，但须得国际资本家为共同经济利益之协助。若依此办法，商业战争之在于世界市场中者，自可消灭于无形矣。

阶级战争，即工人与资本家之战争也。此种之战争现已发现于各工业国家者，极形剧烈。在工人则自以为得最后之胜利，在资本家则决意以为最苦之压迫。故此种之战争，何时可以终局，如何可以解决，无人敢预言之者。中国因工业进步之迟缓，故就形式上观之，尚未流入阶级战争之中。吾国之所谓工人者，通称为"苦力"，而其生活只以手为饭碗，不论何资本家，若能成一小工店予他等以工作者，将必欢迎之。况资本家之在中国寥若晨星，亦仅见于通商口岸耳。

发展中国工业，不论如何，必须进行。但其进行之方，将随西方文明之旧路径而行乎？然此之旧路径，不啻如哥伦布初由欧至美之海程。考其时之海程，由欧洲起向西南方，经加拿利岛至巴哈马群岛之圣沙路华打①，绕程极远；与现行之航线取一直捷方向，路程短于前时数倍者，不可同日而语矣。彼西方文明之路径，是一未辟之路径，即不啻如哥伦布初往美国之海程，犹人行黑夜之景况。中国如一后至之人，可依西方已辟之路径而行之，此所以吾等从大西洋西向而行，皆预知其彼岸为美洲新大陆而非印度矣。经济界之趋势亦如是也。夫物质文明之标的，非私人之利益，乃公共之利益。而其最直捷之途径不在竞争，而在互助。故在吾之国际发展计划中，提议以工业发展所生之利益，其一须摊还借用外资之利息，二为增加工人之工资，三为改良与推广机器之生产，除此数种外，其余利益须留存以为节省各种物品及公用事业之价值。如此，人民将一律享受近代文明之乐矣。前之六大计划，为吾欲建设新中国之总计划之一部分耳。简括言之，此乃吾之意见，盖欲使外国之资本主义以造成中国之社会主义，而调和此两种人类进化之经济能力，使之互相为用，以促进将来世界之文明也②。

---

① 圣沙路华打（San Salvador），今译圣萨尔瓦多岛，又名华特林岛。
② 原文在"总计划之一部分"后，为"然亦皆欲对于中国使资本主义变而为社会主义，故此二种人类进化之经济权能，必在将来之文化中相依而行矣"。此段今据上海孙中山故居藏勘误本改。

附录一　关于广州至重庆与兰州支线之借款与建筑契约草案①

此之契约,经于中华民国二年七月四日即西历一九一三年七月四日成立于上海。关于此契约之双方当事人,一为中国国家铁路公司,一为波令有限公司(Pauling and Company,Limited②)。中国国家铁路公司经于中华民国元年九月九日即西历一九一二年九月九日由总统命令委任,并于中华民国二年三月三十一日即西历一九一三年三月三十一日经大总统公布公司章程在案,故即以公司定名。波令有限公司现设立于伦敦城维多利亚街第二号,为立契约人等。现经双方当事人同意,议定契约条文如下:

第 一 条

立契约人承诺借巨款与中华民国,年息五厘,专为兴筑广州至重庆之铁路费用。其总额若干,须经双方预为议定。此借款开始所发行之债券,名曰"一九一三年中国国办广州重庆铁路五厘公债券"。

第 二 条

此借款之用途,专为由广州至重庆铁路之建筑与器具之费用。至其必要之用具,再详细开列于第十七条之详细契约中。

第 三 条

对于借款之摊还与利息之交付,则由中华民国政府并以广州重庆铁路之监察权为之担保。

此之监察权,为契约人对于该路为其债券所有者之援助应享有之第一

---

① 标题和正文中凡提及"广州"之处,底本原作"广东",今均据英文本原文"Canton"改译。
② 所附英文原作 Pauling and Company,今据英文本补正。

抵押品。此之抵押品,即如当建筑铁路之时,各种费用与铁路材料、车料与屋宇等之买卖是。

如利息应偿还款项之全数或一部分,不能如所订之期限交付时,立契约人为其债券所有者援助计,有权将该项权利加入于特别抵押品内。

第 四 条

当铁路尚在建筑时期,凡债券与借款之利息经立契约人订定者,应由借款项下支付。凡由借款所加入之利息,若当建筑时期尚未支出者,与铁路公司已成立之一部分铁路之收入,须移用为补偿应摊还利息之总数。若再有不足,则由借款补足。

当铁路全部建筑完工后,其债券之利息可由该铁路公司之铁路入息或其他项收入支付。但对于此项办法之详细契约,另详于此契约之第十七条。

不论何时,若铁路之收入与借入之存款合计之,尚不足偿还债券之利息与载在详细契约中所借入期单应偿还之资本,中华民国政府为保证此契约起见,应正式承认将此借款之欠负与载在第十七条详细契约所偿还之利息,一并交付。

第 五 条

发行之债券,即作为中华民国政府之债券。

第 六 条

债券应分为二次或二次以上发售。第一次所发出之总额,须在金镑一百万至二百万之间,惟须当此契约第十七条之详细契约双方签名之后,即刻实行。此债券之发行价格,应由铁路公司与立契约人协同依同样债券为基础,以议定市面价格。此之价格,因包含债券发行于各国所需用之印花,故比其原定价格略低。此种债券至少须百分之五十在英伦发行。百分之四为立契约人抽收,即每一百金镑可照债券之发行之价抽收四镑。

当十七条详细契约既定、债券亦将发行时候,立契约人须先存贮五万金镑于银行,入为广州重庆铁路公司数目。此之总数,若经铁路总理之命令并总会计与总工程师之签名,可以随时提取作为测量及各种必需之费用。至此五万金镑之总数,订定每年利息五厘,将来由借款项下拨出归还。

第 七 条

借款须存贮于银行,由立契约人声明并担保作为广州—重庆铁路数目。如此办法,可再由第十七条之详细契约中商酌办理。

当建筑工程经已开始,一相等于在中国足充六个月用度之数额,须交付存贮于设立在中国之银行,入为广州—重庆铁路数目,并可由该铁路公司支用。但须得总会计与总工程师会签方为有效。此六个月用度之总额,可接续依月递交,存贮于中国之银行。

第 八 条

当详细契约签押之后,此铁路公司即须于广东省城另设一广州—重庆铁路事务所。此之事务所,应设中国总理一人,由铁路公司派委;英国总工程师及英国总会计各一人,由铁路公司与立契约人协同择定,而后由铁路公司任命。但所雇用英国职员,若得铁路公司与立契约人之同意,并可以革除。

此项职工应尽之义务,在增进铁路公司与债券所有者之共同利益,故每当有问题发生,必须有铁路公司与立契约人共同秉公处理。英国总工程师与总会计之薪金及期限,由铁路公司与立契约人订定,即由铁路数目项下支出。

凡关于管理铁路之重要人员,如有有经验、有技能之欧洲人与有能干之中国人,均须一体并用。如此等一切之任用与其权限之规定,须由总理与总工程师会商办理,呈请铁路公司核准。至雇用于总会计部之欧人,均须依同一方法办理。如欧洲职员有失德行为或不称职时,总理与总工程师会商呈请公司核准,可将该职员革除。至雇用欧洲职员所订之契约,须与普通所用者相同。

凡在总会计部之收入数目及铁路建筑与管理之支出数目,须用中、英两国文字。总会计须依此办法办理报告,分呈于总理与代表债券所有者之立契约人。但此项数目之收入与支出,必须经总会计承认,并总理核准。

当铁路建筑完工之后,凡关于铁路之通常应办事宜,须由总理与总工程师会商办理,并须随时报告于铁路公司。

总工程师之责任,在使铁路办理妥善,节省经费;至普通事宜,须会商总理进行。副工程师当建筑时期,其责任如何,再详示于本契约中第十七条之详细契约。

总工程师须遵奉铁路公司意思与命令。惟此项意思与命令,不论其为直接授予或经总理转达,均须一体照办。并须对于铁路之建筑与维持随时留心料理。

为养成中国铁路人才起见,总理若得铁路公司之核准,可设一铁路专门学校。

第 九 条

立契约人担认建造与完成此铁路,并得由该铁路所用之建筑物与器具之确实所值价格抽取百分七之数量。"器具"二字之意思,包含铁路用以驾驶之一切器用,如车料、车头为驾驶而用者皆是。

"器具"之名词,若明白解释之,凡对于铁路已建筑完全、经已购器使用之后,所购入之各物不包含在内。更为详明解释之,凡因建筑铁路买入之地价,与总理、总会计、总工程师及各办事人员之薪俸,不能列入建筑与器用之名词之意思内。

立契约人有权依章建筑支路至甘肃省之兰州。如或得双方之同意,并可建筑同长铁路至中国之他部地方。此种之权限,在由铁路兴工之始七年内有效。

其余一切关于建筑铁路与购办器具之事宜,遵照本契约第十七条之详细契约办理。

第 十 条

一切沿铁路边旁之田地,经测量指定,系依详细计划用为旁路、车站、修理店与车房之用者,可由公司依确定之价值收买,并须由借款内照给。

第 十 一 条

立契约人依照详细契约所规定,需将每段已完工之铁路交出铁路公司,以备使用。

第 十 二 条

立契约人须派董事为债券所有者之代表。至其应领取之薪金,别以详细契约定之。

第 十 三 条

中华民国政府对于现建筑或已驶行之铁路,与属于铁路之一切财产,并将雇用中国或外国人员,皆须饬各地方官极力保护。铁路得设立警察队与警察官,其薪金与费用须由铁路建筑费用项下支给。若铁路遇有事故,须要政府兵力时,须由铁路公司呈明,迅速派人驻守。但此等兵队,须由政府供给费用。

第 十 四 条

凡用以建筑铁路之各种材料,无论其由外国购办抑由本省采取,若为铁路使用且在免税限内者,须一律免除厘金与关税。凡债券、票据与铁路之入息,须由中华民国政府免除各种征抽。

第 十 五 条

为奖励中国工业起见,若中国材料之价值与物质均称适宜,须一体劝用。英国制造货物与由他国运来之货物比较,若系同物质并同价值者,英国货物有优先权。

第 十 六 条

立契约人得铁路公司之核准与承诺,可将全部或一部之利益、权利与事权转让与承受人或授予人。

第 十 七 条

当此契约经已画押,即须送呈中华民国政府核夺。若经中华民国政府批准,然后将此契约由双方协定,另订详细契约。

第 十 八 条

此契约既经批准与承诺,中华民国政府须将此事实照会驻京英国公使。但此之批准,必须将第十七条之详细契约统括之。

第 十 九 条

此之契约须按照英、中两国文字缮写四张,一送呈于中华民国政府,一送呈于驻京英国公使,一留存于立契约人。若对于此契约之解释有疑义发生时,英文底本即作为标准。

中华民国二年即一九一三年七月四日
关于契约双方当事人画押于上海

附录二　驻京美国公使芮恩施复函

孙先生大鉴:

来函经于二月一日收到。函内手著《国际共同发展中国实业计划》,拜读之余,良深钦佩。先生对于此重要问题,能以宏伟精深之政策运用之,可喜可贺。尊意以为发展中国实业,须联合国际共同办理,凡命为中国朋友者,应当竭力赞助。前者列强每当战争告终,即施其所谓势力范围与割让、租借等手段,是不幸事,人皆知之。尊意以为革除彼向来恶习为必要之图,故提倡用一联合政策,由国际机关与中国共同发展中国之实业,所见甚是。若依此办法,中国应享之权利无不可保矣。

吾甚望中国情形有所变更,一切中国人民将利用其钱财为生利之事业,而共襄助此伟大之经营也。吾甚望中国政府奖励其本国工业,使以其本国无限之资本用为生产,其日不远。盖因政府有建设之政策,信用自生也。

若先生许吾进言,吾欲将先生之伟大计划为之介绍,或可使世界原料与资本生一密切之关系。吾人皆知现残余之欧洲亟需资以恢复,而他国又以发展伟大计划而求资,如此之发展中国实业计划,必须认定其最急迫最密切之需要,而后共同联合整顿输运,使在如此之计划中占一永久位置。故为目前计,五万英里之铁路似可最敷需用。如此,可使中国西北部之丰富无人境域,交通利便,移民居住,既可以救济沿海岸一带人居过密之各省不至受经济之压迫,亦可以使中国西、北两部之丰富区域能与中国各部及世界各国有通商之机会也。

中国对于煤铁矿之发展,尤为要图。煤与铁,近代工业主义之两大原料也。如中国欲发展此两项工业,应设法利用外资,为之援助。但不可不注意者:一面当留存煤铁,为其本国之需;一面当阻止中国之钢铁事业抵押于外人。如此而后不至危及中国此项伟大之事业。币制之改良与内地税率管理之改良,亦对于中国经济与工业之发展有大关系之大问题也。现在最大出产之土地,而又为中国急迫之需要者,是为农业。此无他,农产,一国之所赖以供养也。就现时计之,中国之人口,几百分之八十为农业。中国之大问题在使人民衣食丰足,故改良农业、开辟新地、整顿灌溉与保护工人、奖励畜牧、发展棉业、改良丝茶及改良中国种子等事业,尚须注意者甚多。若从此开始,亦可导中国于繁盛,或可使其国人民投资于各项事业。若舍此不顾,欲保证实业之发达,盖亦难矣。

就现时言之,吾之所切望者,注重于改良输运、币制、税则、煤铁、农工等事业。然在先生大计划中所包括者,亦不外上列之各种具体办法也。

试就此发展实业计划言之,吾信以为吾等所应留意者,不在讨论新国家,而在讨论一社会秩序极错综而又为以农工商业立国久有经验之国家。在吾之意,至要者为工业。但工业变用新法不可过急,只可将旧艺术、旧习惯由渐改进。如制造丝与磁等工业之艺术技能,须设法保存,不可以省工廉价求售。如食物出口,若非确知为生产之剩余者,即须禁止。不然,若食物价格之在中国,起而与世界市场之食物价格相等,中国将必大受恐慌,可无疑者。近代机关之组织,中国人有不可不知者,是对于一公司办事员应用何权限,并该公司与股东有何关系是也。若中国人不知适用公司,国债机关之设立亦断无效果。兹更有进者,中国人素以诚实见称,尤不可因改用新法以经营事业,遂弃置其原有性质也。吾上所述之各点,亦不过欲使中国成一更良善之组织,前日之好习惯固当保全,而社会之秩序亦不至因急速改革而受搅扰也。

先生欲整顿中国,因而利用一最适时宜办法,成一国际共同发展实业计划。高言伟论,当为道贺。此亦足见今日为中国人民领袖之心理,已日渐趋重于国家建设之事业。若奋其能力以成此事业,将来中外人民日相亲密,使将来之发展得与世界之发展共同提携,此为最可喜者也。

先生发展实业计划有更详明者,请赐一纸,不胜铭感。

一九一九年三月十七日于北京
芮恩施敬上

附录三 美国商务总长刘飞尔复函一通

孙逸仙大人阁下:

得奉三月十七日赐函,内附《国际共同发展中国计划》,披阅之下,兴味不穷。而阁下之所谓中国之经济发展将为人类全体最大利益,不特中国人食赐,尤所赞成也。

以阁下所提计划如此复杂,如此溥徧,即令将其备细之点规划完竣,亦需数年。阁下亦明知书案中一小部分尚须数十万万金元①,而其中多数在

---

① 金元(Dollar),即美金,又称美元。

初期若干年间,不能偿其所投之利息与经费。是故,其必要之债所需利息如何清付,实为第一须决之问题。以中华民国收入,负担现在国债利息太重,难保新增之息必能清付。则今日似必要将此发展计划限制,以期显有利益足引至私人资本者为度。

合众国政府一致努力以表示无私之友谊于中国人民,并愿由各种正当之途径,以参与增进华人最上利益之计划也。

远承赐教,感谢无已。敬颂

勋祺

商务总长刘飞尔谨启
一九一九年五月十二日〈于华盛顿〉

附录四　意大利陆军大臣嘉域利亚将军复函

敬启者:

蒙惠赐以关于如何以国际共同组织使用战时所产洋溢之制造能力,而开发中国最大宝藏之〈有〉兴味之计划,不胜感谢。虽在此计划亦有与相附丽之实际困难,稍须顾虑,而以其所造之深与其带有现代精神之活气,使我不禁为最高之代〔评〕价也。

为人道之利益,为贵国之进步,吾愿阁下此计划之完全成功。专此布达

悃诚

嘉域利亚　〈一九一九年五月十七日于罗马〉

附录五　北京交通部顾问之铁路专门家碧格君投函

孙逸仙先生阁下:

敬启者:得读《远东时报》六月号所载尊著论文,敢以一铁路专门家之资格,敬表喜忡之忱。

在阁下所选定路线,仆在此时虽难遽言赞成、反对,但以一铁路联结广

大之农业腹地与人口稠密之海岸之理想,感我实深。窃谓阁下于此已于铁路经济理论上致一具体之贡献。即此路线自身,已能蠲解滞积,开辟一生产区,使食料价可较贱,以职业授巨额之退伍兵卒,又能使大量之硬币得有流转,而通货之位置将循之以为于正也。

在仆尤有庆者,则大著正以此时发表,而仆适亦应《横贯太平洋》杂志社主之求,曾草一论,恰亦触及此种思想径路。此论非至七月不能发表,则阁下之意见,对于现在此点着想,使怀疑我者大足以开悟之矣。

冒昧致书,惟冀鉴原。又信阁下此种启沃思想敏妙之作,必将有继此而宣于世者也。专此,敬颂

勋祺

碧格谨启　〈一九一九年〉六月十七日〈于北京〉

附录六　美国名士寓居罗马以世界中都计划著名之安得生君复函

逸仙先生足下：

六月十九日赐书,已由罗马敝事务所转到此处,甚谢,甚谢。并承瑰伟之补助战后整顿实业之案与《国际共同发展中国计划》相贻,尤感。

奉读尊著计划,旁擘附图而及于先生所与理则的且有力的论据,觉其兴味深永。谨此布庆悦之忱。

吾完全确信先生之高尚理想必将实现,非惟以为中国国家人民之福利而已,又以为世界各人种之利益与繁荣计也。

以饶富之贵国,粮食、矿产、煤铁等等天然富源素称丰富,从前虽为各国所忽略,今则不然矣。而先生之活动发展计划与其展开培成,在使此全未触及之广大处女地,以最经济、最实用之方法运其产物于世界市场之前。是先生绝无私心,专为人道求其利益,是为稀有之人,且明晰显出先生深重之国际同情也。

夫发展中国富源者,不特于贵国实业商务与之新刺激、新能力,且为贵国之人民谋其不可胜计之利路而已,又以不可否认且无限之利益付与一切

国家之一切人民。此所以政府及外国财政家,对于先生之计划与以最深细之考查及援助,而襄同先生以实现此最大之人道的计划,不应更有所踌躇也。凡此在北直隶建筑北方大港,由此港直通中国西北边陲,建一铁路系统,又浚一运河,构成中国北部、中部与此港联络之内地水路统系,且开发山西煤铁矿区,不仅其所需以作制铁、炼钢工程者使贵国数百万人得其职役。抑且广开门户,随之以利益,以容多数国家组织完美之无数实业也。

先生于我世界交通中心之计划辱予赞助,且将以先生所经营之《建设》杂志绍介此思想于贵国人民,使我益加奋厉矣。

此都市如建立于中立地区,则立可以应国际联盟之必然的需要,作为其实际之骨干,而能成为受治于国际司法法庭之下最庄严之行政中心矣。

吾已将此世界中都之图及案送与各国之政府及主权者,并拟于十月一日起赴华盛顿,以展览各图原本,并亲自由纯然实际经济的观察点说明此种计划于各国代表之前。此等代表拟于此处集合,以助国际联盟之组织也。

吾又尝致函威尔逊总统,彼接吾图案之后,答吾谓彼视此计划之价值甚高。吾望此世界交通中心之计划,不久能为实现之中都,将以各国最高自然产物与最重要之实业成功致之于集中点,且使之确定意义,显出此种贡献,乃向于友谊的社会及经济关系为最初决定之一步,而建立此种联合之实用无可批难者也。

将纪念于此海上、空中、陆地战场,为求公道之战胜,为人道扫除榛秽以进于和平,为将来不受暴君压迫之自由而抛其生命之数百万人之英雄奋斗与高尚的牺牲,诸国应各有所献纳,共建造维持此和平都市,以为国际之为丰碑也。

对于先生高尚之计划,吾抱有最深厚之同情;而于先生对于我计划有此深切之兴味,尤吾所引以为庆者也。专布悃忱,藉申敬意。

〈一九一九年〉八月三十日
轩特力·安得生启于萨丁诺①

---

① 萨丁诺(Sardinia),今译撒丁。

建国方略之三
民权初步(社会建设)

序

中华民族,世界之至大者也,亦世界之至优者也。中华土地,世界之至广者也,亦世界之至富者也。然而以此至大至优之民族,据此至广至富之土地,会此世运进化之时、人文发达之际,犹未能先我东邻而改造一富强之国家者,其故何也?人心涣散,民力不凝结也。

中国四万万之众等于一盘散沙,此岂天生而然耶?实异族之专制有以致之也。在满清之世,集会有禁,文字成狱,偶语弃市,是人民之集会自由、出版自由、思想自由皆已削夺净尽,至二百六十余年之久。种族不至灭绝亦云幸矣,岂复能期其人心固结、群力发扬耶!

乃天不弃此优秀众大之民族。其始也,得欧风美雨之吹沐;其继也,得东邻维新之唤起;其终也,得革命风潮之震荡。遂一举而推覆异族之专制,光复祖宗之故业,又能循世界进化之潮流,而创立中华民国。无如国体初建,民权未张,是以野心家竟欲覆民政而复帝制,民国五年已变为洪宪元年矣!所幸革命之元气未消,新旧两派皆争相反对帝制自为者,而民国乃得中兴。今后民国前途之安危若何,则全视民权之发达如何耳。

何为民国?美国总统林肯氏有言曰:"民之所有,民之所治,民之所享。"此之谓民国也。何谓民权?即近来瑞士国所行之制:民有选举官吏之权,民有罢免官吏之权,民有创制法案之权,民有复决法案之权,此之谓四大民权也。必具有此四大民权,方得谓为纯粹之民国也。革命党之誓约曰"恢复中华,创立民国",盖欲以此世界至大至优之民族,而造一世界至进步、至庄严、至富强、至安乐之国家,而为民所有、为民所治、为民所享者也。

今民国之名已定矣。名正则言顺,言顺则事成,而革命之功亦以之而毕矣。此后顾名思义,循名课实,以完成革命志士之志,而造成一纯粹民国者,则国民之责也。盖国民为一国之主,为统治权之所出,而实行其权者,则发端于选举代议士。倘能按部就班,以渐而进,由幼稚而强壮,民权发达,则纯粹之民国可指日而待也。

民权何由而发达?则从固结人心、纠合群力始。而欲固结人心、纠合群力,又非从集会不为功。是集会者,实为民权发达之第一步。然中国人受集会之厉禁,数百年于兹,合群之天性殆失,是以集会之原则、集会之条理、集会之习惯、集会之经验,皆阙然无有。以一盘散沙之民众,忽而登彼于民国主人之位,宜乎其手足无措,不知所从,所谓集会则乌合而已。是中国之国民,今日实未能行民权之第一步也。

然则何为而可?吾知野心家必曰"非帝政不可",曲学者必曰"非专制不可"。不知国犹人也,人之初生,不能一日而举步,而国之初造,岂能一时而突飞?孩提之举步也,必有保母〔姆〕教之,今国民之学步亦当如是。此《民权初步》一书之所由作,而以教国民行民权之第一步也。

自西学之东来也,玄妙如宗教、哲学,奥衍如天、算、理、化,资治如政治、经济,寿世如医药、卫生,实用如农、工、商、兵,博雅如历史、文艺,无不各有专书,而独于浅近需要之议学则尚阙如,诚为吾国人群社会之一大缺憾也。夫议事之学,西人童而习之,至中学程度则已成为第二之天性矣,所以西人合群团体之力常超吾人之上也。

西国议学之书不知其几千百家也,而其流行常见者亦不下百数十种,然皆陈陈相因,大同小异。此书所取材者,不过数种,而尤以沙德氏之书为最多,以其显浅易明,便于初学,而适于吾国人也。此书条分缕析,应有尽有,已全括议学之妙用矣。自合议制度始于英国,而流布于欧美各国,以至于今,数百年来之经验习惯,可于此书一朝而得之矣。

此书譬之兵家之操典、化学之公式,非流览诵读之书,乃习练演试之书也。若以流览诵读而治此书,则必味如嚼蜡,终无所得。若以习练演试而治此书,则将如啖蔗,渐入佳境。一旦贯通,则会议之妙用可全然领略矣。

凡欲负国民之责任者,不可不习此书。凡欲固结吾国之人心、纠合吾国之民力者,不可不熟习此书。而遍传之于国人,使成为一普通之常识。家族也、社会也、学校也、农团也、工党也、商会也、公司也、国会也、省会也、县会也、国务会议也、军事会议也，皆当以此为法则。

此书为教吾国人行民权第一步之方法也。倘此第一步能行，行之能稳，则逐步前进，民权之发达必有登峰造极之一日。语曰："行远自迩，登高自卑。"吾国人既知民权为人类进化之极则，而民国为世界最高尚之国体，而定之以为制度矣，则行第一步之工夫万不可忽略也。苟人人熟习此书，则人心自结，民力自固。如是，以我四万万众优秀文明之民族，而握有世界最良美之土地、最博大之富源，若一心一德以图富强，吾决十年之后必能驾欧美而上之也。四万万同胞行哉勉之！

民国六年二月二十一日
孙文序于上海

卷一①　结会

第一章　临时集会之组织法

一节　会议之定义

凡研究事理而为之解决，一人谓之独思，二人谓之对话，三人以上而循有一定规则者则谓之会议。无论其为国会立法，乡党修睦，学社讲文，工商筹业，与夫一切临时聚众征求群策、纠合群力以应付非常之事者，皆其类也。

二节　会议之规则

尝见邦人之所谓会议者，不过聚众于一堂，每乏组织，职责缺如，遇事随便发言，彼此交谈接语，全无秩序。如此之会议，吾国社会殆成习惯。其于

---

① 每卷卷次前有《社会建设（民权初步）》标题，现均删去。

事体容或有可达到目的之时,然误会之端、冲突之事在所不免,此直谓之为不正式、不完备、不规则之会议可也。有规则之会议,则异于是,其组织必有举定之职员,以专责成;其行事必按一定之秩序,有条不紊。如提议一案也,必先请于主座以讨地位,得地位而后发言;既提之案,必当按次讨论,而后依法表决。一言一动,秩序井然,雍容有度。如是乃能收集思广益之功,使与会者亦得练习其经验,加增其智能也。

三节　会议之种类

会议有三种:其一、临时集会,为应付特别事件而生者;其二、委员会,乃受高级团体之命令而成,以审查所指定之事,而为之解决或为之筹备者;其三、永久社会,为有定目的而设者。此三者之分别,则如一、二两种为暂时之会,其三为永久之会。又其一、其三为独立之团体,而委员会则为附属之团体。至于组织之不同,则临时集会必当有主座、书记,各专其责;而委员会之书记虽有用之者,然非必要,而主座常可兼之。但永久社会之组织,略同于二者之外,更加以须有正式举定之职员及一切之章程规则,并有定期之会议、标揭之意志、规定之人数。

四节　召集之通式

凡有同声相应、同气相求者,皆可召来会议。其法有以口传,有用帖请,有登广告于报上,有标长红于通衢。其式如下:

敬启者:兹值民国中兴,宜张庆典。谨择于十月二十五日,在新都成功大道民乐园开筹备会。凡我同志,届期务乞光临指示一切!此布。

民国五年十月初十日　发起人甲乙丙丁同启

五节　开会之秩序

届时群贤毕至,少长咸集。而丁君先将议堂预备妥当,设主座于堂上,堂前陈列一案,案前横列众椅。到者随意择座,互道寒暄。少顷,发起人甲君敲案作声,要众注意,遂起而言曰:"诸君……开会之时间已至,请众就秩序！"（外国习尚，临开会时，只高声号曰："秩序！秩序！！"众则肃然就范矣。）俟众就秩序之后，乃再曰："请诸君指名若人为候选主座。"仍立候众人之指名。

六节　主座之选举

有己君起而对甲君言曰："我指名乙君当主座。"（己君对于甲君发言而不称曰主座者，因彼尚未得为正式主座，不过权行其事耳，故不称也。）己君既坐，庚君即起而言曰："我附和之。"遂亦坐。甲君尚立待，乃曰："乙君已被指名为候选主座，又得附和矣，尚有其他指名者否？"稍待，又曰："尚有言否？"仍立待。乃再曰："如无别意，则乐举乙君为吾人主座者，请曰'可'（众人之赞成者，则答曰可），其反对者请曰'否'（众人之反对者则答曰否）。"若"可"者多于"否"，甲君当宣布曰："选举主座之案已得通过，乙君当选为本会之主座。"遂坐。倘答"否"者多于"可"，则其案为否决，而甲君当再请众指名以备选。会中当照前法指名其他之人。

七节　被指名者多人

倘有于乙君之外另指名他人当主座者，当起而言曰："我指名戊君。"又有指名丙君、指名甲君，如是者数人。甲君立待，俟指名者各尽其所喜，而后按次先由乙君起，一一表决之，至得当选之人为止。甲君自身之被指名，亦提出己名于众以表决，一如他人焉。因甲君之职务，为会众之代理，以办选举主座之事，而待其本身亦如待他会员也。若用投票选举，则于指名既齐之后乃能投票（投票法后再详）。

八节　指名之附和

指名宜有附和，为一妥善办法，盖足见被指名者非只一人之乐意也。倘同时有指名多人，则附和一法非所必要。但其事以何为妥便，代行主座者可酌量变通办理。

九节　选举书记等

乙君既被选为主座,起而就座,立于案后,对众人(或敲案要众注意)言曰:"现在第一件事为选举书记,请众指名。"仍立而待。戊君起而言曰:"主座先生。"(此之谓称呼主座所以讨地位也。)主座答曰:"戊先生。"(此之谓承认其发言之地位也。)戊君既得地位,乃进而言曰:"我指名己君当书记之选。"遂坐。辛君即起而言曰:"主座先生,我附和之。"亦坐。主座略待,或问众曰:"更有指名否?"少顷,乃进而照前选举主座之法以表决之。己君当选为书记,即就案坐于主座之傍(案上当先准备文房器具),预备将所经之事、随来之事一一照实记之;不必记众人之所言,但须全录已行之事或表决之案,而不得下一批评。

此时主座则将开会之目的宣布,为一长短适宜之演说,大略如下曰:"今日之会,为筹备庆典而设。诸君当知民国开基,甫经四载,则被移于大盗,几至沦亡。所幸人心不死,义师起于西南,志士应于东北,举国一致,大盗伏诛,天日得以重光,主权依然还我,中华民国从此中兴,四亿同胞永绥福乐。当兹幸运,理合申祝,故拟举行庆典,以表欢忱。诸君对于筹备之事当有指陈,此时则在发言秩序之中,本主座望各畅所欲言,备众采择,俾得速定办法,幸甚!"言毕乃坐。惟一旦有人称呼"主座",彼当再起立承认之。当人发言时,彼可坐,但于接述动议、呈出表决及详言事实时,当起立。又凡有关于会中秩序及仪式所必要之时,亦当起立。

以上各节,为临时会议组织完备、着手进行之模范也。

十节　委员会

委员会之组织与上同,惟书记一职,可以省之耳。若高级团体委任委员之时已选定其主座,则开会时不必再选,否则于开第一会时,当由委员会中自选举之。就事实上而论,先受委之人未必即为委员长,但第一会当由彼召集其他之委员耳。委员会进行规则,后再详之。

第二章　永久社会之成立法

十一节　立会

发起永久社会之第一回集会,其组织方法与临时集会相同,但须订立章程规则及选举长任职员。

(演明式)譬如庆典会告终之后,与会者兴趣未消,感情愈结,均欲成立一会以助政治改良,而导社会进步。于是再集同人,从新发起,其进行程序一如临时之会焉。

乙君被选为临时主席,己君为临时书记。主座既宣布开会宗旨之后,在会者各随意评谈,有赞成、有反对此计划者。甲君于是起而称呼主座,及得承认,乃曰:"我动议发起一'地方自治励行会',而在此会中即须从事进行。"主座接述其动议,遂即正式讨论,各尽所言,然后呈出表决。若得多数表决赞成,则为通过。而主座即宣布曰:"发起一地方自治励行会之动议,已得可决矣。"斯时也,按法言之虽为临时集会,实则变为永久之团体矣。从此凡与会者,既尽共同所约束之义务,则当然为会员。

主座既将表决之结果宣布之后,乃继而问曰:"本会今当如何进行,使团体之组织臻于完备?"庚君如法讨得地位,乃动议委任委员三人,以草立章程规则。此动议既接述,经讨论,乃呈众表决。若得通过,主座当问曰:"用何法委任,由众选抑由主座委?"壬君讨得地位动议,或曰"由主座委任",或曰"由众指名"。若为前之动议,如法呈众通过后,主座乃委任在会之三人,曰:"本主座今委任戊先生、壬先生、己先生为起草委员。"若为后之动议,呈众如前通过后,主座乃请众指名,而接之以呈众表决,一如选举主座之法焉。

选举职员亦如前法,可动议交委员审定,备造职员名册,或动议由众指名候选。若交委员审定,则被委者或即退于别室,详细审定,而即报告,或俟下会然后报告,更或饬令将职员名册抄录,或印刷多分,备为选票之用。

至于章程规则之起草委员,必待下会而后报告也。

以上各事,为发起一会之所必要,而不能稍为忽略者。如是,暂成组织随而逐步进为永久之团体。第一会当决定下会之开会时间、地位,乃散会。

十二节 章程及规则

第一次会议所委任之起草委员,自行集会,将章程规则草就誊正,准备报告。于下期开会时认可记录之后,第一件事则为起草委员之报告。主座要请之,而委员长宣读之。先读全文,俾会员知主旨之总意,后乃分条而读之。每条当详细讨论,或加修正。第一条议定之后,主座则曰:"今开议第二条。"每条皆如是云云,至尽而止。主座随曰:"现在问题,在采用此章程为本会之章程,赞成者……"云云(如前之表决法)。规则表决式同此。

有《模范章程规则》一份,载于附录,可为各种团体之张本。章程规则之要点,当包涵会名及其目的,职员及常务委员之数及其职务,会员之条件,取法之议则,法定之额数,修改之条例,与夫会中一切之要义。

十三节 职员

重要之职员,为会长、副会长及记录书记。若有会费,则加理财、核数二职。如事繁则当有通信书记及副书记。倘其事件为集会时所不能办者,则当举董事办之。

至若小团体,而目的在互相资益而不勤外务者,则一切事务当以全体会员办之,于集会时讨论表决其大要,而细务乃授之委员。又此等资益会,其职员宜轮流充当,使各得练习其才干。如是,则全体会员皆得与闻会事,于是感情益密,结力弥坚,而平等公正之精神亦油然而生矣。

十四节 职员之选举

第一回会议所委之职员,指名委员自行开会审定,乃列单预备报告。于第二回开会时,章程规则既采用之后,主座则着指名委员报告。该委员长起而言曰:"主座先生,本委员等谨报告如下:当主座者壬先生,当副主座者丙先生,当记录书记者己先生,当通信书记者戊先生,常理财者乙先生,当核数者甲先生"云云(以至章程中应有职员,尽仿此开列)。读毕,将人名单交与主座,遂坐。

会中规则,各有不同,有规定于指名委员报告之后,同时选举者,有规定于接报告之后,下期始选举者。倘为下期开会始选举者,主座于收接指名报告之时,当申言曰:"诸君已闻委员报告候选职员之姓名矣,选举之期在于下会某某日,倘有不合意者,此时可另为指名,以备下会附入正式指名者之后而当候选也。"倘为同时选举者,主座当曰:"诸君已聆委员报告,意见如何?"云云。此种报告,不必另有动议以收接或采用也。此时在指名秩序中,倘有他指名者,适可行之(详下节)。

选举时至,主座发言曰:"今当选检查员。"辛君随而讨得地位,曰:"我动议检查员由主座委派。"此动议即呈众表决。得通过,主座即委癸先生及子先生为检查员。彼等受命后,即分派候选人之名单,以作票用,或空白条纸亦可。会员各将票准备,勾去不合意之名,而加入其所喜者。检查员以箱或他器收之,退而数之,记其结果。此事既毕,主座当搁置他事,曰:"检查员已准备报告矣。"癸君于是将投票之结果宣读如下:

所投之票总数二十一票

当选必要之数为十一票

会长票　　辛先生得一票

　　　　　壬先生得二十票,理合当选

副会长票　　子先生得一票

　　　　　　庚先生得一票

　　　　　　丙先生得十九票,理合当选

读毕,将单交与主座。主座曰:"下开各位已得大多数票,当选为本会职员。"彼再宣读职员及被选者之名。经此宣读,则成为决议,而书记即记录其案,此案不能复议。

十五节　其他之选举

倘指名委员须即时报告,则无暇准备名单,而用白票,按职分选会员,随所喜而书名,然后收而按名数之。或用复选之法,初选作为指名,其法如下:

一、凡得票皆作被指名者;二、以二三得最多票为被指名者;三、以限得若干票以上皆为被指名者。三者之中,采用何法,须先表决。复选之法,最为公允,但略费时耳。

十六节　无人当选

若各职之候选者,无人能得所投票之大多数,则谓之无人当选。如是必须再选,至得有当选者为止。则如选举会长,所投票共得十九:壬君得票十,丙君得票七,乙君得票二。此为壬君得大多数为当选。倘壬君所得少于十票,则为不当选,必当再投票。于是主座当曰:"候选会长皆无人能得大多数,本会当再投票。"

十七节　大多数与较多数

大多数者,即过半数也;较多数者,即半数以下之最多数也。若只得二份票,或二候补员之竞争,即大多数与较多数实无别;若过二数以上即大异矣。如所投票为十九数,壬君得九票,丙君得七票,乙君得三票,如是则壬君所得票为较多数,非大多数也。因十票乃为十九票之大多数也。较多数亦有得选者,如此则必于投票之先,已经表决乃可。但一切社会之职员选举,最少须有一票过半乃能当选,庶几合大多数之常例。惟在人民选举官吏,则反乎此者乃为常例。因用大多数法,往往生出不便之事也,故有经验之国家多不行之。

十八节　团体之成立

恒久职员选妥之后,当于下会就职。临时〈职员当服务至散会为止。会长于就职时〉①可申言感谢会中之信任,并许尽其能力以服务,且当注意于会员之权利及利益,而平等承认之、尊重之。自此彼称为"会长"或"主座"。职员选妥,章程规则订妥,则其会即为成立,而可着手办事矣。此时

---

① 据《会议通则》稿本,增补"职员当服务至散会为止。会长于就职时"。

职员当就职,各司其事。倘无论何时,有当开会时而正式职员全然缺席者,则当宣布秩序时,无论何人皆可将秩序宣布,而使会中另举代理主座并书记以摄行会事,此则犹胜于使会众及演说者久待也。

临时会与永久会皆各有常规,以定其程序。其前者则多尚普通习惯,其后者则采自专家。各商团及公司会议皆当循会议规则。而无论何家所定之法适于各社会,皆适于各商团、公司也。

第三章　议事之秩序并额数

十九节　循行之事

开场议事,有三件必要之形式:一为唱秩序,二为宣读及认可前会之记录,三为散会。此外更有常务委员之报告,皆可称为循行之事。此等事由全体许可,便可不用动议及表决之形式而施行之。但此等非公式之举动,切不宜施之于此外之事,因虽于循行之事中,亦常容人反对非公式之举动者。

当开会之时,会长起立,稍静待,或敲案而后言,曰:"时间已到,请众就秩序而听前会记录之宣读。"乃坐。书记于是起而称主座,然后宣读记录,读毕亦坐。主座再起而言曰:"诸君听悉前会之记录矣,有觉何等错误或遗漏者否?"略待,乃曰:"如其无之,此记录当做认可。今当序开议之事,为如此如此"云云。倘有人察觉记录之错误,当起而改正之。发言如下,曰:"主座,我记得所决行某案之事乃如此如此。"倘书记以为所改正者合,而又无人反对,书记当照录之,而主座乃曰:"此记录及修正案,当作认可成案。"倘有异议,或书记执持原案,任人皆可动议,曰:"照所拟议以修正记录",或删去或加入何字。此动议经讨论及表决,而案之修正与否,当从大多数之可决、否决而定之。主座于是曰:"记录如议修正,作为成案。"

二十节　议事之公式秩序

凡社会或会长宜采用议事之一种秩序,以为集会之标准;但其式可作通常用,非一成不变者也。其式如下:

（一）请就秩序

（二）宣读记录及认可之

（三）宣布要旨

（四）特务委员之报告

（五）常务委员之报告

（六）选举

（七）前会指定之事

（八）前会未完之事

（九）新生事件

（十）本日计划之事

（十一）散会

以上秩序，各会可随其利便及方法以变通之。会长每次当定一目录，书明各件于秩序之下，以备开会时按序提出。次及新生事件之时，会长当问曰："今日有无新生事件？"如其有之，当提出表决之，或临时结束之，然后着手于本日之演说或其他之计划事件。倘本日计划定有一定时间者，到时而诸事尚未完结，除得多数投票表决"继续进行"外，当做默许，立将诸事延搁至下期会议。总之，议事之秩序一经认可记录之后，便可由动议及表决随时停止或变更之，以议特别事件也。

二十一节　额数定义

额数乃会议办事之必需人数。在临时集会，则额数问题不发生，无论到会者多少皆可开会。在委员会，**必得过半数乃成额**。在长久社会，必当以法定其何数乃成额。如未有规定者，则必以大多数为成额。开会时必得过半数而后乃能办事，不足额则只有散会以待下期而已。

在立法院，其事为公共性质，其人员到会为当然之职务，而法院，又有强迫到会之能力，则额数以多为允当。至于寻常社会，则以少为宜，因其目的在事之能办，所以当定少额，以备开会时必能达足额之数。如社友之数由五十人至百人者，其额数以九人为妙。若更少之会，则五人为额。若数百人以上之社会,亦不过十五人至十七人为额足矣。至于所定人数,又当注意于社会之种类,有种社会其社员非服务者,则人数虽多,而额仍以少为宜也。其要义即在凡会员皆有到会之权利之机会,故无论雨晴皆到者,当然得办事之权利,以偿其劳;而疏忽不到会之会员,当不得更有异议也。

二十二节　额数为开会前之必要

凡一团体既定有额数,则此额为开会办事之必要条件。到开会之时,会长当数到会者几人,连己能足额否。苟缺一人,则不能唱序开会,须待到足方可。倘待过时尚无足额,众可定散会之时,时到则散。下期之会亦如是,则到会者只能谈论事件,而不能动议,不能表决,而无事在秩序之列,此与不开会等。会员或可催请到来以成额,然不能使之必来也。委员会之开会,亦与此同例。

二十三节　开会后缺额之效力

以足额而开会,开会后会员逐渐离席,以至于缺额,则事仍照前进行。此其意盖以为既得足额而开会,则开会后仍为足额也。当此情景,所办之事可视为正当,且可进行至散会之时而止。会长无注意于缺额之必要,而可继续进行。但若有人无论主座或会员欲提出缺额问题,则进行立止。主座可曰:"本主座要众注意于缺额之事,而待动议。"或一会员起曰:"主座,我提出缺额之问题。"此时各事当停止,而数在场人数,倘有不足,即行散会。

二十四节　数额数之法

若额数为少数人,其出席、缺席,由主座及书记一数便明,众人亦容易察悉。若额过大,当由检查员或用唱名而数之,登记在场者之多少,便可立即解决额数问题矣。

立法会之议长(其会之额为大多数之议员,或多数之额数),可否由彼一人数在场之人数,尚属一问题。此专断之法,或为程序所规定之政党团体所必要。但在寻常团体,则用唱名之先例以定人员出席、缺席为最允当之法。

无论何事,可发生机会致会长有自然之趋势而成其专断之能力者,宁为限制,而不当奖励之也。

第四章　会员之权利义务

二十五节　会长之义务

会长为全体之公仆,非为一部分或一人而服务,是故彼虽为一会之长,而非一会之主人翁也。彼以事体之秩序,而纠率会众,使一切皆循公正乎等而行。彼维持秩序及额数,如遇秩序紊乱之时,当立呼"秩序!"及议则错误,当立起纠正之。彼凭议则及会章以率众,引导之而不驱策之,至达目的而已。会长之义务,当严正无偏,务使大多数之意趣得以施行,而同时又能尊重少数人之权利,俾事件得迅速公当之处分,而讨论得自由不偏之待遇。贤能之会长当具三种特质:(一)果毅之力;(二)诚恳之意;(三)体顺之情。

至于详细之节,主座当行其最宜于维持秩序之时,及适当于处分事件之事。彼于办事,如接述动议,呈问动议,及表决动议时当起立,但讨论时可坐。彼发言时,称本会长或本主座。彼对于会员,当承认应得地位之会员,当接述合序之动议,而使之得机以讨论。对于开会时当候至足额,乃能进行。当依时开会,依时散会。彼当知何时为委员报告,而到时命之报告。彼当注意于特别指定之事,而于适合之时提出之。所有需要事件,必当了结之,或正式延搁之,而后乃能散会。

二十六节　会长之权利

会长为社中或议场中人员之一,故当有发言及投票之权。但除关于必要之事外,此种权利常多放弃者。主座可遇事加以说明,并述布事实而已。至于亲行讨论,则当退让主座曰"请某君代主座"而暂为一纯素会员,乃从事于讨论。彼不必离其坐〔座〕位,但当以他人为主席,如他之会员先称呼主座而后发言者。言毕,乃复其主座之职。

主座有权以处决谁为应得地位者,并有权以处决秩序之争点;但如有不服者,则二事皆可诉之公决也。彼可不待动议,而将正式事件提出。又倘无人反对,可将循例之案,不待表决而宣布通过。且到时可由彼宣布散会。彼又可使会员将动议缮写成文,又可随意打消不合秩序之动议。

主座非受特别委任,无权参加于委员会,而委员亦无与磋商之必要。彼非受特别委任,亦无监督之权,而此等权亦以不授之为妙。主座之权乃指导会众,而使之能自治,而不在治之也。

二十七节　会员之权利义务

会员之义务,在能以竭助会长维持秩序。而维持之道,则当从自己始。如在会场,须戒出声,戒傍语,戒走动,并戒一切之能扰乱会场而阻人言听者。会员当依正式而动议,当持友恭而讨论,当惟多数之是从。会员地位,彼此皆一体平等。表决之投票乃会员之权利,而投票当本之主张亦会员之义务也。会员讨论之权利义务,第七章另行详之。

二十八节　副会长并书记之权利义务

副会长乃备以若遇会长缺座或失能而代之者。彼之职务,与会长同,故当知会中之目的、之办法与夫一切议事之行为。最妙得会长常请彼帮理一切事务,以资练习,庶不致使之成为废职。

记录书记之职务,乃记录当场之事,不必记录当场之言,除非有特别命〈意〉乃录言,随后当将临场记录缮就正式议案。所有表决票数,须照当时结果抄录,不容稍为更易。所有否决之动议,亦必录之。凡有记录,则作为案据,日后有所争持,悉以记录为准,而不以个人之记忆或主张为准也。故凡前会之记录,必当复读于下会,由众动议,或投票,或默许,以表决认可,然后方能成为正式议案。书记有通告委员被委事之责,并管理各种搁置及延期案件。简而言之,则帮助会长料理一切事务。倘书记于记录中有错误之处,而记录已为众所认可者,则正误之人必要指出其错点为众所满意者乃可。盖以议案一经认可则成立正式案据,故必先修改错误方许认可,是为极要之事。记录经认可之后,书记当签押于记录之后如下:"书记某某。"书记记录之时,宜书之于册,则不必再抄。若有改正之处,可于行间加入。如所有表决之事,非得全体所许,不能删之。

其他职员之义务,当由各会之需要;而从会则规定之各职员,当尽本职之义务。彼不当干涉他人,亦不容他人之干涉也。

总而言之,记录书记之义务为专司记录;通信书记之义务为专理文牍。与夫凡属其类者,各从而司之。若其他之事件,亦得指委其一以司之;或其务内之事件,亦可由投票或特别规定而分治之。会长当监督一切,但除纠正程序之外,不当干涉之。书记固不当授以重权,然而彼亦当自慎用其应有之权,而毋越分可也。

二十九节　全体之权限并缺席、废置①等之规定

夫一会之权力:第一为章程并规则,第二为各种之表决之专条与章程规则无抵触者,第三为采定之议则,第四为议会之习惯。以上各条,以先后为施行秩序。

职员缺席　倘于会期内职员有缺席者,当早为另选新员以补之。如遇散会期内有缺席者,可待至开会时乃选补之,或于规则中定有专条以处理之。至于董事会之缺席,宜否由董事团中自行选补,殊属疑问。但委员会有缺席,则常可自行选补,因其为临时之团体也。所有缺席职员,宜以他员暂代其职,以待新员之选举,而新员一经选出之时,代员即立终止其职务。

职员废置　职员有放弃责任或有陨越贻羞于一会者,可以多数表决,而废置斯职。其废置之法,当出于有附和之动议,而由投票以表决之如下:"动议宣布某某事务之职从此废置"云云。此等废置之事,独关于是非利害之极端者乃行之,其他当待其职务之届期告终为妙。

---

①　此处原有"特别会"三字,因其内容已移至下节,故删。

三十节　特务会议

在永久社会之会员,当知常期会开会之时及集会之地,故通告可以不必。但特务会则异是,必当照会中表决之规定,每会员发给正式通告。此规必当励行。在常期会得足额人数,则各种表决无抵触于章程规则及前时之表决者,皆可施行。惟特务会则反是,所表决之事,必先登录于传单;传单所无之事,则不能提议。特务会对于修改之事,较常期会格外谨严,而其程序与常会同。若有疑问发生,当就谨严之途以采决。特务会为应非常而设,当以少开为宜。

卷二　动议

第五章　动议

三十一节　动议

议场每行一事,其手续有三:其一动议,其二讨论,其三表决。此三手续乃一线而来,无论如何复杂之程序,皆以此贯之。动议者,为对于事体处分之提案也。欲在议场发生合法之提案,必当行正式之动议;倘随意谈话或随意拟议而得一般之同意者,不得收约束之效力也。如命行一事,必有正式动议,正式表决,始足责成受命者之遵行也。凡随意谈话,只足当动议之先导,而不能代动议之功能。故动议者,实为事体之始基也。

三十二节　处事之手续

以动议及表决而处事,重要之步调有六,其级序如下:

(一)会员起立而称呼主座。

(二)主座起立而承认会员。

(三)会员发动议而坐。

（四）主座接述其动议。

（五）主座畀机会以讨论,随而问曰:"诸君准备处分此问题否?"

（六）呈动议以表决,并宣布表决之结果。

倘动议有附和,则附和之步调在第三步之后。此步调未括于内者,以此非重要如他也。

三十三节　动议之措词

动议之词,以能达言者之意为主,各种词句皆可用也。但动议当要简明,而限定一题目。此书各章所演明动议之形式,不必强作模范,盖此不过指导动议当如何发耳。发言者之开始当曰:"我动议如此如此。"主座呈其动议于众,当复述其言,一如动议者为是。但彼可要求动议者,将动议誊诸翰墨,或可令其再言,以期确正。倘动议者有词不达意之处,主座接述之时,可为之修饰,但只能改其词句,而不能稍变其本意;倘主座有变其本意,则动议者当复述原语以纠正之。

三十四节　何时可发动议

各种普通动议,皆可于无他动议待决时发之。惟有特别之议术动议,则虽于他动议待决中,亦可随时而发。此种动议,十四章详之。惟当投票时,或当会员得讨论地位时,则无论何种动议皆不能发。在动议打消之后,则各事复回动议未发前之原来秩序。

三十五节　手续之演明式

设使地方自治励行会适在进行之中,而会长循序开会,记录既宣读及认可之后,照办事秩序以次及新事件矣。

辛君欲在会发起公开演说之议,乃起而言曰:"会长先生。"仍立而待承认。主座遂起而承认之,曰:"辛先生。"辛君由此得地位,进而言曰:"我动议'本会公开一演说会'。"遂坐。主座乃曰:"诸君已听着辛先生之动议为'本会当公开一演说会',此事当待诸君讨论。"仍立而待众之讨论。如久无人起,主座当请之,仍不应,再勉促之以讨论。当讨论时,主座可坐。讨论既竟,各尽所言,主座再起曰:"诸君已预备处分此问题否?"倘无人再起讨论,彼即将动议呈众表决如后,曰:"动议为本会公开一演说会,诸君之赞成此动议者请曰'可'(赞成者应曰可),诸君之反对此议者请曰'否'(反对者应曰否)。"若赞成者为大多数,主座曰"可者得之",或曰"动议已通过"。若否者为大多数,主座曰"否者得之",或曰"动议已否决"。除有疑点及复议之外,则主座此一宣布便成决案,书记录之以为后日会中行事可作案据也。至其他之动议,如于何时何地开演说会,何人当演说员等等,皆同式发之,同式决之。略而言之,所有动议皆照此手续而行。惟属于议术之动议,则有免却或限制讨论之事。

三十六节　附和动议

附和动议之习惯,常有视之过重。每有于动议尚不能正式发之及正式呈之,而亦力持动议之必需附和而后得付讨论者,此乃以形式小事视为太重也。且近有立法院,如美国国会及马斯朱雪省①省会,皆不用附和,于此可见附和之事渐失其用矣。经验老练之团体,已觉免却附和一事较为利便,盖可减省时间,且适于平等之理,使人人在会中能同享发言之权也。

由此观之,虽向来会议法家多主持〔张〕附和为当务之事,而吾人则主张除关于不能讨论之案、非正式之案及偏僻之案外,则不必太为拘守此旧习,但假权宜与主座,由彼定附和之需否,而后将动议呈之于众也。

按以习惯,无论何人皆可随意附和动议,但附和非属必要之务。如无人附和,主座可以请人附和。除特别之案,主座可不待附和,而直呈动议于众者。又主座觉于事有益,亦可自行附和动议者,此可免于请众附和之烦也。在坚持必需附和之团体,其动议未得附和者,便作打消论。是故公正之主座,往往宁自行附和一正式之动议,而不愿任其打消也。

---

① 马斯朱雪省(Massachusetts State),今译马萨诸塞州。下同。

三十七节　附和之形式

附和动议者,必待动议发后乃从而附和之。附和之事,固有正式行之,即起而称主座,得彼承认而后言曰:"我附和动议。"但附和本非重要之事,则每多以非公式行之,由坐而言曰:"附和动议。"主座遂曰:"某动议既发,并得附和"云云。如动议为主座自行附和者,则彼所用之言词与上同,或曰"动议为如此如此"。若在无需附和之时,主座当曰"动议已发",或"某某君动议如此如此"。若主座欲得场上之附和,当曰:"有人附和此动议否?"在坚持有附和之社会,则凡有此动议,议员当立时附和,而不必待主座之请求。此可省时,而免主座之再三复问也。

三十八节　极端之当避

常有两极端为公正之主座所当避者:其一为打消无附和之动议;其二为过促将动议呈众表决,而不假机以讨论。

如第一章所言,职员指名之举,当以有附和为善,其故因指名之事,向无讨论也。对于附和规则,欲规定其良善者只属此耳。附和此事,在常务当不必坚持;所可坚持者,则在指名之案,在不能讨论之动议,并在申诉之事件。而在此书之演明式中,附和一事免而不用。各种社会如有以此书为法则者,可任意采择附和之去取也。

第六章　离奇之动议并地位之释义

三十九节　收回动议之公例

动议既发,而未经主座接述者,本人可以随意收回。若既经主座接述之后,则非全体一致,**断**不能收回**也**。盖既经主座接述之后,则动议当属之全**体**,而不属之本人**也**。且以全体一致而决会众之意旨,实为最直捷了当之法;若不用全体一致,而用大多数以解决此问题,则既决之后,任一人皆可再发同一之动议**也**。如此**倒**而复起,徒为费时失事耳。又动议既经修正之后,则虽全体一致,亦不能收回。盖此既经他种手续,则自有他种之作用也。倘动议既经附和时,附和亦必要收回。动议既收回,则不必纪录之,以其与未发无异也。

四十节　收回之演明式

事件有至于讨论之际,乃使动议者觉其提案之非要且属无谓,而悔其所为者,于是彼可以收回之。其法如下:彼起称呼主座而得承认,乃言曰:"我欲收回我之动议。"主座随而接述之曰:"某先生欲收回其动议,有反对者否?"略待回答,倘无反对,即宣布曰:"动议已收回。"倘有反对者,其人当起而言曰:"主座先生,我反对之。"主座遂曰:"已有人反对,动议不能收回,仍在诸君之前,请从而讨论之"。

四十一节　例外之事

上节所述动议,未经主座接述之前则动议仍为个人所属,发者可任意收回。然动议者皆有故而发,断未有即发即收者。但间有为事实所关或时势使然之事,为动议者所未知,而主座或他人转主座示意,使动议者知其动议之无谓或不合时宜,倘动议者以为然,可乘时收回动议,而免生后悔。

四十二节　分开动议

一动议具有数段意思者,可于每段分作一动议,而一一呈出以表决。其分开之事可由主座为之,如无反对,则不必表决。或由会员发动议,将动议分开此案呈出表决,与他动议无异。譬有发动议为"由主座委全权委员三人,以审查公开演说会之问题"。此动议可分为四,如下:其一、委员以审查公开演说会事;其二、此委员为三人;其三、委员由主座派委;其四、委员授以全权。

此可假机会以便逐段讨论、逐段修正,较之一起而处分一全部之复杂动议,尤能得迅速公平之效果。在级序之列,则分开与修正同等,见一一六节。若主座决意不用动议而行分开事,则可将动议之显明段落一一分之,而呈出表决,便是。分开事之动议法,不过如下,曰:"我动议将此动议分开",而不必详其分法也。若此议通过,主座则随而分之,如上所述。

四十三节　对等动议

对等动议者,即两动议同时有背驰效力之谓也。如否决此动议,便是可决彼动议,二者出入于否决、可决之间,毫无疑义,于是表决其一即是表决其他也。(演明之式见五十三节)

四十四节　地位释义

地位者,发言之权也。因言者必先起立,故西人议场习惯通称"地位"。此书亦沿之以为一术语,专为议场上有发言之权而说。凡议会办事,必由动议以开其端,而动议者必先得地位而后能发言。本此秩序以集会,虽聚千百人于一堂,各尽所怀,自由畅议,无论事体如何纷纭,问题如何复杂,皆能迎刃而解,泛应曲当,决无阻滞难行、衙堂捣乱之事也。

四十五节　地位之讨得

地位既为议事轨道之初步,则动议者必先向主座以讨地位,得地位之后乃能发言。是故地位者,对众交通之枢纽也。握此枢纽者,主座也。是犹乎一城市内之电话机关也,握其枢纽者为中央电话局,凡欲用电话以通消息者,必先向中央电话局以接其枢纽,始能有达言之效。议员之欲发言者,亦犹乎城市内之一家,欲通其消息于他处,必先联络中央电话局之枢纽,而向主座讨其地位也。既得地位,而后对众发言乃为有效,否则视为闲谈,可置不理也。此地位之为用如此,而发言者有讨得之必要也。(演明式见三十五节)

第七章　讨论

四十六节　讨论之权利

一动议既发,及为主座接述之后,会众便可讨论。此时主座之义务,当使之能得完满及公平之讨论,又使会员各得同等讨论权利;而一面又须有以护卫全体,毋使一二会员之讨论时间有侵及全会时间。是以欲维持一适中之准则,一面可防止冗赘或捣乱之讨论,而一面又可防止疏略之处分,则会中对于讨论一事当立专规以指导而调护之。

四十七节　讨论之定义

以狭义言之,讨论即对于一问题具有成见,意趣不同,表决背驰,而下反对之驳议也。但以广义言之,即包括对于问题一切之评论,无论其为反对与赞同也。凡会员于讨得地位后,对于当前之动议有所发抒,而其所言皆当就题论事,不能说及个人。(倘对于动议者有为莫须有之风刺①,或下诛心之论调,便为违反秩序矣。)又为当场之议论,而非作备之文章,方得谓之讨论也。

四十八节　何时为讨论之秩序

当前有正式动议,即为讨论之秩序;若无动议,而作非公式之谈话,不得谓之为讨论。而正式之讨论,即动议之讨论也。动议既发,一得接述,则讨论开始。反之,动议一旦呈决,则讨论立止。如主座问曰:"诸君预备处分此问题否?"若无人起言,则动议便可由讨论之秩序而进于呈决之秩序矣。此时则不能再有讨论也,除非得公众之许可,而由口头或起立或举手表决之,然后乃能回复讨论于呈决之后也。若讨论既经回复,则结尾投票,当分两面而重复投之。若两面已经投票表决之后,则无论如何不得复行讨论。倘于宣布表决之后,再有异议则为无效,盖事已表决也。若有专条,则讨论当为所范。又若停止讨论之令已布,则虽全体一致,亦不能复行讨论矣。

四十九节　讨论法演明式

譬如当地方自治励行会开会时,有人动议"公开一演说会"。此动议已

---

① 风通讽,风刺与讽刺同义。

接述于众前,适次讨论之秩序,而主座请众讨论曰:"此动议今在诸君之前,本主座望各将所见详言之。"寅君起称主座,被承认得地位,乃进而言其赞成公开演说之意。所言当严限于本题范围之内,而表出良美之理由。彼当避用模棱两可之词,并防止重复冗滞之语。又当注意于讨论之词势,当先从宽处,然后步步迫紧,不可由紧而放宽也。至于无经验之发言者,虽不能美满以达意,而主座当勉励之,使之尽意。盖意思为重,而言词为轻。言者不必以言词之拙劣而向众道歉,所发何言,由之可也。

若发言者于讨论中偶要说及他会员,则不当提其名,但说"在我左或右之会员",或曰"我等之书记",或曰"其他之发言者",或曰"我之反对者",或其他不属个人之代名词,以指出所说之人便可。西人议场习尚,会员彼此讨论向不直称姓名,如有称之,视为不合会议规则。发言者言毕,即止而坐。倘无人即行继起发言,主座当请之,曰:"此问题当详加讨论,诸君之有所见者,幸勿推宕,宜尽所欲言为望。"主座对于会员,亦宜以不呼姓名为妙,除非有特别之人为专长于此问题者。盖呼名之习惯一生,则有不被请者不敢发言,而欲发言者又必待于请。如是,则自然流露之发挥为讨论之价值者,为之阻碍矣。由此观之,为主座者,倘遇人声沉寂之顷,宁为稍待,以候会众精神之活动,而不宜强人讨论,而指定谁当言者。久而久之,会员必有鼓其勇气,起而发言者。由是相习成风,则必能各从其赞成、反对两方面畅所欲言,至各尽其词而已。及地位已空,主座乃问曰:"诸君准备处决此问题否?"倘仍无人起,便可呈出表决矣。

五十节　限制冗论之例

由上节观之,讨论之事似属毫无限制,各人可随时发言,而言之长短又各随其所欲。此等办法,若为专对于结束之事件,及对于会员多不愿发言之会,则诚为尽善尽美,且为一普通办法也。公正贤良之会长,当能引人入胜,而使素来怯弩之人亦敢于讨论。如是则限制之例,可以不必也。

但在以习讨论为目的之会,而会员又属有经验者,或于特别之会期时间为有限,而指定所讨论之事又为众所悦意者,则讨论之时间宜有所限制,免一二人专揽讨论之地〈位〉。其限制之规则,或用之临时,或用之久远,俱随所择。此等规则,当严限言者之时间并秩序。其简单规则,而为讨论会所常用者如下:

(一)非待所有会员轮流讲毕之后,一人不能讲二回。

(二)一人所讲,不能过五分钟之久。

(三)讨论领袖于开端时可讲十分钟,结尾时可讲五分钟。

所定之时,可长可短。而结尾之论,不必定为领袖发之,如时间太短则虽不用结论亦可。

此数条规则,已足为通常所需,主座当实行之。如有言过其时者,主座当起立敲案或摇铃,且曰"言者之时间已过",以止之。倘言者仍不止,则以乱秩序视之。每值一人讲完之后,主座当曰:"尚有发言者否?"

延长讨论时间之习尚,非有异常之事,不宜频行,以其与规则本意冲突也。倘欲延长讨论时间,当有人起讨地位而动议曰:"请将言者之时间延长。"若得通过,则讨论者可继续进行。总之,延长时间之事,既为势所不免,则不如加采一例如下:

(一)独得全体一致之表决,乃可延长讨论者之时间。

五十一节　演明式

地方自治励行会已进步至非公式之谈话时,遂决意再进一步至正式之讨论会。于是委一会员或数会员订备有趣之论题,如建筑道路、统一圜法、收回租界等论题为议案。而议案又须从正面主张,不可从反面主张,如"当主张建筑道路为有利",非"主张建筑道路为无利",方免乱论者及听者之意,而使之有所适从也。论题定后,须选讨论领袖二人至四人,或由众指名,或由主座委任,办法如下:第一正面、第一反面、第二正面、第二反面等。并当注意使之各知其主讨论之何面为要,又宜先行表决,以前节之条例为讨论之准绳。

到时,主座曰:"今夕之计划讨论问题,为'主张以收回租界为救国之要图',而寅先生为第一之正面讨论领袖,请先发言。"于是寅君起而称主座,得承认乃进而讨论,至主座示以时间已完为止。而主座又曰:"戊先生为第一之反面讨论领袖,请继发言。"于是戊君步寅君之后尘,讨论至时终而止。而第二之正面领袖辛君继之,第二之反面领袖再继之。各领袖讨论完毕之后,主座再曰:"今为会员讨论之时,每人以五分钟为限。"于是各尽所言。倘有领袖为收束之讨论,则当取他会员之时间而为之。如其无之,则各人讲完之后,便为讨论告终之时也。此外,即时间已至及停止讨论之动议,在秩序中亦皆为讨论告终之时也。讨论既终,主座即呈案表决如下,曰:"凡赞成'以收回租界为救国之要图'者请起立。"待数完为止(赞成者即起立,而书记乃逐一数之,并记其人数)。又曰:"凡反对者请起立。"待数完为止(反对者即起,数之如前),书记遂将记录交与主座。主座宣布曰:"三十五人投赞成票,而二十人投反对票,此议通过。"

五十二节　驳论言辞

凡讨论者,对于问题当注重多闻博识、考察无遗,而论点当以诚实、适当、简明为主。发言时当力扬本面主张之优良,而用公平之道,以发露对面主张之过失、之无当、之不公等等,方为妙论。

西人讨论会中,常有表决问题之优良,兼而表决言辞之工妙者;亦有只表决言辞之工妙,而不计问题为如何者。如是则投票者不计意之异己,只审其发言之工妙耳。但此种习尚究非所宜,盖以其为专奖辞华,而不重诚实也。

五十三节　竞争地位

前已言之,会员为主座所承认者为得地位,有发言权。在所定时间之内,若循序而言,无人能阻止之。但常有两人齐起,同时称呼主座。遇有此事,除非其一退让,曰"主座,我让与某先生",遂坐,否则主座当裁决之。其法即呼先起者,或言者之名便是。若主座有所疑,彼宁承认离座最远者,或未曾发言者,或向鲜发言者,而舍其他也。若二人中,其一已起而称主座,其一不过甫起或甫发言,则前者当得地位也。

倘未承认者,自信彼为应得地位之人,彼可坚持留立,而言曰:"主座先生,我信我先称呼主座",或同效力之语。主座乃随而言曰:"某先生(指承认者)肯让位于某先生(指未承认者)否?"倘不肯让,则主座当呈出表决,曰:"问题为此两会员中谁为先起者,众赞成某先生(指承认者)得地位,请曰'可'。"若得可决,则未承认之会员当复坐。若得否决,则彼得地位,而承认之会员复坐。此可不必再行表决,因表决其一,即表决其他,毫无疑义也。此为"对等动议"之模范。

若竞争者过于二人以上,则表决之次数必至得可决而后止。此等动作,名之曰"竞争地位",常见于立法院,而鲜见于一般社会也。寻常社会之会员,常惯顺从主座之决断,或彼此相让。但此节之规则,对于不公平之主座以及言者之有急要原因,则甚有用处。

五十四节　逊让地位

在有趣之讨论中,常有会员思欲间止言者,以"问一句话"之语。此容有出于诚意者;然常遇之事则为指出言者之失处。诸如此类者,或允,或不允。此等问话之间断,倘言者允而"逊让地位"以应之,而问之者倘欲连续发言,则彼失却地位矣。如欲复之,必当由正式再讨得乃可。例如寅君正在讨论中,而卯君欲问一事,乃起而言曰:"主座,发言者允我问一话否?"主座起而言曰:"寅先生允让地位,俾问一话否?"寅君如允,可曰"允之"。仍立而听之,或答或不答,俱可随意。而卯君坐后,彼可再言。或寅君不欲其语论为人所间断,可曰:"主座,我言毕之后,我当乐答所问。"遂进行发言如初,而卯君复坐。倘彼允人问话,彼有失却地位之虑,又有失却思潮之虑,而于事体之决断亦虑为卯君意见所摇动;倘彼之意见与己相左,尤不宜于此时允之也。

在问话时,卯君可出下式:"我欲经由主座而一问发言者如此如此……"彼可乘时继进,而自答其问题,而又为驳议,而不理寅君之仍立而待也。卒之,倘卯君言之不已,寅君不耐而坐,则失其地位矣;而欲复之,只从正式讨之,或得一致之许可乃能也。此实为一严厉之习尚,然以既属议规,当慎防之为妙。间断之事,实属骚扰,言者、听者两皆不便,故不宜奖励也。至于地位,非由自由逊让,乃为权宜问题及秩序问题停止之者,则仍属之其人,而不失却也;倘该题解决之后,仍得复之。(见一百五十一节)

五十五节 讨论之友恭

友恭一事,当常在注意之列,然不可施之太过,以致有碍于一己之权利。不逊让地位,非不友恭也,只要以友恭之态而却之耳。受人之让而据其地位,亦非不友恭也,只求由公道而得之耳。

在美国国会有一习惯,允特种议员有优先权,如委员长、发案人等,于讨论时皆假以超众之机会、超众之时间。此于国会或有所必要之处,而在通常社会则大非所宜。假以特别优权于任一会员,而使之凌驾其他会员,则讨论之自由已为之失,而讨论之安全亦为之碍矣。

五十六节 一致许可

有许多程序本非公式,而由一致许可得以进行者。如循行之事得以施行,秩外之讨论得以允许,与夫一切非公式之事得以通过(本书随处皆有引之),诸如此类,倘有一人反对则不能行矣,事件常有赖此全体一致而收其利便者。但此种习惯必须谨防,无使妄用也。又有特别手续非得全体一致不能行者,如收回动议及删除记录等事,凡此等事,其全体一致必当以确凿得之,而不能擅行武断也。主座当进如四十节,或尤善者即曰:"此事须全体一致,以表决其赞成者"云云。倘有一人反对,便属不行也。

第八章 停止讨论之动议

五十七节 停止讨论动议之用法

停止讨论之动议,是否属正式程序之一部分,尚无定论。又除各尽所言之外,讨论宜否停止,亦久成一未决问题。在大会场中,此停止讨论之动议,视为不可少之件,盖非此则无以防止缠绵之讨论也。倘有用之非宜,亦易为大多数所打消。在小会场中,此动议以少用为宜,倘有常用之而致生讨论之障碍者,或防止少数人之发挥意见者,宜定条例以限制之。若无专条以限制之,则用之者固视为议场所应尔也。凡社会欲立限制之条件,宜以三分之二表决为妙,此可防范仅仅之大多数以阻止讨论也。美国国会之元老院、纽约省会之元老院及马士朱雪省会之元老院,皆不用停止讨论之动议,但其内之各附属会用之。凡有社会不喜用此动议者,可规定特别条例如下:"本会禁用停止讨论之动议。"

五十八节 停止讨论动议之效力

前已言之,若无条例以限制讨论,则讨论必继续至各尽所言,或至时间已届,而主座发问"诸君准备处分此问题否"之后,方可自然停止。若欲随时停止讨论而行表决,其法当用停止之动议。此动议既发,及经接述之后,虽未得表决,而本题之讨论当立即停止。若停止讨论之动议为表决所打消,则本题之讨论可再复。若得可决,则本题当立呈表决。此动议有当注意之要点二:其一、为一简单之停止讨论动议而已;其二、此动议一发,议场即当立为表决两动议:甲、独立之动议(即讨论中之本题),乙、附属动议(即停止讨论动议)。两动议当各为表决,先行表决停止动议,倘得通过,再行表决本题动议。要之凡能讨论之动议,皆受停止讨论动议之规限。

五十九节 停止讨论动议之讨论

停止讨论之动议,自身亦可讨论,但限以时间,常以十分钟为度。或立例以规定之,为不讨论之列。讨论此动议无可多说,不过指明理由,何以本题不可立时表决而已,此可顷刻说毕也。倘言者讨论此动议之时,而支吾入于本题之议论,则为逸出秩序,主座当立止之。

六十节 停止讨论之演明式

地方自治励行会当讨论公开演说会时,己君以为讨论过久而欲速行表决之,适寅君言毕而坐,己君循例讨得地位而言曰:"我动议停止讨论。"主座曰:"停止讨论之议已提出矣,可否呈出本题?"若无异议,彼当继曰:"赞成者……"云云。如有讨论,则讨论亦甚简略,只限于本题之应否即行表决之理由耳。如十分钟已至,或讨论告终,主座当曰:"讨论之限已过,今当表决,赞成者请曰'可',反对者请曰'否'"云云。随宣布曰:"案已通过,停止讨论,当在秩序。"彼随而呈出本题以表决,曰:"诸君赞成本会公开演说会之动议,请曰'可!'"云云。如是则事件告竣矣,倘有人于停止讨论秩序之后,仍思讨论,便为犯秩序矣。盖会中已决即行表决本题,则不容再有阻止之者。

若动议否决,主座当曰:"此案否决,讨论当继续进行。"讨论于是复续,至再有停止动议,或至互相许可,或至散会,或至别种动议致本题立当处决而后止。

六十一节　停止动议与本题动议之别

当一动议在讨论之中,遇有发停止讨论动议者,即谓之为"附属动议"。此动议当先行表决,如得通过,立即当呈本题以表决。此两表决相续而行,不容有他事为之间断也。

六十二节　停止动议对于他动议之效力

停止动议既发并接述后,尚有可行者为以下之事:可提起权宜问题或秩序问题之关于本题者,可动议散会,可动议休息,可动议定时开下期之会,可动议搁置本题,及可动议各种有关于本题之修正及表决方法。但停止讨论动议既呈决之后,除不足额问题及表决法问题外,则无可阻挠本题之立决者,而各种问题皆须即行表决,不得再事讨论也。

若有延期动议或付委动议在待决之时,而停止动议通过,则两动议为之打消。其故因会众表决停止讨论之时,则必欲即行表决本题,而延期及付委皆与此意抵触也。惟修正案则不能打消,因此为成全本题也;但皆不得讨论,亦不得增加。其对于复议之效力,七十八、八十二两节详之。

六十三节　停止动议对于本题一部分之效力

停止讨论之动议能否施之于本题之一部分，向为会议学说之一争点。有一说谓停止动议一提，则全部须为之停止，是以不能独施于一部分也。但属于事所必需，则停止动议当能施之于可讨论者，而重要可讨论之附属动议，为延期、付委、修正及无期延期等附属动议。若对于本题一部分而发停止讨论，则必须明白说出，其式如下："我动议停止修正问题之讨论，或付委问题之讨论。"如得通过，则此一部分当立呈表决，而后再从事以讨论他部分也。

六十四节　定时停止讨论

停止讨论动议之外，更有动议以定未来时间之停止讨论也。此动议与他动议同，惟所异者，虽在他议待决中亦可发耳。时间动议最妙能发于开始之前，其用处一面在防止缠绵之讨论，而同时又使能得适度之讨论。此动议之方式如下："我动议限此动议之讨论，至四点钟为止。"其时间之长短，可以讨论而修正之，乃呈表决。倘得可决，则届时讨论须停止，而即行表决本题。此时倘大多数尚欲继续讨论，则此案可以复议如他种动议焉。

第九章　表决

六十五节　表决方式

表决与动议原不能分离者也，故第五章所述动议，已连带论之矣。今更重复详之。讨论告终之后，主座起而复述动议，呈之表决如下，曰："动议为本会公开一演说会，诸君赞成者请曰'可'（可者应之）。反对者，请曰'否'（否者应之）。"如可者为大多数，彼曰"此案通过"，或曰"此案可决"，或曰"可者得之"。如否者为大多数，彼曰"此案否决"或曰"此案失败"，或曰"否者得之"。主座最后之言，即为宣布表决，而议案于以成立。此谓之"口头表决法"，或曰"用声表决"。如两方皆无人出声，即为默许通过，盖不反对则公认为赞成也。

六十六节 举手并起立

用声表决之法为最简便,但须数人数,则当用举右手或起立之法为当。主座曰:"诸君赞成者请举右手。"或曰:"请起立。"待至数毕,赞成者当如法应之。书记乃数之,而报其数于主座。对于反对方面,亦与同法处之。于是主座宣布曰:"十五人表决赞成,而二十五人表决反对,此案失败。"独依法表决者,乃数之,不举手、不起立者阙之。

六十七节 采法宜定

以上之表决各法为普通集会所常用者,然开会时当采定其一,不宜同时并用数种,免致混乱耳目也。虽在永久社会中,会员惯用一法,而会长亦当先为指定何法,而后行其表决。若在临时会议及复杂集团,则先事声明用何法以表决更为不可少之事,否则会众无所适从也。

六十八节 拍掌不宜用以表决

我国集会向有厉禁,故人民无会议之经验之习惯。近年西化东渐,吾人始有集会之举,然行之不久,习未成风,讹误多所不免,则如以拍掌为表决是其一端也。拍掌为赞扬称道之谓,中西习尚皆同也。乃吾国集会多用之以为表决,此则西俗所无也。夫既用之为赞扬,而又用之以表决,则每易混乱耳目,使会众无所适从,故稍有经验之议会,洵不宜用拍掌以表决也。

六十九节 两面俱呈

表决必两面俱呈,而主座又宣布结果,乃云决定。若只呈之可决,而未呈之否决,或两面皆已呈,而主座未宣布结果,则不得谓之完妥,不能生合法之效力也。其无经验之主座,常忽略之,而呈表决如下"诸君之赞成者请曰'可',诸君之反对者请曰'否'"而已,随而忽略于宣布,此皆谓之不合法也。其合法之表决秩序如下:一、主座呈问可决者;二、可决者应之;三、主座呈问否决者；四、否决者应之；五、主座宣布其结果。

七十节　表决疑问

用声表决，赞成与反对两者之数相差不远，结果难辨，则成疑问。若于两者既应之后，而主座不能定何方为大多数，彼则曰："本主座有疑，请赞成者起立。"待至数毕，其手续悉如六十六节。

又如有会员不以主座之宣布为然，彼可生疑问，演明如下：一动议既呈表决，而主座以为可者多于否者，既而宣布曰："已得可决。"乃有戊君以为不然，于是起而不待承认，言曰："主座，我疑表决之数。"遂坐。主座从而言曰："表决之数已见疑，赞成之者请起立。"待至数毕云云，悉如六十六节。主座可用举手以代起立，但起立则错误较少也。

若在大会场中，则常有令表决者分为两部，一往右边，一往左边。惟此种烦〔繁〕难之法，只宜用之于不得已之时，及临时之会耳。在永久社会之大会，会员皆列入名册，如有见疑时，当按册点名，各随名以应可否。他法倘生疑点，则此为最适当也。

倘用声表决，当时不生疑问，则主座所宣布，便作成案。盖以会员不即起疑问，便作承服主座之决断也。

七十一节　同数

当表决可者与表决否者之数相同，则谓之曰："同数"。此案赞成与反对两适相抵，故动议则为之打消。其理由为动议之通过必要得大多数，今只得同数，乃大多数之欠一，是以不能通过也。此法有一例外，见一五六节。

七十二节　主座之特权

若遇同数之表决，则为主座行使特权之候。彼可随意左右袒，或加多一数，使案通过，或由之使自打消。倘彼为赞成其案者，当宣布如下，曰："二十人赞成，二十人反对，本主座加入赞成方面，案得可决。"倘彼反对，则曰："二十人赞成，二十人反对，而案打消。"

主座又可加入少数以成同数,以打消动议。倘表决为二十人赞成,十九人反对,而主座欲打消其案,则宣布如下曰:"二十人赞成,十九人反对,本主座亦加入反对,而案打消。"

七十三节　主座有表决之权利

主座亦为会员之一,有同等表决之权利。但此权利除遇同数时之外,鲜有用之者,惟其存在则一也。而其惟一之例外,则为主座非属会员之一,如美国副总统为元老院之议长,则除同数之外,本无表决之权;但元老院代理议长,本为元老之一,则有表决权也。

若用点名以表决,则主座之名亦按次与会员同时点之,而主座应名与否听之,倘彼既应名,而得同数之表决,则彼不能左右袒矣,盖每会员只得一次之表决权也。倘彼尚未应名,而遇有同数,则彼宣布时可随所喜而加表决也。

七十四节　点名表决

用声表决,起立表决,举手表决及分两部表决,上已论之矣。而点名表决则与各法不同,盖此法非由主座自行采择,乃由动议及表决而定。若遇特种法案欲得记名,以便知谁为赞成谁为反对者,则点名表决为不可少者也。但点名表决,恐难得大多数之赞成者,故宜立例以规定少数(五分一)人有要求之权利。此等条例,凡有集会多采用之,而永久社会亦当采用之。

到表决之时,或表决之前,如有会员欲记名表决,当照常讨地位,动议"用点名表决"。此动议不讨论而呈表决,若得在场五分之一赞成,主座当宣布曰:"已得五分之一赞成用点名表决,则点名为刻下秩序矣。"书记遂起执名册逐名高唱,若不见应则再唱之,但不三唱。每会员名字唱出之时,即应曰"可"或"否"。书记按名而记之,可者作一号于其名之右,否者作一号于其名之左。唱毕,将可否各名数之,而交主座宣布之。

七十五节　投票表决

若欲秘密,则当投票表决,其法已详于十四节。此为烦缓手续,多用于选举职员、委员及代表或收接会员等,及用之于关于个人而不便公然讨论、不便公然表决之问题。投票表决之动议,其发起及呈表决,由大多数以决定,一如平常之动议焉。

七十六节 由少数或多于大多数以取决

寻常通例,赞成、反对之表决皆定于大多数,此除少数特别事件之外莫不皆然也。在用点名表决,只需在场者五分之一。在改章程、修宪法及罢免会员等事,当需三分二之数。而停止条例,当需一致之表决。及其他之事件,由仅仅大多数通过而致大不便者,须立以需更大多数之例以防范之,庶为万全也。

第十章 表决之复议

七十七节 复议之定义

按之常例,凡动议一经表决之后,或通过,或打消,则事已归了结矣。惟预料议员中过后或有变更意见,遂欲改其表决者,故议会习惯,有许可"复议之动议",即推翻表决而复行开议也。其作用,则所以救正草率之表决及不当之行为也。

七十八节 复议动议之效力

此动议若得胜,则其效力有打消表决,而使案复回于未表决前之状况,以得再从事于种种之讨论,然后再行表决也。此动议若失败,则其效力为确定前之表决,而不许再有异议也。盖会议公例,每一表决在一会年内非全体一致,不得有二次之复议也。

七十九节 何时可发复议动议

此动议只可发于同时,或于下会,若过两会期之后则不能再发矣。若发于同时者,可以立即开议,又可由动议及表决延至下期开议。若发于下期者,必当立时开议。但两者皆无立时决断之必要。倘此动议得胜,亦不过重开讨论耳,而其受延期及他种行动之影响,则与他议案同也。倘此动议失败,则表决案便得最终之确定矣。

八十节　何人可发复议动议

复议动议有一重要点与他动议不同者,即他动议在场之人皆可发之,而此奇特动议只有得胜方面之人乃可提出。其限制之理由,则以事既经表决之后,则失败者固欲复议,而得多一次之表决以挽救其失败,故常乘间抵隙,俟得胜方面人数减少之时提出复议,如是则对于得胜方面殊欠公平也。故为公平起见,当加限制于一方,诚为良法美意也。倘表决果有不当,则失败方面之人自易说托得胜方面之人,以提出复议也。

凡一问题既经圆满之讨论、公平之表决,则一次已足矣;独遇有特别重大之理由,乃有提出复议之事。故为之限制者,所以防止不时之复议也。此等限制,立法院及大会场多采之,以其属乎公平适当也。倘有社会不欲用之,当订立专条,规定凡有会员皆可提出复议动议也。

八十一节　折衷办法

于二法之中求一折衷之道,可望解决此奇特问题者,其法如下:"复议动议,若发于表决之同日,则两方面之人皆可发之。如发于表决之下期,则只得胜方面之人可发之。"如是乃可防止下期为失败党出其不意之推翻表决案,而于同日又不碍失败方面之人发挥新义也。凡社会之欲折衷办法者,可采此法以为专条也。

八十二节　讨论复议

复议动议之讨论,与停止讨论动议之讨论同,皆限以时间。以此种讨论,除说明因何有复议之必要,则无可再说也。倘此讨论费时太多,致有障碍于本题者,会众便可请主座维持秩序而停止之矣。又停止讨论之动议,亦可施之于复议动议,如他之独立动议焉。如此即立将各种讨论终止。若事已至此,则便知大多数之人已表示其不愿再听,而决意不欲复议矣。

八十三节　得胜方面之释义

得胜方面,非必为可决方面及大多数方面也,若一动议或一问题被打消者,即否决方面之人为得胜者也。若须三分二之数以通过一案,而其案被打消者,即得胜方面乃少数之人也。若两造同数,而最后之人加一否决者,即此否决者为独一之得胜人也。又若须全体一致以通过一事者,而一人梗之,此一人即为得胜方面,倘须复议则只此一人乃能提之也。

八十四节　复议之演明式

设使地方自治励行会已通过之案为"本会公开一演说会",曾经正式表决而记录在案,则其事当然归于结束矣。乃有甲君以为其事决于仓卒〔促〕,或欲表示其不合时宜之理由,故于同时或下议期讨得地位而言曰:"主座,我动议复议本会表决'公开一演说会'之案。"言毕遂坐。而主座乃曰:"复议动议只可由得胜者发之,倘甲君为表决是案之得胜者,其动议方为有效,而在秩序之中。否则非是。"是时书记当翻记录,如为点名表决者,则"可"、"否"必识于名下,一看便知甲君属于何方。若无记名之表决,甲君当答曰:"我表决于得胜方面。"或曰:"我非表决于得胜方面。"随其所行而言之。若彼不属得胜方面,则彼之动议不入秩序;除有得胜方面会员出于友谊,为之再提其动议,而主座当不为之接述也。最妙莫如甲君于动议时则提明如下,曰:"主座,我对于某某案乃表决于得胜方面者,今动议复议其表决。"

若甲君为表决于得胜方面者,主座当曰:"有提复议'本会公开演说会'之表决案,诸君准备处分之否?(随或为一有限之讨论,各仅将其应否复开讨论之理由陈之而已。)赞成复议者请曰'可',反对者请曰'否'。"若得通过,则曰:"复议得通过,请诸君将案复行讨论。"若否者为大多数,主座则曰:"否者得之。"或曰:"复议之案失败,公开演说会之表决,仍然确立。"

八十五节　不能复议之案

以下各案之表决,或通过,或否决,皆不能复议者,为散会之表决、搁置之表决、停止讨论之表决、付委之表决(而委员已着手行事者)、复议之表决,及申诉之表决、选举之表决、投票之表决等是也。又表决案之已着手执行者,皆当然不得复议。

八十六节　复议动议宜慎用

复议之动议始自美国,其用处乃以应非常之事。如他法之能力已穷,而仍不能达目的者,然后始用之,方可谓为适当。要之,最善莫若先尽一切必要之讨论,详而议之,使无遗义,然后从事于表决,庶不致会众有所借口于复议也。总而言之,此奇特之动议务宜审慎少用为佳,故只限于得胜方面也。

八十七节　取消动议

取消动议与复议动议甚相似,而两名目常有混用之者,其实大有不同。复议动议,欲将表决之案再加详细之讨论,而后再行表决之。取消动议,乃直将表决之案取消,不复再议。又复议动议,当受限制,如前所述。倘得通过则再将问题讨论,而再行表决,如是则受两度之表决。而取消动议,为独立之动议,不受限制,人人能发之。倘得通过,则直打消全案,而无再行表决之事。简而言之,其前者则将问题复呈于众,其后者则将全案打消。

八十八节　两动议之功效

复议动议之限制条例,不能假取消动议以免除之,其理甚显也,否则其条例之维持作用全然失却矣。且若借此免除,亦殊欠公允。故事件一过复议期限之后,则不能以取消动议施之矣。惟向无一成不易之例,是以社会习惯以一年为一会期,今年会期所定之事,明年可以取消之。又由全体一致,则复议动议或取消动议皆可随时发之,非此所能限制也。复议之本题,无论由大多数或大多数以下所通过者,而复议动议之表决则必以大多数为定;而取消动议之表决,必要与本题之表决数相同乃可。取消之方式如下:动议者曰"我动议将某某案打消"。随当讨论,而后表决。倘得通过,即取消其案;若得否决,则其案得重行确定于今年之会期矣。

卷三　修正案

第十一章　修正之性质与效力

八十九节　修正之性质

以前所论皆单纯动议,始终一成不变,而以原议为表决者也。然动议可随意更改,或增加,或全变为一异式者。其改变方式或意义之手续,名曰"修正"。修正之作用,则以改良所议之事件。然所谓良者,人心各有不同,而修正之实习,乃任意改之。故所改之议案,虽与动议者之本旨及用意相反者,亦常有也。复杂动议之进行程序,与单纯者无异,其提出、接述、呈众、收回、讨论等,皆与单纯动议同一办法也。

九十节　修正案须有关系

修正案只有一限制,即所拟改易必须与本题有关系。所修正者,无论如何冲突,若与本题有关系,则不能不许也。倘另立题目则属无关系,主座可行使维持秩序之权而制止之,会员亦可请主座维持秩序而令之停止。又修正案不得过为琐碎或近乎痴愚也。

演明式如下:地方自治励行会正在讨论一动议,为"委理财员往调查本城各会堂之价值,以备得一地址,为本会永久集会之所"。乙君动议修正,为删去"理财员"之句,而加入"会长"之句;或修正为"会堂"之后加入"房屋";或删改为删去"委理财员往"以后各句,而加"租一会堂为永久集会之所"。以上各句,虽有变易本题用意,然皆与本题有关,故谓之为有关系之修正案。但若使乙君之提议修正案,为删去"为本会永久集会之所",而加入"为应酬之地",此则与本题不相类,可以"无关系,不入秩序"打消之,因彼为纯然别一问题也。主座当曰:"乙君之修正案,为加入'应酬之地'以代'永久集会之所',乃轶出秩序之外。盖所拟修正案,与所议之本题无关系。本题乃觅一地为正式集会之所,而非为应酬之地也。"

再若乙君动议为"本城"之后当加以"新都",此当以"琐碎,不入秩序"而打消之。对于修正案之普通习惯,美国国会代表院有简明之规定条例,曰:"凡动议及问题与议中之本题判然两物者,则不容有托辞修正而加入也。"

九十一节　修正案之效力

修正案之效力,乃呈两动议于会众:一为修正之动议,一为本题。因一问题当结构完备乃呈出表决,故当先议修正案而表决之,然后乃从事于修正之本题也。

（演明式）如八十九节,尚在议中,而寅君讨得地位而言曰:"我动议修正为'会堂'之后加入'及房屋'三字。"主座曰:"诸君听之,动议为'会堂'二字之后加入'及房屋'三字。"于是动议之读法当如下:"委理财员往调查各会堂及房屋之价〈值〉……"讨论随之,而只及于修正案,遂付表决,如他案焉。倘得采取,则"及房屋"三字成为本题之一部分矣。而最终之付表决,主座当曰:"现在之所事为修正之本题,其案如下（彼复述所修正之本题,而后呈之表决）。"

九十二节　第一及第二之修正案

一修正案之外,更有修正案之修正案,即将修正之案再加以修正,如修正之对于本题焉。如是则前之修正案谓为"第一修正案",后之修正案谓为"第二修正案"。前者为对于本题之修正案,后者为对于修正案之修正案也,由此而及于本题焉。其解决之级序,当先从事于第二修正案,因第二之修正案为结构第一之修正案,而使之完备。凡案必先完备,方呈表决也。故此案有三重表决如下:其一、表决第二之修正案,其二、表决第一之修正案,其三、表决本题。

此为修正案之极端,不能再有"修正案之修正案"之修正案矣。有之,必生纷乱之结果。但一修正案表决之后,无论其为通过或打消,则其他之修正案可再提出,如是连接不已,此对于第一、第二修正案皆然也。其理由则因修正案既表决之后,只余一动议(如为第二之修正,则余二动议)于议场,而修正案之限制,本只容三动议同时并立:即一为本题,二为第一修正案,三为第二修正案。其原则为一修正案既通过之后,则便并合于所关系之动议而为一体,此动议则成为一新方式,而新方式则可作本题观也。是以第二修正案既已表决,则其他之第二修正案便可提出。第一修正案既已表决,其他第一修正案亦可提出。如是者屡,以至于原动议结构完备,为大多数所满意者,始呈出表决也。

九十三节　第一第二修正案之演明式

地方自治励行会在议之案,为"本会设一图书杂志库为会员之用"。主座已呈此案于众讨论,而戊君欲提出修正案,其进行手续如下:

戊君起而言曰:"会长先生。"

主座起答曰:"戊先生。"

戊君曰:"我动议修正此案,加'新闻'二字于'杂志'之后。"遂坐。

主座曰:"诸君听着,戊君之动议为加'新闻'二字于'杂志'之后,如是,则此动议读为'本会设一图书杂志新闻库'。大众准备处分此问题否?"

寅君起而言曰:"会长先生。"

主座曰:"寅先生。"

寅君曰:"我动议修正此修正案,加'每周'二字于'新闻'之前。"

主座曰:"寅君动议加'每周'二字于'新闻'之前,大众准备否?"(随而讨论加入"每周"二字。)

主座曰:"第一问题为表决加入'每周'之修正修正案。诸君赞成者请曰'可',反对者请曰'否'。"遂宣布曰:"案已通过。其次之问题,为修正案加入'每周新闻'四字于'杂志'之后,诸君准备否?(随而讨论修正案。)赞成者请曰'可',反对者请曰'否'。"又宣布曰:"已得通过。今之问题为修正之原案,即'本会设一图书杂志每周新闻库以便会员之用'。尚有修正否?(若有之,则照前法提出。)若无之,则赞成所修正之动议者,请曰'可'。"

学者须知,修正之讨论皆限于当前之问题,但此限制,间有出入之处。即如修正案或修正之修正案,其关系与本题甚切者,则讨论时每有申论至全题之必要,如是虽议长可限止,然鲜如此苛求者;但两题若判然有别,则议长当立行制止也。

九十四节　同时多过一个之修正案

在有经验之团体之习惯,常许同时多过一个之修正案,各关于本题之不同部分。但无经验之社会,则莫善于照普通习惯,一时只许一修正案,俟解决其一,再从事其他。会议学家有言:"一修正案在解决中,则不能接受他修正案,除非后起之案为修正之修正案也。"

(演明式)如上九十三节所引之案,戊君动议修正加"新闻"二字,而此动议当前待众解决;而己君动议修正删去"会员"二字,而加入"公众"二字等语。主座对于此事,当曰:"同时只能开议一修正案,己君之动议此时不合秩序。现在之问题,乃戊君之动议必当先行解决者也。且己君之动议引出一新问题,而此问题又非修正之修正案,是为不合秩序。"

九十五节　先事声明

倘有欲为修正之案,而时不当秩序,彼可先事声明,待机而动,此为准备其动议之路径,而会众得此声明,先知其意,则于表决当前之事当更有酌量也。

(演明式)己君既动议如九十四节所云,而主座以违秩序打消之,但己君可进而言曰:"若是,则我欲先事声明,到适可之时,我当动议加入'公众'二字,以代'会员'二字。"言毕,乃坐。戊君之议案于是进行,至表决之后,己君乃讨得地位而提其修正之案,因此时已无障碍也。

此先事声明之法,有特殊之妙用。如有第一、第二修正案已发,若再有人欲发其他,非待其前者表决则不能,故先事声明常可使表决者之意为之一变也。假如己君欲以"每日"二字加入,以代"每周"于"新闻"之前,但彼不能发此动议,因有第一、第二两修正案尚在议中也。但彼可先事声明曰:"我欲先事声明,倘加入'每周'两字之案被打消,我当动议加入'每日'二字。"如是则先示意于欲取"每日"者,使之于表决时可打消"每周"也。

九十六节　接纳修正案

处分修正案之最简便者,莫如本案之原动者接纳所拟之修正案。但倘有人反对,则修正案不能接纳,因主座接纳之后,其案便成为公共之所有。倘无人反对,而修正案得接纳之后,则成为本案之一部分,一若本案提出者之原议,不必分开以表决焉。但原动者只接纳彼所同意之修正案耳。倘彼不同意,则当缄默不言,听其正式解决,如他种之问题其得失任之本体之优劣可也。主座无庸问修正案之接纳与否,凡修正案不得接纳,并非失败,不过另呈正式之表决耳。

（演明式）对于图书杂志库之议案（见九十三节）,乙君动议修正案加"新闻"二字于"杂志"之后,正在讨论中,卯君动议修正修正案加入"每周"二字于"新闻"二字之前。乙君若赞成此修正案,可起而言曰:"主座,我接纳此修正案。"若无人反对,则其修正案成为"修正加入每周新闻等",主座遂接述而表决之也。更有一限制,则凡一案或其案之修正案,若已受变更之后,则不能接纳矣。譬如乙君之修正案加入"新闻"已再被修正,加入"小册",则乙君不能接纳卯君之动议加入"每周"二字也。

第十二章　修正案之方法

九十七节　修正之三法

修正有三法:一、加入字句;二、删除字句;三、删除一分而加入他分以代之。

（演明式）其一、加入式:"本会设一图书杂志库为会员之用"之动议,正在讨论中,酉君动议修正加入"轮贷"二字于"库"字之前,或修正加"及其友"三字于"会员"之后,或修正加入"报纸"二字于"杂志"二字之后,是也。其二、删除式:同前案丙君动议修正删除"杂志"二字,或修正删去"为会员之用"五字,是也。其三、删除及加入式:寅君动议修正删去"会员"二字、加入"公众"二字,或修正删去"图书及杂志"而加入"期刊新闻",是也。以上各条皆,为第一修正案,而每条可再加修正。

九十八节　宣述修正案之方式

主座呈修正案于表决,不独复述修正案,且当述修正后之本案为如何也。三式之修正案,其宣述如下:

(一)兹有动议修正加入某某字于某某之后,于是修正后之本案,读为如此如此。

(二)兹有修正删去某某下之某某字,于是修正后之本案,读为如此如此。

(三)兹有修正删去某某字,而加入某某字,于是修正后之本案,读为如此如此。

九十九节　加入方法

一切语句与本题有关系者,皆可由大多数表决而加入。既加入矣,则以后该语句或一部分之语句,除由复议外不能删去,盖议例凡同一之事件不能加以两次动作也。惟其语句加入之后,若再受修正而加入他语句于其间,则全部可由再一修正案以删去之。

(演明式)其案为"本会设一图书杂志库为会员之用",正在会议中,而以下之动作生焉。

寅君讨地位后曰:"我动议加入'轮贷'二字于'图书库'之前。"主座接述曰:"诸君听着,寅君之动议加入'轮贷'二字于'图书库'之前,于是其案读为'本会设一轮贷图书库为会员之用'。"遂曰:"诸君准备否?"继曰:"赞成者请曰'可',反对者请曰'否'。"宣布曰:"已得可决,尚有修正案否?"

戊君讨地位后曰:"我动议加入'免费'二字于'轮贷'二字之前。如是则读为'免费轮贷图书库为会员之用'。"

主座曰:"诸君听着,动议修正案为加入'免费'句,如是则案读为如此如此,赞成者……"云云。遂曰:"此案通过。"

戊君曰:"我今动议删去'免费轮贷'四字于'图书'之前。"主座乃复述之,而呈之表决。

戊君发两动议之目的,乃在使寅君之加入"轮贷"二字之修正案,再得一次之表决,而意在打消之也。盖修正案一旦通过之后,除复议外则不能再行表决,而复议之结果或无把握,故戊君动议加入"免费"二字,以取得多一次之表决;随得通过,则戊君动议删去全部。如是,戊君乃得两次之讨论,而行两次之表决,而使彼所反对之案,得两次之机会以打消之。但寅君之动议,则殊无成见于中也。

其理由以何而见许此重复行动,则因"免费"两新字既采入于修正案之内,则其案已变成一异式问题,故作新案观,而修正之限制不能加之也。

一百节　加入案之否决效力

反之,前节如拟加入之修正案得否决,则同式字句或一部以后,不得再行加入。但既打消之字句,若以其他字句而成不同之案,则可加入。如在议之案,寅君既动议加入"报纸"二字而其案已被打消,彼随后可再提出加入"宗教报纸",或"地方自治之汇〔期〕报",此虽属于否决之修正案,而今则另含有他语,为新问题,而成一不同之案也。

一百零一节　改变意思之必要

最当注意者,所加入之字必变易其打消案之意义或其界限,方得成为一新问题,从事讨论。若只改换其语句而不变其性质,则不成为一新问题,而原有之事件既经打消,不能再从事于动作也。寅君不能动议加入"每日新闻",因此等之字虽口语不同,而实与"报纸"无异,而此既已打消矣;但关于"地方自治之期报"或"法政宗教报"等件异于报纸,而会众当乐于表决此等有界限之件,而反对泛泛之件也。

一百零二节　删除之法

删除之修正动议与加入之修正动议甚相切合,故从事其一则必牵动其他,二者皆为一法所范围。任何语句皆可删去,但同一事件或其一部分若已删去,则不能再行加入,除非复议乃可。而已删去之语句或其一部,若有他字混合而成一异种问题者,便可加入也。

(演明式)同问题在讨论中,丙君动议修正删去"及杂志"三字。主座接述之,付之表决,而得通过。此三字于是被删去,除复议外不得再加入矣。但有己君反对删去,而欲再行加入,彼可动议修正加入"小册及期报之关系吾人之事者"各句。此中包有杂志,但非纯为加入杂志之句,是以有别于已经处分之件也。

一百零三节　删去修正案否决之效力

反之,前节若一删去之修正案被打消,则所拟删去之各字得以确立,而为原案之一部,除复议外不能加以处分。但如牵入他语,则此部或其一分可再动议修正删去,盖此为一新问题故也。在一百零二节之演明式,如丙君之修正案,删去"杂志"二字已被打消,其后彼可动议修正删去"图书及杂志",因此句虽含有打消之案,其实为一不同之问题也。

一百零四节　删去案呈决之方式

主座于呈动议以表决时,多照述动议者之言而已。乃顾兴氏之《议事规则》则异于是,其式如下:主座呈动议以表决曰:"动议为由'书'字之后删去'及杂志'三字。今请问诸君'及杂志'一句,可否成立为动议之一部分?"此其效力乃与常例相反,常例可者可之,此之可者乃适以否决删去案也。

顾氏之法无甚理由,且易惑初学者之耳目,故多为他家所不主张。而本书所采用之法如下:

主座曰:"修正案为删去'设'字后之'图书及杂志'五字,此句可否删去？赞成者……"云云。宣布曰："已得可决,删去'图书及杂志'五字。"

一百零五节　所弃之字可加入他处

既经由删去案而得可决,或由加入案而得否决,所弃之字有时可加入于本题之他处,惟必于本题另经修正,改变性质及其意义而成一新问题之后乃可。

一百零六节　"不"字

一修正案加入删去"不"字,而使动议之意义适成正反对者,乃不能许可之事。如有为之者,则当以违序而制止之。由此而推,则凡有相反之字,使正义成为负义者,则不许加入也。若欲否决一案,当于处分时表决之而已。

一百零七节　删去而加入之法

任何字皆可由一动议删去,而任何字有关系者皆可补入其位。既已加入,则必照一百零二节所释之条件,始可删除。其动议"删去并补入"乃为一案。申而言之,则为动议删去并动议加入,相合而成者也。如删去甲字,补入乙字,则不能分为两案（一删去甲字案,一补入乙字案）,既以一案提出,亦当以一案呈表决。其理由则动议者有一表决,以补其字于删去之字之位也。

若此案可分而为二,则删去其字之后,其地位已空白,若他字非动议者之所欲,若加入之则与动议者之用意相左矣。是故"删去而补入"之案不得分而为二也。

（演明式）"设立一图书杂志库为会员之用"之案正在讨论中,子君讨得地位而言曰："我动议修正删去'会员'二字,而加入'公众'二字。"主座曰："诸君听着,子君之动议,删去'会员'二字而加入'公众'二字,于是其案读为'设立一图书杂志库为公众之用',众人准备处分此问题否？"云云。"赞成删去'会员'二字而加入'公众'二字请曰'可'"云云。若得通过,则"公众"代却"会员"二字,而为原案之一部分矣。若有人欲删去"公众"二字,则必当提出复议,或用一百零二节之手续乃可。

一百零八节　删去而加入修正案否决之效力

若删去某语而加入他语之案被打消后,则除复议外,原语必当确立。但如有他事加入于原语,使之成为一别种问题,则间接可再受修正之行动。

一百零九节　替代

一新动议,如与在场之议案有相关者,可全部替代之。此简而言之,即为删去全案,而加入他案也。

(演明式)设书库之议正在讨论中,西君起而言曰:"我动议修正,将现在议案改为'委会长调查建设书库需费若干,并办理劝捐此费'。"主座曰:"已有人动议将议案改为……"云云。

现在问题,为以一动议代他动议,所拟之替代题不过一修正案耳。此案可加以修正,又可分之为二,以其含有两问题也。当经过讨论如他案焉,然后乃呈表决。先表决修正案,后表决所修正之本题。此两表决呈出如下:其一,"诸君赞成将案替代者,请曰'可'。"随宣布曰:"已得通过。"其二,"诸君赞成所修正之本题者,请曰'可'。"宣布曰:"案已通过。"

第十三章　修正案之例外事件

一百一十节　款项及时间之空白

对于两度之修正案不能再加修正之例,有例外之事件即如数目问题,凡有拟改者不限于两度。各会员皆得随意提议,悉当接纳,而一一表决之。而第二修正案当在第一修正案之前以表决之例,亦不施于此。

数目问题多属乎款项及时间,若有一动议含有此两种数目者,遇有他动议改易之,不作为修正案,而作为填补数目字之空位论。故所有提出数目者,主座或书记当一一记录之;而后逐一表决。从最大之款项或从最长之时间起,而至表决其一为止。

（演明式）有动议"以两点钟为本会开会之时"。主座既呈此案于会众，寅君得地位而动议："以三点钟为开会之时。"（此非修正删去"两"字，而加入"三"字也。）故主座仍进行接受其他之动议，以填空位焉。

卯君曰："我动议'以两点半钟为开会时'。"

乙君曰："我动议'以三点半为开会时'。"

癸君曰："我动议'以四点为开会时'。"

主座曰："今所议为本会开会之时间，已有动议以两点、三点、两点半、三点半、四点各案者，请诸君讨论之。"

主座曰："诸君准备处分此问题否？赞成四点钟者请曰'可'。"宣布曰："此案失败。赞成三点半钟者请曰'可'。"宣布曰："此案失败。赞成三点钟者请曰'可'。"宣布曰："此案失败。赞成两点半钟者请曰：'可'。"宣布曰："此案通过。"于是填写两点半钟入空位。再曰："今赞成此案'以两点半钟为本会开会之时者'请曰'可'，反对者请曰'否'。"宣布曰："已得通过。本会开会之时间为两点半。"

骤观之"两点半钟"一句，得二度之表决似乎不必。但第一度之表决为修正案之表决，如一百零九节所释之义，且表决于"两点半钟"者，非必随而表决于本题也。又或有会员不欲限定开会时间者，亦未可定也。

更有显而易见者，即如收费问题，会员中有赞成此项，而不赞成彼项者。设有动议捐十元为某事经费者，有议捐二十元、十五元及五元者，主座一一呈之表决。先从最大之数，既而曰："十五元得通过，可补入空位。有赞成修正之原案，以捐十五元为某事经费者，请曰'可'。"如是则会员之反对捐款者，可有机会以表决打消原案也。其例第一表决乃为填空位（即一种之修正案）而设也，而第二之表决，乃为原案而设也。

一百十一节　人名

若有数人之名皆受指名为同一之职务，此非照修正案之法办理，乃照前节所详对于款项及时间之法办理。各名照指名之秩序一一呈之表决，先从原案或报告中所列之名起。（演明式见第一章）

一百十二节　不受修正之动议

有数种之动议不得加以修正者,其要者如下:一散会,一搁置,一抽出,一停止讨论,一无期延期。其例凡案皆可加修正,惟修正致改变性质者,则不得加以修正也。譬如"停止讨论"之案,则不能再以修正为"停止讨论于指定之时"也。

一百十三节　复议案

若一案已得通过之后,而欲复议此案之修正案表决,则必先复议本案之表决,而后乃能导入于修正案之表决也。

一百十四节　修正之秩序

前已论之,若同时有数起第一修正案加于一问题,则当照提出之先后而处分之。若有第一修正案及第二修正案,则先表决第二修正案,而后乃从事于第一也。若为连续之问题合成于一者,如一会之规则等,则宜逐节详议,按序修正,不宜逐条表决,因此有妨碍会众重复再议也。若只逐节修正,而暂置之,则于全部规则表决之前,可随时再加修正,此常有必要者也。俟各节之修正已齐妥,而会众已准备,乃将全部之规则呈之表决,则必得完满之结果也。

卷四　动议之顺序

第十四章　附属动议之顺序

一百十五节　顺序之定义

在此之"顺序"二字,乃指处分动议之秩序而言。照公例,凡动议之顺序,当以提出之先后为定。其先提出者,得先讨论,得先表决。但有一种之动议出此例外,因其性质之异,其顺序则在当前动议之先。而此种例外之动议,其中顺序亦自有等级。

一百十六节 独立动议附属动议

动议之不关连于他动议,其效果为呈一新问题于议场者,则谓之独立动议。凡独立动议之顺序,当循公例之范围,即一独立动议只能提出于无动议当前之议场,而一独立动议解决之后,他动议方能入秩序。

附属动议,可提出于他案正在议中而未解决之时。此乃附属于独立动议之下,而使之改变方式,或改变情状。修正案及停止讨论案,即附属动议之张本也。附属动议必当就于其所关连之独立动议上施其效力。附属动议中亦自有顺序定例,有此先于彼者。其当先者虽提出于后,亦能超出前者而得处分也。

一百十七节 七种附属动议及其顺序等级

附属之动议有七,为议场中所常有者。凡学议者必当熟习之。此中二者已论之于其所属之部:其一为修正议,乃最要而最常者,第三卷专论之。其二为停止讨论之议,则关于讨论之案,第八章论之。其余五者,为散会议、搁置议、暂延期议、付委议及无期延期议。其先后之顺序等级如下:

(一)散会议;

(二)搁置议;

(三)停止讨论议;

(四)延期议;

(五)付委议;

(六)修正议;

(七)无期延期议。

凡此附属动议顺序,皆在本题之前。即如当本题在议之时,有提出以上动议之一者,即当间断本题,先从事于讨论附属动议而表决之,然后再从事于所变动之本题焉(见一百五十八节)。在于一问题讨议中,若有两人先后各提出七种附属动议之一,其后所提出者若顺序等级在前,便可即行讨议;

若顺序等级在先提出者之后,则不许之。即如有一独立动议正在讨论中,突有提出延期议者,既而此议在讨论之时,其能再提出之议为散会议、搁置议及停止讨论议,其不能提之议为付委议、修正议及无期延期议。其动议顺序列在当议中之附属动议上者,则在超之之阶级;其在当议中之动议下者,则在被超之之阶级。若独立动议即本题与及数修正案俱在当议中,则除第七动议之外,各动议皆可提出。倘各皆就秩序提出,则当一一按顺序以表决,而本题则暂为放下,俟各附属动议解决之后,乃再从事也。

一百十八节　议案顺序之演明式

有动议"使地方自治励行会速行筹备注册"者。

戊君(略去讨地位式,余仿此)曰:"我动议修正加入'在暑假期'句于'备'字之后。"

主座曰:"诸君听着,修正案加入字句,如是则议案当读如下:'使地方自治励行会速行筹备在暑假期注册。'诸君准备否?"(此案可讨论)

癸君曰:"我动议付委筹办。"主座曰:"已有动议将案付委筹办,此议顺序在修正议之前,诸君准备为付委之表决否?"(可讨论)

寅君曰:"我动议将此事延期一星期。"

主座曰:"有动议延期矣。"(可讨论)

乙君曰:"我动议停止讨论。"

主座曰:"停止讨论动议已经提出,可否即行表决本题?"(可为限制之讨论)

甲君曰:"我动议搁置。"(不能讨论)

主座曰:"搁置之议已提出,赞成者请……"云云。

卯君(间断之)曰:"主座。"

主座曰:"搁置之议为不能讨论者。"

卯君曰:"主座!我非欲讨论,乃动议散会也。"

主座即改正曰:"散会之议今已在秩序,此议顺序驾乎各议之上,今当先行表决散会之议,赞成者请曰'可'"云云。宣布曰:"此案失败。今表决搁置之议赞成者请曰'可'!"云云。宣布曰:"此案失败。今次及停止讨论。即表决本题(如得通过,则延期之议及付委之议皆无形失败,而即从事于本题及修正案),赞成者请曰'可'"云云。宣布曰:"已失败矣。诸君准备处分延期一星期之议否?赞成者请曰'可'"云云。宣布曰:"已失败。"

己君曰:"我动议无期延期。"

主座曰:"付委及修正两议尚在场中,无期延期之议未到秩序,诸君准备表决付委之议否?赞成者请曰'可'"云云。宣布曰:"此案失败。今之问题为戊君之修正议加入'在暑假期',诸君准备否?赞成者……"云云。宣布曰:"此案通过。今赞成修正之本案者,请……"

己君(间断)曰:"我今动议无期延期。"

主座曰:"此议今已到序,诸君欲打消议案者请曰'可'。"宣布曰:"打消案失败。赞成修正之本案即'地方自治励行会速行筹备在暑假期注册'者,请曰'可'。"宣布曰:"已得通过。"

以上之演明式,乃表示附属动议除修正案外各皆失败时之效果也。其各皆通过之效果之演明式,后三章详之。若有提出其中任一而因有他案当前不合秩序者,则对付之法,一如己君之无期延期案也。各附属动议既经一次失败,随后可再行提出,惟当间以他事也。例如搁置动议,可再提出于一动议之后,或于两动议之间。所有附属案皆受顺序之范围,而讨论则只就附属动议之本身从事,不牵涉入本题也。

所提之动议 其顺序若在他案之前者,则他案不过暂搁,以俟超级之动议解决而已。若得否决,则其他当照秩序施行,如演明式焉。

一百十九节 七种附属动议之目的

其中三种(散会议、搁置议、延期议)之目的为缓迟行动,其中一种(停止讨论)乃催促行动,其中之二(付委议、修正议)乃整备或改变其事体,其余一种为最终之废置。而停止讨论之对于他附属动议之效力,见于六十二、六十三两节。

一百二十节　定秩序之理由

此种秩序乃由经验得来,实为最适合于办事原则,而使之公平迅速也。不能讨论之案居于能讨论案之前,所以防阻滞也;本题之临时变动,先得机会以处分,所以速结束也;讨论适序可以停止,所以避生厌也;至于求全备议延期,皆所以免造次也;最后则压止,所以打消积案也。以上秩序,议法家间有出入者,亦有不守者。若社会有不欲采择,可立专条规定其所弃者。总之,此为最简便易行之法,故吾人主张之。凡领率议场者,当识之于心,或书之座右,以作津梁可也。

第十五章　散会与搁置动议

一百二十一节　散会动议

附属动议,其在秩序之首者为散会议,其处分顺序超乎各动议之先。所以如是者,因会众凭大多数之意,则有权随时终结议期也。此议一出,当立即决断,不得讨论,并不得修正、不得搁置、不得付委、不得延期、不得压止、不得复议,只有表决而已。

一百二十二节　独立之散会动议

散会动议为附属动议之外,有时亦为独立动议。其在各事完结之时或在无事之间而提出者,则为独立动议也。但其受限制与附属动议同,当得全体一致,乃可讨论其因何不宜散会之理由。常有于会期终结之时,照例提出散会议者。但如有人提出权宜问题,指出尚有当议之事,则提者当即收回也。

一百二十三节　散会议之限制

通常有言:"散会动议无时不在秩序。"其实不然也。散会议有不能提出之时如下:(一)在会员得有地位之时;(二)在进行表决之时;(三)在表决停止讨论之时;(四)在一散会动议才否决之后而无他事相间之时。此四条件,所以防止少数人之捣乱也。更有权宜问题及秩序问题,因具急要性质,故虽于散会议提出之时行之,亦合秩序。

除以上之限制外,则散会议当常在秩序之首也。

一百二十四节　散会之效果

一会员照常例讨得地位而言曰:"我动议散会。"主座曰:"散会之议已提出,赞成者请曰'可'"云云。宣布曰:"已得通过,本会散会至某日再集。"表决如有可疑,可提出疑问,如他案焉。

若散会之议失败,则间断之事再行继续。若得通过,则间断之事,下会当接续办之。倘无下会,则散会之议即为打消在议之事也。若有一定之办事秩序,一定之散会时间,则散会所间断之事,下会可按次以未完件提出之;而提出之时,当就其间断之点以开议。

一百二十五节　有定时间

在团体之规定散会时间者,届时主座当止绝各事而言曰:"散会之时间已到。"随而稍侯〔候〕(与机会使提议"延长时间"或提议"散会"),再曰:"本会散会。"若欲连续继议,则当提出独立动议以延长时间(至有限定或无限定),呈表决而按之以施行也。

若无规定散会时间者,则当提议"本会于几点钟散会"。此动议与其他独立动议无异,并无优先顺序也。

与散会动议并列者,为定期开下会之议。其有规定开会日期之团体,则不须此;其无规定者,则为不可少之事。故有谓定下期开会之议,应在散会顺序之前。但此既属可讨论可修正之议,则当不然也。若散会之议既提出,而无下次开会之期者,主座当唤醒提议者,以下次会期尚未曾定,而提议者当自收回其议,俾有提议下次开会期之机会,而留回其优先权以再提散会之议可也。倘彼不肯收回散会之议,则必当立呈表决;若非会众不愿再有下会者,即必否决之也。此动议之方式如下:"我动议散会,至下星期二日午后三点钟再开会"。

一百二十六节　搁置动议

第二级之附属动议为搁置议,此议所以延迟最后之动作,而假以再加审察之时也。此议不得讨论、不得修正,不得付委,不得延期,不得打消,不得复议,而只让步于散会之议,并权宜问题及秩序问题而已。若遇失败,可以散会议之同一条件而再提出之。

一百二十七节　搁置议之效力

搁置之议,乃将所议之原案及其附属各动议一齐搁置之。此议不能施于案之一部分;若加于一部分,则当然加于全案也。倘此议得胜,则全案及其所属之修正案,乃至所属之附属动议,皆从而搁置之,而另从事于他事也。

一百二十八节　抽出之动议

抽出之议,可于搁置之后立时提出,或可于稍后之同期提出,或下期提出。抽出之动议并非附属动议,是以无顺序优先之权利,而与一般之动议同列。此议亦不能讨论,其效力则恢复原案于间断之点。若搁置之案以后无提议以抽出之,则当然打消。又搁置之案适遇会期告终,或至会年之末,亦终归打消也。

(演明式)如一百十八节之案正在讨议中,其附属动议付委、延期及停止讨论已经提出,而最后甲君曰:"我提出搁置议。"主座曰:"搁置之议已经提出,赞成者……"云云。宣布曰:"已得通过,而本会筹备注册之问题当搁置。今者会众之意欲为何事?"(中有他事告竣)于是场中适无别案,甲君讨得地位而言曰:"我提议抽出'本会筹备注册'案。"主座接述其议,若得通过,则曰:"此案复在众前,而第一问题为停止讨论之动议。"彼乃进而表决之。若归失败,则其他之附议动议如延期、如付委、如修正皆一一付之表决,最后则处分本题也。

主座于表决搁置动议,宜唤醒会员,以搁置问题非特搁置本题,而更搁置所附属之动议也。

第十六章　延期动议

一百二十九节　有定时之延期

此动议列在顺序之第四,其前者为散会动议、搁置动议、停止讨论动议。当延期议在议中,如有提出本题停止讨论动议者,则延期议便作截断,而非暂搁。惟若提出散会议或搁置议,则适成相反,盖此不过暂搁而已,而于本题再出现之时,此附属动议当与之复现也。延期动议,其时间可得讨论并得修正,但不得付委、不得搁置、不得压止并不得延期,除即时之外不得复议。此动议之目的,乃将事件延至所定之时,而使之得完满之讨议也。其对本题之效力,见六十三节。

一百三十节　其效力

此议与搁置之议同,皆搁起问题之动作也,惟搁置议则搁起无定期,此则搁起至一定之期而已。延期案至再提出之时,名之曰"特别指定事件"。延期一议乃将全案延期,而不得延期一部分也。若延期议失败,则隔一事之后可以再提出。

若延期议通过,则书记将所延期之事,收管至指定之日。到时则无论于何事在场,此指定之件皆为当序,主座当间断他事而提出之。若主座忘之,则书记或他会员当为之提出也。

(演明式)今设同案在讨议中(如一百十八节),已提出修正及付委矣。寅君讨得地位而言曰:"我动议将案由今日起,延期至下星期二日午后三时再议。"主座遂曰:"此案已提出延期至下星期二日午后三时。"此议可以讨论,可以修正其日时,然后如常而呈之表决。倘得通过(而非如一百十八节之被打消),则主座曰:"延期案已得通过,本会讨论注册之动议,当延期至下星期二日午后三时。"至下星期二日届期之时,主座当停起他事而言曰:"指定讨议本会注册之案之时期已至。此事适当特别之秩序,请诸君讨论之。"若有欲将他事先行完结者,则当动议:"将特别事件搁置。"若此议得胜,则指定事件搁置,以俟再提。若指定事件不受搁置(或再提出),则主座乃继续曰:"此案之第一问题为付委之议。"(因此议正在讨论中,而本题乃延期也。)彼遂进而以付委之议呈表决,及处决其他之附属动议,而后乃及于本题也。

若主座到时忘却提出指定之事件,则任一会员皆可起而言曰:"主座,特别指定事件之时间非已到乎?"若指定之件只有日期而无时间,则统归本日指定事件之列。

为指定事件所间断之事,则不待有动议而暂置之。俟指定事件了结之后乃复讨议,或归入下期,作未完事件办理。

一百三十一节　此议之限制

定时延期之议只可作时间之修正,而不能为他种之修正。而有定时之延期议,不能改为无期之延期议,又不能定一非会期之日而为延期,盖此则等于无期之延期动议故也。

一百三十二节　无期延期

质而言之,此动议非延期也,实一打消或压止之动议耳。其作用乃以之为直捷了当处决本题者,而其顺序列于最末,只于无附属动议在前乃能当序。此议可以讨论,但不能修正,不能延期,不能付委,不能搁置。若遇否决,则对于同一本题不能再行提出。

一百三十三节　此议之效力

若此议胜,则直打消其本题耳,其效力等于本题之呈表决而得否决者也。又如以反例以表决一问题,其式如下:"诸君之不赞成者请曰'是'。"此以是决之用于反对者,而以否决用于赞成者也。此动议常用之以试反对者之势力如何,若反对者实为大多数,则此为打消议案之捷径。以效力言之,则此议之别名可谓为"打消议"也。

（演明式）一百十八节已演明提出此议之方式矣,若己君之动议不被打消而得通过,则主座当曰:"已得通过,而本会注册之问题当延期至无定期。"此除复议外,便为了结其事矣。凡遇此而打消之问题,若欲再提出之,必当于下年开会方可为之也。

第十七章 付委动议

一百三十四节 付委

付委,即付事件于委员以筹备或审查也。此动议之作用,乃欲将事件措置裕如,或将事件考求详尽者也。其顺序居附属动议之五,只在修正动议及打消动议之前而已。其受前列附属动议之影响,同于一百二十九节之所陈,即为停止讨论动议断绝,而为他附属动议所暂搁耳。此付委之议可以讨论,但不能延期,不能打消,不能搁置,而更不能复付委也。其单纯付委之动议不能修正,但有训令之付委,或指出人数之委员及如何委任之动议,则可修正。此议之复议只可立即行之;若委员已定,而开始办事,则决不能复议矣。若付委之动议失败,则隔一事之后可以再行提出也。其受停止讨论动议之影响,同于六十三节。

有同于付委之动议,则以"全体会员为委员"之动议是也。此乃以全体改为委员会,而对于所议之事件一逊公式之谈话也。若欲全体为委员之时,当提出动议"以全体为委员会"。若得通过,则主座请他会员为委员主座,而彼则下场为一委员。于是,委员主座请众就秩序,而开议付委之问题焉。在寻常社会,鲜有用全体委员之机会。全体委员会事另详于一百四十节。

一百三十五节 付委议之效力

当事件在议中而有"付委议"提出,若得通过,则其效力为以在讨议之全案暂由议场抽出,而付托于委员之手。于是而成立委员会及授训令与之,为必要之事矣。委员即接受其事,依训令而行,酌量办理,为各种之准备,而后乃报告于下次之会。至于付委之时,若有修正之议当前而为付委议所收束者,则此修正议委员当照办理,而并报告之。若得赞成则加入本题,否则删之。若为压止之议,则委员当除去之。此外则无他种之附属议矣。盖其余之四者当必先行处决,而后方次及于付委之议也。

(演明式)筹备注册之议正在讨论中(如一百十八节),癸君讨地位而发言曰"我动议付委",或"将事付托与委员"。主座曰:"已动议付委矣,诸君准备处分此问题否? 赞成者请曰……"云云。宣布曰:"已得通过矣。本会筹备注册之议已付委员筹办矣,但委员会应用几人?"

戊君曰:"我动议以五人为率。"众乃从而讨论之。若有他数提出,则照一百零十节式而投票表决之。主座遂曰:"委员如何委任,由主座委之,抑由会众委之?"会员于是动议曰:"由主座委任。"或曰:"由会众指名。"随呈表决。若为前者,则主座当于立时或稍间而委任五人为委员,其首名则为临时主座,至委员会集乃选举其主座。若由众指名之议得胜,则照六节与十五节所详之手续办理。此时委员当授以各种训令,或假以全权。例如有动议如下:其一"令委员与律师商酌本会注册之事,而下期报告之",此授训令者也;其二"委员当授以全权,以筹备本会注册之事",此付全权者也。(参看一百四十一节)

若有问题当付于常务委员者,其正式之动议为"将问题付某种常务委员"。如此若得通过,则其事归于此种委员。盖付常务委员之议,其顺序在特务委员之议之先也。

对于单纯付委之议,有以定限付委之议代之者,即如"以事件付之于主座所委五人之委员会"。此可以一动议而提出之,但有以之分为三动议(参观四十二节),而每议单独提出之为更妥者。定限动议之提出式及其效力,皆与单纯付委动议无异,而受同一法例之约束,而其讨论与修正可分段行之。

一百三十六节　带训令之付委议

若有提出之付委动议而带有特种训令于委员者,此等训令不能由动议内分开,而必须与付委动议同呈表决。若欲除去训令,即为无训令之付委,则当动议"修正删去训令"。设使有动议"将事件付之主座所委之五委员，而训令赴律师请教"。此动议不能分为四段，只可分作三段：（一）动议付委而训令之使赴律师请教；（二）委员之数为五人；（三）委员由主座委任。而第一动议，可提议"修正删去训令"，如是则成为一单纯付委议，而此后其他之训令随便可加或不加也。总之，带有训令之付委议不能分开，实为成例也。

一百三十七节　问题之一部分

问题内之任何一部分皆可付委，其他部分同时仍可继续进行。但最终之处决，当待至付委之部分报告回答之后乃可。

一百三十八节　委选之事宜

向有流行之成见，以为提出议案者为同案之委员，则必当委之为委员长。但近来遵此成见者少，而不遵者恒多，盖以其有碍于自由平等之则，故渐渐不用也。无论由主座委任或由众指名，皆当就会员之留意其事者，或就才干之适于其事者，而兼委一二新手以与有经验者同办事，为最适宜也。若提案者为一适宜之人，固当选为委员，而但不必定为之长。前曾言之，首名委员除召集第一会外，不必定为委员长。而委员之人数当以奇零为妙，以免表决之同数也。受委之人若不在场，当由书记通知。所有被委之人，当由首名委员通告召集第一会。

所有付委之案暂时当停止进行，而会中当从事其他问题。委员报告手续，下章另详之。

一百三十九节　独立之付委议

除凡关于各本题之附属动议之外，当无他案再议之时，随就任何时而提出付委之议，此为独立之付委议，而不享受顺序之优先权，且更受各附属动议方法动作之约束，以其自身为一本题也。

第十八章　委员及其报告

一百四十节　委员之性质

委员会为附属团体,只就其训令之范围内行事,而受节制于委之之会。委员既受委任之后,则会集而组织其团体,如四、五、九各节所详者。

委员会之集议,照会议之常规,但可省略各种起立、发言及按序复坐之仪式。所议之事件,可以谈话行之。惟一切动作,当以正式之动议及表决而处分之,当由书记存记作一合式之纪录;若无书记,则委员长当笔记所有表决之事。只有受委之委员,方能与于讨议之列。会长及各职员倘未被委,亦不得参加于其列。而会长无监督委员之权,若彼欲于委员会试其运动或劝诱,则当拒绝之。委员会以大多数为额数。

全数之委员会,即以会员之全体而作一委员之会议而已。其会议之规则,即搁起正式之会期,畅行讨论,不许提出停止动议,与夫委员会所常用之非公式行动,皆准行之而已。至会议告终之时,则全体委员退席,即行事之性质一变耳。会长复其座位,而再令众就秩序,委员长则行正式报告于众。而众之处理此种报告,悉如其处理少数人之委员会之报告焉。

一百四十一节　委员之权限

委员既受训令,其权限只在令行之事范围之内。若付委之事件不带训令者,则委员审查其案之体裁,加入已通过之修正案,并贡献所得而适于会众之讨论及表决者。委员只能照委托所事而行,当小心谨慎,毋得稍出其权限也。

若委员受有全权,则其行事有若一独立之团体焉。会中已表决之事,而欲使此事之成全,则委委员以全权执行之,以竟其功。或在两可之问题,而付委员使以全权处决之,则此处决作为最终之定论。

(演明式)"本会筹备注册"之议在讨论中,有单纯付委之议已得通过,于是委任委员而将事托之。委员讨议如何注册之方法,而调查应办之事宜。

到时由委员长报告"本会应要注册"（或不必注册），详其理由及办法。若其议为"将事付委而令委员向律师请教"，委员则照训令而行，往与律师商酌，然后将律师所言报告于众。同时或呈献己意，听众采择。

若动议为"将本会注册之事付之委员全权办理"，如此则委员当将注册各种手续进行办理，而事竣之后，乃报告其效果于众。或审查之后而以注册之事为不适宜，而报告于众曰："本会注册之事为不适宜。"若会中必欲注册，则先表决本会注册之事，而后委委员以全权执行之。若如此，则委员惟有进而执行将本会注册而已。

一百四十二节　报告

当委员之事务告竣，其主座或其他之受命者当准备一报告，将审查之各点并委员之判断详录之。倘委员中有少数不同意者，亦可另作一报告，谓之"少数之报告"，包括彼等之判断。报告当用简单明白之言辞，有时须陈己见者，则统结以献替之语。即如有委员承命"到街上调查会堂之租价及款式"者，当准备其报告如下："本委员查得本市之各会堂租价如下：民乐会堂每日租价十元，崇德会堂每日租价十二元，自由厅每日租价八元"云云，遂继而曰："本委员谨以第一会堂之价格及地位最为适当也。委员某某谨报。"又委员未带训令而审查一问题者，当报告如下："本委员建议此案之语句，应如以下方式……"云云。或"本委员建议此议不当采用（详其理由）"，并如上为结断之语。

至带训令而行事之委员，其报告如下："本委员已照所训而完其责，租得崇德会堂为本会集会之所。"

一百四十三节　报告之呈递

委员或有训令使之报告于一定期之日者，则到期之时次及报告秩序，主座当令之报告。若无如此之训令，则委员准备报告之时，承委报告之员在无议案当前之时，则讨地位而言曰："主座，某某事件，委员之报告已经准备矣。"主座曰："今可否接收某某事件委员之报告？赞成者……"云云。若得否决,则委员当俟之迟日,而仍照同一手续以讨地位而后行之。若得通过,则委员之代表曰:"承办某事之委员谨呈报如下……"彼乃宣读报告。

报告读后,则委员之事毕矣,并不用表决以解其职,盖其职与呈递报告而俱完结也。从此则委员对于其事,亦犹乎他会员之不相涉也。倘再委之以续行办理,则为另外一委员而已。

委员之报告当缮就成文,报告之后,则将报告文呈交主座。而所报告事件之新方式,则为当秩序而受会众之处分者也。

一百四十四节　要求报告

若到报告之时,而主座及委员俱忽略其事,则会员可动议:"请某某事件之委员此时报告。"倘此议通过,则委员必当报告;如不报告,自当详说理由。若委员准备未完,当可请求宽限,如是则当有动议"宽限委员之报告期,而令之于某某日报告。"若委员欲取消其职务,亦当有动议:"取消某某事件委员之职务",而得表决通过乃可。

一百四十五节　少数之报告

此为不同意者之报告,读于正式报告之后,而不能与正式报告同效力,会众可以不理者也。但若其确有见地,则可以之代多数之报告耳。此即与修正报告无异,而当以修正案顺序行之。

一百四十六节　报告之演明式

本会注册之问题经已付委办理,而委员会集讨议准备报告。至值期开会,次及"委员报告",主座曰:"今日有无委员报告?"

辰君曰:"主座,本委员之注册事,已经准备报告矣。"

主座曰:"前令注册委员今日报告,请诸君听之。"

辰君遂读报告曰:"本委员承命审查本会注册事宜,兹报告如下:所有注册事宜虽复杂,然有熟悉此事之人乐为相助,则进行亦易。而本委员详审各情,注册确于本会大有利便,诚如某会员所言,故献议将本会从速注册也。辰某谨报告。"

主座既接辰君报告之后,乃曰:"诸君已听着委员报告及其献议,对于'本会即行注册之问题'已表示极为赞成。诸君之意如何?"此时为讨论秩序,于是各讨论本会宜否即行注册事宜。

一百四十七节　复付委

若委员之报告有不满众意者,并若重新讨论之后生出新问题,则事当复行付委于委员或其他之委员也。"复付委"之动议,与"付委"同受一例之约束。

卷五　权宜及秩序问题

第十九章　权宜问题

一百四十八节　权宜问题之性质

第五章曾经论及,凡议场循规举动,当由正式动议出之。但有时事件发生,有不能待新动议秩序之至者,如遇有破坏议则之事、发生错误之事与夫一切急要之事必当立刻应付,而应付之方,则谓之为权宜问题及秩序问题。此等问题不属动议,而超夫各动议顺序之前,无时不在秩序之中,能间断一切事件,并暂夺去言者地位。须待此问题解决后,当议事件方能复原;而事件复原之时,当由间断之点继续再议。权宜问题之顺序,驾乎秩序问题之前。

此等问题如非遇事即发,则其后不准追发也。然若就事而发,则当散会动议之中亦准发之。凡权宜问题,若非急要者,则提出者既述明之后,主座可以打消之,如是即可减省其烦〔繁〕难也。

至于秩序问题,必当就关于当议之事而发,方能准之(参观一百五十二节及一百五十四节)。此问题对于散会动议,除动议者有犯四规则之一如详于一百二十三节者,则不能间断之也。是故举秩序问题者,乃改正动议者之错误也。

一百四十九节　权宜问题之定义

权宜问题,乃有关于在场之额外事件问题也。此问题之起,乃常起于关乎全会自身之权利,或个人自身之权利。其问题甚罕发生,而亦容易解决者也。十数年前,在美国元老院发生一好先例:当秘密会议之时,疑有报馆访员藏于院阁之傍听座,此为侵犯元老院秘密会议之权利者也。于是一元老提出权宜问题,而设法驱逐犯者出外。其他之例,如忽而灯光熄灭,或空气不通,或有人扰乱会场秩序,或有会员即有远行而欲速于言事,或报告而求优先权利者是也。又或有会员受不平之事者,或反对职员报告不确者。总之,凡意外之事,须即时应付者皆是。但起立为事体之说明,则不入权宜问题之列。会员常得许可占有地位而为说明者,非权利之应尔,不过友谊之通融而已。若有反对,则假时以便说明之事,当呈众表决,而取大多数之同意,盖说明不能间断他事也。

一百五十节　效力

此突起之问题,判其是否确为权宜问题,则主座之特权也。会员欲举此问题者,不必如发动议之先讨地位而后发言,但起而言曰:"主座,我提出权宜问题。"主座当请提者述之。述后,主座立即判决是否确为权宜问题。若主座以为否,而提者不服,可诉之于众。若以为是,则随有动议,将事提出于众,以备讨论;或属于特别事件,则不待动议,而主座自行将事处分之。此种动议须即时讨论,但非必即时表决,盖亦犹乎他种动议可以搁置、可以延期也。当此问题发生时,诸般事件当停止进行,待此解决之后乃得复议,而会员之被间断者亦得复其地位也。

一百五十一节　演明式

适寅君正在讨论一事,而午君起而间断之曰:"主座,我提出权宜问题。"

主座起曰:"请该会员述彼权宜问题。"(此时寅君当复坐)

午君曰:"我雅不欲言之。但我等之坐在堂后者,实不能闻言者之声,因有人交头接语扰乱会场也。"

主座曰:"此当然视为一确正权宜问题,盖本会之第一权利,则为畅听所言之权利也。倘吾人有所欲言,请于得地位之时乃畅而言之,则无此烦扰也。本主座请该委员等保守秩序,而归安静。请寅君继续再言。"

甲君起而间断之,曰:"主座,我提出权宜问题。"

主座曰:"请述之。"

甲君曰:"外间有狂烈敲击之声,可否使守门者或他人一往察之?"

主座曰:"本主座当接受关于此事之动议。"

甲君曰:"我动议着守门者往察此扰声之来由。"(此议呈之表决,而守门者受训而行,将事回报,或自处决之。无论继有如何行动,而当处分之中,诸事为之搁起。)

癸君曰:"我提出权宜问题。"

主座曰:"请癸君述之。"

癸君曰:"我刻有要务他行,我已空候甚久,欲得机缘以一询训令,为我等书库委员之办法也。此事不能再候矣。"

主座曰:"此问题起之适当,诸君之意见如何?"

己君曰:"我动议当使癸君得尽其言。"(此议呈众表决,而行动随之。待事竣之后,则前所间断之事复其进行。)

第二十章　秩序问题

一百五十二节　秩序问题之定义

秩序问题与权宜问题之别者,在直接关系当议之事件,而有所改正,或完备其进行之手续者。如言语离题,或动议不当其序,或论及个人,或破坏议法,皆其类也。主座亦有出乎范围者,如接其所不当接之事,或不接其所当接之事。以上各种破坏秩序之端,所以常因而生出秩序问题也。此问题除权宜问题之外,超出各顺序之前。

一百五十三节　主座之职务

维持秩序及议额,为主座第一之职务。此非独指全体之风纪而已,各会员有破坏秩序及违背议法者,皆当纠正之。若主座于此稍有忽略,则会员当提出秩序问题。

一百五十四节　秩序问题之效力

当秩序问题发生时,在议之各事皆为之间断,至解决之后乃再复原。若会员在发言中而被搁止,则问题解决之后,彼仍复其位;除非彼自身亦受决而为秩序范围之外者,如此若有反对之者,则彼不能再事进行矣。

秩序问题进行之道,一如权宜问题焉。当时机之至,会员不待正式请得地位,可直起而发言曰:"会长先生,我提出秩序问题。"遂被请述之,述毕则坐。主座当酌断其问题为适当与否,曰:"本主座以为此秩序问题发之适当(或发之不适当)。"此宣布谓之为主座之判决,而问题以之为定。如有不服者,可以申诉。惟此问题初不付讨论,不呈表决,此其所以异于动议者也。

因秩序问题为直接关于当议之事者,是故必须立提出于其事发生之时,倘事过情迁之后则不能再提矣。

一百五十五节　申诉

若会员有不服主座之判决者,可起而申诉曰:"我将主座判决申诉于众。"此申诉须有附和,如其无之,则主座可以不理。若有人起曰:"我附和之。"则此问题由主座之判决,而移归于众人之表决矣。其呈此问题之方式如下:"主座之判决,可否即为本会之定论?"讨论随之。对于此之讨论,主座有优先权。彼可不必离座而发言,详陈其判决之理由等等而后呈之表决,而宣布之曰:"主座之判决成立",或曰:"主座之判决打消",随事而异。此表决即为最终之决议而不能复议矣。由此观之，一切事件最终决议之权则在会众，而不在主座也。信乎议法家华氏之言曰："申诉之权，为一切团体自由行动不可少之物。"必如此，则会长乃会场之公仆而不为主宰也。

一百五十六节　申诉表决之同数票

前一成例，动议之表决得同数票者，则动议为之打消。但在申诉之案，得表决之同数票者，则效力适为相反：此乃维持之而非打消之也。如是则主座之判决，更因之而得成立。其理由为主座之判决，若无推翻之者则作为成立，而同数之表决票实为无效，则不能推翻主座之判决也。如此，则主座不必（多有不欲者）自行投票，以维持其判决之成立者。兹定此为例如下："对于申诉案之表决同数票，乃成全'主座之判决可否成立'之问题。"

一百五十七节　顺序

今复统括附属动议之顺序，列之如下：

（一）权宜问题；

（二）秩序问题；

（三）散会动议；

（四）搁置动议；

（五）停止讨论动议；

（六）延期动议；

（七）付委动议；

（八）修正动议；

（九）无期延期动议。

除此之外，更有他种事件可于独立动议在议中而提出者，其重要者如下：收回动议及分开议题之动议；举发不足额之问题，规定表决法之动议；限制或申长讨论时间之动议；定时停止讨论之动议；定时散会及定时开会之动议；搁起规则之动议；暂作休息之动议。以上各动议若发于需要之时皆为合秩序,其顺序在当前之独立动议之前。

一百五十八节　秩序问题及申诉之演明式

地方自治励行会适会议之际,序及于新事件,随生如下之行动:

乙君曰:"会长先生。"

主座曰:"乙先生。"

乙君曰:"我动议于会期告终之日,本会举一午餐会,以联吾人友谊,想诸君必乐从也。"

主座曰:"诸君听着。有动议本会举一午餐会于会期告终之日。"

己君曰:"会长先生。"

主座曰:"己先生。"

己君曰:"何不称之为早膳?我动议修正删去'午餐'二字,而加入'早膳'二字。"

主座曰:"诸君听着……"

乙君曰:"会长先生,我欢纳此议,我总求其有耳,如何称谓所不计也。"

主座曰:"修正案已得接纳,而今之问题为当举一早膳为会期之结束。"

甲君曰:"会长先生。"

主座曰:"甲先生。"

甲君曰:"我反对此议,因将必多所破费,我知会友中多有力不能胜者,愿本会为城中独一,不以饮食为题之会!试观彼之好古会、诗人会、棋客会等常设晚餐会,我知彼等之所欲矣!"

主座起而言曰:"请该会员进归秩序。彼之所言出乎题目之外,盖批评他会之行为非在秩序之中也。"

甲君曰:"甚善甚善,会长先生。我当勉而进于秩序,但我绝对反对此议!"

丙君曰:"会长先生。"

主座曰:"丙先生。"

丙君曰:"我绝对赞成之。吾人总需多少交际性质之物,乃可联络会友感情,使之亲切如一家焉。盖把盏言欢,每生同气之感,舍此则结会鲜有成功者也。"

辛君曰:"会长先生。"

主座曰:"辛先生。"

辛君曰:"我提议将此问题搁置案上。我个人以为……"

主座曰:"搁置之议为不能讨论者,是故该会员为越出秩序矣。诸君准备否?"

寅君曰:"会长先生。"

主座曰:"请君言之。"

寅君曰:"主座既言搁置之议不能讨论,又问吾人准备否,按此则为请人讨论矣。"

主座曰:"此足见我会员大为省觉,但出之不甚妥贴耳。本主座所问'诸君准备否',乃以机缘使散会动议或他秩序问题,顺序在搁置动议之前者,可以提出耳!诸君准备否?诸君之赞成搁置动议者,请曰'可'。"续而宣布曰:"此议打消。"

戊君曰:"会长先生。"

主座曰:"戊先生。"

戊君曰:"我提议延期此案之讨议至一星期。"

主座曰:"已有提议延期一星期,诸君准备否?"

癸君曰:"会长先生。"

主座曰:"癸君先生。"

癸君曰:"我提议将此事付委。其委员会由……"

戊君曰:"会长先生,我起秩序问题。付委之议此时不在秩序,因延期之案尚在议中也。"

主座曰:"此举出之甚当。付委之议此时不在秩序,以延期之议之顺序在前也。诸君准备表决延期之议否?赞成者……"云云。宣布曰:"此议打消。"

癸君曰:"会长先生。"

主座曰:"癸先生。"

癸君曰:"我今再提出付委动议,其委员会由会长、理财、书记三人组织之。"

主座曰:"诸君听着此动议,本主座当从而分开之。先呈付委动议,诸君预备否?"

子君坐而言曰:"我以为吾人当在会中结束此事。"

未君曰:"我起秩序问题。"

主座曰:"请未先生述其问题。"

未君曰:"最后之发言者未曾起立而称呼主座!"

主座曰:"本主座为之断定此点举得甚当。务望一切讨论,必当以正式出之。"

子君曰:"我起而就正之!会长先生,我反对付委案,因过于假权与少数人也。"

主座曰:"会众当可训其委员于被委之后。诸君预备否?"

戊君、寅君同时并起曰:"会长先生。"

主座曰:"戊先生。"

戊君曰:"我提议……"

申君曰:"我起秩序问题。"

主座曰:"请述其秩序之点。"

申君曰:"会长先生,寅先生先戊先生而起,或以彼坐〔座〕位太远,而主座不之觉也。彼岂不应先于戊君而得地位乎?"

主座曰:"本主座当断定此秩序之点提之不适当。本主座见两会员同时并起,而已以地位与戊先生,今除非戊先生退让耳。"

戊君曰:"我既得地位,则不欲让之。会长先生,我动议……"

申君曰:"我将主座之判决诉之于众。"

主座曰:"申先生诉主座之判决,今之问题为主座之判决可否成立为会中之定论(讨论可随之),诸君赞成主座之判决者请曰'可'。"宣布曰:"已得可决。主座之判决,成为确立。戊先生请复发言,所议问题为付委动议。"

戊君曰:"我动议本会此时散会。"

主座曰:"散会之议已提出,诸君赞成者……"云云。宣布曰:"此议打消。诸君赞成付委动议者……"云云。宣布曰:"此议打消。今本会欲再办何事?"

酉君曰:"会长先生,我见得本会有等会员专图打消彼所不乐之议案,而毫不假以讨论之余地,有一发言者为达此目的几于无所不至也。"

戊君曰:"我起秩序问题。"

主座曰:"请详之。"

戊君曰:"最后之发言者侈言个人之事,殊出范围。"

主座曰:"此秩序之点,举之适当。请酉先生就本题范围。"

酉君曰:"会长先生,我诉此判决。我已慎重不提名字,则并未有毫厘违及秩序也。"

主座曰:"申诉提出矣,主座之判决能成立否?赞成者……"云云。宣布曰:"不成立。酉先生已得表决为合秩序,可继续言之。"

酉君曰:"我只欲重要问题能得公平之讨论,而我以为……"

亥君曰:"会长先生。"

主座曰:"亥先生。"

亥君曰:"我动议散会。"

主座曰:"有动议……"

寅君曰:"我起秩序问题。"

主座曰:"请详之。"

寅君曰:"会员发言之地位,不能由散会动议夺去也。"

主座曰:"本主座断定此点提出甚当,而散会之议为违反秩序。酉先生请复言。"

酉君曰:"我动议将全案由今天起延期两星期。"

卯君曰:"会长先生,我起秩序问题。吾人岂非已经表决不延期乎?岂第二之延期议在秩序乎?"

主座曰:"新事件已中间之矣,第二延期议当合秩序也。诸君预备否?赞成者……"云云。宣布曰:"此议通过。而举一早膳会之问题,延期作为两星期开会日之指定事件。本主座望各会员到时当黾勉齐集,以得详为讨论为是。兹已次及散会时矣。"

酉君曰:"我提出散会。"

主座曰:"赞成者请曰'可'。"宣布曰:"本会散会。至下星期此日午后二时半再开。"

结　　论

以上各章所详论之原理方式,足为领率议场者作指南之用矣。然欲为良议员者,徒诵读之、研究之犹未足臻其巧妙也,必须习练成熟,而后乃能左右逢源,泛应曲当也。欲议场之步调整齐,秩序不紊,则非常时开会演习议法不可。其演习之道,有假设议场以专行习练者,然不若乘开会之期而兼习练之,则更为一举两得也。凡社会,其事由少数董事或委员办理者,则会员鲜有机会以习练;倘另行随时开执行会,使全体会员在场,而将事件提出加之讨论与修正,而后处以最终之动作,则会员一年之所得,必胜于五年之研究及假习也。此书可备为个人研究及会场参考之用,且可备为同好者常时集合玩索而习练之。一社会中,其会员人人有言论表决权于大小各事,则知识能力必日加而结合日固,其发达进步实不可限量也。

凡团体欲以此书为津梁者,可于其规则加定一条如下:"本会集议规则以《民权初步》为准。"如是则有疑点,皆以此书为折衷也。若有团体不欲全照本书所定之规则,便可另立专条,规定其会所欲行者,如是则关于此种事件可不必照此书所定也。此等专条不必包括于规则之内,一记录之表决案亦已足矣。譬如一会已采择本书之规定为例,而又欲以动议须有附和,或以复议动议不当加以限制为适宜者,便可立例如下:"本会定以所有动议须得附和,而后能接述之。"或:"本会定以凡会员皆能提出复议动议。"但凡欲成为一纯粹议范之社会,则不当舍去普通认定之议事规则也。

凡社会采定一书为范围者,则凡于未规定之事,皆当遵守之。而其为专条所规定之事,则皆以专条为定衡。各会对于其所事或方法,当采专条以规定之。此等专条或具于规则中,或立特别条例均可。惟须注意,切不可订立条例与通行议场公例抵触者,方为妥善。

更有一事当为各社会之忠告者:则切不可因一时情面或他种理由,而设一先例,以致将来有碍一会之自由行动者。而于选举职员更宜留意,庶免蹈此弊。如有不觉中陷于此等之恶习,则速改为佳。盖先例非一成不变者也,其效力只行于未得良法之前而已;如一旦得更良之法,则当以代之也。

再者,若一社会察觉其前时所行之事有不合通则者,则尽可由之,而不必追加改正,只宜慎重不必行之于下次足矣。盖当时既无人反对其事,则当视为正当,所谓"遂事不谏,既往不究"也。

附录　章程并规则之模范

章　　程

第一条　会名　本会名为地方自治励行会。

第二条　职员　本会举会长一人,副会长一人,记录书记一人,通信书记一人,理财员一人,核数员一人,董事若干人,演说委员若干人。每年选举一次,如规则所定。

第三条　会议　本会每年三月某某日开周年大会一次,每月某某日开常期会议一次。会中一切要务,当在常期会议决之。除规则所定者之外,只有会员方能到场会议。议场额数,至少七人。凡常期会,当由某某报登广告通知。而特别会议,可由会员五人申请,会长即得召集,但每会员当专牒通知。

第四条　经费　每年某月某日起为预算年期,会员经费每人若干元,限入会或预算期一月之内交足。如得过期,通告犹不交者,则停止会员资格。

第五条　会员　凡入会者,须得满一年资格之会员二人介绍,于常期会议时报名。待一星期后,乃按名投票,如不过三票之反对者则为当选。如有落选之人,则本年之内不得再报名。本会会员以若干名为限。

规　　则

第一条　职员之义务:

一节　会长副会长　会长当主持一切会议,并领率会员就事体之正式秩序,当担任周年大会之演说,并办理属于其职务之各事。若遇会长有事不能到会,则副会长代理其职务。而副会长须随时助会长办理各事。

二节　书记　记录书记办理开会事宜,并记录所议决各事,作一议事录。通信书记当收会中各信,开会时向众读之;并答复一切信函,保存会中文件,通知会员得被举者,函催会员欠费,署名给发会员凭票,编掌会员名册居址,并管理一切关于会员事件及文件。到周年大会之期,彼当将一年所经过之事及现在情形作一详细报告,向众宣读。以上各事,亦可责成记录书记分任之。议事录及文件,可随时与会众察〔查〕阅。如会中有与他会及团体常通书信者,可多设一交际书记,专理与他团体交际之事。

三节　理财员　理财员当接收、催收、管理、出支一切会中银钱,并当将所有收支银钱开列详细数目,作一报告,呈报于周年大会之期。

四节　核数员　核数员当查核一切单据及理财员之帐目符合否,作一报告,呈报于周年大会之期。(若有董事会者则董事规则列于此。)

五节　演说员　演说员分三部,每部设一演说员长。第一部,各国地方自治之历史规模;第二部,关于地方自治之科学及经济学;第三部,中国地方自治应办事宜。某月某日为第一部之期,某月某日为第二部之期,某月某日为第三部之期。各演说员长当将其部一年之经过作一报告,呈报于年会之期。

六节　选举　在某月之常务会期,会长当于职员之外,委派委员三人为指名委员,将来年职员指名造册。指名委员当通告被指名者,如有辞却,则当另指名以代之。于后三期会议,当将完备指名册呈报于众。至周年大会之期,当行投票选举。倘有被指名而不得选者,当另选至职员满数而止。凡入会不满一年者,无被选资格。

七节　任期　除书记及理财两职外,其他任期不得连任两年,而一人不得同时兼两职,惟隔任期一年之后,则可再得复其被选之资格。所有职员任期,至周年大会之日为满。

第二条　会员　凡被选为会员者,签名于章程并缴会费之后,则可领受本会之凭票而为会员,得享本会一切之权利,至年期末为止。此后再纳年费,便可继续为会员。每期会议,会员须当呈票,方得入场。

名誉会员可由会中酌量选择。旧会员居于远方者,可得为通信会员;倘来本城欲与会议者,可纳临时费便得入场。

凡会员欲除名会籍者,当致书通告通信书记便可。

第三条　来宾　凡会员可领朋友同来会议,但须纳临时费若干,而每会员每次会议只得许领二人。演说员每人给免票六条,不收临时费。

第四条　会议法则　地方自治励行会一切会议,皆以《民权初步》为法则。书记之外,非有本会特别命令,不得将本会会议报告发印。

第五条　本会章程及规则,在正式常务会议可以到场会员三分之二之表决而修改之。但至少须于一会期前将欲修改之条正式通告,使众周知方可。

第六条　搁起条例　本会之章程、规则内之条例,其可暂时停止者,遇有需要时可由全体一致而临时搁起之,以便他事之进行;但不能搁起过于一会期以上。

议　事　表

(说明)有、无者,有可、无可之谓也。如申诉,有可讨论、无可分开是也。数目者,例外之符号也。符号之说明,另列于表下。

议案＼动作	权宜问题一	秩序问题二	申诉	散会	搁置及抽出	停止讨论	延期	付委	修正	无期延期	收回动议	分开议题	表决法问题	复议	休息	搁起规则	独立动议
讨论	无	无二	有	无四	无	有五	有	有	有	无	无	无	无	有	无	无	有
分开	无	无	无	无	无	无	有七	有十	无	无	无	无	无	无	无	无	有
搁置	无	无三	无	无	无	无	无	无	无	无	无	无	无	有十二	无	无	有
停止讨论	无	无	有	无	无	无	有	有	有	无	无	无	无	有	无	无	有
延期	无	无	无三	无	无	无	无	无	有	无	无	无	无	有	无	无	有
付委	无	无	无三	无	无	无	无	无	有	无十一	无	无	无	有	无	无	有
修正	无	无	无	无	无	无	有六	无八	有	无	无	有	无	有	无	有	有
无期延期	无	无	无	无	无	无	无	无	无	无	无	无	无	有	无	无	有
复议	无	无	有	无	有	无	有九	有	无	有	无	无	无	无	无	无	有

符号之说明：

一、凡出此两问题外所发生之急要动议，则处分之动作与独立动议同。

二、得主座之许可可作评议，但除申诉事外，不能有讨论之权利。

三、申诉问题之自身，无可付委，无可延期、无可搁置者也。惟可随申诉之本题，一同受此三种之动作。

四、若在不定下会开会之期而散会等于终止者，则此议有可讨论。

五、得为有限时之讨论，而其讨论只范围于停止讨论之自身，不能牵入于本题。

六、只有属于时日者，乃有可修正。

七、只有属于有附训令之付委，为无可分开者也。

八、只有属于有训令之付委及委员之人数,有可修正者也。

九、委员已开始进行,则无可复议。

十、只有删去而加入之修正案,为无可分开。

十一、有种修正案,其本题尚悬而未决者,有可付委者也。

十二、复议已受搁置者,不能抽出其问题作为终结。

据上海孙中山故居所藏改正本《建国方略》(上海民智书局一九二二年六月再版)并参校其他版本整理

中国国民党第一次全国代表大会宣言[①]

（一九二四年一月三十日）

一　中国之现状

中国之革命发轫于甲午以后，盛于庚子，而成于辛亥，卒颠覆君政。夫革命非能突然发生也。自满洲入据中国以来，民族间不平之气抑郁已久。海禁既开，列强之帝国主义如怒潮骤至，武力的掠夺与经济的压迫使中国丧失独立，陷于半殖民地之地位。满洲政府既无力以御外侮，而钤制家奴之政策且行之益厉，适足以侧媚列强。吾党之士，追随本党总理孙先生之后，知非颠覆满洲无由改造中国，乃奋然而起，为国民前驱，激进不已，以至于辛亥，然后颠覆满洲之举始告厥成。故知革命之目的，非仅仅在于颠覆满洲而已，乃在于满洲颠覆以后得从事于改造中国。依当时之趋向，民族方面，由一民族之专横宰制过渡于诸民族之平等结合；政治方面，由专制制度过渡于民权制度；经济方面，由手工业的生产过渡于资本制度的生产。循是以进，必能使半殖民地的中国变而为独立的中国，以屹然于世界。

[①] 中国国民党第一次全国代表大会于1924年1月20日至30日在广州举行。本宣言在孙中山亲自主持下，由国民党员汪精卫、胡汉民、廖仲恺及苏联顾问鲍罗庭（今译鲍罗廷）、加入国民党的中共党员瞿秋白参与起草。宣言草案经专门委员会审查修改后，于23日大会表决通过。24日又由孙中山委托汪精卫提出增加宣言中"对内政策"第五条的动议，经大会表决通过。30日又由孙中山授意廖仲恺提出增订"对外政策"内容的动议，经大会表决同意，委托孙中山修正有关文字条款。大会秘书处于2月印发宣言单行本，中国国民党中央执行委员会又于4月印行宣言校正本。本文以后者为底本，另将前者被删文字在脚注中录出。所标日期系据代表大会对宣言最后一次表决日期。

然而当时之实际,乃适不如所期。革命虽号成功,而革命政府所能实际表现者,仅仅为民族解放主义。曾几何时,已为情势所迫,不得已而与反革命的专制阶级谋妥协。此种妥协,实间接与帝国主义相调和,遂为革命第一次失败之根源。夫当时代表反革命的专制阶级者实为袁世凯,其所挟持之势力初非甚强,而革命党人乃不能胜之者,则为当时欲竭力避免国内战争之延长,且尚未能获一有组织、有纪律、能了解本身之职任与目的之政党故也。使当时而有此政党,则必能抵制袁世凯之阴谋以取得胜利,而必不致为其所乘。夫袁世凯者,北洋军阀之首领,时与列强相勾结,一切反革命的专制阶级如武人、官僚辈,皆依附之以求生存。而革命党人乃以政权让渡于彼,其致失败,又何待言!

袁世凯既死,革命之事业仍屡遭失败,其结果使国内军阀暴戾恣睢,自为刀俎,而以人民为鱼肉,一切政治上民权主义之建设皆无可言。不特此也,军阀本身与人民利害相反,不足以自存,故凡为军阀者莫不与列强之帝国主义发生关系。所谓民国政府,已为军阀所控制,军阀即利用之结欢于列强,以求自固。而列强亦即利用之,资以大借款充其军费,使中国内乱纠缠不已,以攫取利权,各占势力范围。由此点观测,可知中国内乱实有造于列强。列强在中国利益相冲突,乃假手于军阀,杀吾民以求逞。不特此也,内乱又足以阻滞中国实业之发展,使国内市场充斥外货。坐是之故,中国之实业即在中国境内,犹不能与外国资本竞争。其为祸之酷,不止吾国人政治上之生命为之剥夺,即经济上之生命亦为之剥夺无余矣。环顾国内,自革命失败以来,中等阶级濒经激变,尤为困苦。小企业家渐趋破产,小手工业者渐致失业,沦为游氓,流为兵匪。农民无力以营本业,至以其土地廉价售人,生活日以昂,租税日以重。如此惨状,触目皆是,犹得不谓已濒绝境乎?

由是言之,自辛亥革命以后,以迄于今,中国之情况不但无进步可言,且有江河日下之势。军阀之专横、列强之侵蚀日益加厉,令中国深入半殖民地之泥犁地狱。此全国人民所为疾首蹙额,而有识者所以徬徨日夜,急欲为全国人民求一生路者也。

然所谓生路者果如何乎?国内各党派以至于个人暨外国人多有拟议及

此者,试简单归纳各种拟议,以一评骘其当否,而分述于下:

一曰立宪派。此派之拟议,以为今日中国之大患在于无法,苟能藉宪法以谋统一,则分崩离析之局庶可收拾。曾不思宪法之所以能有效力,全恃民众之拥护,假使只有白纸黑字之宪法,决不能保证民权俾不受军阀之摧残。元年以来尝有约法矣,然专制余孽、军阀官僚僭窃擅权,无恶不作,此辈一日不去,宪法即一日不生效力,无异废纸,何补民权?迩者曹锟以非法行贿,尸位北京,亦尝藉所谓宪法以为文饰之具矣,而其所为乃与宪法若风马牛不相及。故知推行宪法之先决问题,首在民众之能拥护宪法与否。舍本求末,无有是处。不特此也,民众果无组织,虽有宪法即民众自身亦不能运用之,纵无军阀之摧残,其为具文自若也。故立宪派只知要求宪法,而绝不顾及将何以拥护宪法,何以运用宪法,即可知其无组织、无方法、无勇气以真为宪法而奋斗。宪法之成立,唯在列强及军阀之势力颠覆之后耳。

二曰联省自治派。此派之拟议,以为造成中国今日之乱象,由于中央政府权力过重,故当分其权力于各省;各省自治已成,则中央政府权力日削,无所恃以为恶也。曾不思今日北京政府权力初非法律所赋予、人民所承认,乃由大军阀攘夺而得之。大军阀既挟持其暴力以把持中央政府,复即利用中央政府以扩充其暴力,吾人不谋所以毁灭大军阀之暴力,使不得挟持中央政府以为恶,乃反欲藉各省小军阀之力以谋减削中央政府之权能,是何为耶?推其结果,不过分裂中国,使小军阀各占一省,自谋利益,以与挟持中央政府之大军阀相安于无事而已,何自治之足云?夫真正的自治,诚为至当,亦诚适合吾民族之需要与精神;然此等真正的自治,必待中国全体独立之后始能有成。中国全体尚未能获得自由,而欲一部分先能获得自由,岂可能耶?故知争回自治之运动,决不能与争回民族独立之运动分道而行。自由之中国以内,始能有自由之省。一省以内所有经济问题、政治问题、社会问题,惟有于全国之规模中始能解决。则各省真正自治之实现,必在全国国民革命胜利之后,亦已显然,愿国人一思之也。

三曰和平会议派。国内苦战争久矣,和平会议之说应之而生。提倡而赞和者,中国人有然,外国人亦有然。果能循此道而得和平,宁非国人之所望,无如其不可能也。何则？构成中国之战祸者,实为互相角立之军阀,此互相角立之军阀各顾其利益,矛盾至于极端,已无调和之可能。即使可能,亦不过各军阀间之利益得以调和而已,于民众之利益固无与也。此仅军阀之联合,尚不得谓为国家之统一也。民众果何需于此乎？此等和平会议之结果,必无以异于欧战议和所得之结果。列强利益相冲突,使欧州〔洲〕各小国不得和平统一,中国之不能统一亦此数国之利益为之梗也。至于知调和之不可能,而惟冀各派之势力保持均衡,使不相冲突,以苟安于一时者,则更为梦想。何则？盖事实上不能禁军阀中之一派不对于他派而施以攻击。且凡属军阀莫不拥有雇佣军队,推其结果,不能不出于争战,出于掠夺。盖掠夺于邻省,较之掠夺于本省为尤易也。

四曰商人政府派。为此说者,盖鉴于今日之祸由军阀官僚所造成,故欲以资本家起而代之也。虽然,军阀官僚所以为民众厌恶者,以其不能代表民众也,商人独能代表民众利益乎？此当知者一也。军阀政府托命于外人,而其恶益著,民众之恶之亦益深;商人政府若亦托命于外人,则亦一邱〔丘〕之貉而已。此所当知者二也。故吾人虽不反对商人政府,而吾人之要求则在于全体平民自己组织政府,以代表全体平民之利益,不限于商界。且其政府必为独立的不求助于外人,而惟恃全体平民自己之意力。

如上所述,足知各种拟议虽或出于救国之诚意,然终为空谈;其甚者则本无诚意,而徒出于恶意的讥评而已。

吾国民党则夙以国民革命、实行三民主义为中国唯一生路。兹综观中国之现状,益知进行国民革命之不可懈。故再详阐主义,发布政纲,以宣告全国。

二 国民党之主义

国民党之主义维何？即孙先生所提倡之三民主义是已。本此主义以立政纲,吾人以为救国之道,舍此末由。国民革命之逐步进行,皆当循此原则。此次毅然改组,于组织及纪律特加之意,即期于使党员各尽所能,努力奋斗,以求主义之贯彻。去年十一月廿五日孙先生之演说,及此次大会孙先生对于中国现状及国民党改组问题之演述,言之綦详。兹综合之,对于三民主义为郑重之阐明。盖必了然于此主义之真释,然后对于中国之现状而谋救济之方策,始得有所依据也。

(一)民族主义 国民党之民族主义有两方面之意义:一则中国民族自求解放;二则中国境内各民族一律平等。

第一方面:国民党之民族主义,其目的在使中国民族得自由独立于世界。辛亥以前,满洲以一民族宰制于上,而列强之帝国主义复从而包围之。故当时民族主义之运动,其作用在脱离满洲之宰制政策与列强之瓜分政策。辛亥以后,满洲之宰制政策已为国民运动所摧毁,而列强之帝国主义则包围如故,瓜分之说变为共管。易言之,武力的掠夺变为经济的压迫而已,其结果足使中国民族失其独立与自由则一也。国内之军阀既与帝国主义相勾结,而资产阶级亦眈眈然欲起而分其馂余,故中国民族政治上、经济上皆日即于憔悴。国民党人因不得不继续努力,以求中国民族之解放。其所恃为后盾者实为多数之民众,若智识阶级、若农夫、若工人、若商人是已。盖民族主义对于任何阶级,其意义皆不外免除帝国主义之侵略。其在实业界,苟无民族主义,则列强之经济的压迫,自国生产永无发展之可能。其在劳动界,苟无民族主义,则依附帝国主义而生存之军阀及国内外之资本家,足以蚀其生命而有余。故民族解放之斗争,对于多数之民众,其目标皆不外于反帝国主义而已。帝国主义受民族主义运动之打击而有所削弱,则此多数之民众即能因而发展其组织,且从而巩固之,以备继续之斗争,此则国民党能于事实上证明之者。吾人欲证实民族主义实为健之反帝国主义,则当努力于赞助国内各种平民阶级之组织,以发扬国民之能力。盖惟国民党与民众深切结合之后,中国民族之真正的自由与独立始有可望也。

第二方面:辛亥以前,满洲以一民族宰制于上,具如上述。辛亥以后,满洲宰制政策既已摧毁无余,则国内诸民族宜可得平等之结合,国民党之民族主义所要求者即在于此。然不幸而中国之政府乃为专制余孽之军阀所盘据,中国旧日之帝国主义死灰不免复燃,于是国内诸民族因以有杌陧不安之象,遂使少数民族疑国民党之主张亦非诚意。故今后国民党为求民族主义之贯彻,当得国内诸民族之谅解,时时晓示其在中国国民革命运动中之共同利益。今国民党在宣传主义之时,正欲积集其势力,自当随国内革命势力之伸张,而渐与诸民族为有组织的联络,及讲求种种具体的解决民族问题之方法矣。国民党敢郑重宣言,承认中国以内各民族之自决权,于反对帝国主义及军阀之革命获得胜利以后,要组织自由统一的(各民族自由联合的)中华民国。

(二)民权主义　国民党之民权主义,于间接民权之外复行直接民权,即为国民者,不但有选举权,且兼有创制、复决、罢官诸权也。民权运动之方式规定于宪法,以孙先生所创之五权分立为之原则,即立法、司法、行政、考试、监察五权分立是已。凡此既以济代议政治之穷,亦以矫选举制度之弊。近世各国所谓民权制度,往往为资产阶级所专有,适成为压迫平民之工具。若国民党之民权主义,则为一般平民所共有,非少数者所得而私也。于此有当知者:国民党之民权主义与所谓"天赋人权"者殊科,而唯求所以适合于现在中国革命之需要。盖民国之民权,唯民国之国民乃能享之,必不轻授此权于反对民国之人,使得借以破坏民国。详言之,则凡真正反对帝国主义之个人及团体,均得享有一切自由及权利;而凡卖国罔民以效忠于帝国主义及军阀者,无论其为团体或个人,皆不得享有此等自由及权利。

(三)民生主义　国民党之民生主义,其最要之原则不外二者:一曰平均地权;二曰节制资本。盖酿成经济组织之不平均者,莫大于土地权之为少数人所操纵。故当由国家规定土地法、土地使用法、土地征收法及地价税法。私人所有土地,由地主估价呈报政府,国家就价征税,并于必要时依报价收买之。此则平均地权之要旨也。凡本国人及外国人之企业,或有独占的性质,或规模过大为私人之力所不能办者,如银行、铁道、航路之属,由国家经营管理之。使私有资本制度不能操纵国民之生计,此则节制资本之要旨也。举此二者,则民生主义之进行,可期得良好之基础。于此犹有当为农民告者:中国以农立国,而全国各阶级所受痛苦以农民为尤甚。国民党之主张,则以为农民之缺乏田地沦为佃户者,国家当给以土地,资其耕作,并为之整顿水利;移殖荒徼,以均地力;农民之缺乏资本至于高利借贷以负债终身者,国家为之筹设调剂机关如农民银行等,供其匮乏。然后农民得享人生应有之乐。又有当为工人告者：中国工人之生活绝无保障，国民党之主张，则以为工人之失业者，国家当为之谋救济之道；尤当为之制定劳工法，以改良工人之生活。此外如养老之制、育儿之制、周恤废疾者之制、普及教育之制，有相辅而行之性质者，皆当努力以求其实现。凡此皆民生主义所有事也。

中国以内，自北至南，自通商都会以至于穷乡僻壤，贫乏之农夫、劳苦之工人所在皆是。因其所处之地位与所感之痛苦类皆相同，其要求解放之情至为迫切，则其反抗帝国主义之意亦必至为强烈。故国民革命之运动，必恃全国农夫、工人之参加然后可以决胜，盖无可疑者。国民党于此，一方面当对于农夫、工人之运动以全力助其开展，辅助其经济组织使日趋于发达，以期增进国民革命运动之实力；一方面又当对于农夫、工人要求参加国民党，相与为不断之努力，以促国民革命运动之进行。盖国民党现正从事于反抗帝国主义与军阀，反抗不利于农夫、工人之特殊阶级，以谋农夫、工人之解放。质言之，即为农夫、工人而奋斗，亦即农夫、工人为自身而奋斗也。①

国民党之三民主义，其真释具如此。自本党改组后，以严格之规律的精神，树立本党组织之基础。对于本党党员，用各种适当方法施以教育及训练，使成为能宣传主义、运动群众、组织政治之革命的人才。同时以本党全力对于全国国民为普遍的宣传，使加入革命运动，取得政权，克服民敌。至于既取得政权、树立政府之时，为制止国内反革命运动及各国帝国主义压制

---

① 大会秘书处印发本在以下有两段文字被删，原文如下："中国为农业的国家，故军队多由农民征集补充而成，乃不为民利捍卫，又不助人民抵抗帝国主义，而反为帝国主义所操纵之军阀，以戕贼人民之利益。国民党于此，认为有史以来莫大之矛盾。其所以然之故，在于中国经济落后，农民穷苦，不得已而受佣于军阀，以图几微之生存。其结果乃至更增贫困，加人民以压迫，使流为土匪而不顾。欲除此种矛盾，使军队中农民真实之利益与其现在所争之利益无相妨之弊，国民党将于一般兵士及下级军官中极力宣传运动，使知真利所在，成立革命的军队，为人民利益而奋斗。""凡助国民党奋斗以驱除民贼、建设自卫的革命政府之革命军，国民对之当有特殊待遇。每革命军人于革命完全成功之后，愿意归农，革命政府行将给以广田，俾能自给而赡家族。"按：汪精卫（国民党中央委派的宣言起草员）在他赠与黄炎培的《中国国民党改组纪念——民国日报特刊》（一九二四年四月五日上海《民国日报》随报附送）所载宣言这两段文字上端，亲笔加眉批如下："此是另一议决案，误刊于此。"（原件藏上海图书馆）所指当为1月29日大会通过的《关于感化游民土匪及殊遇革命军人之决议案》，但文字有异。

吾国民众胜利之阴谋,芟除实行国民党主义之一切障碍,更应以党为掌握政权之中枢。盖惟有组织、有权威之党,乃为革命的民众之本据,能为全国人民尽此忠实之义务故耳。

三　国民党之政纲

吾人于党纲固悉力以求贯彻,顾以道途之远,工程之巨,诚未敢谓咄嗟有成;而中国之现状危迫已甚,不能不立谋救济。故吾人所以刻刻不忘者,尤在准备实行政纲,为第一步之救济方法。谨列举具体的要求作为政纲,凡中国以内,有能认国家利益高出于一人或一派之利益者,幸相与明辨而公行之。

甲　对外政策

（一）一切不平等条约,如外人租借地、领事裁判权、外人管理关税权,以及外人在中国境内行使一切政治的权力侵害中国主权者,皆当取消,重订双方平等、互尊主权之条约。

（二）凡自愿放弃一切特权之国家,及愿废止破坏中国主权之条约者,中国皆将认为最惠国。

（三）中国与列强所订其他条约,有损中国之利益者须重新审定,务以不害双方主权为原则。

（四）中国所借外债,当在使中国政治上、实业上不受损失之范围内,保证并偿还之。

（五）庚子赔款当完全划作教育经费。

（六）中国境内不负责任之政府,如贿选、窃僭之北京政府,其所借外债非以增进人民之幸福,乃为维持军阀之地位,俾得行使贿买,侵吞盗用。此等债款,中国人民不负偿还之责任。

（七）召集各省职业团体（银行界、商会等）、社会团体（教育机关等）组织会议,筹备偿还外债之方法,以求脱离因困顿于债务而陷于国际的半殖民地之地位。

乙　对内政策

（一）关于中央及地方之权限，采均权主义。凡事务有全国一致之性质者，划归中央；有因地制宜之性质者，划归地方。不偏于中央集权制或地方分权制。

（二）各省人民得自定宪法，自举省长，但省宪不得与国宪相抵触。省长一方面为本省自治之监督，一方面受中央指挥以处理国家行政事务。

（三）确定县为自治单位。自治之县，其人民有直接选举及罢免官吏之权，有直接创制反复决法律之权。土地之税收，地价之增益，公地之生产，山林川泽之息，矿产水力之利，皆为地方政府之所有，用以经营地方人民之事业，及应育幼、养老、济贫、救灾、卫生等各种公共之需要。各县之天然富源及大规模之工商事业，本县资力不能发展兴办者，国家当加以协助；其所获纯利，国家与地方均之。各县对于国家之负担，当以县岁入百分之几为国家之收入，其限度不得少于百分之十，不得超过于百分之五十。

（四）实行普通选举制，废除以资产为标准之阶级选举。

（五）厘订各种考试制度，以救选举制度之穷。

（六）确定人民有集会、结社、言论、出版、居住、信仰之完全自由权。

（七）将现时募兵制度渐改为征兵制度。同时注意改善下级军官及兵士之经济状况，并增进其法律地位。施行军队中之农业教育及职业教育。严定军官之资格，改革任免军官之方法。①

---

①　关于"对内政策"，大会秘书处印发本有十六条，校正本有十五条，被删者为其后第八条，原文如下："（八）政府当设法安置土匪游民，使为社会有益之工作。而其所以达此目的之一法，计可以租界交还中国国民后所得之收入充此用途。此之所谓租界，乃指设有领事裁判之特别地区，发生'国中有国'之特别现象者而言。此种'国中有国'之现象，当在清除之列。至关于外人在租界内住居及营业者，其权利当由国民政府按照中国与外国特行缔结之条约规定之。"而据《中国国民党改组纪念——民国日报特刊》所载宣言，该条仅有"政府当设法安置土匪游民，使为社会有益之工作"一句，无其后文字。按，在1月30日大会表决是否赞成修订宣言时，曾有代表极力反对补入收回租界的条文。孙中山对此问题最终作何处理，未悉其详。

（八）严定田赋地税之法定额，禁止一切额外征收，如厘金等类当一切废绝之。

（九）清查户口，整理耕地，调正粮食之产销，以谋民食之均足。

（十）改良农村组织，增进农人生活。

（十一）制定劳工法，改良劳动者之生活状况，保障劳工团体并扶助其发展。

（十二）于法律上、经济上、教育上、社会上确认男女平等之原则，助进女权之发展。

（十三）励行教育普及，以全力发展儿童本位之教育。整理学制系统，增高教育经费，并保障其独立。

（十四）由国家规定土地法、土地使用法、土地征收法及地价税法。私人所有土地，由地主估价呈报政府，国家就价征税，并于必要时得依报价收买之。

（十五）企业之有独占的性质者，及为私人之力所不能办者，如铁道、航路等，当由国家经营管理之。

以上所举细目，皆吾人所认为党纲之最小限度，目前救济中国之第一步方法。

据《中国国民党第一次全国代表大会宣言》，中央执行委员会准据第一次全国代表大会决议案校正本（广州一九二四年四月印行）

国民政府建国大纲①

（一九二四年四月十二日）

一、国民政府本革命之三民主义、五权宪法，以建设中华民国。

二、建设之首要在民生。故对于全国人民之食、衣、住、行四大需要，政府当与人民协力，共谋农业之发展，以足民食；共谋织造之发展，以裕民衣；建筑大计划之各式屋舍，以乐民居；修治道路、运河，以利民行。

三、其次为民权。故对于人民之政治②知识能力，政府当训导之，以行使其选举权，行使其罢官权，行使其创制权，行使其复决权。

四、其三为民族。故对于国内之弱小民族，政府当扶植之，使之能自决、自治。对于国外之侵略强权，政府当抵御之；并同时修改各国条约，以恢复我国际平等、国家独立。

五、建设之程序分为三期：一曰军政时期；二曰训政时期；三曰宪政时期。

六、在军政时期，一切制度悉隶于军政之下。政府一面用兵力以扫除国

---

① 此大纲为拟建国民政府而制订，曾提交中国国民党第一次全国代表大会审议，其部分内容被列入大会宣言。所见孙先生之手书计有三种：一为1924年1月18日草成并书赠孙科者，二为4月2日书赠宋庆龄者，三为4月12日手书者。书赠孙科者之文末，附有如下一段文字："右建国大纲二十五条，为今日再造民国必由之径。草成并书为科儿玩索。"书赠宋庆龄者之文末，则作："民国十三年四月初二日写于广州大本营，为贤妻庆龄玩索。"而宋庆龄于4月12日手书后附一跋，其文为："先生建国大纲二十五条，实为施行三民主义、五权宪法之基础，而图国家长治久安之至道也。兹特将先生亲笔稿付石印，以供先睹之快，并作民国开创之宝典焉。妻宋庆龄谨跋并书。"

② "政治"二字，1月18日书赠孙科者无。自4月2日书赠宋庆龄者起，各本俱增。

内之障碍，一面宣传主义以开化全国之人心，而促进国家之统一。

七、凡一省完全底定之日，则为训政开始之时，而军政停止之日。

八、在训政时期，政府当派曾经训练，考试合格之员，到各县协助人民筹备自治。其程度以全县人口调查清楚，全县土地测量完竣，全县警卫办理妥善，四境纵横之道路修筑成功；而其人民曾受四权使用之训练而完毕其国民之义务，誓行革命之主义者，得选举县官，以执行一县之政事；得选举议员，以议立一县之法律，始成为一完全自治之县。

九、一完全自治之县，其国民有直接选举官员之权，有直接罢免官员之权，有直接创制法律之权，有直接复决法律之权。

十、每县开创自治之时，必须先规定全县私有土地之价，其法由地主自报之，地方政府则照价征税，并可随时照价收买。自此次报价之后，若土地因政治之改良、社会之进步而增价者，则其利益当为全县人民所共享，而原主不得而私之。

十一、土地之岁收，地价之增益，公地之生产，山林川泽之息，矿产水力之利，皆为地方政府之所有；而用以经营地方人民之事业，及育幼、养老、济贫、救灾、医病与夫种种公共之需。

十二、各县之天然富源与及大规模之工商事业，本县之资力不能发展与兴办，而须外资乃能经营者，当由中央政府为之协助；而所获之纯利，中央与地方政府各占其半。

十三、各县对于中央政府之负担，当以每县之岁收百分之几为中央岁费，每年由国民代表定之；其限度不得少于百分之十，不得加于百分之五十。

十四、每县地方自治政府成立之后，得选国民代表一员，以组织代表会，参预中央政事。

十五、凡候选及任命官员，无论中央与地方，皆须经中央考试、铨定资格者乃可。

十六、凡一省全数之县皆达完全自治者，则为宪政开始时期。国民代表会得选举省长，为本省自治之监督。至于该省内之国家行政，则省长受中央之指挥。

十七、在此时期,中央与省之权限采均权制度①。凡事务有全国一致之性质者,划归中央;有因地制宜之性质者,划归地方;不偏于中央集权或地方分权。

十八、县为自治之单位,省立于中央与县之间,以收联络之效。

十九、在宪政开始时期,中央政府当完成设立五院,以试行五权之治。其序列如下:曰行政院;曰立法院;曰司法院;曰考试院;曰监察院。

二十、行政院暂设如下各部:一、内政部;二、外交部;三、军政部;四、财政部;五、农矿部;六、工商部;七、教育部;八、交通部。

廿一、宪法未颁布以前,各院长皆归总统任免而督率之。

廿二、宪法草案当本于建国大纲及训政、宪政两时期之成绩,由立法院议订,随时宣传于民众,以备到时采择施行。

廿三、全国有过半数省分达至宪政开始时期,即全省之地方自治完全成立时期,则开国民大会决定宪法而颁布之。

廿四、宪法颁布之后,中央统治权则归于国民大会行使,即国民大会对于中央政府官员有选举权、有罢免权,对于中央法律有创制权、有复决权。

廿五、宪法颁布之日,即为宪政告成之时,而全国国民则依宪法行全国大选举。国民政府则于选举完毕之后三个月解职,而授政于民选之政府,是为建国之大功告成。

民国十三年四月十二日
孙文书(印)

据上海《民国日报》一九二五年四月十二日《追悼孙中山先生增刊》影印"孙先生手书建国大纲真迹",参校《广州民国日报》一九二四年二月二十二日《国民政府大纲草案》

---

① 1月18日书赠孙科者及2月22日《广州民国日报》均作"均权主义",而4月2日及4月12日手书均作"均权制度"。

三民主义①

（一九二四年一月至八月间讲演）

民 族 主 义

自 序

自《建国方略》之《心理建设》、《物质建设》、《社会建设》三书出版之后，予乃从事于草作《国家建设》，以完成此帙。《国家建设》一书较前三书为独大，内涵有《民族主义》、《民权主义》、《民生主义》、《五权宪法》、《地方政府》、《中央政府》、《国防计划》、《外交政策》八册。而《民族主义》一册已经脱稿，《民权主义》、《民生主义》二册亦草就大部。其他各册，于思想之线索、研究之门径亦大略规划就绪，俟有余暇，便可执笔直书，无待思索。方拟全书告竣，乃出而问世，不期十一年②六月十六陈炯明叛变，炮击观音山，竟将数年心血所成之各种草稿并备参考之西籍数百种悉被毁去，殊可痛恨！

兹值国民党改组，同志决心从事攻心之奋斗，亟需三民主义之奥义、五权宪法之要旨为宣传之资，故于每星期演讲一次，由黄昌谷君笔记之，由邹

---

① 孙中山于1924年1月在广州开始系统讲演三民主义，地点在广东高等师范学校礼堂。民生主义部分因故（平定商团叛乱等事）未讲完。笔记稿经孙中山多次校改，于《中国国民党周刊》发表，继由国民党中央于同年分三册印行，年底出合印本。
② 此处原作"十年"，今据中国国家博物馆藏《民族主义》自序手稿改为"十一年"。该手稿仅增此一字，其他文字与印本自序完全相同。

鲁君读校之。今民族主义适已讲完,特先印单行本以饷同志。惟此次演讲既无暇晷以预备,又无书籍为参考,只于登坛之后随意发言,较之前稿遗忘实多。虽于付梓之先复加删补,然于本题之精义,与叙论之条理及印证之事实,都觉远不如前。尚望同志读者本此基础,触类引伸〔申〕,匡补阙遗,更正条理,使成为一完善之书,以作宣传之课本,则其造福于吾民族、吾国家实诚未可限量也。

民国十三年三月三十日　孙文序于广州大本营
(加盖"大元帅章"及"孙文之印")

第 一 讲
(一月二十七日)①

诸君:

今天来同大家讲三民主义。什么是三民主义呢?用最简单的定义说,三民主义就是救国主义。什么是主义呢?主义就是一种思想、一种信仰和一种力量。大凡人类对于一件事,研究当中的道理,最先发生思想;思想贯通以后,便起信仰;有了信仰,就生出力量。所以主义是先由思想再到信仰,次由信仰生出力量,然后完全成立。何以说三民主义就是救国主义呢?因为三民主义系促进中国之国际地位平等、政治地位平等、经济地位平等,使中国永久适存于世界,所以说三民主义就是救国主义。三民主义既是救国主义,试问我们今日中国是不是应该要救呢?如果是认定应该要救,那么便应信仰三民主义。信仰三民主义便能发生出极大势力,这种极大势力便可以救中国。

今天先讲民族主义。这次国民党改组所用救国方法,是注重宣传。要对国人做普遍的宣传,最要的是演明主义。中国近十余年来,有思想的人对于三民主义都听惯了,但是要透彻了解他,许多人还做不到。所以今天先把

---

① 此为原书标示的讲演日期,以下各讲同。

民族主义来同大家详细的讲一讲。

什么是民族主义呢？按中国历史上社会习惯诸情形讲，我可以用一句简单话说，民族主义就是国族主义。中国人最崇拜的是家族主义和宗族主义，所以中国只有家族主义和宗族主义，没有国族主义。外国旁观的人说中国人是一片散沙，这个原因是在什么地方呢？就是因为一般人民只有家族主义和宗族主义，没有国族主义。中国人对于家族和宗族的团结力非常强大，往往因为保护宗族起见，宁肯牺牲身家性命。像广东两姓械斗，两族的人无论牺牲多少生命财产，总是不肯罢休，这都是因为宗族观念太深的缘故。因为这种主义深入人心，所以便能替他牺牲。至于说到对于国家，从没有一次具极大精神去牺牲的。所以中国人的团结力，只能及于宗族而止，还没有扩张到国族。

我说民族主义就是国族主义，在中国是适当的，在外国便不适当。外国人说民族和国家便有分别。英文中民族的名词是"哪逊"①。"哪逊"这一个字有两种解释，一是民族，一是国家。这一个字虽然有两个意思，但是他的解释非常清楚，不容混乱。在中国文中，一个字有两个解释的很多。即如"社会"两个字就有两个用法，一个是指一般人群而言，一个是指一种有组织之团体而言。本来民族与国家相互的关系很多，不容易分开，但是当中实在有一定界限，我们必须分开什么是国家，什么是民族。我说民族就是国族，何以在中国是适当，在外国便不适当呢？因为中国自秦汉而后，都是一个民族造成一个国家。外国有一个民族造成几个国家的，有一个国家之内有几个民族的。像英国是现在世界上顶强的国家，他们国内的民族是用白人为本位，结合棕人、黑人等民族，才成"大不列颠帝国"。所以在英国说民族就是国族，这一句话便不适当。再像香港，是英国的领土，其中的民族有几十万人是中国的汉人参加在内，如果说香港的英国国族就是民族，便不适当。又像印度，现在也是英国的领土，说到英国国族起来，当中便有三万万五千万印度人。如果说印度的英国国族就是民族，也是不适当。大家都知

---

① 哪逊，nation 的译音。

道英国的基本民族是盎格鲁撒逊人①,但是盎格鲁撒逊人不只英国有这种民族,就是美国也有很多盎格鲁撒逊人。所以在外国便不能说民族就是国族。

但民族和国家是有一定界限的,我们要把他来分别清楚,有什么方法呢?最适当的方法,是民族和国家根本上是用什么力造成的。简单的分别,民族是由于天然力造成的,国家是用武力造成的。用中国的政治历史来证明,中国人说王道是顺乎自然,换一句话说,自然力便是王道,用王道造成的团体便是民族;武力就是霸道,用霸道造成的团体便是国家。像造成香港的原因,并不是几十万香港人欢迎英国人而成的,是英国人用武力割据得来的。因为从前中国和英国打仗,中国打败了,把香港人民和土地割归到英国,久而久之,才造成现在的香港。又像英国造成今日的印度,经过的情形也是同香港一样。英国现在的领土扩张到全世界,所以英国人有一句俗话说:"英国无日落。"换一句话说,就是每日昼夜,日光所照之地,都有英国领土。譬如我们在东半球的人,由日出算起,最先照到纽丝兰②、澳洲、香港、星加坡,西斜照到锡兰、印度,再西到阿颠、马儿打③,更西便照到本国。再轮到西半球,便有加拿大,而循环到香港、星加坡。故每日夜二十四点钟,日光所照之时,必有英国领土。像英国这样大的领土,没有一处不是用霸道造成的。自古及今,造成国家没有不是用霸道的。至于造成民族便不相同,完全是由于自然,毫不能加以勉强。像香港的几十万中国人,团结成一个民族是自然而然的,无论英国用什么霸道都是不能改变的。所以一个团体,由于王道自然力结合而成的是民族,由于霸道人为力结合而成的便是国家。这便是国家和民族的分别。

再讲民族的起源。世界人类本是一种动物,但和普通的飞禽走兽不同。

---

① 盎格鲁撒逊人(Anglo-Saxon),后文亦作盎格鲁撒克逊民族。今多书写为"盎格鲁-撒克逊人"或"盎格鲁-撒克逊民族"。
② 纽丝兰(New Zealand),今译新西兰。
③ 阿颠(Aden),今译亚丁,原是英国"保护地",现为也门之一省;马儿打(Malta),今译马耳他。

人为万物之灵。人类的分别,第一级是人种,有白色、黑色、红色、黄色、棕色五种之分。更由种细分,便有许多族。像亚洲的民族,著名的有蒙古族、巫来族①、日本族、满族、汉族。造成这种种民族的原因,概括的说是自然力,分析起来便很复杂。当中最大的力是"血统"。中国人黄色的原因,是由于根源黄色血统而成。祖先是什么血统,便永远遗传成一族的人民,所以血统的力是很大的。次大的力是"生活"。谋生的方法不同,所结成的民族也不同。像蒙古人逐水草而居,以游牧为生活,什么地方有水草,便游牧到什么地方,移居到什么地方。由这种迁居的习惯,也可结合成一个民族。蒙古能够忽然强盛,就本于此。当蒙古族最强盛的时候,元朝的兵力,西边征服中央亚细亚、阿剌伯②及欧洲之一部分,东边统一中国,几几乎征服日本,统一欧亚。其他民族最强盛的像汉族,当汉唐武力最大的时候,西边才到里海。像罗马民族武力最大的时候,东边才到黑海。从没有那一个民族的武力能够及乎欧亚两洲,像元朝的蒙古民族那样强盛。蒙古民族之所以能够那样强盛的原因,是由于他们人民的生活是游牧,平日的习惯便有行路不怕远的长处。第三大的力是"语言"。如果外来民族得了我们的语言,便容易被我们感化,久而久之,遂同化成一个民族。再反过来,若是我们知道外国语言,也容易被外国人同化。如果人民的血统相同,语言也同,那么同化的效力便更容易。所以语言也是世界上造成民族很大的力。第四个力是"宗教"。大凡人类奉拜相同的神,或信仰相同的祖宗,也可结合成一个民族。宗教在造成民族的力量中也很雄大,像阿剌伯和犹太两国已经亡了许久,但是阿剌伯人和犹太人至今还是存在。他们国家虽亡,而民族之所以能够存在的道理,就是因为各有各的宗教。大家都知道现在的犹太人散在各国的极多,世界上极有名的学问家像马克思,像爱因斯坦,都是犹太人。再像现在英美各国的资本势力,也是被犹太人操纵。犹太民族的天质是很聪明的,加以宗教之信仰,故虽流离迁徙于各国,犹能维持其民族于长久。阿剌伯人所以能够

---

① 巫来族(Malayan),今译马来族。
② 阿剌伯(Arabia),今译阿拉伯。

存在的道理,也是因为他们有谟罕墨德的宗教。其他信仰佛教极深的民族像印度,国家虽然亡到英国,种族还是永远不能消灭。第五个力是"风俗习惯"。如果人类中有一种特别相同的风俗习惯,久而久之,也可自行结合成一个民族。我们研究许多不相同的人种,所以能结合成种种相同民族的道理,自然不能不归功于血统、生活、语言、宗教和风俗习惯这五种力。这五种力是天然进化而成的,不是用武力征服得来的。所以用这五种力和武力比较,便可以分别民族和国家。

我们鉴于古今民族生存的道理,要救中国,想中国民族永远存在,必要提倡民族主义。要提倡民族主义,必要先把这种主义完全了解,然后才能发挥光大,去救国家。就中国的民族说,总数是四万万人,当中参〔掺〕杂的不过是几百万蒙古人,百多万满洲人,几百万西藏人,百几十万回教之突厥人。外来的总数不过一千万。所以就大多数说,四万万中国人可以说完全是汉人。同一血统,同一言语文字,同一宗教,同一习惯,完全是一个民族。我们这种民族,处现在世界上是什么地位呢?用世界上各民族的人数比较起来,我们人数最多,民族最大,文明教化有四千多年,也应该和欧美各国并驾齐驱。但是中国的人只有家族和宗族的团体,没有民族的精神,所以虽有四万万人结合成一个中国,实在是一片散沙,弄到今日,是世界上最贫弱的国家,处国际中最低下的地位。人为刀俎,我为鱼肉,我们的地位在此时最为危险。如果再不留心提倡民族主义,结合四万万人成一个坚固的民族,中国便有亡国灭种之忧。我们要挽救这种危亡,便要提倡民族主义,用民族精神来救国。

我们要提倡民族主义来挽救中国危亡,便先要知道我们民族的危险是在什么地方。要知道这种危险的情形,最好是拿中国人和列强的人民比较,那便更易清楚。

欧战以前,世界上号称列强的有七八国,最大的有英国,最强的有德国、奥国、俄国,最富的有美国,新起的有日本和意大利。欧战以后倒了三国,现在所剩的头等强国,只有英国、美国、法国、日本和意大利。英国、法国、俄国、美国都是以民族立国。英国发达,所用民族的本位是盎格鲁撒逊人,所用地方的本位是英格兰和威尔斯,人数只有三千八百万,可以叫做纯粹英国的民族。这种民族在现在世界上是最强盛的民族,所造成的国家是世界上最强盛的国家。推到百年以前,人数只有一千二百万,现在才有三千八百万,在此百年之内便加多三倍。

我们东方有个岛国,可以说是东方的英国,这个国家就是日本。日本国也是一个民族造成的,他们的民族叫做大和民族。自开国到现在,没有受过外力的吞并,虽然以元朝蒙古的强盛,还没有征服过他。他们现在的人口,除了高丽、台湾以外,是五千六百万。百年以前人口的确数很难稽考,但以近来人口增加率之比例计算,当系增加三倍。故百年以前的日本人口,约计在二千万上下。这种大和民族的精神,至今还没有丧失。所以乘欧化东渐,在欧风美雨中利用科学新法发展国家,维新五十年,便成现在亚洲最强盛的国家,和欧美各国并驾齐驱,欧美人不敢轻视。我们中国的人口,比那一国都要多,至今被人轻视的原故,就是一则有民族主义,一则无民族主义。日本未维新之前,国势也是很衰微,所有的领土不过四川一省大,所有的人口不及四川一省多,也受过外国压制的耻辱。因为他们有民族主义的精神,所以便能发奋为雄,当中经过不及五十年,便由衰微的国家变成强盛的国家。我们要中国强盛,日本便是一个好模范。

用亚洲人和欧洲人比,从前以为世界上有聪明才智的只有白人,无论什么事都被白人垄断。我们亚洲人因为一时无法可以得到他们的长处,怎样把国家变成富强?所以对于要国家富强的心思,不但中国人失望,就是亚洲各民族的人都失望。到了近来忽然兴起一个日本,变成世界上头等富强的国家。因为日本能够富强,故亚洲各国便生出无穷的希望,觉得日本从前的国势也是和现在的安南、缅甸一样,现在的安南、缅甸便比不上日本。因为日本人能学欧洲,所以维新之后便赶上欧洲。当欧战停止之后,列强在华赛尔讨论世界和平,日本的国际地位列在五大强国之一。提起关于亚洲的事情,列强都是听日本主持,惟日本马首是瞻。由此便可知,白人所能做的事,日本人也可以做。世界上的人种虽然有颜色不同,但是讲到聪明才智,便不能说有什么分别。亚洲今日因为有了强盛的日本,故世界上的白种人不但是不敢轻视日本人,并且不敢轻视亚洲人。所以日本强盛之后,不但是大和民族可以享头等民族的尊荣,就是其他亚洲人也可抬高国际的地位。从前以为欧洲人能够做的事,我们不能够做;现在日本人能够学欧洲,便知我们能够学日本,我们可以学到像日本,也可知将来可以学到像欧洲。

俄国在欧战的时候发生革命,打破帝制,现在成了一个新国家,是社会主义的国家,和从前大不相同。他们的民族叫做斯拉夫,百年以前的人口是四千万,现在有一万〈万〉六千万,比从前加多四倍,国力也比从前加大四倍。近百年以来,俄国是世界上顶强的国家,不但是亚洲的日本、中国怕他侵入,就是欧洲的英国、德国也怕他侵入。他们在帝国时代专持侵略政策,想扩张领土。现在俄国的疆土占欧洲一半,占亚洲也到一半,领土跨占欧亚两洲,他们这样大的领土都是从侵略欧亚两洲而来。当日俄之战时,各国人都怕俄国侵略中国的领土;他们所以怕俄国侵占中国领土的原故,是恐怕中国被俄国侵占之后,又再去侵略世界各国,各国都要被俄国侵占。俄国人本有并吞世界的志气,所以世界各国便想法来抵制,英日联盟就是为抵制这项政策。日俄战后,日本把俄国赶出高丽、南满以外,遂推翻俄国侵略世界的政策,保持东亚的领土,世界上便生出一个大变化。自欧战以后,俄国人自己推翻帝国主义,把帝国主义的国家变成新社会主义的国家,世界上又生出一个更大的变化。这种变化,成功不过六年。他们在这六年之中,改组内部,把从前用武力的旧政策改成用和平的新政策,这种新政策不但是没有侵略各国的野心,并且抑强扶弱,主持公道。于是世界各国又来怕俄国,现在各国怕俄国的心理比从前还要利害。因为那种和平新政策,不但是打破俄国的帝国主义,并且是打破世界的帝国主义;不但是打破世界的帝国主义,并且打破世界的资本主义。因为现在各国表面上的政权虽由政府作主,但是实在由资本家从中把持。俄国的新政策要打破这种把持,故世界上的资本家便大恐慌,所以世界上从此便生出一个很大的变动。因为这个大变动,此后世界上的潮流也随之改变。

就欧洲战争的历史说,从前常发生国际战争,最后的欧战是德、奥、土、布①诸同盟国和英、法、俄、日、意、美诸协商国②,两方战争,经过四年的大战,始筋疲力尽,双方停止。经过这次大战之后,世界上先知先觉的人,逆料将来欧洲没有烧点可以引起别种国际战争,所不能免的或者是一场人种的战争,像黄人和白人战争之例。但自俄国新变动发生之后,就我个人观察已往的大势,逆料将来的潮流,国际间大战是免不了的,但是那种战争不是起于不同种之间,是起于同种之间,白种与白种分开来战,黄种同黄种分开来战。那种战争是阶级战争,是被压迫者和横暴者的战争,是公理和强权的战争。

俄国革命以后,斯拉夫民族生出了什么思想呢?他们主张抑强扶弱,压富济贫,是专为世界上伸张公道打不平的。这种思想宣传到欧洲,各种弱小民族都很欢迎,现在最欢迎的是土耳其。土耳其在欧战之前最贫最弱,不能振作,欧洲人都叫他做"近东病夫",应该要消灭。到了欧战加入德国方面,被协商国打败了,各国更想把他瓜分,土耳其几乎不能自存。后来俄国出来打不平,助他赶走希腊,修改一切不平等的条约。到了现在,土耳其虽然不能成世界上的头等强国,但是已经成了欧洲的二三等国。这是靠什么力量呢?是全靠俄国人的帮助。由此推论出来,将来的趋势,一定是无论那一个民族或那一个国家,只要被压迫的或委曲的,必联合一致去抵抗强权。

那些国家是被压迫的呢?当欧战前,英国、法国要打破德意志的帝国主义,俄国也加入他们一方面,后来不知道牺牲了多少生命财产,中途还要回师,宣布革命。这是什么原故呢?是因为俄国人受压迫太甚,所以要去革命,实行他们的社会主义,反抗强权。当时欧洲列强都反对这种主义,所以共同出兵去打他,幸而俄国有斯拉夫民族的精神,故终能打破列强。至今列强对于俄国,武力上不能反对,便不承认他是国家,以为消极的抵制(现在

---

① "布"即后文叙及的布加利亚(Bulgaria)略称,今译保加利亚。
② 协商国(The Entente Powers),今译协约国;另一方为同盟国(The Central Powers)。

英国已正式承认俄国①)。欧洲各国何以反对俄国的新主义呢？因为欧洲各国人是主张侵略,有强权无公理。俄国的新主义是主张以公理扑灭强权的,因为这种主张和列强相反,所以列强至今还想消灭他。俄国在没有革命之前也主张有强权无公理,是一个很顽固的国家,现在便反对这项主张；各国因俄国反对这项主张,便一齐出兵去打俄国。因为这个原故,所以说以后战争是强权和公理的战争。今日德国是欧洲受压迫的国家。亚洲除日本以外,所有的弱小民族都是被强暴的压制,受种种痛苦,他们同病相怜,将来一定联合起来去抵抗强暴的国家。那些被压迫的国家联合,一定去和那些强暴的国家拼命一战。推到全世界,将来白人主张公理的和黄人主张公理的一定是联合起来,白人主张强权的和黄人主张强权的也一定是联合起来。有了这两种联合,便免不了一场大战。这便是世界将来战争之趋势。

德国在一百年前人口有二千四百万,经过欧战之后虽然减少了许多,但现在还有六千万。这一百年内增加了两倍半。他们的人民叫做条顿民族,这种民族和英国人相近,是很聪明的,所以他们的国家便很强盛。经过欧战以后,武力失败,自然要主张公理,不能主张强权。

美国人口一百年前不过九百万,现在有一万万以上。他们的增加率极大,这百年之内加多十倍。他们这些增加的人口,多半是由欧洲移民而来,不是在本国生育的。欧洲各国的人民,因为近几十年来欧洲地狭人稠,在本国没有生活,所以便搬到美国来谋生活。因为这个缘故,美国人口便增加得非常快。各国人口的增加多是由于生育,美国人口的增加多是由于容纳。美国人的种族比那一国都要复杂,各洲各国的移民都有,到了美国之后就熔化起来,所谓合一炉而冶之,自成一种民族。这种民族既不是原来的英国人、法国人、德国人,又不是意大利人和其他南欧洲人,另外是一种新民族,可以叫做"美利坚民族"。美国因为有独立的民族,所以便成世界上独立的国家。

---

① 括号内此语为孙中山校订《民族主义》一书时所加。英国宣布承认苏联是在1924年2月1日,又于同年8月建立邦交。

法国人是拉丁民族。拉丁民族散在欧洲的国家有西班牙、葡萄牙、意大利，移到美洲的国家有墨西哥、比鲁、芝利、哥伦比亚、巴西、阿根廷和其他中美洲诸小国。因为南美洲诸国的民族都是拉丁人，所以美国人都把他们叫做"拉丁美利坚"。法国人口增加很慢，百年之前有三千万，现在有三千九百万，一百年内不过增加四分之一。

　　我们现在把世界人口的增加率，拿来比较一比较。近百年之内，在美国增加十倍，英国增加三倍，日本也是三倍，俄国是四倍，德国是两倍半，法国是四分之一。这百年之内人口增加许多的原故，是由科学昌明，医学发达，卫生的设备一年比一年完全，所以减少死亡，增加生育。他们人口有了这样增加的迅速，和中国有什么关系呢？用各国人口的增加数和中国的人口来比较，我觉得毛骨耸〔悚〕然！譬如美国人口百年前不过九百万，现在便有一万万多，再过一百年仍然照旧增加，当有十万万多。中国人时常自夸，说我们人口多，不容易被人消灭。在元朝入主中国以后，蒙古民族不但不能消灭中国人，反被中国人同化。中国不但不能亡，并且吸收蒙古人。满洲人征服中国，统治二百六十多年，满洲民族也没有消灭中国人，反为汉族所同化，变成汉人，像现在许多满人都加汉姓。因为这个原故，许多学者便以为纵让日本人或白人来征服中国，中国人只有吸收日本人或白种人的，中国人可以安心罢。殊不知百年之后，美国人口可加到十万万，多过我们人口两倍半。从前满洲人不能征服中国民族，是因为他们只有一百几十万人，和中国的人口比较起来，数目太少，当然被中国人吸收。如果美国人来征服中国，那么百年之后，十个美国人中只参〔掺〕杂四个中国人，中国人便要被美国人所同化。诸君知道中国四万万人是什么时候调查得来的呢？是满清乾隆时候调查得来的。乾隆以后没有调查，自乾隆到现在将及二百年，还是四万万人。百年之前是四万万，百年之后当然也是四万万。

　　法国因为人口太少，奖励生育，如果一个人生三子的便有奖，生四五子的便有大奖，如果生双胎的更格外有奖。男子到了三十岁不娶和女子到了二十岁不嫁的，便有罚。这是法国奖励生育的方法。至于法国人口并不减少，不过他们的增加率没有别国那一样大罢了。且法国以农业立国，国家富庶，人民家给户足，每日都讲究快乐。百年前有一个英国学者叫做马尔赛斯，他因为忧世界上的人口太多，供给的物产有限，主张减少人口，曾创立一种学说，谓"人口增加是几何级数，物产增加是数学级数"。法国人因为讲究快乐，刚合他们的心理，便极欢迎马氏的学说，主张男子不负家累，女子不要生育。他们所用减少人口的方法，不但是用这种种自然方法，并且用许多人为的方法。法国在百年以前的人口比各国都要多，因为马尔赛斯的学说宣传到法国之后，很被人欢迎，人民都实行减少人口。所以弄到今日，受人少的痛苦，都是因为中了马尔赛斯学说的毒。中国现在的新青年也有被马尔赛斯学说所染，主张减少人口的。殊不知法国已经知道了减少人口的痛苦，现在施行新政策是提倡增加人口，保存民族，想法国的民族和世界上的民族永久并存。

我们的人口到今日究竟有多少呢？增加的人数虽然不及英国、日本，但自乾隆时算起，至少也应该有五万万①。从前有一位美国公使叫做乐克里耳②，到中国各处调查，说中国的人口最多不过三万万。我们的人口到底有多少呢？在乾隆的时候已经有了四万万，若照美国公使的调查，则已减少四分之一。就说是现在还是四万万，以此类推，则百年之后恐怕仍是四万万。

日本人口现在有了六千万，百年之后应该有二万万四千万。因为在本国不能生活，所以现在便向各国诉冤，说岛国人口太多，不能不向外发展。向东走到美国，加利佛尼亚省便闭门不纳；向南走到澳洲，英国人说"澳洲是白色人的澳洲，别色人种不许侵入"。日本人因为到处被人拒绝，所以便向各国说情，说日本人无路可走，所以不能不经营满洲、高丽。各国也明白日本人的意思，便容纳他们的要求，以为日本殖民到中国于他们本国没有关系。

一百年之后，全世界人口一定要增加好几倍。像德国、法国因为经过此

---

① 据前后文所述，"五万万"疑为"四万万"之误。
② 乐克里耳（William Woodville Rockhill，1854—1914），汉名柔克义，1905 年至 1909 年任美国驻华公使，到中国各地调查乃出任公使前十余年之事；他有关中国的英文著述颇多，其中包括 1904 年在华盛顿出版的《中国人口调查》(*Inquiry into Population of China*) 一书。

次大战之后死亡太多,想恢复战前状态,奖励人口生育,一定要增加两三倍。就现在全世界的土地与人口比较,已经有了人满之患。像这次欧洲大战,便有人说是"打太阳"的地位。因为欧洲列强多半近于寒带,所以起战争的原故,都是由于互争赤道和温带的土地,可以说是要争太阳之光。中国是全世界气候最温和的地方,物产顶丰富的地方,各国人所以一时不能来吞并的原因,是由他们的人口和中国的人口比较还是太少。到一百年以后,如果我们的人口不增加,他们的人口增加到很多,他们便用多数来征服少数,一定要并吞中国。到了那个时候,中国不但是失去主权,要亡国,中国人并且要被他民族所消化,还要灭种。像从前蒙古、满洲征服中国,是用少数征服多数,想利用多数的中国人做他们的奴隶。如果列强将来征服中国,是用多数征服少数,他们便不要我们做奴隶,我们中国人到那个时候连奴隶也做不成了!

第 二 讲

(二月三日)

自古以来,民族之所以兴亡,是由于人口增减的原因很多,此为天然淘汰。人类因为遇到了天然淘汰力,不能抵抗,所以古时有很多的民族和很有名的民族,在现在人类中都已经绝迹了。我们中国的民族也很古,从有稽考以来的历史讲,已经有了四千多年。故推究我们的民族,自开始至今至少必有五六千年。当中受过了许多天然力的影响,遗传到今日,天不但不来消灭我们,并且还要令我们繁盛,生长了四万万人。和世界的民族比较,我们还是最多最大的,是我们民族所受的天惠比较别种民族独厚。故经过天时人事种种变更,自有历史四千多年以来,只见文明进步,不见民族衰微。代代相传,到了今天,还是世界最优秀的民族。所以一般乐观的人,以为中国民族从前不知经过了多少灾害,至今都没有灭亡,以后无论经过若何灾害是决不至灭亡的。这种论调,这种希望,依我看来是不对的。因为就天然淘汰力说,我们民族或者可以生存,但是世界中的进化力不止一种天然力,是天然力和人为力凑合而成。人为的力量可以巧夺天工,所谓"人事胜天"。这种人为的力,最大的有两种,一种是政治力,一种是经济力。这两种力关系于民族兴亡,比较天然力还要大。我们民族处在今日世界潮流之中,不但是受这两种力的压迫,并且深中这两种力的祸害了。

中国几千年以来,受过了政治力的压迫以至于完全亡国,已有了两次,一次是元朝,一次是清朝。但是这两次亡国,都是亡于少数民族,不是亡于多数民族。那些少数民族,总被我们多数民族所同化。所以中国在政权上虽然亡过了两次,但是民族还没有受过大损失。至于现在列强民族的情形,便和从前大不相同。一百年以来,列强人口增加到很多,上次已经比较过了。像英国、俄国的人口增加三四倍,美国增加十倍。照已往一百年内的增加,推测以后一百年的增加,我们民族在一百年以后无论所受的天惠怎么样深厚,就很难和列强的民族并存于世界。比如美国的人口,百年前不过九百万,现在便有一万万以上,再过一百年就有十万万以上。英、德、俄、日的人口都是要增加好几倍。由此推测,到百年之后我们的人口便变成了少数,列强人口便变成了多数。那时候中国民族纵然没有政治力和经济力的压迫,单以天然进化力来推论,中国人口便可以灭亡。况且在一百年以后,我们不但是要受天然力的淘汰,并且要受政治力和经济力的压迫,此两种力比较天然力还要快而且烈。天然力虽然很慢,也可以消灭很大的民族。在百年前有一个先例可以用来证明的,是南北美洲的红番民族。美洲在二三百年前完全为红番之地,他们的人数很多,到处皆有;但从白人搬到美洲之后,红番人口就逐渐减少,传到现在几乎尽被消灭。由此便可见天然淘汰力也可以消灭很大的民族。政治力和经济力比较天然淘汰力还要更快,更容易消灭很大的民族。此后中国民族如果单受天然力的淘汰,还可以支持一百年,如果兼受了政治力和经济力的压迫,就很难渡过十年。故在这十年之内,就是中国民族的生死关头。如果在这十年以内有方法可以解脱政治力和经济力的压迫,我们民族还可以和列强的民族并存。如果政治力和经济力的压迫,我们没有方法去解脱,我们的民族便要被列强的民族所消灭,纵使不至于全数灭亡,也要被天然力慢慢去淘汰。故此后中国的民族,同时受天然力、政治力和经济力的三种压迫,便见得中国民族生存的地位非常危险。

中国受欧美政治力的压迫,将及百年。百年以前满人据有我们的国家,仍是很强盛的。当时英国灭了印度,不敢来灭中国,还恐中国去干涉印度。但是这百年以来,中国便失去许多领土。由最近推到从前,我们最近失去的领土是威海卫、旅顺、大连、青岛、九龙、广州湾①。欧战以后,列强想把最近的领土送回,像最先送回的有青岛,最近将要送回的有威海卫,但这不过是中国很小的地方。从前列强的心理,以为中国永远不能振作,自己不能管理自己,所以把中国沿海的地方像大连、威海卫、九龙等处来占领,做一个根据地,以便瓜分中国。后来中国起了革命,列强知道中国还可以有为,所以才打消瓜分中国的念头。当列强想瓜分中国的时候,一般中国反革命的人,说革命足以召瓜分;不知后来革命的结果,不但不召列强瓜分,反打消列强要瓜分中国的念头。再推到前一点的失地,是高丽、台湾、澎湖。这些地方是因为日清之战,才割到日本。中国因为日清一战,才引出列强要瓜分的论调。更前一点的失地,是缅甸、安南。安南之失,中国当时还稍有抵抗,镇南关一战,中国还获胜仗。后来因被法国恐吓,中国才和法国讲和,情愿把安南让与法国。但是刚在讲和之前几天,中国的军队正在镇南关、谅山大胜,法国几乎全军覆没。后来中国还是求和,法国人便以为很奇怪。尝有法国人对中国人说:"中国人做事真是不可思议。就各国的惯列〔例〕,凡是战胜之国一定要表示战胜的尊荣,一定要战败的割地赔偿。你们中国战胜之日,反要割地求和,送安南到法国,定种种苛虐条件,这真是历史上战胜求和的先例。"中国之所以开这个先例的原因,是由于满清政府太糊涂。安南和缅甸本来都是中国的领土,自安南割去以后,同时英国占据缅甸,中国更不敢问了。又更拿前一点的失地说,就是黑龙江、乌苏里。又再推到前一点的失地,是伊犁流域霍罕和黑龙江以北诸地,就是前日俄国远东政府所在的地方。中国都拱手送去外人,并不敢问。此外更有琉球、暹罗、蒲鲁尼、苏绿②、爪哇、

---

① 广州湾,在广东雷州半岛东部,今名湛江港,又以其附近地区置湛江市。
② 蒲鲁尼(Borneo),今译婆罗洲,即加里曼丹岛(Pulau Kalimantan);苏绿,今译苏禄群岛(Sulu Archipelago),在菲律宾群岛西南部。

锡兰、尼泊尔、布丹①等那些小国,从前都是来中国朝贡过的。故中国最强盛时代,领土是很大的。北至黑龙江以北,南至喜马拉雅山以南,东至东海以东,西至葱岭以西,都是中国的领土。尼泊尔到了民国元年还到四川来进贡,元年以后以西藏道路不通,便不再来了。

像这样讲来,中国最强盛时候政治力量也威震四邻,亚洲西南各国无不以称藩朝贡为荣。那时欧洲的帝国主义还没有侵入亚洲。当时亚洲之中,配讲帝国主义的只是中国。所以那些弱小国家都怕中国,怕中国用政治力去压迫。至今亚洲各弱小民族,对于中国还是不大放心。这回我们国民党在广州开大会,蒙古派得有代表来,是看我们南方政府对外的主张是否仍旧用帝国主义。他们代表到了之后,看见我们大会中所定的政纲是扶持弱小民族,毫无帝国主义的意思,他们便很赞成,主张大家联络起来,成一个东方的大国。像这项要赞成我们主张的情形,不但是蒙古如此,就是其他弱小民族都是一样。现在欧洲列强正用帝国主义和经济力量来压迫中国,所以中国的领土便逐渐缩小,就是十八行省以内也失了许多地方。

自中国革命以后,列强见得用政治力来瓜分中国是很不容易的,以为从前满洲征服过了中国,我们也晓得革命,如果列强还再用政治力来征服中国,中国将来一定是要反抗,对于他们是很不利的。所以他们现在稍缓其政治力来征服我们,便改用经济力来压迫我们。他们以为不用政治力来瓜分中国,各国便可以免冲突。但是他们在中国的冲突虽然是免了,可是在欧洲的冲突到底还免不了,故由巴尔干半岛问题便生出了欧洲大战。他们自己受了许多损失,许多强国像德国、奥国都倒下来了。但是他们的帝国主义现在还没有改革,英国、法国、意大利仍旧〈把〉帝国主义继续进行。美国也抛弃门罗主义,去参加列强,一致行动。经过了欧战以后,他们在欧洲或者把帝国主义一时停止进行,但是对于中国,像前几日各国派二十多只兵舰到广州来示威,还是用帝国主义的力量来进行他们经济的力量。经济力的压迫,比较帝国主义就是政治力的压迫还要厉害。政治力的压迫是容易看得见

---

① 布丹(Bhutan),今译不丹。

的,好比此次列强用二十多只兵船来示威,广州人民便立时觉得痛痒,大家生出公愤,就是全国人民也起公愤。故政治力的压迫,是容易觉得有痛痒的,但是受经济力的压迫,普通人都不容易生感觉,像中国已经受过了列强几十年经济力的压迫,大家至今还不大觉得痛痒。弄到中国各地都变成了列强的殖民地,全国人至今还只知道是列强的半殖民地。

这"半殖民地"的名词,是自己安慰自己。其实中国所受过了列强经济力的压迫,不只是半殖民地,比较全殖民地还要利害。比方高丽是日本的殖民地,安南是法国的殖民地;高丽人做日本的奴隶,安南人做法国的奴隶。我们动以"亡国奴"三字讥诮高丽人、安南人,我们只知道他们的地位,还不知道我们自己所处的地位,实在比不上高丽人、安南人。由刚才所说的概括名义,中国是半殖民地,但是中国究竟是那一国的殖民地呢?是对于已经缔结了条约各国的殖民地,凡是和中国有条约的国家,都是中国的主人。所以中国不只做一国的殖民地,是做各国的殖民地;我们不只做一国的奴隶,是做各国的奴隶。比较起来,是做一国的奴隶好些呀,还是做各国的奴隶好些呢?如果做一国的奴隶,遇到了水旱天灾,做主人的国家就要拨款来赈济。他们拨款赈济,以为这是自己做主人的义务,分内所当为的。做奴隶的人民,也视为这是主人应该要救济的。但是中国北方前几年受了天灾,各国不视为应该要尽的义务,拨款来赈济,只有在中国内地的各国人来提倡捐助赈济灾民。中国人看见了,便说是各国很大的慈善。不是他们的义务,和主人的国家对于奴隶的人民便差得很远。由此便可见中国还比不上安南、高丽。所以做一国的奴隶,比较做各国的奴隶的地位是高得多,讲到利益来又是大得多。故叫中国做"半殖民地",是很不对的。依我定一个名词,应该叫做"次殖民地"。这个"次"字,是由于化学名词中得来的,如次亚磷便是。药品中有属磷质而低一等者名为亚磷,更低一等者名为次亚磷。又如各部官制,总长之下低一级的,就叫做次长一样。中国人从前只知道是半殖民地,便以为很耻辱,殊不知实在的地位,还要低过高丽、安南。故我们不能说是半殖民地,应该要叫做次殖民地。

此次广东和外国争关余,关税余款本该是我们的,为什么要争呢?因为中国的海关被各国拿去了。我们从前并不知道有海关,总是闭关自守,后来英国到中国来叩关,要和中国通商,中国便闭关拒绝。英国用帝国主义和经济力量联合起来,把中国的关打开,破了中国的门户。当时英国军队已经占了广州,后来见广州站不住,就不要广州,去要香港,并且又要赔款。中国在那个时候没有许多现钱来做赔款,就把海关押到英国,让他们去收税。当时满清政府计算,以为很长久的时间才可以还清,不料英国人得了海关,自己收税,不到数年便把要求的赔款还清了。清朝皇帝才知道清朝的官吏很腐败,从前经理征收关税有中饱的大毛病,所以就把全国海关都交给英国人管理,税务司也尽派英国人去充当。后来各国因为都有商务的关系,便和英国人争管海关的权利,英国人于是退让,依各国商务之大小为用人之比例。所以弄到现在,全国海关都在外人的手内。中国同外国每立一回条约,就多一回损失,条约中的权利总是不平等,故海关税则都是由外国所定,中国不能自由更改。中国的关税,中国人不能自收自用,所以我们便要争。

现在各国对于外来经济力的压迫,又是怎样对待呢?各国平时对于外国经济力的侵入,都是用海关作武器,来保护本国经济的发展。好比在海口上防止外来军队的侵入,便要筑炮台一样。所以,保护税法就是用关税去抵制外货,本国的工业才可以发达。像美国自白人灭了红番以后,和欧洲各国通商,当时美国是农业国,欧洲各国多是工业国,以农业国和工业国通商,自然是工业国占胜利,故美国就创出保护税法,来保护本国的工商业。保护税法的用意,是将别国的入口货特别加以重税,如进口货物值一百元的,海关便抽税一百元或八十元,各国通例都是五六十元。抽这样重的税,便可以令别国货物的价贵,在本国不能销行;本国货物无税,因之价平,便可以畅销。

我们中国现在怎么样的情形呢?中国没有和外国通商以前,人民所用货物都是自己用手工制造,古人说"男耕女织",便可见农业和纺织工业是中国所固有的。后来外国货物进口,因为海关税轻,所以外来的洋布价贱,本地的土布价贵,一般人民便爱穿洋布,不穿土布,因之土布工业就被洋布打灭了。本国的手工工业便从此失败,人民无职业,便变成了许多游民。这就是外国经济力压迫的情形。现在中国虽然仍有手工织布,但是原料还要用洋纱。近来渐有用本国棉花和外国机器来纺纱织布的。像上海有很多的大纱厂、大布厂，用这些布厂纱厂本来逐渐可抵制洋货，但是因为海关还在外国人手中，他们对于我们的土布还要抽重税，不但海关要抽重税，进到内地各处还要抽厘金。所以中国不独没有保护税法，并且是加重土货的税去保护洋货。当欧战时，各国不能制造货物输入中国，所以上海的纱厂布厂一时是很发达的，由此所得的利益便极大，对本分利，资本家极多。但欧战以后，各国货物充斥中国，上海的纱厂布厂从前所谓赚钱的，至今都变成亏本了，土货都被洋货打败了。中国关税不特不来保护自己，并且要去保外人，好比自己挖了战壕，自己不但不能用去打敌人，并且反被敌人用来打自己。所以政治力的压迫是有形的，最愚蠢的人也容易看见的；经济力的压迫是无形的，一般人都不容易看见，自己并且还要加重力量来压迫自己。所以中国自通商以后，出入口货物之比较，有江河日下之势。前十年调查中国出入口货物，相差不过二万万元；近来检查海关报告表，一九二一年进口货超过出口货是五万万元，比较十年前已加多两倍半。若照此推算，十年后也加多两倍半，那么进口税〔货〕超过出口货便要到十二万万五千万。换一句话说，就是十年之后，中国单贸易一项，每一年要进贡到外国的是十二万万五千万元。汝看这个漏卮是大不大呢？

经济力的压迫，除了海关税以外还有外国银行。现在中国人的心理，对于本国银行都不信用，对于外国银行便非常信用。好比此刻在我们广东的外国银行便极有信用，中国银行毫无信用。从前我们广东省立银行发出纸币尚可通用，此刻那种纸币毫不能用，我们现在只用现银。从前中国纸币的信用不及外国纸币，现在中国的现银仍不及外国银行的纸币。现在外国银行的纸币销行于广东的总数当有几千万，一般人民都情愿收藏外国纸币，不情愿收藏中国现银。推之上海、天津、汉口各通商口岸，都是一样。推究此中原因，就是因为中了经济压迫的毒。我们平常都以为外国人很有钱，不知道他们是用纸来换我们的货物，他们本来没有几多钱，好多都是我们送到他们的一样。外国人现在所用的钱，不过印出几千万纸，我们信用他，他们便有了几千万钱。那些外国银行的纸币，每印一元只费几文钱印成的纸，他的价值便称是一元或十元或一百元,所以外国人不过是用最少之价值去印几千万元的纸,用那几千万元的纸便来换我们几千万块钱的货物。诸君试想这种损失是大不大呢?为什么他们能够多印纸,我们不能够照样去印呢?因为普通人都中了外国经济压迫的毒,只信用外国,不信用自己,所以我们印的纸便不能通行。

外国纸币之外,还有汇兑。我们中国人在各通商口岸汇兑钱,也是信用外国银行,把中国的钱都交外国银行汇兑。外国银行代中国人汇兑,除汇钱的时候赚千分之五的汇水以外,并强赚两地的钱价,在交钱的时候又赚当地银元合银两的折扣。像这样钱价折扣的损失,在汇钱和交钱的两处地方总算起来,必须过百分之二三。像由广东外国银行汇一万块钱到上海,外国银行除了赚五十元汇水以外,另外由毫银算成上海规〈元〉银的钱价,他们必定把广东毫银的价格算低,把上海规元银的价格抬高,由他们自由计算,最少必要赚一二百元。到了上海交钱的时候,他们不交规元银,只肯交大洋钱,他们用规元银折成大洋钱,必压低银两的市价抬高洋钱的市价,至少又要赚一二百元。故上海、广州两地之间汇兑一万块钱,每次至少要失二三百元。所以用一万块钱在上海、广州两地之间汇来汇去,最多不过三十余次,便完全化为乌有。人民所以要受这些损失的原因,是因为中了外国经济压迫的毒。

外国银行在中国的势力,除了发行纸币和汇兑以外,还有存款。中国人有了钱,要存到银行内。不问中国银行的资本是大是小,每年利息是多是少,只要知道是中国人办的,便怕不安全,便不敢去存款。不问外国银行是有信用没有信用,他们所给的利息是多是少,只要听到说是外国人办的,有了洋招牌,便吃了定心丸,觉得极安全,有钱便送进去,就是利息极少也是很满意。最奇怪的是辛亥年武昌起义以后,一般满清皇室和满清官僚怕革命党到了,要把他们的财产充公,于是把所有的金银财宝都存到各处外国银行,就是没有利息,只要外国人收存,便心满意足。甚至像清兵和革命军在武汉打仗,打败了的那几日,北京东交民巷的外国银行所收满人寄存的金银财宝不计其数,至弄到北京所有的外国银行都有钱满之患,无余地可以再存。于是后来存款的,外国银行对于存款人不但不出息钱,反要向存款人取租钱;存款人只要外国银行收存款,说到租钱,外国银行要若干便给若干。当时调查全国的外国银行所收中国人的存款,总计一二十万万。从此以后中国人虽然取回了若干,但是十几年以来,一般军阀官僚像冯国璋、王占元、李纯、曹锟到处搜括,所发的横财每人动辄是几千万,他们因为想那些横财很安全,供子子孙孙万世之用,也是存入外国银行。所以至今外国银行所收中国人存款的总数,和辛亥年的总数还是没有什么大加减。外国银行收了这一二十万万存款,每年付到存款人的利息是很少的,最多不过四五厘。外国银行有了这一二十万〈万〉钱,又转借到中国小商家,每年收到借款人的利息是很多的,最少也有七八厘,甚至一分以上。因此外国银行只任经理之劳,专用中国人的资本来赚中国人的利息,每年总要在数千万。这是中国人因为要存款到外国银行,无形中所受的损失。普通人要把钱存到外国银行内的心理,以为中国银行不安全,外国银行很安全,把款存进去,不怕他们闭倒。试问现在的中法银行停止营业,把中国人的存款没有归还,中法银行是不是外国银行呢?外国银行的存款是不是安全呢?外国银行既是不安全,为什么我们中国人还是甘心情愿,要把中国的钱存到外国银行,每年要损失这样的大利息呢?推究这个原因,也是中了外国经济压迫的毒。

外国银行一项,在中国所获之利,统合纸票、汇兑、存款三种算之,当在一万万元左右。

外国银行之外,还有运费。中国货物运去外国固然是要靠洋船,就是运往汉口、长沙、广州各内地也是靠洋船的多。日本的航业近来固然是很发达,但是日本最先的时候只有一个日本邮船会社,后来才有东洋汽船会社、大阪商船会社、日清汽船公司航行于中国内地,航行于全世界。日本航业之所以那样发达,是因为他们政府有津贴来补助,又用政治力特别维持。在中国看起来,国家去津贴商船有什么利益呢?不知日本是要和各国的经济势力相竞争,所以在水上交通一方面也和各国缔结条约,订出运货的运费,每吨有一定的价钱。比方由欧洲运货到亚洲,是先到上海,再到长崎、横滨。

由欧洲到上海,比较由欧洲到长崎、横滨的路程是近得多的。但是由欧洲运货到长崎、横滨,每吨的运费,各船公司定得很平;至于由欧洲运货到上海的运费,中国无航业与他抵抗,各船公司定得很贵。故由欧洲运货到长崎、横滨,比较由欧洲运货到上海每吨的运费还要便宜。因此,欧洲货物在日本出卖的市价,还要比在上海的平。反过来,如果中国货物由上海运去欧洲,也是比由长崎、横滨运去欧洲所费的运费贵得多。若是中国有值一万万块钱的货物运往欧洲,中国因为运费的缘故,就要加多一千万。照此计算,就是一万万之中要损失一千万。中国出入口货物的价值每年已至十余万万以上,此十余万万中,所损失也当不下一万万元了。

此外还有租界与割地的赋税、地租、地价三项,数目亦实在不少。譬如香港、台湾、上海、天津、大连、汉口那些租界及割地内的中国人,每年纳到外国人的赋税至少要在二万万以上。像从前台湾纳到日本人的税每年只有二千万,现在加到一万万;香港从前[衹]纳到英国人的税每年只有几百万,现在加到三千万。以后当然照此例更行增加。其地租一项,则有中国人所收者,有外国人所收者,各得几何,未曾切实调查,不得而知,然总以外国人所收为多,则不待问了。这地租之数,总比之地税十倍。至于地价又年年增加,外人既握经济之权,自然是多财善贾,把租界之地平买贵卖。故此赋税、地租、地价三项之款,中国人之受亏每年亦当不下四五万万元。

又在中国境内外人之团体及个人营业,恃其条约之特权来侵夺我们利权的,更难以数计。单就南满铁路一个公司说,每年所赚纯利已达五千余万。其他各国人之种种营业,统而推之,当在万万以上。

更有一桩之损失,即是投机事业。租界之外人,每利用中国人之贪婪弱点,日日有小投机,数年一次大投机,尽量激发中国人之赌性热狂。如树胶的投机、马克的投机,每次之结果,则中国人之亏累至少都有数千万元。而天天之小投机事业,积少成多,更不知其数了。像这样的损失,每年亦当数千万元。

至于战败的赔款,甲午赔于日本者二万万五千万两,庚子赔于各国者九万万两,是属于政治上武力压迫的范围,当不能与经济压迫同论,且是一时的,不是永久的,尚属小事了。其他尚有藩属之损失、侨民之损失,更不知其几何矣。这样看来,此种经济的压迫,真是利害得很了。

统共算起来:其一,洋货之侵入,每年夺我利权的五万万元;其二,银行之纸票侵入我市场,与汇兑之扣折、存款之转借等事,夺我利权者或至一万万元;其三,出入口货物运费之增加,夺我利权者约数千万至一万万元;其四,租界与割地之赋税、地租、地价三桩,夺我利权者总在四五万万元;其五,特权营业一万万元;其六,投机事业及其他种种之剥夺者当在数千万元。这六项之经济压迫,令我们所受的损失总共不下十二万万元。此每年十二万万元之大损失,如果无法挽救,以后只有年年加多,断没有自然减少之理。所以今日中国已经到了民穷财尽之地位了,若不挽救,必至受经济之压迫至于国亡种灭而后已。

当中国强盛时代,每要列邦年年进贡,岁岁来朝。而列邦的贡品,每年所值大约也不过百数十万元,我们便以为非常的荣耀了。到了宋朝中国衰弱的时候,反要向金人进贡,而纳于金人的贡品每年大约也不过百数十万元,我们便以为奇耻大辱。我们现在要进贡到外国每年有十二万万元,一年十二万万,十年就一百二十万万。这种经济力的压迫,这样大的进贡,是我们梦想不到的,不容易看见的,所以大家还不觉得是大耻辱。如果我们没有这样大的进贡,每年有十二万万一宗大款,那么,我们应该做多少事业呢?我们的社会要如何进步呢?因为有了这种经济力的压迫,每年要受这样大的损失,故中国的社会事业都不能发达,普通人民的生机也没有了。专就这一种压迫讲,比用几百万兵来杀我们还要厉害。况且外国背后更拿帝国主义来实行他们经济的压迫,中国人民的生机自然日蹙,游民自然日多,国势自然日衰了。

中国近来一百年以内,已经受了人口问题的压迫,中国人口总是不加多,外国人口总是日日加多。现在又受政治力和经济力一齐来压迫。我们同时受这三种力的压迫,如果再没有办法,无论中国领土是怎么样大,人口是怎么样多,百年之后一定是要亡国灭种的。我们四万万人的地位是不能万古长存的。试看美洲的红番,从前到处皆有,现在便要全数灭亡。所以我们晓得政治压迫的厉害,还要晓得经济的压迫更厉害。不能说我们有四万万人,就不容易被人消灭。因为中国几千年以来从没有受过这三个力量一齐来压迫的,故为中国民族的前途设想,就应该要设一个什么方法,去打消这三个力量。

第 三 讲
(二月十日)

民族主义这个东西,是国家图发达和种族图生存的宝贝。中国到今日已经失去了这个宝贝。为什么中国失去了这个宝贝呢?我在今天所讲的大意,就是把中国为什么失去了民族主义的原故来推求,并且研究我们中国的民族主义是否真正失去。

依我的观察,中国的民族主义是已经失去了,这是很明白的,并且不只失去了一天,已经失去了几百年。试看我们革命以前,所有反对革命很厉害的言论,都是反对民族主义的。再推想到几百年前,中国的民族思想完全没有了。在这几百年中,中国的书里头简直是看不出民族主义来,只看见对于满洲的歌功颂德,什么"深仁厚泽",什么"食毛践土",从没有人敢说满洲是什么东西的。近年革命思想发生之后,还有许多自命为中国学士文人的,天天来替满洲说话。譬如从前在东京办《民报》时代,我们提倡民族主义,那时候驳我们民族主义的人,便说满洲种族入主中华,我们不算是亡国,因为满洲受过了明朝龙虎将军的封号,满洲来推翻明朝不过是历代朝廷相传的接替,可说是易朝,不是亡国。然则从前做过中国税务司的英国人赫德①,他也曾受过了中国户部尚书的官衔,比如赫德来灭中国,做中国的皇帝,我们可不可以说中国不是亡国呢?这些人不独是用口头去拥护满洲,还要结合一个团体叫做保皇党,专保护大清皇帝,来消灭汉人的民族思想的。所有

---

① 赫德(Robert Hart,1835—1911),在中国任海关总税务司司长达 45 年。

保皇党的人,都不是满洲人,完全是汉人。欢迎保皇党的人,多是海外华侨。后遇革命思想盛行之时,那些华侨才渐渐变更宗旨,来赞成革命。华侨在海外的会党极多,有洪门三合会,即致公堂。他们原来的宗旨,本是反清复明,抱有种族主义的;因为保皇主义流行到海外以后,他们就归化保皇党,专想保护大清皇室的安全。故由有种族主义的会党,反变成了去保护满洲皇帝。把这一件事看来,便可证明中国的民族主义完全亡了。

我们讲到会党,便要知道会党的起源。会党在满清康熙时候最盛。自顺治打破了明朝,入主中国,明朝的忠臣义士在各处起来抵抗,到了康熙初年还有抵抗的。所以中国在那个时候,还没有完全被满洲征服。康熙末年以后,明朝遗民逐渐消灭,当中一派是富有民族思想的人,觉得大事去矣,再没有能力可以和满洲抵抗,就观察社会情形,想出方法来结合会党。他们的眼光是很远大的,思想是很透澈的,观察社会情形也是很清楚的。他们刚才结合成种种会党的时候,康熙就开"博学鸿词科",把明朝有智识学问的人几乎都网罗到满洲政府之下。那些有思想的人,知道了不能专靠文人去维持民族主义,便对于下流社会和江湖上无家可归的人收罗起来,结成团体,把民族主义放到那种团体内去生存。这种团体的分子,因为是社会上最低下的人,他们的行动很鄙陋,便令人看不起,又用文人所不讲的言语去宣传他们的主义,便令人不大注意。所以那些明朝遗老实在有真知灼见。至于他们所以要这样保存民族主义的意思,好比在太平时候,富人的宝贝自然要藏在很贵重的铁箱里头。到了遇着强盗入室的时候,主人恐怕强盗先要开贵重的铁箱,当然要把宝贝藏在令人不注意的地方;如果遇到极危急的时候,或者要投入极污秽之中也未可知。故当时明朝遗老想保存中国的宝贝,便不得不把他藏在很鄙陋的下流社会中。所以满洲二百多年以来,无论是怎样专制,因为是有这些会党口头的遗传,还可以保存中国的民族主义。当日洪门会中要反清复明,为什么不把他们的主义保存在智识阶级里头呢?为什么不做文章来流传,如太史公所谓"藏之名山,传之其人"呢?因为当时明朝的遗老看见满洲开"博学鸿词科",一时有智识有学问的人差不多都被收罗去了,便知道那些有智识阶级的靠不住,不能"藏之名山,传之其人"。所以,要在下流社会中藏起来,便去结合那些会党。在会党里头,他们的结纳是很容易很利便的。他们结合起来,在满洲专制之下保存民族主义,是不拿文字来传,拿口头来传的。所以我们今天要把会党源源本本讲起来,很为困难。因为他们只有口头传下来的片段故事,就是当时有文字传下来,到了乾隆时候也被销毁了。在康熙、雍正时候,明朝遗民排满之风还是很盛。所以康熙、雍正时候便出了多少书,如《大义觉迷录》等,说汉人不应该反对满洲人来做皇帝。他所持的理由,是说舜是东夷之人,文王是西夷之人,满洲人虽是夷狄之人,还可以来做中国的皇帝。由此便可见康熙、雍正还自认为满洲人,还忠厚一点。到了乾隆时代,连满汉两个字都不准人提起了,把史书都要改过,凡是当中关于宋元历史的关系和明清历史的关系,都通通删去。所有关于记载满洲、匈奴、鞑靼的书,一概定为禁书,通通把他消灭,不准人藏,不准人看。因为当时违禁的书,兴过了好几回文字狱之后,中国的民族思想保存在文字里头的,便完全消灭了。

  到了清朝中叶以后,会党中有民族思想的只有洪门会党。当洪秀全起义之时,洪门会党多来相应,民族主义就复兴起来。须注意洪门不是由洪秀全而得此称,当是由朱洪武或由朱洪祝(康熙时有人奉朱洪祝起义)而得此称谓亦未可定。洪秀全失败以后,民族主义更流传到军队,流传到游民。那时的军队如湘军、淮军多属会党,即如今日青帮、红帮等名目也是由军队流传而来。明朝遗老宣传民族主义到下流社会里头,但是下流社会的智识太幼稚,不知道自己来利用这种主义,反为人所利用。比方在洪秀全时代,反清复明的思想已经传到了军队里头,但因洪门子弟不能利用他们,故他们仍然是清兵。又有一段故事也可以引来证明。当时左宗棠带兵去征新疆,由汉口起程到西安,带了许多湘军、淮军经过长江。那时会党散在珠江流域的叫做三合会,散在长江的叫做哥老会,哥老会的头目叫做"大龙头"。有一位大龙头在长江下游犯了法,逃到汉口。那时清朝的驿站通消息固然很快,但是哥老会的马头通消息更快。左宗棠在途上,有一天忽然看见他的军队自己移动集中起来,排起十几里的长队,便觉得非常诧异。不久接到一件两江总督的文书,说有一个很著名的匪首由汉口逃往西安,请他拿办。左宗棠当时无从拿办,只算是官样文章,把这件事搁起来。后来看见他的军队移动得更厉害,排的队更长,个个兵士都说去欢迎大龙头,他还莫明其妙。后来知道了兵士要去欢迎的大龙头,就是两江总督要他拿办的匪首,他便慌起来了。当时问他的幕客某人说:"什么是哥老会呢?哥老会的大龙头和这个匪首有什么关系呢?"幕客便说:"我们军中自兵士以至将官都是哥老会,那位拿办的大龙头就是我们军中哥老会的首领。"左宗棠说:"如果是这样,我们的军队怎样可以维持呢?"幕客说:"如果要维持这些军队,便要请大帅也去做大龙头。大帅如果不肯做大龙头,我们便不能出新疆。"左宗棠想不到别的方法,又要利用那些军队,所以便赞成幕客的主张,也去开山堂做起大龙头来,把那些会党都收为部下。由此便可见左宗棠后来能够平定新疆,并不是利用清朝的威风,还是利用明朝遗老的主义。中国的民族主义,自清初以来保存了很久。从左宗棠做了大龙头之后,他知道其中的详情,就把马头破坏了,会党的各机关都消灭了。所以到我们革命的时候,便无机关可用。这个洪门会党都被人利用了,所以中国的民族主义真是老早亡了。

  中国的民族主义既亡,今天就把亡的原因拿来说一说。此中原因是很多的,尤其以被异族征服的原因为最大。凡是一种民族征服别种民族,自然不准别种民族有独立的思想。好比高丽被日本征服了,日本现在就要改变高丽人的思想,所有高丽学校里的教科书,凡是关于民族思想的话都要删去。由此三十年后,高丽的儿童便不知有高丽了,便不知自己是高丽人了。从前满洲对待我们也是一样。所以民族主义灭亡的头一个原因,就是我们被异族征服。征服的民族,要把被征服的民族所有宝贝都要完全消灭。满洲人知道这个道理,从前用过了很好的手段,康熙时候兴过了文字狱,但是康熙还不如乾隆狡猾,要把汉人的民族思想完全消灭。康熙说他是天生来做中国皇帝的,劝人不可逆天;到了乾隆便更狡猾,就把满汉的界限完全消灭。所以自乾隆以后,智识阶级的人多半不知有民族思想,只有传到下流社会。但是下流社会虽然知道要杀鞑子,只知道当然,不知道所以然。所以中国的民族思想便消灭了几百年,这种消灭是由于满洲人的方法好。

中国民族主义之所以消灭，本来因为是亡国，因为被外国人征服。但是世界上民族之被人征服的，不只中国人，犹太人也是亡国。犹太人在耶稣未生之前已经被人征服了。及耶稣传教的时候，他的门徒当他是革命，把耶稣当作革命的首领，所以当时称他为犹太人之王。耶稣门徒的父母，曾有对耶稣说："若是我主成功，我的大儿子便坐在主的左边，二儿子便坐在主的右边。"俨然以中国所谓左丞右相来相比拟。所以犹太人亡了国之后，耶稣的门徒以为耶稣是革命。当时耶稣传教或者是含有政治革命也未可知，但是他的十二位门徒中，就有一个以为耶稣的政治革命已经失败了，就去卖他的老师。不知耶稣的革命是宗教革命，所以称其国为天国。故自耶稣以后，犹太的国虽然灭亡，犹太的民族至今还在。又像印度也是亡国，但是他们的民族思想就不像中国的民族思想一样，一被外国的武力压服了，民族思想便随之消灭。再像波兰从前也亡国百多年，但是波兰的民族思想永远存在，所以到欧战之后，他们就把旧国家恢复起来，至今成了欧洲的二三等国。像这样讲来，中国和犹太、印度、波兰比较，都是一样的亡国，何以外国亡国，民族主义不至于亡，为什么中国经过了两度亡国，民族思想就灭亡了呢？这是很奇怪的，研究当中的道理是很有趣味的。

中国在没有亡国以前是很文明的民族，很强盛的国家，所以常自称为"堂堂大国"，声名"文物之邦"，其他各国都是"蛮夷"。以为中国是居世界之中，所以叫自己的国家做"中国"，自称"大一统"。所谓"天无二日，民无二王"，所谓"万国衣冠拜冕旒"，这都是由于中国在没有亡国以前，已渐由民族主义而进于世界主义。所以历代总是用帝国主义去征服别种民族，像汉朝的张博望、班定远①，灭过了三十多国，好像英国印度公司的经理卡来呼②，把印度的几十国都收服了一样。中国几千年以来总是实行"平天下"的主义，把亚洲的各小国完全征服了。但是中国征服别国，不是像现在的欧洲人专用野蛮手段，而多用和平手段去感化人，所谓"王道"，常用王道去收

---

① 张博望、班定远，即张骞，因功封博望侯；班超，因功封定远侯。
② 卡来呼（Baron Robert Clive，1725—1774），今译克莱武，英国军人。原任职于东印度公司（East India Company），后为英属印度行政长官。

服各弱小民族。由此推寻，便可以得到我们民族思想之所以灭亡的道理出来。从什么方面知道别的种族如犹太亡了国二千年，他们的民族主义还是存在，我们中国亡国只有三百多年，就把民族主义完全亡了呢？考察此中原因，好像考察人受了病一样。一个人不论是受了什么病，不是先天不足，就是在未受病之前身体早起了不健康的原因。中国在没有亡国以前已经有了受病的根源，所以一遇到被人征服，民族思想就消灭了。这种病的根源，就是在中国几千年以来都是帝国主义的国家。

如现在的英国和没有革命以前的俄国，都是世界上顶强盛的国家。到了现在，英国的帝国主义还是很发达。我们中国从前的帝国主义，或者还要驾乎英国之上。英俄两国现在生出了一个新思想，这个思想是有智识的学者提倡出来的，这是什么思想呢？是反对民族主义的思想。这种思想说民族主义是狭隘的，不是宽大的。简直的说就是世界主义。现在的英国和以前的俄国、德国，与及中国现在提倡新文化的新青年，都赞成这种主义，反对民族主义。我常听见许多新青年说，国民党的三民主义不合现在世界的新潮流，现在世界上最新最好的主义是世界主义。究竟世界主义是好是不好呢？如果这个主义是好的，为什么中国一经亡国，民族主义就要消灭呢？世界主义，就是中国二千多年以前所讲的天下主义。我们现在研究这个主义，他到底是好不好呢？照理论上讲，不能说是不好。从前中国智识阶级的人，因为有了世界主义的思想，所以满清入关，全国就亡。康熙就是讲世界主义的人，他说：舜，东夷之人也，文王，西夷之人也，东西夷狄之人都可以来中国做皇帝，就是中国不分夷狄华夏。不分夷狄华夏，就是世界主义。大凡一种思想，不能说是好不好，只看他是合我们用不合我们用。如果合我们用便是好，不合我们用便是不好；合乎全世界的用途便是好，不合乎全世界的用途便是不好。世界上的国家，拿帝国主义把人征服了，要想保全他的特殊地位，做全世界的主人翁，便是提倡世界主义，要全世界都服从。中国从前也想做全世界的主人翁，总想站在万国之上，故主张世界主义。因为普通社会有了这种主义，故满清入关便无人抵抗，以致亡国。当满清入关的时候人数是很少的，总数不过十万人。拿十万人怎么能够征服数万万人呢？因为那时候，中国大多数人很提倡世界主义，不讲民族主义，无论什么人来做中国皇帝都是欢迎的。所以史可法虽然想反对满人，但是赞成他的人数太少，还是不能抵抗满人。因全国的人都欢迎满人，所以满人便得做中国安稳皇帝。当那个时候，汉人不但是欢迎满人，并且要投入旗下，归化于满人，所以有所谓"汉军旗"。

现在世界上顶强盛的国家，是英国、美国。世界上不只一个强国，有几个强国，所谓列强。但是列强的思想性质至今还没有改变。将来英国、美国或者能够打破列强成为独强。到那个时候，中国或者被英国征服。中国的民族变成英国民族，我们是好是不好呢？如果中国人入英国籍或美国籍，帮助英国或美国来打破中国，便说我们是服从世界主义，试问我们自己的良心是安不安呢？如果我们的良心不安，便是因为有了民族主义。民族主义能够令我们的良心不安，所以民族主义就是人类图生存的宝贝。好比读书的人，是拿什么东西来谋生呢？是拿手中的笔来谋生的。笔是读书人谋生的工具，民族主义便是人类生存的工具。如果民族主义不能存在，到了世界主义发达之后，我们就不能生存，就要被人淘汰。中国古时说"窜三苗于三危"，汉人把他们驱逐到云南、贵州的边境，现在几几乎要灭种，不能生存。说到这些三苗，也是中国当日原有的土民。我们中国民族的将来情形，恐怕也要像三苗一样。

讲到中国民族的来源，有人说百姓民族是由西方来的，过葱岭到天山，经新疆以至于黄河流域。照中国文化的发祥地说，这种议论似乎是很有理由的。如果中国文化不是外来，乃由本国发生的，则照天然的原则来说，中国文化应该发源于珠江流域，不应该发源于黄河流域。因为珠江流域气候温和，物产丰富，人民很容易谋生，是应该发生文明的。但是考究历史，尧、舜、禹、汤、文、武时候，都不是生在珠江流域，都是生在西北。珠江流域在汉朝还是蛮夷。所以中国文化是由西北方来的，是由外国来的。中国人说人民是"百姓"，外国人说西方古时有一种"百姓"民族，后来移到中国，把中国原来的苗子民族或消灭或同化，才成中国今日的民族。

照进化论中的天然公例说：适者生存，不适者灭亡；优者胜，劣者败。我们的民族到底是优者呢,或是劣者呢？是适者呢,或是不适者呢？如果说到我们的民族要灭亡要失败,大家自然不愿意,要本族能够生存能够胜利,那才愿意。这是人类的天然思想。现在我们民族处于很为难的地位,将来一定要灭亡。所以灭亡的缘故,就是由于外国人口增加和政治、经济三个力量一齐来压迫。我们现在所受政治力、经济力两种压迫已达极点,惟我们现在的民族还大,所受外国人口增加的压迫还不容易感觉,要到百年之后才能感觉。我们现在有这样大的民族,可惜失去了民族思想。因为失去了民族思想,所以外国的政治力和经济力才能打破我们。如果民族思想没有失去,外国的政治力和经济力一定打不破我们。

但是我们何以失去民族主义呢？要考究起来是很难明白的,我可以用一件故事来比喻。这个比喻或者是不伦不类,和我们所讲的道理毫不相关,不过借来也可以说明这个原因。这件故事是我在香港亲见过的。从前有一个苦力,天天在轮船码头,拿一枝竹杠和两条绳子去替旅客挑东西。每日挑东西,就是那个苦力谋生之法。后来他积存了十多块钱,当时吕宋彩票盛行,他就拿所积蓄的钱买了一张吕宋彩票。那个苦力因为无家可归,所有的东西都没有地方收藏,所以他买得的彩票也没有地方收藏。他谋生的工具只是一枝竹杠和两条绳子,他到什么地方,那枝竹杠和两条绳子便带到什么地方。所以他就把所买的彩票收藏在竹杠之内。因为彩票藏在竹杠之内,不能随时拿出来看,所以他把彩票的号数死死记在心头,时时刻刻都念着。到了开彩的那一日,他便到彩票店内去对号数,一见号单,知道是自己中了头彩,可以发十万元的财。他就喜到上天,几几乎要发起狂来,以为从此便可不用竹杠和绳子去做苦力了,可以永久做大富翁了。由于这番欢喜,便把手中的竹杠和绳子一齐投入海中。用这个比喻说,吕宋彩票好比是世界主义,是可以发财的。竹杠好比是民族主义,是一个谋生的工具。中了头彩的时候,好比是中国帝国主义极强盛的时代,进至世界主义的时代。我们的祖宗以为中国是世界的强国,所谓"天无二日,民无二王","万国衣冠拜冕旒",世界从此长太平矣。以后只要讲世界主义,要全世界的人都来进贡,从此不必民族主义。所以不要竹杠,要把他投入海中。到了为满洲所灭的时候,不但世界上的大主人翁做不成,连自己的小家产都保守不稳,百姓的民族思想一齐消灭了,这好比是竹杠投入了海中一样。所以满清带兵入关,吴三桂便作向导。史可法虽然想提倡民族主义,拥戴福王在南京图恢复,满洲的多尔衮便对史可法说:"我们的江山不是得之于大明,是得之于闯贼。"他的意思,以为明朝的江山,是明朝自己人失去了的,好比苦力自己丢了竹杠一样。近来讲新文化的学生也提倡世界主义,以为民族主义不合世界潮流。这个论调,如果是发自英国、美国,或发自我们的祖宗,那是很适当的;但是发自现在的中国人,这就不适当了。德国从前不受压迫,他们不讲民族主义,只讲世界主义。我看今日的德国,恐怕不讲世界主义,要来讲一讲民族主义罢。我们的祖宗如果不把竹杠丢了,我们还可以得回那个头彩。但是他们把竹杠丢得太早了,不知道发财的彩票还藏在里面。所以一受外国的政治力和经济力来压迫,以后又遭天然的淘汰,我们便有亡国灭种之忧。

此后我们中国人如果有方法恢复民族主义,再找得一枝竹杠,那么就是外国的政治力和经济力无论怎么样来压迫,我们民族就是在千万年之后,决不至于灭亡。至于讲到天然淘汰,我们民族更是可以长存。因为天生了我们四万万人,能够保存到今日,是天从前不想亡中国。将来如果中国亡了,罪恶是在我们自己,我们就是将来世界上的罪人。天既付托重任于中国人,如果中国人不自爱,是谓逆天。所以中国到这个地位,我们是有责任可负的。现在天既不要淘汰我们,是天要发展世界的进化。如果中国将来亡了,一定是列强要亡中国,那便是列强阻止世界的进化。

昨日有一位俄国人说:列宁为什么受世界列强的攻击呢?因为他敢说了一句话,他说世界上有两种人,一种是十二万万五千万人,一种是二万万五千万人,这十二万万五千万人是受那二万万五千万人的压迫。那些压迫人的人是逆天行道,不是顺天行道。我们去抵抗强权,才是顺天行道。我们要能够抵抗强权,就要我们四万万人和十二万万五千万人联合起来。我们要能够联合十二万万五千万人,就要提倡民族主义,自己先联合起来,推己及人,再把各弱小民族都联合起来,共同去打破二万万五千万人,共同用公理去打破强权。强权打破以后，世界上没有野心家，到了那个时候我们便可以讲世界主义。

第 四 讲
（二月十七日）

　　现在世界上所有的人数，大概在十五万万左右。在这十五万万人中，中国占了四分之一，就是世界上每四个人中有一个中国人。欧洲所有白种民族的人数，合计起来也是四万万。现在世界上民族最发达的是白人。白种人中有四个民族。在欧洲中、北的有条顿民族，条顿民族建立了好几个国家，最大的是德国，其次奥国、瑞典、那威、和兰、丹麦都是条顿民族所建立的。在欧洲之东的有斯拉夫民族，也建立了好几个国家，最大的是俄国；欧战后发生的有捷克斯拉夫和佐哥斯拉夫两个新国。在欧洲之西的有撒克逊民族，叫做"盎格鲁撒克逊"，这个民族建立了两个大国，一个是英国，一个是美国。在欧洲之南的有拉丁民族，这个民族也建立了好几个国家，顶大的是法国、意大利、西班牙、葡萄牙；拉丁民族移到南美洲，也建立了几个国家，和盎格鲁撒克逊民族移到北美洲建立了加拿大和美国一样。欧洲白种民族不过是四万万人，分开成四个大民族，由这四个大民族建立了许多国家，原因是白种人的民族主义很发达。因为白种人的民族主义很发达，所以他们在欧洲住满了，便扩充到西半球的南北美洲，东半球东南方的非洲、澳洲。现在世界上的民族，占地球上领土最多的是撒克逊民族。这个民族最初发源的地方是欧洲，但是在欧洲所占的领土不过是大不列颠三岛，像英格兰、苏格兰和爱尔兰。这三岛在大西洋的位置，好像日本在太平洋一样。撒克逊人所扩充的领土，西到北美洲，东到澳州〔洲〕、钮丝兰，南到非洲。所以说占世界上领土最多的是撒克逊民族，世界上最富最强的人种也是撒克逊民族。欧战以前，世界上最强盛的民族是条顿和斯拉夫，尤其以条顿民族的聪明才力为最大，所以德国能够把二十几国小邦联合起来，成立了一个大德意志联邦。成立之初，本来是农业国，后来变成工业国，因为工业发达，所以陆海军也随之强盛。

欧战之前,欧洲民族都受了帝国主义的毒。什么是帝国主义呢? 就是用政治力去侵略别国的主义,即中国所谓"勤远略",这种侵略政策现在名为帝国主义。欧洲各民族都染了这种主义,所以常常发生战争,几[几]乎每十年中必有一小战,每百年中必有一大战。其中最大的战争就是前几年的欧战,这次战争可以叫做世界的大战争。何以叫做世界的大战争呢? 因为这次战事扩充、影响到全世界,各国人民都被卷入旋涡之中。这次大战争所以构成的原因:一是撒克逊民族和条顿民族互争海上的霸权。因为德国近来强盛,海军逐渐扩张,成世界上第二海权的强国,英国要自己的海军独霸全球,所以要打破第二海权的德国。英德两国都想在海上争霸权,所以便起战争。二是各国争领土。东欧有一个弱国叫做土耳其,即突厥。土耳其百年以来,世人都说他是近东病夫,因为内政不修明,皇帝很专制,变成了很衰弱的国家。欧洲各国都要把他瓜分,百余年以来不能解决。欧洲各国要解决这个问题,所以发生战争。故欧战的原因,第一是白种人互争雄长,第二是解决世界的问题。如果战后是德国获胜,世界上的海权便要归德国占领,英国的大领土便要完全丧失,必成罗马一样,弄至四分五裂而亡。但是战争的结果,德国是打败了,德国想行帝国主义的目的便达不到。

这次欧洲的战争,是世界上有史以来最剧烈的。军队的人〈数〉有四五千万,时间经过了四年之久,到战争最后的时候两方还不能分胜负。在战争的两方面,一方叫做协商国,一方叫做同盟国。在同盟国之中,初起时有德国、奥国,后来加入土耳其、布加利亚。在协商国之中,初起时有塞维亚①、法国、俄国、英国及日本,后来加入意大利及美国。美国之所以参加的原因,全为民族问题。因在战争之头一二年,都是德奥二国获胜,法国的巴黎和英国的海峡都几乎被德奥两国军队攻入。条顿民族便以为英国必亡,英国人便十分忧虑,见得美国的民族是和他们相同,于是拿撒克逊民族的关系去煽动美国。美国见得和自己相同民族的英国将要被异族的德国灭亡,也不免

---

① 塞维亚(Serbia),今译塞尔维亚。

物伤其类,所以加入战争去帮助英国,维持撒克逊人的生存;并且恐怕自己的力量单薄,遂竭全力去鼓动全世界的中立民族,共同参加去打败德国。

当战争时,有一个大言论最被人欢迎的,是美国威尔逊所主张的"民族自决"。因为德国用武力压迫欧洲协商国的民族,威尔逊主张打灭德国的强权,令世界上各弱小民族以后都有自主的机会,于是这种主张便被世界所欢迎。所以印度虽然被英国灭了,普通人民是反对英国的,但是有好多小民族听见威尔逊说这回战争是为弱小民族争自由的,他们便很喜欢去帮英国打仗。安南虽然是被法国灭了,平日人民痛恨法国的专制,但当欧战时仍帮法国去打仗,也是因为听到威尔逊的主张是公道的原故。他若欧洲的弱小民族像波兰、捷克斯拉夫、罗米尼亚①,一齐加入协商国去打同盟国的原因,也是因为听见了威尔逊所主张的民族自决那一说。我们中国也受了美国的鼓动,加入战争,虽然没有出兵,但是送了几十万工人去挖战壕,做后方的勤务。协商国因为创出这项好题目,所以弄到无论欧洲、亚洲一切被压迫的民族,都联合起来去帮助他们打破同盟国。

当时威尔逊主张维持以后世界的和平,提出了十四条,其中最要紧的是让各民族自决。当战事未分胜负的时候,英国、法国都很赞成。到了战胜之后开和议的时候,英国、法国和意大利觉得威尔逊所主张的民族开放和帝国主义利益的冲突太大,所以到要和议的时候便用种种方法骗去威尔逊的主张,弄到和议结局所定出的条件最不公平。世界上的弱小民族不但不能自决,不但不能自由,并且以后所受的压迫比从前更要厉害。由此可见,强盛的国家和有力量的民族已经雄占全球,无论什么国家和什么民族的利益,都被他们垄断。他们想永远维持这种垄断的地位,再不准弱小民族复兴,所以天天鼓吹世界主义,谓民族主义的范围太狭隘。其实他们主张的世界主义,就是变相的帝国主义与变相的侵略主义。但是威尔逊的主张提出以后便不能收回,因为各弱小民族帮助协商国打倒同盟国,是希望战胜之后可以自由的。后来在和议所得的结果,令他们大为失望。所以安南、缅甸、爪哇、印

---

① 罗米尼亚(Romania),今译罗马尼亚。

度、南洋群岛以及土耳其、波斯、阿富汗、埃及与夫欧洲的几十个弱小民族都大大的觉悟，知道列强当日所主张的民族自决完全是骗他们的。所以他们便不约而同，自己去实行民族自决。

欧洲数年大战的结果，还是不能消灭帝国主义。因为当时的战争，是一国的帝国主义和别国的帝国主义相冲突的战争，不是野蛮和文明的战争，不是强权和公理的战争。所以战争的结果，仍是一个帝国主义打倒别国帝国主义，留下来的还是帝国主义。但是由这一次战争，无意中发生了一个人类中的大希望，这个希望就是俄国革命。

俄国发起革命本来很早，在欧战前一千九百零五年的时候曾经起过了革命，不过没有成功，到欧战的时候便大功告成。他们所以当欧战时再发生革命的原故，因为他们民族经过这次欧战，便生出了大觉悟。俄国本是协商国之一，协商国打德国的时候，俄国所出的兵约计有千余万，可谓出力不少。如果协商国不得俄国参加，当日欧洲西方的战线老早被德国冲破了。因为有了俄国在东方牵制，所以协商国能够和德国相持两三年，反败为胜。俄国正当战争之中，自己思索，觉得帮助协商国去打德国，就是帮助几个强权去打一个强权，料到后来一定没有好结果。所以一般兵士和人民便觉悟起来，脱离协商国，单独和德国讲和。况且说到国家的地位，俄国和德国人民的利害毫无冲突。不过讲到帝国主义的地位，彼此都想侵略，自然发生冲突；而且德国侵略太过，俄国为自卫计，不得不与英法各国一致行动。后来俄国人民觉悟，知道帝国主义不对，所以便对本国革命，先推翻本国的帝国主义，同时又与德国讲和，免去外患的压迫。不久协商国也与德国讲和，共同出兵去打俄国。为什么协商国要出兵去打俄国呢？因为俄国人民发生了新觉悟，知道平日所受的痛苦完全是由于帝国主义，现在要解除痛苦，故不得不除去帝国主义，主张民族自决。各国反对这项主张，所以便共同出兵去打他。俄国的主张和威尔逊的主张是不约而同的，都是主张世界上的弱小民族都能够自决，都能够自由。俄国这种主义传出以后，世界上各弱小民族都很赞成，共同来求自决。欧洲经过这次大战的灾害，就帝国主义一方面讲本没有什么大利益，但是因此有了俄国革命，世界人类便生出一个大希望。

世界上的十五万万人之中,顶强盛的是欧洲和美洲的四万万白种人。白种人以此为本位,去吞灭别色人种。如美洲的红番已经消灭;非洲的黑人不久就要消灭;印度的棕色人正在消灭之中;亚洲黄色人现在受白人的压迫,不久或要消灭。但是俄国革命成功,他们一万万五千万人脱离了白种,不赞成白人的侵略行为,现在正想加入亚洲的弱小民族,去反抗强暴的民族。那么强暴的民族只剩得二万万五千万人,还是想用野蛮手段,拿武力去征服十二万万五千万人。故此后世界人类要分为两方面去决斗:一方面是十二万万五千万人,一方面是二万万五千万人。第二方面的人数虽然很少,但是他们占了世界上顶强盛的地位,他们的政治力和经济力都很大,总是用这两种力量去侵略弱小的民族。如果政治的海陆军力不够,使用经济力去压迫;如果经济力有时而穷,便用政治的海陆军力去侵略。他们的政治力帮助经济力,好比左手帮助右手一样,把多数的十二万万五千万人民压迫得很厉害。但是天不从人愿,忽然生出了斯拉夫民族的一万万五千万人去反对帝国主义和资本主义,为世界人类打不平。所以我前次说,有一位俄国人说:世界列强所以诋毁列宁的原因,是因为他敢说世界多数的民族十二万万五千万人,为少数的民族二万万五千万人所压迫。列宁不但是说出这种话,并且还提倡被压迫的民族去自决,为世界上被压迫的人打不平。列强之所以攻击列宁,是要消灭人类中的先知先觉,为他们自己求安全。但是现在人类都觉悟了,知道列强所造的谣言都是假的,所以再不被他们欺骗。这就是世界民族的政治思想进步到光明地位的情况。

我们今日要把中国失去了的民族主义恢复起来,用此四万万人的力量为世界上的人打不平,这才算是我们四万万人的天职。列强因为恐怕我们有了这种思想,所以便生出一种似是而非的道理,主张世界主义来煽惑我们。说世界的文明要进步,人类的眼光要远大,民族主义过于狭隘,太不适宜,所以应该提倡世界主义。近日中国的新青年主张新文化,反对民族主义,就是被这种道理所诱惑。但是这种道理,不是受屈民族所应该讲的。我们受屈民族,必先要把我们民族自由平等的地位恢复起来之后,才配得来讲世界主义。我前次所讲苦力买彩票的比喻,已发挥很透辟了。彩票是世界主义,竹杠是民族主义,苦力中了头彩就丢去谋生的竹杠,好比我们被世界主义所诱惑,便要丢去民族主义一样。我们要知道世界主义是从什么地方发生出来的呢？是从民族主义发生出来的。我们要发达世界主义,先要民族主义巩固才行。如果民族主义不能巩固,世界主义也就不能发达。由此便可知世界主义实藏在民族主义之内,好比苦力的彩票藏在竹杠之内一样,如果丢弃民族主义去讲世界主义,好比是苦力把藏彩票的竹杠投入海中,那便是根本推翻。我从前说,我们的地位还比不上安南人、高丽人。安南人、高丽人是亡国的人,是做人奴隶的,我们还比不上,就是我们的地位连奴隶也比不上。在这个地位还要讲世界主义,还说不要民族主义,试问诸君是讲得通不通呢？

就历史上说,我们四万万汉族是从那一条路走来的呢？也是自帝国主义一条路走来的。我们的祖宗从前常用政治力去侵略弱小民族,不过那个时候经济力还不很大,所以我们向未有用经济力去压迫他民族。再就文化说,中国的文化比欧洲早几千年。欧洲文化最好的时代是希腊、罗马,到了罗马才最盛。罗马不过与中国的汉朝同时。那个时候,中国的政治思想便很高深,一般大言论家都极力反对帝国主义。反对帝国主义的文字很多,其中最著名的有《弃珠崖议》①。此项文章就是反对中国去扩充领土,不可与南方蛮夷争地方。由此便可见在汉朝的时候,中国便不主张与外人战争,中国的和平思想到汉朝时已经是很充分的了。到了宋朝,中国不但不去侵略外人,反为外人所侵略,所以宋朝被蒙古所灭。宋亡之后,到明朝才复国,明朝复国之后更是不侵略外人。

当时南洋各小国要来进贡,归化中国,是他们仰慕中国的文化,自己愿意来归顺的,不是中国以武力去压迫他们的。像巫来由②及南洋群岛那些小国,以中国把他们收入版图之中,许他们来进贡,便以为是很荣耀；若是不要他们进贡,他们便以为很耻辱。像这项尊荣,现在世界上顶强盛的国家还

---

① 《弃珠崖议》作者为贾捐之,贾谊之曾孙,汉朝人。珠崖后改置崖州,其地域在今海南岛东北部,事见《汉书·贾捐之传》。

② 巫来由(Malaya),今译马来亚。

没有做到。像美国待菲律宾：在菲律宾之内，让菲人自行组织议会及设官分治，在华盛顿的国会，也让菲人选派议员。美国每年不但不要菲律宾用钱去进贡，反津贴菲律宾以大宗款项，修筑道路，兴办教育。像这样仁慈宽厚，可算是优待极了。但是菲律宾人至今还不以归化美国为荣，日日总是要求独立。又像印度的尼泊尔国：尼泊尔的民族叫做"廓尔额"①，这种民族是很勇敢善战的，英国虽然是征服了印度，但至今还是怕廓尔额人，所以很优待他，每年总是送钱到他，像中国宋朝怕金人，常送钱到金人一样。不过宋朝送钱到金人说是进贡，英国送钱到廓尔额人，或者说是津贴罢了。但是廓尔额人对于中国，到了民国元年还来进贡。由此可见，中国旁边的小民族羡慕中国，至今还是没有绝望。十余年前，我有一次在暹罗的外交部和外交次长谈话，所谈的是东亚问题。那位外交次长说："如果中国能够革命，变成国富民强，我们暹罗还是情愿归回中国，做中国的一行省。"我和他谈话的地点是在暹罗政府之公署内，他又是外交次长，所以他这种说话不只是代表他个人的意见，是代表暹罗全国人的意见。由此足见暹罗当那个时候，还是很尊重中国。但是这十几年以来，暹罗在亚洲已经成了独立国，把各国的苛酷条约都已修改了，国家的地位也提高了，此后恐怕不愿意再归回中国了。

　　再有一段很有趣味的故事，可以和诸君谈谈。当欧战最剧烈的时候，我在广东设立护法政府。一天，有一位英国领事到大元帅府来见我，和我商量南方政府加入协商国，出兵到欧洲。我就向那位英国领事说："为什么要出兵呢？"他说："请你们去打德国，因为德国侵略了中国土地，占了青岛，中国应该去打他，把领土收回来。"我说："青岛离广州还很远，至于离广州最近的有香港，稍远一点的有缅甸、布丹、尼泊尔，像那些地方从前是那一国的领土呢？现在你们还要来取西藏。我们中国此刻没有收回领土的力量，如果有了力量，恐怕要先收回英国占去了的领土罢。德国所占去的青岛，地方还是很小，至于缅甸便比青岛大，西藏比青岛更要大。我们如果要收回领土，当先从大的地方起。"他受了我这一番反驳，就怒不可遏，便说："我来此地

---

① 廓尔额（Gurkha），今译廓尔喀。

是讲公事的呀!"我立刻回他说:"我也是讲公事呀!"两人面面相对,许久不能下台。后来我再对他说:"我们的文明已经比你们进步了二千余年,我们现在是想你们上前,等你们跟上来。我们不可退后,让你们拖下去。因为我们二千多年以前便丢去了帝国主义,主张和平,至今中国人思想已完全达到这种目的。你们现在战争所竖的目标也是主张和平,我们本来很欢迎的,但是实际上你们还是讲打不讲和,专讲强权不讲公理。我以为你们专讲强权的行为是很野蛮的,所以让你们去打,我们不必参加。等到你们打厌了,将来或者有一日是真讲和平,到了那个时候我们才参加到你们的一方面,共求世界的和平。而且我反对中国参加出兵,还有一层最大的理由,是我很不愿意中国也变成你们一样不讲公理的强国。如果依你的主张,中国加入协商国,你们便可以派军官到中国来练兵,用你们有经验的军官,又补充极精良的武器,在六个月之内一定可以练成三五十万精兵,运到欧洲去作战,打败德国。到了那个时候,便不好了。"英国领事说:"为什么不好呢?"我说:"你们从前用几千万兵和几年的时候打不败德国,只要加入几十万中国兵便可以打败德国,由此便可以提起中国的尚武精神。用这几十万兵做根本,可以扩充到几百万精兵,于你们就大大的不利了。现在日本加入你们方面,已经成了世界上列强之一,他们的武力雄霸亚洲,他们的帝国主义和列强一样,你们是很怕他的。说到日本的人口和富源,不及中国远甚。如果依你今天所说的办法,我们中国参加你们一方面,中国不到十年便可以变成日本;照中国的人口多与领土大,中国至少可以变成十个日本。到了那个时候,以你们全世界的强盛,恐怕都不够中国人一打了。我们因为已经多进步了二千多年,脱离了讲打的野蛮习气,到了现在才是真和平。我希望中国永远保守和平的道德,所以不愿意加入这次大战。"那位英国领事,半点钟前几几乎要和我用武,听了这番话之后才特别佩服,并且说:"如果我也是中国人,一定也是和你的思想相同。"

  诸君知道革命本是流血的事,像汤武革命,人人都说他们是顺乎天应乎人,但是讲到当时用兵的情况,还有人说他们曾经过了血流漂杵。我们辛亥革命推翻满洲,流过了多少血呢?所以流血不多的原因,就是因为中国人爱和平。爱和平就是中国人的一个大道德,中国人才是世界中最爱和平的人。我从前总劝世界人要跟上我们中国人。现在俄国斯拉夫民族也是主张和平的,这就是斯拉夫人已经跟上了我们中国人。所以俄国的一万万五千万人,今日就要来和我们合作。

我们中国四万万〈人〉不但是很和平的民族,并且是很文明的民族。近来欧洲盛行的新文化和所讲的无政府主义与共产主义,都是我们中国几千年以前的旧东西。譬如黄老的政治学说,就是无政府主义。列子所说华胥氏之国,"其人无君长,无法律,自然而已",是不是无政府主义呢?我们中国的新青年,未曾过细考究中国的旧学说,便以为这些学说就是世界上顶新的了。殊不知道在欧洲是最新的,在中国就有了几千年了。从前俄国所行的,其实不是纯粹共产主义,是马克斯主义。马克斯主义不是真共产主义,蒲鲁东、巴古宁所主张的才是真共产主义。共产主义在外国只有言论,还没有完全实行;在中国,洪秀全时代便实行过了。洪秀全所行的经济制度,是共产的事实,不是言论。欧洲之所以驾乎我们中国之上的,不是政治哲学,完全是物质文明。因为他们近来的物质文明很发达,所以关于人生日用的衣食住行种种设备,便非常便利,非常迅速;关于海陆军的种种武器毒〔弹〕药便非常完全,非常猛烈。所有这些新设备和新武器,都是由于科学昌明而来的。那种科学就是十七八世纪以后培根、纽顿那些大学问家,所主张用观察和实验研究万事万物的学问。所以说到欧洲的科学发达、物质文明的进步,不过是近来二百多年的事,在数百年以前欧洲还是不及中国。我们现在要学欧洲,是要学中国没有的东西。中国没有的东西是科学,不是政治哲学。至于讲到政治哲学的真谛,欧洲人还要求之于中国。诸君都知道世界上学问最好的是德国,但是现在德国研究学问的人还要研究中国的哲学,甚至于研究印度的佛理,去补救他们科学之偏。

世界主义在欧洲是近世才发表出来的,在中国二千多年以前便老早说过了。我们固有的文明,欧洲人到现在还看不出。不过讲到政治哲学的世界文明,我们四万万人从前已经发明了很多;就是讲到世界大道德,我们四万万人也是很爱和平的。但是因为失了民族主义,所以固有的道德文明都不能表彰，到现在便退步。至于欧洲人现在所讲的世界主义，其实就是有强权无公理的主义。英国话所说的"能力就是公理"①，就是以打得②的为有道理。中国人的心理，向来不以打得为然，以讲打的就是野蛮。这种不讲打的好道德，就是世界主义的真精神。我们要保守这种精神，扩充这种精神，是用什么做基础呢？是用民族主义做基础。像俄国的一万万五千万人是欧洲世界主义的基础，中国四万万人是亚洲世界主义的基础，有了基础然后才能扩充。所以我们以后要讲世界主义，一定要先讲民族主义，所谓欲平天下者先治其国。把从前失去了的民族主义从新恢复起来，更要从而发扬光大之，然后再去谈世界主义，乃有实际。

第 五 讲

（二月二十四日）

今天所讲的问题，是要用什么方法来恢复民族主义。照以前所讲的情形，中国退化到现在地位的原因，是由于失了民族的精神。所以我们民族被别种民族所征服，统治过了两百多年。从前做满洲人的奴隶，现在做各国人的奴隶。现在做各国人的奴隶，所受的痛苦，比从前还要更甚。长此以往，如果不想方法来恢复民族主义，中国将来不但是要亡国，或者要亡种。所以我们要救中国，便先要想一个完善的方法，来恢复民族主义。

今天所讲恢复民族主义的方法有两种，头一种是要令四万万人皆知我们现在所处的地位。我们现在所处的地位是生死关头，在这个生死关头须要避祸求福，避死求生。要怎么能够避祸求福、避死求生呢？须先要知道很清楚了，那便自然要去行。诸君要知道知难行易的道理，可以参考我的学说。中国从前因为不知道要亡国，所以国家便亡，如果预先知道或者不至于亡。古人说："无敌国外患者国恒亡。"又说："多难可以兴邦"。这两句话完

---

① 讲演记录稿原为英文 might is right，出版时改译成中文"能力就是公理"；亦可译作"强权就是公理"或"武力就是公理"。

② "打得"为广州方言，意指"能打、善战"。

全是心理作用。譬如就头一句话说，所谓"无敌国外患"是自己心理上觉得没有外患，自以为很安全，是世界中最强大的国家，外人不敢来侵犯，可以不必讲国防，所以一遇有外患便至亡国。至于"多难可以兴邦"，也就是由于自己知道国家多难，故发奋为雄，也完全是心理作用。照从前四次所讲的情形，我们要恢复民族主义，就要自己心理中知道现在中国是多难的境地，是不得了的时代，那末已经失了的民族主义才可以图恢复。如果心中不知，要想图恢复便永远没有希望，中国的民族不久便要灭亡。

统结从前四次所讲的情形，我们民族是受什么祸害呢？所受的祸害是从那里来的呢？是从列强来的。所受的祸害，详细的说，一是受政治力的压迫，二是受经济力的压迫，三是受列强人口增加的压迫。这三件外来的大祸已经临头，我们民族处于现在的地位，是很危险的。

譬如就第一件的祸害说，政治力亡人的国家，是一朝可以做得到的。中国此时受列强政治力的压迫，随时都可以亡，今日不知道明日的生死。应用政治力去亡人的国家，有两种手段：一是兵力，一是外交。怎么说兵力一朝可以亡国呢？拿历史来证明，从前宋朝怎么样亡国呢？是由于崖门一战，便亡于元朝。明朝怎么样亡国呢？是由于扬州一战，便亡于清朝。拿外国来看，华铁路一战，那破仑①第一之帝国便亡；斯丹一战，那破仑第三之帝国便亡。照这样看，只要一战便至亡国，中国天天都可以亡。因为我们的海陆军和各险要地方没有预备国防，外国随时可以冲入，随时可以亡中国。最近可以亡中国的是日本。他们的陆军平常可出一百万，战时可加到三百万。海军也是很强的，几几乎可以和英美争雄。经过华盛顿会议之后，战斗舰才限制到三十万吨，日本的大战船像巡洋舰、潜水艇、驱逐舰都是很坚固，战斗力都是很大。譬如日本此次派到白鹅潭来的两只驱逐舰，中国便没有更大战斗力的船可以抵抗。像这种驱逐舰在日本有百几十只，日本如果用这种战舰来和我们打仗，随时便可以破我们的国防，制我们的死命。而且我们沿海各险要地方，又没有很大的炮台可以巩固国防，所以日本近在东邻，他们

---

① 今译作拿破仑。下同。

的海陆军随时可以长驱直入。日本或者因为时机未至，暂不动手；如果要动手，便天天可以亡中国。从日本动员之日起，开到中国攻击之日止，最多不过十天。所以中国假若和日本绝交，日本在十天以内便可以亡中国。

再由日本更望太平洋东岸，最强的是美国。美国海军从前多过日本三倍，近来因为受华盛顿会议的束缚，战斗舰减少到五十万吨，其他潜水艇、驱逐舰种种新战船都要比日本多。至于陆军，美国的教育是很普及的，小学教育是强迫制度，通国无论男女都要进学校去读书，全国国民多数受过中学教育及大学教育。他们国民在中学、大学之内，都受过军事教育，所以美国政府随时可以加多兵。当参加欧战的时候，不到一年便可以出二百万兵。故美国平时常备军虽然不多，但是军队的潜势力非常之大，随时可以出几百万兵。假若中美绝交，美国自动员之日起，到攻击中国之日止，只要一个月。故中美绝交，在一个月之后美国便可以亡中国。

再从美国更向东望，位于欧洲大陆与大西洋之间的便是英伦三岛。英国从前号称海上的霸王，他们的海军是世界上最强的。自从华盛顿会议之后，也限制战斗舰不得过五十万吨，至于普通巡洋舰、驱逐舰、潜水艇都比美国多。英国到中国不过四五十天，且在中国已经有了根据地。像香港已经经营了几十年，地方虽然很小，但是商务非常发达，这个地势在军事上掌握中国南方几省的咽喉。练得有陆军，驻得有海军，以香港的海陆军来攻，我们一时虽然不至亡国，但是没有力量可以抵抗。除了香港以外，还有极接近的印度、澳洲，用那些殖民地的海陆军一齐来攻击，自动员之日起不过两个月都可以到中国。故中英两国如果绝交，最多在两个月之内，英国便可以亡中国。再来望到欧洲大陆，现在最强的是法国。他们的陆军是世界上最强的，现在有了两三千架飞机，以后战时还可以增加。他们在离中国最近的地方，也有安南的根据地，并且由安南筑成了一条铁路通到云南省城。假若中法绝交，法国的兵也只要四五十日便可以来攻击中国。所以法国也和英国一样，最多不过两个月便可以亡中国。

照这样讲来，专就军事上的压迫说，世界上无论那一个强国都可以亡中国。为什么中国至今还能够存在呢？中国到今天还能够存在的理由，不是中国自身有力可以抵抗,是由于列强都想亡中国,彼此都来窥伺,彼此不肯相让。各国在中国的势力成了平衡状态,所以中国还可以存在。中国有些痴心妄想的人,以为列强对于中国的权利,彼此之间总是要妒忌的,列强在中国的势力总是平均,不能统一的,长此以往,中国不必靠自己去抵抗便不至亡国。像这样专靠别人,不靠自己,岂不是望天打卦吗?望天打卦是靠不住的,这种痴心妄想是终不得了的,列强还是想要亡中国。不过,列强以为专用兵力来亡中国,恐怕为中国的问题又发生像欧洲从前一样的大战争,弄到结果,列强两败俱伤,于自身没有大利益。外国政治家看到很明白,所以不专用兵力。就是列强专用兵力来亡中国,彼此之间总免不了战争。其余权利上平均不平均的一切问题,或者能免冲突,到了统治的时候还是免不了冲突。既免不了冲突,于他们自身还是有大大的不利。列强把这层利害看得也很清楚,所以现在他们便不主张战争,主张减少军备。日本的战斗舰只准三十万吨的海军,英美两国海军的战斗舰只准各五十万吨。那次会议,表面上为缩小军备问题,实在是为中国问题。要瓜分中国的权利,想用一个什么方法彼此可以免去冲突,所以才开那次会议。

我刚才已经说过了,用政治力亡人国家,本有两种手段,一是兵力,二是外交。兵力是用枪炮,他们用枪炮来,我们还知道要抵抗。如果用外交,只要一张纸和一枝笔。用一张纸和一枝笔亡了中国,我们便不知抵抗。在华盛顿会议的时候,中国虽然派了代表,所议关于中国之事,表面都说为中国谋利益。但是华盛顿散会不久,各国报纸便有共管之说发生。此共管之说以后必一日进步一日,各国之处心积虑,必想一个很完全的方法来亡中国。他们以后的方法,不必要动陆军、要开兵船,只要用一张纸和一枝笔,彼此妥协,便可以亡中国。如果动陆军、开兵船,还要十天或者四五十天,才可以亡中国。至于用妥协的方法,只要各国外交官坐在一处,各人签一个字,便可以亡中国。签字只是一朝,所以用妥协的方法来亡中国,只要一朝。一朝可以亡人国家,从前不是没有先例的。譬如从前的波兰,是俄国、德国、奥国瓜分了的。他们从前瓜分波兰的情形,是由于彼此一朝协商停妥之后,波兰便亡。照这个先例,如果英、法、美、日几个强国一朝妥协之后,中国也要灭亡。故就政治力亡人国家的情形讲,中国现在所处的地位是很危险的。

就第二件的祸害说,中国现在所受经济压迫的毒,我前说过,每年要被外国人夺去十二万万元的金钱,这种被夺去的金钱还是一天增多一天。若照海关前十年出入口货相抵亏蚀二万万元,现在出入口货相抵亏蚀五万万元,每十年增加两倍半,推算比例起来,那么十年之后,我们每年被外国人夺去金钱应为三十万万元。若将此三十万万元分担到我们四万万人身上,我们每年每人应担七元五角。我们每年每人要担七元五角与外国人,换一句话说,就是我们每年每人应纳七元五角人头税与外国。况且四万万人中除了二万万是女子,照现在女子能力状况而论,不能担负此项七元五角之人头税甚为明白,则男子方面应该多担一倍,当为每年每人应担十五元。男子之中又有三种分别,一种是老弱的,一种是幼稚的,此二种虽系男子,但是只能分利,不能生利,更不能希望其担负此项轮到男子应担之十五元人头税。除去三分二不能担负,则担负的完全系中年生利之男子。此中年生利之男子,应将老幼应担之十五元一齐担下,则一中年生利之男子每年每人应担四十五元人头税。试想我们一中年生利之男子应担负四十五元之人头税与外国,汝说可怕不可怕呢?这种人头税还是有加无已的。所以依我看起来,中国人再不觉悟,长此以往,就是外国的政治家天天睡觉,不到十年便要亡国。因为现在已是民穷财尽,再到十年人民的困穷更可想而知,还要增加比较现在的负担多两倍半。汝想中国要亡不要亡呢?

列强经过这次欧洲大战之后,或者不想再有战争,不想暴动,以后是好静恶动,我们由此可以免去军事的压迫,但是外交的压迫便不能免去。就令外交的压迫可以徼幸免去,专由这样大的经济压迫天天侵入,天天来吸收,而我们大家犹在睡梦之中,如何可免灭亡呢?

再就第三件的祸害说,我们中国人口在已往一百年没有加多,以后一百年若没有振作之法,当然难得加多。环看地球上,那美国增多十倍,俄国增多四倍,英国、日本增多三倍,德国增多两倍半,至少的法国还有四分之一的增多。若他们逐日的增多,我们却仍然故我,甚或减少。拿我国的历史来考查,汉族大了,原来中国的土人苗、徭、獠、獞①等族便要灭亡。那么我们民族,被他们的人口增加的压迫,不久亦要灭亡,亦是显然可见的事。

故中国现在受列强的政治压迫,是朝不保夕的;受经济的压迫,刚才算出十年之后便要亡国;讲到人口增加的问题,中国将来也是很危险的。所以中国受外国的政治、经济和人口的压迫,这三件大祸是已经临头了,我们自己便先要知道。自己知道了这三件大祸临头,便要到处宣传,使人人都知道亡国惨祸,中国是难逃于天地之间的。到了人人都知道大祸临头,应该要怎么样呢?俗话说"困兽犹斗",逼到无可逃免的时候,当发奋起来和敌人拼一死命。我们有了大祸临头,能斗不能斗呢?一定是能斗的。但是要能斗,便先要知道自己的死期将至。知道了自己的死期将至,才能够奋斗。所以我们提倡民族主义,便先要四万万人都知道自己的死期将至。知道了死期将至,困兽尚且要斗,我们将死的民族是要斗不要斗呢!诸君是学生,是军人,是政治家,都是先觉先知,要令四万万人都知道我们民族现在是很危险的。如果四万万人都知道了危险,我们对于民族主义便不难恢复。

外国人常说,中国人是一片散沙。中国人对于国家观念,本是一片散沙,本没有民族团体。但是除了民族团体之外,有没有别的团体呢?我从前说过了,中国有很坚固的家族和宗族团体,中国人对于家族和宗族的观念是很深的。譬如中国人在路上遇见了,交谈之后,请问贵姓大名,只要彼此知道是同宗,便非常之亲热,便认为同姓的伯叔兄弟。由这种好观念推广出来,便可由宗族主义扩充到国族主义。我们失了的民族主义要想恢复起来,便要有团体,要有很大的团体。我们要结成大团体,便先要有小基础,彼此联合起来才容易做成功。我们中国可以利用的小基础,就是宗族团体。此外还有家乡基础,中国人的家乡观念也是很深的。如果是同省同县同乡村的人,总是特别容易联络。依我看起来,若是拿这两种好观念做基础,很可以把全国的人都联络起来。要达到这个目的,便先要大家去做。中国人照此做去,恢复民族主义比较外国人是容易得多。因为外国是以个人为单位,

---

① 徭、獠、獞为以往对少数民族的蔑称,后徭改为瑶、獠改为僚、獞改为僮,僮族今又改为壮族。

他们的法律对于父子、兄弟、姊妹、夫妇各个人的权利都是单独保护的。打起官司来,不问家族的情形是怎么样,只问个人的是非是怎么样。再由个人放大便是国家,在个人和国家的中间再没有很坚固、很普遍的中间社会。所以说国民和国家结构的关系,外国不如中国。因为中国个人之外注重家族,有了什么事便要问家长。这种组织,有的说是好,有的说是不好。依我看起来,中国国民和国家结构的关系,先有家族,再推到宗族,再然后才是国族,这种组织一级一级的放大,有条不紊,大小结构的关系当中是很实在的。如果用宗族为单位,改良当中的组织,再联合成国族,比较外国用个人为单位当然容易联络得多。若是用个人做单位,在一国之中至少有几千万个单位,像中国便有四万万个单位。要想把这样多数的单位都联络起来,自然是很难的。如果用宗族做单位,中国人的姓普通都说是百家姓,不过经过年代太久,每姓中的祖宗或者有不同,由此所成的宗族或者不只一百族,但是最多不过四百族。各族中总有连带的关系,譬如各姓修家谱,常由祖宗几十代推到从前几百代,追求到几千年以前。先祖的姓氏多半是由于别姓改成的,考求最古的姓是很少的。像这样宗族中穷源极流的旧习惯,在中国有了几千年,牢不可破。在外国人看起来,或者以为没有用处,但是敬宗收族的观念入了中国人的脑,有了几千年。国亡他可以不管,以为人人做皇帝,他总是一样纳粮;若说到灭族,他就怕祖宗血食断绝,不由得不拼命奋斗。闽粤向多各姓械斗的事,起因多是为这一姓对于那一姓,名分上或私人上小有凌辱侵占,便不惜牺牲无数金钱生命,求为姓中吐气。事虽野蛮,义至可取。若是给他知了外国目前种种压迫,民族不久即要亡,民族亡了,家族便无从存在。譬如中国原来的土人苗、猺等族,到了今日祖宗血食早断绝了;若我们不放大眼光,合各宗族之力来成一个国族以抵抗外国,则苗、猺等族今日祖宗之不血食,就是我们异日祖宗不能血食的样子。那么,一方可以化各宗族之争而为对外族之争,国内野蛮的各姓械斗可以消灭;一方他怕灭族,结合容易而且坚固,可以成就极有力量的国族。

用宗族的小基础来做扩充国族的工夫,譬如中国现有四百族,好像对于四百人做工夫一样。在每一姓中,用其原来宗族的组织,拿同宗的名义,先从一乡一县联络起,再扩充到一省一国,各姓便可以成一个很大的团体。譬如姓陈的人,因其原有组织,在一乡一县一省中专向姓陈的人去联络,我想不过两三年,姓陈的人便有很大的团体。到了各姓有很大的团体之后,再由有关系的各姓互相联合起来,成许多极大的团体。更令各姓的团体都知道大祸临头,死期将至,都结合起来,便可以成一个极大中华民国的国族团体。有了国族团体,还怕什么外患,还怕不能兴邦吗!《尚书》所载尧的时候,"克明俊德,以亲九族;九族既睦,平章百姓;百姓昭明,协和万邦。黎民于变时雍。"他的治平功夫,亦是由家族入手,逐渐扩充到百姓,使到万邦协和,黎民于变时雍,岂不是目前团结宗族造成国族以兴邦御外的好榜样吗?如果不从四百个宗族团体中做工夫,要从四万万人中去做工夫,那么,一片散沙便不知道从那里联络起。从前日本用藩阀诸侯的关系联络成了大和民族,当时日本要用藩阀诸侯那些关系的原因,和我主张联成中国民族要用宗族的关系是一样。

　　大家如果知道自己是受压迫的国民,已经到了不得了的时代,把各姓的宗族团体先联合起来,更由宗族团体结合成一个民族的大团体。我们四万万人有了民族的大团体,要抵抗外国人,积极上自然有办法。现在所以没有办法的原因,是由于没有团体。有了团体,去抵抗外国人不是难事。譬如印度现在受英国人的压迫,被英国人所统治,印度人对于政治的压迫没有办法,对于经济的压迫,便有康第①主张"不合作"。什么是不合作呢?就是英国人所需要的,印度人不供给;英国人所供给的,印度人不需要。好比英国人需要工人,印度人便不去和他们作工;英国人供给印度许多洋货,印度人不用他们的洋货,专用自制的土货。康第这种主张,初发表的时候,英国人以为不要紧,可以不必理他。但是久而久之,印度便有许多不合作的团体出现,英国经济一方面便受极大的影响,故英国政府捕康第下狱。推究印度所以能够收不合作之效果的原因,是由于全国国民能够实行。但是印度是已

---

① 康第(Mohandas Karamchand Gandhi,1861—1948),今译甘地。印度独立的政治领袖、精神领袖。

经亡了的国家,尚且能够实行不合作,我们中国此刻还没有亡,普通国民对于别的事业不容易做到,至于不做外国人的工,不去当洋奴,不用外来的洋货,提倡国货,不用外国银行的纸币,专用中国政府的钱,实行经济绝交,是很可以做得到的。他若人口增加的问题,更是容易解决。中国的人口向来很多,物产又很丰富。向来所以要受外国压迫的原因,毛病是由于大家不知,醉生梦死。假若全体国民都能够和印度人一样的不合作,又用宗族团体做基础联成一个大民族团体,无论外国用什么兵力、经济和人口来压迫,我们都不怕他。

所以救中国危亡的根本方法,在自己先有团体,用三四百个宗族的团体来顾国家,便有办法。无论对付那一国,都可以抵抗。抵抗外国的方法有两种:一是积极的,这种方法就是振起民族精神,求民权、民生之解决,以与外国奋斗。二是消极的,这种方法就是不合作。不合作是消极的抵制,使外国的帝国主义减少作用,以维持民族的地位,免致灭亡。

第 六 讲

（三月二日）

今天所讲的问题,是怎么样可以恢复我们民族的地位。

我们想研究一个什么方法去恢复我们民族的地位,便不要忘却前几次所讲的话。我们民族现在究竟是处于什么地位呢？我们民族和国家在现在世界中究竟是什么情形呢？一般很有思想的人所谓先知先觉者,以为中国现在是处于半殖民地的地位,但是照我前次的研究,中国现在不止是处于半殖民地的地位。依殖民地的情形讲,比方安南是法国的殖民地,高丽是日本的殖民地,中国既是半殖民地,和安南、高丽比较起来,中国的地位似乎要高一点,因为高丽、安南已经成了完全的殖民地。到底中国现在的地位,和高丽、安南比较起来究竟是怎么样呢？照我的研究,中国现在还不能够到完全殖民地的地位,比较完全殖民地的地位更要低一级。所以我创一个新名词,说中国是"次殖民地",这就是中国现在的地位。这种理论,我前次已经讲得很透彻了，今天不必再讲。

至于中国古时在世界中是处于什么地位呢？中国从前是很强盛很文明的国家，在世界中是头一个强国，所处的地位比现在的列强像英国、美国、法国、日本还要高得多。因为那个时候的中国，是世界中的独强。我们祖宗从前已经达到了那个地位，说到现在还不如殖民地，为什么从前的地位有那么高，到了现在便一落千丈呢？此中最大的原因，我从前已经讲过了，就是由于我们失了民族的精神，所以国家便一天退步一天。我们今天要恢复民族的地位，便先要恢复民族的精神。

我们想要恢复民族的精神，要有两个条件：第一个条件是要我们知道现在处于极危险的地位；第二个条件是我们既然知道了处于很危险的地位，便要善用中国固有的团体，像家族团体和宗族团体，大家联合起来，成一个大国族团体。结成了国族团体，有了四万万人的大力量共同去奋斗，无论我们民族是处于什么地位，都可以恢复起来。所以，能知与合群，便是恢复民族主义的方法。大家先知道了这个方法的更要去推广，宣传到全国的四万万人，令人人都要知道。到了人人都知道了，那末我们从前失去的民族精神便可以恢复起来。从前失去民族精神好比是睡着觉，现在要恢复民族精神，就要唤醒起来，醒了之后才可以恢复民族主义。到民族主义恢复了之后，我们便可以进一步去研究怎么样才可以恢复我们民族的地位。

中国从前能够达到很强盛的地位，不是一个原因做成的。大凡一个国家所以能够强盛的原故，起初的时候都是由于武力发展，继之以种种文化的发扬，便能成功。但是要维持民族和国家的长久地位还有道德问题，有了很好的道德，国家才能长治久安。亚洲古时最强盛的民族莫过于元朝的蒙古人，蒙古人在东边灭了中国，在西边又征服欧洲。中国历代最强盛的时代，国力都不能够过里海的西岸，只能够到里海之东，故中国最强盛的时候国力都不能达到欧洲。元朝的时候，全欧洲几乎被蒙古人吞并，比起中国最强盛的时候还要强盛得多，但是元朝的地位没有维持很久。从前中国各代的国力虽然比不上元朝，但是国家的地位各代都能够长久，推究当中的原因，就是元朝的道德不及中国其余各代的道德那样高尚。从前中国民族的道德因为比外国民族的道德高尚得多，所以在宋朝，一次亡国到外来的蒙古人，后来蒙古人还是被中国人所同化；在明朝，二次亡国到外来的满洲人，后来满洲人也是被中国人同化。因为我们民族的道德高尚，故国家虽亡，民族还能够存在；不但是自己的民族能够存在，并且有力量能够同化外来的民族。所以穷本极源，我们现在要恢复民族的地位，除了大家联合起来做成一个国族团体以外，就要把固有的旧道德先恢复起来。有了固有的道德，然后固有的民族地位才可以图恢复。

讲到中国固有的道德，中国人至今不能忘记的，首是忠孝，次是仁爱，其次是信义，其次是和平。这些旧道德，中国人至今还是常讲的。但是，现在受外来民族的压迫，侵入了新文化，那些新文化的势力此刻横行中国。一般醉心新文化的人便排斥旧道德，以为有了新文化，便可以不要旧道德。不知道我们固有的东西，如果是好的当然是要保存，不好的才可以放弃。

此刻中国正是新旧潮流相冲突的时候，一般国民都无所适从。前几天我到乡下进了一所祠堂，走到最后进的一间厅堂去休息，看见右边有一个"孝"字，左边一无所有，我想从前一定有个"忠"字。像这些景象，我看见了的不止一次，有许多祠堂或家庙都是一样的。不过我前几天所看见的"孝"字是特别的大，左边所拆去的痕迹还是很新鲜。推究那个拆去的行为，不知道是乡下人自己做的，或者是我们所驻的兵士做的，但是我从前看到许多祠堂庙宇没有驻过兵，都把"忠"字拆去了。由此便可见现在一般人民的思想，以为到了民国，便可以不讲忠字。以为从前讲忠字是对于君的，所谓忠君；现在民国没有君主，忠字便可以不用，所以便把他拆去。这种理论，实在是误解。因为在国家之内君主可以不要，忠字是不能不要的。如果说忠字可以不要，试问我们有没有国呢？我们的忠字可不可以用之于国呢？我们到现在说忠于君固然是不可以，说忠于民是可不可呢？忠于事又是可不可呢？我们做一件事，总要始终不渝，做到成功，如果做不成功，就是把性命去牺牲亦所不惜，这便是忠。所以古人讲忠字，推到极点便是一死。古时所讲的忠，是忠于皇帝，现在没有皇帝便不讲忠字，以为什么事都可以做出来，那便是大错。现在人人都说，到了民国什么道德都破坏了，根本原因就是在此。我们在民国之内,照道理上说,还是要尽忠,不忠于君,要忠于国,要忠于民,要为四万万人去效忠。为四万万人效忠,比较为一人效忠自然是高尚得多。故忠字的好道德还是要保存。讲到孝字,我们中国尤为特长,尤其比各国进步得多。《孝经》所讲孝字,几乎无所不包,无所不至。现在世界中最文明的国家讲到孝字,还没有像中国讲到这么完全。所以孝字更是不能不要的。国民在民国之内,要能够把忠孝二字讲到极点,国家便自然可以强盛。

仁爱也是中国的好道德。古时最讲爱字的莫过于墨子。墨子所讲的"兼爱",与耶稣所讲的"博爱"是一样的。古时在政治一方面所讲爱的道理,有所谓"爱民如子",有所谓"仁民爱物",无论对于什么事都是用爱字去包括。所以古人对于仁爱究竟是怎么样实行,便可以知道。中外交通之后,一般人便以为中国人所讲的仁爱不及外国人,因为外国人在中国设立学校,开办医院,来教育中国人、救济中国人,都是为实行仁爱的。照这样实行一方面讲起来,仁爱的好道德,中国现在似乎远不如外国。中国所以不如的原故,不过是中国人对于仁爱没有外国人那样实行,但是仁爱还是中国的旧道德。我们要学外国,只要学他们那样实行,把仁爱恢复起来,再去发扬光大,便是中国固有的精神。

讲到信义。中国古时对于邻国和对于朋友都是讲信的。依我看来,就信字一方面的道德,中国人实在比外国人好得多。在什么地方可以看得出来呢?在商业的交易上便可以看得出。中国人交易,没有什么契约,只要彼此口头说一句话,便有很大的信用。比方外国人和中国人订一批货,彼此不必立合同,只要记入账簿便算了事。但是中国人和外国人订一批货,彼此便要立很详细的合同。如果在没有律师和没有外交官的地方,外国人也有学中国人一样只记入账簿便算了事的,不过这种例子很少,普通都是要立合同。逢着没有立合同的时〈候〉,彼此定了货,到交货的时候如果货物的价格太贱,还要去买那一批货,自然要亏本。譬如定货的时候那批货价订明是一万元,在交货的时候只值五千元,若是收受那批货,便要损失五千元。推到当初订货的时候没有合同,中国人本来把所定的货可以辞却不要,但是中国人为履行信用起见,宁可自己损失五千元,不情愿辞去那批货。所以外国在中国内地做生意很久的人，常常赞美中国人，说中国人讲一句话比外国人立了合同的还要守信用得多。但是外国人在日本做生意的，和日本人订货，纵然立了合同，日本人也常不履行。譬如定货的时候那批货订明一万元，在交货的时候价格跌到五千元，就是原来有合同，日本人也不要那批货，去履行合同，所以外国人常常和日本人打官司。在东亚住过很久的外国人，和中国人与日本人都做过了生意的，都赞美中国人，不赞美日本人。至于讲到义字，中国在很强盛的时代也没有完全去灭人国家。比方从前的高丽，名义上是中国的藩属，实在是一个独立国家，就是在二十年以前高丽还是独立。到了近来一二十年，高丽才失去自由。从前有一天，我和一位日本朋友谈论世界问题，当时适欧战正剧，日本方参加协商国去打德国。那位日本朋友说，他本不赞成日本去打德国，主张日本要守中立，或者参加德国来打协商国。但说因为日本和英国是同盟的，订过了国际条约的，日本因为要讲信义履行国际条约，故不得不牺牲国家的权利去参加协商国，和英国共同去打德国。我就问那位日本人说："日本和中国不是立过了《马关条约》吗？该条约中最要之条件不是要求高丽独立吗？为什么日本对于英国能够牺牲国家权利去履行条约，对于中国就不讲信义，不履行《马关条约》呢？对于高丽独立是日本所发起、所要求，且以兵力胁迫而成的，今竟食言而肥，何信义之有呢？简直的说，日本对于英国主张履行条约，对于中国便不主张履行条约，因为英国是很强的，中国是很弱的。日本加入欧战是怕强权，不是讲信义罢！"中国强了几千年而高丽犹在，日本强了不过二十年便把高丽灭了，由此便可见日本的信义不如中国，中国所讲的信义比外国要进步得多。

中国更有一种极好的道德，是爱和平。现在世界上的国家和民族止有中国是讲和平，外国都是讲战争，主张帝国主义去灭人的国家。近年因为经过许多大战，残杀太大，才主张免去战争，开了好几次和平会议，像从前的海牙会议，欧战之后的华赛尔会议、金那瓦①会议、华盛顿会议，最近的洛桑会议。但是这些会议，各国人共同去讲和平，是因为怕战争，出于勉强而然的，不是

---

① 金那瓦（Genève），今译日内瓦。

出于一般国民的天性。中国人几千年酷爱和平，都是出于天性。论到个人便重谦让，论到政治便说"不嗜杀人者能一之"，和外国人便有大大的不同。所以中国从前的忠孝、仁爱、信义种种的旧道德固然是驾乎外国人，说到和平的道德更是驾乎外国人。这种特别的好道德，便是我们民族的精神。我们以后对于这种精神不但是要保存，并且要发扬光大，然后我们民族的地位才可以恢复。

我们旧有的道德应该恢复以外，还有固有的智能也应该恢复起来。我们自被满清征服了以后，四万万人睡觉，不但是道德睡了觉，连智识也睡了觉。我们今天要恢复民族精神，不但是要唤醒固有的道德，就是固有的智识也应该唤醒他。中国有什么固有的智识呢？就人生对于国家的观念，中国古时有很好的政治哲学。我们以为欧美的国家近来很进步，但是说到他们的新文化，还不如我们政治哲学的完全。中国有一段最有系统的政治哲学，在外国的大政治家还没有见到，还没有说到那样清楚的，就是《大学》中所说的"格物、致知、诚意、正心、修身、齐家、治国、平天下"那一段的话。把一个人从内发扬到外，由一个人的内部做起，推到平天下止。像这样精微开展的理论，无论外国什么政治哲学家都没有见到，都没有说出，这就是我们政治哲学的智识中独有的宝贝，是应该要保存的。这种正心、诚意、修身、齐家的道理，本属于道德的范围，今天要把他放在智识范围内来讲才是适当。我们祖宗对于这些道德上的功夫，从前虽然是做过了的，但是自失了民族精神之后，这些智识的精神当然也失去了。所以普通人读书，虽然常用那一段话做口头禅，但是多是习而不察，不求甚解，莫明其妙的。正心、诚意的学问是内治的功夫，是很难讲的。从前宋儒是最讲究这些功夫的，读他们的书，便可以知道他们做到了什么地步。但是说到修身、齐家、治国那些外修的功夫，恐怕我们现在还没有做到。专就外表来说，所谓修身、齐家、治国，中国人近几百年以来都做不到，所以对于本国便不能自治。外国人看见中国人不能治国，便要来共管。

我们为什么不能治中国呢？外国人从什么地方可以看出来呢？依我个人的眼光看，外国人从齐家一方面或者把中国家庭看不清楚，但是从修身一方面来看，我们中国人对于这些功夫是很缺乏的。中国人一举一动都欠检点，只要和中国人来往过一次，便看得很清楚。外国人对于中国的印象，除非是在中国住过了二三十年的外国人,或者是极大的哲学家像罗素那一样的人有很大的眼光,一到中国来便可以看出中国的文化超过于欧美,才赞美中国。普通外国人总说中国人没有教化,是很野蛮的。推求这个原因,就是大家对于修身的功夫太缺乏。大者勿论,即一举一动,极寻常的功夫都不讲究。譬如中国人初到美国时候,美国人本来是平等看待,没有什么中美人的分别。后来美国大旅馆都不准中国人住,大的酒店都不许中国人去吃饭,这就是由于中国人没有自修的功夫。我有一次在船上和一个美国船主谈话,他说:"有一位中国公使前一次也坐这个船,在船上到处喷涕吐痰,就在这个贵重的地毯上吐痰,真是可厌。"我便问他:"你当时有什么办法呢?"他说:"我想到无法,只好当他的面,用我自己的丝巾把地毯上的痰擦干净便了。当我擦痰的时候,他还是不经意的样子。"像那位公使在那样贵重的地毯上都吐痰,普通中国人大都如此。由此一端,便可见中国人举动缺乏自修的功夫。孔子从前说"席不正不坐",由此便可见他平时修身虽一坐立之微,亦很讲究的。到了宋儒时代,他们正心、诚意和修身的功夫更为谨严。现在中国人便不讲究了。

为什么外国的大酒店都不许中国人去吃饭呢?有人说:有一次,一个外国大酒店当会食的时候,男男女女非常热闹,非常文雅跻跻〔济济〕一堂,各乐其乐。忽然有一个中国人放起屁来,于是同堂的外国人哗然哄散,由此店主便把那位中国人逐出店外。从此以后,外国大酒店就不许中国人去吃饭了。又有一次,上海有一位大商家请外国人来宴会,他也忽然在席上放起屁来,弄到外国人的脸都变红了。他不但不检点,反站起来大拍衫裤,且对外国人说:"嗑士巧士咪"①。这种举动,真是野蛮陋劣之极!而中国之文人学子,亦常有此鄙陋行为,实在难解。或谓有气必放,放而要响,是有益卫生,此更为恶劣之谬见。望国人切当戒之,以为修身的第一步功夫。此外中国人每爱留长指甲,长到一寸多长都不剪去,常以为要这样便是很文雅。法国人也有留指甲的习惯,不过法国人留长指甲只长到一两分,他们以为要这样

---

① 嗑士巧士咪,英文"Excuse me"音译,意为"对不起"。

便可表示自己是不做粗工的人。中国人留长指甲也许有这个意思，如果人人都不想做粗工，便和我们国民党尊重劳工的原理相违背了。再者中国人牙齿是常常很黄墨的，总不去洗刷干净，也是自修上的一个大缺点。像吐痰、放屁、留长指甲、不洗牙齿，都是修身上寻常的功夫，中国人都不检点。所以我们虽然有修身、齐家、治国、平天下的大智识，外国人一遇见了便以为很野蛮，便不情愿过细来考察我们的智识。外国人一看到中国，便能够知道中国的文明，除非是大哲学家像罗素一样的人才能见到；否则便要在中国多住几十年，方可以知道中国几千年的旧文化。假如大家把修身的功夫做得很有条理，诚中形外，虽至举动之微亦能注意，遇到外国人不以鄙陋行为而侵犯人家的自由，外国人一定是很尊重的。所以今天讲到修身，诸位新青年便应该学外国人的新文化。只要先能够修身，便可来讲齐家、治国。现在各国的政治都进步了，只有中国是退步，何以中国要退步呢？就是因为受外国政治经济的压迫，推究根本原因，还是由于中国人不修身。不知道中国从前讲修身，推到正心、诚意、格物、致知，这是很精密的智识，是一贯的道理。像这样很精密的智识和一贯的道理，都是中国所固有的。我们现在要能够齐家、治国，不受外国的压迫，根本上便要从修身起，把中国固有智识、一贯的道理先恢复起来，然后我们民族的精神和民族的地位才都可以恢复。

我们除了智识之外，还有固有的能力。现在中国人看见了外国的机器发达，科学昌明，中国人现在的能力当然不及外国人。但是在几千年前，中国人的能力是怎么样呢？从前中国人的能力还要比外国人大得多。外国现在最重要的东西，都是中国从前发明的。比如指南针，在今日航业最发达的世界几乎一时一刻都不能不用他，推究这种指南针的来源，还是中国人几千年以前发明的。如果从前的中国人没有能力，便不能发明指南针。中国人固老早有了指南针，外国人至今还是要用他，可见中国人固有的能力还是高过外国人。其次，在人类文明中最重要的东西便是印刷术。现在外国改良的印刷机，每点钟可以印几万张报纸，推究他的来源，也是中国发明的。再其次，在人类中日用的磁器更是中国发明的，是中国的特产，至今外国人极力仿效，犹远不及中国之精美。近来世界战争用到无烟火药，推究无烟药的来源,是由于有烟黑药改良而成的,那种有烟黑药也是中国发明的。中国发明了指南针、印刷术和火药这些重要的东西,外国今日知道利用他,所以他们能够有今日的强盛。至若人类所享衣食住行的种种设备,也是我们从前发明的。譬如就饮料一项说,中国人发明茶叶,至今为世界之一大需要,文明各国皆争用之,以茶代酒更可免了酒患,有益人类不少。讲到衣一层,外国人视为最贵重的是丝织品,现在世界上穿丝的人一天多过一天,推究用蚕所吐的丝而为人衣服,也是中国几千年前发明的。讲到住一层,现在外国人建造的房屋自然是很完全,但是造房屋的原理和房屋中各重要部分都是中国人发明的,譬如拱门就是以中国的发明为最早。至于走路,外国人现在所用的吊桥,便以为是极新的工程、很大的本领。但是外国人到中国内地来,走到川边、西藏,看见中国人经过大山,横过大河,多有用吊桥的。他们从前没有看见中国的吊桥,以为这是外国先发明的,及看见了中国的吊桥,便把这种发明归功到中国。由此可见中国古时不是没有能力的,因为后来失了那种能力,所以我们民族的地位也逐渐退化。现在要恢复固有的地位,便先要把我们固有的能力一齐都恢复起来。

　　但是恢复了我们固有的道德、智识和能力,在今日之世,仍未能进中国于世界一等的地位,如我们祖宗之当时为世界之独强的。恢复我一切国粹之后,还要去学欧美之所长,然后才可以和欧美并驾齐驱。如果不学外国的长处,我们仍要退后。

　　我们要学外国到底是难不难呢?中国人向来以为外国的机器很难,是不容易学的。不知道外国所视为最难的是飞上天,他们最新的发明的飞机,现在我们天天看见大沙头①的飞机飞上天,飞上天的技师是不是中国人呢?中国人飞上天都可以学得到,其余还有什么难事学不到呢!因为几千年以来,中国人有了很好的根底和文化,所以去学外国人,无论什么事都可以学得到。用我们的本能,很可以学外国人的长处。外国的长处是科学,用了两三百年的功夫去研究发明,到了近五十年来才算是十分进步。因为这种科

---

① 大沙头,在广州城东,为当时机场所在地。

学进步，所以人力可以巧夺天工，天然所有的物力，人工都可以做得到。最新发明的物力是用电。从前物力的来源是用煤，由于煤便发动汽力，现在进步到用电。所以外国的科学，已经由第一步进到第二步。现在美国有一个很大的计划，是要把全国机器厂所用的动力即马力都统一起来。因为他们全国的机器厂有几万家，各家工厂都有一个发动机，都要各自烧煤去发生动力，所以每天各厂所烧的煤和所费的人工都是很多。且因各厂用煤太多，弄到全国的铁路虽然有了几十万英里，还不敷替他们运煤之用，更没有工夫去运农产，于是各地的农产便不能运出畅销。因为用煤有这两种的大大不利，所以美国现在想做一个中央电厂，把几万家工厂用电力去统一。将来此项计划如果成功，那几万家工厂的发动机都统一到一个总发动机，各工厂可以不必用煤和许多工人去烧火，只用一条铜线便可以传导动力，各工厂便可以去做工。行这种方法的利益，好比现在讲堂内的几百人，每一个人单独用锅炉去煮饭吃，是很麻烦的，是很浪费的，如果大家合拢起来，只用一个大锅炉去煮饭吃，就便当得多，就节省得多。现在美国正是想用电力去统一全国工厂的计划。如果中国要学外国的长处，起首便应该不必用煤力而用电力，用一个大原动力供给全国。这样学法，好比是军事家的迎头截击一样，如果能够迎头去学，十年之后虽然不能超过外国，一定可以和他们并驾齐驱。

我们要学外国，是要迎头赶上去，不要向后跟着他。譬如学科学，迎头赶上去，便可以减少两百多年的光阴。我们到了今日的地位，如果还是睡觉，不去奋斗，不知道恢复国家的地位，从此以后便要亡国灭种。现在我们知道了跟上世界的潮流，去学外国之所长，必可以学得比较外国还要好，所谓"后来者居上"。从前虽然是退后了几百年，但是现在只要几年便可以赶上，日本便是一个好榜样。日本从前的文化是从中国学去的，比较中国低得多。但是日本近来专学欧美的文化，不过几十年便成世界中列强之一，我看中国人的聪明才力不亚于日本，我们此后去学欧美，比较日本还要容易。所以这十年中，便是我们的生死关头。如果我们醒了，像日本人一样，大家提心吊胆去恢复民族的地位，在十年之内，就可以把外国的政治、经济和人口增加的种种压迫和种种祸害都一齐消灭。日本学欧美不过几十年，便成世界列强之一。但是中国的人口比日本多十倍，领土比日本大三十倍，富源更是比日本多，如果中国学到日本，就要变成十个列强。现在世界之中，英、美、法、日、意大利等不过五大强国，以后德、俄恢复起来，也不过六七个强国；如果中国能够学到日本，只要用一国便变成十个强国。到了那个时候，中国便可以恢复到头一个地位。

　　但是中国到了头一个地位，是怎么样做法呢？中国古时常讲"济弱扶倾"，因为中国有了这个好政策，所以强了几千年，安南、缅甸、高丽、暹罗那些小国还能够保持独立。现在欧风东渐，安南便被法国灭了，缅甸被英国灭了，高丽被日本灭了。所以，中国如果强盛起来，我们不但是要恢复民族的地位，还要对于世界负一个大责任。如果中国不能够担负这个责任，那末中国强盛了，对于世界便有大害，没有大利。中国对于世界究竟要负什么责任呢？现在世界列强所走的路是灭人国家的，如果中国强盛起来也要去灭人国家，也去学列强的帝国主义，走相同的路，便是蹈他们的覆辙。所以我们要先决定一种政策，要济弱扶倾，才是尽我们民族的天职。我们对于弱小民族要扶持他，对于世界的列强要抵抗他。如果全国人民都立定这个志愿，中国民族才可以发达。若是不立定这个志愿，中国民族便没有希望。我们今日在没有发达之先立定扶倾济弱的志愿，将来到了强盛时候，想到今日身受过了列强政治经济压迫的痛苦，将来弱小民族如果也受这种痛苦，我们便要把那些帝国主义来消灭，那才算是治国平天下。

　　我们要将来能够治国平天下，便先要恢复民族主义和民族地位，用固有的道德和平做基础去统一世界，成一个大同之治，这便是我们四万万人的大责任。诸君都是四万万人的一份子，都应该担负这个责任，便是我们民族的真精神！

据孙文讲演《民族主义》手书改正本①，上海孙中山故居纪念馆藏

---

　　①　该本系据中国国民党中央执行委员会编辑、中国国民党中央执行委员会宣传部发行、1924年4月在广州出版的《民族主义》修订，封面亲书"再加改正本"五字，全书订正文字近三十处，修订时间不详。

民 权 主 义

第 一 讲

（三月九日）

诸君：

今天开始来讲民权主义。什么叫做民权主义呢？现在要把民权来定一个解释，便先要知道什么是民。大凡有团体有组织的众人，就叫做民。什么是权呢？权就是力量，就是威势。那些力量大到同国家一样，就叫做权。力量最大的那些国家，中国话说"列强"，外国话便说"列权"①。又机器的力量，中国话说是"马力"，外国话说是"马权"②，所以权和力实在是相同，有行使命令的力量，有制服群伦的力量，就叫做权。把民同权合拢起来说，民权就是人民的政治力量。什么是叫做政治的力量呢？我们要明白这个道理，便先要明白什么是政治。许多人以为政治是很奥妙、很艰深的东西，是通常人不容易明白的。所以中国的军人常常说，我们是军人，不懂得政治。为什么不懂得政治呢？就是因为他们把政治看作是很奥妙、很艰深的，殊不知道政治是很浅白、很明了的。如果军人说不干涉政治，还可以讲得通，但是说不懂得政治，便讲不通了。因为政治的原动力便在军人，所以军人当然要懂得政治，要明白什么是政治。"政治"两字的意思，浅而言之，政就是众人的事，治就是管理，管理众人的事便是政治。有管理众人之事的力量，便是政权。今以人民管理政事，便叫做"民权"。

现在民权的定义既然是明白了，便要研究民权是什么作用的。环观近世，追溯往古，权的作用，简单的说就是要来维持人类的生存。人类要能够生存，就须有两件最大的事：第一件是保，第二件是养。保和养两件大事是

---

① "列强"英文为 the great powers, power 于此作权力、势力解，故有"列权"之说法。
② "马力"英文为 horsepower, power 于此作力量、动力解。

人类天天要做的。保就是自卫,无论是个人或团体或国家,要有自卫的能力才能够生存。养就是觅食。这自卫和觅食,便是人类维持生存的两件大事。但是人类要维持生存,他项动物也要维持生存;人类要自卫,他项动物也要自卫;人类要觅食,他项动物也要觅食。所以人类的保养和动物的保养冲突,便发生竞争。人类要在竞争中求生存,便要奋斗,所以奋斗这一件事是自有人类以来天天不息的。由此便知权是人类用来奋斗的。

  人类由初生以至于现在,天天都是在奋斗之中。人类奋斗可分作几个时期:第一个时期,是太古洪荒没有历史以前的时期。那个时期的长短,现在虽然不知道,但是近来地质学家由石层研究起来,考查得有人类遗迹凭据的石头不过是两百万年,在两百万年以前的石头便没有人类的遗迹。普通人讲到几百万年以前的事,似乎是很渺茫的,但是近来地质学极发达,地质学家把地球上的石头分成许多层,每层合成若干年代,那一层是最古的石头,那一层是近代的石头,所以用石头来分别。在我们说到两百万年,似乎是很长远,但是在地质学家看起来不过是一短时期。两百万年以前还有种种石层,更自两百万年以上;推到地球没有结成石头之先,便无可稽考。普通都说没有结成石头之先是一种流质,更在流质之先是一种气体。所以照进化哲学的道理讲,地球本来是气体,和太阳本是一体的。始初太阳和气体都是在空中,成一团星云,到太阳收缩的时候,分开许多气体,日久凝结成液体,再由液体固结成石头。最老的石头有几千万年,现在地质学家考究得有凭据的石头是二千多万年。所以他们推定地球当初由气体变成液体要几千万年,由液体变成石头的固体又要几千万年。由最古之石头至于今日,至少有二千万年。在二千万年的时代,因为没有文字的历史,我们便以为很久远,但是地质学家还以为很新鲜。我要讲这些地质学,和我们今日的讲题有什么关系呢?因为讲地球的来源,便由此可以推究到人类的来源。地质学家考究得人类初生在二百万年以内,人类初生以后到距今二十万年才生文化。二十万年以前人和禽兽没有什么大分别,所以哲学家说人是由动物进化而成,不是偶然造成的。人类庶物由二十万年以来逐渐进化,才成今日的世界。现在是什么世界呢?就是民权世界。

民权之萌芽虽在二千年前之希腊、罗马时代,但是确立不摇只有一百五十年,前此仍是君权时代。君权之前便是神权时代。而神权之前便是洪荒时代,是人和兽相斗的时代。在那个时候,人类要图生存,兽类也要图生存。人类保全生存的方法,一方面是觅食,一方面是自卫。在太古时代,人食兽,兽亦食人,彼此相竞争。遍地都是毒蛇猛兽,人类的四周都是祸害,所以人类要图生存,便要去奋斗。但是那时的奋斗,总是人兽到处混乱的奋斗,不能结合得大团体,所谓各自为战。就人类发生的地方说,有人说不过是在几处地方。但是地质学家说,世界上有了人之后,便到处都有人,因为无论自什么地方挖下去,都可以发见人类的遗迹。至于人和兽的竞争,至今还没有完全消灭。如果现在走到南洋很荒野的地方,人和兽斗的事还可以看见。又像我们走到荒山野外没有人烟的地方,便知道太古时代人同兽是一个什么景象。

像这样讲,我们所以能够推到古时的事,是因为有古代的痕迹遗存,如果没有古迹遗存,我们便不能够推到古时的事。普通研究古时的事,所用的方法是读书看历史。历史是用文字记载来的,所以人类文化,是有了文字之后才有历史。有文字的历史,在中国至今不过五六千年,在埃及不过一万多年。世界上考究万事万物,在中国是专靠读书,在外国人却不是专靠读书。外国人在小学、中学之内是专靠读书的,进了大学便不专靠读书,要靠实地去考察。不专看书本的历史,要去看石头、看禽兽和各地方野蛮人的情状,便可推知我们祖宗是一个什么样的社会。比方观察非洲和南洋群岛的野蛮人,便可知道从前没有开化的人是一个什么情形。所以近来大科学家考察万事万物,不是专靠书。他们所出的书,不过是由考察的心得贡献到人类的记录罢了。他们考察的方法有两种:一种是用观察,即科学;一种是用判断,即哲学。人类进化的道理,都是由此两学得来的。

古时人同兽斗,只有用个人的体力,在那个时候只有同类相助。比方在这个地方有几十个人同几十个猛兽奋斗,在别的地方也有几十个人同几十个猛兽奋斗,这两个地方的人类见得彼此都是同类的,和猛兽是不同的,于是同类的就互相集合起来,和不同类的去奋斗。决没有和不同类的动物集合,共同来食人的,来残害同类的。当时同类的集合,不约而同去打那些毒蛇猛兽,那种集合是天然的,不是人为的。把毒蛇猛兽打完了,各人还是散去。因为当时民权没有发生,人类去打那些毒蛇猛兽,各人都是各用气力,不是用权力。所以在那个时代,人同兽争是用气力的时代。

后来毒蛇猛兽差不多都被人杀完了,人类所处的环境较好,所住的地方极适于人类的生存,人群就住在一处,把驯伏〔服〕的禽兽养起来,供人类使用。故人类把毒蛇猛兽杀完了之后,便成畜牧时代,也就是人类文化初生的时代,差不多和现在中国的蒙古同亚洲西南的阿剌伯人还是在畜牧时代一样。到了那个时代,人类生活的情形便发生一个大变动。所以人同兽斗终止,便是文化初生,这个时代可以叫做太古时代。到了那个时代,人又同什么东西去奋斗呢?是同天然物力去奋斗。

简而言之,世界进化,当第一个时期是人同兽争,所用的是气力,大家同心协力杀完毒蛇猛兽;第二个时期是人同天争。

在人同兽争的时代,因为不知道何时有毒蛇猛兽来犯,所以人类时时刻刻不知生死,所有的自卫力只有双手双足。不过在那个时候,人要比兽聪明些,所以同兽奋斗不是专用双手双足,还晓得用木棍和石头。故最后的结果,人类战胜,把兽类杀灭净尽,人类的生命才可以一天一天的计算。在人同兽斗的时期,人类的安全几乎一时一刻都不能保。到了没有兽类的祸害,人类才逐渐蕃盛,好地方都被人住满了。

当那个时代,什么是叫做好地方呢?可以避风雨的地方便叫做好地方,就是风雨所不到的地方。像埃及的尼罗河两旁和亚洲马斯波他米亚①地方,土地极其肥美,一年四季都不下雨。尼罗河水每年涨一次,水退之后,把河水所带的肥泥都散布到沿河两旁的土地,便容易生长植物,多产谷米。像这种好地方,只有沿尼罗河岸和马斯波他米亚地方,所以普通都说尼罗河和马斯波他米亚是世界文化发源的地方。因为那两岸的土地肥美,常年没有风雨,既可以耕种,又可以畜牧,河中的水族动物又丰富,所以人类便很容易

---

① 马斯波他米亚(Mesopotamia),今译美索不达米亚。

生活,不必劳心劳力便可以优游度日,子子孙孙便容易蕃盛。

到了人类过于蕃盛之后,那些好地方便不够住了。就是在尼罗河与马斯波他米亚之外,稍为不好的地方也要搬到去住。不好的地方就有风雨的天灾。好比黄河流域是中国古代文化发源的地方,在黄河流域一来有风雨天灾,二来有寒冷,本不能够发生文化,但是中国古代文化何以发生于黄河流域呢?因为沿河两岸的人类是由别处搬来的。比方马斯波他米亚的文化便早过中国万多年,到了中国的三皇五帝以前,便由马斯波他米亚搬到黄河流域,发生中国的文明。在这个地方,驱完毒蛇猛兽之后便有天灾,便要受风雨的祸患。遇到天灾,人类要免去那种灾害,便要与天争。因为要避风雨,就要做房屋;因为要御寒冷,就要做衣服。人类到了能够做房屋做衣服,便进化到很文明。

但是,天灾是不一定的,也不容易防备。有时一场大风便可把房屋推倒,一场大水便可把房屋淹没,一场大火便可把房屋烧完,一场大雷便可把房屋打坏。这四种——水、火、风、雷的灾害,古人实在莫明其妙。而且古人的房屋都是草木做成的,都不能抵抗水、火、风、雷四种天灾。所以古人对于这四种天灾,便没有方法可以防备。说到人同兽争的时代,人类还可用气力去打,到了同天争的时代,专讲打是不可能的,故当时人类感觉非常的困难。后来便有聪明的人出来替人民谋幸福,像大禹治水,替人民除去水患;有巢氏教民在树上做居室,替人民谋避风雨的灾害。自此以后,文化便逐渐发达,人民也逐渐团结起来。又因为当时地广人稀,觅食很容易,他们单独的问题只有天灾,所以要和天争。但是和天争,不比是和兽争可以用气力的,于是发生神权。极聪明的人便提倡神道设教,用祈祷的方法去避祸求福。他们所做祈祷的工夫,在当时是或有效或无效,是不可知。但是既同天争,无法之中是不得不用神权,拥戴一个很聪明的人做首领。好比现在非洲野蛮的酋长,他的职务便专是祈祷。又像中国的蒙古、西藏都奉活佛做皇帝,都是以神为治。所以古人说:"国之大事,在祀与戎。"说国家的大事,第一是祈祷,第二是打仗。

中华民国成立了十三年,把皇帝推翻,现在没有君权。日本至今还是君权的国家,至今还是拜神,所以日本皇帝,他们都称天皇。中国皇帝,我们从前亦称天子。在这个时代,君权已经发达了很久,还是不能脱离神权。日本的皇帝在几百年以前已经被武人推倒了,到六十年前明治维新,推翻德川,恢复天皇,所以日本至今还是君权、神权并用。从前罗马皇帝也是一国的教主,罗马亡了之后,皇帝被人推翻,政权也被夺去了;但是教权仍然保存,各国人民仍然奉为教主,好比中国的春秋时候列国尊周一样。

由此可见人同兽争以后便有天灾,要和天争便发生神权。由有历史到现在,经过神权之后便发生君权。有力的武人和大政治家把教皇的权力夺了,或者自立为教主,或者自称为皇帝。于是由人同天争的时代,变成人同人争。到了人同人相争,便觉得单靠宗教的信仰力不能维持人类社会,不能够和人竞争,必要政治修明、武力强盛才可以和别人竞争。世界自有历史以来都是人同人争。从前人同人争,一半是用神权,一半是用君权,后来神权渐少。罗马分裂之后,神权渐衰,君权渐盛,到了法王路易十四,便为极盛的时代。他说:"皇帝和国家没有分别,我是皇帝,所以我就是国家。"把国家的什么权都拿到自己手里,专制到极点,好比中国秦始皇一样。君主专制一天厉害一天,弄到人民不能忍受。到了这个时代,科学也一天发达一天,人类的聪明也一天进步一天,于是生出了一种大觉悟,知道君主总揽大权,把国家和人民做他一个人的私产,供他一个人的快乐,人民受苦他总不理会。人民到不能忍受的时候,便一天觉悟一天,知道君主专制是无道,人民应该要反抗。反抗就是革命。所以百余年来革命的思潮便非常发达,便发生民权的革命。民权革命是谁同谁争呢?就是人民同皇帝相争。所以推求民权的来源,我们可以用时代来分析。

再概括的说一说:第一个时期,是人同兽争,不是用权,是用气力。第二个时期,是人同天争,是用神权。第三个时期,是人同人争,国同国争,这个民族同那个民族争,是用君权。到了现在的第四个时期,国内相争,人民同君主相争。

在这个时代之中,可以说是善人同恶人争,公理同强权争。到这个时代,民权渐渐发达,所以叫做民权时代。这个时代是很新的。我们到了这个很新的时代,推倒旧时代的君权,究竟是好不好呢?从前人类的智识未开,赖有圣君贤相去引导,在那个时候君权是很有用的。君权没有发生以前,圣人以神道设教去维持社会,在那个时候神权也是很有用的。现在神权、君权都是过去的陈迹,到了民权时代。就道理上讲起来,究竟为什么反对君权一定要用民权呢?因为近来文明很进步,人类的智识很发达,发生了大觉悟。好比我们在做小孩子的时候,便要父母提携,但是到了成人谋生的时候,便不能依靠父母,必要自己去独立。但是现在还有很多学者要拥护君权,排斥民权。日本这种学者是很多,欧美也有这种学者,中国许多旧学者也是一样。所以一般老官僚至今还是主张复辟,恢复帝制。现在全国的学者有主张君权的,有主张民权的,所以弄到政体至今不能一定。我们是主张民权政治的,必要把全世界各国民权的情形,考察清楚才好。

从二十万年到万几千年以前是用神权,神权很适宜于那个时代的潮流。比如现在西藏,如果忽然设立君主,人民一定是要反对的,因为他们崇信教主,拥戴活佛,尊仰活佛的威权,服从活佛的命令。欧洲几千百年前也是这样。中国文化发达的时期早过欧洲,君权多过神权,所以中国老早便是君权时代。民权这个名词是近代传进来的。大家今天来赞成我的革命,当然是主张民权的。一般老官僚要复辟,要做皇帝,当然是反对民权、主张君权的。君权和民权,究竟是那一种和现在的中国相宜呢?这个问题很有研究的价值。根本上讨论起来,无论君权和民权都是用来管理政治、为众人办事的,不过政治上各时代的情形不同,所用的方法也各有不同。到底中国现在用民权是适宜不适宜呢?有人说,中国人民的程度太低,不适宜于民权。美国本来是民权的国家,但是在袁世凯要做皇帝的时候,也有一位大学教授叫做古德诺到中国来主张君权,说中国人民的思想不发达,文化赶不上欧美,所以不宜用民权。袁世凯便利用他这种言论,推翻民国,自己称皇帝。现在我们主张民权,便要对于民权认得很清楚。中国自有历史以来,没有实行过民权,就是民国十三年来也没有实行过民权。但是我们的历史经过了四千多年,其中有治有乱,都是用君权。到底君权对于中国是有利或有害呢?中国所受君权的影响,可以说是利害参半。但是根据中国人的聪明才智来讲,如果应用民权,比较上还是适宜得多。所以,两千多年前的孔子、孟子便主张民权。孔子说:"大道之行也,天下为公。"便是主张民权的大同世界。又"言必称尧舜",就是因为尧舜不是家天下。尧舜的政治,名义上虽然是用君权,实际上是行民权,所以孔子总是宗仰他们。孟子说:"民为贵,社稷次之,君为轻。"又说:"天视自我民视,天听自我民听。"又说:"闻诛一夫纣矣,未闻弑君也。"他在那个时代已经知道君主不必一定是要的,已经知道君主一定是不能长久的,所以便判定那些为民造福的就称为"圣君",那些暴虐无道的就称为"独夫",大家应该去反抗他。由此可见,中国人对于民权的见解,二千多年以前已经早想到了。不过那个时候还以为不能做到,好像外国人说"乌托邦"是理想上的事,不是即时可以做得到的。

至于外国人对于中国人的印象,把中国人和非洲、南洋的野蛮人一样看待,所以中国人和外国人讲到民权,他们便极不赞成,以为中国何以能够同欧美同时来讲民权?这些见解的错误,都是由于外国学者不考察中国的历史和国情,所以不知道中国实在是否适宜于民权。中国在欧美的留学生,也有跟外国人一样说中国不适宜于民权的。这种见解实在是错误。依我看来,中国进化比较欧美还要在先,民权的议论在几千年以前就老早有了,不过当时只是见之于言论,没有形于事实。现在欧美既是成立了民国,实现民权有了一百五十年,中国古人也有这种思想,所以我们要希望国家长治久安,人民安乐,顺乎世界的潮流,非用民权不可。但是民权发生至今还不甚久,世界许多国家还有用君权的。各国实行民权,也遭过了许多挫折、许多失败的。民权言论的发生在中国有了两千多年,在欧美恢复民权不过一百五十年,现在风行一时。

近代事实上的民权,头一次发生是在英国。英国在那个时候发生民权革命,正当中国的明末清初。当时革命党的首领叫做格林威尔,把英国皇帝查理士第一杀了。此事发生以后便惊动欧美,一般人以为这是自有历史以来所没有的,应该当作谋反叛逆看待。暗中弑君,各国是常有的;但是格林威尔杀查理士第一,不是暗杀,是把他拿到法庭公开裁判,宣布他不忠于国家和人民的罪状,所以便把他杀了。当时欧洲以为英国人民应该赞成民权,从此民权便可以发达。谁知英国人民还是欢迎君权,不欢迎民权。查理士第一虽然是死了,人民还是思慕君主,不到十年英国便发生复辟,把查理士第二迎回去做皇帝。那个时候刚是满清入关,明朝还没有亡,距今不过两百多年。所以两百多年以前英国发生过一次民权政治,不久便归消灭,君权还是极盛。

一百年之后,便有美国的革命,脱离英国独立,成立美国联邦政府,到现在有一百五十年。这是现在世界中头一个实行民权的国家。

美国建立共和以后不到十年,便引出法国革命。法国当时革命的情形,是因为自路易十四总揽政权,厉行专制,人民受非常的痛苦。他的子孙继位,更是暴虐无道,人民忍无可忍,于是发生革命,把路易十六杀了。法国人杀路易十六,也是和英国人杀查理士第一一样,把他拿到法庭公开审判,宣布他不忠于国家和人民的罪状。法国皇帝被杀了之后,欧洲各国为他复仇,大战十多年。所以那次的法国革命还是失败,帝制又恢复起来了。但是法国人民民权的思想,从此更极发达。

讲到民权史,大家都知道法国有一位学者叫做卢梭。卢梭是欧洲主张极端民权的人。因有他的民权思想,便发生法国革命。卢梭一生民权思想,最要紧的著作是《民约论》。《民约论》中立论的根据,是说人民的权利是生而自由平等的,各人都有天赋的权利,不过人民后来把天赋的权利放弃罢了。所以这种言论,可以说民权是天生出来的。但就历史上进化的道理说,民权不是天生出来的,是时势和潮流所造就出来的。故推到进化的历史上,并没有卢梭所说的那种民权事实,这就是卢梭的言论没有根据。所以反对民权的人,便拿卢梭没有根据的话去做材料。但是我们主张民权的不必要先主张言论,因为宇宙间的道理,都是先有事实然后才发生言论,并不是先有言论然后才发生事实。

比方陆军的战术学现在已经成了有系统的学问,研究这门学问的成立,是先有学理呢?或是先有事实呢?现在的军人都是说入学校研究战〈术〉学,学成了之后,为国家去战斗。照这种心理来讲,当然是先有言论,然后才有事实。但是照世界进化的情形说,最初人同兽斗,有了百几万年,然后那些毒蛇猛兽才消灭。在那个时候,人同兽斗到底有没有战术呢?当时或者有战术,不过因为没有文字去记载,便无可稽考,也未可知。后来人同人相争,国同国相争,有了两万多年,又经过了多少战事呢?因为没有历史记载,所以后世也不知道。就中国历史来考究,二千多年前的兵书有十三篇,那十三篇兵书便是解释当时的战理。由于那十三篇兵书,便成立中国的军事哲学。所以照那十三篇兵书讲,是先有战斗的事实,然后才成那本兵书。就是现在的战术,也是本于古人战斗的事实,逐渐进步而来。自最近发明了无烟枪之后,我们战术便发生一个极大的变更。从前打仗,是兵士看见了敌人,尚且一排一排的齐进;近来打仗,如果见了敌人,便赶快伏在地下放枪。到底是不是因为有了无烟枪,我们才伏在地下呢?是不是先有了事实,然后才有书呢?还是先有书,然后才有事实呢?外国从前有这种战术,是自南非洲英波之战始。当时英国兵士同波人①打仗,也是一排一排去应战,波人则伏在地下,所以英国兵士便受很大的损失。"伏地战术"是由波人起的。波人本是由荷兰搬到非洲的,当时的人数只有三十万,常常和本地的土人打仗。波人最初到非洲和本地的土人打仗,土人总是伏在地下打波人,故波人从前吃亏不少,便学土人伏地的战术。后来学成了,波人和英国人打仗,英国人也吃亏不少。所以英国人又转学波人的伏地战术。后来英国兵士回本国,转教全国,更由英国传到全世界,所以现在各国的战术学都采用他。

　　由此可见,是先有事实才发生言论,不是先有言论才发生事实。卢梭《民约论》中所说民权是由天赋的言论,本是和历史上进化的道理相冲突,所以反对民权的人便拿他那种没有根据的言论来做口实。卢梭说民权是天赋的,本来是不合理,但是反对他的人便拿他那一句没有根据的言论来反对民权,也是不合理。我们要研究宇宙间的道理,须先要靠事实,不可专靠学者的言论。卢梭的言论既是没有根据,为什么当时各国还要欢迎呢?又为什么卢梭能够发生那种言论呢?因为他当时看见民权的潮流已经涌到了,

---

① 波人(Boer),今译布尔人;"英波之战"发生于1899年至1902年间,史称布尔战争(Boer War)。

所以他便主张民权。他的民权主张刚合当时人民的心理，所以当时的人民便欢迎他。他的言论虽然是和历史进化的道理相冲突，但是当时的政治情形已经有了那种事实，因为有了那种事实，所以他引证错了的言论还是被人欢迎。至于说到卢梭提倡民权的始意，更是政治上千古的大功劳。

世界上自有历史以来，政治上所用的权，因为各代时势的潮流不同，便各有不得不然的区别。比方在神权时代，非用神权不可；在君权时代，非用君权不可。像中国君权到了秦始皇的时候可算是发达到了极点，但是后来的君主还要学他，就是君权无论怎么样大，人民还是很欢迎。

现在世界潮流到了民权时代，我们应该要赶快去研究，不可因为前人所发表民权的言论稍有不合理，像卢梭的《民约论》一样，便连民权的好意也要反对；也不可因为英国有格林威尔革命之后仍要复辟，和法国革命的延长，便以为民权不能实行。法国革命经过了八十年才能够成功。美国革命不过八年，便大功告成。英国革命经过了二百多年，至今还有皇帝。但是就种种方面来观察，世界一天进步一天，我们便知道现在的潮流已经到了民权时代，将来无论是怎么样挫折，怎么样失败，民权在世界上总是可以维持长久的。所以在三十年前，我们革命同志便下了这个决心，主张要中国强盛，实行革命，便非提倡民权不可。但是当时谈起这种主张，不但是许多中国人反对，就是外国人也很反对。当中国发起革命的时候，世界上还有势力很大的专制君主，把君权、教权统在一个人身上的，像俄国皇帝就是如此。其次把很强的海陆军统在一个人身上的，便有德国、奥国的皇帝。当时大家见得欧洲还有那样强大的君权，亚洲怎么样可以实行民权呢？所以袁世凯做皇帝，张勋复辟，都容易发动出来。但是最有力的俄国、德国皇帝现在都推翻了，俄德两国都变成了共和国家，可见世界潮流实在到了民权时代。中国人从前反对民权，常常问我们革命党有什么力量可以推翻满清皇帝呢？但是满清皇帝在辛亥年一推就倒了，这就是世界潮流的效果。

世界潮流的趋势，好比长江、黄河的流水一样，水流的方向或者有许多曲折，向北流或向南流的，但是流到最后一定是向东的，无论是怎么样都阻止不住的。所以世界的潮流,由神权流到君权,由君权流到民权,现在流到了民权,便没有方法可以反抗。如果反抗潮流,就是有很大的力量像袁世凯,很蛮悍的军队像张勋,都是终归失败。现在北方武人专制,就是反抗世界的潮流。我们南方主张民权,就是顺应世界的潮流。虽然南方政府的力量薄弱,军队的训练和饷弹的补充都不及北方,但是我们顺着潮流做去,纵然一时失败,将来一定成功,并且可以永远的成功。北方反抗世界的潮流,倒行逆施,无论力量是怎么样大,纵然一时侥幸成功,将来一定是失败,并且永远不能再图恢复。现在供奉神权的蒙古已经起了革命,推翻活佛,神权失败了。将来西藏的神权也一定要被人民推翻。蒙古、西藏的活佛便是神权的末日,时期一到了,无论是怎么样维持都不能保守长久。现在欧洲的君权也逐渐减少,比如英国是用政党治国,不是用皇帝治国,可以说是有皇帝的共和国。由此可见,世界潮流到了现在,不但是神权不能够存在,就是君权也不能够长久。

　　现在之民权时代,是继续希腊、罗马之民权思想而来。自民权复兴以至于今日,不过一百五十年,但是以后的时期很长远,天天应该要发达。所以我们在中国革命决定采用民权制度,一则为顺应世界之潮流,二则为缩短国内之战争。因为自古以来,有大志之人多想做皇帝。像刘邦见秦皇出外,便曰:"大丈夫当如是也。"项羽亦曰:"彼可取而代也。"此等野心家代代不绝。当我提倡革命之初,其来赞成者,十人之中差不多有六七人是有一种皇帝思想的。但是我们宣传革命主义,不但是要推翻满清,并且要建设共和,所以十中之六七人都逐渐化除其帝皇思想了。但是其中仍有一二人,就是到了民国十三年,那种做皇帝的旧思想还没有化除,所以跟我革命党的人也有自相残杀,即此故也。我们革命党于宣传之始,便揭出民权主义来建设共和国家,就是想免了争皇帝之战争。惜乎尚有冥顽不化之人,此亦实在无可如何!

　　从前太平天国便是前车之鉴。洪秀全当初在广西起事,打过湖南、湖北、江西、安徽,建都南京,满清天下大半归他所有。但是太平天国何以终归失败呢?讲起原因有好几种。有人说他最大的原因是不懂外交。因为当时英国派了大使波丁渣①到南京,想和洪秀全立约,承认太平天国,不承认大清皇帝。但是波丁渣到了南京之后,只能见东王杨秀清,不能见天王洪秀全,因为要见洪秀全,便要叩头。所以波丁渣不肯去见,便到北京和满清政府立约,后来派戈登②带兵去打苏州,洪秀全便因此失败。所以有人说他的失败,是由于不懂外交。这或者是他失败的原因之一,也未可知。又有人说洪秀全之所以失败,是由于他得了南京之后,不乘势长驱直进去打北京。所以洪秀全不北伐,也是他失败的原因之一。但是依我的观察,洪秀全之所以失败,这两个原因都是很小的。最大的原因,是他们那一般人到了南京之后就互争皇帝,闭起城来自相残杀。第一是杨秀清和洪秀全争权。洪秀全既做了皇帝,杨秀清也想做皇帝。杨秀清当初带到南京的基本军队有六七万精兵,因为发生争皇帝的内乱,韦昌辉便杀了杨秀清,消灭他的军队。韦昌辉把杨秀清杀了之后,也专横起来,又和洪秀全争权。后来大家把韦昌辉消灭。当时石达开听见南京发生了内乱,便从江西赶进南京,想去排解;后来见事无可为,并且自己也被人猜疑,都说他也想做皇帝,他就逃出南京,把军队带到四川,不久也被清兵消灭。因为当时洪秀全、杨秀清争皇帝做,所以太平天国的洪秀全、杨秀清、韦昌辉、石达开那四部分基本军队都完全消灭,太平天国的势力便由此大衰。推究太平天国势力之所以衰弱的原因,根本上是由于杨秀清想做皇帝一念之错。洪秀全当时革命尚不知有民权主义,所以他一起义时便封了五个王。后来到了南京,经过杨秀清、韦昌辉内乱之后,便想不再封王了。后因李秀成、陈玉成屡立大功,有不得不封之势,而洪秀全又恐封了王,他们或靠不住,于是同时又封了三四十个王,使他们彼此位号相等,可以互相牵掣。但是从此以后,李秀成、陈玉成等对于各王便不能调动,故洪秀全便因此失败。所以那种失败,完全是由于大家想做皇帝。

陈炯明前年在广州造反,他为什么要那样做法呢?许多人以为他只是

---

① 波丁渣(Henry Pottinger,1789—1856),通常译作璞鼎查,签订1842年中英《南京条约》之英方代表、英国首任驻华公使、第一任香港总督(1843—1844),当时以特使身份访问南京。
② 戈登(Charles George Gordon,1833—1885),英国军人,率领"常胜军"去苏州一带攻打太平军。

要割据两广,此实大不然。当陈炯明没有造反之先,我主张北伐,对他剀切说明北伐的利害,他总是反对。后来我想他要争的是两广,或者恐怕由于我北伐,和他的地盘有妨碍,所以我最后一天老实不客气,明白对他说:"我们北伐如果成功,将来政府不是搬到武汉,就是搬到南京,一定是不回来的,两广的地盘当然是付托于你,请你做我们的后援。倘若北伐不幸失败,我们便没有脸再回来。到了那个时候,任凭你用什么外交手段和北方政府拉拢,也可以保存两广的地盘。就是你投降北方,我们也不管汝,也不责备你。"他当时似还有难言之隐。由此观之,他之志是不只两广地盘的。后来北伐军进了赣州,他就造起反来。他为什么原因要在那个时候造反呢?就是因为他想做皇帝,先要消灭极端与皇帝不相容之革命军,彼才可有办法去做成其基础,好去做皇帝。此外尚有一件事实证明陈炯明是有皇帝思想的:辛亥革命以后他常向人说,他少年时常常做梦,一手抱日,一手抱月。他有一首诗内有一句云"日月抱持负少年",自注这段造梦的故事于下,遍以示人。他取他的名字,也是想应他这个梦的。你看他的部下,像叶举、洪兆麟、杨坤如、陈炯光那一般人没有一个是革命党,只有邓铿一个人是革命党,他便老早把邓铿暗杀了。陈炯明是为做皇帝而来附和革命的,所以想做皇帝的心至今不死。此外还有几个人从前也是想做皇帝的,不知道到了民国十三年他们的心理是怎么样,我现在没有工夫去研究他。

  我现在讲民权主义,便要大家明白民权究竟是什么意思。如果不明白这个意思,想做皇帝的心理便永远不能消灭。大家若是有了想做皇帝的心理,一来同志就要打同志,二来本国人更要打本国人,全国长年相争相打,人民的祸害便没有止境。我从前因为要免去这种祸害,所以发起革命的时候便主张民权,决心建立一个共和国。共和国家成立以后,是用谁来做皇帝呢?是用人民来做皇帝,用四万万人来做皇帝。照这样办法,便免得大家相争,便可以减少中国的战祸。就中国历史讲,每换一个朝代都有战争。比方秦始皇专制,人民都反对他,后来陈涉、吴广起义,各省都响应,那本是民权的风潮;到了刘邦、项羽出来,便发生楚汉相争。刘邦、项羽是争什么呢?他们就是争皇帝。汉唐以来,没有一朝不是争皇帝的。中国历史常是一治一乱,当乱的时候,总是争皇帝。外国尝有因宗教而战、自由而战的,但中国几千年以来所战的都是皇帝一个问题。我们革命党为免将来战争起见,所以当初发起〈革命〉的时候①,便主张共和,不要皇帝。现在共和成立了,但是还有想做皇帝的,像南方的陈炯明是想做皇帝的,北方的曹锟也是想做皇帝的。广西的陆荣廷是不是想做皇帝呢? 此外还更有不知多少人,都是想要做皇帝的。中国历代政〔改〕朝换姓的时候,兵权大的就争皇帝,兵权小的就争王争侯。现一般军人已不敢"大者王,小者侯",这也是历史上竞争的一个进步了。

第 二 讲
（三月十六日）

民权这个名词,外国学者每每把他和自由那个名词并称,所以在外国很多的书本或言论里头,都是民权和自由并列。欧美两三百年来,人民所奋斗的所竞争的,没有别的东西,就是为自由,所以民权便由此发达。法国革命的时候,他们革命的口号是"自由、平等、博爱"三个名词,好比中国革命用民族、民权、民生三个主义一样。由此可说自由、平等、博爱是根据于民权,民权又是由于这三个名词然后才发达。所以我们要讲民权,便不能不先讲自由、平等、博爱这三个名词。

近来革命思潮传到东方之后,自由这个名词也传进来了。许多学者志士提倡新思潮的,把自由讲到很详细,视为很重要。这种思潮,在欧洲两三百年以前占很重要的地位。因为欧洲两三百年来的战争,差不多都是为争自由,所以欧美学者对于自由看得很重要,一般人民对于自由的意义也很有心得。但是这个名词近来传进中国,只有一般学者曾用功夫去研究过的,才懂得什么叫做自由。至于普通民众,像在乡村或街道上的人,如果我们对他们说自由,他们一定不懂得。所以中国人对于自由两个字,实在是完全没有

---

① 原文为"发起的时候",今据胡汉民编《总理全集》增"革命"二字。

心得。因为这个名词传到中国不久,现在懂得的,不过是一般新青年和留学生,或者是留心欧美政治时务的人。常常听到和在书本上看见这两个字,但是究竟什么是自由,他们还是莫明其妙。所以外国人批评中国人,说中国人的文明程度真是太低,思想太幼稚,连自由的知识都没有,自由的名词都没有。但是外国人一面既批评中国人没有自由的知识,一面又批评中国人是一片散沙。外国人的这两种批评,在一方面说中国人是一片散沙,没有团体,又在一方面说中国人不明白自由。这两种批评,恰恰是相反的。为什么是相反的呢?比方外国人说中国人是一片散沙,究竟说一片散沙的意思是什么呢?就是个个有自由和人人有自由。人人把自己的自由扩充到很大,所以成了一片散沙。什么是一片散沙呢?如果我们拿一手沙起来,无论多少,各颗沙都是很活动的,没有束缚的,这便是一片散沙。如果在散沙内参加士敏土,便结成石头,变为一个坚固的团体。变成了石头,团体很坚固,散沙便没有自由。所以拿散沙和石头比较,马上就明白,石头本是由散沙结合而成的,但是散沙在石头的坚固团体之内,就不能活动,就失却自由。自由的解释,简单言之,在一个团体中能够活动,来往自如,便是自由。因为中国没有这个名词,所以大家都莫明其妙。但是我们有一种固有名词是和自由相仿佛的,就是"放荡不羁"一句话。既然是放荡不羁,就是和散沙一样,各个有很大的自由。所以外国人批评中国人,一面说没有结合能力,既然如此,当然是散沙,是很自由的;又一面说中国人不懂自由。殊不知大家都有自由,便是一片散沙;要大家结合成一个坚固团体,便不能像一片散沙。所以外国人这样批评我们的地方,就是陷于自相矛盾了。

最近二三百年以来,外国用了很大的力量争自由。究竟自由是好不好呢?到底是一个什么东西呢?依我看来,近来两三百年,外国人说为自由去战争,我中国普通人也总莫明其妙。他们当争自由的时候,鼓吹自由主义,说得很神圣,甚至把"不自由,毋宁死"的一句话成了争自由的口号。中国学者翻译外国人的学说,也把这句话搬进到中国来,并且拥护自由,决心去奋斗,当初的勇气差不多和外国人从前是一样。但是中国一般民众,还是不能领会什么是叫做自由。大家要知道,自由和民权是同时发达的,所以今天来讲民权,便不能不讲自由。我们要知道欧美为争自由流了多少血,牺牲了许多性命,我前一回讲过了的。现在世界是民权时代,欧美发生民权已经有了一百多年。推到民权的来历,由于争自由之后才有的。最初欧美人民牺牲性命,本来是为争自由,争自由的结果才得到民权。当时欧美学者提倡自由去战争,好比我们革命提倡民族、民权、民生三个主义的道理是一样的。由此可见:欧美人民最初的战争是为自由,自由争得之后,学者才称这种结果为民权。所谓"德谟克拉西"①,此乃希腊之古名词。而欧美民众至今对这个名词亦不大关心,不过视为政治学中之一句术语便了;比之自由二个字,视为性命所关,则相差远了。民权这种事实,在希腊、罗马时代已发其端。因那个时候的政体是贵族共和,都已经有了这个名词,后来希腊、罗马亡了,这个名词便忘记了。最近二百年内为自由战争,又把民权这个名词再恢复起来。近几十年来讲民权的人更多了,流行到中国也有很多人讲民权。但是欧洲一二百多年以来的战争,不是说争民权,是说争自由。提起自由两个字,全欧洲人便容易明白。当时欧洲人民听了自由这个名词容易明白的情形,好像中国人听了"发财"这个名词一样,大家的心理都以为是很贵重的。现在对中国人说要他去争自由,他们便不明白,不情愿来附和;但是对他要说请他去发财,便有很多人要跟上来。欧洲当时战争所用的标题是争自由,因为他们极明白这个名词,所以人民便为自由去奋斗、为自由去牺牲,大家便很崇拜自由。何以欧洲人民听到自由便那样欢迎呢?现在中国人民何以听到自由便不理会,听到发财便很欢迎呢?其中有许多道理,要详细去研究才可以明白。中国人听到说发财就很欢迎的原故,因为中国现在到了民穷财尽的时代,人民所受的痛苦是贫穷,因为发财是救穷独一无二的方法,所以大家听到了这个名词便很欢迎。发财有什么好处呢?就是发财便可救穷,救了穷便不受苦,所谓救苦救难。人民正是受贫穷的痛苦时候,忽有

---

① 德谟克拉西,英文 democracy 音译,通常指民主政治,孙中山译为"民权"。

人对他们说发财把他们的痛苦可以解除，他们自然要跟从，自然拼命去奋斗。欧洲一二百年前为自由战争，当时人民听到自由便像现在中国人听到发财一样。

他们为什么要那样欢迎自由呢？因为当时欧洲的君主专制发达到了极点。欧洲的文明和中国周末列国相同，中国周末的时候，是和欧洲罗马同时，罗马统一欧洲正在中国周、秦、汉的时代。罗马初时建立共和，后来变成帝制。罗马亡了之后欧洲列国并峙，和中国周朝亡了之后，变成东周列国一样。所以很多学者，把周朝亡后的七雄争长和罗马亡后变成列国的情形相提并论。罗马变成列国，成了封建制度。那个时候，大者王，小者侯，最小者还有伯、子、男，都是很专制的。那种封建政体，比较中国周朝的列国封建制度还要专制得多。欧洲人民在那种专制政体之下所受的痛苦，我们今日还多想不到，比之中国历朝人民所受专制的痛苦还要更利害。这个原故，由于中国自秦朝专制直接对于人民"诽谤者族，偶语者弃市"，遂至促亡；以后历朝政治，大都对于人民取宽大态度，人民纳了粮之外几乎与官吏没有关系。欧洲的专制，却一一直接专制到人民，时间复长，方法日密，那专制的进步实在比中国利害得多。所以欧洲人在二百年以前受那种极残酷专制的痛苦，好像现在中国人受贫穷的痛苦是一样。人民受久了那样残酷的专制，深感不自由的痛苦，所以他们唯一的方法就是要奋斗去争自由，解除那种痛苦，一听道〔到〕有人说自由便很欢迎。

中国古代封建制度破坏之后，专制淫威不能达到普通人民。由秦以后历代皇帝专制的目的，第一是要保守他们自己的皇位，永远家天下，使他们子子孙孙可以万世安享。所以对于人民的行动，于皇位有危险的，便用很大的力量去惩治。故中国一个人造反，便连到诛九族。用这样严重的刑罚去禁止人民造反，其中用意，就是专制皇帝要永远保守皇位。反过来说，如果人民不侵犯皇位，无论他们是做什么事，皇帝便不理会。所以中国自秦以后，历代的皇帝都只顾皇位，并不理民事，说道〔到〕人民的幸福更是理不到。现在民国有了十三年，因为政体混乱，还没有功夫去建设，人民和国家的关系还没有理会。我们回想民国以前，清朝皇帝的专制是怎么样呢？十三年以前,人民和清朝皇帝有什么关系呢?在清朝时代,每一省之中,上有督抚,中有府道,下有州县佐杂,所以人民和皇帝的关系很小。人民对于皇帝只有一个关系,就是纳粮,除了纳粮之外便和政府没有别的关系。因为这个原故,中国人民的政治思想便很薄弱人民不管谁来做皇帝,只要纳粮,便算尽了人民的责任。政府只要人民纳粮,便不去理会他们别的事,其余都是听人民自生自灭。由此可见,中国人民直接并没有受过很大的专制痛苦,只有受间接的痛苦。因为国家衰弱,受外国政治经济的压迫,没有力量抵抗,弄到民穷财尽,人民便受贫穷的痛苦。这种痛苦,就是间接的痛苦,不是直接的痛苦。所以当时人民对于皇帝的怨恨还是少的。

但是欧洲的专制就和中国的不同。欧洲由罗马亡后到两三百年以前,君主的专制是很进步的,所以人民所受的痛苦也是很利害的,人民是很难忍受的。当时人民受那种痛苦,不自由的地方极多,最大的是思想不自由、言论不自由、行动不自由。这三种不自由,现在欧洲是已经过去了的陈迹,详细情形是怎么样,我们不能看见,但是行动不自由还可以知道。譬如现在我们华侨在南洋荷兰或法国的领土①,所受来往行动不自由的痛苦,便可以知道。像爪哇本来是中国的属国,到中国来进过了贡的,后来才归荷兰。归荷兰政府管理之后,无论是中国的商人,或者是学生,或者是工人,到爪哇的地方,轮船一抵岸,便有荷兰的巡警来查问,便把中国人引到一间小房子,关在那个里头脱开衣服,由医生从头到脚都验过,还要打指模、量身体方才放出,准他们登岸。登岸之后,就是住在什么地方也要报明。如果想由所住的地方到别的地方去,便要领路照。到了夜晚九时以后,就是有路照也不准通行,要另外领一张夜照,并且要携手灯。这就是华侨在爪哇所受荷兰政府的待遇,便是行动不自由。像这种行动不自由的待遇,一定是从前欧洲皇帝对人民用过了的,留存到今日,荷兰人就用来对待中国华侨。由于我们华侨现在受这种待遇,便可想见从前欧洲的专制是怎么样情形。此外还有人

---

① 此指荷属东印度(Dutch East Indies)与法属印度支那。下文叙及的爪哇岛(Pulau Jawa),当时被法属印度支那殖民当局划分为东爪哇、中爪哇、西爪哇三个州。

民的营业工作和信仰种种都不自由。譬如就信仰不自由说,人民在一个什么地方住,便强迫要信仰一种什么宗教,不管人民是情愿不情愿。由此人民都很难忍受。欧洲人民当时受那种种不自由的痛苦,真是水深火热,所以一听到说有人提倡争自由,大家便极欢迎,便去附和。这就是欧洲革命思潮的起源。欧洲革命是要争自由,人民为争自由流了无数的碧血,牺牲了无数的身家性命,所以一争得之后,大家便奉为神圣,就是到今日也还是很崇拜。

这种自由学说近来传进中国,一般学者也很热心去提倡,所以许多人也知道在中国要争自由。今天我们来讲民权,民权的学说是由欧美传进来的,大家必须明白民权是一件什么事,并且还要明白民权同类的自由又是一件什么事。从前欧洲人民受不自由的痛苦,忍无可忍,于是万众一心去争自由,达到了自由目的之后,民权便随之发生。所以我们讲民权,便不能不先讲明白争自由的历史。近年欧美之革命风潮传播到中国,中国新学生及许多志士都发起来提倡自由。他们以为欧洲革命像从前法国都是争自由,我们现在革命,也应该学欧洲人来争自由。这种言论,可说是人云亦云,对于民权和自由没有用过心力去研究,没有彻底了解。

我们革命党向来主张三民主义去革命,而不主张以革命去争自由,是很有深意的。从前法国革命的口号是自由,美国革命的口号是独立,我们革命的口号就是三民主义,是用了很多时间、做了很多工夫才定出来的,不是人云亦云。为什么说一般新青年提倡自由是不对呢?为什么当时欧洲讲自由是对呢?这个道理已经讲过了。因为提出一个目标,要大家去奋斗,一定要和人民有切肤之痛,人民才热心来附和。欧洲人民因为从前受专制的痛苦太深,所以一经提倡自由,便万众一心去赞成。假若现在中国来提倡自由,人民向来没有受过这种痛苦,当然不理会。如果在中国来提倡发财,人民一定是很欢迎的。我们的三民主义,便是很像发财主义。要明白这个道理,要展〔辗〕转解释才可成功。我们为什么不直接讲发财呢?因为发财不能包括三民主义,三民主义才可以包括发财。俄国革命之初实行共产,是和发财相近的,那就是直接了当的主张。我们革命党所主张的不止一件事,所以不能用发财两个字简单来包括,若是用自由的名词更难包括了。

近来欧洲学者观察中国,每每说中国的文明程度太低,政治思想太薄弱,连自由都不懂,我们欧洲人在一二百年前为自由战争,为自由牺牲,不知道做了多少惊天动地的事,现在中国人还不懂自由是什么,由此便可见我们欧洲人的政治思想比较中国人高得多。由于中国人不讲自由,便说是政治思想薄弱,这种言论依我看起来是讲不通的。因为欧洲人既尊重自由,为什么又说中国人是一片散沙呢?欧洲人从前要争自由的时候,他们自由的观念自然是很浓厚;得到了自由之后,目的已达,恐怕他们的自由观念也渐渐淡薄;如果现在再去提倡自由,我想一定不像从前那样的欢迎。而且欧洲争自由的革命,是两三百年前的旧方法,一定是做不通的。就一片散沙而论,有什么精采呢?精采就是在有充分的自由,如果不自由,便不能够成一片散沙。从前欧洲在民权初萌芽的时代,便主张争自由,到了目的已达,各人都扩充自己的自由。于是,由于自由太过,便发生许多流弊。所以英国有一个学者叫做弥勒①氏的便说:一个人的自由,以不侵犯他人的自由为范围,才是真自由;如果侵犯他人的范围,便不是自由。欧美人讲自由从前没有范围,到英国弥勒氏才立了自由的范围,有了范围,便减少很多自由了。由此可知,彼中学者已渐知自由不是一个神圣不可侵〈犯〉之物,所以也要定一个范围来限制他了。若外国人批评中国人,一方面说中国人不懂自由,一方面又说中国人是一片散沙,这两种批评实在是互相矛盾。中国人既是一片散沙本是很有充分自由的。如果成一片散沙,是不好的事,我们趁早就要参加水和士敏土,要那些散沙和士敏土彼此结合来成石头,变成很坚固的团体,到了那个时候散沙便不能够活动,便没有自由。所以中国人现在所受的病不是欠缺自由,如果一片散沙是中国人的本质,中国人的自由老早是很充分了。不过中国人原来没有自由这个名词,所以没有这个思想。但是中国

---

① 弥勒(John Stuart Mill,1806—1873),即《孙文学说》中叙及的《逻辑之统系》作者穆勒。以下所引关于自由的言论,见其另一著作《论自由》(*On Liberty*),严复中译本名为《群己权界论》。

人没有这个思想,和政治有什么关系呢?到底中国人有没有自由呢?我们拿一片散沙的事实来研究,便知道中国人有很多的自由,因为自由太多,故大家便不注意去理会,连这个名词也不管了。

这是什么道理呢?好比我们日常的生活,最重要是衣食,吃饭每天最少要两餐,穿衣每年最少要两套,但是还有一件事比较衣食更为重要。普通人都以为不吃饭便要死,以吃饭是最重大的事,但是那一件重要的事比较吃饭还要重大过一万倍,不过大家不觉得,所以不以为重大。这件事是什么呢?就是吃空气,吃空气就是呼吸。为什么吃空气比较吃饭重要过一万倍呢?因为吃饭在一天之内,有了两次或者一次就可以养生;但是我们吃空气,要可以养生,每一分钟最少要有十六次才可舒服,如果不然,便不能忍受。大家不信,可以实地试验,把鼻孔塞住一分钟,便停止了十六次的呼吸,像我现在试验不到一分钟,便很难忍受。一天有二十四点钟,每点钟有六十分,每分钟要吃空气十六次,每点钟便要吃九百六十次,每天便要吃二万三千零四十次。所以说吃空气比较吃饭是重要得一万倍,实在是不错的。像这样要紧,我们还不感觉的原因,就是由于天中空气到处皆有,取之不尽,用之不竭,一天吃到晚都不用工夫,不比吃饭要用人工去换得来。所以我们觉得找饭吃是很难的,找空气吃是很容易的。因为太过容易,大家便不注意。个人闭住鼻孔,停止吃空气,来试验吃空气的重要,不过是小试验。如果要行大试验,可以把这个讲堂四围的窗户都关闭起来,我们所吃的空气便渐渐减少,不过几分钟久,现在这几百人便都不能忍受。又把一个人在小房内关闭一天,初放出来的时候,便觉得很舒服,也是一样的道理。中国人因为自由过于充分便不去理会,好比房中的空气太多,我们便不觉得空气有什么重要;到了关闭门户,没有空气进来,我们才觉得空气是个很重要的。欧洲人在两三百年以前受专制的痛苦,完全没有自由,所以他们人人才知道自由可贵,要拼命去争。没有争到自由之先,好像是闭在小房里一样;既争到了自由之后,好比是从小房内忽然放出来,遇着了空气一样。所以大家便觉得自由是很贵重的东西,所以他们常常说"不自由,毋宁死"那一句话。但是中国的情形就不同了。

中国人不知自由，只知发财。对中国人说自由，好像对广西深山的猺人说发财一样。猺人常有由深山中拿了熊胆、鹿茸到外边的圩场去换东西，初时圩场中的人把钱和他交换，他常常不要，只要食盐或布匹乃乐于交换。在我们的观念内最好是发财，在猺人的观念，只要合用东西便心满意足。他们不懂发财，故不喜欢得钱。中国一般的新学者对中国民众提倡自由，就好像和猺人讲发财一样。中国人用不着自由，但是学生还要宣传自由，真可谓不识时务了。欧美人在一百五十年以前，因为难得自由，所以拼命去争。既争到了之后，像法国、美国是我们所称为实行民权先进的国家，在这两个国家之内，人人是不是都有自由呢？但是有许多等人，像学生、军人、官吏和不及二十岁未成年的人，都是没有自由的。所以欧洲两三百年前的战争，不过是三十岁①以上的人，和不做军人、官吏、学生的人来争自由。争得了之后，也只有除了他们这几等人以外的才有自由，在这几等人以内的，至今都不得自由。

中国学生得到了自由思想，没有别的地方用，便拿到学校内去用。于是生出学潮，美其名说是争自由。欧美人讲自由，是有很严格界限的，不能说人人都有自由。中国新学生讲自由，把什么界限都打破了。拿这种学说到外面社会，因为没有人欢迎，所以只好搬回学校内去用，故常常生出闹学风潮。此自由之用之不得其所也。外国人不识中国历史，不知道中国人民自古以来都有很充分的自由，这自是难怪。至于中国的学生，而竟忘却了"日出而作，日入而息，凿井而饮，耕田而食，帝力于我何有哉"这个先民的自由歌，却是大可怪的事。由这个自由歌看起来，便知中国自古以来，虽无自由之名，而确有自由之实，且极其充分，不必再去多求了。

我们要讲民权，因为民权是由自由发生的，所以不能不讲明白欧洲人民当时争自由的情形。如果不明白，便不知到自由可贵。欧洲人当时争自由，不过是一种狂热，后来狂热渐渐冷了，便知道自由有好的和不好的两方面，不是神圣的东西。所以外国人说中国人是一片散沙，我们是承认的；但是说

---

① 据上下文来看，疑为"二十岁"。

中国人不懂自由,政治思想薄弱,我们便不能承认。中国人为什么是一片散沙呢?由于什么东西弄成一片散沙呢?就是因为是各人的自由太多。由于中国人自由太多,所以中国要革命。中国革命的目的与外国不同,所以方法也不同。到底中国为什么要革命呢?直接了当说,是和欧洲革命的目的相反。欧洲从前因为太没有自由,所以革命,要去争自由。我们是因为自由太多,没有团体,没有抵抗力,成一片散沙。因为是一片散沙,所以受外国帝国主义的侵略,受列强经济商战的压迫,我们现在便不能抵抗。要将来能够抵抗外国的压迫,就要打破各人的自由,结成很坚固的团体,像把士敏土参加到散沙里头,结成一块坚固石头一样。中国人现在因为自由太多,发生自由的毛病,不但是学校内的学生是这样,就是我们革命党里头也有这种毛病。所以从前推倒满清之后,至今无法建设民国,就是错用了自由之过也。我们革命党从前被袁世凯打败,亦是为这个理由。当民国二年袁世凯大借外债,不经国会通过,又杀宋教仁,做种种事来破坏民国。我当时催促各省马上去讨袁,但因为我们同党之内,大家都是讲自由,没有团体。譬如在西南无论那一省之内,自师长、旅长以至兵士,没有不说各有各的自由,没有彼此能够团结的。大而推到各省,又有各省的自由,彼此不能联合。南方各省,当时乘革命的余威,表面虽然是轰轰烈烈,内容实在是四分五裂,号令不能统一。说到袁世凯,他有旧日北洋六镇的统系,在那六镇之内,所有的师长、旅长和一切兵士都是很服从的,号令是一致的。简单的说,袁世凯有很坚固的团体,我们革命党是一片散沙,所以袁世凯打败革命党。由此可见,一种道理在外国是适当的,在中国未必是适当。外国革命的方法是争自由,中国革命便不能说是争自由。如果说争自由,便更成一片散沙,不能成大团体,我们的革命目的便永远不能成功。

外国革命是由争自由而起,奋斗了两三百年,生出了大风潮,才得到自由,才发生民权。从前法国革命的口号,是用自由、平等、博爱。我们革命的口号,是用民族、民权、民生。究竟我们三民主义的口号,和自由、平等、博爱三个口号有什么关系呢?照我讲起来,我们的民族可以说和他们的自由一样,因为实行民族主义就是为国家争自由。但欧洲当时是为个人争自由,到了今天，自由的用法便不同。在今天，自由这个名词究竟要怎么样应用呢？如果用到个人，就成一片散沙。万不可再用到个人上去，要用到国家上去。个人不可太过自由，国家要得完全自由。到了国家能够行动自由，中国便是强盛的国家。要这样做去，便要大家牺牲自由。当学生的能够牺牲自由，就可以天天用功，在学问上做工夫，学问成了，智识发达，能力丰富，便可以替国家做事。当军人能够牺牲自由，就能够服从命令，忠心报国，使国家有自由。如果学生、军人要讲自由，便像中国自由的对待名词成为放任、放荡，在学校内便没有校规，在军队内便没有军纪。在学校内不讲校规，在军队内不讲军纪，那还能够成为学校、号称军队吗？我们为什么要国家自由呢？因为中国受列强的压迫，失去了国家的地位，不只是半殖民地，实在已成了次殖民地，比不上缅甸、安南、高丽。缅甸、安南、高丽不过是一国的殖民地，只做一个主人的奴隶；中国是各国的殖民地，要做各国的奴隶。中国现在是做十多个主人的奴隶，所以现在的国家是很不自由的。要把我们国家的自由恢复起来，就要集合自由，成一个很坚固的团体。要用革命的方法把国家成一个大坚固团体，非有革命主义不成功。我们的革命主义便是集合起来的士敏土，能够把四万万人都用革命主义集合起来，成一个大团体。这一个大团体能够自由，中国国家当然是自由，中国民族才真能自由。

　　用我们三民主义的口号和法国革命的口号来比较，法国的自由和我们的民族主义相同，因为民族主义是提倡国家自由的。平等和我们的民权主义相同，因为民权主义是提倡人民在政治之地位都是平等的。要打破君权，使人人都是平等的，所以说民权是和平等相对待的。此外还有博爱的口号，这个名词的原文是"兄弟"的意思，和中国"同胞"两个字是一样解法，普通译成博爱，当中的道理和我们的民生主义是相通的。因为我们的民生主义是图四万万人幸福的，为四万万人谋幸福就是博爱。这个道理，等到讲民生主义的时候再去详细解释。

第 三 讲
（三月二十二日）①

民权两个字，是我们革命党的第二个口号，同法国革命口号的平等是相对的。因为平等是法国革命的第二个口号，所以今天专拿平等做题目来研究。

平等这名词，通常和自由那个名词都是相提并论的。欧洲各国从前革命，人民为争平等和争自由都是一样的出力，一样的牺牲，所以他们把平等和自由都是看得一样的重大。更有许多人以为要能够自由，必要得到平等，如果得不到平等便无从实现自由。用平等和自由比较，把平等更是看得重大的。

什么是叫做平等呢？平等是从那里来的呢？欧美的革命学说都讲平等是天赋到人类的。譬如美国在革命时候的《独立宣言》。法国在革命时候的《人权宣言》，都是大书特书，说平等、自由是天赋到人类的特权，人类〔是他人〕②不能侵夺的。天生人究竟是否赋有平等的特权呢？请先把这个问题拿来研究清楚。

从前在第一讲中，推溯民权的来源，自人类初生几百万年以前推到近来民权萌芽时代，从没有见过天赋有平等的道理。譬如用天生的万物来讲，除了水面以外没有一物是平的，就是拿平地来比较，也没有一处是真平的。好像坐粤汉铁路，自黄沙到银盏坳一段本来是属于平原，但是从火车窗外过细考察沿路的高低情况，没有那一里路不是用人工修筑，才可以得平路的。所谓天生的平原，其不平的情形已经是这样。再就眼前而论，拿桌上这一瓶的花来看，此刻我手内所拿的这枝花是槐花，大概看起来，以为每片叶子都是相同，每朵花也是相同。但是过细考察起来，或用显微镜试验起来，没有那

---

① 底本未署第三讲日期，今据 1924 年 3 月 25 日《广州民国日报》的报道，于此处及目录标题增补。

② 此处据胡汉民编《总理全集》改。

两片叶子完全是相同的,也没有哪两朵花完全是相同的。就是一株槐树的几千万片叶中,也没有完全相同的。推到空间、时间的关系,此处地方的槐叶和彼处地方的槐叶更是不相同的,今年所生的槐叶和去年所生的槐叶又是不相同的。由此可见,天地间所生的东西总没有相同的。既然都是不相同,自然不能够说是平等。自然界既没有平等,人类又怎么有平等呢?天生人类本来也是不平等的,到了人类专制发达以后,专制帝王尤其变本加厉,弄到结果,比较天生的更是不平等了。这种由帝王造成的不平等,是人为的不平等。人为的不平等究竟是什么情形,现在可就讲坛的黑板上绘一个图来表明。

请诸君细看第一图,便可明白。因为有这种人为的不平等,在特殊阶级的人过于暴虐无道,被压迫的人民无地自容,所以发生革命的风潮来打不平。革命的始意,本是在打破人为的不平等,到了平等以后便可了事。但是占了帝王地位的人,每每假造天意做他们的

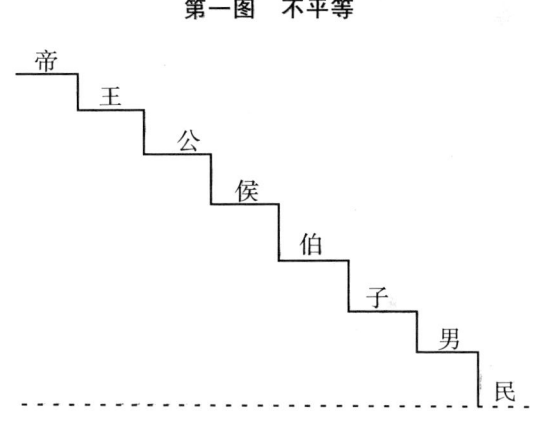

第一图　不平等

保障,说他们所处的特殊地位是天所授与的,人民反对他们便是逆天。无知识的民众不晓得研究这些话是不是合道理,只是盲从附和,为君主去争权利,来反对有知识的人民去讲平等自由。因此赞成革命的学者,便不得不创天赋人权的平等自由这一说,以打破君主的专制。学者创造这一说,原来就是想打破人为之不平等的。但是天下的事情,的确是行易知难。当时欧洲的民众都相信帝王是天生的,都是受了天赋之特权的,多数无知识的人总是去拥戴他们,所以少数有知识的学者无论用什么方法和力量,总是推不倒他们。到了后来,相信天生人类都是平等自由的,争平等自由是人人应该有的事,然后欧洲的帝王便一个一个不推自倒了。不过专制帝王推倒以后,民众又深信人人是天生平等的这一说,便日日去做工夫,想达到人人的平等,殊

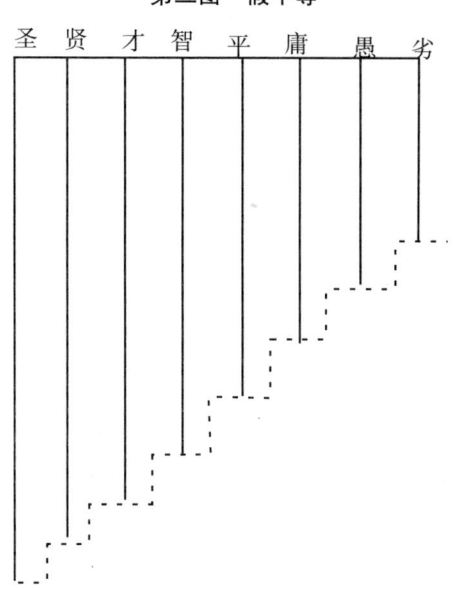

第二图 假平等

不知这种事是不可能的。到了近来科学昌明,人类大觉悟了,才知道没有天赋平等的道理。假若照民众相信的那一说去做,纵使不顾真理勉强做成功,也是一种假平等。像第二图一样,必定要把位置高的压下去,成了平头的平等,至于立脚点还是弯曲线,还是不能平等。这种平等不是真平等,是假平等。

说到社会上的地位平等,是始初起点的地位平等,后来各人根据天赋的聪明才力自己去造就,因为各人的聪明才力有天赋的不同,所以造就的结果当然不同。造就既是不同,自然不能有平等。像这样讲来,才是真正平等的道理。如果不管各人天赋的聪明才力,就是以后有造就高的地位,也要把他们压下去。一律要平等,世界便没有进步,人类便要退化。所以我们讲民权平等,又要世界有进步,是要人民在政治上的地位平等。因为平等是人为的,不是天生的;人造的平等,只有做到政治上的地位平等。故革命以后,必要各人在政治上的立足点都是平等,好像第三图的底线一律是平的,那才是真平等,那才是自然之真理。

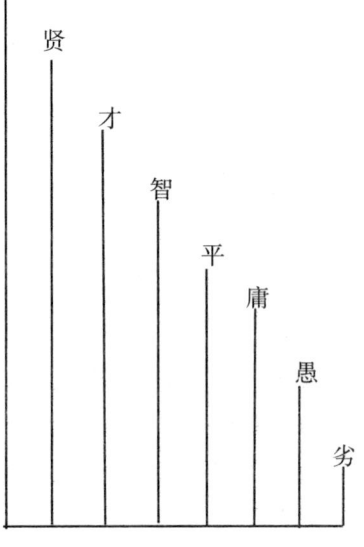

第三图 真平等

欧洲从前革命,人民争平等自由,出了很大的力量,费了很大的牺牲。我们现在要知道他们为什么要那样出力、那样牺牲,便先要知道欧洲在没有革命以前是怎样不平等的情形。上面所绘的第一图,是表示欧洲在没有革命以前政治上是怎么样不平等的事实。图中所示帝、王、公、侯、伯、子、男等一级一级的阶梯，就是从前欧洲政治地位上的阶级。这种阶级，中国以前也是有的。到十三年前发生革命，推翻专制，才铲平这种不平的阶级。但是中国以前的不平等，没有从前欧洲的那么利害。欧洲两百多年以前还是在封建时代，和中国两千多年以前的时代相同。因为中国政治的进化早过欧洲，所以中国两千多年以前便打破了封建制度。欧洲就是到现在还不能完全打破封建制度，在两三百年之前才知道不平等的坏处，才发生平等的思想。中国在两千多年以前便有了这种思想，所以中国政治的进步是早过欧洲。但是在这两百年以来，欧洲的政治进步不但是赶到中国，并且超过中国，所谓后来者居上。

欧洲没有革命以前的情形，和中国比较起来，欧洲的专制要比中国利害得多。原因是在什么地方呢？就是在世袭制度。当时欧洲的帝王公侯那些贵族，代代都是世袭贵族，不去做别种事业；人民也代代都是世袭一种事业，不能够去做别种事业。比方耕田的人，他的子子孙孙便要做农夫；做工的人，他的子子孙孙便要做苦工。祖父做一种什么事业，子孙就不能改变。这种职业上不能够改变，就是当时欧洲的不自由。中国自古代封建制度破坏以后，这种限制也完全打破。由此可见，从前中国和外国都是有阶级制度，都是不平等。中国的好处是只有皇帝是世袭，除非有人把他推翻才不能世袭，如果不被人推翻，代代总是世袭，到了改朝换姓才换皇帝。至于皇帝以下的公侯伯子男，中国古时都是可以改换的，平民做宰相、封王侯的极多，不是代代世袭一种事业的。欧洲平民间或也有做宰相、封王侯的，但是大多数的王侯都是世袭，人民的职业不能自由，因为职业不自由，所以失了平等。不但是政治的阶级不平等，就是人民彼此的阶级也不平等。由于这个原故，人民一来难到公侯伯子男的那种地位，二来自己的职业又不能自由改变，更求上进，于是感觉非常痛苦，不能忍受。所以不得不拼命去争自由，解除职业不自由的束缚，以求上进；拼命去争平等，打破阶级专制的不平等。那种战争，那种奋斗，在中国是向来没有的。中国人虽然受过了不平等的界限，但是没有牺牲身家性命去做平等的代价。欧洲人民在两三百年以前的革命,都是集中到自由、平等两件事。中国人向来不懂什么是争自由平等,当中原因,就是中国的专制和欧洲比较实在没有什么利害。而且中国古时的政治虽然是专制,二千多年以来虽然没有进步,但是以前改良了很多,专制淫威也减除了不少,所以人民便不觉得十分痛苦,因为不觉得痛苦,便不为这个道理去奋斗。

近来欧洲文化东渐,他们的政治、经济、科学都传到中国来了。中国人听到欧洲的政治学理,多数都是照本抄誊,全不知道改变。所以欧洲两三百年以前的革命说是争自由,中国人也说要争自由;欧洲从前争平等,中国人也照样要争平等。但是中国今日的弊病,不是在不自由、不平等的这些地方。如果专拿自由平等去提倡民气,便是离事实太远,和人民没有切肤之痛,他们便没有感觉,没有感觉一定不来附和。至于欧洲在两三百年以前,人民所受不自由、不平等的痛苦真是水深火热,以为非争到自由平等,什么问题都不能解决,所以拼命去争自由、打平等。因为有这种风潮,所以近两三百年来,一次发生英国革命,二次发生美国革命,三次发生法国革命。美国、法国的革命都是成功的,英国革命算是没有成功,所以国体至今没有改变。英国革命的时候,正当中国明末清初,当时英国人民把皇位推倒,杀了一个皇帝,不到十年又发生复辟,一直到现在他们的国体仍旧是君主,贵族阶级也还是存在。美国自脱离英国独立以后,把从前政治的阶级完全打破,创立共和制度。以后法国革命也是照美国一样,把从前的阶级制度根本推翻。延到现在六年以前,又发生俄国革命,他们也打破阶级制度,变成共和国家。美国、法国、俄国都是世界上很强盛的国家,推原他们强盛的来历,都是由于革命成功的。就这三个革命成功的国家比较,发起最后的是俄国,成功最大的也是俄国。俄国革命的结果,不但是把政治的阶级打到平等,并且把社会上所有资本的阶级都一齐打到平等。

我们再拿美国来讲。美国革命的时候,人民所向的目标是在独立。他们为什么要独立呢?因为他们当时的十三州都是英国的领土,归英国管理。英国是一个专制国家,压迫美国人民比压迫本国人民还要严厉得多。美国人民见得他们自己和英国人民都是同归一个英国政府管理,英国政府待本国人民是那样宽大，待美国人民是这样刻薄，便觉得很不平等，所以要脱离英国，自己去管理自己，成一个独立国家。他们因为独立，反抗英国，和英国战争了八年。后来独立成功，所有在美国的白色人种，政府都一律看待，一律平等。但是对待别色人种便大不相同，比方在美国的非洲黑人，他们便视为奴隶。所以美国独立之后，白人的政治地位虽然是平等，但是黑人和白人比较便不是平等。这种事实，和美国的宪法及独立的宣言便不相符合。因为《独立宣言》开宗明义便说人人是生而平等的，天赋有一定不能少的权利，那些权利便是生命、自由和求幸福。后来订定宪法也是根据这个道理。美国注重人类平等的宪法既然成立以后，还要黑人来做奴隶，所以美国主张平等自由的学者，见到那种事实和立国的精神大相矛盾，便反对一个平等自由的共和国家里头还用许多人类来做奴隶。美国当时对待黑人究竟是怎么样的情形呢？美国人从前对待黑人是很刻薄的，把黑人当作牛马一样，要他们做奴隶，做苦工，每日做很多的工，辛辛苦苦做完了之后，没有工钱，只有饭吃。那种残酷情形，全国人民看见了，觉得是很不公道、很不平等的，和开国宪法的道理太不相容，所以大家提倡人道主义，打破这种不平等的制度。后来这种主张愈传愈广，赞成这种主张的人便非常之多。于是有许多热心的人，调查当时黑奴所受的痛苦，做成了许多记录。其中最著名的一本书，是把黑奴受痛苦的种种事实编成一本小说，令人人看到了之后都很有趣味。这本小说是叫做《黑奴吁天录》。自这本书做出之后，大家都知道黑奴是怎么样受苦，便替黑奴来抱不平。

当时全美国之中，北方各省没有畜黑奴的，便主张放奴。南方各省所畜的黑奴是很多的，因为南方各省有许多极大的农场，平常都是专靠黑奴去耕种，如果放黑奴便没有苦工，便不能耕种。南方的人由于自私自利的思想，便反对放奴，说黑奴制度不是一人〈造〉起来的。美国人从前运非洲的黑人去做奴隶，好像几十年前欧洲人运中国人到美洲和南洋去做"猪仔"一样，黑奴便是当时非洲的"猪仔"。南方各省反对放奴，说黑奴是他们的本钱，如果要解放，他们一定要收回本钱。当时一个黑奴差不多要值五六千元，南方各省的黑奴有几百万，总算起来要值几百万万元。因为那种价值太大，国家没有那样多钱去偿还黑奴的东家,所以放黑奴的风潮虽然是发生了很久,但是酝酿复酝酿,到了六十年前才爆发出来,构成美国的南北战争。那次战争,两方死了几十万人,打过了五年仗,双方战争是非常激烈的,是世界最大战争之一。那次战争是替黑奴打不平、替人类打不平等的,可以说是争平等的战争。欧美从前为争平等的问题,都是本身觉悟,为自己的利害去打仗。美国的南北战争为黑奴争平等,不是黑人自己懂得要争。因为他们做奴隶的时候太久,没有别的知识,只知道主人有饭给他们吃,有衣给他们穿,有屋给他们住,他们便很心满意足。当时主人间或也有很宽厚的,黑奴只知道要有好主人,不致受十分的虐待,并不知道要反抗主人,要求解放,有自己做主人的思想。所以那次美国的南北战争,所争平等的人,是白人替黑人去争,是自己团体以外的人去争,不是本身的觉悟。那次战争的结果,南方打败了,北方打胜了,联邦政府就马上发一个命令,要全国放奴。南方各省因为打败了仗,只有服从那个命令,自此以后便不理黑奴,从解放的日起便不给饭与黑奴吃,不给衣与黑奴穿,不给屋与黑奴住。黑人从那次以后,虽然是被白人解放,有了自由,成了美国的共和国民,在政治的平等自由上有很大的希望;但是因为从前替主人做工,便有饭吃,有衣穿,有屋住。解放以后不替主人做工,便没有饭吃,没有衣穿,没有屋住,一时青黄不接。黑奴觉得失了泰山之靠,便感非常的痛苦,因此就怨恨放奴的各省分,尤其怨恨北方那位主张放奴的大总统。那位主张放奴的总统是谁呢?大家都知道,美国有两个极有名的大总统。一位是开国的大总统,叫做华盛顿。现在世界上的人说起开国元勋,便数到华盛顿,因为那位大总统在争人类平等的历史上是很有功劳的。其余一位大总统就是林肯,他就是当时主张放奴最出力的人。因为他解放黑奴,为人类求平等立了很大的功劳,所以世界上的人至今都称颂他。但是当时解放了的黑奴,因为一时没有衣、食、住的痛苦,便非常怨恨他。现在还有一种歌谣是骂林肯的,说他是洪水猛兽。那些骂林肯的人之心理,好像中国现在反对革命的人来骂革命党一样。现在有知识的黑人知道解放的好处,自然是称颂林肯;但是无知识的黑人至今还是恨林肯,学他们的祖宗一样。

解放黑奴，是美国历史上一件争平等的事业。所以讲美国最好的历史，第一个时期是由于受英国不平等的待遇，人民发起独立战争，打过了八年仗，才脱离英国，得到平等，成一个独立国家。第二个时期是在六十年前发生南北战争，那次战争的理由，和头一次的独立战争是相同的，打过了五年仗。五年战争的时间，和八年战争的时间虽然是差不多，但是说起损失来，那次五年的战争比较八年的战争牺牲还要大，流血还要多。简单的说起来，美国第一次的大战争，是美国人民自己求独立，为自己争平等。第二次的大战争，是美国人民为黑奴求自由，为黑奴争平等；不是为自己争平等，是为他人争平等。为他人争平等，比较为自己争平等所受的牺牲还要大，流血还要多。所以美国历史是一种争平等的历史。这种争平等的历史，是世界历史中的大光荣。

美国争得平等之后，法国也发生革命，去争平等。当中反复了好几次，争了八十年才算成功。但是平等争成功之后，他们人民把平等两个字走到极端，要无论那一种人都是平等。像第二图所讲的平等，把平等地位不放在立足点，要放在平头点，那就是假平等。

中国的革命思潮是发源于欧美，平等自由的学说也是由欧美传进来的。但是中国革命党不主张争平等自由，主张争三民主义。三民主义能够实行，便有自由平等。欧美为平等自由去战争，争得了之后，常常被平等自由引入歧路。我们的三民主义能够实行，真有自由平等，要什么方法才能够归正轨呢？像第二图把平等线放在平头上，是不合乎平等正轨的；要像第三图把平等线放在立足点，才算合乎平等的正轨。所以我们革命，要知道所用的主义是不是适当，是不是合乎正轨，非先把欧美革命的历史源源本本来研究清楚不成功。人民要彻底明白我们的三民主义是不是的的确确〈有〉好处，是不是合乎国情，要能够信仰我们的三民主义始终不变，也非把欧美革命的历史源源本本来研究清楚不成功。

美国为平等、自由两个名词，经过了两次战争，第一次争了八年，第二次争了五年，才达到目的。中国向来没有为平等自由起过战争。几千年来，历史上的战争都是大家要争皇帝，每次战争人人都是存一个争皇帝的思想。

只有此次我们革命推倒满清,才是不争皇帝的第一次。但是这种不争皇帝的思想,只限于真革命党以内的人才是。说到革命党以外像北方的曹锟、吴佩孚,名义上虽然赞成共和,但是主张武力统一,还是想专制。如果他们的武力统一成功,别人不能够反抗,他们一定是想做皇帝的。譬如袁世凯在辛亥年推倒满清的时候,他何尝不赞成共和呢?他又何曾主张帝制呢?当时全国的人民便以为帝制不再发生。到了民国二年,袁世凯用武力打败革命党,把革命党赶出海外,便改变国体,做起皇帝来。这般军阀的思想腐败不堪,都是和袁世凯相同的,将来没有人敢担保这种危险不发生。所以中国的革命至今没有成功,就是因为做皇帝的思想没有完全铲除,没有一概肃清。我们要把这种做皇帝的思想完全铲除、一概肃清,便不得不再来奋斗,再来革命。

中国现在有许多青年志士,还是主张争平等自由。欧洲在一两百年以来本是争平等自由,但是争得的结果,实在是民权。因为有了民权,平等自由才能够存在;如果没有民权,平等自由不过是一种空名词。讲到民权的来历,发源是很远的,不是近来才发生的。两千多年以前,希腊、罗马便老早有了这种思想。当时希腊、罗马都是共和国家。同时地中海的南方有一个大国叫做克塞支①,也是一个共和国。后来有许多小国继续起来,都是共和国家。当时的希腊、罗马名义上虽然是共和国家,但是事实上还没有达到真正的平等自由,因为那个时候民权还没有实行。譬如希腊国内便有奴隶制度,所有贵族都是畜很多的奴隶,全国人民差不多有三分之二是奴隶;斯巴达的一个武士,国家定例要给五个奴隶去服侍他。所以希腊有民权的人是少数,无民权的是大多数。罗马也是一样的情形。所以二千多年以前,希腊、罗马的国家名义虽然是共和,但是由于奴隶制度,还不能够达到平等自由的目的。到六十年前美国解放黑奴,打破奴隶制度,实行人类的平等以后,在现在的共和国家以内才渐渐有真平等自由的希望。但是真平等自由是在什么地方立足呢?要附属到什么东西呢?是在民权上立足的,要附属于民权。

---

① 克塞支(Carthage),今译迦太基。

民权发达了，平等自由才可以长存；如果没有民权，什么平等自由都保守不住。所以中国国民党发起革命，目的虽然是要争平等自由，但是所定的主义和口号还是要用民权。因为争得了民权，人民方有平等自由的事实，便可以享平等自由的幸福。所以，平等自由实在是包括于民权之内。因为平等自由是包括在民权之内，所以今天研究民权的问题，便附带来研究平等自由的问题。

欧美革命为求平等自由的问题来战争，牺牲了无数的性命，流了很多的碧血。争到平等自由之后，到了现在，把平等自由的名词应该要看得如何宝贵，把平等自由的事实应该要如何审慎，不能够随便滥用。但是到现在究竟是怎么样呢？就自由一方面的情形说，前次已经讲过了，他们争得自由之后，便生出自由的许多流弊。美国、法国革命至今有了一百多年，把平等争得了，到底是不是和自由一样也生出许多流弊呢？依我看起来，也是一样的生出许多流弊。由于他们已往所生流弊的经验，我们从新革命，便不可再蹈他们的覆辙，专为平等去奋斗，要为民权去奋斗。民权发达了便有真正的平等，如果民权不发达，我们便永远不平等。

欧美平等的流弊究竟是怎么样呢？简单的说，就是他们把平等两个字认得太呆了。欧美争得平等以后，为什么缘故要发生流弊呢？就是由于民权没有充分发达，所以自由平等还不能够向正轨道去走。因为自由平等没有归到正轨，所以欧美人民至今还是要为民权去奋斗。因为要奋斗，自然要结团体。人民因为知道结团体的重要，所以由于奋斗的结果，便得到集会结社的自由。由于得到这种自由，便生出许多团体，在政治上有政党，在工人中有工党。现在世界团体中最大的是工党，工党是在革命以后，人民争得了自由，才发生出来。发生的情形是怎么样呢？最初的时候，工人没有知识，没有觉悟，并不知道自己是处于不平等的地位，也不知道受资本家有很大的压迫。好像美国黑奴只知道自祖宗以来都是做人的奴隶，并不知道奴隶的地位是不好，也不知道除了奴隶以外另外还有自由平等一样。当时各国工人本来不知道自己是处于什么地位，后来于工人之外得了许多好义之士替工人抱不平，把工人和资本家不平等的道理宣传到工人里头，把他们唤醒了,要他们固结团体和贵族及资本家抵抗,于是世界各国才发生工党。工党和贵族及资本家抵抗,是拿什么造〔做〕①武器呢?工人抵抗的唯一武器,就是消极的不合作,不合作的举动就是罢工。这种武器,比较军人打仗的武器还要利害得多。如果工人对于国家或资本家有要求不遂的,便大家联合起来,一致罢工。那种罢工影响到全国人民,比较普通的战争也不相上下。因为在工人之外有知识极高的好义之士做领袖,去引导那些工人,教他们固结团体,去怎么样罢工。所以他们的罢工一经发动,便在社会上发生很大的力量。因为有了很大的力量,工人自己才感觉起来,要讲平等。英国、法国的工人由于这种感觉要讲平等,看见团体以内引导指挥的领袖都不是本行的工人,不是贵族便是学者,都是从外面来的,所以他们到了团体成功,便排斥那些领袖。这种排斥领袖的风潮,在欧洲近数十年来渐渐发生了。所以起这种风潮的原故,便是由于工人走入平等的迷途,成了平等的流弊。由于这种流弊发生以后,工党便没有好领袖去引导指挥他们,工人又没有知识去引导自己,所以虽然有很大的团体,不但是没有进步,不能发生大力量,并且没有人去维持,于是工党内部渐渐腐败,失却了大团体的力量。

工人的团体不但是在外国很多,近十多年来中国也成立了不少。中国自革命以后,各行的工人都联合起来,成立团体。团体中的领袖也有很多不是工人的。那些团体中的领袖,固然不能说个个都是为工人去谋利益的,其中假借团体的名义、利用工人为自己图私利的当然是很多,但是真为大义去替工人出力的也是不少。所以工人应该要明白,应该要分别领袖的青红皂白。现在中国的工人讲平等,也是发生平等的流弊。譬如前几天我收到由汉口寄来的一种工报,当中有两个大标题,第一个标题是"我们工人不要穿长衣的做领袖",第二个标题是"我们工人奋斗,只求面包,不问政治"。由于这种标题,便可知和欧美工党排斥非工人做领袖的口调是一样。欧美工人虽然排斥非工人的领袖,但是他们的目标还是要问政治。所以汉口工人的第二个标题,便和欧美工人的口调不能完全相同。因为一国之内,人民的

---

① 此处据胡汉民编《总理全集》改。

一切幸福都是以政治问题为依归的。国家最大的问题就是政治，如果政治不良，在国家里头无论什么问题都不能解决。比方中国现在受外国政治经济的压迫，一年之内损失十二万万元，这就是由于中国政治不良，经济不能发达，所以每年要受这样大的损失。在这种损失里头，最大的是进口货超过出口货每年有五万万元，这五万万元的货都是工人生产的，因为中国工业不发达，才受这种损失。我们拿这个损失的问题来研究。中国工人所得工价是世界中最便宜的，所做的劳动又是世界中最勤苦的，一天能够做十多点钟工。中国的工价既是最便宜，工人的劳动又是最勤苦，和外国工业竞争，照道理讲当然可以操胜算。为什么中国工人所生产的出口货，不能敌外国工人所生产的进口货呢？为什么我们由于工业的关系，每年要损失五万万元呢？此中最大的原因，就是中国政治不良，我们的政府没有能力。如果政府有了能力，便可以维持这五万万元的损失，我们能够维持这五万万元的损失，便是每年多了五万万元的面包。中国政府有能力，怎么样可以维持五万万元的损失呢？如果政府有能力，便可以增加关税，关税加重，外国的洋货自然难得进口，中国的土货便可以畅销，由此全国的工人每年便可以多进五万万元。但是照汉口工人寄来报纸上的标题讲，工人不问政治，既然不问政治，自然不要求政府增加关税，抵制洋货，提倡土货。不抵制洋货提倡土货，中国就不制造土货；不制造土货，工人便没有工做。工人连工都没有做，那里还有面包呢？由此可见，工人无好领袖，总是开口便错。这样的工人团体断不能发达，不久必归消灭，因其太无知识了，不知道面包问题就是经济问题。政治和经济两个问题总是有连带关系的，如果不问政治，怎么样能够解决经济的面包问题来要求面包呢？汉口工人的那种标题，便是由于错讲平等生出来的流弊。

所以，我们革命不能够单说是争平等，要主张争民权。如果民权不能够完全发达，就是争到了平等，也不过是一时，不久便要消灭的。我们革命主张民权，虽然不拿平等做标题，但是在民权之中便包括得有平等。如果平等有时是好，当然是采用；如果不好，一定要除去。像这样做去，才可以发达民权，才是善用平等。

我从前发明过一个道理,就是世界人类其得之天赋者约分三种:有先知先觉者,有后知后觉者,有不知不觉者。先知先觉者为发明家,后知后觉者为宣传家,不知不觉者为实行家。此三种人互相为用,协力进行,则人类之文明进步必能一日千里。天之生人虽有聪明才力之不平等,但人心则必欲使之平等,斯为道德上之最高目的,而人类当努力进行者。但是要达到这个最高之道德目的,到底要怎么样做法呢?我们可把人类两种思想来比对,便可以明白了。一种就是利己,一种就是利人。重于利己者,每每出于害人亦有所不惜。此种思想发达,则聪明才力之人专用彼之才能,去夺取人家之利益,渐而积成专制之阶级,生出政治上之不平等。此民权革命以前之世界也。重于利人者,每每至到牺牲自己亦乐而为之。此种思想发达,则聪明才力之人专用彼之才能,以谋他人的幸福,渐而积成博爱之宗教、慈善之事业。惟是宗教之力有所穷,慈善之事有不济,则不得不为根本之解决,实行革命,推翻专制,主张民权,以平人事之不平了。从此以后,要调和三种之人使之平等,则人人当以服务为目的,而不以夺取为目的。聪明才力愈大者,当尽其能力而服千万人之务,造千万人之福。聪明才力略小者,当尽其能力以服十百人之务,造十百人之福。所谓"巧者拙之奴",就是这个道理。至于全无聪明才力者,亦当尽一己之能力,以服一人之务,造一人之福。照这样做去,虽天生人之聪明才力有不平等,而人之服务道德心发达,必可使之成为平等了。这就是平等之精义。

第 四 讲

(四月十三日)

照前几次所讲,我们知道欧美人民争民权已经有了两三百年。他们争过了两三百年,到底得到了多少民权呢?今天所讲的题目,就是欧美人民在近来两三百年之中所争得民权多少,和他们的民权现在进步到什么地方。

民权思想已经传到中国来了,中国人知道民权的意思是从书本和报纸中得来的。主张民权的书本和报纸,一定是很赞成民权那一方面的。大家平日研究民权,自然都是从赞成一方面的书本和报纸上观察。照赞成一方面的书本和报纸上所说的话,一定是把民权的风潮说得是怎样轰轰烈烈,把民权的思想说得是怎么蓬蓬勃勃。我们看见了这些书报,当然受他们的鼓动,发生民权的思想。以为欧美人民争民权,争过了两三百年,每次都是得到最后的胜利。照这样看起来,以后世界各国的民权一定是要发达到极点,我们中国处在这个世界潮流之中,也当然是应该提倡民权,发达民权。并且有许多人以为提倡中国民权能够像欧美那一样的发达,便是我们争民权已达到目的了;以为民权能够发达到那个地步,国家便算是很文明,便算是很进步。

但是,从书报中观察欧美的民权,和事实上有很多不对的。考察欧美的民权事实,他们所谓先进的国家像美国、法国,革命过了一百多年,人民到底得了多少民权呢?照主张民权的人看,他们所得的民权还是很少。当时欧美提倡民权的人,想马上达到民权的充分目的,所以牺牲一切,大家同心协力,一致拼命去争。到了胜利的时〈候〉,他们所争到的民权和革命时候所希望的民权两相比较起来,还是差得很多,还不能达到民权的充分目的。

现在可以回顾美国对于英国的独立战争是一个什么情形。那个战争打过了八年仗,才得到最后的胜利,才达到民权的目的。照美国《独立宣言》来看,说平等和自由是天赋到人类的,无论什么人都不能夺去人人的平等自由。当时美国革命本想要争到很充分的自由平等,但是争了八年,所得的民权还是很少。为什么争了八年之久只得到很少的民权呢?当初反对美国民权的是英国皇帝,美国人民受英国皇帝的压迫,才主张独立,和英国战争。所以那个战争,是君权和民权的战争。战争的结果本是民权胜利,照道理讲,应该得到充分的民权。为什么不能达到充分的目的呢?因为独立战争胜利之后,虽然打破了君权,但是主张民权的人便生出民权的实施问题,就是要把民权究竟应该行到什么程度,由于研究这种问题,主张民权的同志之见解各有不同,因为见解不同,便生出内部两大派别的分裂。大家都知道美国革命有一个极著名的首领叫做华盛顿,他是美国的开国元勋。当时帮助他去反抗英国君权的人,还有许多英雄豪杰,像华盛顿的财政部长叫做哈美尔顿①,和国务部长叫做遮化臣②。那两位大人物对于民权的实施问题,因为见解各有不同,彼此的党羽又非常之多,便分成为绝对不相同的两大派。

遮氏一派,相信民权是天赋到人类的。如果人民有很充分的民权,由人民自由使用,人民必有分寸,使用民权的时候一定可以做许多好事,令国家的事业充分进步。遮氏这种言论,是主张人性是善的一说。至于人民有了充分的民权,如果有时不能充分发达善性去做好事,反误用民权去作恶,那是人民遇到了障碍,一时出于不得已的举动。总而言之,人人既是有天赋的自由平等,人人便应该有政权;而且人人都是有聪明的,如果给他们以充分的政权,令个个都可以管国事,一定可以做出许多大事业;大家负起责任来把国家治好,国家便可以长治久安。那就是遮化臣一派对于民权的信仰。

至于哈美尔顿一派所主张的,恰恰和遮氏的主张相反。哈氏以为人性不能完全都是善的,如果人人都有充分的民权,性恶的人便拿政权去作恶。那些恶人拿到了国家大权,便把国家的利益自私自利分到自己同党,无论国家的什么道德、法律、正义、秩序都不去理会。弄到结果,不是一国三公,变成暴民政治,就是把平等自由走到极端,成为无政府。像这样实行民权,不但是不能令国家进步,反要捣乱国家,令国家退步。所以哈氏主张国家政权不能完全给予人民,要给予政府,把国家的大权都集合于中央,普通人只能够得到有限制的民权。如果给予普通人以无限制的民权,人人都拿去作恶,那种作恶的影响对于国家比较皇帝的作恶还要利害得多。因为皇帝作恶,还有许多人民去监视防止,一般人若得到了无限制的民权,大家都去作恶,便再没有人可以监视防止。故哈美尔顿说:"从前的君权要限制,现在的民权也应该要限制。"由此创立一派,叫做"联邦派",主张中央集权,不主张地方分权。

美国在独立战争以前本有十三邦,都归英国统辖,自己不能统一。后来

---

① 哈美尔顿(Alexander Hamilton,1755—1804),今译汉密尔顿。美国国家形成时期有影响力的政治领袖之一。
② 遮化臣(Thomas Jefferson,1743—1826),今译杰斐逊,美国第三任总统,有影响力的政治领袖之一。

因为都受英国专制太过,不能忍受,去反抗英国,是大家有同一的目标,所以当时对英国作战便联同一气。到战胜了英国以后,各邦还是很分裂,还是不能统一。在革命的时候,十三邦的人口不过三百万。在那三百万人中,反抗英国的只有二百万人,还有一百万仍是赞成英国皇帝的。就是当时各邦的人民还有三分之一是英国的保皇党,只有三分之二才是革命党。因为有那三分之一的保皇党在内部捣乱,所以美国独立战争费过了八年的长时间,才能够完全战胜。到了战胜以后,那些著名的保皇党无处藏身,便逃到北方,搬过圣罗伦士河以北,成立了加拿大殖民地,至今仍为英国属地,忠于英国。美国独立之后,国内便没有敌人。但是那三百万人分成十三邦,每邦不过二十多万人,各不相下,大家不能统一,美国的国力还是很弱,将来还是很容易被欧洲吞灭,前途的生存是很危险的。于是各邦的先知先觉想免去此种危险,要国家永远图生存,便不得不加大国力;要加大国力,所以主张各邦联合起来,建设一个大国家。当时所提倡联合的办法,有主张专行民权的,有主张专行国权的。头一派的主张就是地方分权。后一派的主张就是中央集权,限制民权,把各邦的大权力都联合起来,集中于中央政府,又可以说是"联邦派"。这两派彼此用口头文字争论,争了很久,并且是很激烈。最后是主张限制民权的"联邦派"占胜利,于是各邦联合起来成立一个合众国,公布联邦的宪法。美国自开国一直到现在,都是用这种宪法。这种宪法就是三权分立的宪法,把立法权、司法权和行政权分得清清楚楚,彼此不相侵犯。这是世界上自有人类历史以来第一次所行的完全宪法。美国就是实行三权分立的成文宪法的第一个国家。世界上有成文宪法的国家,美国就是破天荒的头一个。这个宪法,我们叫做《美国联邦宪法》。美国自结合联邦、成立宪法以后,便成世界上顶富的国家;经过欧战以后,更成世界上顶强的国家。因为美国达到了今日这样富强,是由于成立联邦宪法,地方人民的事让各邦分开自治。

十多年来,我国一般文人志士想解决中国现在的问题,不根本上拿中美两国的国情来比较,只就美国富强的结果而论。以为中国所希望的不过是在国家富强,美国之所以富强是由于联邦,中国要像美国一样的富强便应该联省。美国联邦制度的根本好处是由于各邦自定宪法、分邦自治,我们要学美国的联邦制度变所〔成〕联省,根本上便应该各省自定宪法,分省自治,等到省宪实行了以后,然后再行联合成立国宪。质而言之,就是将本来统一的中国变成二十几个独立的单位,像一百年以前的美国十几个独立的邦一样,然后再来联合起来。这种见解和思想真是谬误到极点,可谓人云亦云,习而不察。像这样只看见美国行联邦制度,便成世界顶富强的国家,我们现在要中国富强也要去学美国的联邦制度,就是像前次所讲的欧美人民争民权,不说要争民权,只说要争自由平等,我们中国人此时来革命也要学欧美人的口号说去争自由平等,都是一样的盲从,都是一样的莫明其妙。

  主张联省自治的人,表面上以为美国的地方基础有许多小邦,各邦联合便能自治,便能富强;中国的地方基础也有许多行省,也应该可以自治,可以富强。殊不知道美国在独立时候的情形究竟是怎么样。美国当独立之后为什么要联邦呢? 是因为那十三邦向来完全分裂,不相统属,所以不能不联合起来。至于我们中国的情形又是怎么样呢? 中国本部形式上向来本分作十八省,另外加入东三省及新疆,一共是二十二省,此外还有热河、绥远、青海许多特别区域及蒙古、西藏各属地。这些地方,在清朝二百六十多年之中,都是统属于清朝政府之下。推到明朝时候,各省也很统一。再推到元朝时候,不但是统一中国的版图,且几几乎统一欧亚两洲。推到宋朝时候,各省原来也是很统一的,到了南渡以后南方几省也是统一的。更向上推到唐朝、汉朝,中国的各省没有不是统一的。由此便知中国的各省在历史上向来都是统一的,不是分裂的,不是不能统属的,而且统一之时就是治,不统一之时就是乱的。美国之所以富强,不是由于各邦之独立自治,还是由于各邦联合后的进化所成的一个统一国家。所以美国的富强是各邦统一的结果,不是各邦分裂的结果。中国原来既是统一的,便不应该把各省再来分开。中国眼前一时不能统一,是暂时的乱象,是由于武人的割据。这种割据,我们要铲除他,万不能再有联省的谬主张,为武人割据作护符。若是这些武人有口实来各据一方,中国是再不能富强的。如果以美国联邦制度就是富强的原因,那便是倒果为因。

外国人现在对于中国为什么要来共管呢？是从什么地方看出中国的缺点呢？就是由于看见中国有智识阶级的人所发表的言论、所贡献的主张，都是这样的和世界潮流相反，所以他们便看中国不起，说中国的事中国人自己不能管，列强应该来代我们共管。我们现在东亚处于此时的潮流，要把"联邦"二个字用得是恰当，便应该说中国和日本要联合起来，或者中国和安南、缅甸、印度、波斯、阿富汗都联合起来。因为这些国家向来都不是统一的，此刻要亚洲富强，可以抵抗欧洲，要联成一个大邦，那才可以说得通。至于中国的十八省和东三省以及各特别区，在清朝时候已经是统一的，已经是联属的。我们推翻清朝，承继清朝的领土，才有今日的共和国，为什么要把向来统一的国家再来分裂呢？提倡分裂中国的人一定是野心家，想把各省的地方自己去割据。像唐继尧割据云南，赵恒惕割据湖南，陆荣廷割据广西，陈炯明割据广东，这种割据式的联省是军阀的联省，不是人民自治的联省。这种联省不是有利于中国的，是有利于个人的，我们应该要分别清楚。

美国独立时候的十三邦毫不统一，要联成一个统一国家，实在是非常的困难。所以哈氏和遮氏两派的争论便非常之激烈。后来制成联邦宪法，付之各邦自由投票，最后是哈氏一派占胜利，遮氏一派的主张渐渐失败。因为联邦宪法成立之前，全国人有两大派的主张，所以颁布的宪法弄成两派中的一个调和东西。把全国的大政权，如果是属于中央政府的，便在宪法之内明白规定；若是在宪法所规定以外的，便属于地方政府。比方币制，应该中央政府办理，地方政府不能过问。像外交，是规定由中央政府办理，各邦不能私自和外国订约。其余像关于国防上海陆军的训练与地方上民团的调遣等那些大权，都是归中央政府办理。至于极复杂的事业，在宪法未有划归中央政府的，便归各邦政府分别办理。这种划分，便是中央和地方的调和办法。

美国由于这种调和办法，人民究竟得到了多少民权呢？当时所得的民权，只得到一种有限制的选举权。在那个时候的选举权，只是限于选举议员和一部分的地方官吏。至于选举总统和上议院的议员，还是用间接选举的制度，由人民选出选举人，再由选举人[才]去选总统和那些议员。后来民权逐渐发达，进步到了今日，总统和上议院的议员以及地方上与人民有直接利害关系的各官吏,才由人民直接去选举,这就叫做普通选举。所以美国的选举权,是由限制的选举渐渐变成普通选举。但是这种普通选举只限于男人才能够享受,至于女子,在一二十年前还是没有这种普通选举权。欧美近二十年以来,女子争选举权的风潮非常激烈。大家都知道,当是〔时〕欧美的女子争选举权,许多人以为不能成功,所持的理由就是女子的聪明才力不及男子,男子所能做的事女子不能够做,所以很多人反对。不但是男人很反对,许多女子自己也是很反对,就是全国的女人都争得很激烈,还料不到可以成功。到了七八年以前英国女子才争成功,后来美国也争成功。这个成功的缘故,是由于当欧战的时候男子通同去当兵,效力战场,在国内的许多事业没有男人去做。像兵工厂内的职员、散工、街上电车内的司机、卖票,和后方一切勤务事宜,男子不敷分配,都是靠女子去补充。所以从前反对女子选举权的人,说女子不能做男子事业,到了那个时候便无法证明,便不敢反对,主张女子有选举权的人才完全占胜利。所以欧战之后,女子的选举权才是确定了。

由此便知,欧美革命的目标本是想达到民权,像美国独立战争就是争民权。战争成功之后,主张民权的同志又分出两派,一派是主张应该实行充分的民权,一派是主张民权应该要限制,要国家应该有极大的政权。后来发生许多事实,证明普通人民的确没有智识、没有能力去行使充分的民权。譬如遮化臣争民权,他的门徒也争民权,弄到结果所要争的民权还是失败,便可以证明普通民众不知道运用政权。由于这个原故,欧美革命有了两三百多年,向来的标题都是争民权,所争得的结果只得到男女选举权。

讲到欧洲的法国革命,当时也是主张争民权。所以主张民权的学者,像卢梭那些人,便说人人有天赋的权利,君主不能侵夺。由于卢梭的学说,便发生法国革命。法国革命以后,就实行民权。于是一般贵族皇室都受大害,在法国不能立足,便逃亡到外国。因为法国人民当时拿充分的民权去做头一次的试验,全国人都不敢说民众没有智识、没有能力,如果有人敢说那些话,大家便说他是反革命,马上就要上断头台。所以那个时候便成暴民专制,弄到无政府,社会上极为恐慌,人人朝不保夕。就是真革命党,也有时因为一言不慎,和大众的意见不对,便要受死刑。故当法国试验充分民权的时期,不但是王公贵族被人杀了的是很多,就是平时很热心的革命志士像丹顿①一流人物,一样因为一言不合,被人民杀了的也是很不少。后来法国人民看到这样的行为是过于暴虐,于是从前赞成民权的人反变成心灰意冷,来反对民权,拥护拿破仑做皇帝,因此生出民权极大的障碍。这种障碍不是由君权发生的。在一百年以前,民权的风潮便已经是很大,像前几次所讲的情形。现在世界潮流已达到了民权的时代,照道理推测,以后应该一天发达一天,为什么到民权把君权消灭了以后,反生出极大的障碍呢?是什么原因造成的呢?一种原因是由于赞成民权所谓稳健派的人,主张民权要有一定的限制。这派是主张国家集权,不主张充分民权。这派对于民权的阻力还不甚大,阻碍民权的进步也不很多。最为民权障碍的人,还是主张充分民权的人。像法国革命时候,人民拿到了充分的民权,便不要领袖,把许多有知识有本事的领袖都杀死了,只剩得一班暴徒。那般暴徒对于事物的观察既不明瞭,又很容易被人利用。全国人民既是没有好耳目,所以发生一件事,人民都不知道谁是谁非,只要有人鼓动,便一致去盲从附和。像这样的现象是很危险的。所以后来人民都觉悟起来,便不敢再主张民权。由于这种反动力,便生出了民权的极大障碍,这种障碍是由于主张民权的人自招出来的。

欧洲自法国以外,像丹麦、荷兰、葡萄牙、西班牙那些小国,于不知不觉之中也发生民权的风潮。民权的风潮在欧美虽然遇了障碍,得到君权的反抗,还是不能消灭;遇到了民权自身的障碍,也是自然发达,不能阻止。那是什么原故呢?因为大势所趋,潮流所至,没有方法可以阻止。由于这个道理,故许多专制国家都是顺应潮流,去看风行事。譬如英国从前革命杀了皇帝,不到十年再复辟起来,但是英国的贵族知机善变,知道民权的力量太大,不能反抗,那些皇室贵族便不和民权去反抗,要和他去调和。讲到民权的起源,本来是发生于英国的。英国自复辟之后,推翻了民权,便成贵族执政,只

---

① 丹顿(Georges Jacques Danton,1759—1794),今译丹东,法国大革命时期雅各宾派主要领导人之一。

有贵族可以理国事,别界人都不能讲话。到了一千八百三十二年以后,在贵族之外,才准普通平民有选举权。到了欧战以后,才许女子也有选举权。至于英国对待属地,更是善用退让的手段,顺应民权的潮流。像爱尔兰是英国三岛中的土地,英国始初本是用武力压迫,后来见到民权的风潮扩大,便不去压迫,反主退让,准爱尔兰独立。英国不独对于三岛的内部是如此,就是对于外部,像对付埃及也是退让。埃及当欧战时候,为英国是很出力的。英国当时要埃及人去助战,也允许过了埃及许多权利,准他们以后独立。到欧战之后,英国食言,把所许的权利都不履行。埃及便要求独立,履行前约,风潮扩大,英国也是退让,许埃及独立。又像印度现在要求英国扩充选举,英国也是一概允许。至于现在英国国内容纳工党组织内阁,工人执政,便更足以证明英国贵族的退让,民权的进步。英国贵族知道世界民权的大势,能够顺应潮流,不逆反潮流,所以他们的政体至今还可以维持,国家的现状还是没有大危险。

世界上经过了美国、法国革命之后,民权思想便一日发达一日。但是根本讲起来,最新的民权思想还是发源于德国。德国的人心向来富于民权思想,所以国内的工党便非常之多,现在世界上工党团体中之最大的还是在德国。德国的民权思想发达本早,但到欧战以前,民权的结果还不及法国、英国。这个理由,是因为德国对付民权所用的手段和英国不同,所以得来的结果也是不同。从前德国对付民权是用什么手段呢?德国是谁阻止民权的发达呢?许多学者研究,都说是由于丕士麦。

丕士麦是德国很有名望、很有本领的大政治家。在三四十年前,世界上的大事业都是由于丕士麦造成的,世界上的大政治家,都不能逃出丕士麦的范围。所以在三四十年前,德国是世界上顶强的国家。德国当时之所以强,全由丕士麦一手造成。在丕士麦没有执政之先,德国是一个什么景象呢?德国在那个时候有二十几个小邦,那二十几个小邦的民族虽然是相同,但是各自为政,比较美国的十三邦还要分裂,加以被拿破仑征服之后,人民更是穷苦不堪。后来丕士麦出来,运用他的聪明才力和政治手腕,联合附近民族相同的二十几邦,造成一个大联邦,才有后来的大富强。在十年以前,德国是世界上顶强的国家,美国是世界上顶富的国家,他们那两国都是联邦。许多人以为我们中国要富强,也应该学德国、美国的联邦。殊不知德国在三四十年前,根本上只有一个普鲁士,因丕士麦执政以后拿普鲁士做基础,整军经武,刷新内政,联合其余的二十多邦,才有后来的大德意志。当丕士麦联合各邦的时候,法国、奥国都极力反对。奥国所以反对德国联邦的缘故,是因为奥国和德国虽然是同一条顿民族,但是奥皇也想争雄欧洲,故不愿德国联邦再比奥国还要强盛。无如丕士麦才智过人,发奋图强,于一千八百六十六年用很迅速手段和奥国打仗,一战便打败奥国。德国战胜了以后,本来可以消灭奥国,惟丕士麦以为奥国虽然反对德国,但是奥国民族还是和德国相同,将来不至为德国的大患。丕士麦的眼光很远大,看到将来足为德国大患的是英国、法国,所以丕士麦战胜了奥国以后,便马上拿很宽大的条件和奥国讲和。奥国在新败之余,复得德国的宽大议和,便很感激他。从此只有六年,到一千八百七十年德国便去打法国,打破拿破仑第三,占领巴黎,到讲和的时候,法国便把阿尔赛士和罗伦两处地方割归德国。从这两次大战以后,德国的二十几个小邦便联合得很巩固,成立一个统一国家。德国自联邦成立了之后,到欧战以前是世界上最强的国家,执欧洲的牛耳,欧洲各国的事都惟德国马首是瞻。德国之所以能够达到那个地位,全由丕士麦一手缔造而成。

因为丕士麦执政不到二十年,把很弱的德国变成很强的国家,有了那种大功业,故德国的民权虽然是很发达,但是没有力量去反抗政府。在丕士麦执政的时代,他的能力不但是在政治、军事和外交种种方面战胜全世界,就是对于民权风潮,也有很大的手段战胜一般民众。譬如到了十九世纪的后半,在德法战争以后,世界上不但是有民权的战争,并且发生经济的战争。在那个时候,民权的狂热渐渐减少,另外发生一种什么东西呢?就是社会主义。这种主义,就是我所主张的民生主义。人民得了这种主义,便不热心去争民权,要去争经济权。这种战争,是工人和富人的阶级战争。工人的团体在德国发达最早,所以社会主义在德国也是发达最先。世界上社会主义最大的思想家都是德国人,像大家都知道有一位大社会主义家叫做马克思,他就是德国人。〈从前俄国革命〉就是实行马克思主义,俄国的老革命党都是马克思的信徒。德国的社会主义才在那个时候便非常之发达。社会主义本来是和民权主义相连带的,这两个主义发生了以后,本来应该要同时发达的。欧洲有了民权思想,便发生民权的革命。为什么有了那样发达的社会主义,在那个时候不发生经济的革命呢?因为德国发生社会主义的时候,正是丕士麦当权的时候。在别人一定是用政治力去压迫社会主义,但是丕士麦不用这种手段。他以为德国的民智很开通,工人的团体很巩固,如果用政治力去压迫,便是图〔徒〕劳无功。当时丕士麦本是主张中央集权的独裁政治,他是用什么方法去对付社会党呢?社会党提倡改良社会,实行经济革命,丕士麦知道不是政治力可以打消的,他实行一种国家社会主义,来防范马克思那般人所主张的社会主义。比方铁路是交通上很重要的东西,国内的一种基本实业,如果没有这种实业,什么实业都不能够发达。像中国津浦铁路没有筑成以前,直隶、山东和江北一带地方都是很穷苦的,后来那条铁路筑成功了,沿铁路一带便变成很富饶的地方。又像京汉铁路没有筑成以前,直隶、湖北、河南那几省也是很荒凉的,后来因为得了京汉铁路交通的利便,沿铁路的那几省便变成很富庶。当丕士麦秉政的时候,英国、法国的铁路多半是人民私有,因为基本实业归富人所有,所以全国实业都被富人垄断,社会上便生出贫富不均的大毛病。丕士麦在德国便不许有这种毛病,便实行国家社会主义,把全国铁路都收归国有,把那些基本实业由国家经营。对于工人方面又定了作工的时间,工人的养老费和保险金都一一规定。这些事业本来都是社会党的主张,要拿出去实行的,但是丕士麦的眼光远大,先用国家的力量去做了,更用国家经营铁路、银行和各种大实业,拿所得的利益去保护工人,令全国工人都是心满意足。德国从前每年都有几十万工人到外国去做工,到了丕士麦经济政策成功时候,不但没有工人出外国去做工,并且有许多外国工人进德国去做工。丕士麦用这样方法对待社会主义,是用事先防止的方法,不是用当冲打消的方法。用这种防止的方法,就是在无形中消灭人民要争的问题。到了人民无问题可争,社会自然不发生革命。所以这是丕士麦反对民权的很大手段。

现在就世界上民权发达一切经过的历史讲:第一次是美国革命,主张民权的人分成哈美尔顿和遮化臣两派,遮化臣主张极端的民权,哈美尔顿主张政府集权,后来主张政府集权派占胜利,是民权的第一次障碍。第二次是法国革命,人民得到了充分的民权,拿去滥用,变成了暴民政治,是民权的第二次障矶〔碍〕。第三次是丕士麦用最巧的手段去防止民权,成了民权的第三次障碍。这就是民权思想在欧美发达以来所经过的一切情形。但是民权思想虽然经过了三个障碍,还是不期然而然,自然去发达,非人力所能阻止,也非人力所能助长。民权到了今日,便成世界上的大问题。世界上的学者,无论是守旧派或者是革新派,都知道民权思想是不能消灭的。不过在发达的时候,民权的流弊还是免不了的,像从前讲平等自由也生出流弊一样。总而言之,欧美从前争平等自由,所得的结果是民权,民权发达了之后便生出许多流弊。在民权没有发达之先,欧美各国都想压止他,要用君权去打消民权。君权推倒了之后,主张民权的人便生出民权的障碍;后来实行民权,又生出许多流弊,更为民权的障碍。最后丕士麦见到人民主张民权,知道不能压止,便用国家的力量去替代人民,实行国家社会主义,这也是民权的障碍。欧战以后,俄国、德国的专制政府都推倒了,女子选举权也有好几国争到手了,所以民权到了今日更是一个大问题,更不容易解决。

推到实行民权的原始,自美国革命之后,人民所得的头一个民权,是选举权。当时,欧美人民以为民权就是选举权算了,如果人民不论贵贱、不论贫富、不论贤愚都得到了选举权,那就算民权是充分的达到了目的。至于欧战后三四年以来,又究竟是怎么样呢?当中虽然经过了不少的障碍,但是民权仍然是很发达,不能阻止。近来瑞士的人民,除了选举权以外,还有创制权和复决权。人民对于官吏有权可以选举,对于法律也应该有权可以创造、修改。创制权和复决权便是对于法律而言的。大多数人民对于一种法律,以为很方便的便可以创制,这便是创制权;以为很不方便的便可以修改,修改便是复决权。故瑞士人民比较别国人民多得了两种民权,一共有三种民权,不只一种民权。近来美国西北几邦新开辟地方的人民,比较瑞士人民更多得一种民权,那种民权是罢官权。在美洲各邦之中,这种民权虽然不能普遍,但有许多邦已经实行过了。所以美国许多人民现在得到了四种民权:一种是选举权,二种是罢官权,三种是创制权,四种是复决权。这四种权在美国西北几州已经行得很有成绩,将来或者可以推广到全美国,或者全世界。将来世界各国要有充分的民权,一定要学美国的那四种民权。由此四种民权实行下去,将来能不能够完全解决民权的问题呢?现在世界学者看见人民有了这四种民权的思想,还不能把民权的问题完全来解决,都以为是时间的问题,以为这种直接的民权思想发生尚不久。从前的神权经过了几万年,君权经过了几千年。现在此刻各国的君权,像英国、日本和意大利的君权还有多少问题,不过这种君权将来一定是消灭的。这些直接的民权,新近发生不过是几十年,所以在今日还是一个不能解决的大问题。

照现在世界上民权顶发达的国家讲,人民在政治上是占什么地位呢?得到了多少民权呢?就最近一百多年来所得的结果,不过是一种选举和被选举权。人民被选成议员之后,在议会中可以管国事。凡是国家的大事,都要由议会通过才能执行,如果在议会没有通过便不能行。这种政体叫做"代议政体",所谓"议会政治"。但是成立了这种代议政体以后,民权是否算得充分发达呢?在代议政体没有成立之先,欧美人民争民权,以为得到了代议政体便算是无上的民权。好像中国革命党希望中国革命以后,能够学到日本或者学到欧美,便以为大功告成一样。如果真是学到了像日本、欧美一样,可不可以算是止境,还要听下文分解。欧美人民从前以为争到了代议政体,便算是心满意足。我们中国革命以后,是不是达到了代议政体呢?所得民权的利益究竟是怎么样呢?大家都知道,现在的代议士都变成了"猪仔议员",有钱就卖身,分赃贪利,为全国人民所不齿。各国实行这种代议政体都免不了流弊,不过传到中国,流弊更是不堪问罢了。大家对于这种政体如果不去闻问,不想挽救,把国事都付托到一般猪仔议员,让他们去乱作乱为,国家前途是很危险的。所以外国人所希望的代议政体,以为就是人类和国家的长治久安之计,那是不足信的。民权初生本经过了许多困难,后来实行又经过了许多挫折,还是一天一天的发达,但是得到的结果不过是代议政体。各国到了代议政体,就算是止境。近来俄国新发生一种政体,这种政体不是代议政体,是"人民独裁"的政体。这种人民独裁的政体究竟是怎么样呢?我们得到的材料很少,不能判断其究竟,惟想这种人民独裁的政体,当然比较代议政体改良得多。但是我们国民党提倡三民主义来改造中国,所主张的民权是和欧美的民权不同。我们拿欧美已往的历史来做材料,不是要学欧美,步他们的后尘,是用我们的民权主义把中国改造成一个"全民政治"的民国,要驾乎欧美之上。我们要达到这种大目的,便先要把民权主义研究到清清楚楚。

今天所讲的大意,是要诸君明白欧美的先进国家把民权实行了一百多年,至今只得到一种代议政体。我们拿这种制度到中国来实行,发生了许多流弊。所以民权的这个问题,在今日还是很难解决。我以后对于民权主义还要再讲两次,便把这个问题在中国求一个根本解决的办法。我们不能解决,中国便要步欧美的后尘;如果能够解决,中国便可以驾乎欧美之上。

第 五 讲
（四月二十日）①

中国人的民权思想都是由欧美传进来的。所以我们近来实行革命,改良政治,都是仿效欧美。我们为什么要仿效欧美呢?因为看见了欧美近一百年来的文化雄飞突进,一日千里,种种文明都是比中国进步得多。

比方就武器一项说,欧美近年的武器便是一天改良一天,要比中国进步得多。中国的武器,几千年以来都是弓箭刀戟,在二三十年以前还是用那几种东西。像庚子年发生义和团,他们的始意是要排除欧美势力的,因为他们要排除欧美的势力,所以和八国联军打仗,当时所用的武器便是大刀。要用大刀去抵抗联军的机关枪和大炮,那种举动就是当时中国人对于欧美的新文化之反动,对于他们的物质进步之抵抗,不相信欧美的文化是比中国进

---

① 底本缺第五讲日期,今据1924年4月21日《广州民国日报》的报道,于此处及目录标题增补。

步,并且想表示中国的文化还要好过欧美。甚至于像欧美的洋枪大炮那些精利武器,也不相信比较中国的大刀还要利害,所以发生义和团来反抗欧美。义和团的勇气始初是锐不可当的,在杨村一战,是由于英国提督西摩①带了三千联军,想从天津到北京去救那些公使馆,经过杨村就被义和团围住了。当时战斗的情形,义和团没有洋枪大炮只有大刀,所围住的联军有很精利的枪炮,在义和团一方面可说是肉体相搏。西摩因为被他们包围了,便用机关枪去扫射义和团。义和团虽然是被机关枪打死了很多的人,血肉横飞,但是还不畏惧,还不退却,总是前仆后继,死死的把联军围住。弄到西摩带那三千联军,终不敢通过杨村直进北京,便要退回天津等候,另外请了大兵来帮助,才能够到达北京,解各国公使馆的围。就那次战争的情形而论,西摩有几句批评说:照当时义和团之勇气,如果他们所用的武器是西式的枪炮,那些联军一定是全军覆没的。但是他们始终不相信外国的新式武器,总是用大刀、肉体和联军相搏,虽然被联军打死了几万人,伤亡枕藉,还是前仆后继,其勇锐之气殊不可当,真是令人惊奇佩服。所以经过那次血战之后,外国人才知道中国还有民族思想,这种民族是不可消灭的。不过庚子年的义和团,是中国人的最后自信思想和最后自信能力去同欧美的新文化相抵抗。由于那次义和团失败以后,中国人便知道从前的弓箭刀戟不能够和外国的洋枪大炮相抵抗,便明白欧美的新文明的确是比中国的旧文明好得多。用外国的新东西和中国的旧东西比较,就武器一项效力,自然是很明显的。至于除了武器之外,像交通上的铁路、电报,也要比中国的挑伕、驿站好得多。我们要转运东西,火车当然是快过挑伕,便利过挑伕;要通消息,电报当然是迅速过驿站,灵通过驿站。再推到其余种种关于人类日常生活的机器,和农工商所用的种种方法,也没有不是比中国进步得多的。

所以从那次义和团失败以后,中国一般有思想的人便知道要中国强盛,要中国能够昭雪北京城下之盟的那种大耻辱,事事便非仿效外国不可。不但是物质科学要学外国,就是一切政治社会上的事都要学外国。所以经过

---

① 西摩(Edward Hobart Seymour,1840—1929),英国远东舰队司令,率领八国联军进攻北京。

义和团之后,中国人的自信力便完全失去,崇拜外国的心理便一天高过一天。由于要崇拜外国、仿效外国,便得到了很多的外国思想,就是外国人只才想到、还没有做到的新思想我们也想拿来实行。十三年前革命仿效外国改革政治,成立民主政体,目的是在取法乎上,所以把外国很高的政治哲理和最新的政治思想都拿来实行。这是中国政治思想上一个最大的变动。在义和团以前,中国和外国已经通了商,早知道外国的好处也是很多,但是全国人的心理还不相信外国是真有文明。所以当义和团的时候,便把仿效外国的铁路和电报都毁坏了,就是外国的枪炮也不信仰,在打仗的时候还是要用中国的弓刀。以后因为失败,又反过来信仰外国,在中国所用的无论什么东西都是要仿效外国。由此可见,中国从前是守旧,在守旧的时候总是反对外国,极端信仰中国要比外国好;后来失败便不守旧,要去维新,反过来极端的崇拜外国,信仰外国是比中国好。因为信仰外国,所以把中国的旧东西都不要,事事都是仿效外国,只要听到说外国有的东西,我们便要去学,便要拿来实行。对于民权思想也有这种流弊。革命以后举国如狂,总是要拿外国人所讲的民权到中国来实行,至于民权究竟是什么东西,也不去根本研究。

前几次所讲的情形,是把外国争民权的历史和胜利之后所得的什么结果,详细的说明。由于那几次的研究,便知民权政治在外国也不能够充分实行,进行民权在中途也遇到了许多障碍。现在中国主张实行民权,要仿效外国,便要仿效外国的办法。但是民权问题在外国政治上至今没有根本办法,至今还是一个大问题。就是外国人拿最新发明的学问来研究民权、解决民权问题,在学理一方面根本上也没有好发明,也没有得到一个好解决的方法。所以外国的民权办法不能做我们的标准,不足为我们的师导。

自义和团以后,一般中国人的思想,时时刻刻、件件东西总是要学外国。外国的东西到底可不可以学呢？比方用武器讲,到底是外国的机关枪利害呢,还是中国的弓刀利害呢？这两种东西没有比较,一定是外国的机关枪要利害得多。不但是外国的武器要比中国的利害,就是其他各种东西,外国都是比中国进步得多。就物质一方面的科学讲,外国驾乎中国那是不可讳言的。但是外国在政治一方面究竟是怎么样呢？外国的政治哲学和物质科学两种学问的进步,又是那一种最快呢?政治的进步远不及科学。譬如兵学就是一种军事科学,专就兵学讲,外国的战术随时发明,随时改良,所谓日新月异。所以拿一百多年以前的外国兵书,今日有没有人还拿去用呢?那是没有的。不但是一百年以前的兵书没有人拿去用,就是十年以前的兵书,到了今日也是无用。外国的武器和战术,每过十年便成一个大变动。换句话讲,就是外国的武器和战术,每过十年便有一次革命。外国最大的武器和价值最贵的武器,就是水上所用的战斗舰。现在外国的战斗舰,每艘要值五千万元以至于一万万元,能够值这些钱的船,才叫做一只兵船。外国物质的进步以武器为最快,武器的进步又以战斗舰为最快。战斗舰的变动最多不过十年,在欧战以前的战斗舰至今已成废物。不但是海军的战斗舰有这样的大变动,就是陆军的枪炮也是日日进步,每十年一次变动,每十年一次革命,每十年一翻新。现在我们所用的枪,在外国已经成了无用的废物;欧战时各国所用的大炮,到了今日也算是旧式。不但是武器在欧美是日日进步、件件翻新,就是其他机器物品也是天天改良、时时发明。所以外国在物质文明上的进步,真是日新月异,一天比一天的不同。至于在政治上,外国比较中国又是进步了多少呢?欧美两三百年来经过许多次数的革命,政治上的进步虽然是比中国快得多,但是外国的政治书本,像二千多年以前在希腊有一位大政治哲学家叫做柏拉图,他所著的《共和政体》①那本书至今还有学者去研究,对于现在的政体还以为有多少价值可以供参考,不像兵船操典过了十年便成无价值的废物。由此便知外国的物质科学,每十年一变,十年之前和十年之后大不相同,那种科学的进步是很快的。至于政治理论,在二千年以前柏拉图所写的《共和政体》至今还有价值去研究,还是很有用处。所以外国政治哲学的进步,不及物质进步这样快的。他们现在的政治思想,和二千多年以前的思想根本上还没有大变动。如果我们仿效外国的政治,以为也是像仿效物质科学一样,那便是大错。

外国的物质文明一天和一天不同,我们要学他,便很不容易赶上。至于

---

① 《共和政体》,英文原名 Republic,今译《理想国》。

外国政治的进步,比较物质文明的进步是差得很远的,速度是很慢的。像美国革命实行民权有了一百五十多年,现在能够实行的民权,和一百多年以前所实行的民权便没有大分别。现在法国所行的民权,还不及从前革命时候所行的民权。法国在从前革命的时候,所行的民权是很充分的,当时一般人民以为不对,大家要去反抗,所以至今有了一百多年,法国的民权还是没有大进步。我们要学外国,便要把这些情形分别清楚。至于外国民权所以没有大进步的原因,是由于外国对于民权的根本办法没有解决。由前几次所讲的情形,便知道欧美的民权政治至今还是没有办法,民权的真理还是没有发明;不过近两三百年以来民权思想逐渐澎涨〔膨胀〕,在人事上想不通的问题,大家便听其自然,顺着潮流去做罢了。所以近来民权的发达,不是学者从学理上发明出来的,是一般人民顺其自然做出来的。因为总是顺其自然去做,预先没有根本办法,前后没有想过,所以欧美实行民权在中途便遭了许多挫折,遇了许多障碍。中国革命以后要仿效欧美实行民权,欧美的民权现在发达到了代议政体,中国要跟上外国实行民权,所以也有代议政体。但是欧美代议政体的好处,中国一点都没有学到,所学的坏处却是百十倍,弄到国会议员变成猪仔议员,污秽腐败,是世界各国自古以来所没有的。这真是代议政体的一种怪现象。所以中国学外国的民权政治,不但是学不好,反且学坏了!

　　照前几回所讲,大家便知道欧美的民权政治根本上还没有办法,所以我们提倡民权,便不可完全仿效欧美。我们不完全仿效欧美,究竟要怎么样去做呢?现在中国还有守旧派,那些守旧派的反动力是很大的。他们的主张是要推翻民国,恢复专制,去图复辟,以为要这样的办法才可以救中国。我们明白世界潮流的人,自然知道这个办法是很不对的,所以要反对这个办法,顺应世界潮流,去实行民权,走政治的正轨。我们要走政治的正轨,便先要知道政治的真意义。什么是叫做政治呢?照民权第一讲的定义说,政是众人的事,治是管理众人的事。中国几千年以来社会上的民情风土习惯,和欧美的大不相同。中国的社会既然是和欧美的不同,所以管理社会的政治自然也是和欧美不同,不能完全仿效欧美,照样去做,像仿效欧美的机器一样。欧美的机器,我们只要是学到了,随时随地都可以使用。譬如电灯,无论在中国的什么房屋,都可以装设,都可以使用。至于欧美的风土人情和中国不同的地方是很多的,如果不管中国自己的风土人情是怎么样,便像学外国的机器一样,把外国管理社会的政治硬搬进来,那便是大错。虽然管理人类之政治法律条理也是一种无形的机器,所以我们称行政组织为机关。但是有形的机器是本于物理而成的,而无形的机器之政治是本于心理而成的。物理之学近数百年来已发明得甚多,而心理之学近二三十年始起首进步,至今尚未有大发明。此所以有别也,是以管理物的方法可以学欧美,管理人的方法当然不能完全学欧美。因欧美关于管理物的一切道理已经老早想通了,至于那些根本办法他们也老早解决了,所以欧美的物质文明,我们可以完全仿效,可以盲从,搬进中国来也可以行得通。至于欧美的政治道理至今还没有想通,一切办法在根本上还没有解决,所以中国今日要实行民权,改革政治,便不能完全仿效欧美,便要重新想出一个方法。如果一味地盲从附和,对于国计民生是很有大害的。因为欧美有欧美的社会,我们有我们的社会,彼此的人情风土各不相同。我们能够照自己的社会情形,迎合世界潮流做去,社会才可以改良,国家才可以进步。如果不照自己社会的情形,迎合世界潮流去做,国家便要退化,民族便受危险。我们要中国进步、民族的前途没有危险,自己来实行民权,自己在根本上便不能不想出一种办法。

我们对于民权政治到底能不能够想出办法呢?我们要能够想出办法,虽然不能完全仿效欧美,但是要借鉴于欧美,要把欧美已往的民权经验研究到清清楚楚。因为欧美民权虽然没有充分发达、根本解决,但是已经有了很多的学者对于民权天天去研究,常常有新学理的发明,而且在实行上也有了一百多年,所得的经验也是很多的。那些经验和学理,根本上都是应该拿来参考的。如果不参考欧美已往的经验、学理,便要费许多冤枉工夫,或者要再蹈欧美的覆辙。

现在各国学者研究已往民权的事实,得到了许多新学理,那是些什么学理呢?最新的对于政治问题的,有一位美国学者说:"现在讲民权的国家,最怕的是得到了一个万能政府,人民没有方法去节制他;最好的是得一个万能政府,完全归人民使用,为人民谋幸福。"这一说是最新发明的民权学理,但所怕、所欲都是在一个万能政府。第一说是人民怕不能管理的万能政府,第二说是为人民谋幸福的万能政府。要怎么样才能够把政府成为万能呢? 变成了万能政府,要怎么样才听人民的话呢? 在民权发达的国家,多数的政府都是弄到无能的;民权不发达的国家,政府多是有能的。像前次所讲,近几十年来欧洲最有能的政府,就是德国俾士麦当权的政府,在那个时候的德国政府的确是万能政府。那个政府本是不主张民权的,本是要反对民权的,但是他的政府还是成了万能政府。其他各国主张民权的政府,没有那一国可以叫做万能政府。

又有一位瑞士学者说:"各国自实行了民权以后,政府的能力便行退化。这个理由,就是人民恐怕政府有了能力,人民不能管理,所以人民总是防范政府,不许政府有能力,不许政府是万能。所以实行民治的国家,对于这个问题便应该想方法去解决。想解决这个问题,人民对于政府的态度就应该要改变。"从前人民对于政府总是有反抗态度的缘故,是由于经过了民权革命以后,人民所争得的自由平等过于发达,一般人把自由平等用到太没有限制,把自由平等的事做到过于充分,政府毫不能够做事。到了政府不能做事,国家虽然是有政府,便和无政府一样。这位瑞士学者看出了这个流弊,要想挽救,便主张人民要改变对于政府的态度。他究竟要人民变成什么态度呢? 人民的态度对于政府有什么关系呢? 譬如就中国几千年的历史说,中国人在这几千年中对于政府是什么样的态度呢? 我们研究历史,总是看见人称赞尧、舜、禹、汤、文、武;尧、舜、禹、汤、文、武的政府是中国人常常羡慕的政府,中国人无论在那个时代,总是希望有那样的政府,替人民来谋幸福。所以欧美的民权思想没有传进中国以前,中国人最希望的就是尧、舜、禹、汤、文、武,以为有了尧、舜、禹、汤、文、武那些皇帝,人民便可以得安乐,便可以享幸福。这就是中国人向来对于政府的态度。近来经过了革命以后,人民得到了民权思想,对于尧、舜、禹、汤、文、武那些皇帝便不满意,以为他们都是专制皇帝,虽美亦不足称。由此便知民权发达了以后,人民便有反抗政府的态度,无论如何良善,皆不满意。如果持这种态度,长此以往,不想办法来改变,政治上是很难望进步的。现在世界上要改变人民对于政府的态度,究竟是用什么办法呢？欧美学者只想到了人民对于政府的态度应该要改变,至于怎么样改变的办法,至今还没有想出。

我们革命主张实行民权,对于这个问题,我想到了一个解决的方法。我的解决方法,是世界上学理中第一次的发明。我想到的方法就是解决这个问题的一个根本办法。我的办法就是像瑞士学者近日的发明一样,人民对于政府要改变态度。近日有这种学理之发明,更足以证明我向来的主张是不错。这是什么办法呢？就是"权"与"能"要分别的道理。这个权能分别的道理,从前欧美的学者都没有发明过。究竟什么是叫做权与能的分别呢！要讲清楚这个分别,便要把我从前对于人类分别的新发明再拿来说一说。

我对于人类的分别,是何所根据呢？就是根据于各人天赋的聪明才力。照我的分别,应该有三种人:第一种人叫做先知先觉。这种人有绝顶的聪明,凡见一件事便能够想出许多道理,听一句话便能够做出许多事业。有了这种才力的人,才是先知先觉。由于这种先知先觉的人预先想出了许多办法,做了许多事业,世界才有进步,人类才有文明。所以先知先觉的人是世界上的创造者,是人类中的发明家。第二种人叫做后知后觉。这种人的聪明才力比较第一种人是次一等的,自己不能够创造发明,只能够跟随摹仿,第一种人已经做出来了的事,他便可以学到。第三种人叫做不知不觉。这种人的聪明才力是更次的,凡事虽有人指教他,他也不能知,只能去行。照现在政治运动的言词说,第一种人是发明家,第二种人是宣传家,第三种人是实行家。天下事业的进步都是靠实行,所以世界上进步的责任,都在第三种人的身上。譬如建筑一间大洋楼,不是一种寻常人能够造成的,先要有一个工程师,把想做的洋楼关于各种工程材料都要通盘计算,等到通盘计算好了,便绘一个很详细的图,再把那个图交给工头去看;等到工头把图看清楚了,才叫工人搬运材料,照那个图样去做。做洋楼的工人,都是不能够看图样的,只有照工头的吩咐,听工头的指挥,或者是某处放一块砖,某处加一片瓦,做那种最简单的事。工头又是不能够通盘计算去绘图的,只有照工程师所绘的图,吩咐工人去砌砖盖瓦。所以绘图的工程师,是先知先觉;看图的工头,是后知后觉;砌砖盖瓦的工人,是不知不觉。现在各城市的洋楼,都是靠工人、工头和工程师三种人共同做出来的。就是世界上的大事,也都是全靠那三种人来做成的。但是其中大部分的人都是实行家,都是不知不觉,次少数的人便是后知后觉,最少数的人才是先知先觉。世界上如果没有先知先觉,便没有发起人;如果没有后知后觉,便没有赞成人;如果没有不知不觉,便没有实行的人。世界上的事业,真是先要发起人,然后又要许多赞成人,再然后又要许多实行者,才能够做成功。所以世界上的进步,都是靠这三种人,无论是缺少了那一种人都是不可能的。现在世界上的国家实行民权、改革政治,那些改革的责任应该是人人都有份的,先知先觉的人要有一份,后知后觉的人要有一份,就是不知不觉的人也要有一份。我们要知道民权不是天生的,是人造成的。我们应该造成民权,交到人民,不要等人民来争才交到他们。

前几天有一位在高丽做官的日本人来见我,和我谈天,谈了颇久之后,我顺便问他一句话说:"现在高丽的革命是什么样情形呢?能不能够成功呢?"那位日本人没有什么话可答。我又问他说:"日本在高丽的官吏,对于高丽的民权态度又是怎么样呢?"他说:"只看高丽人将来的民权思想究竟是怎么样。如果高丽人都晓得来争民权,我们一定是把政权交还他们的。但是现在的高丽人还不晓得争民权,所以我们日本还是不能不代他们治理高丽。"这种说话未尝不冠冕堂皇,但是我们革命党对待全国人民,就不可像日本对待高丽一样,要等到人民晓得争民权的时候才去给他。因为中国人民都是不知不觉的多,就是再过几千年,恐怕全体人民还不晓得要争民权。所以自命为先知先觉和后知后觉的人,便不可像日本人一样专是为自己打算,要预先来替人民打算,把全国的政权交到人民。

照以前所讲的情形,欧美对于民权问题还没有解决的办法,今日我们要解决民权问题,如果仿效欧美一定是办不通的。欧美既无从仿效,我们自己便应该想一种新方法来解决这个问题。这个新方法,是像瑞士的学者最新的发明,人民对于政府要改变态度。但要改变态度,就是要把权与能来分开。权与能要怎么样分开呢?我们要把他研究到清楚,便应该把前几次所讲的情形,重提起来再说。第一件,什么是叫做民权呢?简单的说,民权便是人民去管理政治。详细推究起来,从前的政治是谁人管理呢?中国有两句古语,说"不在其位,不谋其政",又说"庶人不议"。可见从前的政权完全在皇帝掌握之中,不关人民的事。今日我们主张民权,是要把政权放在人民掌握之中。那么,人民成了一个什么东西呢?中国自革命以后成立民权政体,凡事都是应该由人民作主的,所以现在的政治又可以叫做"民主政治"。换句话说,在共和政体之下,就是用人民来做皇帝。

  照中国几千年的历史看,实在负政治责任为人民谋幸福的皇帝,只有尧、舜、禹、汤、文、武,其余的那些皇帝都是不能负政治责任为人民谋幸福的,所以中国几千年的皇帝,只有尧、舜、禹、汤、文、武能够负政治责任,上无愧于天,下无怍于民。他们所以能够达到这种目的,令我们在几千年之后都来歌功颂德的原因,是因为他们有两种特别的长处:第一种长处是他们的本领很好,能够做成一个良政府,为人民谋幸福;第二种长处是他们的道德很好,所谓"仁民爱物","视民如伤","爱民若子",有这种仁慈的好道德。因为他们有这两种长处,所以对于政治能够完全负责,完全达到目的。中国几千年来,只有这几个皇帝令后人崇拜,其余的皇帝不知道有多少,甚至于有许多皇帝后人连姓名都不知道。历代的皇帝,只有尧、舜、禹、汤、文、武有很好的本领、很好的道德,其余都是没有本领、没有道德的多。那些皇帝虽然没有本领、没有道德,但是很有权力的。

  大家都把中国历史看得是很多的,尤其是《三国演义》,差不多人人都看过了。我们可以拿《三国演义》来证明。譬如诸葛亮是很有才学的,很有能干的。他所辅的主,先是刘备,后是阿斗。阿斗是很庸愚的,没有一点能干。因为这个原因,所以刘备临死的时候,便向诸葛亮说:"可辅则辅之,不可辅则取而代之。"刘备死了以后,诸葛亮的道德还是很好,阿斗虽然没有用,诸葛亮依然是忠心辅佐,所谓"鞠躬尽瘁,死而后已"。由这样看来,在君权时代,君主虽然没有能干,但是很有权力,像三国的阿斗和诸葛亮便可以明白。诸葛亮是有能没有权的,阿斗是有权没有能的。阿斗虽然没有能,但是把什么政事都付托到诸葛亮去做。诸葛亮很有能,所以在西蜀能够成立很好的政府,并且能够六出祈〔祁〕山去北伐,和吴、魏鼎足而三。用诸葛亮和阿斗两个人比较,我们便知道权和能的分别。专制时代,父兄做皇帝,子弟承父兄之业,虽然没有能干也可以做皇帝,所以没有能的人也是很有权。现在成立共和政体,以民为主,大家试看这四万万人是那一类的人呢?这四万万人当然不能都是先知先觉的人,多数的人也不是后知后觉的人,大多数都是不知不觉的人,现在民权政治是要靠人民作主的,所以这四万万人都是很有权的,全国很有权力能够管理政治的人就是这四万万人。大家想想,现在的四万万人就政权一方面说是像什么人呢?照我看起来,这四万万人都是像阿斗。中国现在有四万万个阿斗,人人都是很有权的。阿斗本是无能的,但是诸葛亮有能,所以刘备死了以后,西蜀还能够治理。现在欧美人民反对有能的政府,瑞士学者要挽救这种流弊,主张人民改变态度,不可反对有能的政府。但是改变了态度以后,究竟是用什么办法呢?他们还没有发明。我现在所发明的是要权与能分开,人民对于政府的态度才可以改变。如果权与能不分开,人民对于政府的态度总是不能改变。当时阿斗知道自己无能,把国家全权托到诸葛亮,要诸葛亮替他去治理。所以诸葛亮上《出师表》,便献议到阿斗把宫中和府中的事要分开清楚:宫中的事,阿斗可以去做;府中的事,阿斗自己不能去做。府中的事是什么事呢?就是政府的事。诸葛亮把宫中和府中的事分开,就是把权和能分开。所以我们治理国家,权和能一定是要分开的。究竟要怎么样才可以分开呢?大家要拿一个远大眼光和冷静见解来看世界上的事,才可以把他分别清楚。

大家此时对于政府有一种特别观念,这种观念是怎么样发生的呢?是由于几千年专制政体发生的。因为几千年的专制政体,多是无能力的人做皇帝,人民都是做皇帝的奴隶。在中国的四万万人就做过了几千年奴隶。现在虽然是推翻专制,成立共和政体,表面上固然是解放,但是人民的心目中还有专制的观念,还怕有皇帝一样的政府来专制。因为再怕有皇帝一样的政府来专制,想要打破他,所以生出反对政府的观念,表示反抗政府的态度。所以现在人民反抗政府的态度,还是由于从前崇拜皇帝的心理反动生出来的。换句话说,人民对于政府的态度,就是由于从前崇拜皇帝的心理,一变而为排斥政府的心理。从前崇拜皇帝的心理固然是不对,现在排斥政府的心理也是不对的。我们要打破这种不对的心理,便要回顾到几万年和几千年以前的政治历史,才可以看破。

比方在专制皇帝没有发达以前,中国尧舜是很好的皇帝,他们都是公天下,不是家天下。当时的君权还没有十分发达,中国的君权是从尧舜以后才发达的。推到尧舜以前更没有君权之可言,都是奉有能的人做皇帝,能够替大家谋幸福的人才可以组织政府。譬如从前所讲人同兽争的野蛮时代,国家的组织没有完全,人民都是聚族而居,靠一个有能的人来保护。在那个时候,人民都怕毒蛇猛兽来侵害,所以要奉一个有能的人负保护的责任。当时保护的任务,就是在有能力去打,能够打胜毒蛇猛兽的人,就是当时很有能干的人。当时人同兽打,没有武器,都是靠赤手空拳,要个人的体魄很强壮,所以在当时体魄很强壮的人,大家便奉他做皇帝。除了会打的人可以做皇帝以外,中国还有例外。譬如燧人氏钻木取火,教人火食,既可避去生食动植物的危险,复可制出种种美味,适于口腹之欲,所以世人便奉他做皇帝。钻木取火,教人火食,是什么人的事? 就是厨子的事。所以燧人氏钻木取火、教人火食便做皇帝,就可以说厨子做皇帝。神农尝百草,发明了许多药性,可以治疾病,可以起死回生,便是一件很奇怪、很有功劳的事,所以世人便奉他做皇帝。尝百草是什么人的事呢? 就是医生的事。所以神农由于尝百草便做皇帝,就可以说医生做皇帝。更推到轩辕氏教民做衣服也是做皇帝,那就是裁缝做皇帝;有巢氏教民营宫室也做皇帝,那就是木匠做皇帝。所以由中国几千年以前的历史看起来,都不是专以能够打得的人才做皇帝,凡是有大能干、有新发明、在人类立了功劳的人,都可以做皇帝,都可以组织政府。像厨子、医生、裁缝、木匠那些有特别能干的人,都是做过了皇帝的。

从前有一位美国教授叫做丁韪良①,有一天到北京西山去游玩,遇到了一个农夫,和农夫谈起话来。那个农夫便问丁韪良说:"外国人为什么不到

---

① 丁韪良(William Alexander Parsons Martin,1827—1916),原为美国传教士,长期寓居中国,曾先后担任北京同文馆、京师大学堂总教习。

中国来做皇帝呢?"丁韪良反问农夫说:"外国人可以来做皇帝吗?"那个农夫便指田边所挂的电线说:"能做这种东西的人,便可以做中国皇帝了。"那个农夫的思想,以为只有一根铁线便可以通消息传书信,做这种铁线通消息的人,当然是很有本领的;有这样大本领的人当然可以做皇帝。由此便可以证明中国人的一般心理,都以为是大本领的人便可以做皇帝。中国自尧舜以后,那些皇帝便渐渐变成专制,都要家天下,不许人民自由拥戴有本领的人去做皇帝。假若现在四万万人用投票的方法选举皇帝,如果给以充分的民权,人民能够自由投票,丝毫不受别种势力的干涉,同时又有尧舜复生,究竟是选举谁来做皇帝呢?我想一定是举尧舜来做皇帝。中国人对于皇帝的心理,不像欧美人对于皇帝的那样深恶痛绝,因为中国皇帝的专制没有欧洲皇帝的那么利害。

　　欧洲在两三百年以前,皇帝专制达到了极点,人民都视为洪水猛兽,非常的怕他,所以人民不但是对于皇帝要去排斥,就是和皇帝很相近的东西像政府一样,也是一齐要排斥。欧美现在实行了民权,人民有了大权,要排斥政府实在是很容易的。像西蜀的阿斗要排斥诸葛亮,那还不容易吗?如果阿斗要排斥诸葛亮,试问西蜀的政府能不能够长久呢?能不能够六出祁山去北伐呢?阿斗见到了这一层,所以便把政治的全权都付托到诸葛亮,无论是整顿内部是由他,南征是由他,就是六出祁山去北伐也是由他。我们现在行民权,四万万人都是皇帝,就是有四万万个阿斗,这些阿斗当然是应该欢迎诸葛亮来管理政事,做国家的大事业。欧美现在实行民权,人民所持的态度总是反抗政府,根本原因就是由于权和能没有分开。中国要不蹈欧美的覆辙,便应该要照我所发明的学理,要把权和能划分清楚。人民分开了权与能,才不致反对政府,政府才可以望发展。中国要分开权与能是很容易的事,因为中国有阿斗和诸葛亮的先例可援。如果政府是好的,我们四万万人便把他当作诸葛亮,把国家的全权都交到他们;如果政府是不好的,我们四万万人可以实行皇帝的职权,罢免他们,收回国家的大权。欧美人民对于政府不知道分别权与能的界限,所以他们的民权问题发生了两三百年,至今还不能解决。

我们现在主张要分开权与能,再拿古时和现在的事实比较的来说一说。在古时能打的人,大家便奉他做皇帝。现在的富豪家庭也请几位打师来保护,好像上海住的军阀官僚,在各省铲了地皮、发了大财之后,搬到上海的租界之内去住,因为怕有人去打他、和他要钱,他便请几个印度巡捕在他的门口保护。照古时的道理讲,能保护人的人便可以做皇帝,那末保护那些官僚军阀的印度巡捕,便应该做那些官僚军阀的皇帝。但是现在的印度巡捕,决不能问那些官僚军阀的家事。从前赤手空拳的打师都是做皇帝,现在有长枪的印度巡捕,更是应该要做皇帝。那些官僚军阀不把他当作皇帝,只把他当作奴隶。那种奴隶有了枪,虽然是很有能力,那般官僚军阀只能够在物质一方面给些钱,不能够在名义上叫他做皇帝。像这样讲,古时的皇帝便可以看作现在守门的印度巡捕,现在守门的印度巡捕就是古时的皇帝。再进一层说,保护人民的皇帝,既是可以看作守门的印度巡捕,大家又何必要排斥他呢?

现在有钱的那些人组织公司、开办工厂,一定要请一位有本领的人来做总办,去管理工厂。此总办是专门家,就是有能的人,股东就是有权的人。工厂内的事,只有总办能够讲话,股东不过监督总办而已。现在民国的人民便是股东,民国的总统便是总办。我们人民对于政府的态度,应该要把他们当作专门家看。如果有了这种态度,股东便能够利用总办整顿工厂,用很少的成本出很多的货物,可以令那个公司发大财。现在欧美民权发达的国家,人民对于政府都没有这种态度,所以不能利用有本领的人去管理政府。因为这个原因,所以弄到在政府之中的人物都是无能,所以弄到民权政治的发达反是很迟,民主国家的进步反是很慢,反不及专制国家的进步,像日本和德国那一样的迅速。从前日本维新,只有几十年便富强起来。从前德国也是很贫弱的国家,到了威廉第一和俾士麦执政,结合联邦,励精图治,不到几十年便雄霸欧洲。其他实行民权的国家,都不能像日本和德国的进步,一日千里。推究此中原因,就是由于民权问题的根本办法没有解决,如果要解决这个问题,便要把国家的大事付托到有本领的人。

现在欧美人无论做什么事,都要用专门家。譬如练兵打仗便要用军事家,开办工厂便要用工程师,对于政治也知道要用专门家。至于现在之所以不能实行用政治专门家的原因,就是由于人民的旧习惯还不能改变。但是到了现在的新时代,权与能是不能不分开的,许多事情一定是要靠专门家的,是不能限制专门家的。像最新发明,在人生日用最便利的东西是街上的汽车。在二十多年前初有汽车的时候,没有驾驶的车夫,没有修理的工匠。我从前有一个朋友买了一架汽车,自己一方面要做驾驶的汽车夫,又一方面要做修理的机器匠,那是很麻烦的,是很难得方方面面都做好的。到了现在,有许多的汽车夫和机器匠,有汽车的主人只要出钱雇他们来,便可以替自己来驾驶,替自己来修理。这种汽车夫和机器匠,就是驾驶汽车和修理汽车的专门家,没有他们,我们的汽车便不能行动,便不能修理。国家就是一辆大汽车,政府中的官吏就是一些大车夫。欧美人民始初得到了民权,没有相当的专门家,就像二十多年以前有钱的人得了一辆汽车一样,所以事事便非靠自己去修理、自己去驾驶不可。到了现在,有了许多有本领的专门家,有权力的人民便应该要聘请他们,不然就要自己去驾驶、自己去修理,正所谓自寻烦恼,自找痛苦。就这个比喻,更可分别驾驶汽车的车夫是有能而无权的,汽车的主人是无能而有权的,这个有权的主人便应该靠有能的专门家去代他驾驶汽车。民国的大事,也是一样的道理。国民是主人,就是有权的人;政府是专门家,就是有能的人。由于这个理由,所以民国的政府官吏,不管他们是大总统,是内阁总理,是各部总长,我们都可以把他们当作汽车夫。只要他们是有本领,忠心为国家做事,我们就应该把国家的大权付托于他们,不限制他们的行动,事事由他们自由去做,然后国家才可以进步,进步才是很快。如果不然,事事都是要自己去做,或者是请了专门家,一举一动都要牵制他们,不许他们自由行动,国家还是难望进步,进步还是很慢。

  要明白这个道理,我有一段很好的故事,可以引来证明。我从前住在上海的时候,有一天和一个朋友约定了时间,到虹口去商量一件事。到了那一天,把所约定的时间忽然忘记了,一直到所约定的时间十五分钟之前才记忆起来。当时我所住的地方是法国租界,由法国租界到虹口是很远的,用十五分钟的时间很不容易赶到。我便着急起来,找着汽车夫,慌忙的问他说:

"在十五分钟之内,可以不可以赶到虹口呢?"那个车夫答应说:"一定可以赶到"。我便坐上车,由车夫自由去驾驶,向目的地出发。上海的道路我是很熟悉的,由法国租界到虹口,好比由广州沙基到东山一样,一定要经过长堤和川龙口,才是捷径。但是我的汽车夫从开车以后所走的路,便不经过长堤和川龙口,他先由丰宁路再绕道德宣路,走小北门然后才到大东门,才抵东山。当时汽车走得飞快,声音很大,我不能够和车夫说话,心里便很奇怪,便非常的恨那个车夫,以为车夫和我捣乱,是故意的走弯曲路阻迟时候。此时的情形,好比是政府有特别原故,要做非常的事,国民不知道,便生出许多误会来非难政府一样。至于那个车夫选择那一条路走,不过十五分钟便到了虹口,我的忿气才平,便问那个车夫说:"为什么要这样弯弯曲曲走这一条路呢?"那个车夫答应说:"如果走直路,便要经过大马路,大马路的电车、汽车、人力车和行人货物的来往是很拥挤的,是很不容易走通的。"我才明白从前误会的道理,才晓得我所要走的大马路和外摆渡桥是从空间着想。那个车夫是有经验的,知道汽车能够走得很快,每小时可以走三四十英里,虽然走弯一点,多走几里路,但是把汽车的速度加快一点,还是在限定钟点以内可以赶到。他的这样打算,是从时间上着想。那个车夫不是哲学家,本不知道用什么时间、空间去打算,不过他是专门家,知道汽车有缩地的能力,如果把汽车的速度加快,就是多走弯路,还能够于十五分钟之内赶到虹口。假若当时我不给车夫以全权,由他自由去走,要依我的走法一定是赶不到。因为我信他是专门家,不掣〔掣〕他的肘,他要走那一条路便走那一条路,所以能够在预约时间之内,可以赶到。不过我不是这种专门家,所以当时那个车夫走弯路,我便发生误会,便不知道他何以要走弯路的道理。民国的人民都是国家的主人,对于政府的态度,应该要学我那次到虹口对于车夫的态度一样,把他当作是走路的车夫。能够有这样的眼光,人民对于政府的态度才可以改变。

欧美人民现在对于政府持反对的态度,是因为权与能没有分开,所以民权的问题至今不能解决。我们实行民权,便不要学欧美,要把权与能分得清清楚楚。民权思想虽然是由欧美传进来的,但是欧美的民权问题至今还没有办法。我们现在已经想出了办法,知道人民要怎么样才对于政府可以改变态度。但是人民都是不知不觉的多,我们先知先觉的人便要为他们指导,引他们上轨道去走,那才能够避了欧美的纷乱,不蹈欧美的覆辙。欧美学者现在只研究到了人民对于政府的态度不对,应该要改变,但是用什么方法来改变,他们还没有想到。我现在把这个方法已经发明了,这个方法是要权与能分开。讲到国家的政治,根本上要人民有权,至于管理政府的人,便要付之于有能的专门家。把那些专门家不要看作是很荣耀很尊贵的总统、总长,只把他们当作是赶汽车的车夫,或者是当作看门的巡捕,或者是弄饭的厨子,或者是诊病的医生,或者是做屋的木匠,或者是做衣的裁缝,无论把他们看作是那一种的工人都是可以的。人民要有这样的态度,国家才有办法,才能够进步。

第 六 讲
(四月二十八日)①

现在欧美的政治家同法律学者,都说政府是机器,法律是机器之中的工具。中国很多的政治法律书籍都是从日本译过来的,日本人把政治组织译作"机关"。这个机关的意思,就是中国人所常说的机器一样。我们中国人从前说机关,是机会的意思,从日本人把政治组织译成了机关之后,就和机器的意思相同。所以从前说政府衙门,现在说是行政机关、财政机关、军事机关、教育机关。这种种机关的意思,和日本人所说的政府机关是一样的解释,没有丝毫分别。现在说机关就是机器,好比说机关枪就是机器枪一样。由此便知道机关和机器两个名词,是一样的意思。因为机关和机器的意思相同,所以行政机关就可以说是行政机器。至于行政机器和制造机器有什么分别呢?制造机器完全是用物质做成的,譬如用木料、钢铁和皮带种种东

---

① 原缺第六讲日期,今据1924年4月29日《广州民国日报》的报道,于此处及目录标题增补。

西凑合起来,便做成制造机器。行政机器完全是用人组织成的,种种动作都是靠人去活动,不是靠物去活动。所以行政机器和制造机器有大大的分别。最要紧的分别,就是行政机器是靠人的能力去发动的,制造机器是靠物的能力去发动的。

照前几次所讲的民权情形,便知道近来的欧美文化是很发达的,文明是很进步的。分析起来说,他们的物质文明,像制造机器那些东西的进步是很快的。至于人为机器,像政府机关这些东西的进步是很慢的。这个理由是在什么地方呢?就是物质机器做成了之后易于试验,试验之后不好的易于放弃,不备的易于改良。人为机器成立了之后很不容易试验,试验之后很不容易改良。假若是要改良,除非起革命不可。如果不然,要把他当作不好的物质机器看待,变成废铁,那是做不来的。因为这个理由,所以欧美的制造机器进步很快,行政机器进步很慢。譬如民权风潮在欧美发生之后,各国都想实行民权。最早的是美国,美国自开国至今有了一百四十多年,开国时所行的民权,和现在所行的差不多相同。现在所用的宪法就是开国时候的联邦宪法,那种联邦宪法经过了一百多年,根本上没有大更改,至今还是应用他。至于大多数的制造机器,发明的年代也不过一百多年。在一百多年以前的旧机器,现在有没有人去用他呢?从前的旧机器老早变成了废铁,现在农工商业中所有的机器,没有十年以前的旧东西。因为每过十年,便有此很多的新发明,很多的新改良,没有那一年不是有进步的。说到一百多年以前的行政机关,至今还是应用他。这便是由于用人活动的机关,当中活动的人固然可以随时改换,但是全体组织不容易根本改造。因为习惯太久,陈陈相因,如果不想革命,要在平时去改造,把旧组织完全废弃,那是做不到的。由于这个道理,欧美的物质机器近来很容易进步,进步是很快的;人为机器向来便难于进步,进步是很慢的。

我在前两次讲演民权,便说欧美对于民权政治至今没有根本办法。他们为什么没有办法呢?就是因为他们把人为的机器,没有精良去试验。说到物质的机器,自最初发明时代以至于现在,不知道古人经过了几千次的试验和几千次的改良,才有今日我们所见的机器。由现在所见的机器回顾到最初发明时代,是什么情形呢?如果大家读过了机器史,便知道有一段很有趣味的故事。譬如就发动机的历史说,在最初发明的时候,只有一个方向的动力,没有和现在一样的两个方向之动力。现在做种种工作的机器,像火车轮船,都是有来回两个方向的动力。那个动力的来源,是把水盛在锅内,再用煤在炉底烧很大的火,把水烧到沸腾,变成蒸汽,到了水变成蒸汽之后,便有很大的膨胀力,用一个汽管把蒸汽由锅中导入一个机器箱,这个机器箱,中国话叫做"活塞",外国话叫做"比士顿"①。这个活塞就是令机器发动的东西,是机器全体中最要紧的一部分。机器之所以发动,是由于活塞之一端接收了蒸汽以后,由蒸汽之膨胀力,便推动活塞,令活塞前进。蒸汽力在活塞之一端用尽了以后,更由他端注入新蒸汽,再把活塞推回。由是蒸汽推动活塞,来往不息,机器的全体便运动不已。运动的原料从前用水,现在用油,叫做瓦斯②油,就是很容易挥发的油,化为气体去推动活塞。各种机器发动的原料,不管他是用水或者是用油,都是一样的道理,由于活塞的运动,往返不已,便旋转机器。我们要想用来做什么工作,便可以做什么工作。譬如行船拉车,就是走路的机器,一天可以走几千里;就是运输的机器,要运多少货物,便可以载多少货物。到现在看起来,是妙极了的东西。但是推到最初发明的时候,是什么情形呢?最初发明的活塞构造极简单,只能够在一端接收蒸汽,把活塞推过去,再不能够在他端接收蒸汽,把活塞推回来。所以当初活塞的运动,只有一个前进的方向,再没有回头的方向。因为这个原因,从前用机器做工便有许多的不方便。譬如最初用新发明的机器去弹棉花,每用一架机器,便要用一个小孩子站在机器的旁边,等到活塞前进了之后,小孩子便要用手把活塞棒拉回来,然后才由蒸汽再把活塞推过去。所以一往一返,便要用小孩子来帮助。比较现在的活塞往返自如,不要人帮助,该是何等的不利便呢!后来是怎么样造成现在这样便利的活塞呢?当中所经过的阶级是什么情形呢?当时做那种机器的工程师,毫不知道要怎么样才能

---

① 比士顿,英文 piston 的译音。
② 瓦斯,英文为 gas。

够把活塞拉回来。至于在那个时候的棉花工厂本不很大,所用的机器力,虽然是只有一个方向,但是在一个工厂之内,只有十多架机器。不过一架机器要用一个小孩子去帮助,有了十多架机器,便要用十几个小孩子。那些小孩子天天去拉那种机器,时时刻刻做一个动作,便觉得很无趣味,很觉得讨厌。因为那些小孩子觉得那种工作讨厌,所以要有工头去监视,那些小孩子才不躲懒。工头一离开了工厂,那些小孩子便不拉机器,便去玩耍。其中有一个很聪明又很懒惰的小孩子,不情愿总是用手去拉那架机器,想用一个方法代手去拉,于是乎用一条绳和一根棍绑在那架机器的上面,令活塞推过去了之后,又可以自动的拉回来。那个小孩子不必动手去拉他,便可以自动的来回,运转不已。由于那一个小孩子的发明,便传到那十几个小孩子的全体。那些全体的小孩子,因为都得了棍和绳的帮助,机器都可以自动,所以大家都去玩耍,不管机器的工作。等到工头回厂之后,看见那些小孩子都在玩耍,都没有站在机器旁边去拉回活塞棒,便惊讶起来说:"为什么这些小孩子不拉机器,机器还能够自动的来往,继续作工呢?这些小孩子是玩的什么把戏呢?这真是奇怪的很呀!"工头在当时因为觉得很奇怪,便去考察机器之所以自动来回的原故,更把考察的结果去报告工程师。后来工程师明白那个小孩子的方法是很奇妙的,便照他的方法逐渐改良,做成了今日来回自如的机器。

　　民权政治的机器,至今有了一百多年,没有改变。我们拿现在民权政治的机器来看,各国所行的民权,只有一个选举权。这就是人民只有一个发动力,没有两个发动力。只能够把民权推出去,不能够把民权拉回来,这好像始初的发动机一样。但是从前有一个帮助机器的懒小孩子,知道了加一条绳和一根棍,借机器本体的力量,可以令机器自动的来回;至于现在的民权政治中,还没有这种懒小孩子发明那种拉回民权的方法。因为这个原因,所以民权政治的机器用过了一百多年,至今还只有一个选举权。从有了选举权以后,许久都没有别的进步。选举出来的人究竟是贤与不肖,便没有别的权去管他。像这种情形,就是民权政治的机器不完全。因为这种机器不完全,所以民权政治至今还没有好办法,还没有大进步。我们要这种机器进步,是从什么地方做起呢? 照前一次所讲的道理,是要把权和能分清楚。

现在还是用机器来比喻,机器里头各部的权和能,是分得很清楚的。那一部是做工,那一部是发动,都有一定的界限。譬如就船上的机器说,现在最大的船有五六万吨,运动这样大船的机器,所发出来的力量有超过十万匹马力的机器,只用一个人便可以完全管理。那一个管理的人,要全船怎么样开动便立刻开动,要全船怎么样停止便立刻停止。现在机器的进步,到了这种妙境。在最初发明机器的时候,如果一种机器发出来的力量到了几百匹或者几千匹马力,便不敢用他,因为马力太大便没有人能够管理。通常说机器的大小,都是用马力做标准。一匹马力是多少呢? 八个强壮人的力合垄〔拢〕起来,便是一匹马力。如果说一万匹马力,便是有八万个人的力。现在大商船和兵船上的机器所发出的原动力,有从十万匹到二十万匹马力的。像这样大力的机器,是没有别样东西可以抵当〔挡〕得住的。在寻常的机器,一万匹马力便有八万个人的力,若是那么样大力的机器,管理的方法不完全,那么机器全体一经发动之后,便不能收拾,所谓能发不能收。因为这个理由,所以从前发明机器的人去试验机器,常常自己打死自己。由于这种结果,在机器界打死的发明家,世界历史中不知道有了多少。外国有一个名词叫做"化兰京士丁"①,就是能发不能收的机器。到了后来,机器的构造天天改良,天天进步,虽然有十万匹或者二十万匹马力的机器,只用一个人便可以从容去管理,没有一点危险。说到十万匹马力,便是有八十万个人的力,二十万匹马力,便是有一百六十万个人的力,若是专有这样大的人力,是不是容易管理呢? 现在军队的力量,到了一两万人便不容易管理。机器的力量就是有一百六十万人之多,一个人还可以从容管理。由此便可见近来

---

① 化兰京士丁(Frankenstein),今译弗兰肯斯坦,原为英国女作家玛丽·雪莱[Mary Wollstonecraft Shelley,1797—1851,即著名诗人雪莱(Percy Bysshe Shelley,1792—1822)之妻]于1818年所著小说《弗兰肯斯坦:现代的普罗米修斯》(Frankenstein, or the Modern Prometheus)一书中的主人公,此人是一位生理学家。他发现了生命奥秘之所在,决定要创造出一个人。结果,造出来的不是人,而是一个怪物。最后,连他自己的生命,也被这个怪物毁灭,以此比喻创造者无法控制自己所创造之物。

的机器是很进步的,管理的方法是很完全的。

现在的政治家和法律学者,都以政府为机器,以法律为工具。此刻的民权时代,是以人民为动力。从前的君权时代,是以皇帝为动力,全国的动作是发源于皇帝。在那个时代,政府的力量越大,皇帝越显尊严,有了强有力的政府,皇帝的号令才容易实行。因为皇帝是发动机器的人,所以政府的力越大,皇帝高高在上,便可以为所欲为。譬如修内治,勤远略,整军经武,他要想做什么,便可以做什么。故在君权时代,政府的力越大,对于皇帝只有利而无害。到了民权时代,人民就是政府的原动力,为什么人民不愿意政府的能力太大呢?因为政府的力量过大,人民便不能管理政府,要被政府来压迫。从前被政府的压迫太过,所受的痛苦太多,现在要免去那种压迫的痛苦,所以不能不防止政府的能力。在最初发明机器的时代,一个机器推过去了以后,只用一个小孩子便可以拉回来,由此便知道在那个时候一个机器的力量是很小的,最大的不过是几匹马力。如果有了一万匹马力以上的机器,当然不是一个小孩子可以拉得回来的。当时因为管理机器的方法不完全,一定要有那样小力的机器,人民才是敢用他。现在是民权初发达的时代,管理政府的方法也是不完全。政府的动力固然是发源于人民,但是人民发出了动力之后,还要随时可以收回来,像那样小力的政府,人民才是敢用他。若是有了几万匹马力的政府,人民不能够管理,便不敢用他。所以现在欧美各国的人民恐怕强有力的政府,好比从前的工厂怕有大马力的机器是一样的道理。当初那种小力的机器,如果不想方法来改良,那种机器一定是永远没有进步,一定是永远还要人去拉。但是后来日日求改良,一直到现在,便可以不必用人力去拉,只要机器的自身便可以来回自动。至于政治的机器,人民总不知道想方法来改良,总是怕政府的能力太大,不能拉回,反常常想方法去防止,所以弄到政治不能发达,民权没有进步。照现在世界的潮流说,民权思想是一天一天的进步,管理民权政治的机器还是丝毫没有进步。所以欧美的民权政治至今没有根本办法,就是这个理由。

照我前一次所讲的根本办法说,权与能要分别清楚。用机器来做比喻,什么是有能力的东西呢?机器的本体就是有能力的东西。譬如十万匹马力的机器,供给了相当的煤和水之后,便可以发生相当的能力。什么是有权的人呢?管理机器的工程师就是有权的人。无论机器是有多少马力,只要工程师一动手,要机器开动便立刻开动,要机器停止便立刻停止。工程师管理机器,想要怎么样便可以怎么样。好像轮船火车,一开机器,便可以要轮船火车走得很快,一停机器,马上就可以要他不走。所以机器是很有能的东西,工程师是很有权的人。人民管理政府,如果把权和能分开了,也要像工程师管理机器一样。在民权极盛的时代,管理政府的方法很完全,政府就是有大力,人民只要把自己的意见在国民大会上去发表,对于政府加以攻击,便可以推翻,对于政府加以颂扬,便可以巩固。但是现在的权与能不分,政府过于专横,人民没有方法来管理。不管人民是怎么样攻击,怎么样颂扬,政府总是不理,总是不能发生效力。现在世界上的政治不进步,民权思想很发达,无论那一国的人民,对于政治机关的现状总是不合他们心理上的用法。

　　中国此刻正是改革时代,我们对于政治主张实行民权。这种民权思想,是由欧美传进来的。我们近来想学欧美的新思想,造成一个完全的民治国家。最初想造成这种国家的时候,一般革命志士都以为完全仿效欧美,步欧美的后尘,把欧美的东西完全抄过来,中国的民权便算是很发达,便可以算是止境。当初的这种思想并不是全错,因为中国从前的专制政体过于腐败,我们如果实行改革,打破了专制以后做建设的事业,能够学到像欧美,就比较上说当然是很好。但是欧美人民对于自己国家社会的现状是不是心满意足呢?如果我们细心考察欧美的政治社会,所谓革命的先进国家像美国、法国的人民,现在还是主张改良政治,还是想要再来革命。他们革命不过一百多年,为什么还要再来革命呢?由此便可以证明我们从前以为学到了像欧美便算是止境,那便是不对。由此便知就令是我们学到了像美国、法国一样,法国、美国现在还是要革命,我们到了百十年之后一定也是免不了再起革命的。因为法国、美国现在的政治机器还是有很多的缺点,还是不能满足人民的欲望,人民还是不能享圆满的幸福。像这样讲来,所以我们现在提倡改革,决不能够说学到了像现在的欧美便算是止境,便以为心满意足。我们步他们的后尘,岂不是一代更不如一代,还再要起革命吗?若是再起革命,那么此次的革命岂不是徒劳无功吗?

我们要现在的革命不是徒劳无功,想存一个长治久安之计,所谓一劳永逸,免将来的后患。要怎么样才可以做得到呢?欧美的方法可不可以完全搬到中国来行呢?我们试拿欧美最新的物质文明说,譬如交通上最要紧的东西是铁路。东方国家仿造铁路最早的是日本,中国近来才知道铁路的重要,才知道要建筑铁路。所以中国仿造铁路是在日本之后。但是用中国和日本现在的铁路来比较,中国和日本的火车大家如果都是坐过了的,便知道日本的铁轨是很窄的,车是很小的;中国的沪宁和京汉铁路,那些铁轨都是很宽的,车是很大的。为什么中国建筑铁路在日本之后,所做的车和轨还是比日本的宽大呢?就是因为中国所学的是欧美的新发明,日本所学的是欧美的旧东西,若是中国建筑铁路不照欧美的新发明,只学日本的旧东西,可不可以算是满足呢?欧美从前只有那样的窄铁路和小火车,日本最初去学他,便在无形之中上了大当。我们现在建筑铁路,可不可以也学那种不便利的旧东西呢?但是中国近来建筑铁路,不学日本不便利的旧东西,要学欧美很便利的新发明。所以中国现在的铁路好过日本,这所谓是后来者居上。因为这个原故,我们现在改良政治便不可学欧美从前的旧东西,要把欧美的政治情形考察清楚,看他们政治的进步究竟是到了什么程度,我们要学他们的最新发明,才可以驾乎各国之上。

我在前一次讲过了,欧美对于民权问题的研究还没有彻底,因为不彻底,所以人民和政府日日相冲突。因为民权是新力量,政府是旧机器。我们现在要解决民权问题,便要另造一架新机器,造成这种新机器的原理,是要分开权和能。人民是要有权的,机器是要有能的。现在有大能的新机器用人去管理,要开动就开动,要停止就停止。这是由于欧美对于机器有很完全的发明,但是他们对于政治还是没有很完全的发明。我们现在要有很完全的改革,无从学起,便要自己想出一个新办法。要我们自己想出一个新办法,可不可以做得到呢?中国人从经过了义和团之后,完全失掉了自信力,一般人的心理总是信仰外国,不敢信仰自己。无论什么事,以为要自己去做成、单独来发明是不可能的，一定要步欧美的后尘，要仿效欧美的办法。至于在义和团之前，我们的自信力是很丰富的，一般人的心理都以为中国固有的文明、中国人的思想才力是超过欧美，我们自己要做到什么新发明都是可能的事。到了现在，便以为是不可能的事。殊不知欧美的文明只在物质的一方面，不在其他的政治各方面。专就物质文明的科学说，欧美近来本是很发达的。一个人对于一种学问固然是有特长，但是对于其余的各科学问未必都是很精通的，还有许多都是盲〔茫〕然的。他们的物质科学，一百多年以来发明到了极点，许多新发明真是巧夺天工，是我们梦想不到的。如果说政治学问，他们从前没有想到的我们现在也想不到，那便是没有理由。欧美的机器近来本有很完全的进步，但是不能说他们的机器是进步，政治也是进步。因为近两百多年以来，欧美的特长只有科学，大科学家对于本行的学问固然是有专长，对于其余的学问像政治哲学等，未必就有兼长。有一段很好的故事，可以引来证明一证明。

英国从前有一位大科学家，在近来世界上的学问家之中，没有那一个能够驾乎他之上的，是叫做纽顿。纽顿是什么人呢？他是一个很聪明很有学问的人。他在物理学中，有很多超前绝后的发明，最著名的是"万有引力"。纽顿推出来的"万有引力"，是世界上头一次的发明，是至今科学中的根本原理。近来世界上许多科学原理的新发明，没有那一种能够驾乎万有引力学说之上的。纽顿对于科学既是有这样的特别聪明，试看他对于别的事情是不是一样的聪明呢？照我看起来，却有大大的不然。有一件很有趣味的故事，可以证明纽顿做事不是件件事都是很聪明的。纽顿一生除了读书、试验之外，还有一种嗜好，他的嗜好是爱猫。他养了大小不同的两个猫，出入总是跟着他。因为他很爱那两个猫，所以猫要怎样行动，他便怎么样去侍候。譬如他在房内读书、试验，猫要出门，他便停止一切工作，亲自去开门让猫出去。如果猫要进到房内，他又停止一切工作，去打开房门让猫进来。那两个猫终日总是出出入入，弄到纽顿开门关门，是麻烦不堪的。所以有一天，纽顿便要想一个方法，让那两个猫自己出入自由，不致扰乱他的工作，总是去开门关门。他所想出来的是什么方法呢？就是把房门开两个孔，一个是很大的,一个是很小的。在纽顿的思想,以为在门上所开的大孔,便可以令大猫出入;在门上所开的小孔,便可以令小猫出入。像这种思想还是大科学家的聪明,这件事实还是大科学家做出来的。照普通的常识讲,开一个大孔,大猫可以出入,小猫也当然是可以出入,那么开一个大孔便够了,又何必要枉费工夫多开一个小孔呢?在常人都知道只要开一个孔,大科学家的纽顿偏要开两个孔,这是不是可笑呢?科学家做事,是不是件件事都是很聪明呢?由此便可以证明,科学家不是对于件件事都是很聪明的,科学家有了一艺的专长,未必就有种种学问的兼长。

欧美科学在近几十年以来,本来是进步到了极点,所以做出来的物质机器有往返的两面动力,来回可以自动。但是做成的政治机器,还只有一面的动力,人民对于政府的权力只能够发出去,不能够收回来。我们现在主张民权,来改造民国,将来造成的新民国一定是要彻底。要造成彻底的新民国,在欧美的先进国家无从完全仿效,我们自己便要另想一个新办法。这种新办法,欧美还没有完全想到,我们能不能够想到呢?要答复这个问题,自己便不可以轻视自己,所谓妄自菲薄。此刻民权潮流传进中国来了,我们欢迎这种潮流,来改造国家,自己的新办法是不是完全的想到了呢?中国几千年以来都是独立国家,从前政治的发达,向来没有假借过外国材料的。中国在世界之中,文化上是先进的国家,外国的材料向来无可完全仿效。欧美近来的文化才比中国进步,我们羡慕他们的新文明,才主张革命。此刻实行革命,当然是要中国驾乎欧美之上,改造成世界上最新、最进步的国家。我们要达到这种目的,实在是有这种资格。不过欧美现在的民权政府还是不能完全仿效,他们的政府已经成了旧机器,我们另要外造出一架新机器,才可以达到我们的目的。此刻想要造出一架新机器,世界上有没有新材料呢?现在散在各国的新材料是很多的,不过要先定一个根本办法。我在前一次所主张的分开权与能,便是这一种的根本办法。根本办法定了之后去实行民权,还要分开国家的组织与民权的行使。欧美的根本办法没有想通,不能分开权与能,所以政府能力不能扩充。我们的根本办法已经想通了,更进一步就是分开政治的机器。要分开政治的机器,先要明白政治的意义。

我在第一讲中，已经把政治这个名词下了一个定义说：政是众人之事，治是管理众人之事。现在分开权与能，所造成的政治机器就是像物质的机器一样，其中有机器本体的力量，有管理机器的力量。现在用新发明来造新国家，就要把这两种力量分别清楚。要怎么样才可以分别清楚呢？根本上还是要再从政治的意义来研究。政是众人之事，集合众人之事的大力量，便叫做政权；政权就可以说是民权。治是管理众人之事，集合管理众人之事的大力量，便叫做治权；治权就可以说是政府权。所以政治之中包含有两个力量，一个是政权，一个是治权。这两个力量，一个是管理政府的力量，一个是政府自身的力量。这是什么意思呢？好比有十万匹马力的轮船机器，那架机器能够发生十万匹马力来运动轮船，这便是机器本体的力量。这种力量，就好比是政府自身的力量一样，这种自身的力量就是治权。至于这样大的轮船，或者是要前进，或者是要后退，或者是要向左右转，或者是要停止，以及所走的速度或者是要快，或者是要慢，更要有很好的工程师，用很完全的机器才可以驾驶，才可以管理。有了很完全的驾驶、管理之力量，才可以令那样大力的轮船，要怎么样开动便是怎么样开动，要怎么停止便是怎么样停止。这种开动、停止的力量，便是管理轮船的力量。这种力量就好比是管理政府的力量一样，这种管理的大力量就是政权。我们造新国家，好比是造新轮船一样，船中所装的机器，如果所发生的马力很小，行船的速度当然是很慢，所载的货物当然很少，所收的利息当然是很微。反过来说，如果所发生的马力很大，行船的速度当然是极快，所载的货物当然是极多，所收的利息也当然是极大。假设有一只大轮船，其中所装的机器可发生十万匹马力，每小时可以走二十海里，来往广州、上海一次，在两个星期之内可以赚十万块钱。如果是另造一只极大的轮船，其中装一架新机器可以发生一百万匹马力，每小时可以走五十海里，照比例算起来，那么来往广州、上海一次，只要一个星期便可赚一百万块钱。现在世界上最快的大轮船每小时不过走二三十海里，如果我们所造的新轮船每小时可以走五十海里，世界上便没有别的轮船能够来比赛。我们的轮船，就是世界上最快最大的新轮船。创造国家也是一样的道理。如果在国家之内，所建设的政府只要他发生很小的力量，是没有力的政府,那么这个政府所做的事业当然是很小,所成就的功效当然是很微。若是要他发生很大的力量,是强有力的政府,那么这个政府所做的事业当然是很大,所成就的功效也当然是极大。假设在世界上的最大国家之内,建设一个极强有力的政府,那么这个国家岂不是驾乎各国之上的国家,这个政府岂不是无敌于天下的政府?

欧美到了今日,为什么还是只造有大马力的机器之轮船,不造极强有力的政府之国家呢?因为他们现在的人民,只有方法来管理大马力的机器,没有方法来管理强有力的政府。而且不要小马力的旧船,另外造一只大马力的新船是很容易的事。至于国家,已经是根深蒂固,有了没有力的旧政府,要另外造成一个强有力的新政府那是很不容易的事。说到我们中国,人口有了四万万,是世界上人口最多的国家,领土宽阔、物产丰富都要在美国之上。美国成了现在世界上最富最强的国家,没有那一国可以和他并驾齐驱。就天然的富源来比较,中国还应该要驾乎美国之上。但是现在的实情,不但是不能驾乎美国之上,并且不能够和美国相提并论。此中原因,就是我们中国只有天然的资格,缺少人为的工夫,从来没有很好的政府。如果用这种天然的资格,再加以人为的工夫,建设一个很完全、很有力的政府,发生极大力量运动全国,中国便可以和美国马上并驾齐驱。

中国有了强有力的政府之后,我们便不要像欧美的人民,怕政府的力量太大,不能够管理。因为在我们的计划之中,想造成的新国家,是要把国家的政治大权分开成两个。一个是政权,要把这个大权完全交到人民的手内,要人民有充分的政权可以直接去管理国事。这个政权,便是民权。一个是治权,要把这个大权完全交到政府的机关之内,要政府有很大的力量治理全国事务。这个治权,便是政府权。人民有了很充分的政权,管理政府的方法很完全,便不怕政府的力量太大,不能够管理。欧美从前不敢造十万匹马力以上的机器,只敢造十万匹马力以下的机器,就是因为机器的构造不完全,管理的方法不周密,所以便怕机器的力量太大,不敢管理。到了现在机器很进步,机器本体的构造既是很完全,管理机器的方法又是很周密,所以便造极大马力的机器。我们要造政治的机器,要政治的机器进步,也是要跟这一样的路走,要有构造很完全和有大力的政府机关,同时又要有管理这个机关很周密的民权方法。欧美对于政府因为没有管理很周密的方法,所以他们的政治机关至今还是不发达。我们要不蹈他们的覆辙,根本上要人民对于政府的态度,分开权与能。把政治的大权分开成两个:一个是政府权,一个是人民权。像这样的分开,就是把政府当作机器,把人民当作工程师。人民对于政府的态度,就好比是工程师对于机器一样。

现在机器的构造很进步,不但是有机器知识的人可以来管理,就是没有机器知识的小孩子也可以来管理。譬如现在所用的电灯,从前发明的时候是什么情形呢?因为电是和雷一样,是很危险的东西,如果管理的方法不好,便打死人。因为这个原故,从前发明电的科学家不知道受过了多少牺牲。因为所受牺牲太多,危险太大,所以发明了电光很久,还不敢拿来做灯用;后来发明了管理电的方法很周密,只要一转接电钮,便可以开闭。这样一转手之劳,是很便利很安全的,无论是那一种没有电学知识的人,不管他是城市的小孩子,或者是乡下极无知识愚民,都可以用手来转他。所以现在便把极危险的电光拿来做灯用。其他各种机器的进步,也是和这一样的情形。比方最新发明大机器,是飞天的机器,也是一种很危险的东西,最初发明的时候不知道死了多少人。像从前广东的冯如,他是什么人呢?就是制造飞机的人,就是驾驶飞机跌死了的人。在从前发明飞机的时候,没有人知道用这个机器去飞,所以制造飞机的人又要做飞机师。最初做飞机师的人,一来由于管理这种机器的方法不周密,二来由于向来没有经验,不知道怎么样来用这种机器,所以飞到天空之中,常常跌到地下,死了许多人。因为死了很多的人,所以普通人便不敢去坐飞机。现在管理这种机器的方法很周密,许多人都知道飞到了天空之中,像鸟雀一样,来往上下,非常的便利,非常的安全。所以就是普通人都敢去坐飞机。因为普通人都敢去坐这种机器,所以近来便把他用作交通的机器。好像我们由广东到四川,道路很远,当中又有敌人,水陆路的交通很不便利,便可坐飞机,由天空之中一直飞到四川。

现在中国有了民权的思想,但是关于这种思想的机器,世界上还没有发明完全,一般人民都不知道用他。我们先知先觉的人,便应该先来造好这种机器,做一个很便利的放水制,做一个很安全的接电钮,只要普通人一转手之劳便知道用他,然后才可以把这种思想做成事实。中国人得到民权思想本是在欧美之后,好像筑铁路是在日本之后一样。日本筑铁路虽然是在我们之先,但是所筑的铁路是旧东西,不合时用,我们新筑成的铁路是很合时用的东西。至于我们在欧美之后,要想有什么方法才可以来使用民权呢?这种方法想通了,民权才可以供我们的使用。若是这种方法没有想通,民权便不能供我们的使用。如果一定要去使用,便是很危险,便要打死人。现在世界上有没有这种方法呢?在欧洲有一个瑞士国,已经有了这几部分的方法,已经试验了这几部分的方法。这是彻底的方法,是直接的民权,不过不大完全罢了。至于欧洲的那些大国,就是这不完全的方法还是没有试验。因为试验这几部分之方法的国家,只有瑞士的一个小国,没有别的大国,所以许多人便怀疑起来,说这几部分的方法只有在小国能够使用,在大国不能够用。欧洲的大国为什么不用这几部分的方法呢?这个理由,就是像日本已经有了小铁路,再要改造大铁路,便要费很久的时间,花很多的钱,是很不经济的事。因为畏难苟安,注重经济,所以他们的先进国家就是知道了这些新式的发明,还是不采用他。说到我们中国,关于民权的机器,从前没有旧东西,现在很可以采用最近最好的新发明。

  关于民权一方面的方法,世界上有了一些什么最新式的发明呢?第一个是选举权。现在世界上所谓先进的民权国家,普遍的只实行这一个民权。专行这一个民权,在政治之中是不是够用呢?专行这一个民权,好比是最初次的旧机器,只有把机器推到前进的力,没有拉回来的力。现在新式的方法除了选举权之外,第二个就是罢免权。人民有了这个权,便有拉回来的力。这两个权是管理官吏的,人民有了这两个权,对于政府之中的一切官吏,一面可以放出去,又一面可以调回来,来去都可以从人民的自由。这好比是新式的机器,一推一拉,都可以由机器的自动。国家除了官吏之外,还有什么重要东西呢?其次的就是法律。所谓有了治人,还要有治法。人民要有什么权才可以管理法律呢?如果大家看到了一种法律,以为是很有利于人民的,便要有一种权,自己决定出来,交到政府去执行。关于这种权,叫做创制权,这就是第三个民权。若是大家看到了从前的旧法律,以为是很不利于人民的,便要有一种权,自己去修改,修改好了之后,便要政府执行修改的新法律,废止从前的旧法律。关于这种权,叫做复决权,这就是第四个民权。人民有了这四个权,才算是充分的民权。能够实行这四个权,才算是彻底的直接民权。从前没有充分民权的时候,人民选举了官吏、议员之后便不能够再问,这种民权是间接民权。间接民权就是代议政体,用代议士去管理政府,人民不能直接去管理政府。要人民能够直接管理政府,便要人民能够实行这四个民权。人民能够实行四个民权,才叫做全民政治。全民政治是什么意思呢?就是从前讲过了的,用四万万人来做皇帝。四万万人要怎么样才可以做皇帝呢?就是要有这四个民权来管理国家的大事。所以这四个民权,就是四个放水制,或者是四个接电钮。我们有了放水制,便可以直接管理自来水;有了接电钮,便可以直接管理电灯。有了四个民权,便可以直接管理国家的政治。这四个民权,又叫做政权,就是管理政府的权。

至于政府自己办事的权,又可以说是做工权,就是政府来替人民做工夫的权。人民有了大权,政府能不能够做工夫,要做什么样的工夫,都要随人民的志愿。就是政府有了大权,一经发动做工夫之后,可以发生很大的力量,人民随时要他停止,他便要停止。总而言之,要人民真有直接管理政府之权,便要政府的动作随时受人民的指挥。好像外国的旧兵船,从前如果是装了十二门大炮,便分成六个炮台,要瞄准放炮打什么敌人,都是由许多炮手去分别执行,做指挥的人不能直接管理。现在的新兵船,要测量敌人的远近,在桅顶便有测量机;要瞄准放炮,在指挥官的房中便有电机直接管理。如果遇到了敌人,不必要许多炮手去瞄准放炮,只要做指挥官的人坐在房中,就测量机的报告,按距离的远近拨动电机,要用那一门炮,打哪一方的敌人,或者是要十二门炮同时瞄准,同时放炮,都可以如愿,都可以命中。像这样才叫做是直接管理。但是要这样来直接管理,并不是要管理的人自己都来做工夫,不要自己来做工夫的机器,才叫做灵便机器。

人民有了这四个大权来管理政府,要政府去做工夫,在政府之中要用什么方法呢? 要政府有很完全的机关,去做很好的工夫,便要用五权宪法。用五权宪法所组织的政府才是完全政府,才是完全的政府机关。有了这种的政府机关去替人民做工夫,才可以做很好很完全的工夫。从前说美国有一位学者,对于政治学理上的最新发明,是说在一国之内,最怕的是有了一个万能政府,人民不能管理;最希望的是要一个万能政府,为人民使用,以谋人民的幸福。有了这种政府,民治才算是最发达。我们现在分开权与能,说人民是工程师,政府是机器。在一方面要政府的机器是万能,无论什么事都可以做;又在他一方面要人民的工程师也有大力量,可以管理万能的机器。那么,在人民和政府的两方面彼此要有一些什么的大权,才可以彼此平衡呢? 在人民一方面的大权刚才已经讲过了,是要有四个权,这四个权是选举权、罢免权、创制权、复决权。在政府一方面的是要有五个权,这五个权是行政权、立法权、司法权、考试权、监察权。用人民的四个政权来管理政府的五个治权,那才算是一个完全的民权政治机关。有了这样的政治机关,人民和政府的力量才可以彼此平衡。我们要详细明白这两种大权的关系,可以用一个图来说明:

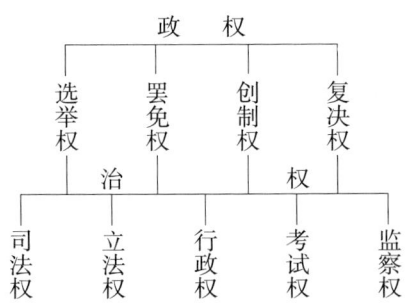

就这个图看,在上面的政权就是人民权,在下面的治权就是政府权。人民要怎么样管理政府,就是实行选举权、罢免权、创制权和复决权;政府要怎么样替人民做工夫,就是实行行政权、立法权、司法权、考试权和监察权。有了这九个权,彼此保持平衡,民权问题才算是真解决,政治才算是

有轨道。

至于这九个权的材料,并不是今日发明的,譬如就政权说,在瑞士已经实行过了三个权,不过是没有罢官权。在美国的西北几省,现在除采用瑞士的三个政权以外,并加入一个罢免权。至于选举权,更是世界上各国最通行的民权。所以就世界上民权的情形说,瑞士已经实行过了三权,美国有四分之一的省分,已经实行过了四权。他们在那几部分的地方实行这四个民权,有了很周密的办法,得了很好的成绩。就是这四个民权,实在是经验中的事实,不是假设来的理想。我们现在来采用是很稳健的,并没有什么危险。至于说到政府权,从前都是由皇帝一个人垄断,革命之后才分开成三个权。像美国独立之后便实行三权分立,后来得了很好的成绩,各国便都学美国的办法。

不过,外国从前只有三权分立,我们现在为什么要五权分立呢?其余两个权是从什么地方来的呢?这两个权是中国固有的东西。中国古时举行考试和监察的独立制度,也有很好的成绩。像满清的御史,唐朝的谏议大夫,都是很好的监察制度。举行这种制度的大权,就是监察权。监察权就是弹劾权。外国现在也有这种权,不过把他放在立法机关之中,不能够独立成一种治权罢了。至于历代举行考试,拔取真才,更是中国几千年的特色。外国学者近来考察中国的制度,便极赞美中国考试的独立制度,也有仿效中国的考试制度去拔取真才。像英国近来举行文官考试,便是说从中国仿效过去的。不过英国的考试制度,只考试普通文官,还没有达到中国考试权之独立的真精神。所以就中国政府权的情形讲,只有司法、立法、行政三个权是由皇帝拿在掌握之中,其余监察权和考试权还是独立的。就是中国的专制政府,从前也可以说是三权分立的,和外国从前的专制政府便大不相同。从前外国在专制政府的时候,无论是什么权都是由皇帝一个人垄断。中国在专制政府的时候,关于考试权和监察权,皇帝还没有垄断。所以分开政府的大权,便可以说外国是三权分立,中国也是三权分立。中国从前实行君权、考试权和监察权的分立,有了几千年。外国实行立法权、司法权和行政权的分立,有了一百多年。不过外国近来实行这种三权分立,还是不大完全。中国从前实行那种三权分立，更是有很大的流弊。我们现在要集合中外的精华，防止一切的流弊，便要采用外国的行政权、立法权、司法权，加入中国的考试权和监察权，连成一个很好的完璧，造成一个五权分立的政府。像这样的政府，才是世界上最完全最良善的政府。国家有了这样的纯良政府，才可以做到民有、民治、民享的国家。

我们在政权一方面主张四权，在治权一方面主张五权，这四权和五权各有各的统属，各有各的作用，要分别清楚，不可紊乱。现在许多人都不能分别，不但是平常人不能分别，就是专门学者也是一样的不能分别。像近来我会见了一个同志，他是从美国毕业回来的。我问他说："你对于革命的主义是怎么样呢？"他说："我是很赞成的。"我又问他说："你是学什么东西呢？"他说："我是学政治法律。"我又问他说："你对于我所主张的民权，有什么意见呢？"他说："五权宪法是很好的东西呀，这是人人都欢迎的呀！"像这位学政治法律的专门学者，所答非所问，便可以知道他把四权和五权还没有分别清楚，对于人民和政府的关系还是很糊涂。殊不知道五权是属于政府的权，就他的作用说，就是机器权。一个极大的机器，发生了极大的马力，要这个机器所做的工夫很有成绩，便要把他分成五个做工的门径。民权就是人民用来直接管理这架大马力的机器之权，所以四个民权，就可以说是机器上的四个节制。有了这四个节制，便可以管理那架机器的动静。政府替人民做事要有五个权，就是要有五种工作，要分成五个门径去做工。人民管理政府的动静要有四个权，就是要有四个节制，要分成四方面来管理政府。政府有了这样的能力，有了这些做工的门径，才可以发出无限的威力，才是万能政府。人民有了这样大的权力，有了这样多的节制，便不怕政府到了万能没有力量来管理。政府的一动一静，人民随时都是可以指挥的。像有这种情形，政府的威力便可以发展，人民的权力也可以扩充。有了这种政治和治权，才可以达到美国学者的目的，造成万能政府，为人民谋幸福。中国能够实行这种政权和治权，便可以破天荒在地球上造成一个新世界。

至于民权之实情与民权之行使，当待选举法、罢免法、创制法和复决法规定之后,乃能悉其真相与底蕴。在讲演此民权主义之中,固不能尽述也。阅者欲知此中详细情形,可参考廖仲恺君所译之《全民政治》①。

<small>据孙文讲演、中国国民党中央执行委员会编辑《民权主义》(广州中国国民党中央执行委员会宣传部发行,一九二四年八月版)</small>

---

① 《全民政治》一书原名为 *Government by All the People*(《全民的政府》),别名 *The Initiative, The Referendum and the Recall as Instrument of Democracy*(《创制权、复决权和罢免权对于民主政治的作用》),美国人威尔科克斯(Delos Franklin Wilcox)著,1912 年出版。廖仲恺将之译成中文于 1919 年 8 月起在上海《建设》连载,1925 年发行单行本。

民 生 主 义

第 一 讲

（八月三日）

诸君：

今天来讲民生主义。什么叫做民生主义呢？"民生"两个字是中国向来用惯的一个名词。我们常说什么"国计民生"，不过我们所用这句话恐怕多是信口而出，不求甚解，未见得涵有几多意义的。但是今日科学大明，在科学范围内拿这个名词来用于社会经济上，就觉得意义无穷了。我今天就拿这个名词来下一个定义，可说民生就是人民的生活——社会的生存、国民的生计、群众的生命便是。我现在就是用民生二字，来讲外国近百十年来所发生的一个最大问题，这个问题就是社会问题。故民生主义就是社会主义，又名共产主义，即是大同主义。欲明白这个主义，断非几句定义的话可以讲得清楚的；必须把民生主义的演讲从头听到尾，才可以彻底明白了解的。

民生问题，今日成了世界各国的潮流。推到这个问题的来历，发生不过一百几十年。为什么近代发生这个问题呢？简单言之，就是因为这几十年来，各国的物质文明极进步，工商业很发达，人类的生产力忽然增加。着实言之，就是由于发明了机器，世界文明先进的人类便逐渐不用人力来做工，而用天然力来做工，就是用天然的汽力、火力、水力及电力来替代人的气力，用金属的铜、铁来替代人的筋骨。机器发明之后，用一个人管理一副机器，便可以做一百人或一千人的工夫，所以机器的生产力和人工的生产力便有大大的分别。在没有机器以前，一个最勤劳的人最多不过是做两三个人的工夫，断不能做得十个人以上的工夫。照此推论起来，一个人的生产力，就本领最大、体魄最强和最勤劳的人说，也不过是大过普通人十倍。平常人的生产力都是相等的，没有什么大差别。至于用机器来做工的生产力，和用人做工的生产力两相比较，便很不相同。用人来做工，就是极有能干而兼勤劳的人，只可以驾乎平常人的十倍；但是用机器来做工，就是用一个很懒惰和很寻常的人去管理，他的生产力也可以驾乎一个人力的几百倍，或者是千倍。所以这几十年来机器发明了之后，生产力比较从前就有很大的差别。

我们拿眼前可以证明的事实来说一说。比方在广州市街上所见最多的人，莫如运送的苦力，这种苦力就叫做挑夫。这种挑夫的人数，占广州市工人中一大部分。挑夫中之体魄最强壮的人，最重只可以挑二百斤东西，每日不过是走几十里路远，这种挑夫是很不容易得的。寻常的挑夫，挑了几十斤重，走了几十里路远，便觉得很辛苦。如果拿挑夫和运送的机器来比较，是怎么样的情形呢？像广州市黄沙的火车运送货物，一架火车头可以拖二十多架货车，一架货车可以载几百担重的货物，一架货车能够载几百担，二十多架货车便能够载一万担。这一万担货物，用一架火车头去拉，只要一两个人管理火车头的机器，或者要几个人管理货车，一日便可以走几百里。譬如广东的粤汉铁路，由黄沙到韶关约有五百里的路程，像从前专用人力去运货物，一个人挑一担，一百人挑一百担，如果有一万担货物，就要有一万个工人。用工人所走的路程计算，一个人一天大概只能够走五十里，五百里的路程就要走十天的时间。所以一万担货物，从前专用人工去运送，就要一万个工人，走十天之久。现在用火车去运送，只要八点钟的时间，一直便由黄沙到韶关，所用的工人最多不过是十个人。由此便知道用十个人所做的工，便可以替代一万人，用八点钟便可替代十天。机器和人工比较的相差，该是有多少呢？用火车来运送的工，不但是用一个人可以替代一千人，用一点钟可以替代一日，是很便利迅速的。就是以运货的工钱来说，一个工人挑一担货物，走五十里路远，每天大约要一元；要用一万工人挑一万担货物，走十天的路，统共就要十万元。如果用火车来运送，顶多不过是几千元。机器和人工的比较，单拿挑夫来讲便有这样的大差别。其他耕田、织布、做房屋以及种种工作，也是有几百倍或千倍的差别。

所以机器发明了之后，世界的生产力便生出一个大变动。这个大变动就是机器占了人工，有机器的人便把没有机器人的钱都赚去了。再像广州，没有经过鸦片战争以前,是中国独一的通商口岸。中国各省的货物都是先运来广州,然后再由广州运去外洋;外国的货物也是先运到广州,然后再由广州运进各省。所以中国各省的进出口货物,都是经过湖南、江西,走南雄、乐昌才到广州。因为这个原因,所以南雄、乐昌到韶关的这两条路,在当时沿途的挑夫是很多的,两旁的茶馆饭店也是很热闹的。后来海禁大开,各省的货物或者是由海船运到广东,或者是由上海、天津直接运送到外洋,都不经过南雄、乐昌到韶关的这两条路。所以由南雄、乐昌到韶关两条路的工人现在都减少了。从前那两条路的繁盛,现在都变成很荒凉了。到了粤汉铁路通了火车之后,可以替代人工,由广州到韶关的挑夫更是绝迹。其他各地、各国的情形都是一样。所以从机器发明了之后,便有许多人一时失业,没有工做,没有饭吃。这种大变动,外国叫做"实业革命"。因为有了这种实业革命,工人便受很大的痛苦。因为要解决这种痛苦,所以近几十年来便发生社会问题。

这个社会问题,就是今天所讲的民生主义。我今天为什么不学外国直接来讲社会主义,要拿民生这个中国古名词来替代社会主义呢?这是很有道理,我们应该要研究的。因为机器发明以后,经过了实业革命,成为社会问题,便发生社会主义。所以社会主义之发生已经有了几十年。但是这几十年中,欧美各国对于社会主义还没有找出一个解决方法,现在还是在剧烈战争之中。这种学说和思想现在流入中国来了,中国一班新学者也是拿他来研究。因为社会主义现在中国很流行,所以共产主义现在中国也是很流行。中国学者拿社会主义和共产主义来研究,想寻出一个解决方法也是很艰难的。因为外国发明这种学理已经有了几十年,到现在还不能够解决,此时传入中国,我们就想要解决当然是不容易的。我们要研究这个问题,便要先把他的源委、性质和定义来研究清楚。共产主义和社会主义两个名词,现在外国是一样并称的,其中办法虽然各有不同,但是通称的名词都是用社会主义。现在中国有人把社会主义同社会学两个名词作一样的看待,这实在是混乱。这种混乱不但专是中国人有的,就是外国人也是一样有的。因为社会这个名词在英文是"梳西乙地",社会学是"梳西柯罗之",社会主义是

"梳西利甚"①。这三个字头一半的英文串字都是相同的,所以许多人便生出混乱。其实英文中的社会主义"梳西利甚"那个字,是从希腊文变出来的。希腊文社会主义的原意是"同志",就像中国俗话说是"伙计"两个字一样。至于说到社会学的范围,是研究社会的情状、社会的进化和群众结合的现象;社会主义的范围,是研究社会经济和人类生活的问题,就是研究人民生计问题。所以我用民生主义来替代社会主义,始意就是在正本清源,要把这个问题的真性质表明清楚,要一般人一听到这个名词之后便可以了解。

  因为社会主义已经发生了几十年,研究这种学理的学者不知道有千百家,所出的书籍也不知道有千百种。其中关于解决社会问题的学说之多,真是聚讼纷纷。所以外国的俗语说,社会主义有五十七种,究竟不知那一种才是对的。由此便可见普通人对于社会主义无所适从的心理了。欧战发生了之后,社会的进步很快,世界潮流已经到了解决社会问题的时期。凡是从前不理会社会主义的人,在此时也跟上社会主义的路来走。就时势的机会讲,社会党应该可以做很多事,应该可以完全解决社会问题。但是社会党的内部,便生出许多纷争。在各国的社会党,一时风起云涌,发生种种派别,其中最著名的有所谓共产党、国家社会党和社会民主党。各党派之复杂,几乎不只五十七种。所以从前旁观者对于社会党派别复杂的批评,至此时正所谓不幸而言中。至于欧战没有发生以前,世界各国只有赞成社会主义和反对社会主义的两种人。反对的那种人大多数都是资本家,所以从前只有反对社会主义的资本家同社会党来战争。到欧战发生了之后,反对的人都似降服了,社会党似乎可以乘机来解决社会问题。不过当时赞成社会主义的人在事前没有想到好办法,所以社会党内部便临时生出许多纷争。这种纷争,比较从前反对派和赞成派的纷争更要厉害。所以社会问题至今不能解决,我们到了今日还是要来研究。在从前资本家、工人和学者反对社会主义的时候,所有世界各国赞成社会主义的人,不论是本国外国,都是认为同志。到了近来,不但是德国的社会党反对俄国的社会党,或者是俄国的社会党反

---

① 梳西乙地、梳西柯罗之、梳西利甚,分别是英文 society、sociology、socialism 三个词的译音。

对英国、美国的社会党,有国际的纷争,就是一国的社会党内部也演出种种纷争。所以社会问题愈演愈纷乱,到现在还找不出一个好方法来解决。

今天我所讲的民生主义,究竟和社会主义有没有分别呢?社会主义中的最大问题就是社会经济问题,这种问题就是一班人的生活问题。因为机器发明以后,大部分人的工作都是被机器夺去了,一班工人不能够生存,便发生社会问题。所以社会问题之发生,原来是要解决人民的生活问题。故专就这一部分的道理讲,社会问题便是民生问题,所以民生主义便可说是社会主义的本题。现在各国的社会主义,各有各的主张,所以各国解决社会问题的方法也是各有不同。社会主义到底是民生主义中的一部分呀,或者民生主义是社会主义中的一部分呢?实业革命以后,研究社会问题的人不下千百家,其中研究最透彻和最有心得的,就是大家所知道的马克思。马克思对于社会问题好像卢骚①对于民权问题一样。在一百多年以前,欧美研究民权问题的人,没有那一个不是崇拜卢骚为民权中的圣人,好像中国崇拜孔子一样。现在研究社会问题的人,也没有那一个不是崇拜马克思做社会主义中的圣人。

在马克思的学说没有发表以前,世界上讲社会主义的,都是一种陈义甚高的理论,离事实太远。而马克思专从事实与历史方面用功,原原本本把社会问题的经济变迁阐发无遗。所以后来学者把社会主义的人分作两派:一是叫做"乌托邦派",这个乌托邦和中国黄老所说的"华胥氏之国"意思相同;一是叫做"科学派",专从科学方法去研究社会问题之解决。至于乌托邦派是专从理想上来把社会来改良成一个安乐的国家,便有这种子虚乌有的寄托。这种寄托是由于人类受了很多痛苦,那些极有道德和悲天悯人的人,见了很不忍心但是又没有力量去改良,所以只好说理想上的空话,作一种寄托。中国俗话说:"天生一条虫,地生一片叶;天生一只鸟,地生一条虫。"这几句话的意思,就是说有了虫就有叶来养,有了鸟就有虫来养。但是人类的天然形体不完全,生来没有羽毛,必需衣以御寒,必需食以养生。

---

① 今译作卢梭。下同。

在太古吃果实的时候,地广人稀,人人都是很容易觅食,不必做很多的工就可以生活。到了渔猎时代,人民就要打鱼〔渔〕猎兽,才可以有鱼肉吃,才可以生活,就是要做工才有饭吃。到了游牧时代,人类要从事畜牧才可以生活,当时人人都是逐水草而居,时常迁徙,所有的工作是很辛苦勤劳。至于农业时代,人类要树艺五谷才可以生活,彼时人类的生活更是复杂,所有的工作更是辛苦勤劳。到了工商时代,遇事都是用机器,不用人力,人类虽然有力也没有用处,想去卖工,找不到雇主。在这个时候,便有很多人没有饭吃,甚至于饿死,所受的痛苦不是一言可尽。一般道德家见得天然界的禽兽不用受痛苦尚且可以得衣食,人类受了痛苦反不容易得衣食,这是很可悯的;想要减少这些痛苦,令人人都可以得衣食,便发明了社会主义的学说,来解决这个问题。所以从前一般讲社会主义的人多半是道德家,就是一般赞成的人,也是很有良心、很有道德的。只有在经济上已经成功、自私自利、不顾群众生活的资本家才去反对,才不理社会问题。这个问题既然是为世界大多数人谋生活的问题,先知先觉的人发明了这个道理之后,自然可以得多数人的同情心来表示赞成。所以这个学说一经出世之后,便组织得有社会党。社会党一经成立之后,团体便一天发达一天,一天加大一天,扩充到各国。但是从前讲社会主义的人都是乌托邦派,只希望造一个理想上的安乐世界,来消灭人类的痛苦。至于怎么样去消灭的具体方法,他们毫没有想到。

到了马克思出世之后,便用他的聪明才智和学问经验,对于这些问题作一种极透彻的研究,把古人所不知道和所不能解决的都通通发明出来。他的发明是全凭着经济原理。他照经济原理作透彻的研究之后,便批评从前主张社会主义的人,不过是有个人的道德心和群众的感情作用;其实经济问题,不是道德心和感情作用可以解决得了的,必须把社会的情状和社会的进化研究清楚了之后,才可以解决。这种解决社会问题的原理,可以说是全凭事实,不尚理想。至于马克思所著的书和所发明的学说,可说是集几千年来人类思想的大成。所以他的学说一出来之后,便举世风从,各国学者都是信仰他,都是跟住他走;好像卢骚发明了民权主义之后,凡是研究民权的人都信仰卢骚一样。从马克思以后,社会主义里头便分两派,一个是乌托邦派,一个是科学派。乌托邦派的情形,刚才已经讲过了。至于科学派,是主张用科学的方法来解决社会问题。因为近几十年来,物质文明极发达,科学很昌明,凡事都是要凭科学的道理才可以解决,才可以达到圆满的目的。就是讲到社会问题的解决方法,也是要从科学一方面研究清楚了之后,才可以得出结果。

讲到这地〔里〕,便要归宿到我的学说"知难行易"。天下事情,如果真是知道了,便容易行得到。比方今天讲堂里很热,我们不用人力,只用电气风扇便可以解热。这件事如果是古人或者是乡下毫没有知识的人看见了,一定以为是神鬼从中摇动,所谓巧夺天工,对于这种奇怪的风扇一定要祈祷下拜。现在大家虽然不明白电气风扇的详细构造,但是已经明白电磁吸引的道理,因为由电能够吸引风扇,所以风扇能够转动,决不以为是很奇怪的事。难道古人的聪明不及我们吗?推论这个原因,就是由于古人不知道科学,故不能发明风扇,不是古人没有本领不能用风扇。近来因为知道科学,有了科学家能够发明风扇,所以大家便能够用这种风扇来享清凉。如果古人知道科学,以古人的聪明才智所做出来的东西,或者要比我们做的还要巧妙得多。

讲到社会问题,在马克思以前以为是一种希望,是做不到的事。到马克思本人,也以为单靠社会主义的理想去研究,还是一种玄想,就令全世界人都赞成也是做不成功,一定要凭事实,要用科学的方法去研究清楚才可以做得到。所以他一生研究社会主义,便在科学方法上去做工夫。他研究社会主义的工作,更是很辛苦的。当他亡命在英国的时候,英国是近代世界上顶文明的国家,没有那一国可以驾乎英国之上的,所以英国在当时,关于文化的设备也是很齐备。有一间图书馆,其中所藏的书籍总有好几百万种,无论关于什么问题的书籍都是很丰富的。马克思便每天在那间图书馆内去研究,用了二三十年的功,费了一生的精力,把关于社会主义的书籍,不管他是古人著作的或者是时人发表的,都搜集在一处,详细参考比较,想求出一个结果。这种研究社会问题的办法,就是科学方法。故马克思所求出解决社会问题的方法,就是科学的社会主义。由于他这种详细深奥的研究,便求出一个结果,说世界上各种人事的动作,凡是文字记载下来令后人看见的,都可以作为历史。他在这种历史中所发明的最重要之一点,就是说世界一切历史都是集中于物质,物质有变动,世界也随之变动。并说人类行为都是由物质的境遇所决定,故人类文明史只可说是随物质境遇的变迁史。马克思的这种发明,有人比之牛顿发明天文学之重心学说一样。现在马克思发明物质是历史的重心,因为他的研究透彻,理由充足,所以从前许多反对社会主义的人,后来都变为赞成社会主义。如果是过细研究了马克思学说的人,更是信仰他。

经过欧战以后,世界上差不多没有反对社会主义的人,社会党可以为所欲为,本来可以解决各国的社会问题。当时势力最大的社会党是马克思派。马克思派是科学派,从前的是乌托邦派。在当时各国的社会,秩序一乱,社会党内的科学派和乌托邦派固然是发生了冲突,就是科学派的社会党也是互相冲突。因为内部有冲突,所以欧战之后,至今还不能解决社会问题。

至于推到社会党的圣人马克思,以物质为历史的重心,这个道理究竟是怎么样呢?马克思的门徒于一千八百四十八年在比利时开了一个国际社会党大会,定了许多办法,现在各国马克思派的社会党所用的办法,许多还是奉行那年所定的大纲。当欧战发生以后,俄国便拿那种主义去实行,现在俄国已经把那种主义改变了,其中理由到底是怎么样?我们研究俄国的情形不多,不敢判断。但是照俄国人自己说,俄国从前所行的革命办法并不是马克思主义,是一种战时政策。这种战时政策并不是俄国独行的,就是英国、德国和美国当欧战的时候,把全国的大实业像铁路、轮船和一切大制造厂都收归国有。同是一样的办法,为什么英国、美国实行出来就说是战时政策,在俄国实行出来大家便说是马克思主义呢?理由就是由于俄国革命党是信仰马克思主义,而欲施之实行的原故。照俄国人说,俄国现在的实业和经济还没有大发达,实在够不上实行马克思主义;要像英国、美国之实业经济的那样发达,才可以实行马克思主义。所以在理论一方面讲,马克思的信徒在欧战以后便大家争论起来。德国、法国和俄国的社会党本来都是服从马克思主义,成了"国际派"。但是到了争论的时候,彼此互相攻击,互相诋毁,攻击的人总是说被攻击的人不是服从马克思主义。这一派攻击那一派,这一国的社会党攻击那一国的社会党。由于这些攻击诋毁,马克思的学说便发生了问题。就是物质到底是不是历史的重心呢?牛顿考究得太阳在宇宙之间,是我们的中心,照天文学和各种科学去研究,那个道理是很对的。马克思发明物质是历史的重心,到底这种道理是对不对呢? 经过欧战后几年的试验以来,便有许多人说是不对。到底什么东西才是历史的重心呢? 我们国民党提倡民生主义已经有了二十多年,不讲社会主义,只讲民生主义。社会主义和民生主义的范围是什么关系呢? 近来美国有一位马克思的信徒威廉①氏,深究马克思的主义,见得自己同门互相纷争,一定是马克思学说还有不充分的地方,所以他便发表意见,说马克思以物质为历史的重心是不对的,社会问题才是历史的重心,而社会问题中又以生存为重心,那才是合理。民生问题就是生存问题,这位美国学者最近发明适与吾党主义若合符节。这种发明就是民生为社会进化的重心,社会进化又为历史的重心,归结到历史的重心是民生,不是物质。我们提倡民生主义二十多年,当初详细研究,反复思维,总是觉得用"民生"这两个字来包括社会问题,较之用"社会"或"共产"等名词为适当,切实而且明瞭,故采用之。不图欧战发生之后,事理更明,学问更进,而马克思宗徒亦有发明相同之点。此足见吾党之提倡民生主义正合夫进化之原理,非同时髦学者之人云亦云也。

照这位美国学者主张,他说古今人类的努力,都是求解决自己的生存问题,人类求解决生存问题才是社会进化的定律,才是历史的重心。马克思的唯物主义,没有发明社会进化的定律,不是历史的重心。我们要明白这两家的学说,究竟那一家的主张是对的,便要详细研究他们的主义和近世社会进化的事实是不是相符合。马克思研究社会问题,是专注重物质的。要讲到物质,自无〔然〕不能不注重生产;没有过量的生产,自然不至有实业革命。所以生产是近世经济上头一件事。要知道近世的经济情形,便先要知道近世的生产情形。近世的生产情形是怎么样呢? 生产的东西都是用工人和机器,由资本家与机器合作,再利用工人,才得近世的大生产。至于这种大生产所得的利益,资本家独得大分,工人分得少分。所以工人和资本家的利益

---

① 威廉(Maurice William),工人出身,早年曾加入美国社会劳动党;其著作《社会史观:马克思主义经济史观的辩驳》(*The Social Interpretation of History: A Refutation of the Marxian Economic Interpretation of History*)于1921年在纽约出版。

常常相冲突,冲突之后不能解决,便生出阶级战争。照马克思的观察,阶级战争不是实业革命之后所独有的,凡是过去的历史都是阶级战争史。古时有主人和奴〈隶〉的战争,有地主和农奴的战争,有贵族和平民的战争,简而言之,有种种压迫者和被压迫者的战争。到了社会革命完全成功,这两个互相战争的阶级才可以一齐消灭。由此便可知马克思认定要有阶级战争,社会才有进化,阶级战争是社会进化的原动力。这是以阶级战争为因,社会进化为果。我们要知道这种因果的道理是不是社会进化的定律,便要考察近来社会进化的事实。

近几十年来社会是很进化的,各种社会进化的事实更是很复杂的。就是讲到经济一方面的事实,也不是一言可尽。但是用概括的方法来讲,欧美近年来之经济进化可以分作四种:第一是社会与工业之改良;第二是运输与交通事业收归公有;第三是直接征税;第四是分配之社会化。这四种社会经济事业,都是用改良的方法进化出来的。从今以往,更是日日改良,日日进步的。这四种社会经济事业是些什么详细情形呢?

譬如就第一种,就是要用政府的力量改良工人的教育,保护工人的卫生,改良工厂和机器,以求极安全和极舒服的工作。能够这样改良,工人便有做工的大能力,便极愿意去做工,生产的效力便是很大。这种社会进化事业在德国施行最早,并且最有成效。近来英国、美国也是一样的仿行,也是一样的有成效。

就第二种的情形说,就是要把电车、火车、轮船以及一切邮政、电政、交通的大事业都由政府办理,用政府的大力量去办理那些大事业,然后运输才是很迅速,交通才是很灵便。运输迅速,交通灵便,然后各处的原料才是很容易运到工厂内去用。工厂内制造的出品,才是很容易运到市场去卖,便不至多费时间,令原料与出品在中道停滞,受极大的损失。如果不用政府办,要用私人办,不是私人的财力不足,就是垄断的阻力极大。归结到运输一定是不迅速,交通一定是不灵便,令全国的各种经济事业都要在无形之中受很大的损失。这种事业的利弊,在德国明白最早,所以他们的各种大运输交通事业老早就是由国家经营。就是美国私有的大运输交通事业,在欧战期内也是收归政府办理。

至于第三种直接征税,也是最近进化出来的社会经济方法。行这种方法就是累进税率,多征资本家的所得税和遗产税。行这种税法,就可以令国家的财源多是直接由资本家而来。资本家的入息极多,国家直接征税,所谓多取之而不为虐。从前的旧税法只是钱粮和关税两种,行那种税法就是国家的财源完全取之于一般贫民,资本家对于国家只享权利、毫不尽义务,那是很不公平的。德国、英国老早发现这种不公平的事实,所以他们老早便行直接征税的方法。德国政府的岁入由所得税和遗产税而来的,占全国收入约自百分之六十至百分之八十。英国政府关于这种收入,在欧战开始的时候也到百分之五十八。美国实行这种税法较为落后,在十年之前才有这种法律,自有了这种法律以后国家的收入便年年大形增加。在一千九百一十八年,专就所得税一项的收入而论,便约有美金四十万万。欧美各国近来实行直接征税,增加了大财源,所以更有财力来改良种种社会事业。

第四种分配之社会化,更是欧美社会最近的进化事业。人类自发明了金钱,有了买卖制度以后,一切日常消耗货物多是由商人间接买来的。商人用极低的价钱从出产者买得货物,再卖到消耗者,一转手之劳便赚许多佣钱。这种货物分配制度,可以说是买卖制度,也可以说是商人分配制度。消耗者在这种商人分配制度之下,无形之中受很大的损失。近来研究得这种制度可以改良,可以不必由商人分配,可以由社会组织团体来分配,或者是由政府来分配。譬如英国新发明的消费合作社,就是由社会组织团体来分配货物。欧美各国最新的市政府,供给水电、煤气以及面包、牛奶、牛油等食物,就是用政府来分配货物。像用这种分配的新方法,便可以省去商人所赚的佣钱,免去消耗者所受的损失。就这种新分配方法的原理讲,就可以说是分配之社会化,就是行社会主义来分配货物。

以上所讲的社会与工业之改良,运输与交通收归公有、直接征税与分配之社会化,这四种社会经济进化,便打破种种旧制度,发生种种新制度。社会上因为常常发生新制度,所以常常有进化。

至于这种社会进化是由于什么原因呢?社会上何以要起这种变化呢?

如果照马克思的学说来判断,自然不能不说是由于阶级战争。社会上之所以要起阶级战争的原故,自然不能不说是资本家压制工人。资本家和工人的利益总是相冲突,不能调和,所以便起战争。社会因为有这种战争,所以才有进化。但是照欧美近几十年来社会上进化的事实看,最好的是分配之社会化,消灭商人的垄断,多征资本家的所得税和遗产税,增加国家的财富,更用这种财富来把运输和交通收归公有,以及改良工人的教育、卫生和工厂的设备,来增加社会上的生产力。因为社会上的生产很大,一切生产都是很丰富,资本家固然是发大财,工人也可以多得工钱。像这样看来,资本家改良工人的生活,增加工人的生产力,工人有了大生产力,便为资本家多生产,在资本家一方面可以多得出产,在工人一方面也可以多得工钱。这是资本家和工人的利益相调和,不是相冲突。社会之所以有进化,是由于社会上大多数的经济〈利益〉相调和①,不是由于社会上大多数的经济利益有冲突。社会上大多数的经济利益相调和,就是为大多数谋利益。大多数有利益,社会才有进步。社会上大多数的经济利益之所以要调和的原因,就是因为要解决人类的生存问题。古今一切人类之所以要努力,就是因为要求生存;人类因为要有不间断的生存,所以社会才有不停止的进化。所以社会进化的定律是人类求生存,人类求生存才是社会进化的原因。阶级战争不是社会进化的原因,阶级战争是社会当进化的时候所发生的一种病症。这种病症的原因,是人类不能生存。因为人类不能生存,所以这种病症的结果便起战争。马克思研究社会问题所有的心得,只见到社会进化的毛病,没有见到社会进化的原理。所以马克思只可说是一个"社会病理家",不能说是一个"社会生理家"。

再照马克思阶级战争的学说讲,他说资本家的盈余价值都是从工人的劳动中剥夺来的。把一切生产的功劳完全归之于工人的劳动,而忽略社会上其他各种有用分子的劳动。譬如中国最新的工业是上海、南通州②和天

---

① 此处据胡汉民编《总理全集》增"利益"二字。
② 南通州,为清代江苏省通州直隶州的俗称,民国初废州,将其州治改名南通县;今析该县城区置南通市,又改南通县为通州市。此处指当时的南通县。

津、汉口各处所办的纱厂布厂,那些纱厂布厂,当欧战期内纺纱织布是很赚钱的,各厂每年所剩的盈余价值少的有几十万,多的有几百万。试问这样多的盈余价值,是属于何人的功劳呢? 是不是仅仅由于纱厂布厂内纺纱织布的那些工人的劳动呢? 就纺纱织布而论,我们便要想想布和纱的原料,由此我们便要推及于棉花。因为要研究棉花的来源,我们便要推到种种农业问题。要详细讲到棉花的农业问题,便不能不推及到研究好棉花种子和怎么种植棉花的那些农学家。当未下棉种之初,便不能不用各种工具和机器去耕耘土地,及下棉种之后,又不能不用肥料去培养结棉花的枝干。我们一想到那些器械和肥料,便不能不归功到那些器械和肥料的制造家和发明家。棉花收成之后,再要运到工厂内来纺纱织布,布和纱制成之后再运到各处市场去卖,自然要想到那些运输的轮船火车。要研究到轮船火车之何以能够运动,首先便要归功到那些蒸汽和电气的发明家。要研究到构造轮船火车是些什么材料,自然不能不归功于金属的采矿家、制造家和木料的种植家。就是布和纱制成之后,社会上除了工人之外,假若其余各界的人民都不穿那种布、用那种纱,布和纱当然不能畅销。布和纱没有大销路,纱厂布厂的资本家怎么样可以多赚钱,可以多取盈余价值? 就这种种情形设想,试问那些纱厂布厂的资本家所取得的盈余价值,究竟是属于谁的呢? 试问纱厂布厂内的工人,怎么能够说专以他们的劳动便可以生出那些布和纱的盈余价值呢? 不徒是纱布工业盈余价值的情形是这样,就是各种工业盈余价值的情形都是一样。由此可见,所有工业生产的盈余价值,不专是工厂内工人劳动的结果,凡是社会上各种有用有能力的分子,无论是直接间接,在生产方面或者是在消费方面,都有多少贡献。这种有用有能力的分子,在社会上要占大多数。如果专讲工人,就是在工业极发达的美国,工人的数目也不过是二千多万,只占全美国人口五分之一。至于其他工业不发达的国家,像我们中国做工的人数,更是很少。像这样讲,就令在一个工业极发达的国家,全国的经济利益不相调和,发生冲突,要起战争,也不是一个工人阶级和一个资本阶级的战争,是全体社会大多数有用有能力的分子和一个资本阶级的战争。这些社会上大多数有用有能力的分子,因为都要求生存,免去经济上的战争,所以才用公家来分配货物,多征资本家的所得税、遗产税,来发达全国的运输和交通事业,以及改良工人的生活和工厂的工作,做种种大多数的经济利益相调和的事业。欧美各国从这种种经济利益相调和的事业发达以后,社会便极有进化,大多数便很享幸福。所以马克思研究社会问题,只求得社会上一部分的毛病,没有发明社会进化的定律。这位美国学者所发明的人类求生存才是社会进化的定律,才是历史的重心。人类求生存是什么问题呢?就是民生问题。所以民生问题才可说是社会进化的原动力。我们能够明白社会进化的原动力再来解决社会问题,那才容易。

马克思认定阶级战争才是社会进化的原因,这便是倒果为因。因为马克思的学说颠倒因果,本源不清楚,所以从他的学说出世之后,各国社会上所发生的事实便与他的学说不合,有的时候并且相反。譬如他的门徒在一千八百四十八年开过一次国际共产大会,发表了种种主张,这次所组织的国际共产党,在普法战争的时候就被消灭了。后来又成立第二次的国际共产党。第二次国际共产党和第一次国际共产党不同的地方,是第一次国际共产党要完全本阶级战争的原理,用革命手段来解决社会问题,主张不与资本家调和,所谓不妥协。至于党员加入国会去活动是共产党所不许可的,以为这不是科学的方法。但是后来德国的共产党通同走到国会去活动,延到今日,英国工党又在君主立宪政府之下组织内阁。照这些事件来看,世界上所发生许多的政治经济变动,都不是第一次国际共产党所定的办法。因为第一次国际共产党和第二次国际共产党的主张太不相同,所以后来马克思党徒的纷争更是利害,这都是马克思在当时所没有料到的。由于这些不能料到的事情,便知道我的学说是知难行易。马克思主张用科学来解决社会问题,他致力最大的地方,在第一次国际共产党没有成立以前,用很多工夫把从前的历史和当时的事实都研究得很清楚。由于他研究从前的历史和当时的事实所有的心得,便下一个判断,说将来资本制度一定要消灭。他以为资本发达的时候,资本家之中彼此因为利害的关系,大资本家一定吞灭小资本家,弄到结果,社会上便只有两种人,一种是极富的资本家,一种是极穷的工人。到资本发达到了极点的时候,自己便更行破裂,成一个资本国家,再由社会主义顺着自然去解决,成一个自由社会式的国家。依他的判断,资本发达到极点的国家,现在应该到消灭的时期,应该要起革命。但是从他至今有了七十多年,我们所见欧美各国的事实和他的判断刚刚是相反。当马克思的时代,英国工人要求八点钟的工作时间,用罢工的手段向资本家要挟。马克思便批评以为这是一种梦想,资本家一定是不许可的,要得到八点钟的工作时间,必须用革命手段才可以做得到。到了后来,英国工人八点钟的要求不但是居然成为事实,并且由英国国家定为一种通行的法律,令所有全国的大工厂、银行、铁路中的工人都是作工八点钟。其他许多事实,在马克思当时,自以为是料到了的,后来都是不相符合,令马克思自己也说"所料不中"。别的事实不说,只就资本一项来讲,在马克思的眼光,以为资本发达了之后便要互相吞并,自行消灭。但是到今日,各国的资本家不但不消灭,并且更加发达,没有止境,便可以证明马克思的学理了。

我们再来讲德国社会问题的情形。德国当俾士麦执政的时代,用国家力量去救济工人的痛苦,作工时间是由国家规定了八点钟;青年和妇女作工的年龄与时间,国家定了种种限制;工人的养老费和保险费,国家也有种种规定,要全国的资本家担任去实行。当时虽然有许多资本家反对,但是俾士麦是一位铁血宰相,他便有铁血的手腕去强制执行。当实行的时候,许多人以为国家保护工人的办法改良,作工的时间减少,这是一定于工人有利、于资本家有损的。再照比例的理想来推,从前十六点钟工作的生产力,自然要比八点钟的生产力大得多。但是行了之后的结果是怎么样呢?事实上,八点钟的工作比较十六点钟的工作还要生产得多。这个理由,就是因为工人一天作八点钟的工作,他的精神体魄不至用尽,在卫生上自然是健康得多。因为工人的精神体魄健康,管理工厂内的机器自然是很周到,机器便很少损坏。机器很少损坏,便不至于停工修理,便可以继续的生产,生产自然是加多。如果工人一天做十六点钟的工,他们的精神体魄便弄到很衰弱,管理机器不能周到,机器便时常损坏,要停工修理,不能继续生产,生产力自然要减少。如果大家不信,我可举一个比喻,请诸君各人自己去试验。比方一个人一日要读十五六点钟的书,弄到精神疲倦,就是勉强读得多,也不容易记清楚。如果一日只读八点钟的书,其余的时间便去休息游戏,保养精神,我想读过了的书一定是很容易记得,很容易了解。讲到时间的关系,马克思在当时所想到了的,以为作工八点钟,生产力一定要减少。后来德国实行时间减少政策,生产力反为加多,驾乎各国之上。于是英国、美国便奇怪起来,以作工时间减少,工人保护费加多,生产力应该要减少,何以德国行这种政策,生产力反加多呢?因为奇怪,便去考察德国的情形。后来英国、美国也明白这个道理,便仿效德国的办法。马克思在当时总是不明白这个道理,所以他便断错了。

再照马克思的研究,他说资本家要能够多得盈余价值,必须有三个条件:一是减少工人的工钱;二是延长工人作工的时间;三是抬高出品的价格。这三个条件是不是合理,我们可以用近来极赚钱的工业来证明。大家知道美国有一个福特汽车厂,那个厂极大,汽车的出品极多,在世界各国都是很销行的,该厂内每年所赚的钱有过万万。至于那个厂内制造和营业的情形是怎么样呢?不管是制造厂或者是办事房,所有一切机器陈设都是很完备,都是很精致,很适合工人的卫生。工人在厂内做事,最劳动的工作,最久不过是做八点钟。至于工钱,虽极不关重要的工夫,每日工钱都有美金五元,合中国钱便有十元;稍为重要的职员,每日所得的薪水更不止此数。厂内除了给工人的工钱薪水以外,还设得有种种游戏场,供工人的娱乐;有医药卫生室,调治工人的疾病;开设得有学校,教育新到的工人和工人的子弟;并代全厂的工人保人寿险,工人死亡之后遗族可以得保险费,又可以得抚恤金。说到这个厂所制出来的汽车的价格,这是大家买过汽车的人都是很知道的,凡是普通汽车要值五千元的,福特汽车最多不过是值一千五百元。这种汽车价值虽然是很便宜,机器还是很坚固,最好的是能够走山路,虽使用极久还不至于坏。因为这个车厂的汽车有这样的价廉物美,所以风行全球。因为这种汽车销路极广,所以这个厂便发大财。我们用这个发财车厂所持的工业经济原理,来和马克思盈余价值的理论相比较,至少有三个条件恰恰是相反。就是马克思所说的是资本家要延长工人作工的时间,福特车厂所实行的是缩短工人作工的时间；马克思所说的是资本家要减少工人的工钱，福特车厂所实行的是增加工人的工钱；马克思所说的是资本家要抬高出品的价格，福特车厂所实行的是减低出品的价格。像这些相反的道理，从前马克思都不明白，所以他从前的主张便大错特错。马克思研究社会问题，用功几十年，所知道的都是已往的事实。至于后来的事实，他一点都没有料到。所以他的信徒要变更他的学说。再推到马克思社会主义的目的，根本上主张要推倒资本家。究竟资本家应该不应该推倒，还要后来详细研究才能够清楚。由此更可见，知是很艰难的，行是很容易的。

马克思盈余价值的精华，是说资本家所得的钱是剥夺工人的盈余，由此便推到资本家生产要靠工人，工人生产要靠物质，物质买卖要靠商人。凡是一种生产，资本家同商人总是从中取利，剥夺工人的血汗钱。由此便知资本家和商人都是有害于工人，有害于世界的，都应该要消灭。不过马克思的判断，以为要资本家先消灭，商人才能够消灭。现在世界天天进步，日日改良，如前所讲之分配社会化就是新发明，这种发明叫做合作社。这种合作社是由许多工人联合起来组织的。工人所需要的衣服饮食，如果要向商人间接买来，商人便从中取利，赚很多的钱，工人所得的物品一定是要费很多的钱。工人因为想用贱价去得好物品，所以他们便自行凑合，开一间店子，店子内所卖的货物都是工人所需要的。所以工人常年需要货物都是向自己所开的店子内去买，供给既便利，价值又便宜。到了每年年底，店中所得的盈利便依顾主消费的多少分派利息。这种店子分利，因为是根据于顾主消费的比例，所以就叫做消费合作社。现在英国许多银行和生产的工厂，都是由这种消费合作社去办理。由于这种合作社之发生，便消灭了许多商店，所以从前视此种合作社为不关重要的商店，现在便看作极有效力的组织。英国因为这种组织很发达，所以国内的大商家现在都变成生产家。就是像美国的三达火油公司，在中国虽然是一家卖油的商店，在美国便是制造火油的生产家。其他英国的各种大商家，现在都有变成生产家的趋势。用这种合作社来解决社会问题，虽然是旁枝的事情，但是马克思当时的判断，以为要资本家先消灭，商人才可以消灭，现在合作社发生，商人便先消灭。马克思的判断和这种事实又是不相符合。马克思的判断既然是和事实不对,可见我的学说"知难行易"是的确不能磨灭的。

再照马克思的学理说,世界上的大工业要靠生产,生产又要靠资本家。这几句话的意思,就是有了好生产和大资本家,工业便可以发展,便可以赚钱。就我们中国工业的情形来证明,是怎么样呢?中国最大的工业是汉冶萍公司,汉冶萍公司是专制造钢铁的大工厂。这个公司内最大的资本家,从前是盛宣怀。这个工厂每年所出的钢铁,在平常的时候,或者是运到美洲舍路埠去卖,或者是运到澳洲去卖,当欧战的时候都是运到日本去卖。钢铁本来是中国的大宗进口货,中国既是有了汉冶萍可以制造钢铁,为什么还要买外国的钢铁呢?因为中国市面所需要的钢铁都是极好的建筑钢、枪炮钢和工具钢,汉冶萍所制造的只是钢轨和生铁,不合市面的用途,所以市面要买外来的进口货,不买汉冶萍的钢铁。至于美国每年所出的钢有四千万吨、铁有四五千万吨,中国只有汉冶萍每年出铁二十万吨、出钢十几万吨。中国所出这样少数的钢铁,为什么还要运到美国去卖呢?美国出那样多的钢铁,为什么还可以消受中国的钢铁呢?就是因为汉冶萍没有好炼钢厂,所出的生铁要经过许多方法的制造才可以用,在中国不合用途,所以要运到外国去卖。美国有极多的制钢厂,只要有便宜铁,不管他是那里来的,便可以消纳,便可以制造好钢来赚钱。所以本国虽然出很多的钢铁,就是中国运去的便宜铁,还可以买。汉冶萍公司所出的钢铁,因为是运到外国去卖,所以在欧战的时候,对于工人减时间,加工价,还是很赚钱;现在是亏本,许多工人失业。照马克思的学理讲,汉冶萍公司既是有钢铁的好出产,又有大资本,应该要赚钱,可以大发展,为什么总是要亏本呢?由汉冶萍这一个公司的情形来考究,实业的中心是在什么地方呢?就是在消费的社会,不是专靠生产的资本。汉冶萍虽然有大资本,但是生产的钢铁在中国没有消费的社会,所以不能发展,总是不能赚钱。因为实业的中心要靠消费的社会,所以近来世界上的大工业都是照消费者的需要来制造物品。近来有知识的工人,也是帮助消费者。消费是什么问题呢?就是解决众人的生存的问题,也就是民生问题。所以工业实在是要靠民生。民生就是政治的中心,就是经济的中心和种种历史活动的中心,好像天空以内的重心一样。

从前的社会主义错认物质是历史的中心,所以有了种种纷乱。这好像从前的天文学,错认地球是宇宙的中心,所以计算历数,每三年便有一个月的大差,后来改正太阳是宇宙的中心,每三年后的历数才只有一日之差一样。我们现在要解除社会问题中的纷乱,便要改正这种错误,再不可说物质问题是历史中的中心,要把历史上的政治、社会、经济种种中心都归之于民生问题,以民生为社会历史的中心。先把中心的民生问题研究清楚了,然后对于社会问题才有解决的办法。

第 二 讲
（八月十日）

民生主义这个问题,如果要从学理上详细来讲,就是讲十天或二十天也讲不完,况且这种学理现在还是没有定论的。所以单就学理来讲,不但是虚耗很多时间,恐怕讲演理论越讲越难明白。所以我今天先把学理暂且放下不说,专拿办法来讲。

民生主义的办法,国民党在党纲里头老早是确定了。国民党对于民生主义定了两个办法:第一个是平均地权,第二个是节制资本。只要照这两个办法,便可以解决中国的民生问题。至于世界各国,因为情形各不相同,资本发达的程度也是各不相同;所以解决民生问题的办法各国也是不能相同。我们中国学者近来从欧美得到了这种学问,许多人以为解决中国民生问题也要仿效欧美的办法。殊不知欧美社会党解决社会问题的办法,至今还是纷纷其说,莫衷一是。

照马克思派的办法,主张解决社会问题要平民和生产家即农工专制,用革命手段来解决一切政治、经济问题,这种是激烈派。还有一派社会党主张和平办法,用政治运动和妥协的手段去解决。这两派在欧美常常大冲突,各行其是。用革命手段来解决政治、经济问题的办法,俄国革命时候已经采用过了。不过俄国革命六年以来,我们所看见的,是他们用革命手段只解决政治问题。用革命手段解决政治问题,在俄国可算是完全成功。但是说到用革命手段来解决经济问题,在俄国还不能说是成功。俄国近日改变一种新经济政策,还是在试验之中。由此便知纯用革命手段,不能完全解决经济问题。因为这个原因,欧美许多学者便不赞成俄国专用革命的手段去解决经济问题的方法,主张要用政治运动去解决这种问题。行政治运动去解决政治、经济问题,不是一日可以做得到的,所以这派人都主张缓进。这派主张缓进的人,就是妥协家同和平派。他〈们〉①所想得的方法,以为英美资本发达的国家,不能用马克思那种方法立时来解决社会问题,要用和平的方法才可以完全解决。这种方法就是前一次已经讲过了的四种方法:第一是社会与工业之改良;第二运输与交通事业收归公有;第三直接征税,就是收所得税;第四为分配之社会化,就是合作社。这四种方法都是和马克思的办法不同,要主张行这种方法来改良经济问题,就是反对马克思用革命手段来解决经济问题。欧美各国已经陆续实行这四种方法,不过还没有完全达到所期望的目的。但是大家都以为用这四种方法,社会问题便可以解决,所以英美便有许多社会党很赞成这四种方法。这四种方法都是和平手段,所以他们便很反对马克思革命手段。俄国当初革命的时候,本来想要解决社会问题,政治问题还在其次。但是革命的结果,政治问题得了解决,社会问题不能解决,和所希望的恰恰是相反。由于这种事实,反对马克思的一派便说:"俄国行马克思办法,经过这次试验,已经是办不通,归于失败。"至于马克思的党徒便答复说:"俄国行革命手段来解决社会问题,不是失败,是由于俄国的工商业还没有发达到英美那种程度,俄国的经济组织还没有成熟,所以不能行马克思的方法。如果在工商业极发达、经济组织很成熟的国家,一定可以行马克思的办法。所以马克思的方法若是在英美那种国家去实行,一定是能够成功的,社会问题一定是可以根本解决的。"照这两派学说比较起来,用马克思的方法,所谓是"快刀斩乱麻"的手段;反对马克思的方法,是和平手段。我们要解决社会问题,究竟是用快刀斩乱麻的手段好呀,还是用

---

① 此处据胡汉民编《总理全集》增"们"字。

和平手段、像上面所讲的四种政策好呢？这两派的办法，都是社会党所主张的和资本家相反对的。

现在欧美的工商业进步到很快，资本发达到极高，资本家专制到了极点，一般人民都不能忍受。社会党想为人民解除这种专制的痛苦，去解决社会问题，无论是采用和平的办法或者是激烈的办法，都被资本家反对。到底欧美将来解决社会问题是采用什么方法，现在还是看不出，还是料不到。不过主张和平办法的人，受了资本家很多的反对，种种的激烈〔刺激〕，以为用和平手段来改良社会，于人类极有利益，于资本家毫无损害，尚且不能实行，便有许多人渐渐变更素来的主张，去赞成激烈的办法，也一定要用革命手段来解决社会问题。照马克思的党徒说："如果英国工人真能够觉悟，团结一致，实行马克思的办法来解决社会问题，在英国是一定可以成功的。美国的资本发达和英国相同，假若美国工人能行马克思主义，也可以达到目的。"但是现在英美各国的资本家专制到万分，总是设法反对解决社会问题的进行，保守他们自己的权利。现在资本家保守权利的情形，好像从前专制皇帝要保守他们的皇位一样。专制皇帝因为要保守他们的皇位，恐怕反对党来摇动，便用很专制的威权、极残忍的手段来打消他们的反对党。现在资本家要保守自己的私利，也是用种种专制的方法来反对社会党，横行无道。欧美社会党将来为势所迫，或者都要采用马克思的办法来解决经济问题，也是未可定的。

共产这种制度，在原人时代已经是实行了。究竟到什么时代才打破呢？依我的观察，是在金钱发生之后。大家有了金钱，便可以自由买卖，不必以货易货，由交易变成买卖，到那个时候共产制度便渐渐消灭了。由于有了金钱，可以自由买卖，便逐渐生出大商家。当时工业还没有发达，商人便是资本家。后来工业发达，靠机器来生产，有机器的人便成为资本家。所以从前的资本家是有金钱，现在的资本家是有机器。由此可见，古代以货易货，所谓"日中为市"，"交易而退，各得其所"的时候，还没有金钱，一切交换都不是买卖制度，彼此有无相通，还是共产时代。后来有了货币，金钱发生，便以金钱易货，便生出买卖制度，当时有金钱的商人便成为资本家。到近世发明了机器,一切货物都靠机器来生产,有机器的人更驾乎有金钱的人之上。所以由于金钱发生,便打破了共产;由于机器发明,便打破了商家。现在资本家有了机器,靠工人来生产,掠夺工人的血汗,生出贫富极相悬殊的两个阶级。这两个阶级常常相冲突,便发生阶级战争。一般悲天悯人的道德家,不忍见工人的痛苦,要想方法来解除这种战争,减少工人的痛苦,是用什么方法呢? 就是想把古代的共产制度恢复起来。因为从前人类顶快活的时代,是最初脱离禽兽时代所成的共产社会,当时人类的竞争,只有和天斗,或者是和兽斗。后来工业发达,机器创出,便人与之〔人〕斗①,从前人类战胜了天同兽之后,不久有金钱发生,近来又有机器创出,那些极聪明的人把世界物质都垄断起来,图他个人的私利,要一般人都做他的奴隶,于是变成人与人争的极剧烈时代。这种争斗要到什么时候才可以解决呢? 必要再回复到一种新共产时代,才可以解决。所谓人与人争,究竟是争什么呢? 就是争面包,争饭碗。到了共产时代,大家都有面包和饭吃,便不至于争,便可以免去人同人争。所以共产主义就是最高的理想来解决社会问题的。我们国民党所提倡的民生主义,不但是最高的理想,并且是社会的原动力,是一切历史活动的重心。民生主义能够实行,社会问题才可以解决;社会问题能够解决,人类才可以享很大的幸福。我今天来分别共产主义和民生主义,可以说共产主义是民生的理想,民生主义是共产的实行,所以两种主义没有什么分别,要分别的还是在方法。

  我们国民党在中国所占的地位、所处的时机,要解决民生问题应该用什么方法呢? 这个方法,不是一种玄妙理想,不是一种空洞学问,是一种事实。这种事实不是外国所独有的,就是中国也是有的。我们要拿事实做材料,才能够定出方法;如果单拿学理来定方法,这个方法是靠不住的。这个理由,就是因为学理有真的有假的,要经过试验才晓得对与不对。好像科学上发明一种学理,究竟是对与不对,一定要做成事实,能够实行,才可以说是真学理。科学上最初发明的许多学理,一百种之中有九十九种是不能够实行的,

---

① 此处据胡汉民编《总理全集》改。

能够实行的学理不过是百分之一。如果通通照学理去定办法,一定是不行的。所以我们解决社会问题,一定是要根据事实,不能单凭学理。

在中国的这种事实是什么呢?就是大家所受贫穷的痛苦。中国人大家都是贫,并没有大富的特殊阶级,只有一般普通的贫。中国人所谓"贫富不均",不过在贫的阶级之中,分出大贫与小贫。其实中国的顶大资本家,和外国资本家比较,不过是一个小贫,其他的穷人都可说是大贫。中国的大资本家在世界上既然是不过一个贫人,可见中国人通通是贫,并没有大富,只有大贫、小贫的分别。我们要把这个分别弄到大家平均,都没有大贫,要用什么方法呢?大概社会变化和资本发达的程序,最初是由地主,然后由地主到商人,再由商人才到资本家。地主之发生,是由于封建制度。欧洲现在还没有脱离封建制度。中国自秦以后,封建制度便已经打破了。当封建制度的时候,有地的贵族便是富人,没有地的人便是贫民。中国到今日脱离封建制度,虽然有了二千多年,但是因为工商业没有发达,今日的社会情形还是和二千多年以前的社会情形一样。中国到今日,虽然没有大地主,还有小地主。在这种小地主时代,大多数地方还是相安无事,没有人和地主为难。

不过,近来欧美的经济潮流一天一天的侵进来了,各种制度都是在变动,所受的头一个最大的影响就是土地问题。比方现在广州市的土地在开辟了马路之后,长堤的地价,和二十年以前的地价相差是有多少呢?又像上海黄浦滩的地价,比较八十年以前的地价相差又是有多少呢?大概可说相差一万倍。就是从前的土地大概一块钱可以买一方丈,现在的一方丈便要卖一万块钱,好像上海黄浦滩的土地现在每亩要值几十万,广州长堤的土地现在每亩要值十几万。所以中国土地先受欧美经济的影响,地主便变成了富翁,和欧美的资本家一样了。经济发达,土地受影响的这种变动,不独中国为然,从前各国也有这种事实。不过各国初时不大注意,没有去理会,后来变动越大才去理会,便不容易改动,所谓积重难返了。我们国民党对于中国这种地价的影响,思患预防,所以要想方法来解决。

讲到土地问题,在欧美社会主义的书中,常说得有很多有趣味的故事。像澳洲有一处地方,在没有成立市场以前,地价是很平的。有一次政府要拍卖一块土地,这块土地在当时是很荒芜的,都是作垃圾堆之用,没有别的用处,一班人都不愿意出高价去买。忽然有一个醉汉闯入拍卖场来。当时拍卖官正在叫卖价,众人所还的价,有一百元的,有二百元的,有还到二百五十元的;到了还到二百五十元的时候,便没有人再加高价。拍卖官就问有没有加到三百元的?当时那个醉汉,醉到很糊涂,便一口答应说:"我出价三百元。"他还价之后,拍卖官便照他的姓名定下那块地皮。地既卖定,众人散去,他也走了。到第二天,拍卖官开出账单,向他要地价的钱,他记不起昨天醉后所做的事情,便不承认那一笔账。后来回忆他醉中所做的事,就大生悔恨。但对于政府既不能赖账,只可费了许多筹划,尽其所有,才凑够三百元来给拍卖官。他得了那块地皮之后,许久也没有能力去理会。相隔十多年,那块地皮的周围都建了高楼大厦,地价都是高到非常。有人向他买那块地皮,还他数百万的价钱,他还不放手。他只是把那块地分租与人,自己总是收地租。更到后来,这块地便长〔涨〕价到几千万,这个醉汉便成澳洲第一个富家翁。推到这位澳洲几千万元财产的大富翁,还是由三百元的地皮来的。

讲到这种事实,在变成富翁的地主当然是很快乐,但是考究这位富翁原来只用三百元买得那块地皮,后来并没有加工改良,毫没有理会,只是睡觉,便坐享其成,得了几千万元。这几千万元是谁人的呢?依我看来,是大家的。因为社会上大家要用那处地方来做工商事业的中心点,便去把他改良,那块地方的地价才逐渐增加到很高。好像我们现在用上海地方做中国中部工商业的中心点,所以上海的地价比从前要增涨几万倍。又像我们用广州做中国南部工商业的中心点,广州的地价也比从前要增涨几万倍。上海的人口不过一百多万,广州的人口也是一百多万,如果上海的人完全迁出上海,广州的人完全迁出广州,或者另外发生天灾人祸,令上海的人或广州的人都消灭,试问上海、广州的地价还值不值现在这样高的价钱呢?由此可见,土地价值之能够增加的理由,是由于众人的功劳,众人的力量,地主对于地价涨跌的功劳是没有一点关系的。所以外国学者认〔将〕地主由地价增高所获的利益,名之为"不劳而获"的利,比较工商业的制造家要劳心劳力,买贱卖贵,费许多打算、许多经营才能够得到的利益,便大不相同。工商业家垄断物质的价值来赚钱,我们已经觉得是不公平;但是工商业家还要劳心劳力,地主只要坐守其成,毫不用心力,便可得很大的利益。但是地价是由什么方法才能够增涨呢?是由于众人改良那块土地,争用那块土地,地价才是增涨。地价一增涨,在那块地方之百货的价钱都随之而涨。所以就可以说,众人在那块地方经营工商业所赚的钱,在间接无形之中都是被地主抢去了。

至于中国社会问题,现在到了什么情形呢?一般研究社会问题和提倡解决社会问题的人,所有的这种思想学说都是从欧美得来的。所以讲到解决社会问题的办法,除了欧美各国所主张的和平办法和马克思的激烈办法以外,也没有别的新发明。此刻讲社会主义,极时髦的人是赞成马克思的办法。所以一讲到社会问题,多数的青年便赞成共产党,要拿马克思主义在中国来实行。到底赞成马克思主义的那般青年志士,用心是什么样呢?他们的用心是很好的。他们的主张是要从根本上解决,以为政治、社会问题要正本清源,非从根本上解决不可。所以他们便极力组织共产党,在中国来活动。

我们国民党的旧同志,现在对于共产党生出许多误会,以为国民党提倡三民主义是与共产主义不相容的。不知道我们一般同志,在二十年前都是赞成三民主义互相结合。在没有革命以前,大多数人的观念只知道有民族主义,譬如当时参加同盟会的同志,各人的目的都是在排满。在进会的时候,我要他们宣誓,本是赞成三民主义,但是他们本人的心理,许多都是注意在民族主义,要推翻清朝。以为只要推翻满清之后,就是中国人来做皇帝,他们也是欢迎的。就他们宣誓的目的,本是要实行三民主义,同时又赞成中国人来做皇帝,这不是反对民权主义吗?就是极有思想的同志,赞成三民主义,明白三民主义是三个不同的东西,想用革命手段来实行主义,在当时以为只要能够排满,民族主义能够达到目的,民权主义和民生主义便自然跟住做去,没有别样枝节。所以他们对于民权主义和民生主义,在当时都没有过细研究。在那个时候,他们既是不过细研究,所以对于民权主义固然是不明白,对于民生主义更是莫明其妙。革命成功以后,成立民国,采用共和制度,此时大家的思想,对于何以要成立民国都是不求甚解。就是到现在,真是心悦诚服实行民权、赞成共和的同志,还是很少。大家为什么当初又来赞成民国,不去反对共和呢?这个顶大的原因,是由于排满成功以后,各省同志,由革命所发生的新军人,或者满清投降革命党的旧军人,都是各据一方,成了一个军阀,做了一个地方的小皇帝,想用那处地盘做根本,再行扩充。像拿到了广东地盘的军人,便想把广东的地盘去扩充;拿到云南、湖南地盘的军人,便想把云南、湖南的地盘去扩充;拿到了山东、直隶的军人,也想把山东、直隶的地盘去扩充。扩充到极大的时候,羽毛丰满了之后,他们便拿自己的力量来统一中国,才明目张胆来推翻共和。这种由革命所成的军阀,或由满清投降到民国的军阀,在当时都是怀抱这种心事。他们以为自己一时的力量不能统一中国,又不愿意别人来统一中国,大家立心便沉机观变,留以有待。所以这种军阀,在当时既不明白共和,又来赞成民国,实在是想做皇帝。不过拿赞成民国的话来做门面,等待他们地盘扩充到极大之后,时机一到,便来反对民国,解决国家问题。因为这个原因,所以当初的民国还能够成立。在这十三年之中的民国,便有许多人想来推翻,但是他们的力量都不甚大,所以民国的名义还能够苟延残喘,继续到现在。由此便可见当时同盟会人的心理,对于民权主义便有许多都是模棱两可,对于民生主义更是毫无心得。

现在再来详细剖解。革命成功之后,改大清帝国为中华民国,我们国民党至今还是尊重民国。一般革命同志对于国民党的三民主义是什么情形呢?民国政治上经过这十三年的变动和十三年的经验,现在各位同志对于民族、民权那两个主义都是很明白的,但是对于民生主义的心理,好像革命以后革命党有兵权的人对于民权主义一样无所可否,都是不明白的。为什么我敢说我们革命同志对于民生主义还没有明白呢?就是由于这次国民党改组,许多同志因为反对共产党,便居然说共产主义与三民主义不同,在中国只要行三民主义便够了,共产主义是决不能容纳的。然则民生主义到底是什么东西呢?我在前一次讲演有一点发明,是说社会的文明发达、经济组织的改良和道德进步,都是以什么为重心呢,就是以民生为重心。民生就是社会一切活动中的原动力。因为民生不遂,所以社会的文明不能发达,经济组织不能改良和道德退步,以及发生种种不平的事情。像阶级战争和工人痛苦,那些种种压迫,都是由于民生不遂的问题没有解决。所以社会中的各种变态都是果,民生问题才是因。照这样判断,民生主义究竟是什么东西呢?民生主义就是共产主义,就是社会主义。所以我们对于共产主义,不但不能说是和民生主义相冲突,并且是一个好朋友,主张民生主义的人应该要细心去研究的。

共产主义既是民生主义的好朋友,为什么国民党员要去反对共产党员呢?这个原因,或者是由于共产党员也有不明白共产主义为何物,而尝有反对三民主义之言论,所以激成国民党之反感。但是这种无知妄作的党员,不得归咎于全党及其党中之主义,只可说是他们个人的行为。所以我们决不能够以共产党员个人不好的行为,便拿他们来做标准去反对共产党。既是不能以个人的行为便反对全体主义,那么,我们同志中何以发生这种问题呢?原因就是由于不明白民生主义是什么东西。殊不知民生主义就是共产主义,这种共产主义的制度,就是先才讲过并不是由马克思发明出来的。照生物进化家说,人类是由禽兽进化而来的。先由兽类进化之后,便逐渐成为部落。在那个时候,人类的生活便与兽类的生活不同。人类最先所成的社会,就是一个共产社会。所以原人时代,已经是共产时代。那个原人时代的情形究竟是怎么样,我们可以考察现在非洲和南洋群岛的土人生番毫未有受过文明感化的社会,是什么制度。那些土人生番的社会制度,通通是共产。由于现在那些没有受过文明感化的社会都是共产,可见我们祖先的社会一定也是共产的。

近来欧美经济的潮流侵入中国,最先所受的影响就是土地。许多人把土地当作赌具,做投机事业,俗语说是炒地皮。原来有许多地皮毫不值钱,要到了十年、二十年之后才可以值高价钱的。但是因为有投机的人从中操纵,便把那块地价预先抬高。这种地价的昂贵,更是不平均。

由于土地问题所生的弊病,欧美还没有完善方法来解决,我们要解决这个问题,便要趁现在的时候,如果等到工商业发达以后更是没有方法可以解决。中国现在受欧美的影响,社会忽生大变动,不但是渐渐成为贫富不齐,就是同是有土地的人也生出不齐。比方甲有一亩地是在上海黄浦滩,乙有一亩地是在上海乡下。乙的土地,如果是自己耕种或者每年可以得一二十元,如果租与别人最多不过得五元至十元。但是甲在上海的土地,每亩可租得一万几千元。由此便可见上海的土地可以得几千倍,乡下的土地只能够得一倍。同是有一亩土地,便生出这样大的不平。我们国民党的民生主义,目的就是要把社会上的财源弄到平均。所以民生主义就是社会主义,也就是共产主义,不过办法各有不同。我们的头一个办法,是解决土地问题。

解决土地问题的办法各国不同,而且各国有很多繁难的地方。现在我们所用的办法是很简单很容易的,这个办法就是平均地权。讲到解决土地问题,平均地权,一般地主自然是害怕,好像讲到社会主义,一般资本家都是害怕,要起来反对一样。所以说到解决土地问题,如果我们的地主是像欧洲那种大地主,已经养成了很大的势力,便很不容易做到。不过中国今日没有那种大地主,一般小地主的权力还不甚大,现在就来解决,还容易做到。如果现在失去了这个机会,将来更是不能解决。讲到了这个问题,地主固然要生一种害怕的心理,但是照我们国民党的办法,现在的地主还是很可以安心的。

这种办法是什么呢?就是政府照地价收税和照地价收买。究竟地价是什么样定法呢?依我的主张,地价应该由地主自己去定。比方广州长堤的地价,有值十万元一亩的,有值一万元一亩的,都是由地主自己报告到政府。至于各国土地的税法,大概都是值百抽一,地价值一百元的抽税一元,值十万元的便抽一千元,这是各国通行的地价税。我们现在所定的办法,也是照这种税率来抽税。地价都是由地主报告到政府,政府照他所报的地价来抽税。许多人以为地价由地主任意报告,他们以多报少,政府岂不是要吃亏么?譬如地主把十万元的地皮,到政府只报告一万元。照十万元的地价,政府应该抽税一千元;照地主所报一万元的地价来抽税,政府只抽得一百元,在抽税机关一方面自然要吃亏九百元。但是政府如果定了两种条例,一方面照价抽税,一方面又可以照价收买。那么地主把十万元的地皮只报一万元,他骗了政府九百元的税,自然是占便宜;如果政府照一万元的价钱去收买那块地皮,他便要失去九万元的地,这就是大大的吃亏。所以照我的办法,地主如果以多报少,他一定怕政府要照价收买,吃地价的亏;如果以少报多,他又怕政府要照价抽税,吃重税的亏。在利害两方面互相比较,他一定不情愿多报,也不情愿少报,要定一个折中的价值,把实在的市价报告到政府。地主既是报折中的市价,那么政府和地主自然是两不吃亏。

  地价定了之后,我们更有一种法律的规定。这种规定是什么呢?就是从定价那年以后,那块地皮的价格再行涨高,各国都是要另外加税,但是我们的办法,就要以后所加之价完全归为公有。因为地价涨高,是由于社会改良和工商业进步。中国的工商业几千年都没有大进步,所以土地价值常常经过许多年代都没有大改变。如果一有进步,一经改良,像现在的新都市一样,日日有变动,那种地价便要增加几千倍,或者是几万倍了。推到这种进步和改良的功劳,还是由众人的力量经营而来的。所以由这种改良和进步之后所涨高的地价,应该归之大众,不应该归之私人所有。比方有一个地主,现在报一块地价是一万元,到几十年之后那块地价涨到一百万元,这个所涨高的九十九万元,照我们的办法都收归众人公有,以酬众人改良那块地皮周围的社会和发达那块地皮周围的工商业之功劳。这种把以后涨高的地价收归众人公有的办法,才是国民党所主张的平均地权,才是民生主义。这种民生主义就是共产主义。所以国民党员既是赞成了三民主义,便不应该反对共产主义。因为三民主义之中的民生主义,大目的就是要众人能够共产。不过我们所主张的共产,是共将来,不是共现在。这种将来的共产,是很公道的办法,以前有了产业的人决不至吃亏,和欧美所谓收归国有,把人民已有了的产业都抢去政府里头,是大不相同。地主真是明白了我们平均地权办法的道理,便不至害怕。因为照我们的办法,把现在所定的地价还是归地主私有。土地问题能够解决,民生问题便可以解决一半了。

  文明城市实行地价税,一般贫民可以减少负担,并有种种利益。像现在的广州市,如果是照地价收税,政府每年便有一宗很大的收入。政府有了大宗的收入,行政经费便有着落,便可以整理地方。一切杂税固然是可以豁免,就是人民所用的自来水和电灯费用,都可由政府来负担,不必由人民自己去负担。其他马路的修理费和警察的给养费,政府也可向地税项下拨用,不必另外向人民来抽警捐和修路费。但是广州现在涨高的地价,都是归地主私人所有,不是归公家所有,政府没有大宗收入,所以一切费用便不能不向一般普通人民来抽种种杂捐。一般普通人民负担的杂捐太重,总是要纳税,所以便很穷,所以中国的穷人便很多。这种穷人负担太重的原故,就是由于政府抽税不公道,地权不平均,土地问题没有解决。如果地价税完全实行,土地问题可以解决,一般贫民便没有这种痛苦。

外国的地价虽然是涨得很高,地主的收入固然是很多,但是他们科学进步,机器发达,有机器的资本家便有极大的生产,这种资本家所有极大生产的收入,比较地主的收入更要多得利害。中国现在最大收入的资本家只是地主,并无拥有机器的大资本家。所以我们此时来平均地权,节制资本,解决土地问题,便是一件很容易的事。

讲到照价抽税和照价收买,就有一重要事件要分别清楚,就是地价是单指素地来讲,不算人工之改良及地面之建筑。比方有一块地价值是一万元,而地面的楼宇是一百万元,那么照价抽税,照值百抽一来算,只能抽一百元。如果照价收买,就要给一万元地价之外,另要补回楼宇之价一百万元了。其他之地,若有种树、筑堤、开渠各种人工之改良者,亦要照此类推。

我们在中国要解决民生问题,想一劳永逸,单靠节制资本的办法是不足的。现在外国所行的所得税,就是节制资本之一法。但是他们的民生问题究竟解决了没有呢?中国不能和外国比,单行节制资本是不足的。因为外国富,中国贫,外国生产过剩,中国生产不足。所以中国不单是节制私人资本,还是要发达国家资本。我们的国家现在四分五裂,要发达资本,究竟是从那一条路走?现在似乎看不出,料不到。不过这种四分五裂是暂时的局面,将来一定是要统一的。统一之后,要解决民生问题,一定要发达资本,振兴实业。振兴实业的方法很多:第一是交通事业,像铁路、运河都要兴大规模的建筑;第二是矿产,中国矿产极其丰富,货藏于地,实在可惜,一定是要开辟的;第三是工业,中国的工业非要赶快振兴不可。中国工人虽多,但是没有机器,不能和外国竞争。全国所用的货物,都是靠外国制造输运而来,所以利权总是外溢。我们要挽回这种利权,便要赶快用国家的力量来振兴工业,用机器来生产,令全国的工人都有工作。到全国的工人都有工做,都能够用机器生产,那便是一种很大的新财源。如果不用国家的力量来经营,任由中国私人或者外国商人来经营,将来的结果也不过是私人的资本发达,也要生出大富阶级的不平均。所以我们讲到民生主义,虽然是很崇拜马克思的学问,但是不能用马克思的办法到中国来实行。这个理由很容易明白,就是俄国实行马克思的办法,革命以后行到今日,对于经济问题还是要改用新经济政策。俄国之所以要改用新经济政策,就是由于他们的社会经济程度还比不上英国、美国那样的发达,还是不够实行马克思的办法。俄国的社会经济程度尚且比不上英国、美国,我们中国的社会经济程度怎么能够比得上呢?又怎么能够行马克思的办法呢?所以照马克思的党徒,用马克思的办法来解决中国的社会问题是不可能的。

我记得三十多年前,我在广州做学生的时候,西关的富家子弟一到冬天便穿起皮衣。广州冬天的天气本来不大冷,可以用不着皮衣的,但是那些富家子弟每年到冬天总是要穿皮衣,表示他们的豪富。在天气初冷的时候,便穿小毛;稍为再冷,便穿大毛;在深冬的时候,无论是什么天气,他们都是穿大毛。有一天,他们都是穿了大毛皮衣到一个会场,天气忽然变暖,他们便说道:"现在这样的天气,如果不翻北风①,便会坏人民了。"照这样说法,以"不翻北风便坏人民",在他们的心理以为社会上大家都是有皮衣穿,所以不翻北风,大家便要受热,是于大家卫生有害的。其实社会上那里个个人有皮衣穿呢?广州人民在冬天,有的穿棉衣,有的是穿夹衣,甚至于有许多人只是穿单衣,那里还怕"不翻北风"呢!现在一般青年学者信仰马克思主义,一讲到社会主义,便主张用马克思的办法来解决中国社会经济问题,这就是无异"不翻北风就坏人民"一样的口调。不知中国今是患贫,不是患不均。在不均的社会,当然可用马克思的办法,提倡阶级战争去打平他。但在中国实业尚未发达的时候,马克思的阶级战争、无产专制便用不着。所以我

---

① "翻北风"为广州方言,即起北风。

们今日师马克思之意则可,用马克思之法则不可。我们主张解决民生问题的方法,不是先提出一种毫不合时用的剧烈办法,再等到实业发达以求适用;是要用一种思患预防的办法来阻止私人的大资本,防备将来社会贫富不均的大毛病。这种办法才是正当解决今日中国社会问题的方法,不是先穿起大毛皮衣,再来希望翻北风的方法。

我先才讲过,中国今日单是节制资本,仍恐不足以解决民生问题,必要加以制造国家资本,才可解决之。何谓制造国家资本呢?就是发展国家实业是也。其计划已详于《建国方略》第二卷之《物质建设》,又名曰《实业计划》,此书已言制造国家资本之大要。前言商业时代之资本为金钱,工业时代之资本为机器,故当由国家经营,设备种种之生产机器为国家所有。好像欧战时候各国所行的战时政策,把大实业和工厂都收归国有一样,不过他们试行这种政策不久便停止罢了。中国本来没有大资本家,如果由国家管理资本,发达资本,所得的利益归人民大家所有,照这样的办法,和资本家不相冲突,是很容易做得到的。

照美国发达资本的门径,第一是铁路,第二是工业,第三是矿产。要发达这三种大实业,照我们中国现在的资本、学问和经验都是做不来的,便不能不靠外国已成的资本。我们要拿外国已成的资本,来造成中国将来的共产世界,能够这样做去,才是事半功倍。如果要等待我们自己有了资本之后才去发展实业,那便是很迂缓了。中国现在没有机器,交通上不过是六七千英里的铁路,要能够敷用,应该要十倍现在的长度,至少要有六七万英里才能敷用。所以,不能不借助外资来发展交通运输事业,又不能不借用外国有学问经验的人材来经营这些实业。至于说到矿产,我们尚未开辟。中国的人民比美国多,土地比美国大,美国每年产煤有六万万吨、钢铁有九千万吨,中国每年所产的煤铁不及美国千分之一。所以要赶快开采矿产,也应该借用外资。其他建造轮船、发展航业和建设种种工业的大规模工厂,都是非借助外国资本不可。如果交通、矿产和工业的三种大实业都是很发达,这三种收入每年都是很大的。假若是由国家经营,所得的利益归大家共享,那么全国人民便得享资本的利,不致受资本的害,像外国现在的情形一样。外国因为大资本是归私人所有，便受资本的害，大多数人民都是很痛苦，所以发生阶级战争来解除这种痛苦。

我们要解决中国的社会问题，和外国是有相同的目标。这个目标，就是要全国人民都可以得安乐，都不致受财产分配不均的痛苦。要不受这种痛苦的意思，就是要共产。所以我们不能说共产主义与民生主义不同。我们三民主义的意思，就是民有、民治、民享。这个民有、民治、民享的意思，就是国家是人民所共有，政治是人民所共管，利益是人民所共享。照这样的说法，人民对于国家不只是共产，一切事权都是要共的。这才是真正的民生主义，就是孔子所希望之大同世界。

第 三 讲
（八月十七日）

今天所讲的是吃饭问题。大家听到讲吃饭问题，以为吃饭是天天做惯了的事。常常有人说，天下无论什么事都没有容易过吃饭的。可见吃饭是一件很容易的事，是一件常常做惯了的事。为什么一件很容易又是做惯了的事还有问题呢？殊不知道吃饭问题就是顶重要的民生问题。如果吃饭问题不能够解决，民生主义便没有方法解决。所以民生主义的第一个问题，便是吃饭问题。古人说："国以民为本，民以食为天。"可见吃饭问题是很重要的。

未经欧战以前，各国政治家总没有留意到吃饭问题。在这个十年之中，我们留心欧战的人，研究到德国为什么失败呢？正当欧战剧烈的时候，德国都是打胜仗，凡是两军交锋，无论是陆军的步队、炮队和骑兵队、海军的驱逐舰、潜水艇和一切战斗舰，空中的飞机、飞艇，都是德国战胜。自始至终，德国没有打过败仗。但是欧战结果，德国终归于大败，这是为什么原因呢？德国之所以失败，就是为吃饭问题。因为德国的海口都被联军封锁，国内粮食逐渐缺乏，全国人民和兵士都没有饭吃，甚至于饿死，不能支持到底，所以终归失败。可见吃饭问题，是关系国家之生死存亡的。

近来有饭吃的国家,第一个是美国,美国每年运送许多粮食去接济欧洲。其次是俄国,俄国地广人稀,全国出产的粮食也是很多。其他像澳洲、加拿大和南美洲阿根廷那些国家,都是靠粮食做国家的富源,每年常有很多粮食运到外国去卖,补助各国粮食之不足。不过当欧战时候,平时许多供运输的轮船都是被国家收管,作军事的转运,至于商船是非常缺乏。所以澳洲和加拿大、阿根廷那些地方多余的粮食便不能运到欧洲,欧洲的国家便没有饭吃。中国当欧战的时候,幸而没有水旱天灾,农民得到了好收成,所以中国没有受到饥荒。如果在当时遇着像今年的水灾,农民没有收成,中国一定也是没有饭吃。当时中国能够逃过这种灾害,不至没有饭吃,真是一种天幸了。现在世界各国有几国是有饭吃的,有许多国是没有饭吃的。像西方三岛的英国,一年之中所出的粮食只够三个月吃,有九个月所吃的粮食都是靠外国运进去的。所以当欧战正剧烈的时候,德国的潜水艇把英国的海口封锁了,英国便几乎没有饭吃。东方三岛的日本国,每年也是不够饭吃,不过日本所受粮食缺乏的忧愁,没有像英国那些利害。日本本国的粮食,一年之中可以供给十一个月,不够的约有一个月。德国的粮食,一年之中可以供给十个月,还相差约两个月。其他欧洲各小国的粮食,有许多都是不够的。德国的粮食在平时已经是不够,当欧战时候许多农民都是去当兵士,生产减少,粮食更是不够。所以大战四年,归到结果,便是失败。由此可见,全国的吃饭问题是很重要的。

如果是一个人没有饭吃,便容易解决,一家没有饭吃,也很容易解决,至于要全国人民都有饭吃,像要中国四万万人都是足食,提到这个问题便是很重要,便不容易解决。到底中国的粮食是够不够呢?中国人有没有饭吃呢?像广东地方每年进口的粮食要值七千万元,如果在一个月之内外间没有米运进来,广东便马上闹饥荒,可见广东是不够饭吃的。这是就广东一省而言,其他有许多省分都是有和广东相同的情形。至于中国土地的面积是比美国大得多,人口比美国多三四倍,如果就吃饭这个问题用中国和美国来讨论,中国自然比不上美国。但是和欧洲各国来比较,德国是不够吃饭的,故欧战开始之后两三年国内便有饥荒。法国是够吃饭的,故平时不靠外国运进粮食,还可足食。用中国和法国来比较,法国的人口是四千万,中国的人口是四万万,法国土地的面积为中国土地面积的二十分之一,所以中国的人口比法国是多十倍,中国的土地是比法国大二十倍。法国四千万人口,因为能够改良农业,所以得中国二十份一的土地,还能够有饭吃。中国土地的面积比法国大二十倍,如果能够仿效法国来经营农业,增加出产,所生产的粮食至少要比法国多二十倍。法国现在可以养四千万人,我们中国至少也应该可以养八万万人,全国人口不但是不怕饥荒,并且可以得粮食的剩余,可以供给他国。但是中国现在正是民穷财尽,吃饭问题的情形到底是怎么样呢?全国人口现在都是不够饭吃,每年饿死的人数大概过千万。这还是平时估算的数目,如果遇着了水旱天灾的时候,饿死的人数更是不止千万了。照外国确实的调查,今年中国的人数只有三万万一千万。中国的人数在十年以前是四万万,现在只有三万万一千万,这十年之中便少了九千万,这是一件很可怕的事,是应该要研究的一个大问题。中国人口在这十年之中所以少了九千万的原故,简而言之,就是由于没有饭吃。

　　中国之所以没有饭吃,原因是很多的,其中最大的原因就是农业不进步,其次就是由于受外国经济的压迫。在从前讲民族问题的时候,我曾说外国用经济势力来压迫中国,每年掠夺中国的利权,现在有十二万万元。就是中国因为受外国经济的压迫,每年要损失十二万万元。中国把这十二万万元是用什么方法贡献到外国呢?是不是把这十二万万元的金钱运送到外国呢?这十二万万元的损失,不是完全用金钱,有一部分是用粮食。中国粮食供给本国已经是不足,为什么还有粮食运送到外国去呢?从什么地方可以看得出来呢?照前几天外国的报告,中国出口货中,以鸡蛋一项,除了制成蛋白质者不算,只就有壳的鸡蛋而论,每年运进美国便有十万万个,运进日本及英国的也是很多。大家如果是到过了南京的,一抵下关便见有一所很宏伟的建筑,那所建筑是外国人所办的制肉厂,把中国的猪、鸡、鹅、鸭各种家畜,都在那个制肉厂内制成肉类,运送到外国。再像中国北方的大小麦和黄豆,每年运出口的也是不少。前三年中国北方本是大旱,沿京汉、京奉铁路一带饿死的人民本是很多,但是当时牛庄、大连还有很多的麦、豆运出外国。这是什么原故呢？就是由于受外国经济的压迫。因为受了外国经济的压迫，没有金钱送到外国，所以宁可自己饿死，还要把粮食送到外国去。这就是中国的吃饭问题还不能够解决。

现在我们讲民生主义，就是要四万万人都有饭吃，并且要有很便宜的饭吃。要全国的个个人都有便宜饭吃，那才算是解决了民生问题。要能够解决这个问题，究竟是从什么地方来研究起呢？吃饭本来是很容易的事，大家天天都是睡觉吃饭，以为没有什么问题。中国的穷人常有一句俗话说："天天开门七件事，柴米油盐酱醋茶。"可见吃饭是有问题的。我们要解决这个问题，便要详细来研究。

我们人类究竟是吃一些什么东西才可以生存呢？人类所吃的东西有许多是很重要的材料，我们每每是忽略了。其实我们每天所靠来养生活的粮食，分类说起来，最重要的有四种。第一种是吃空气。浅白言之，就是吃风。我讲到吃风，大家以为是笑话，俗语说"你去吃风"，是一句轻薄人的话，殊不知道吃风比较吃饭还要重要得多。第二种是吃水。第三种是吃动物，就是吃肉。第四种是吃植物，就是吃五谷果蔬。这个风、水、动、植四种东西，就是人类的四种重要粮食。现在分开来讲。第一种吃风，大家不可以为是笑话。如果大家不相信吃风是一件最重要的事，大家不妨把鼻孔、口腔都闭住起来，一分钟不吃风，试问要受什么样的感觉呢？可不可以忍受呢？我们吃风每分钟是十六次，就是每分钟要吃十六餐。每天吃饭最多不过是三餐，像广东人吃饭，连消夜算起来，也不过每天吃四餐。至于一般穷人吃饭，大概都是两餐，没有饭吃的人就是一餐也可以渡生活。至于吃风，每日就要吃二万三千零四十餐，少了一餐便觉得不舒服，如果数分钟不吃，必定要死。可见风是人类养生第一种重要的物质。第二种是吃水，我们单独靠吃饭不吃水，是不能够养生的。一个人没有饭吃，还可以支持过五六天，不至于死；但是没有水吃，便不能支持过五天，一个人有五天不吃水便要死。第三种是吃植物，植物是人类养生之最要紧的粮食。人类谋生的方法很进步之后，才知道吃植物。中国是文化很老的国家，所以中国人多是吃植物。至于野蛮人多是吃动物，所以动物也是人类的一种粮食。风、水、动、植这四种物质，都是人类养生的材料。不过风和水是随地皆有的。有人居住的地方，无论是在河边或者是在陆地，不是有河水，便有泉水，或者是井水，或者是雨水，到处皆有水。风更是无处不有。所以风和水虽然是很重要的材料，很急需的物质，但是因为取之无尽、用之不竭，是天给与人类，不另烦人力的，所谓是一种天赐。因为这个情形，风和水这两种物质不成问题。但是动植物质便成为问题。原始时代的人类和现在的野蛮人都是在渔猎时代，谋生的方法只是打鱼〔渔〕猎兽，捉水陆的动物做食料。后来文明进步，到了农业时代便知道种五谷，便靠植物来养生。中国有了四千多年的文明，我们食饭的文化是比欧美进步得多，所以我们的粮食多是靠植物。植物虽然是靠土地来生长，但是更要费许多功夫，经过许多生产方法才可以得到。所以要解决植物的粮食问题，便先要研究生产问题。

中国自古以来都是以农立国，所以农业就是生产粮食的一件大工业。我们要把植物的生产增加，有什么方法可以达到目的呢？中国的农业从来都是靠人工生产，这种人工生产在中国是很进步的，所收获的各种出品都是很优美的，所以各国学者都极力赞许中国的农业。中国的粮食生产既然是靠农工〔民〕，中国的农民又是很辛苦勤劳，所以中国要增加粮食的生产，便要在政治、法律上制出种种规定来保护农民。中国的人口，农民是占大多数，至少有八九成，但是他们由很辛苦勤劳得来的粮食，被地主夺去大半，自己得到手的几乎不能够自养，这是很不公平的。我们要增加粮食生产，便要规定法律，对于农民的权利有一种鼓励、有一种保障，让农民自己可以多得收成。我们要怎么样能够保障农民的权利，要怎么样令农民自己才可以多得收成，那便是关于平均地权的问题。前几天，我们国民党在这个高师学校开了一个农民联欢大会，做农民的运动，不过是想解决这个问题的起点。至于将来民生主义真是达到目的，农民问题真是完全解决，是要"耕者有其田"，那才算是我们对于农民问题的最终结果。中国现在的农民，究竟是怎么样的情形呢？中国现在虽然是没有大地主，但是一般农民有九成都是没有田的。他们所耕的田，大都是属于地主的。有田的人自己多不去耕。照道理来讲，农民应该是为自己耕田，耕出来的农品要归自己所有。现在的农民都不是耕自己的田,都是替地主来耕田,所生产的农品大半是被地主夺去了。这是一个很重大的问题,我们应该马上用政治和法律来解决。如果不能够解决这个问题,民生问题便无从解决。农民耕田所得的粮食,据最近我们在乡下的调查,十分之六是归地主,农民自己所得到的不过十分之四,这是很不公平的。若是长此以往,到了农民有知识,还有谁人再情愿辛辛苦苦去耕田呢?假若耕田所得的粮食完全归到农民,农民一定是更高兴去耕田的。大家都高兴去耕田,便可以多得生产。但是现在的多数生产都是归于地主,农民不过得回四成。农民在一年之中辛辛苦苦所收获的粮食,结果还是要多数归到地主,所以许多农民便不高兴去耕田,许多田地便渐成荒芜,不能生产了。

我们对于农业生产,除了上说之农民解放问题以外,还有七个加增生产的方法要研究:第一是机器问题,第二是肥料问题,第三是换种问题,第四是除害问题,第五是制造问题,第六是运送问题,第七是防灾问题。

第一个方法就是机器问题。中国几千年来耕田都是用人工,没有用过机器。如果用机器来耕田,生产上至少可以加多一倍,费用可减轻十倍或百倍。向来用人工生产,可以养四万万人,若是用机器生产便可以养八万万人。所以我们对于粮食生产的方法,若用机器来代人工,则中国现在有许多荒田不能耕种,因为地势太高、没有水灌溉,用机器抽水,把低地的水抽到高地,高地有水灌溉,便可以开辟来耕种。已开辟的良田,因为没有旱灾,更可以加多生产。那些向来不能耕种的荒地,既是都能够耕种,粮食的生产自然是大大增加了。现在许多耕田抽水的机器都是靠外国输运进来的,如果大家都用机器,需要增加,更要我们自己可以制造机器,挽回外溢的利权。

第二个方法就是肥料问题。中国向来所用的肥料,都是人与动物的粪料和各种腐败的植物,没有用过化学肥料的。近来才渐渐用智利硝①做肥料,像广东河南②有许多地方近来都是用智利硝来种甘蔗。甘蔗因为得了

---

① 智利硝(Chile saltpeter),即硝酸钠。
② 河南,此处指珠江南岸。

智利硝的肥料,生长的速度便加快一倍,长出来的甘蔗也加大几倍。凡是没有用过智利硝做肥料的甘蔗,不但是长得很慢,并且长得很小。但是智利硝是由南美洲智利国运来的,成本很高,卖价很贵,只有种甘蔗的人才能够买用,其他普通的农业都用不起。除了智利硝之外,海中各种甲壳动物的磷质和矿山岩石中的鉌质①,也是很好的肥料。如果硝质②、磷质和鉌质三种东西再混合起来,更是一种很好的肥料,栽培甚么植物都很容易生长,生产也可以大大的增加。比方耕一亩田,不用肥料的可以收五箩谷,如果用了肥料便可以多收二三倍。所以要增加农业的生产,便要用肥料;要用肥料,我们便要研究科学,用化学的方法来制造肥料。

制造肥料的原料,中国到处都有,像智利硝那一种原料,中国老早便用来造火药。世界向来所用的肥料,都是由南美洲智利国所产。近来科学发达,发明了一种新方法,到处可以用电来造硝,所以现在各国便不靠智利运进来的天然硝,多是用电去制造人工硝。这种人工硝和天然硝的功用相同,而且成本又极便宜,所以各国便乐于用这种肥料。但是电又是用什么造成的呢?普通价钱极贵的电,都是用蒸汽力造成的;至于近来极便宜的电,完全是用水力造成的。近来外国利用瀑布和河滩的水力来运动发电机,发生很大的电力,再用电力来制造人工硝。瀑布和河滩的天然力是不用费钱的,所以发生电力的价钱是很便宜。电力既然是很便宜,所以由此制造出来的人工硝也是很便宜。

这种瀑布和河滩,在中国是很多的。像西江到梧州以上,便有许多河滩。将近南宁的地方有一个伏波滩,这个滩的水力是非常之大,对于来往船只是很阻碍、危险的。如果把滩水蓄起来,发生电力,另外开一条航路给船舶往来,岂不是两得其利吗?照那个滩的水力计算,有人说可以发生一百万匹马力的电。其他像广西的抚河、红河也有很多河滩,也可以利用来发生电力。再像广东北部之翁江,据工程师的测量说,可以发生数万匹马力的电

---

① 鉌质(kalium 或 potassium),今称钾。
② 硝质(niter),下文亦作硝,即硝酸钾。

力,用这个电力来供给广州各城市的电灯和各工厂中的电机之用,甚至于把粤汉铁路照外国最新的方法完全电化,都可以足用。又像扬子江上游夔峡的水力,更是很大。有人考察由宜昌到万县一带的水力,可以发生三千余万匹马力的电力,像这样大的电力比现在各国所发生的电力都要大得多,不但是可以供给全国火车、电车和各种工厂之用,并且可以用来制造大宗的肥料。又像黄河的龙门,也可以生几千万匹马力的电力。由此可见,中国的天然富源是很大的。如果把扬子江和黄河的水力,用新方法来发生电力,大约可以发生一万万匹马力。一匹马力是等于八个强壮人的力,有一万万匹马力便是有八万万人的力。一个人力的工作,照现在各国普通的规定,每天是八点钟。如果用人力作工多过了八点钟,便于工人的卫生有碍,生产也因之减少,这个理由在前一回已经是讲过了。用人力作工每天不过八点钟,但是马力作工每天可以作足二十四点钟。照这样计算,一匹马力的工作,在一日夜之中便是等于二十四个人的工作。如果能够利用扬子江和黄河的水力发生一万万匹马力的电力,那便是有二十四万万个工人来做工,到了那个时候,无论是行驶火车汽车、制造肥料和种种工厂的工作,都可以供给。韩愈说"工之家一,而用器之家六",国家便一天穷一天。中国四万万人到底有多少人做工呢?中国年轻的小孩和老年的人固然是不作工,就是许多少年强壮的人,像收田租的地主,也是靠别人做工来养他们。所以中国人大多数都是不做工,都是分利,不是生利,所以中国便很穷。如果能够利用扬子江和黄河的水力发生一万万匹马力,有了一万万匹马力,就是有二十四万万个人力,拿这么大的电力来替我们做工,那便有很大的生产,中国一定是可以变贫为富的。所以对于农业生产,要能够改良人工,利用机器,更用电力来制造肥料,农业生产自然是可以增加。

　　第三个方法就是换种问题。像一块地方,今年种这种植物,明年改种别种植物;或者同是一样的植物,在今年是种广东的种子,明年是种湖南的种子,后年便种四川的种子。用这样交换种子的方法,有什么好处呢?就是土壤可以交替休息,生产力便可以增〈加〉。而种子落在新土壤,生于新空气,强壮必加,结实必夥。所以能换种,则生产增加。

第四个方法是除物害问题。农业上还有两种物害：一是植物的害，一是动物的害。像稻田本来是要种谷，但是当种谷的时候，常常生许多秕和野草。那些草和秕比禾生长得快，一面阻止禾的生长，一面吸收田中的肥料，于禾稻是很有害的。农民应用科学的道理，研究怎么样治疗那些秕草，以去植物之灾害；同时又要研究怎么样去利用那些秕草，来增加五谷的结实。至于动物的害是些什么呢？害植物的动物很多，最普通的是蝗虫和其他各种害虫。当植物的成熟时候，如果遇着了害虫，便被虫食坏了，没有收成。像今年广东的荔枝，因为结果的时候遇着了毛虫，把那些荔枝花都食去了，所以今年荔枝的出产是非常之少。其他害植物的虫是很多的，国家要用专门家对于那些害虫来详细研究，想方法来消除。像美国现在把这种事当作是一个大问题，国家每年耗费许多金钱来研究消除害虫的方法，美国农业的收入每年才可以增加几万万元。现在南京虽然是设了一个昆虫局来研究消除这种灾害，但是规模太小，没有大功效。我们要用国家的大力量，仿美国的办法来消除害虫，然后全国农业的灾害才可以减少，全国的生产才可以增加。

第五个方法就是制造问题。粮食要留存得长久，要运送到远方，就必须要经过一度之制造方可。我国最普通的制造方法就有两种：一是晒干，一是醃鹹。好像菜干、鱼干、肉干、咸菜、咸鱼、咸肉等便是。近来外国制造新法，就有将食物煮熟或烘熟，入落罐内而封存之，存留无论怎么长久，到时开食，其味如新。这是制造食物之最好方法。无论什么鱼肉、果蔬、饼食皆可制为罐头，分配全国或卖出外洋。

第六个方法就是运送问题。粮食到了有余的时候，我们还要彼此调剂，拿此地的有余去补彼地的不足。像东三省和北方是有豆有麦没有米，南方各省是有米没有豆和麦，我们就要把北方、东三省多余的豆、麦拿来供给南方，更要把南方多余的米拿去供给北方和东三省。要这样能够调剂粮食，便要靠运输。现在中国最大的问题就在运输，因为运输不方便，所以生出许多耗费。现在中国许多地方，运送货物都是靠挑夫。一个挑夫的力量，顶强壮的每日只能够挑一百斤，走一百里路远，所需要的工钱总要费一元。这种耗费,不但是空花金钱,并且空费时间,中国财富的大部分于无形中便在运输这一方面消耗去了。讲到中国农业问题,如果真是能够做到上面所说的五种改良方法,令生产加多,但是运输不灵又要成什么景象呢?像前几年我遇着了一位云南土司,他是有很多土地的,每年收入很多租谷。他告诉我说:"每年总要烧去几千担谷。"我说:"谷是很重要的粮食,为什么要把他来烧去呢?"他说:"每年收入的谷太多,自己吃不完,在附近的人民都是足食,又无商贩来买。转运的方法,只能够挑几十里路远,又不能运去远方去卖。因为不能运到远地去卖,所以每年总是新谷压旧谷,又没有多的仓库可以储蓄,等到新谷上了市,人民总是爱吃新谷,不爱吃旧谷,所以旧谷便没有用处。因为没有用处,所以每年收到新谷的时候,只好烧去旧谷,腾出空仓来储新谷。"这种烧谷的理由,就是由于生产过剩、运输不灵的原故。中国向来最大的耗费,就是在挑夫。像广州这个地方从前也有很多挑夫,现在城内开了马路,有了手车,许多事便可以不用挑夫。一架手车可以抵得几个挑夫,可以省几个挑夫的钱。一架自动车更可以抵得十几个挑夫,可以省十几个挑夫的钱。有手车和自动车来运送货物,不但是减少耗费,并可省少时间。至于西关没有马路的地方,还是要用挑夫来搬运。若是在乡下,要把一百斤东西运到几十里路远,更是不可不用挑夫。甚至于有钱的人走路,都是用轿夫。中国从前因为这种运输方法不完全,所以就是极重要的粮食还是运输不通,因为粮食运输不通,所以吃饭问题便不能解决。

中国古时运送粮食最好的方法,是靠水道及运河。有一条运河是很长的,由杭州起,经过苏州、镇江、扬州、山东、天津以至北通州,差不多是到北京,有三千多里路远,实为世界第一长之运河。这种水运是很利便的,如果加多近来的大轮船和电船,自然更加利便。不过近来对于这条运河都是不大理会。我们要解决将来的吃饭问题,可以运输粮食,便要恢复运河制度。已经有了的运河,便要修理;没有开辟运河的地方,更要推广去开辟。在海上运输更是要用大轮船,因为水运是世界上运输最便宜的方法。其次便宜的方法就是铁路,如果中国十八行省和新疆、满洲、青海、西藏、内外蒙古都修筑了铁路,到处联络起了,中国粮食便可以四处交通,各处的人民便有便宜饭吃。所以铁路也是解决吃饭问题的一个好方法。但是铁路只可以到繁盛的地方才能够赚钱,如果到穷乡僻壤的地方去经过,便没有什么货物可以运输,也没有很多的人民来往。在铁路一方面,不但是不能够赚钱,反要亏本了。所以在穷乡僻壤的地方便不能够筑铁路,只能够筑车路,有了车路便可以行驶自动车。在大城市有铁路,在小村落有车路,把路线联络得很完全,于是在大城市运粮食便可以用大火车,在小村落运粮食便可以用自动车。像广东的粤汉铁路,由黄沙到韶关,铁路两旁的乡村是很多的。如果这些乡村都是开了车路,和粤汉铁路都是联络起来,不但是粤汉铁路可以赚许多钱,就是各乡村的交通也是很方便。假若到两旁的各乡村也要筑许多支铁路,用火车去运送,不用自动车去输送,那就一定亏本。所以现在外国乡下就是已经筑成了铁路,火车可以通行,但是因为没有多生意,便不用火车,还是改用自动车。因为每开一次火车要烧许多煤,所费成本太大,不容易赚钱;每开一次自动车,所费的成本很少,很容易赚钱。这是近来办交通事业的人不可不知道的。又像由广州到澳门向来都是靠轮船,近来有人要筹办广澳铁路,但是由广州到澳门不过二百多里路程远,如果筑了铁路,每天来往行车能开三次,还不能够赚钱,至于每天只开车两次,那便要亏本了。而且为节省经费,每天少开几次车,对于交通还是不大方便。所以由广州到澳门,最好是筑车路,行驶自动车。因为筑车路比筑铁路的成本是轻得多。而且火车开行一次,一个火车头最少要拖七八架车,才不致亏本,所费的人工和煤炭的消耗是很多的,如果乘客太少,便不能够赚钱。不比在车路行驶自动车,随便可以开多少架车,乘客多的时候便可开一架大车,更多的时候可多开两三架大车,乘客少的时候可以开一架小车。随时有客到,便可以随时开车,不比火车开车的时候有一定,如果不照开车的一定时候,便有撞车的危险。所以由广州到澳门筑车路和筑铁路比较起来,筑车路是便宜得多。有了车路之后,更有穷乡僻壤是自动车不能到的地方,才用挑夫。由此可见,我们要解决运输粮食的问题,第一是运河,第二是铁路,第三是车路,第四是挑夫。要把这四个方法做到圆满的解决,我们四万万人才有很便宜的饭吃。

第七个方法就是防天灾问题。像今年广东水灾,在这十几天之内便可以收头次谷,但是头次谷将成熟的时候,便完全被水淹没了。一亩田的谷最少可以值十元,现在被水淹浸了,便是损失了十元。今年广东全省受水灾的田该是有多少亩呢?大概总有几百万亩,这种损失便是几千万元。所以要完全解决吃饭问题,防灾便是一个很重大的问题。关于这种水灾是怎样去防呢?现在广东防水灾的方法,设得有治河处,已经在各江两岸低处地方修筑了许多高堤。那种筑堤的工程都是很坚固的,所以每次遇到大水,便可以抵御,便不至让大水泛滥到两岸的田中。我去年在东江打仗,看见那些高堤都是筑得很坚固,可以防水患,不至被水冲破。这种筑堤来防水灾的方法,是一种治标的方法,只可以说是防水灾的方法之一半,还不是完全治标的方法。完全治标的方法,除了筑高堤之外,还要把河道和海口一带来浚深,把沿途的淤积沙泥都要除去。海口没有淤积来阻碍河水,河道又很深,河水便容易流通,有了大水的时候,便不至泛滥到各地,水灾便可以减少。所以浚深河道和筑高堤岸两种工程要同时办理,才是完全治标方法。

至于防水灾的治本方法是怎么样呢?近来的水灾为什么是一年多过一年呢?古时的水灾为什么是很少呢?这个原因,就是由于古代有很多森林,现在人民采伐木料过多,采伐之后又不行补种,所以森林便很少。许多山岭都是童山,一遇了大雨,山上没有森林来吸收雨水和阻止雨水,山上的水便马上流到河里去,河水便马上泛涨起来,即成水灾。所以要防水灾,种植森林是很有关系的,多种森林便是防水灾的治本方法。有了森林,遇到大雨时候,林木的枝叶可以吸收空中的水,林木的根株可以吸收地下的水。如果有极隆密的森林,便可吸收很大量的水。这些大水都是由森林蓄积起来,然后慢慢流到河中,不是马上直接流到河中,便不至于成灾。所以防水灾的治本方法还是森林。所以对于吃饭问题,要能够防水灾便先要造森林,有了森林便可以免去全国的水祸。我们讲到了种植全国森林的问题,归到结果,还是要靠国家来经营;要国家来经营,这个问题才容易成功。今年中国南北各省都有很大的水灾,由于这次大水灾,全国的损失总在几万万元。现在已经是民穷财尽,再加以这样大的损失,眼前的吃饭问题便不容易解决。

水灾之外,还有旱灾。旱灾问题是用什么方法解决呢?像俄国在这次大革命之后有两三年的旱灾,因为那次大旱灾,人民饿死了甚多,俄国的革命几乎要失败,可见旱灾也很利害的。这种旱灾,从前以为是天数不能够挽救,现在科学昌明,无论是什么天灾都有方法可以救。不过,这种防旱灾的方法,要用全国大力量通盘计划来防止。这种方法是什么呢?治本方法也是种植森林。有了森林,天气中的水量便可以调和,便可以常常下雨,旱灾便可以减少。至于地势极高和水源很少的地方,我们更要用机器抽水,来救济高地的水荒。这种防止旱灾的方法,好像是筑堤防水灾,同是一样的治标方法。有了这种的治标方法,一时候的水旱天灾都可以挽救。所以我们研究到防止水灾与旱灾的根本方法,都是要造森林,要造全国大规模的森林。至于水旱两灾的治标方法,都是要用机器来抽水和建筑高堤与浚深河道。这种治标与治本两个方法能够完全做到,水灾〔旱〕天灾可以免,那么粮食之生产便不致有损失之患了。

中国如果能解放农民和实行以上这七个增加生产之方法,那么吃饭问题到底是解决了没有呢?就是以上种种的生产问题能够得到了圆满解决的时候,吃饭问题还是没有完全解决。大家都知道欧美是以工商立国,不知道这些工商政府对于农业上也是有很多的研究。像美国对于农业的改良和研究便是无微不至,不但对于本国的农业有很详细的研究,并且常常派专门家到中国内地并满洲、蒙古各处来考察研究,把中国农业工作的方法和一切种子都带回美国去参考应用。美国近来是很注重农业的国家,所有关于农业运输的铁路、防灾的方法和种种科学的设备,都是很完全的。但是美国的吃饭问题到底是解决了没有呢?依我看起来,美国的吃饭问题还是没有解决。美国每年运输很多粮食到外国去发卖,粮食是很丰足的,为什么吃饭问题还没有解决呢?这个原因,就是由于美国的农业还是在资本家之手,美国还是私人资本制度。在那些私人资本制度之下,生产的方法太发达,分配的方法便完全不管,所以民生问题便不能够解决。

我们要完全解决民生问题,不但是要解决生产的问题,就是分配的问题也是要同时注重的。分配公平方法,在私人资本制度之下是不能实行的。

因为在私人资本制度之下,种种生产的方法都是向往一个目标来进行,这个目标是什么呢?就是赚钱。因为粮食的生产是以赚钱做目标,所以粮食在本国没有高价的时候,便运到外国去卖,要赚多钱。因为私人要赚多钱,就是本国有饥荒,人民没有粮食,要饿死很多人,那些资本家也是不去理会。像这样的分配方法,专是以赚钱为目标,民生问题便不能够完全解决。我们要实行民生主义,还要注重分配问题。我们所注重的分配方法,目标不是在赚钱,是要供给大家公众来使用。中国的粮食现在本来是不够,但是每年还有数十万万个鸡蛋和〈很多〉谷米、大豆运到日本和欧美各国去,这种现象是和印度一样的。印度不但是粮食不够,且每年都是有饥荒,但是每年运到欧洲的粮食数目,印度还占了第三个重要位置。这是什么原因呢?这个原因就是由于印度受了欧洲经济的压迫,印度尚在资本制度时代,粮食生产的目标是在赚钱。因为生产的目标是在赚钱,印度每年虽是有饥荒,那般生产的资本家知道拿粮食来救济饥民是不能够赚钱的,要把他运到欧洲各国去发卖便很可以赚钱,所以那些资本家宁可任本地的饥民饿死,也要把粮食运到欧洲各国去卖。我们的民生主义,目的是在打破资本制度。中国现在已经是不够饭吃,每年还要运送很多的粮食到外国去卖,就是因为一般资本家要赚钱。如果实行民生主义,便要生产粮食的目标不在赚钱,要在给养人民。我们要达到这个目的,便要把每年生产有余的粮食都储蓄起来,不但是今年的粮食很足,就是明年、后年的粮食都是很足,等到三年之后的粮食都是很充足,然后才可以运到外国去卖;如果在三年之后还是不大充足,便不准运出外国去卖。要能够照这样做去,来实行民生主义,以养民为目标,不以赚钱为目标,中国的粮食才能够很充足。

所以,民生主义和资本主义根本上不同的地方,就是资本主义是以赚钱为目的,民生主义是以养民为目的。有了这种以养民为目的的好主义,从前不好的资本制度便可以打破。但是我们实行民生主义来解决中国的吃饭问题,对于资本制度只可以逐渐改良,不能够马上推翻。我们的目的本是要中国粮食很充足,等到中国粮食充足了之后,更进一步便容易把粮食的价值弄到很便宜。现在中国正是米珠薪桂,这个米珠薪桂的原因就是由于中国的粮食被外国夺去了一部分,进出口货的价值不能相抵,受外国的经济压迫,没有别的货物可以相消,只有拿人民要吃的粮食来作抵。因为这个道理,所以现在中国有很多人没有饭吃,因为没有饭吃,所以已生的人民要死亡,未生的人民要减少。全国人口逐渐减少,由四万万减到三万万一千万,就是由于吃饭问题没有解决,民生主义没有实行。

对于吃饭的分配问题,到底要怎么样呢?吃饭就是民生的第一个需要。民生的需要,从前经济学家都是说衣、食、住三种。照我的研究应该有四种,于衣、食、住之外,还有一种就是行。行也是一种很重的需要,行就是走路。我们要解决民生问题,不但是要把这四种需要弄到很便宜,并且要全国的人民都能够享受。所以我们要实行三民主义来造成一个新世界,就要大家对于这四种需要都不可短少,一定要国家来担负这种责任。如果国家把这四种需要供给不足,无论何人都可以来向国家要求。国家对于人民的需要固然是要负责任,至于人民对于国家又是怎么样呢?人民对于国家应该要尽一定的义务,像做农的要生粮食,做工的要制器具,做商的要通有无,做士的要尽才智。大家都能各尽各的义务,大家自然可以得衣食住行的四种需要。我们研究民生主义,就要解决这四种需要的问题。

今天先讲吃饭问题,第一步是解决生产问题,生产问题解决之后,便在粮食的分配问题。要解决这个问题,便要每年储蓄,要全国人民有三年之粮,等到有了三年之粮以后,才能够把盈余的粮食运到外国去卖。这种储蓄粮食的方法,就是古时的义仓制度。不过这种义仓制度,近来已经是打破了。再加以欧美的经济压迫,中国就变成民穷财尽。所以这是解决民生问题最着急的时候,如果不趁这个时候来解决民生问题,将来再去解决便是更难了。我们国民党主张三民主义来立国,现在讲到民生主义,不但是要注重研究学理,还要注重实行事实。在事实上,头一个最重要的问题就是吃饭。我们要解决这个吃饭问题,是先要粮食的生产很充足,次要粮食的分配很平均。粮食的生产和分配都解决了,还要人民大家都尽义务。人民对于国家能够大家尽义务,自然可以得到家给人足,吃饭问题才算是真解决。吃饭问题能够先解决,其余的别种问题也就可以随之而决。

第 四 讲

（八月二十四日）

今天所讲的是穿衣问题。在民生主义里头，第一个重要问题是吃饭，第二个重要问题是穿衣。所以在吃饭问题之后，便来讲穿衣问题。

我们试拿进化的眼光来观察宇宙间的万物，便见得无论什么动物、植物都是要吃饭的，都是要靠养料才能够生存，没有养料便要死亡。所以吃饭问题，不但是在动物方面是很重要，就是在植物那方面也是一样的重要。至于穿衣问题，宇宙万物之中，只是人类才是有衣穿，而且只是文明的人类才是有衣穿。他种动物、植物都没有衣穿，就是野蛮人类也是没有衣穿。所以吃饭是民生的第一个重要问题，穿衣就是民生的第二个重要问题。现在非洲和南洋各处的野蛮人都是没有衣穿，可见我们古代的祖宗也是没有衣穿。由此更可见，穿衣是随文明进化而来，文明愈进步，穿衣问题就愈复杂。原人时代的人类所穿的衣服是"天衣"。什么叫做天衣呢？像飞禽走兽，有天生的羽毛来保护身体，那种羽毛便是禽兽的天然衣服，那种羽毛是天然生成的，所以叫做天衣。原人时代的人类，身上也生长得有许多毛，那些毛便是人类的天衣。后来人类文明进化，到了游牧时代，晓得打鱼〔渔〕猎兽，便拿兽皮做衣。有了兽皮来做衣，身上生长的毛渐渐失了功用，便逐渐脱落。人类文明愈进步，衣服愈完备，身上的毛愈少。所以文明愈进步的人类，身上的毛便是很少；野蛮人和进化不久的人，身上的毛才是很多。拿中国人和欧洲人来比较，欧洲人身上的毛都是比中国人多，这个原因，就是欧洲人在天然进化的程度还不及中国人。由此可见，衣的原始，最初是人类身上天然生长的毛。后来人类进化，便打死猛兽，拿兽肉来吃，拿兽皮来穿，兽皮便是始初人类的衣。有一句俗语说："食肉寝皮。"这是一句很古的话。这句话的意思，本是骂人做兽类，但由此便可证明古代人类打死兽类之后，便拿他的肉来做饭吃，拿他的皮来做衣穿。后来人类渐多，兽类渐少，单用兽皮便不够衣穿，便要想出别种材料来做衣服，便发明了别种衣服的材料。什么是做衣服的材料呢？我前一回讲过，吃饭的普通材料，是靠动物的肉和植物的果实。穿衣的材料和吃饭的材料是同一来源的；吃饭材料要靠动物和植物，穿衣材料也是一样的要靠动物和植物。除了动物和植物以外，吃饭穿衣便没有别的大来源。

我们现在要解决穿衣问题，究竟达到什么程度呢？穿衣是人类的一种生活需要。人类生活的程度，在文明进化之中可以分作三级。第一级是需要，人生不得需要，固然不能生活，就是所得的需要不满足，也是不能充分生活，可说是半死半活。所以第一级的需要，是人类的生活不可少的。人类得了第一级需要生活之外，更进一步便是第二级，这一级叫做安适。人类在这一级的生活，不是为求生活的需要，是于需要之外更求安乐，更求舒服。所以在这一级的生活程度，可以说是安适。得了充分安适之后，再更进一步，便想奢侈。比方拿穿衣来讲，古代时候的衣服所谓是夏葛冬裘，便算了满足需要。但是到了安适程度，不只是夏葛冬裘，仅求需要，更要适体，穿到〔得〕很舒服。安适程度达到了之后，于适体之外还要再进一步，又求美术的雅观，夏葛要弄到轻绡幼绢，冬裘要取到海虎貂鼠。这样穿衣由需要一进而求安适，由安适再进而求雅观。便好像是吃饭问题，最初只求清菜淡饭的饱食，后来由饱食便进而求有酒有肉的肥甘美味，更进而求山珍海味。好像现在广东的酒席，飞禽走兽、燕窝鱼翅，无奇不有，无美不具，穷奢极欲，这就是到了极奢侈的程度。我们现在要解决民生问题，并不是要解决安适问题，也不是要解决奢侈问题，只要解决需要问题。这个需要问题，就是要全国四万万人都可以得衣食的需要，要四万万人都是丰衣足食。

我在前一回讲过，中国人口的数目是由四万万减到三万万一千万，我们现在对于这三万万一千万人的穿衣问题，要从生产上和制造上通盘计划，研究一种方法来解决。如果现在没有方法来解决，这三万万一千万人恐怕在一两年之后还要减少几千万。今年的调查已经只有三万万一千万，再过几年，更是不足。现在只算三万万人，我们对于这三万万人便要统筹一个大计划，来解决这些人数的穿衣问题。要求解决这种问题的方法，首先当要研究是材料的生产。就穿衣问题来讲，穿衣需要的原料是靠动物和植物，动物和植物的原料一共有四种。这四种原料,有两种是从动物得来的,有两种是从植物得来的。这四种原料之中,第一种是丝,第二种是麻,第三种是棉,第四种是毛。棉和麻是从植物得来的原料,丝和毛是从动物得来的原料。丝是由于一种虫叫做蚕吐出来的,毛是由于羊和骆驼及他种兽类生出来的。丝、毛、棉、麻这四种物件,就是人生穿衣所需要的原料。

现在先就丝来讲。丝是穿衣的一种好材料。这种材料是中国最先发明的,中国人在极古的时候便穿丝。现在欧美列强的文化虽然是比我们进步得多,但是中国发明丝的那个时候,欧美各国还是在野蛮时代,还是茹毛饮血。不但是没有丝穿,且没有衣穿;不但是没有衣穿,并且身上还有许多毛,是穿着"天衣",是一种野蛮人。到近两三百年来,他们的文化才是比我们进步,才晓得用丝来做好衣服的原料。他们用丝不只是用来做需要品,多是用来做奢侈品。中国发明丝来做衣服的原料虽然有了几千年,但是我们三万万人的穿衣问题,还不是在乎丝的问题。我们穿衣的需要品并不是丝,全国人还有许多用不到丝的。我们每年所产的丝,大多数都是运到外国,供外国做奢侈品。在中国最初和外国通商的时候,出口货物之中第一大宗便是丝。当时中国出口的丝很多,外国进口的货物很少。中国出口的货物和外国进口的货物价值比较,不但是可以相抵,而且还要超过进口货。中国出口货物除了丝之外,第二宗便是茶。丝茶这两种货物,在从前外国都没有这种出产,所以便成为中国最大宗的出口货。外国人没有茶以前,他们都是喝酒,后来得了中国的茶,便喝〈茶〉来代酒,以后喝茶成为习惯,茶便成了一种需要品。因为从前丝和茶只有中国才有这种出产,外国没有这种货物,当时中国人对于外国货物的需要也不十分大,外国出产的货物又不很多,所以通商几十年,和外国交换货物,我们出口丝茶的价值便可以和外国进口货物的价值相抵消,这就是出口货和进口货的价值两相平均。但是近来外国进口的货物天天加多,中国出口的丝茶天天减少,进出口货物的价值便不能相抵消。中国所产的丝近来被外国学去了,像欧洲的法兰西和意大利现在就出产许多丝。他们对于养蚕、纺丝和制丝种种方法都有很详细的研究,很多的发明,很好的改良。日本的丝业不但是仿效中国的方法,而且采用欧洲各国的新发明,所以日本丝的性质便是很进步,出产要比中国多,品质又要比中国好。由于这几个原因,中国的丝茶在国际贸易上便没有多人买,便被外国的丝茶夺去了,现在出口的数量更是日日减少。中国丝茶的出口既是减少,又没有别的货物可以运去外国来抵消外国进口的价值,所以每年便要由通商贸易上进贡于各国者约有五万万元大洋,这就是受了外国经济的压迫。中国受外国的经济压迫愈利害,民生问题愈不能够解决。中国丝在国际贸易上,完全被外国丝夺去了。品质没有外国丝的那么好,价值也没有外国丝那么高,但是因为要换外国的棉布棉纱来做我们的需要品,所以自己便不能够拿丝来用,要运去外国换更便宜的洋布和洋纱。

　　至于讲到丝的工业,从前发明的生产和制造方法都是很好的,但是一成不易,总不知道改良。后来外国学了去,加以近来科学昌明,更用科学方法来改良,所以制出的丝便驾乎中国之上,便侵占中国蚕丝的工业。我们考究中国丝业之所以失败的原因,是在乎生产方法不好。中国所养的蚕很多都是有病的,一万条蚕虫里头,大半都是结果不良,半途死去;就是幸而不死,这些病蚕所结的茧,所出的丝,也是品质不佳,色泽不好。而且缫丝的方法不完全,断口太多,不合外国织绸机器之用。由于这些原因,中国丝便渐渐失败,便不能敌外国丝。在几十年以前,外国养蚕的方法也是和中国一样。中国农民养蚕,有时成绩很优,有时完全失败。这样结果,一时好一时不好,农民没有别的方法去研究,便归之于命运。养蚕的收成不好,便说是"命运不佳"。外国初养蚕的时候也有许多病蚕,遇着失败没有方法去挽救,也是安于命运。后来科学家发明生物学,把一切生物留心考察,不但是眼所能看得见的生物要详细考究,就是眼看不见、要用几千倍显微镜才能看见的生物,也要过细去考究。由于这样考究,法国有一位科学家叫做柏斯多,便得了一个新发明。这个发明就是:一切动物的病,无论是人的病或是蚕的病,都是由于一种微生物而起。生了这种微生物,如果不能够除去,受病的动物便要死。他用了很多功夫,经过了许多研究,把微生物考究得很清楚,发明了去那种微生物来治疗蚕疾的方法,传到法国、意国的养蚕家。法国、意国人民得了这个方法,知道医蚕病,于是病蚕便少了很多,到缫丝的时候成绩便很好,丝业便很进步。后来日本学了这个方法,他们的丝业也是逐渐进步。中国的农家一向是守旧,不想考究新法,所以我们的丝业便一天一天的退步。现在上海的丝商设立了一间生丝检查所,去考究丝质,想用方法来改良。广东岭南大学也有用科学方法来改良蚕种,把蚕种改良了之后,所得丝的收成是很多,所出丝的品质也是很好。但是这样用科学方法去改良蚕种,还只是少数人才知道,大多数的养蚕家还没有知道。中国要改良丝业来增加生产,便要一般养蚕家都学外国的科学方法,把蚕种和桑叶都来改良,蚕种和桑叶改良之后,更要把纺丝的方法过细考究,把丝的种类、品质和色泽都分别改良,中国的丝业便可以逐渐进步,才可以和外国丝去竞争。如果中国的桑叶、蚕种和丝质没有改良,还是老守旧法,中国的丝业不止是失败,恐怕要归天然的淘汰,处于完全消灭。现在中国自己大多数都不用丝,要把丝运出口去换外国的洋布洋纱,如果中国的丝质不好,外国不用中国丝,中国丝便没有销路,不但是失了一宗大富源,而且因为没有出口的丝去换外国洋布洋纱,中国便没有穿衣的材料。所以中国要一般人有穿衣的材料,来解决穿衣问题,便要保守固有的工业,改良蚕种、桑叶,改良纺丝的方法。至于中国丝织的绫罗绸缎,从前都是很好,是外国所不及的。现在外国用机器纺织所制出的丝织品,比中国更好得多。近来中国富家所用顶华美的丝织品,都是从外国来的。可见我们中国的国粹工业,现在已经是失败了。我们要解决丝业问题,不但是要改良桑叶、蚕种,改良养蚕和纺丝方法来造成很好的丝,还要学外国用机器来织造绸缎,才可以造成顶华美的丝织品,来供大众使用。等到大众需要充足之后,才把有余的丝织品运去外国,去换别种货物。

穿衣所需要的材料除了丝之外,第二种便是麻。麻也是中国最先发明的。中国古代时候便已经发明了用麻制布的方法,到今日大家还是沿用那种旧方法。中国的农工业总是没有进步,所以制麻工业近来也被外国夺去了。近日外国用新机器来制麻,把麻制成麻纱,这种用机器制出来的麻纱,所有的光泽都和丝差不多。外国更把麻和丝混合起来织成种种东西,他们人民都是很乐用的。这种用麻、丝混合织成的各种用品,近来输入中国很多,中国人也是很欢迎,由此便夺了中国的制麻工业。中国各省产麻很多,由麻制出来的东西,只供夏天衣服之用,只可以用一季。我们要改良制麻工业,便要根本上从农业起,要怎么样种植,要怎么样施用肥料,要怎么样制造细麻线,都要过细去研究,麻业才可以进步,制得的出品才是很便宜。中国制麻工业完全是靠手工,没有用机器来制造。用手工制麻,不但是费许多工夫,制出的麻布不佳,就是成本也是很贵。我们要改良麻业,造出好麻,一定要用一种大计划。这种计划是先从农业起首来研究,自种植起以至于制造麻布,每步工夫都要采用科学的新方法。要能够这样改良,我们才可以得到好麻,才可以制出很便宜的衣料。

丝、麻这两种东西用来做穿衣的材料,是中国首先发明的。但是现在穿衣的材料不只是用丝、麻,大多数是用棉,现在渐渐用毛。棉、毛这两种材料,现在都是人人穿衣所需要的。中国本来没有棉,此种吉贝棉,是由印度传进来的。中国得了印度的棉花种子,各处种植起来,便晓得纺纱织布,成了一种棉花工业。近来外国的洋布输入中国,外国洋布比中国的土布好,价钱又便宜,中国人便爱穿洋布,不爱穿土布,中国的土布工业便被洋布打销〔败〕了。所以中国穿衣的需要材料便不得不靠外国,就是有些土布小工业,也是要用洋纱来织布。由此可见中国的棉业,根本上被外国夺去了。中国自输入印度棉种之后,各处都是种得很多,每年棉花的出产也是很多。世界产棉的国家,第一个是美国,其次是印度,中国产棉花是算世界上的第三等国。中国所产的棉虽然是不少,天然品质也是很好,但是工业不进步,所以自己不能够用这种棉花来制成好棉布棉纱,只可将棉花运到外国去卖。中国出口的棉花大多数是运到日本,其余运到欧美各国。日本和欧美各国来买中国棉花,是要拿来和本国的棉花混合,才能够织成好布。所以日本大阪各纺纱织布厂所用的原料,不只一半是中国的棉花。他们拿中国的棉花织成布之后,再把布又运到中国来赚钱。本来中国的工人是顶多的,工钱也是比各国要便宜的,中国自己有棉花,又有贱价的工人,为什么还要把棉花运到日本去织布呢?为什么自己不来织布呢?日本的工人不多,工价又贵,为什么能够买中国棉花,织成洋布,运回中国来赚钱呢?推究这个原因,就是由于中国的工业不进步,不能够制造便宜布;日本的工业很进步,能够制造很便宜的布。

所以要解决穿衣问题,便要解决农业和工业的两个问题。如果农业和工业两个问题不能够解决,不能够增加生产,便没有便宜衣穿。中国自己既是不能织造便宜布,便要靠外国运布进来。外国运布来中国,他们不是来尽义务,也不是来进贡,他们运货进来是要赚钱的,要用一块钱的货,换两块中国钱。中国的钱被外国赚去了,就是要受外国的经济压迫。追究所以受这种压迫的原因,还是由于工业不发达。因为工业不发达,所以中国的棉花都要运去外国,外国的粗棉布还要买进来。中国人天天〈穿〉的衣服都是靠外国运进来,便要出很高的代价,这种很高的代价便是要把很贵重的金银、粮食运到外国去抵偿。这样情形,便很像破落户的败家子孙,自己不知道生产,不能够谋衣食,便要把祖宗留传下的珍宝玩器那些好东西卖去换衣食一样。这就是中国受外国经济压迫的现状。

我从前在民族主义中已经是讲过了,中国受外国经济的压迫,每年要被外国夺去十二万万至十五万万元。这十五万万元的损失之中,顶大的就是由于进口货同出口货不相比对。照这两三年海关册的报告,出口货比进口货要少三万万余两。这种两数是海关秤,这种海关秤的三万万余两,要折合上海大洋便有五万万元,若果折合广东毫银便有六万万元。这就是出口货同进口货不能相抵销的价值。进口货究竟是些什么东西呢?顶大的是洋纱洋布,这种洋纱洋布都是棉花织成的,所以中国每年进口的损失,大多数是由于棉货。据海关册的报告,这种进口棉货的价值,每年要有二万万海关两,折合上海大洋便有三万万元。这就是中国用外国的棉布每年要值三万万元,拿中国近来人口的数目比较起来,就是每一个人要用一块钱来穿洋布。由此可见现在中国民生的第二个需要,都是用外国材料。中国本来有棉花,工人很多,工钱又贱,但是不知道振兴工业来挽回利权,所以就是穿衣便不能不用洋布,便不能不把许多钱都送到外国人。要送钱到外国人,就是受外国的经济压迫,没有方法来解决。我们直接穿衣的民生问题,更是不能解决。大家要挽回利权,先解决穿衣问题,便要减少洋纱洋布的进口。要解决这个问题,有什么好方法呢?

当欧战的时候,欧美各国没有洋布运进中国,到中国的洋布都是从日本运来的。日本在那个时候,供给欧洲协约国的种种军用品,比较运洋布来中国还要赚钱得多,所以日本的大工厂都是制造军用品去供给协约国,只有少数工厂才制造洋纱洋布运到中国来卖。中国市面上的布便不够人民穿,布价便是非常之贵。当时中国的商人要做投机事业,便发起设立许多纱厂布厂,自己把棉花来纺成洋纱,更用洋纱织成洋布。后来上海设立几十家工厂,都是很赚钱,一块钱的资本差不多要赚三四块钱,有几倍的利息。一般资本家见得这样的大利,大家更想发大财,便更投许多资本去开纱厂布厂,所以当时在上海的纱厂布厂真是极一时之盛。那些开纱厂布厂新发财的资本家,许多都称为棉花大王。但是到现在,又是怎么样情形呢?从前有几千万的富翁,现在都是亏大本,变成了穷人。从前所开的纱厂布厂,现在因为亏了本,大多数都是停了工。如果再不停工,还更要亏本,甚至于要完全破产。

这是什么原因呢?一般人以为外国的洋布洋纱之所以能够运到中国来的原故,是由于用机器来纺纱织布。这种用机器来纺纱织布,比较用手工来纺纱织布,所得的品质是好得多,成本是轻得多。所以外国在中国买了棉花,运回本国织成洋布之后,再运来中国,这样往返曲折,还能够赚钱。推究他们能够赚钱的原因,是由于用机器。由于他们都是用机器,所以中国一般资本家都是学他们,也是用机器来织布纺纱,开了许多新式的大纱厂大布厂,所投的资本大的有千万,小的也有百几十万。那些纱厂和布厂在欧战的时候本赚了许多钱,但是现在都是亏本,大多数都是停工,从前的棉花大王现在多变成了穷措大。推到我们现在的纱厂和布厂也是用机器,同是一样的用机器,为什么他们外国人用机器织布纺纱便赚钱,我们中国人用机器织布纺纱便要亏本呢?而且外国织布的棉花还是从中国买回去的,外国买到棉花运回本国去,要花一笔运费;织成洋布之后再运来中国,又要花一笔运费。一往一返,要花多两笔运费。再者,外国工人的工钱又比中国高得多。中国用本地的土产来制造货物,所用的机器和外国相同,而且工价又便宜,照道理是应该中国的纱厂布厂能够赚钱,外国的纱厂布厂要亏本。为什么所得结果恰恰是相反呢?这个原因,就是中国的棉业受了外国政治的压迫。外国压迫中国,不但是专用经济力。经济力是一种天然力量,就是中国所说的"王道"。到了经济力有时而穷,不能达到目的的时候,便用政治来压迫。这种政治力,就是中国所说的"霸道"。当从前中国用手工和外国用机器竞争的时代,中国的工业归于失败,那还是纯粹经济问题。到了欧战以后,中国所开纱厂布厂也学外国用机器去和他们竞争,弄到结果是中国失败,这便不是经济问题,是政治问题。外国用政治力来压迫中国是些什么方法呢?从前中国满清政府和外国战争,中国失败之后,外国便强迫中国立了许多不平等的条约,外国至今都是用那些条约来束缚中国。中国因为受了那些条约的束缚,所以无论什么事都是失败。中国和外国如果在政治上是站在平等的地位,在经济一方面可以自由去和外国竞争的,中国还可以支持,或不至于失败。但是外国一用到政治力,要拿政治力量来做经济力量的后盾,中国便没有方法可以抵抗、可以竞争。

外国束缚中国的条约,对于棉业问题是有什么关系呢?现在外国运洋纱到中国,在进口的时候,海关都是要行值百抽五的关税;进口之后,通过中国内地各处,再要行值百抽二点五的厘金。统计起来,外国的洋纱洋布只要百分之七〈点〉五的厘税,便可以流通中国各处,畅行无阻。至于中国纱厂布厂织成的洋布,又是怎么样呢?在满清的时候,中国人都是做梦,糊糊涂涂,也是听外国人主持。凡是中国在上海等处各工厂所出的布匹,都要和外国的洋布一样,要行值百抽五的关税;经过内地各处的时候,又不能和外国洋布一样只纳一次厘金,凡是经过一处地方便要更纳一次厘金,经过几处地方便要纳几次厘金。讲到中国土布纳海关税是和外国洋布一样,纳厘金又要比外国洋布多几次,所以中国土布的价钱便变成非常之高。土布的价钱太高,便不能流通各省,所以就是由机器织成的布,还是不能够和外国布来竞争。外国拿条约来束缚中国的海关、厘金,厘金厂对于外国货不能随便加税,对于中国货可以任意加税。好像广东的海关,不是中国人管理,是外国人管理,我们对于外国货物便不能自由加税。中国货物经过海关都由外国人任意抽税,通过各关卡更要纳许多次数厘金。外国货物纳过一次税之后,便通行无阻。这就是中外货物的税率不平均。因为中外货物的税率不平均,所以中国的土布便归失败。

至于欧美平等的独立国家,彼此的关税都是自由,都没有条约的束缚,各国政府都是可以自由加税。这种加税的变更,是看本国和外国的经济状态来定税率的高下。如果外国有很多货物运进来,侵夺本国的货物,马上便可以加极重的税来压制外国货,压制外国货就是保护本国货。这种税法,就叫做"保护税法"。譬如中国有货运到日本,日本对于中国货物最少也要抽值百分之三十的税,他们本国的货物便不抽税。所以日本货物原来成本是一百元的,因为不纳税,仍是一百元,日本货物如果卖一百二十元,便有二十元的利。中国货运到日本去,若卖了一百二十元,便要亏十元的血本。由此日本便可以抵制中国货,可以保护本国货。这种保护本国货物的发达,抵制外国货物的进口,是各国相同的经济政策。

我们要解决民生问题,保护本国工业不为外国侵夺,便先要有政治力量,自己能够来保护工业。中国现在受条约的束缚,失了政治的主权,不但是不能保护本国工业,反要保护外国工业。这是由于外国资本发达,机器进步,经济方面已经占了优胜;在经济力量之外,背后还有政治力量来做后援。所以中国的纱厂布厂,当欧战时候没有欧美的洋布洋纱来竞争,才可以赚钱;欧战之后,他们的洋布洋纱都是进中国来竞争,我们便要亏本。

讲到穿衣问题里头,最大的是棉业问题,我们现在对于棉业问题没有方法来解决。中国棉业还是在幼稚时代,机器没有外国的那么精良,工厂的训练和组织又没有外国的那么完备,所以中国的棉业就是不抽厘金关税,也是很难和外国竞争。如果要和外国竞争,便要学欧美各国的那种政策。

欧美各国对于这种政策是怎么样呢?在几十年以前,英国的工业是占世界上第一个地位,世界所需要的货物都靠英国来供给。当时美国还是在农业时代,所有的小工业完全被英国压迫,不能够发达。后来美国采用保护政策,实行保护税法,凡是由英国运到美国的货物,便要行值百抽五十或者值百抽一百的重税。因此英国货物的成本便要变成极大,便不能够和美国货物去竞争，所以许多货物便不能运去美国。美国本国的工业便由此发达，现在是驾乎英国之上。德国在数十年之前也是农业国，人民所需要的货物也是要靠英国运进去，要受英国的压迫。后来行了保护政策，德国的工业也就逐渐发达，近来更驾乎各国之上。由此可见，我们要发达中国的工业，便应该仿效德国、美国的保护政策，来抵制外国的洋货，保护本国的土货。

现在欧美列强都是把中国当做殖民地的市场，中国的主权和金融都是在他们掌握之中。我们要解决民生问题，如果专从经济范围来着手，一定是解决不通的。要民生问题能够解决得通，便要先从政治上来着手，打破一切不平等的条约，收回外人管理的海关，我们才可以自由加税，实行保护政策。能够实行保护政策，外国货物不能侵入，本国的工业自然可以发达。中国要提倡土货、抵制洋货，从前不知道运动了好几次，但是全国运动不能一致，没有成功；就令全国运动能够一致，也不容易成功。这个原因，就是由于国家的政治力量太薄弱，自己不能管理海关。外国人管理海关，我们便不能够自由增减税率。不能够自由增减税率，没有方法令洋布的价贵，土布的价贱，所以现在的洋布便是便宜过土布。洋布便宜过土布，无论是国民怎么样提倡爱国，也不能够永久不穿洋布来穿土布。如果一定要国民永久不穿洋布来穿土布，那便是和个人的经济原则相反，那便行不通。比方一家每年要用三十元的洋布，如果抵制洋布改用土布，土布的价贵，每年便不止费三十元，要费五六十元，这就是由于用土布每年便要多费二三十元。这二三十元的耗费，或者一时为爱国心所激动，宁可愿意牺牲。但是这样的感情冲动，是和经济原则相反，决计不能够持久。我们要合乎经济原则，可以持久，便要先打破不平等的条约，自己能够管理海关，可以自由增减税率，令中国货和外国货价钱平等。譬如一家每年穿洋布要费三十元，穿土布也只费三十元，那才是正当办法，那才可以持久。我们如果能够更进一步，能令洋布贵过土布，令穿外国洋布的人一年要费三十元，穿本国土布的人一年只费二十元，那便可以战胜外国的洋布工业，本国的土布工业便可以大发达。由此可见我们讲民生主义，要解决穿衣问题，要全国穿土布、不准外国洋布进口，便要国家有政治权力，穿衣问题才可以解决。

讲到民生主义的穿衣问题,现在最重要的材料就是丝、麻、棉、毛四种。这四种材料之中的毛,中国也是出产好多,品质也是比外国好。不过中国的这种工业不发达,自己不制造,便年年运到外国去卖。外国收中国的毛,制成绒呢,又再运回中国来卖,赚中国的钱。如果我们恢复主权,用国家的力量来经营毛业,也可以和棉业同时来发达。毛工业能够发达,中国人在冬天所需要的绒呢,便可以不用外国货。有盈余的时候,更可以像丝一样推广到外国去销行。现在中国的制毛工业不发达,所以只有用带皮的毛;脱皮的散毛在中国便没有用处,便被外国用贱价收买,织成绒呢和各种毡料,运回中国来赚我们的钱。由此可见,中国的棉业和毛业同是受外国政治、经济的压迫。所以我们要解决穿衣问题,便要用全国的大力量统筹计划,先恢复政治的主权,用国家的力量来经营丝、麻、棉、毛的农业和工业;更要收回海关来保护这四种农业和工业,加重原料之出口税及加重洋货之入口税。我国之纺织工业必可立时发达,而穿衣材料之问题方能解决。

衣服的材料问题可以解决,我们便可来讲穿衣之本题。穿衣之起源前已讲过,就系用来御寒,所以穿衣之作用第一就系用来保护身体。但是后来文明渐进,就拿来彰身,所以第二之作用就系要来好看,叫做壮观瞻。在野蛮时代的人无衣来彰身,就有图腾其体的,就是用颜色涂画其身,即古人所〈谓〉"文身"是也。至今文明虽进,而穿衣作用仍以彰身为重,而御寒保体的作用反多忽略了。近代穷奢斗侈,不独材料时时要花样翻新,就衣裳之款式也年年有宽狭不同。而习俗之好尚,又多有视人衣饰以为优劣之别,所以有"衣冠文物"就是文化进步之别称。迨后君权发达,则又以衣服为等级之区别,所以第三个作用,衣服即为阶级之符号。至今民权发达,阶级削平,而共和国家之陆海军,亦不能除去以衣饰为等级之习尚。照以上这三个衣服之作用,一护体、二彰身、三等差之外,我们今天以穿衣为人民之需要,则在此时阶级平等、劳工神圣之潮流,为民众打算,穿衣之需要则又要加多一个作用,这个作用就是要方便。故讲到今日民众需要之衣服之完全作用,必要能护体,能美观,又能方便不碍于作工,乃为完美之衣服。

国家为实行民生主义,当本此三穿衣之作用,来开设大规模之裁缝厂于各地。就民数之多少，寒暑之节候，来制造需要之衣服，以供给人民之用。务使人人都得到需要衣服，不致一人有所缺乏。此就是三民主义国家之政府对于人民穿衣需要之义务。而人民对于国家，又当然要尽足国民之义务，否则失去国民之资格。凡失去国民之资格者，就是失去主人之资格。此等游惰之流氓，就是国家人群之蟊贼，政府必当执行法律以强迫之，必使此等流氓渐变为神圣之劳工，得以同享国民之权利。如此，流氓尽绝，人人皆为生产之分子，则必丰衣足食，家给人足，而民生问题便可以解决矣。（未完）①

据孙文讲演、中国国民党中央执行委员会编辑《民生主义》（广州中国国民党中央执行委员会宣传部发行，一九二四年十二月版）

---

① 按孙中山原来的计划，民生主义还有两讲，即住和行的问题。后来未续讲。